房地产律师
20年操盘实战案例

毛和文　毛定云　著

知识产权出版社
全国百佳图书出版单位
—北京—

图书在版编目（CIP）数据

房地产律师 20 年操盘实战案例/毛和文，毛定云著 . —北京：知识产权出版社，2022.9
ISBN 978－7－5130－7923－5

Ⅰ. ①房… Ⅱ. ①毛… ②毛… Ⅲ. ①房地产法—案例—中国 Ⅳ. ①D922.385

中国版本图书馆 CIP 数据核字（2021）第 243352 号

策划编辑：庞从容　　　　　　　　　　　　责任校对：谷　洋

责任编辑：赵利肖　　　　　　　　　　　　责任印制：刘译文

房地产律师 20 年操盘实战案例

毛和文　毛定云　著

出版发行：	知识产权出版社 有限责任公司	网　　址：	http://www.ipph.cn
社　　址：	北京市海淀区气象路 50 号院	邮　　编：	100081
责编电话：	010-82000860 转 8725	责编邮箱：	2395134928@qq.com
发行电话：	010-82000860 转 8101/8102	发行传真：	010-82000893/82005070/82000270
印　　刷：	三河市国英印务有限公司	经　　销：	新华书店、各大网上书店及相关专业书店
开　　本：	710mm×1000mm　1/16	印　　张：	33.5
版　　次：	2022 年 9 月第 1 版	印　　次：	2022 年 9 月第 1 次印刷
字　　数：	640 千字	定　　价：	138.00 元
ISBN 978－7－5130－7923－5			

出版权专有　侵权必究

如有印装质量问题，本社负责调换。

FOREWORD
序

笔者曾在《中国房地产案例精解》（中国民主法制出版社 2012 年出版）的前言中写道："有人认为房地产业是国民经济的支柱产业，也有人认为房地产业是国民经济的先导产业或者主导产业，是国民经济的晴雨表和温度计，在国民经济中的作用举足轻重。"实践证明，以上观点并无不妥，近观 30 年来，房地产业在我国经济生活中发挥了巨大作用，该行业所作贡献不应被否认。正如笔者在上书的前言中曾提到的："中国的房地产业在世界一枝独秀，为中国现代化建设作出了重大贡献，这是举世瞩目的。"

近年来，房地产业似乎存在诸多问题。首先，有观点认为，房地产的发展属于"地方政府的土地财政"，出于财政的需要和政绩的考量，地方政府对高地价条件下的土地供应乐此不疲，以至经济界和理论界部分人士对此发起猛烈抨击。其次，房屋销量的增增减减让中央政府左右为难，一会儿鼓励，一会儿限制，一会儿去库存，一会儿减免契税，一会儿又严格限价、限售、限购、限贷，似乎房地产的发展难以驾驭。此外，房价也在看涨看跌的争论中扶摇直上，尤其是北上广深等一线城市，涨价幅度更是令人咋舌。当下，还有一种观点认为，房价飙升的根本原因应归结为货币超发。但客观分析，货币超发引起的通胀不应当只导致房价上涨，而眼下，除了房价，并未看到其他商品，特别是农产品、大宗商品、家电产品等价格巨幅上涨。其实，经济发展、通货膨胀、土地稀缺、人口流动和迁徙、城市化、少数地方政府的地方保护政策、相关行业的高度垄断、我国老百姓自持财产的传统方式及对自己和家庭生活的担忧、投资渠道的稀少、开发商及媒体和中介的蓄意炒作，都是房价上涨的诱因。政府和房地产企业互相博弈，各种争议仍在继续，我国的房地产业在复杂而尖锐的矛盾中前行。

作为房地产业中的一名法律服务者，笔者对这个行业既恨又爱、既喜又忧，在自我矛盾中生存。对于法律人而言，很难有叱咤风云和排山倒海的能力，如果能够从房地产业的边缘解决一些现实问题，或许能稍感慰藉。

　　本书案例按照我国房地产开发的几个主要过程进行排列：第一部分是"土地权属及一级开发"过程中的案例，第二部分是"土地使用权转让"过程中的实际案例，第三部分是"合作开发房地产"过程中产生的争议或者纠纷案例，第四部分是"房地产工程承包"过程中的案例，第五部分是"商品房预售和买卖"纠纷案例，第六部分是与房地产相关的"行政法律"纠纷，第七部分是"房地产税务"承担问题，第八部分是"物业"权属及物业服务方面的问题，第九部分是与房地产相关联的"综合"问题，第十部分不算作是房地产开发经营过程中的案例，安排的是"与房地产相关的若干前沿问题"。笔者对于房地产开发经营过程中的案例，经过了精心挑选及编排，内容较为翔实，每个案例均具有较强的代表性和参考价值，便于读者和对房地产法律问题感兴趣的朋友能够有逻辑性地阅读和理解。

　　本书案例全部选自笔者的实际工作，时间跨度20余年，每个案例所适用的法律、法规、部门规章等都在不断地修改和完善，我国的房地产政策也在不断变化。本书的完成时间正值我国《民法典》颁布和施行之时，部分案例涉及新旧法律、法规的交替，所以部分案例必须适用旧时的法律法规，如《民法通则》《合同法》《物权法》《民法总则》等；而对于事实发生在《民法典》施行之前而纠纷发生在《民法典》施行之后的案例，则需适用《最高人民法院关于适用〈中华人民共和国民法典〉时间效力的若干规定》，同时还要认真落实《全国法院贯彻实施民法典工作会议纪要》的精神。因此，对于本书案例法律法规的适用，有望读者朋友仔细甄别。

　　此外，本书中有若干案例属于非诉讼案例，在编写的过程中无法按传统诉讼案例的固定模式编排。笔者认为这类非诉讼案例可供从事非诉的律师朋友们和从事其他法务工作的朋友们参考，因此将这部分非诉讼案例尽可能翔实地收录于本书中。

　　由于笔者水平有限，加之对我国房地产开发经营等方面问题的理解存在局限性和主观性，因此，本书观点或结论可能存在不足或错误，恳请广大读者朋友批评、指正。

2022年5月20日于北京

CONTENTS
目录

第一编　土地权属及一级开发

案例1　征地补偿纠纷　　// 003

案例2　建设用地规划许可证是否是土地权属证明　　// 008

案例3　前置审批用地问题　　// 012

案例4　集体土地出让是否合法　　// 021

案例5　土地的一级开发　　// 024

第二编　土地使用权转让

案例6　土地使用权转让及拆迁补偿纠纷　　// 041

案例7　土地使用权竞买人是否对原拆迁补偿义务承担责任　　// 060

案例8　国有土地使用权转让合同纠纷　　// 067

案例9　并购房地产企业不做尽职调查，风险自担　　// 074

案例10　转让方故意隐瞒关键信息，难逃其责　　// 078

案例11　股权挂牌交易，债权债务互抵　　// 084

案例12　土地闲置问题　　// 086

案例13　补地价的依据与标准　　// 097

第三编　合作开发房地产

案例 14　宅基地买卖合同、合作建房合同无效　// 105
案例 15　校企联营合同纠纷　// 111
案例 16　校企合作问题　// 116
案例 17　村企合作开发房地产　// 123
案例 18　挂靠开发房地产纠纷　// 131
案例 19　房地产公司涉刑事案件担保问题　// 141

第四编　房地产工程承包

案例 20　建设工程施工合同的文件构成　// 155
案例 21　世界上最完备的《菲迪克（FIDIC）条款》也有漏洞　// 160
案例 22　建设工程中阴阳合同和黑白合同的法律效力问题　// 165
案例 23　建设工程施工合同双方约定管辖法院的效力　// 170
案例 24　建设工程施工合同纠纷按合同标的额还是按诉讼标的额确定级别管辖　// 173
案例 25　建设工程中的表见代理　// 176
案例 26　发包人在欠付工程款范围内承担责任的法律问题　// 185
案例 27　发包人、承包人、实际施工人对工程款进行庭外调解和结算的效力　// 192
案例 28　实际施工人预借资金用于本项目可否抵作进度款　// 199
案例 29　建设工程未验收而使用，维修费及损失的承担主体　// 202

第五编　商品房预售和买卖

案例 30　认购书、购房合同的效力问题　// 213
案例 31　交定金后未能签合同、交首期款后未能签按揭合同的责任承担　// 233
案例 32　建设行政主管部门无权锁定预售房屋　// 234
案例 33　法院判决解除购房合同是否当然撤销合同备案　// 242
案例 34　改变房屋结构的违约责任　// 244
案例 35　公摊面积减少后的补偿问题　// 253
案例 36　不动产带抵押过户问题　// 263
案例 37　历史遗留房屋不动产权证的办理　// 266

第六编　行政法律关系

案例 38　土地使用权变更登记　　　　　　　　　　　　　// 277

案例 39　"土地整合"之行政诉讼典型案例　　　　　　　// 280

案例 40　观光塔用地问题　　　　　　　　　　　　　　　// 287

案例 41　民事和行政程序的竞合问题　　　　　　　　　　// 291

第七编　房地产税务

案例 42　房产税和城镇土地使用税　　　　　　　　　　　// 303

案例 43　房地产项目股权转让涉税问题　　　　　　　　　// 308

案例 44　房地产公司中的各负各税　　　　　　　　　　　// 318

案例 45　房地产企业股权转让，土地增值税缴纳问题　　　// 321

案例 46　城市更新，拆迁房是否需要先交易交税过户才注销产权登记　// 327

案例 47　名为购地建房，实为开发商偷税漏税　　　　　　// 331

案例 48　拍卖物业的税费承担及产权过户问题　　　　　　// 334

第八编　物　业

案例 49　物业租赁纠纷　　　　　　　　　　　　　　　　// 345

案例 50　楼顶渗水修缮费用承担问题　　　　　　　　　　// 348

案例 51　露台、平台、下沉式庭院、小花园、地下室、架空层的
归属和使用问题　　　　　　　　　　　　　　　　// 351

案例 52　小区会所、车位、道路、信报箱等配套设施的产权归属问题　// 358

案例 53　收楼后是否可不缴供暖费　　　　　　　　　　　// 362

案例 54　小区会所活动中心的归属问题　　　　　　　　　// 366

案例 55　国家规定：自持自用的商业物业无须缴纳维修资金　　// 368

案例 56　停霸王车，物业公司留置车辆无商量　　　　　　// 376

第九编　综　合

案例 57　公司法人人格混同　　　　　　　　　　　　　　// 383

案例 58　执行案件要慎重冻结开发商保证金账户　　　　　// 403

案例 59　再议拍卖不动产的交吉与不交吉　　　　　　　　// 408

案例 60　关于债务抵销的问题　　　　　　　　　　　　　// 415

附　录　若干前沿问题初探

中国集体经营性建设用地入市建设共产房敲响历史性第一槌　// 421
我国土地管理法的历史性修改　// 429
国有土地和集体土地使用权出让合同的有效性问题　// 444
未经验收的建设工程不能视作已验收合格　// 452
取消房屋公摊面积能否动摇房价　// 454
小产权房将何去何从　// 460
我国内地的按揭与商品房预售　// 467
我国的按揭实务及关于不动产按揭法律性质的不同观点　// 472
涉及不动产按揭制度的几个法律关系　// 479
我国按揭制度或将退出历史舞台　// 486
我国《民法典》中没有也不应规定"让与担保"　// 494
城镇小区配套幼儿园开始整改和治理　// 504
居住权制度——《民法典》的一大亮点　// 510
公司强制清算和破产清算期间，债权人可否拍卖物业优先受偿　// 516
换了P2P马甲的长租公寓，又一个快要引爆的"大雷区"　// 522

后　记　// 527

第一编

003—024

土地权属及一级开发

案例1

征地补偿纠纷

▨ 基本案情

2003年10月28日，A镇人民政府（甲方）与B村民委员会，天马四联组，四联组第一、第三、第四、第五、第七村民小组（全部为乙方）签订《征地补偿协议书》，约定甲方征用乙方623.5亩土地作为"A镇天马工业园"的发展用地。其中，B村委会13.536亩，天马四联组16.918亩，四联组第一村民小组92.528亩，四联组第三村民小组43.446亩，四联组第四村民小组231.447亩，四联组第五村民小组132.04亩，四联组第七村民小组93.585亩。

（一）征地补偿标准及付款方式：1. 包括土地补偿费、安置补助费、鱼塘、青苗补偿费、地上附着物补偿费、零星果木补偿费、村委会福利事业费等费用在内，甲方按每亩5万元的标准支付乙方土地综合补偿费合计3117.50万元。2. 征地综合补偿费实行分期付款，由甲方的财政所直接支付给乙方村委会。具体是：首期付10000元/亩，分两期支付，即签订土地征用补偿合同20天内支付5000元/亩，另5000元/亩和村委会福利事业费1500元/亩在签订合同后三个月内付清；剩余的38500元/亩（注：其中1.85万元为土地基金，2万元为利息）土地综合补偿费从次年起分20年付清给乙方，即每年12月底前支付1925元/亩。土地征用后，所征用土地的农业税费及水利费由甲方负责（按原负担农业税面积）。3. 村委会福利事业费1500元/亩，甲方要在签订征地合同后三个月内一次性付清给乙方。4. 甲方按实际所征用乙方的土地面积为基数，在工业园内安排5%的附征地（留用地）给乙方作为村集体的经济发展用地。附征地（留用地）的土地综合补偿费由乙方负责，"三通一平"（即水、电、路）的费用由甲方负责（注：甲方只负责拉到工业园的总体规划用地红线图边，红线内地块水、电、路等配套设施费用由乙方负责）。

（二）交地方式：甲方对工业园的开发采取"建成一片，再开发一片，滚动发展"模式，乙方按甲方首期土地综合补偿款的实际到位情况提供土地给甲方使用。其余未曾使用的土地乙方可继续耕种短期作物，但甲方在使用该地块时将不再对地上附着物及作物给予补偿，乙方需无条件配合支持。甲方在使用土地时，需提前一个月通知乙方。所征用的土地如有权属争议或地上附着物争议统一由乙方负责解决,并依时交付土地给甲方使用。乙方同意甲方支付10000元/亩的征地补偿费后,土地转为国有。

(三)其他事宜:甲方扩大民营工业园征地,乙方要求按镇政府最高征地补偿价格标准执行,如C村征地补偿价格高于乙方征地补偿价格时,甲方则按C村的征地补偿价格差额补足给乙方。

以上《征地补偿协议书》签订后,双方于2005年7月20日,由某市某区公证处进行了公证,公证内容是:"A镇人民政府(甲方)与B村民委员会、天马四联组、四联组第一、第三、第四、第五、第七村民小组组长于二〇〇三年十月十八日在×市×区签订了前面的《征地补偿协议书》。双方当事人的签约行为符合《民法通则》第55条的规定,协议内容符合《合同法》的规定,协议上双方当事人的签字、印鉴属实,该协议自双方签字、盖章之日起生效。"

2006年4月7日,A街道办事处(甲方,原A镇人民政府)与D经济开发试验区管理委员会(乙方)、B村民委员会(丙方)签订《征地补偿协议书》,甲方征用丙方623.5亩土地应付征地综合补偿费2961.625万元。截至2006年2月28日,甲方已向丙方及其村组支付征地款1147.10万元,尚欠丙方1814.525万元。三方确认原甲丙双方签订的《征地补偿协议书》约定的征地综合补偿费5万元/亩的标准及金额,同意将目前为止甲方应付未付的价款转由乙方承担,并应丙方要求合理缩短支付期。乙方同意承担上述甲方应付丙方的1814.525万元征地补偿款,约定自协议生效之日起分5年付清该笔款项,即每年支付362.905万元。乙方按甲丙方征地协议约定,在征用地块内安排5%,即31.175亩附征地给丙方作为其集体经济发展用地。附征地(留用地)的土地综合补偿费由丙方负责,附征地(留用地)外围的"三通一平"(水、电、路)的费用由乙方负责,即乙方负责到工业园的总体规划用地红线图边,红线内地块水、电、路等配套设施费用由丙方负责。位于该地块的主排河,征地综合补偿费150万元全部补偿给丙方,费用由甲、乙方及该地块的合作开发商各承担三分之一。甲丙双方负责向村组和村民做好解释及交地工作,保证乙方顺利接收土地,进行土地开发招商等工作。如果上级规划部门不同意该地块现有的总体规划,需要重新修改而且不能符合乙方工业建设的规划要求,则本协议书自动作废,所有条款不生效,土地及所有债权债务恢复原状。

2007年4月6日,D经济开发区试验区管理委员会(甲方)与A镇街道、B村委会村民委员会及各村组(乙方)签订《土地有偿使用合同书》,明确根据2006年4月7日签订的《征地补充协议书》集体经济发展用地留成约定,征地面积623.5亩,按5%比例计提留用地面积31.175亩,折合20783平方米给乙方。留用地划定用地红线，甲方负责乙方留用地的有关征地补偿。该宗留用地用途为工业用地。乙方同意将本合同项下的20783平方米土地使用权有偿给予甲方使用，甲乙双方约定的土地使用权年限为50年，即从2007年1月1日起至2057年1月1日止，期限届满甲方终止向乙方支付土地有偿使用费，该宗土地使用权返还给乙方。土地有偿使用费按每平方米每月1.5元，每年18元计算，甲方应每年向乙方支付有偿使用费金额374094元，有偿使用费每五年为一个递增周期，即每周期同比上一周期递增4%，土地使用费每季度结算支付一次。乙方应将各村组权属的征地面积及留用地面积，分别核准后提供给甲方备查，有偿使用费计算支付到具体村组。甲方必须按合同约定，依时向乙方支付土地有偿使用费，土地有偿使用费当年发生当年结算，每季度结付一次，年终结清。土地有偿使用费划入乙方账户，由乙方负责统一分配到村组，如有利益分配争议，乙方应自行内部处理，与甲方无关。

由于行政区划变更，所在县级市变更为区，镇政府变更为街道办事处，四联组B村委会第四村民小组变更名称为"管理区四村第四经济合作社"。

对于A镇人民政府（街道办事处）的以上征地行为和事实，四联组B村委会第四村民小组（管理区四村第四经济合作社）村民和社员意见特别大，他们提出了以下诸多质疑：

1. 从掌握的资料和了解的情况可知，以上征地过程中，并没有看到各级政府发展与改革委员会关于设立开发区的立项批文，没有看到省国土厅关于农用地转建设用地的批文，没有看到关于设立开发区的《环评报告》《可研报告》《项目建议书》等。

2. 从资料中也没有看到设立开发区的详细规划方案，更没有看到上级部门关于规划方案的批准文件。同时，也没有看到政府部门关于同意开发区征地的批准文件，没有看到国土部门委托镇政府代为征地的委托文件。

3. 从资料中没有看到政府部门关于征地的补偿方案（补偿标准、5%留用地的标准和依据）。即使政府部门出台了相关补偿方案，也没有看到该补偿方案的公示、公告、通知等，没有看到关于征求村民意见的过程、文件，同时也不清楚该补偿方案是否举行过听证。

4. 没有看到征收补偿费是否准备到位，是否有专款账户。

5. 《征地补偿协议书》于2003年10月28日签订，于2005年7月20日申请公证，公证处当天办理公证。从公证书公证的形式和内容来看，该公证行为的有效性值得怀疑。首先，2003年10月28日签订的《征地补偿协议书》，于2005年7月20日申请公证，是否可公证？协议上的签字、盖章是否具有真实性、合法性和有效性？其次，51名社员签名的真实性是否进行了核实？从目前掌握的情况看，51

名社员中，约有30名社员确认上述签名不是其真实的签名，也就是说，约30名社员的签名可能属于冒签，如果最终确定属实，则可以证明，征地协议和补偿方案没有经过社员大会集体决策，没有经过三分之二以上的社员同意，那么，《征地补偿协议书》的内容及公证行为就属不合法和无效。

6. 2007年4月6日，D开发区试验区管理委员会（甲方）与A镇街道、B村委会及各村组（乙方）签订《土地有偿使用合同书》，明确：根据2006年4月7日签订的《征地补充协议书》集体经济发展用地留成约定，征地面积623.5亩，按5%比例计提留用地面积31.175亩，折合20783平方米给乙方。留用地划定用地红线，甲方负责乙方留用地的有关征地补偿。该宗留用地用途为工业用地。乙方同意将本合同项下的20783平方米土地使用权有偿给予甲方使用，甲乙双方约定的土地使用权年限为50年，即从2007年1月1日起至2057年1月1日止，期限届满甲方终止向乙方支付土地有偿使用费，该宗土地使用权返还给乙方。土地有偿使用费按每平方米每月1.5元，每年18元计算，甲方应每年向乙方支付有偿使用费金额374094元，有偿使用费每五年为一个递增周期，即每周期同比上一周期递增4%，土地使用费每季度结算支付一次。后来发现的《合作开发工业园协议书》及同日签订的《征地补充协议书》是在什么情况下签订的？《合作开发工业园协议书》的内容是什么？签订二份协议书是否是社员大会集体决策？是否经过三分之二以上社员签字同意？如果没有经过合法程序，那么《合作开发工业园协议书》和《征地补充协议书》就是无效的。

7. 2003年签订《征地补偿协议书》时，征地的目的和用途是设立开发区，用地性质为"工业用地"。但从目前来看，被征用的土地的用地性质已变更为"商业、住宅"用地。这一重大的用地规划变更，是否经过正式的规划调整？是否有国土部门的批文？是否有政府部门的批准文件？是否经过规划、国土及相关部门的批准？

8. 征地补偿款是否支付到位，有无转款或支付凭证？

村民和社员基于以上诸多质疑，多年来一直不间断向上级有关部门反映和举报，但所有反映和举报材料均被转至区国土资源局处理，而区国土资源部门基于各种原因，对问题的解决一直没有实际进展。

处理结果

经过村民（社员）们向国土督察、省国土资源厅等部门反映情况，同时向市、区国土资源部门据理力争，由当地市、区政府牵头，责成市、区国土资源部门秉承实事求是的精神，依法、依政策补办了相关的征地审批、规划变更、项目立项、农转非（农用地变更为非农业建设用地）手续，并在环保评估合格等前提下，区政府、自然资源部门与街道办、社（村）充分协商，在兼顾各方利益的条件下，重新达成一致。2020年5月，A街道办事处向区人民政府上报了《关于征地补偿标准及部分历史留用地处理方式意见的请示》，并向区自然资源局、区财政局、区土地整理储备中心上报了《关于征询征地补偿标准及部分历史留用地处理方式意见的函》，经区委常委会和区政府常务会议审议，以人民政府办公室的名义于2020年7月下达了《关于征地补偿标准和部分历史留用地处理方式的批复》：一是同意四联组B村委会第四村民小组（管理区四村第四经济合作社）的征地补偿费按第一、第二、第三、第五、第六经济合作社的补偿标准执行；二是留用地比例提高，按相邻村组被征地面积13%的比例执行；三是原作为工业用地的留用地按1.5∶1的比例折算成商住留用地，并由区土地储备中心按480万元/亩的价格收储；四是留用地收储前的土地有偿使用费，按约定标准立即支付到位给村、社。

对于以上处理结果，提高了对村、社的征地补偿标准，达到了村民、社员能够接受的相对公平的水平，村民和社员们表示满意。

法律分析

从本案情况来看，至少可以判断：

1. 征地主体不合法。根据1998年《土地管理法》第46条的相关规定，国家征用土地的，依照法定程序批准后，由县级以上地方人民政府予以公告并组织实施。镇或街道不符合法律规定的征收主体级别，同时也未获得"县政府"的相关授权，其无权以自己的名义征收土地。

2. 征地行为不合法。首先，征地部门未公示任何征收土地的批文，根据1998年《土地管理法》的相关规定，征收基本农田以外的耕地超过35公顷的，需要由国务院进行审批，在无审批文件的情况下，无权进行土地征收；征收农村村民住宅用地，应由县级人民政府批准，在无审批文件的情况下，无权进行土地征收。同时征收行为还需有发展和改革委员会的立项批文、规划部门的规划许可批文、环保评估批文，上述批文在征收过程中均未出示。其次，涉及将农用地转为建设用地的，应由省、自治区、直辖市人民政府批准，由省、市国土部门出具相应批文，在没有国土资源部门批文的情况下，不可将农用地变更为工业用地、商住用地，改变土地使用性质的行为存在严重违法。最后，根据1998年《土地管理法》，征地补偿安置方案确定后，有关地方人民政府应当公告，并听取被征地的农村集体经济组织和农民的意见，但在本次征地过程中，征地部门既未进行公示，也未征求村民意见，直接进行了土地征收。

3. 《征地补偿协议书》签订程序不合法。根据《村民委员会组织法》（1998年修订）的规定，该协议需要经过村民会议通过后才可签订。根据与村民逐一核实，该协议后附的51位社员签名中近30个签字非本人所签署，不是真实的，存在他人代签的情况。该协议未经村民会议通过签订，并非村民的真实意思表示，应属无效协议。

4. 2005年7月20日，市公证处作出的《公证书》程序不合法或存在故意对不真实情况进行公证。《征地补偿协议书》于2003年10月28日签订，而公证处接受公证申请并作出《公证书》的日期是2005年7月20日，在近两年后不可能证明两年前的实际签订情况，公证员并未见证当时多方签字和盖章，也无法查证当时相关授权情况，所以不可能证明当时签名、盖章的真实性。按道理，公证处在此情况下只能公证"被证明的文件与被对比文件文本相符"，而不能证明"协议上双方当事人的签字、印鉴属实"。更为严重的是，《公证书》后面所附的51名村民或社员的签名，有约30个签名涉嫌造假，公证处的公证员根本未经核实。因此，公证处出具的该《公证书》程序严重错误且不具有公证效力。

5. 即使认为《征地补充协议书》有效，其中的留用地比例畸低。协议中约定将征收土地的5%作为留用地，该比例较相邻的村组（13%），明显畸低，征收方案没有公正的公开，给村组造成了严重的损失。该比例的留用地是谁规定的标准？在没有相应批文的情况下，为何以5%作为标准，为何与省10%—15%的保留标准相差如此之大？

6. 《土地有偿使用合同书》未经村民代表大会或村民大会通过，应属无效合同。合同约定上述留用地有偿使用50年，并支付相应费用，但该协议为后补制作的，不是真实的，且未经村民大会讨论通过，不具有合同效力。即使认定该合同有效，但在事实上，该5%的留用地已经被非法占用，有偿使用的相应款项亦未到村组手中，具体资金走向不明。

本案中，在相关部门的监督、督促下，当地市、区政府及相关部门采取务实的态度，充分考虑各方利益，达成了村民、社员相对满意的条件，解决了多年的纷争，是值得肯定的。

案例2

建设用地规划许可证是否是土地权属证明

■ 基本案情

1991年×月×日，广州A实业有限公司（以下简称"A公司"）取得了广州市越秀区某地段一幅11000平方米国有土地（91）穗城规第×××1号建设用地规划许可证。同年，A 公司取得了广州市天河东圃某地段 12716 平方米集体土地（91）穗城规第×××2 号建设用地规划许可证，并于 1992 年×月×日取得了该幅土地的（92）城地批字第×××2 号《国家建设征用土地通知书》。A 公司在取得以上两幅土地（一幅国有土地、一幅集体土地）建设用地规划许可证和《国有建设征用土地通知书》的过程中，进行了部分投资，而该投资的大部分资金来源于向佛山市南海区某银行（以下简称为"南海某银行"）的贷款。

由于 A 公司向南海某银行的贷款无法按约定的期限偿还，1999 年×月，A 公司在诉讼和执行过程中将其在以上两幅土地的投资权益转让给了南海某银行，用作抵债财产用以抵偿贷款债务。

2001 年年初，南海某银行将包括以上两幅土地上的权益的一个债权包转让给了华融资产管理公司某分公司。而华融资产管理公司某分公司又将包括以上两幅土地上的投资权益债权包转让给 B 公司。其后，B 公司又将该债权包转让给 C 公司，C 公司再次转让给 D 公司。

包括以上两幅土地上投资权益债权包最后的接盘者是广州 E 投资有限公司（以下简称"E 公司"）。

2011 年 5 月，E 公司要求 A 公司将以上两幅土地的国有土地使用权过户给 E 公司，未果。

处理结果

2011 年 10 月，E 公司向某市中级人民法院起诉，请求判决 E 公司享有以上两幅土地上的投资权益，获得法院支持。

在 E 公司 2006 年 6 月×日向某市中级人民法院申请强制执行的过程中，E 公司申请以上两幅土地国有土地使用权过户至自己名下。在该市中级人民法院将（1999）×中法执字第 2 号执行裁定书和协助执行通知书送达给了广州市国土资源和房屋管理局后，该局于 2006 年 8 月×日出具了一份《关于协助办理有关用地变更手续的函》，函中回复称：由于该地块尚处于《用地通知书》和用地规划许可证阶段，未办理国有土地有偿出让手续，未签订《国有土地使用权出让合同》，未核发国有土地使用证，不能予以过户。

因此，该中级人民法院（1999）×中法执字第 2 号民事裁定书及协助执行通知书因被国土部门退回而未发生法律效力。

法律分析

从本质上讲，建设用地规划许可证是将某宗地块交给特定的用地单位根据规划条件进行开发利用的法律性文件，其性质为行政许可，用地的方式需要依据规划设计条件来具体确定，规划设计条件调整或变化并不意味着开发主体或用地单位一定发生变化。虽然从法律上讲，《广东省实施〈中华人民共和国城市规划法〉办法（修正）》第29条第2款，即"建设单位或个人在取得建设用地规划许可证后，必须在一年内申请用地，逾期未申请的，建设用地规划许可证自行失效"规定了建设用地规划许可证的有效期限，但这是针对用地单位未进行任何土地开发行为的情况。具体到本案，A公司在获得广州市越秀区某地段一幅11000平方米国有土地（91）穗城规第×××1号建设用地规划许可证后，完成了该土地的拆迁补偿和安置，实际上就是完成了土地的一级开发工作。而A公司在取得了广州市天河东圃某地段12716平方米集体土地（91）穗城规第×××2号建设用地规划许可证，并于1992年×月×日取得了该幅土地的（92）城地批字第×××2号《国家建设征用土地通知书》之后，已经通过缴纳耕地占用税和菜田建设费，申办了农转非指标及征地和青苗补偿，代为完成了对集体土地的征地和补偿结案手续，从而也完成了该幅土地的一级开发工作，正准备由国土部门收储变为国有建设用地。在这种条件下，只要E公司在2004年8月31日之前，向规划部门申请用地的规划和建设指标，就可以与国土部门通过协议签订《国有土地使用权出让合同》，取得国有土地使用证，但由于某些原因，E公司没有完成最后一项工作，最终没有依法取得该两幅国有土地的使用权，即没有成为该两幅国有土地法律上的使用权人。

2004年3月31日，国土资源部、监察部联合下发了《关于继续开展经营性土地使用权招标拍卖挂牌出让情况执法监察工作的通知》（国土资发〔2004〕71号），该通知第二部分"明确政策，严格和规范执行经营性土地使用权招标拍卖挂牌出让制度"中规定："各地要严格执行经营性土地使用权招标拍卖挂牌出让制度。2002年7月1日《招标拍卖挂牌出让国有土地使用权规定》实施后，除原划拨土地使用权人不改变原土地用途申请补办出让手续和按国家有关政策规定属于历史遗留问题之外，商业、旅游、娱乐和商品住宅等经营性用地供应必须严格按规定采用招标拍卖挂牌方式，其他土地的供地计划公布后，同一宗地有两个或两个以上意向用地者的，也应当采用招标拍卖挂牌方式供应。各地要严格按国家有关政策规定界定《招标拍卖挂牌出让国有土地使用权规定》实施前的历史遗留问题，不得擅自扩大范围，也不得弄虚作假，变相搭车。要加快工作进度，在2004年8月31日前将历史遗留问题界定并处理完毕。8月31日后，不得再以历史遗留问题为由采用协议方式出让经营性土地使用权。"也就是说，从2004年8月31日起，所有经营性的建设土地一律都要公开竞价出让。在此之后，各省市区不得再以历史遗留问题为由采用协议方式出让经营性国有土地使用权，以前盛行的以协议出让经营性土地的做法被正式叫停。而全国土地政策正式实施的 2004 年 8 月 31 日，也被业界称为"8·31"大限。

但是，按广州市国土资源和房屋管理局《关于办理已前置审批的经营性土地出让手续有关问题的通知》《关于进一步规范我市国有土地有偿使用的意见（试行）》《关于〈建设用地通知书〉阶段闲置土地现状公开出让处置和前期投入补偿有关问题的意见》《关于前置审批用地公开出让后前期投入补偿有关问题的意见》《关于进一步规范前置审批用地公开出让及前期投入补偿有关问题的意见》的规定，本案所涉及的两幅土地属于"前置审批的经营性土地"，A 公司仍为"原用地方"，可以按这些文件规定的程序主张和办理其投资权益。

虽然根据"8·31"大限的规定，E 公司并非该两地块法律上的土地使用权人或权属人，其仅享有土地前期投入补偿收益权，但根据《广州市国土资源和规划委员会、广州市财政局关于进一步规范前置审批用地公开出让及前期投入补偿有关问题的意见》的规定，以公开挂牌方式完善土地出让手续，原用地单位（A 公司）可享有在土地成交后分配土地拍卖收益作为前期投入补偿的权利。并且，在该地块完成挂牌出让前，地块实际权属人应为政府，A 公司已与政府签署关于该两地块前置审批用地的《协议书》，按照《协议书》约定，广州市政府占有本地块 50% 的权益，并且，A 公司按前置审批用地公开出让程序的要求，于 2018 年 10 月 31 日与政府签订了前置审批用地《协议书》，政府对该两地块进行收储，并将以公开挂牌的方式完善该地块的出让手续，出让收益的 50% 属政府财政收入。

而实际上，根据《关于前置审批用地公开出让后前期投入补偿有关问题的意见》第 3 条第（一）项的规定，原用地方持有该文件第 1 条第（一）项第 3 点规定的市国土局《建设用地通知书》与第（二）项规定的市规划局核发的建设用地规划许可证，但至今未办理土地有偿使用手续及领取建设用地批准书的用地方，可以参加国有土地使用权的招拍挂活动。也就是说，在国土部门将以上两地块进行公开出让时，E 公司同样有机会，也有权利参加公开竞价，成为该两幅国有土地的使用权人。

综上所述，《建设用地通知书》或建设用地规划许可证均不是土地使用权的权属证明文件，E 公司暂未与国土部门签订《国有土地使用权出让合同》，未缴纳国有土地使用权出让金，未取得国有土地使用（权）证，因而其暂不属于土地使用权人，某市中级人民法院出具该两幅土地使用权过户的民事裁定书和协助执行通知书是错误的，国土部门将该民事裁定书和协助执行通知书退回并说明不予办理土地使用权过户的理由是正确的。

案例3

前置审批用地问题

■ 基本案情

一、历史用地

本项目用地面积为53285平方米（约合80亩）。根据某区房管局的地籍调查，该宗地50年代已由新德公司使用，但用地未到国土局办理相关手续，经查册为田地。经实地勘察，包括本案所称的80亩土地在内的整块土地面积为106513平方米，由新德公司作堆放场使用，但国土局一直未给新德公司核发国有土地使用证。

二、收回新德公司国有用地使用权、补偿、规划

1. 1997年3月31日，市国营A联合总公司作为用地人向市政府申报并取得建设用地规划许可证（×规地证字〔1996〕第609号，证载有效期1年）及其附件《规划设计条件》，获得某区53285平方米（约合80亩）的建设用地（工业及商业，兼容住宅）规划红线（规划条件下发日期为1997年6月16日）。

1997年10月10日，市国营A联合总公司向市城市规划局书面申请增加"市国营B集团建设开发公司"（当时为"A联合总公司"的下级单位，以下简称"B建设公司"）为用地单位，市城市规划局以《关于同意加名合作开发建设的复函》（×规地复字〔1997〕第1063号），同意增加"市国营B集团建设开发公司"为用地单位，同意用地性质改变为"商品住宅"。

1998年5月22日，建设用地规划许可证附件一，将用地单位变更为：市国营A联合总公司、市国营B集团建设开发公司。

2. 1998年6月18日，A集团有限公司（原市国营A联合总公司，以下简称"A集团公司"）和B建设公司签订《合作开发合同书》，双方就上述加名（《关于同意加名合作开发建设的复函》）所产生的开发权益达成一致，约定6：4的出资比例，并据此享受权益及承担亏损。

3. 1998年12月11日，市国土局发出《建设用地通知书》（×国土建用通字〔1998〕第571号），明确指出，经市人民政府批准征用（收回）某区某地段的土地，核准面积53285平方米，出让给"A集团公司"及"B建设公司"使用，作为建设商品住宅项目用地，并告知用地单位到某区国土局办理征地、拆迁安置补偿和有偿使用土地。该通知书"遵守事项"第2条规定："自发出征地、拆迁通（公）告后，政府征用或收回本通知书红线范围内原使用单位的土地使用权。"即原土地使用方新德公司在征用通（公）告后便不再是土地的使用权人。

1998年12月15日，市国土局发出《征用土地通告》（×国土征通字〔1998〕269号）并在报纸上进行了刊登公示，明确指出市国土局决定对《建设用地通知书》核定的某区土地共53285平方米予以征用（收回），给"A集团公司"和"B建设公司"兴建商品住宅，并责令两公司就上述土地进行补偿。新德公司作为原来的土地使用权人在市国土局发布《征用土地通告》后丧失了土地使用权。

4. 1999年3月27日，市A集团公司和市B建设公司（甲方）与新德公司（乙方）签订《合作开发房地产合同》，就上述53285平方米土地的合作开发达成一致，并约定采取实物分成的方式进行利益分配，A集团公司和B建设公司分得总建筑面积的80%，新德公司分得总建筑面积的20%，用地范围内原有产权物业面积1433.39平方米，由甲方在新建的楼宇中按相应的产权面积1433.39平方米补偿给乙方。A集团公司以及B建设公司通过这种方式完成对原用地方新德公司的安置和补偿。

5. 1999年4月6日，市国土局发出《关于准予办理报建的通知》（×国土建用通函〔1999〕104号），指出"经市规划局×规地证字〔1996〕第609号建设用地规划许可证审核，并经我局×国土建用通字〔1998〕第571号《建设用地通知书》同意，收回该地段土地（面积共53285m²）"，并同意A集团公司及B建设公司"先办理报建手续"。（该通知进一步说明建设用地规划许可证的有效性，并且说明前述地块已经被收回，新德公司不再是土地的使用权人。）

三、用地单位、用地规划非正常改变

2000年1月11日，市规划局在《关于申请规划设计条件延期的复函》（×规地复字〔2000〕51号）中告知B建设公司称，由于该用地属于该地段统一规划范围，故不同意B建设公司关于×规地证字〔1996〕第609号建设用地规划许可证所附《规划设计条件》的延期申请。

2000年1月27日，B建设公司申请"市2000年商品房屋建设计划预备项目"获批，市建委开发处和市计委投资处经审核，"同意列入市2000年商品房屋建设计划预备项目，可向有关部门申办批准用地、国有土地使用权出让以及相应的征地拆迁手续，进行设计、报建和三通一平等商品房屋建设前期工作"。

2001年2月26日，A集团公司和B建设公司共同向市规划局申请办理建设用地规划许可证延期，并声明："我公司缴纳了耕地占用税和菜田建设费，申办农转非指标及征地和青苗补偿，该用地规划方案已经设计完毕。"

2000年11月3日，在未通知A集团公司和B建设公司的情况下，市规划局向

广州市土地开发中心发出建设用地规划许可证（×规地证字〔2000〕第222号），将市土地开发中心确认为某区某大道以西地段1132042平方米土地的用地单位，并说明：（1）本案于2000年1月20日经市用地会同意；（2）该用地属政府储备用地，必须按本地段控制性详细规划实施建设；（3）该用地中部分用地已划拨给建设单位，涉及已办妥征地手续的用地必须与用地单位妥善协商。市用地会明确保留的，应调整好地块后由用地单位持市土地开发中心意见，到市规划局办理建设用地规划许可证（该证有效期为6个月）。

2001年8月2日，市规划局向A集团公司和B建设公司发出《关于延长建设用地规划许可证使用期的复函》（穗规地复字〔2001〕645号），不同意两公司关于延长建设用地规划许可证（×规地证字〔1996〕第609号）使用期的申请。

2001年11月20日，市规划局致市人民政府办公厅《关于某小区复建用地问题的复函》（×规发〔2001〕354号）称，经2001年11月7日市政府用地会讨论，不同意穗规地证字〔1996〕第609号建设用地规划许可证延期使用。

2002年12月12日，市国土资源和房屋管理局向农工商建设公司发出《关于出具〈建设用地通知书〉逾期说明的复函》（×国房函〔2002〕760号）称，某国土建用通字〔1998〕第571号《建设用地通知书》已过有效期，并称2000年11月3日市规划局又以×规地证字〔2000〕222号建设用地规划许可证将某某大道以西1132092平方米用地（含该地块）划给了市土地开发中心作政府储备用地，目前市土地开发中心正向市规划局办理用地报批手续。

2004年3月23日，市国土资源和房屋管理局向市土地开发中心发出《关于办理建设用地手续的通知》（×国土建用通字〔2004〕9号）称："经国务院同意，省国土资源厅以×国土资（建）字〔2004〕51号文批复，同意所报农用地转用方案，将某区某某大道以西地段，面积为954199平方米的土地（……），作居住用地"，并办妥有关用地和结案手续。

四、B建设公司、新德公司征（收）地结案

2004年8月4日，B建设公司向市某区国土资源和房屋管理局出具《关于办理征地结案的报告》，请求批准办理该用地的征地结案手续。

2004年8月5日，新德公司向某区国土资源和房屋管理局出具《关于市A集团有限公司、B建设开发公司征地补偿情况证明》，证明该项目用地已"被市A集团公司、市B建设公司征用。我司的征地补偿款均已于1999年3月27日与征地单位签订协议，征地补偿款用该项目建成后的商品房分成作补偿。请贵局给予办理征地结案手续"。

2004年8月5日，某区国土局向市国土局出具《关于征地补偿结案的函》称，市 A 集团公司和 B 建设公司已经在该局办结×国土建用通字〔1998〕第 571 号《建设用地通知书》某区某地段面积为 53285 平方米的征地补偿手续。征用土地补偿等费用已经全部付清，请市国土局给予办理结案手续。

2004 年 8 月 9 日，市国土局向 A 集团公司及 B 建设公司发出《关于尽快申领或确认规划设计条件的复函》（×国土建用综函〔2004〕174 号）称，经某国土建用通字〔1998〕第 571 号《建设用地通知书》同意，请两单位尽快到市规划局申领或确认该项目的规划设计条件后，按国土资源部、监察部《关于继续开展经营性土地使用权招标拍卖挂牌出让情况执法监察工作的通知》（国土资发〔2004〕71 号）和市国土资源局《关于办理已前置审批的经营性土地出让手续有关问题的通知》（×国房字〔2004〕510 号）的规定，在 2004 年 8 月 15 日前到该局办理国有土地使用权协议出让手续。

2004 年 8 月 13 日，市规划局向 A 集团公司和 B 建设公司发出《关于申请确认建设用地规划设计条件问题的复函》（×规函〔2004〕2968 号）称，2000 年 1 月 16 日，市建设用地审批领导小组会议审议同意，该局以×规地证字〔2000〕222 号建设用地规划许可证划拨给市土地开发中心统一规划建设，不同意 A 集团公司和 B 建设公司关于 53285 平方米用地规划条件的确认申请。

五、国土部门绕开 A 集团公司和 B 建设公司，给新德发国有土地使用证，签《收地拆迁及安置补偿协议》

2005 年 9 月 14 日，市国土局突然向新德公司核发国有土地使用证（×国用〔2005〕523 号），核发面积 106513 平方米（包含本报告所述的 53285 平方米），使用类型为"划拨"，土地用途为"园地"。

2007 年 9 月 30 日，市人民政府征用土地办公室、市土地开发中心与新德公司签订《新德公司 A 区一期收地拆迁及安置补偿协议》（×新合字〔2007〕0335 号）称，根据市城市规划局、市国土资源和房屋管理局批准，即根据×规地证字〔2000〕第 222 号建设用地规划许可证、×国土建用通字〔2004〕第 9 号《关于办理建设用地手续的通知》及×房拆字〔2005〕第 10、第 11 号两个《城市房屋拆迁公告》依法分期回收新德公司和国营园艺 495255 平方米土地（合 742.88 亩，含本项目 80 亩）。该协议约定安置补偿协议在下列条件下完成：

第 3.4 条约定：开发中心与本协议项下土地上的承租户以及市规划局×规地证字〔1996〕第 609 号建设用地规划许可证的用地单位（即市 B 建设公司）协商解决搬迁事宜；同时，第 6.1 条约定了与市规划局×规地证字〔1996〕第 609 号建设用地规划许可证的用地单位（即市 B 建设公司）协商解决搬迁、补偿事宜。

六、开发中心与 B 建设公司协商补偿，未达成一致意见

2007 年 12 月 3 日，市土地开发中心向 B 建设公司发出《关于尽快答复评估意见的函》（×土开函〔2007〕1403 号），要求 B 建设公司认可土地开发中心对于房屋、构筑物及其辅助设施、园林的评估结果。

2009 年 3 月 19 日，B 建设公司给开发中心上报《关于×地规地证字〔1996〕第 609 号红线土地补偿意见的函》，声明："不同意评估结果，不同意以货币作为土地补偿方式，请贵中心考虑以土地使用权置换或货币、土地使用权置换相结合的方式对我司予以补偿。"

由于分歧很大，双方未达成一致。

七、部分面积出让、交地、争议

2011 年 3 月至 10 月，国土部门对本幅建设用地中的部分面积进行了公开出让。

2011 年 3 月 24 日，某股份有限公司以 58458 万元底价竞得某区某地段 A 区 AH040229 地块，占地 17987 平方米，容积率≤6.5，楼面价 5000 元/平方米，用地性质为商业办公用地。

2011 年 10 月 28 日，某实业发展有限公司以底价 49925 万元竞得某区 AH040215 地块。宗地面积 11839 平方米，容积率≤7，建筑面积≤82873 平方米，楼面价 6024 元/平方米。该地块为商业金融业用地（C2）。

2011 年 10 月 28 日，某电子开发有限公司以底价 62299 万元竞得某区 AH040216 地块。宗地面积 13018 平方米，容积率≤8，建筑面积≤104144 平方米，楼面价 5982 元/平方米。该地块为商务办公用地（C8）。

对于以上部分用地面积的出让，B 建设公司提出了异议并表示了极大的不满，提出了补偿要求。

处理结果

市国土局根据《关于前置审批用地公开出让后前期投入补偿有关问题的意见》，最终认定本幅建设用地为前置审批用地，在尊重历史事实的基础上，按规定与 B 建设公司达成了土地使用权出让金的分配比例，同时，B 建设公司也在公开出让的过程中，成功取得该幅建设用地（商业办公）的使用权。

法律分析

一、关于建设用地规划许可证是否过期作废的问题

1. 从本质上讲，建设用地规划许可证（×规地证字〔1996〕第 609 号）是将某宗地块交给特定的用地单位根据规划条件进行开发利用的法律性文件，其性质为行政许可，用地的方式需要依据规划设计条件来具体确定，规划设计条件调整或变

化并不意味着开发主体或用地单位一定发生变化。虽然从法律上讲，《×省实施〈中华人民共和国城市规划法〉办法（修正）》第29条第2款，即"建设单位或个人在取得建设用地规划许可证后，必须在一年内申请用地，逾期未申请的，建设用地规划许可证自行失效"，规定了建设用地规划许可证的有效期限，但这是在用地单位未进行任何土地开发行为的条件下成立的。具体到本案，B建设公司在获得建设用地规划许可证之后，已经缴纳耕地占用税和菜田建设费，申办农转非指标及征地和青苗补偿，并通过与原用地方新德公司的《合作开发房地产合同》就实物补偿问题达成了一致，从而基本完成了前期土地开发工作。也就是说，只要用地单位一直在继续或延续用地和开发行为，那么许可证就不能算作过期，前期的"三平一整"、安置补偿等工作也毫无疑问应当视为开发工作的成果。对此，市规划局、市土地局、市建委、市计委等单位有着相同的认识，这些单位在建设用地规划许可证证载有效期经过后的公开文件和函件中多次提及×规地证字〔1996〕第609号建设用地规划许可证，这意味着该许可证依然有效，只是规划条件过期了而已。而且，就该宗地块而言，并没有一个公开的法律文件指明×规地证字〔1996〕第609号建设用地规划许可证授予给A集团公司和B建设公司的开发许可无效。在这种情况下，市规划局以×规地证字〔2000〕第222号建设用地规划许可证许可市土地开发中心作为用地单位，就属于对同一事项不同主体的重复许可，该具体行政行为严重侵害了A集团公司和B建设公司的合法权益。

2. 市国土局以×国土征通字〔1998〕269号《征用土地通告》载明该宗地块由国家收回并给A集团公司和B建设公司联合开发。根据建设用地开发旧规，只需要A集团公司和B建设公司办理完拆迁安置和结案后就可以核发《建设用地批准书》以及国有土地使用权证。B建设公司通过前期投入，将"生地"变为"熟地"，并通过《合作开发房地产合同》完成对原国有土地使用权人新德公司的补偿，已经具备了申领建设用地使用权证的条件，是"准建设用地使用权人"。但是，2000年1月11日，市规划局向B建设公司发出《关于申请规划设计条件延期的复函》（×规地复字〔2000〕51号），称由于地块属于该地段统一规划范围，故对B建设公司延长作为×规地证字〔1996〕第609号建设用地规划许可证附件的《规划设计条件》的使用期的申请不予同意，由此阻止B建设公司取得国有建设用地使用权。事实上，无论规划如何变化，只要B建设公司和A集团公司遵循新的规划和规划条件实施开发，都可以完成开发目的；而且《关于申请规划设计条件延期的复函》（×规地复字〔2000〕51号）并未否定B建设公司的开发资格。甚至于，2004年8月9日，市国土局向B建设公司及A集团公司发出《关于尽快申领或确认规划设计条件的复函》（×国土建用综函〔2004〕174号）称，经×国土建用通字

〔1998〕第571号《建设用地通知书》同意,请两单位尽快到市规划局申领或确认该项目的规划设计条件,在2004年8月15日申办国有土地使用权协议出让手续。这意味着,市国土局仍然认可×国土建用通字〔1998〕第571号《建设用地通知书》的有效性,并且认可两单位的开发主体资格;那么2002年12月12日,市国土资源和房屋管理局向B建设公司发出《关于出具〈建设用地通知书〉逾期说明的复函》(×国房函〔2002〕760号)称,×国土建用通字〔1998〕第571号《建设用地通知书》已过有效期的说法从何而来?市规划局以规划调整为由恶意阻止B建设公司和A集团公司获得国有建设用地使用权的行为是违法的,其目的仅仅在于让土地开发中心获得土地的基础开发权利,这是以篡夺B建设公司业已完成基础开发成果为代价。

3. B建设公司和A集团公司在获得市规划局核发的×规地证字〔1996〕第609号建设用地规划许可证与市国土局核发的×国土征通字〔1998〕269号《征用土地通告》取得开发主体资格之后,投入大量的人力、物力、财力,基本完成了土地的基础开发工作,使"生地"变成了"熟地"。而市规划局无视这一事实,将该宗土地再次以×规地证字〔2000〕第222号建设用地规划许可证划拨给市土地开发中心。根据国土资源部于2007年发布的《土地储备办法》(国土资发〔2007〕277号)第2条的规定,土地储备机构(即市土地开发中心)的一项主要工作职责是进行土地的前期开发。这就是说,土地开发中心损害了B建设公司和A集团公司的前期开发成果,但直到2007年12月3日市土地开发中心才致函B建设公司,要求回复有关前期投入补偿及评估报告的事项。这意味着,在2000年11月3日至2007年12月3日长达7年的时间里,作为×规地证字〔2000〕第222号建设用地规划许可证证载用地单位的市土地开发中心视B建设公司和A集团公司的合法权益于不顾,是完全错误的。

二、关于土地权利的归属问题

1. 最初权利人:新德公司。基于历史原因和长期使用,争议宗地最初的使用权人应当是新德公司。然而,根据×国土建用通字〔1998〕第571号《建设用地通知书》遵守事项第2条的规定,自发出征地、拆迁通(公)告后,政府征用或收回通知书红线范围之内原使用单位的土地使用权;随后发布的×国土征通字〔1998〕269号《征用土地通告》也意味着原土地使用权人,即新德公司的土地使用权已经随通告的发出即时消灭。另外,根据《城市房地产管理法》第6条的规定,即"为了公共利益的需要,国家可以征收国有土地上单位和个人的房屋,并依法给予拆迁补偿……"2004年《土地管理法》第2条第4款的规定,即"国家为了公共利益的需要,可以依法对土地实行征收或者征用并给予补偿",征收或征用行为与补偿是两个不同的行为。也就是说，土地的征收和征用是一个时间点，而不是一个过程，一经征收或征用，无论拆迁安置是否办理完毕，原国有土地使用人的使用权即告消灭。

2000年11月3日，在未通知开发主体和用地单位（B建设公司和A集团公司）的情况下，市规划局就同一地块重复性地向市土地开发中心核发×规地证字〔2000〕第222号建设用地规划许可证，将土地开发中心确认为用地单位。根据2001年7月26日市人民政府的指示精神，市规划局的行为应当是政府收储行为。但无论是根据×国土征通字〔1998〕269号《征用土地通告》所包含的国家土地征收行为，还是根据×规地证字〔2000〕第222号建设用地规划许可证所包含的国家收储行为，新德公司都不能够继续作为国有土地的使用权人，因此，市国土局于2005年9月14日，向新德公司核发×国用〔2005〕523号国有土地使用证实属违法。而且，市国土局向新德公司核发×国用〔2005〕523号国有土地使用证时，在初审意见中称"实地勘察中，该用地由新德公司作堆放场地使用"，而事实上B建设公司早已进入该场地进行开发，并派驻开发人员驻场，因此核发该证时存在十分严重的程序漏洞，存在弄虚作假的可能性。即便该核发国有土地使用证的行为被视为是在新德公司未取得国有土地使用权的情况下核发新证，而不是对新德公司原有国有土地使用权的确认，那么根据《城市规划法》第29条的规定，新德公司也需要在拥有划拨的政府批文（即土地总体规划和编制）的情况下才可以，因此，市国土局2005年给新德公司核发国有土地使用证的行为应当被认定为违法。鉴于此，随后2007年9月30日市人民政府征用土地办公室和市土地开发中心作为收地单位，与新德公司（被收地单位）达成《新德公司A区一期收地拆迁及安置补偿协议》（×新合字〔2007〕0335号）对争议宗地的收地行为实属违法。

2. 2004年8月23日，市国土资源和房屋管理局发出《关于办理建设用地手续的通知》（×国土建用通字〔2004〕5号）称，经国务院同意，省国土资源厅以×国土资（建）字〔2004〕51号文批复，同意将×区×地段，面积为954199平方米土地（含争议宗地）从农业用地转为建设用地，规划许可文件为×规地证字〔2000〕第222号建设用地规划许可证，作居住用地。也就是说，该地块属于经营性用地，在"8·31"大限以后都应当经过招拍挂。但是，市国土局于2005年9月14日，不仅向新德公司核发×国用〔2005〕523号国有土地使用证，而且根本就没有通过招拍挂形式，而是采取划拨形式，违反了"8·31"大限的强制性规定。

3. 争议宗地经×国土征通字〔1998〕269号《征用土地通告》被国家收回后，B建设公司和A集团公司花费大量人力、物力、财力，完成了土地的拆迁整理和开发工作，在事实上属于土地的权利人。且至今没有一个有效的法律文件指出，也没有一个公开的政府文件指明×规地证字〔1996〕第609号建设用地规划许可证合法给B建设公司与A集团公司的权益无效。反观市土地开发中心，没有对土地进行任何投入，仅仅依靠×规地证字〔2000〕第222号建设用地规划许可证这一颇有争议的、重复性的行政许可损害上述两公司的合法权益，这是错误的。当事方应当支持政府对土地依法收储，但前提是必须依靠行之有效的法律文件或通过其他法律手段使上述两公司在争议宗地上的合法权益归于终结，并使两公司的投入得到应有的补偿。事实上，上述A、B两公司的开发人员至今仍驻留在争议宗地上，政府相关部门采取强硬的驱离措施，而不是采取法律手段来依法行政，程序上是违法的。

三、关于市国土部门的挂牌出让行为的合法问题

1. 根据前文，新德公司不是事实上的国有土地使用权人，那么2007年9月30日市人民政府征用土地办公室和市土地开发中心将其作为土地征收协议的被收地单位明显是错误的。

2. 根据2007年9月30日市人民政府征用土地办公室和市土地开发中心作为收地单位与新德公司作为被收地单位达成的《新德公司A区一期收地拆迁及安置补偿协议》（×新合字〔2007〕0335号）第6.1条的规定，收地单位应当与市规划局×规地证字〔1996〕第609号建设用地规划许可证的用地方（B建设公司）协商解决搬迁事宜后方可收地，完成土地征收。

2010年6月2日，市土地开发中心向新德公司发出《关于配合办理A区PZA08等地块用地结案的函》称，根据《新德公司A区一期收地拆迁及安置补偿协议》（×新合字〔2007〕0335号）第6.1条的约定，"市土地开发中心已经与×规地证字〔1996〕第609号建设用地规划许可证的用地单位B建设公司协商了搬迁事宜并予以了补偿"，B建设公司已经将土地交与市土地开发中心。事实上，该函件发出之前，市土地开发中心并未给B建设公司一分一毫的补偿，双方并未就补偿事宜达成一致。市土地开发中心这样做的目的仅仅是向新德公司获取争议宗地的相关文件，以便完成国有土地使用权的注销登记。

此外，注销是土地登记的一种类型。1999年人大通过的《×省实施〈中华人民共和国土地管理法〉办法》第10条规定："土地登记申请人在申请土地登记时，隐瞒事实、伪造有关证明文件或采取其他非法手段骗取登记的，县级以上人民政府土地行政主管部门应当注销其土地登记。"市土地开发中心通过从新德公司手中获取争议地块的历史文件并交地，最终完成注销登记，符合上述第10条的规定，应当对其注销登记给予注销，即恢复新德公司形式上的土地使用权。

综上，在市土地开发中心未依法履行协议完成争议宗地征收的情况下，将新德公司的土地使用权予以注销，并申领用地规划进行争议宗地的招拍挂，明显是违法的。招拍挂的结果也应当因为争议宗地的权利瑕疵被视为无效。

3. 2011年1月10日，市国土局在其网站上发布公告以挂牌形式公开出让争议地块，挂牌时间为2011年2月17日9时至2011年3月24日15时。其中某股份有限公司摘牌时间大致为2012年3月15日。根据市国土局《关于前置审批用地公开出让后前期投入补偿有关问题的意见》（×国房字〔2010〕878号）第3条第1款的规定，原用地方（根据该文件第1条持有市国土局核发的《建设用地通知书》与市规划局核发的建设用地规划许可证，但至今尚未办理土地有偿使用手续及领取建设用地批准书的用地方），可以参加国有土地使用权的招拍挂活动。在明知B建设公司取得了上述文件的情况下，无论市国土局还是市土地开发中心均未通知B建设公司参加争议宗地的挂牌出让活动，致使B建设公司失去摘牌机会。2012年8月27日，市土地开发中心向B建设公司发出《关于出具评估意见的函》，继续就补偿问题进行磋商，但并未透露任何有关争议宗地已经挂牌出让的事实，使得B建设公司始终被蒙在鼓里。根据国土资源部于2007年颁布的《招标拍卖挂牌出让国有建设用地使用权的规定》第26条之规定，这是一种明知原用地方在争议宗地上存有开发权益，而不告知的行为，程序上是不符合规定的。

这是一个前置审批用地的案例。市国土部门尊重历史事实，最终承认原已取得建设用地规划许可证和《建设用地通知书》但尚未签订《国有土地使用权出让合同》的单位为实际用地方，依据《关于前置审批用地公开出让后前期投入补偿有关问题的意见》（×国房字〔2010〕878号）的相关规定，给予B建设公司参与挂牌后成功竞得本幅前置审批用地的土地使用权的机会，并按规定的比例将部分土地使用权出让金返还给了B建设公司，这在程序上和实体上都是符合规定的。

案例4

集体土地出让是否合法

▌基本案情

在海口市某区有约1300亩农业用地属于"海口市某区A镇农民集体（A热带作物场）"所有，共11份集体土地所有权证。

2009年10月6日，海南B房地产开发有限公司与A热带作物场签订《集体土地使用权出让合同》，合同约定出让年限为50年，出让价格为每亩3万元，合同签订后B房地产开发有限公司付清了土地出让价款。

2012年2月3日，A镇人民政府就A热带作物场作为2009年所签《集体土地使用权出让合同》出让主体不合法问题召开专题会议进行讨论，会议决定变更出让主体为A镇人民政府，出让条件不变。

2012年2月14日，海南B房地产开发有限公司与海口市某区A镇人民政府签订《集体土地使用权出让合同》，约定A镇人民政府出让871308.7平方米（折合1306.96亩）土地给B公司，用于房地产开发，出让期限为50年。

处理结果

首先，该1300余亩集体农业用地没有完全纳入海口市的城市建设控制性规划范围，只有其中的603212.94平方米（折合904.828亩）符合海口中心城区土地利用总体规划，不具备变更为城市国有建设用地的前提条件。其次，该1300余亩集体农业用地没有完成征地拆迁补偿和安置手续，没有被海口市土地开发部门储备为国有建设用地。再次，该幅集体农业用地没有经省国土部门批准为建设用地，也就是没有完成农业用地变更为非农业建设用地的审批手续，即通常所说的没有完成土地的"农转非"手续。最后，国家每年对用于建设（包括房地产开发）的土地，需要相应的用地指标，国土部门如果没有获得当年用于出让的国有建设用地指标，则无法将国有建设用地进行公开出让。

另外，如果本幅集体农业用地按照我国新的《土地管理法》有关规定，由集体进行公开出让，也需要满足建设用地这一前提，如果不是集体建设用地，仍然不可以作为集体建设用地进行公开出让。即使本幅集体农业用地因符合总体规划要求变为了集体建设用地，也需要当地政府、国土部门、三资部门制订具体详细的出让方案，依照严格的程序进行公开出让。

至本书完成之时，以上1300余亩集体用地仍保持其农业功能。

法律分析

2018年3月11日修正的《宪法》第10条规定："城市的土地属于国家所有。农村和城市郊区的土地，除由法律规定属于国家所有的以外，属于集体所有；宅基地和自留地、自留山，也属于集体所有。国家为了公共利益的需要，可以依照法律规定对土地实行征收或者征用并给予补偿。任何组织或者个人不得侵占、买卖或者以其他形式非法转让土地。土地的使用权可以依照法律的规定转让。一切使用土地的组织和个人必须合理地利用土地。"

2004年8月28日修正的《土地管理法》第8条规定："城市市区的土地属于国家所有。农村和城市郊区的土地，除由法律规定属于国家所有的以外，属于农民集体所有；宅基地和自留地、自留山，属于农民集体所有。"第10条规定："农民集体所有的土地依法属于村农民集体所有的，由村集体经济组织或者村民委员会经营、管理；已经分别属于村内两个以上农村集体经济组织的农民集体所有的，由村内各该农村集体经济组织或者村民小组经营、管理；已经属于乡（镇）农民集体所有的，由乡（镇）农村集体经济组织经营、管理。"第60条规定："农村集体经济组织使用乡（镇）土地利用总体规划确定的建设用地兴办企业或者与其他单位、个人以土地使用权入股、联营等形式共同举办企业的，应当持有关批准文件，向县级以上地方人民政府土地行政主管部门提出申请……"第61条规定："乡（镇）村公共设施、公益事业建设，需要使用土地的，经乡（镇）人民政府审核，向县级以上地方人民政府土地行政主管部门提出申请……"第81条规定："擅自将农民集体所有的土地的使用权出让、转让或者出租用于非农业建设的，由县级以上人民政府土地行政主管部门责令限期改正，没收违法所得，并处罚款。"2014年7月29日修订的《土地管理法实施条例》第39条规定："依照《土地管理法》第八十一条的规定处以罚款的，罚款额为非法所得的百分之五以上百分之二十以下。"

根据以上法律规定来分析，当前我国是禁止集体建设用地使用权入市流转的。《土地管理法》（2004年修正）第63条虽然规定了"农民集体所有的土地的使用权不得出让、转让或者出租用于非农业建设；但是符合土地利用总体规划并依法取得建设用地的企业，因破产、兼并等情形致使土地使用权依法发生转移的除外"，乍看之下这似乎给集体土地使用权入市流转提供了法律支持，但是在实践中操作性并不强。

就本案而言，A热带作物场集体土地使用权的出让明显不属于上述情形，更不属于集体土地经政府征收合法转为国有土地再进行出让使用权的情形。A热带作物场、A镇人民政府直接作为集体土地使用权出让主体本身是违反我国以上法律、法规强制性规定的，B公司与前述主体所签《集体土地使用权出让合同》均为无效。

本案例中，B公司受让集体土地使用权反映出：B公司在受让集体土地使用权前，对合法受让手续考察不足；B公司与A热带作物场在签订《集体土地使用权出让合同》时均在集体土地使用权转让问题上陷入误区；合同主体更换为镇政府后重新签订出让合同，对镇政府能否作为出让主体、集体土地使用权能否直接由镇政府出让等问题未提前把控，做好分析。

A镇集体土地出让因违反我国法律法规的强制性规定，属无效出让行为，其出让合同也属非法和无效。即使是在 2019 年 8 月 26 日我国《土地管理法》修正之后，该出让行为也是非法和无效的，因为该出让行为违反了集体土地出让的审批程序和出让程序；同时必须强调的是，集体土地的所有权属于集体，集体所有的土地不得作为国有土地进行出让。

因此，针对集体土地使用权出让项目，应提前摸清出让手续并充分做好分析，遵循合法程序取得项目，避免法律风险。

案例 5

土地的一级开发

基本案情

2008 年 10 月，北京市国土资源局（以下简称"国土局"）发布《北京市朝阳区××路商业、金融、医院项目用地国有建设用地使用权出让挂牌文件》（以下简称《挂牌文件》），其中公布的出让宗地基本情况是：位于朝阳区××路××号，具体四至范围是，东至……路，南至……路，西至……路，北至……街。该地将以"七通一平"（"七通"指通路、通上水、通雨污水、通电力、通燃气、通电信、通热力；"一平"指除现状保留用作竞得人的施工暂舍及临时用电设施、调压站外，场地达到自然地平）的形式供地。挂牌出让起始价为 85917.96 万元，竞价阶梯为 400 万元起，竞买保证金为 8600 万元。在该宗地的开发建设需满足的条件中提出："该宗地内有现状地区级燃气调压站（以下简称'调压站'）一座，需要进行迁移改造，在竞得人与燃气集团确定用地位置及设计方案后，由申请人负责迁移改造并承担相关费用。"宗地权属及土地现状为：该宗地土地使用权人为申请人。目前，该宗地地上建筑物（树木除外）已基本拆平、腾空，未拆除建筑物（占地 3000 平方米）作为竞得人的施工暂舍，另有调压站一座需保留，宗地北侧四个配电柜目前供××项目使用，同时可为竞得人提供临时用电，暂未拆除。宗地开发建设期限为 3 年。宗地挂牌底价中土地开发建设补偿费（以下简称"补偿费"）为 60952 万元，包括申请人完成宗地内除树木外其他地上建筑物拆迁、安置的费用，入市前评估、复评等前期工作发生的费用及提出具备"七通一平"条件土地后应得的补偿费用。《挂牌文件》还就相关条款作了详细的规定。

2008 年 12 月 1 日，被申请人通过竞买取得了上述宗地的使用权，并根据《挂牌文件》的内容于2009年1月28日与国土局签订了《国有建设用地使用权出让合同》（以下简称《出让合同》）。合同约定：被申请人于2009年2月28日之前开工，在2012年2月28日之前竣工。被申请人不能按期开工，应提前30日向申请人提出延建申请，申请人同意延建的，其项目竣工时间相应顺延，但延建期限不得超过1年。并且经过双方同意，对《出让合同》有关内容作了补充，在该宗地的开发建设需满足的要求中重申：180平方米的调压站为不出让建筑面积，需要进行迁移改造，在被申请人与燃气集团确定方案后，由申请人负责迁移改造并承担相关费用。

2009年2月16日，申请人与被申请人签订就上述宗地"北京市朝阳区西××路××号项目"（以下简称"21号项目"）的《土地开发建设补偿协议》（以下简称《补偿协议》），约定：

申请人的主要权利义务为：完成21号项目宗地内本协议约定的拆迁工作，做到土地平整，按期交付本项目用地。负责宗地内各项大市政设施建设达到以下标准：

①道路：西侧为……路，南侧为……路，东侧为……路，北侧为……街。

②电力：外电源由××变电站接引，具体由供电局审定方案确定。

③上水：××路已完成DN600上水管线。

④雨污水：××街、××路各已完成1000mm雨水管线接入，××街已完成400mm—500mm污水管接入。

⑤热力：××路上已完成DN1400管线。

⑥天然气：项目用地范围内现有环状调压站一座。

⑦电信：××路、××路已完成电信管道。

申请人将上述管道均做到宗地红线外1米，具体实施方案以各市政相关部门审批为准。所有接用和红线内市政报装的费用由被申请人承担。双方协议被申请人进行施工临时用水、临时用电报装，报装接用费用由被申请人承担。在被申请人下一步办理规划立项、建设、用地等相关手续时，申请人对被申请人提供必要的协助与支持。

被申请人的权利和义务是：按协议约定如数向申请人支付补偿费；负责办理向北京市相关部门申请批准本项目成交之后的立项、规划、开发建设与用地等报批手续，就本项目的土地出让工作与国土局签订出让合同，缴纳地价款；在接到申请人进地通知后，负责施工、用水、用电等报装手续，承担报装费用；负责本项目建设工程施工及管理维护的相关工作；等等。

《补偿协议》约定，项目宗地现状内有一座地区级调压站，根据北京燃气集团公司（以下简称"燃气集团"）与申请人签署的协议，该调压站需要迁移改造，被申请人需和燃气集团商定调压站用地的具体位置，由申请人进行迁移改造并承担相关费用。具体迁移改造时间待被申请人确定设计方案后双方另行商定。

《补偿协议》对补偿费的具体支付方式为：1. 被申请人应向申请人支付的补偿费为60952万元。在协议签订后3个工作日内支付总额的20%作为定金；被申请人完成验收达到"三通一平"条件的土地并签字确认后3个工作日内向申请人支付总额的74%，同时申请人向被申请人交付规划用地及相关文件；剩余的6%，申请人向被申请人每交付一条市政管线前5个工作日（以申请人向被申请人发出正式书面交付日期为准），被申请人需向申请人支付总额的1%，在申请人交付第6条市政管线前5个工作日，被申请人需向申请人付清全部的补偿尾款。但非因不可抗力原因，如被申请人开发期限长，则申请人有权在《挂牌文件》规定的开发期限3年期满时，要求被申请人付清剩余的补偿费。

《补偿协议》约定交付土地的期限及标准是：按照《出让合同》和《补偿协议》的约定，申请人收到被申请人支付的补偿费总额的20%后3个工作日内，被申请人完成对规划用地的验收并签字确认。被申请人完成验收并签字确认后3个工作日内向申请人支付补偿费总额74%，同时申请人向被申请人交付具备"三通一平"开发建设条件的全部用地及相关文件。申请人根据被申请人开发进度保证在该宗地项目主体结构竣工验收前5个工作日内陆续提供6条市政管线及出让宗地道路等市政设施条件。

《补偿协议》约定的违约责任主要是：申请人未按本协议约定的期限和标准向被申请人交付土地属申请人违约，申请人除按本协议约定期限和标准向被申请人提供土地及支付已收到补偿费的同期银行贷款利息外，还需向被申请人支付违约赔偿金，违约赔偿金按申请人每延期一个工作日向被申请人支付被申请人已向申请人支付的补偿费金额的万分之一的标准执行。被申请人未在本协议约定的期限内支付各期补偿费属被申请人违约，被申请人除应按本协议约定支付应付款额及同期银行贷款利息外，还需向申请人支付违约赔偿金，违约赔偿金按被申请人每延期一个工作日向申请人支付补偿费中未支付部分的万分之一的标准执行。如果双方有其他违反本协议的行为，给对方合法权益造成损害的，应按损害程度向对方支付违约金。本协议约定违约金应在明确责任后10个工作日内偿付，否则按逾期付款处理，违约方需按人民银行规定的同期贷款利率给付逾期应支付的违约金利息。

《补偿协议》还约定，被申请人与国土局签订的《出让合同》与本协议共同组成一套相互关联的完整的合同文件，互相补充。在协议履行过程中，必须将前述合同和本协议作为一个有机的整体进行解释和执行。双方还就宗地基本情况，补偿费内容，银行账号，协议的修改、变更、解除及终止、生效及其他条款作了详细的约定，并且还约定，因执行本协议发生争议，如协商不成，提交仲裁。

2009 年 2 月 17 日，申请人与被申请人签订了《土地开发建设补偿协议》的补充协议（以下简称《补充协议 1》），就《补偿协议》的有关事宜达成补充协议。《补充协议 1》中双方同意付款方式变更为：①在《补充协议 1》签订后 3 个工作日内，被申请人向申请人支付补偿费总额的 20%，即 121904000 元作为定金；②在 2009 年 3 月 15 日前，被申请人向申请人支付补偿费总额的 20%，即 121904000 元；③在 2009 年 4 月 15 日前，被申请人向申请人支付补偿费总额的 20%，即 121904000 元；④在 2009 年 6 月 30 日前，被申请人向申请人支付补偿费总额的 34%，即 207236800 元；⑤在申请人向被申请人交付（以申请人向被申请人发出正式书面交付日期为准）6 条管线（上水、雨污水、电信、天然气、电力、热力，管线交付不分先后顺序）后 3 个工作日内，被申请人向申请人支付补偿费总额 6% 扣除经申请人、被申请人与燃气集团（或其指定的分支机构）三方确认的调压站迁移改造的总包干价后的余额。《补充协议 1》关于调压站迁移改造约定为：双方同意，由被申请人负责调压站迁移改造的设计方案、建设工程规划许可证、建设工程施工许可证等全部报批工作，并负责实施调压站迁移改造，申请人予以协助。该调压站迁移改造建设费用按以下约定由申请人承担：申请人、被申请人与燃气集团（或其指定的分支机构）共同确认调压站改造总包干价，三方确认的该总包干价由申请人承担，被申请人可在本协议约定的补偿费总额的 6% 中直接予以扣除。调压站迁移改造工程估算价与总包干价的差额，由被申请人承担。《补充协议 1》还就被申请人延期支付违约金、土地交付、售楼处拆除、配电室和配电柜拆除的具体事宜及保证责任、生效等内容作了约定，并约定《补充协议 1》与《补偿协议》的内容不一致处，以《补充协议 1》内容为准，其他内容仍按《补偿协议》执行。

上述两个协议签订后，鉴于被申请人第二笔补偿款延期支付，申请人尚未交付土地和相关文件的情况，双方又签订了《关于支付第三笔土地开发建设补偿费以及土地交付的补充协议 2》（以下简称《补充协议 2》），约定被申请人争取于 2009 年 4 月 30 日前（最迟不得晚于 2009 年 5 月 5 日）支付第三笔款项，申请人应在收到第三笔款项后 3 个工作日内向被申请人交付土地及相关文件。《补充协议 2》还就上述约定未履行的违约责任作了约定，并约定《补充协议 2》与《补偿协议》《补充协议 1》内容不一致的地方以《补充协议 2》为准，其他内容仍按《补偿协议》与《补充协议 1》执行。

申请人称：在上述协议签订后，2009 年 3 月 11 日申请人已将符合《挂牌文件》及双方约定的项目用地交付给被申请人，履行了项目用地的交付义务，并始终积极配合被申请人的项目开发工作。但被申请人数次拖延付款，截至 2012 年 8 月仍有 3657.12 万元尚未支付。《补偿协议》第 4 条约定："非因不可抗力原因，如被申请人开发期限过长，则申请人有权在《挂牌文件》规定的开发期限 3 年期满时，要求被申请人付清剩余的土地开发建设补偿费。"依据《挂牌文件》的规定，被申请人已在 2009 年 2 月 16 日与申请人签订《补偿协议》，至今早已超过被申请人付清全部补偿费的期限，因此根据《补偿协议》第 7 条的规定，被申请人还应向申请人支付利息及违约赔偿金。截至 2012 年 8 月 31 日，被申请人应付利息 147.27 万元，违约赔偿金 89.62 万元。为维护申请人的合法权益，依据《仲裁法》提起仲裁，请求裁决：1. 被申请人立即支付申请人土地开发建设补偿费 3657.12 万元；2. 被申请人立即支付申请人利息 147.29 万元（现截至 2012 年 8 月 31 日，并计算至实际给付之日）；3. 被申请人立即支付申请人违约赔偿金 89.62 万元（现截至 2012 年 8 月 31 日，并计算至实际给付之日）；4. 本案仲裁费用全部由被申请人承担。

被申请人答辩称：不同意申请人的全部仲裁请求，即不同意向申请人支付补偿费、利息、违约赔偿金，不同意支付仲裁费。被申请人认为：第一，补偿费的付款条件尚未成就，2009 年 2 月 17 日双方签订《补充协议 1》，对补偿费尾款的支付方式予以明确变更。《补充协议 1》第 1 条第 5 项明确约定，"在申请人交付 6 条市政管线，被申请人扣除经申请人、被申请人、燃气集团三方确认的调压站迁移改造的总包干价后的余款"后始应向申请人支付。本案基本事实是，申请人没有向被申请人交付任何市政管线，并且由于申请人的过错，调压站的迁移改造工程至今无法推进，约定由申请人、被申请人、燃气集团三方共同确定的总包干价也未能确定。因此，双方约定的被申请人的付款条件尚未成就。根据双方约定，在《补偿协议》和《补充协议 1》内容不一致之处，以《补充协议 1》内容为准的情况下，申请人要求被申请人支付补偿费尾款，没有事实及法律依据。

第二，申请人要求被申请人负责支付利息及违约赔偿金亦无事实和法律依据。首先，在补偿费尾款的付款条件尚未成就，被申请人不应向申请人支付尾款的情况下，申请人要求被申请人负担该款的利息，没有法律依据。其次，申请人在调压站的迁移改造问题上存在严重违约。根据《出让合同》第 20 条第 6 项的规定，《补偿协议》及《补充协议 1》等有关协议的约定以及相关法律法规的规定，申请人作为 21 号项目用地的一级开发商，应承担对地上物（调压站）进行拆建的义务，承担移交 6 条市政管线的义务，但由于申请人的过错，时至今日调压站尚未迁移改造，市政管线尚未交付，其行为已给被申请人造成严重损失。因此，申请人要求被申请人向其支付违约赔偿金没有事实及法律依据。被申请人请求驳回申请人的全部仲裁请求，保护被申请人的合法权益。

针对申请人的违约行为，被申请人提出如下反请求：1. 请求裁决申请人赔偿被申请人因其违约所遭受的经济损失,包括被申请人自损失实际发生之日起至调压站改造完成,可以顺利开发利用土地之日止的利息,按中国人民银行同期贷款基准利率上浮20%的标准计算,暂计算至2013年1月31日为244964656.06元的融资费用和6003653.51元的人员成本,共计250968309.57元;2. 请求裁决申请人承担全部仲裁费用。

被申请人的主要事实和理由:第一,申请人未完全履行土地一级开发义务。申请人作为21号项目的一级开发商,有义务完全履行宗地内土地平整的一级开发义务,其中必然包括21号项目内的调压站的拆迁工作。2003年8月27日,申请人与燃气集团输配公司(以下简称"输配公司")签订《调压站迁改协议书》,约定输配公司同意将21号项目内的调压站进行迁移,并选择合适的地点重建,费用由申请人承担,但双方未能对包括补偿价格在内的调压站的迁移改造方案进行具体约定。2008年12月1日,被申请人取得21号项目用地,申请人与燃气集团就调压站的迁改始终未协商一致,这是最终导致调压站问题迟迟未能得到解决的根源。申请人未完全履行土地一级开发义务,已构成违约。

第二,申请人未依法履行《补偿协议》及其补充协议规定的义务。根据2009年2月16日双方签订的《补偿协议》第2条第3项和《补充协议1》第6条的约定,申请人应当承担调压站迁改的全部费用,被申请人则同意替代申请人承担实施迁改所需的设计、报批、施工等各种具体义务,但申请人必须负责向被申请人提供实施具体义务所需必要条件,包括根据其与输配公司签订的《调压站迁改协议书》主张和行使相关权利、与燃气集团就双方尚未最终确定的包括补偿价格在内的迁改方案达成协议等,以使其应当承担的一级开发义务得以全面履行,进而保证申请人与被申请人签订的《补偿协议》的目的能够实现。被申请人认为,本案《补偿协议》签订的目的在于使被申请人获得可供二级开发的土地,作为该土地一级开发商的申请人,应当承担全面完成包括调压站迁改在内的土地一级开发义务。被申请人无法按《补偿协议》约定实施调压站迁改具体义务,完全是申请人未能与燃气集团确定包括价格在内的调压站迁改方案所致,申请人应承担违约责任。

第三,申请人应赔偿因其违约给被申请人造成的损失。依据《补偿协议》第7条第4项约定及《合同法》第113条规定,申请人应赔偿被申请人所遭受的全部经济损失。

第四,被申请人蒙受经济损失数额的依据。首先,作为二级开发企业,被申请人为开发21号项目已累计支付土地使用权出让金、土地开发建设补偿费、契税及城市基础设施建设费等各项土地费用共计883483058.80元。同时,被申请人为土地开发建设启动的前期准备还支付营业费5449672.32元、税费3888153.13元、工程费13344218.20元、管理费6012991.74元（其中人员成本费5642623.49元）及其他费用382746.40元，以上各项费用共计29071159.97元。上述费用均系被申请人以借贷方式取得的资金，根据被申请人与案外人广州某装饰有限公司、北京某房地产开发有限公司及某建筑安装工程有限公司签订的借款协议的约定，被申请人自每笔借款到账之日的次日起，按中国人民银行同期贷款基准利率上浮20%的标准，向各出借方支付借款利息，若逾期未偿还本息，还需按日万分之一的标准，以借款本息和为基础向出借人支付违约金。现因申请人未履行土地一级开发义务及双方所签协议约定的义务，被申请人投入巨额资金购入的21号项目无法进行开发建设，投入的资金无法按期收回，蒙受巨额利息损失。同时，被申请人与案外人之间的借款协议所约定的利息标准符合相关法律的规定，应受法律的保护，故申请人应予以赔偿。其次，自2008年年底挂牌以来，被申请人已经为21号项目开发做准备，派驻工作人员实施相关工作。因申请人未履行一级开发义务，被申请人无法进行21号项目的开发建设，客观增加了人员成本，申请人应对此承担赔偿责任。此外，由于申请人的违约行为，被申请人面临缴纳土地闲置费、土地被收回及缴纳延期开、竣工违约金的巨大经济损失。对此被申请人仍保留追诉的权利。

综上所述，被申请人请求仲裁委员会维护被申请人的合法权益，支持被申请人的反请求。

申请人针对被申请人反请求答辩称：申请人不存在任何违约行为，被申请人的请求均不成立，申请人无须承担任何违约赔偿责任。具体事实和理由：第一，申请人已完成21号项目用地的"三通一平"交付义务。2009年3月11日，被申请人已经向申请人出具《土地验收确认书》，确认该宗地符合《挂牌文件》和《补偿协议》及《补充协议1》的约定，申请人和被申请人正式办理交接手续。根据《补充协议1》，调压站由被申请人负责改造，申请人提供的市政管线变更为5条，申请人已经向被申请人提供6条市政管线。实际情况是，虽然未到交付市政管线的时间节点，申请人已经提前完成了上水、雨污水、电信、热力管线并移交给了市政管理部门。关于电力管线，因被申请人不能提供工程规划许可证等必备条件，申请人无法办理。因此申请人在完成约定的土地一级开发义务方面，不存在任何违约行为。

第二，被申请人21号项目开发期过长，未能在合同规定的2012年2月28日前竣工，系被申请人自身原因造成，因此产生的相关责任和损失应均由被申请人自行承担，与申请人无关。被申请人所称21号项目用地因调压站未能迁移是导致项目开发停滞的原因，完全是颠倒是非，没有任何事实依据。《补偿协议》第2条第3款第1项、《补充协议1》第6条、挂牌文件《竞买须知》第6项等多处文件均规定，调压站由被申请人负责与燃气集团选定迁移位置，确定改造方案，并由被申请人负责办理全部报批手续并实施改造工作。申请人仅负责协调和承担三方确认的迁移改造总包干费用的义务,其他具体工作与申请人无关。被申请人至今没有选定位置,没有确定改造方案,才是导致迁移工作没有进行的真正原因,申请人无过错,是被申请人的行为导致申请人无法履行协议义务,因此申请人不存在违约行为。调压站存在于21号项目用地内的事实,被申请人在买卖之前就知晓并同意,因此申请人作为土地一级开发单位,不存在违约行为。被申请人迟迟不选定位置,不确定迁改方案,其真实意图是企图逃避其开发项目范围内建设作为公共配套设施的调压站的义务。因此,调压站迁移工作停滞不前,21号项目用地开发停滞的全部责任应由被申请人承担。

第三,关于被申请人要求的两项经济损失,申请人认为纯属无理要求。第一项,融资费用。根据最高人民法院的相关司法解释,企业之间的借款合同无效,约定利息不仅不予支持,还要依法收缴。所以被申请人的借款利息,不可能构成可以向第三方追偿的合法经济损失。第二项,人员成本。被申请人无法证明该项目的停滞是否能带来人员成本损失,该项损失也属于无中生有,没有事实和法律依据。并且根据前述事实,21号项目用地开发停滞完全是被申请人自身原因造成的,如果因此受到相关部门的处罚,甚至收回用地,责任完全由被申请人自行承担。

综上所述,申请人请求仲裁委员会依法驳回被申请人的全部请求事项。

仲裁庭裁决

经过开庭调查和审阅相关案件材料,仲裁庭经过评议,发表如下意见:

(一) 关于申请人的本请求问题

本案申请人的第一项仲裁请求为要求被申请人向其支付补偿费尾款3657.12万元。申请人认为,根据《挂牌文件》第21条但书条款和《补偿协议》第4条但书条款的规定,被申请人应在开发期限届满(2012年2月28日)之时履行补偿费尾款的付款义务,《补充协议1》第1条只是对74%的补偿费和剩余6%的补偿费尾款付款进度的协议变更,并没有对但书条款这一特别约定进行明确的变更或废除,故除不可抗力外,但书条款具有排除其他任何情形下付款障碍的效力,没有被协议变更,对双方仍具有约束力。

被申请人不同意申请人的仲裁请求,认为《补偿协议》第4条第2款约定的补偿费尾款的支付条件(包括有关"逐笔付清"以及"最长期限不得超过3年开发期"的约定)已被《补充协议1》变更为需同时具备以下两个条件:1. 申请人向被申请人交付6条市政管线(以申请人向被申请人发出正式书面交付日期为准);2. 申请人、被申请人与案外人燃气集团三方已经确认调压站迁移改造的总包干价。

现申请人没有向被申请人交付任何一条市政管线，调压站迁改的最终补偿费用至今没有确定，致使调压站迁改工程无法完成。故在双方明确约定《补偿协议》与《补充协议1》的内容不一致时以《补充协议1》为准的情况下，补偿费尾款的付款条件已经变更，且尚未成就。

结合双方的主要观点，仲裁庭认为：本请求的争议焦点为《补充协议1》的签订是否变更了补偿费尾款的付款条件及该条件是否已经成就。《合同法》第77条规定："当事人协商一致，可以变更合同。"根据本案已查明的事实，双方在签订《补偿协议》的次日签订了《补充协议1》，《补充协议1》第1条明确约定双方同意变更补偿费用的付款方式。其中第1条第5项明确约定，将补偿费尾款的付款条件变更为同时满足以下两个要件：一是申请人向被申请人正式交付完毕6条市政管线；二是调压站迁改的总包干价已被确定。同时，根据《补充协议1》第8条关于"本协议与《土地开发建设补偿协议》内容不一致处，以本协议内容为准"的约定，可以认定，双方已协议变更了补偿费尾款的付款条件，故现申请人继续以补偿协议第4条的但书条款为依据，要求被申请人向其支付补偿费尾款，依据不足。在案证据和庭审调查证实虽然申请人已经完成了部分市政管线的工作，但是，没有向本仲裁庭提供确实、充分的证据证实其已向被申请人履行完毕6条市政管线的交付任务，即申请人没有就6条市政管线向被申请人履行任何交付手续或进行实际交付；同时，双方均认可调压站的迁改费用至今仍然没有确定。也就是说，变更后的补偿费尾款的付款条件均没有成就。综上，申请人要求被申请人向其支付补偿费尾款、利息及违约赔偿金的仲裁请求缺乏事实及法律依据，本仲裁庭均不予支持。

（二）关于被申请人的反请求问题

被申请人反请求要求申请人赔偿其融资成本244964656.06元和人员成本6003653.51元，两项损失共计250968309.57元。被申请人认为，调压站的迁改不仅仅是申请人的一级开发义务和遗留问题，更重要的是只有申请人具有与燃气集团协商确定调压站迁移改造的关键问题（补偿费用的具体数额）的合同权利、法律地位和客观履行的可能性，而补偿费用的确定是调压站能够进行并完成迁移改造的必要前提。现申请人违反土地一级开发义务和合同义务致使调压站至今未能完成迁改，已构成违约；申请人的违约行为直接导致21号项目开发建设迟滞，被申请人蒙受巨额经济损失，对此申请人应承担赔偿责任。

申请人不同意被申请人的全部仲裁反请求，认为其已完成土地一级开发义务，已按照《补偿协议》将符合约定的、达到"三通一平"条件的土地交付给了被申请人。虽然《补偿协议》约定由被申请人和燃气集团确定调压站迁改的具体位置，由申请人进行调压站的迁移改造并承担相关费用,但《补充协议1》第6条已经对该约定进行了变更。也就是说,《补充协议1》第6条是关于调压站迁改义务的最终约定,据此,申请人的义务仅限于协助和承担三方(申请人、被申请人和燃气集团)确认的调压站迁改的工程建设费用,因此,调压站的主要迁改责任已转由被申请人承担,申请人没有违约,被申请人的反请求属无理要求。

结合双方的主要观点,仲裁庭认为,反请求部分双方的主要争议焦点为:调压站的迁改是否是申请人的一级开发义务和合同义务,该迁改义务的承担主体是否因《补充协议1》的签订而发生转移;如果申请人的履行行为确已构成违约且给被申请人造成了损失,该损失数额应如何认定。根据双方的举证、质证和庭审调查,并结合相关法律规定,本仲裁庭对反请求部分做如下分析认定:

1. 调压站迁改是申请人的义务,根据《挂牌文件》和《出让合同》的规定,该遗留问题仍应由申请人负责解决,没有被免除。《挂牌文件》第6条第6项和《出让合同》附件4《补充协议》第20条规定,项目用地内遗留的调压站应由申请人"负责迁移改造并承担相关费用"。也就是说,本案中虽然申请人在土地不符合上市交易条件——存有地上附着物(调压站),未做到平整的情况下将其进行了上市交易,但申请人的一级开发义务没有被免除,调压站的迁改仍应由一级开发商(即申请人)负责并承担相关费用。另外,根据申请人与被申请人2009年4月30日的土地交接单及双方当庭的陈述,可以认定,申请人在土地上市交易之时没有将其于2003年8月27日与燃气集团就调压站迁移改造问题签署的协议书进行披露,没有将协议书内容反映的调压站尚不具备迁改条件的关键事实进行披露。因此,申请人应对其披露不真实、不完整的行为承担法律责任,不能因此而免除本应由其承担的法定义务——完成调压站的迁改。综上,调压站的迁移改造属于申请人遗留的开发问题,应由申请人负责。

2. 调压站的迁改是双方当事人的合同义务,双方当事人均应履行自己的合同义务。申请人与被申请人签订的《补偿协议》第2条第3项第1点约定:"根据北京市燃气集团公司与甲方(指申请人,下同)签署的协议,该调压站需要迁移改造,乙方(指被申请人,下同)需和燃气集团公司商定调压站用地的具体位置,由甲方进行迁移改造并承担相关费用。"双方当事人签订的《补偿协议》系以《挂牌文件》提供的缔约范本为依据,关于调压站迁改义务承担主体和费用负担问题均延续了《挂牌文件》的规定,没有变更。也就是,对于调压站的迁改,申请人的合同义务为"进行迁移改造并承担相关费用",被申请人的合同义务为"和燃气集团商定调压站用地具体位置"。

《补充协议1》第6条约定:"双方同意由被申请人负责调压站迁改的设计方

案、建设工程规划许可证、建设工程施工许可证等全部报批工作，并负责实施调压站迁移改造，由申请人予以协助，该调压站迁改总包干价由双方与燃气集团共同确认，费用由申请人承担。"申请人据此认为，其在调压站迁改工作中的义务已经完成，迁改的义务已转给被申请人，自己只是协助被申请人和承担调压站迁改的建设费用。本案证据和庭审调查证实，申请人是在2009年4月30日才将其与燃气集团的协议书交给被申请人，协议书的内容载明，申请人与输配公司就调压站的迁改工作没有进行详细的约定（迁改方案及费用），有待于进一步的协商和约定，因此证明了申请人没有完成一级开发义务。同时也证明申请人在与被申请人签订《补偿协议》和《补充协议1》时隐瞒了这一事实，造成被申请人认为申请人与燃气集团已协商确定具体迁改方案和补偿费用，自己的义务只是确定调压站的还建位置，因此，同意自行与燃气集团商讨迁改工作。另外，虽然申请人在2009年4月30日向被申请人交付了上述协议书，并主张其已完成了土地一级开发义务，调压站的迁改应是合同约定的问题，但是其并没有主动和燃气集团及被申请人共同协商变更协议书的签约主体，因此调压站的迁改仍然是其和燃气集团的协商内容。更何况，调压站迁改费用仍应由申请人承担，而调压站迁改费用的确定又是调压站迁改问题的核心，尽管《补充协议1》将迁改的实施变更为被申请人的义务，但被申请人客观上也不可能取代申请人与燃气集团确定包括主要是调压站迁改费用在内的迁改方案。因此，调压站的迁改义务仍然应由申请人实施，被申请人不能也没有资格去和燃气集团协商调压站迁改的具体问题。其主要义务应当还是《挂牌文件》和《补偿协议》约定的与燃气集团协商确定调压站的还建位置。

3. 申请人未与燃气集团就调压站的迁改方案及建设费用达成一致意见，导致调压站不能在合理的期限内进行迁改，违反《补偿协议》和《补充协议1》的约定，应承担违约责任。申请人虽然在《补充协议1》中对调压站迁改的工作变更了自己应承担的义务，但是其与燃气集团的协议的主体并没有变更，所以只能由其与燃气集团进行协商，以便履行《补偿协议》和《补充协议1》所承担的合同义务。但申请人却隐瞒了与燃气集团签订协议书的情况，导致其与被申请人签订了《补充协议1》，并以此为由，坚持自己已经履行了一级开发义务，没有积极推动和参加被申请人、燃气集团共同协商尽快促成调压站的迁改，迟延履行合同义务是造成21号项目工程不能如期开发的重要原因。在案证据和庭审调查证实，2010年5月19日被申请人将调压站的具体还建位置告知申请人，申请人未提出异议；2010年7月8日，申请人、被申请人和燃气集团三方对调压站的还建位置进行了确定，申请人和燃气集团均未提出异议；2010年12月25日，燃气集团给被申请人回函，就调压站迁改的补偿方案提出意见，但对调压站的还建位置未提出异议。据此，可以认定自2010年7月8日起，被申请人已经履行完毕与燃气集团确定调压站还建位置的合同义务。但申请人仍没有和燃气集团就补偿方案协商一致，致使调压站迟迟不能迁改，应承担主要责任。被申请人在与申请人签订《补偿协议》和相关补充协议前对21号项目土地现状缺乏翔实的了解，特别是对调压站的迁改历史情况了解得不清楚，导致在不了解申请人没有完成一级开发的情况下（即调压站迁改问题）与其签订了合同，造成调压站不能顺利迁改，其对工期延误和巨大的经济损失亦有一定的责任。

根据《合同法》第62条第（四）项的规定："履行期限不明确的，债务人可以随时履行，债权人也可以随时要求履行，但应当给对方必要的准备时间。"本案双方虽未明确确定调压站迁改义务履行的具体期限，但不等同于调压站的迁改没有期限。也就是说，在被申请人履行完毕合同义务的情况下，应由申请人开始进行调压站的迁改。根据庭审陈述，可以认定的事实是，被申请人曾于调压站还建位置确定后（2010年7月8日）对申请人进行过催告，要求其履行调压站的迁改义务，但终因申请人公司领导的频繁更替致使问题未能得到解决。仲裁庭综合考虑本案的证据及事实情况，对调压站迁改的期限予以酌定为6个月，申请人应自此调压站迁改期限届至之时履行完毕调压站迁改义务，逾期应定为迟延履行。现距调压站迁改位置确定之时已逾两年半的时间，但调压站仍未能完成迁改，申请人应负主要责任，承担相应的违约责任。

4. 调压站不能迁改，致使21号项目工程没有如期开发建设，由此造成的损失双方均应承担相应的责任。根据被申请人提供的第三、第八、第十组证据，被申请人为取得21号项目用地的土地使用权，支付了包括土地开发建设补偿费、土地使用权出让金、城市基础设施建设费及契税在内的各项土地费用，总计883483058.80元。同时，被申请人为21号项目开发建设的前期准备还支付了包括营业费、税费、管理费、工程建设费等各项费用共计23428536.48元。根据被申请人提供的第七组证据，为支付上述费用，被申请人通过企业借贷的方式累计借款920009400元。申请人对上述证据的真实性认可，对其关联性不予认可，但没有提出相关的证据予以反驳。仲裁庭认为，根据《合同法》第138条关于"当事人一方不履行合同义务或者履行合同义务不符合约定，给对方造成损失，损失赔偿额应当相当于因违约所造成的损失，包括合同履行后可以获得的利益"的规定和《补偿协议》第7条第4项关于"如申请人、被申请人双方有其他违反本协议的行为，给对方合法权益造成损害的，应按损害程度向对方支付违约金"的约定，双方虽没有明确约定违约金的具体数额和计算方式，但双方明确约定了违约方应根据其违约行为给守约方造成的损失承担违约赔偿责任。故根据本案查明的事实，调压站不能迁改使被申请人投入巨额资金取得的项目用地无法进行开发建设——巨额资金被占用、取得的土地长期处于闲置状态，给被申请人造成巨大的损失，申请人对被申请人所遭受的大部分损失，应承担赔偿责任。

仲裁庭认为，综合考虑本案的证据及双方当庭的陈述，可以认定被申请人投入21号项目各项土地费用883483058.80元，开发前期准备支付包括营业费、税费、管理费、工程建设费等23428536.48元，共计906911595.28元。被申请人的损失可以此数额为计算基数，参照中国人民银行同期贷款利率的标准计算调压站从应当迁改之日起至迁改完成之日止的资金被占用的利息。对于损失的起算点，仲裁庭认为，被申请人在摘牌拿地时确已知道土地上有遗留物（调压站），但申请人对其进行隐瞒的是该调压站不具备迁改条件，且其尚未与地上物的权益人（燃气集团）就补偿方案（关键是补偿费用）协商一致。因此，综合考虑被申请人履行完毕与燃气集团确定调压站还建位置这一合同义务的时间（2010年7月8日）和调压站迁改的合理期限（本仲裁庭酌定为6个月），仲裁庭认为从2011年1月8号起算为宜。对于损失计算的截止点，仲裁庭注意到，被申请人请求的截止时间点为调压站改造完成、可以顺利开发利用土地之日。对此，本仲裁庭认为，由于被申请人请求的截止时间目前尚不确定，因此无法予以支持，仲裁庭确定计算损失的截止时间点为本裁决作出之日。在此时间之后至申请人义务履行完毕期间的损失，被申请人可待具体时间明确后另行主张。综上，对被申请人要求申请人赔偿其融资成本的仲裁请求，应以906911595.28元为计算基数，以中国人民银行同期贷款利率为计算标准，自2011年1月8日起计算至本裁决作出之日。

综上，调压站不能迁改，致使21号项目不能如期完成，至2013年5月8日止给被申请人造成的融资损失应为136689211.80元。其中60%即82013527.08元应由申请人承担，40%即54675684.72元由被申请人自行承担。

此外，被申请人提供了第十一组证据，欲证明其为项目开发建设投入大量的人力资源，虽然申请人不予认可，但考虑到本案的具体案情，仲裁庭认为，酌定被申请人为项目开发建设前期投入的人力资源为200万元比较合理。其中60%即120万元应由申请人承担，40%即80万元由被申请人自行承担。

根据本案证据和《合同法》的相关规定，仲裁庭裁决如下：1. 驳回申请人的全部仲裁请求；2. 申请人向被申请人赔偿损失82013527.08元；3. 驳回被申请人的其他仲裁反请求。

法律分析

土地一级开发，有的地方叫土地熟化（即生地变为可直接开发建设的熟地，毛地变成净地），有的地方叫土地整理（三通一平、五通一平或七通一平）。

　　从表面上看，本案非常复杂，但从法律关系上看，本案极其简单。实际上就是两个问题：一是申请人要求被申请人支付尾款是否应得到支持；二是被申请人要求赔偿损失是否应得到支持。

　　对于第一个问题，我国《合同法》第77条规定："当事人协商一致，可以变更合同。"根据本案已查明的事实，双方在签订补偿协议的次日签订了《补充协议1》，《补充协议1》第1条明确约定双方同意变更补偿费用的付款方式。其中第1条第5项明确约定，将补偿费尾款的付款条件变更为同时满足以下两个要件：一是申请人向被申请人正式交付完毕6条市政管线；二是调压站迁改的总包干价已被确定。同时，根据《补充协议1》第8条关于"本协议与《土地开发建设补偿协议》内容不一致处，以本协议内容为准"的约定，可以认定，双方已协议变更了补偿费尾款的付款条件，故现申请人继续以《补偿协议》第4条的但书条款为依据，要求被申请人向其支付补偿费尾款，依据不足。申请人虽然称已经完成了部分市政管线的工作，但是并没有向仲裁庭提供确实、充分的证据，证实其已向被申请人履行完毕6条市政管线的交付任务，即申请人没有就6条市政管线向被申请人履行任何交付手续或进行实际交付；同时，双方均认可调压站的迁改费用至今仍然没有确定。也就是说，变更后的补偿费尾款的付款条件均没有成就。综上，申请人要求被申请人向其支付补偿费尾款、利息及违约赔偿金的仲裁请求缺乏事实及法律依据。我国《合同法》第四章"合同的履行"部分，第60条规定："当事人应当按照约定全面履行自己的义务。当事人应当遵循诚实信用原则，根据合同的性质、目的和交易习惯履行通知、协助、保密等义务。"第66条规定："当事人互负债务，没有先后履行顺序的，应当同时履行。一方在对方履行之前有权拒绝其履行要求。一方在对方履行债务不符合约定时，有权拒绝其相应的履行要求。"第67条规定："当事人互负债务，有先后履行顺序，先履行一方未履行的，后履行一方有权拒绝其履行要求。先履行一方履行债务不符合约定的，后履行一方有权拒绝其相应的履行要求。"由于申请人没有向被申请人正式交付完毕6条市政管线，没有完成调压站迁改，申请人要求支付土地的一级开发尾款的条件暂未成就，仲裁庭未予支持是正确的。

　　对于第二个问题，即被申请人要求赔偿损失是否应得到支持的问题。根据被申请人提供的相关证据，被申请人为取得21号项目用地的土地使用权，支付了包括土地开发建设补偿费、土地使用权出让金、城市基础设施建设费及契税在内的各项土地费用，总计883483058.80元。同时，被申请人为21号项目开发建设的前期准备还支付了包括营业费、税费、管理费、工程建设费等各项费用共计23428536.48

元。根据被申请人提供的相关证据，为支付上述费用，被申请人通过企业借贷的方式累计借款920009400元。根据《合同法》第113条关于"当事人一方不履行合同义务或者履行合同义务不符合约定，给对方造成损失的，损失赔偿额应当相当于因违约所造成的损失，包括合同履行后可以获得的利益"的规定和《补偿协议》第7条第4项关于"如申请人、被申请人双方有其他违反本协议的行为，给对方合法权益造成损害的，应按损害程度向对方支付违约金"的约定，双方虽没有明确约定违约金的具体数额和计算方式，但双方明确约定了违约方应根据其违约行为对给守约方造成的损失承担违约赔偿责任。根据本案查明的事实，由于调压站未按约定完成迁改，使被申请人投入巨额资金取得的项目用地无法进行开发建设——巨额资金被占用、取得的土地长期处于闲置状态，给被申请人造成巨大的损失。申请人对被申请人所遭受的大部分损失，应承担赔偿责任。因此，仲裁庭裁决申请人赔偿大部分损失是正确的。

第二编

041—097

土地使用权转让

案例6

土地使用权转让及拆迁补偿纠纷

基本案情

一、90号案

2016年3月7日，申请人广东X集团有限公司、佛山X创新有限公司、广东X有限公司（以下总称"X集团"）以佛山市W投资有限公司（以下简称"W公司"）为被申请人，向佛山仲裁委员会提出仲裁申请，请求：1. 裁决W公司向申请人支付余款人民币45978880.19万元及自应付款之日起到清偿之日止的违约金（暂计至2016年3月7日，违约金人民币11043494.77万元；其中，土地转让款、水利用地补偿款等余款人民币3910万元的违约金按每日0.021%的标准计算，高压电缆补偿款余款人民币436万元的违约金按中国人民银行同期贷款利率计算）；2. 裁决W公司向申请人支付拒绝使用申请人铝材的违约金人民币2000万元；3. 裁决W公司向申请人返还其占用的48亩土地并赔偿损失人民币4200万元；4. 本案仲裁费由W公司承担。

事实和理由：

1. 三申请人是关联企业。2006年为响应政府号召，响应佛山市人民政府"优二进三"的发展方案，根据《佛山一环沿线（禅城区B片区）控制性详细规划》，禅城区A镇人民政府（以下简称"A镇政府"）决定连片改造B片区。申请人所有的厂房等物业约466亩土地在该改造项目范围内。为保证城市化建设的顺利实施，2006年4月28日，A镇政府下发《关于实施广东X集团有限公司等三家公司整体搬迁的通知》，要求申请人实施整体搬迁，并限期于2010年年底搬迁完毕。

2. 土地挂牌交易。A镇政府引进W公司对B片区进行改造。为了支持政府发展规划，申请人将上述约466亩土地中的424亩土地，连同佛山市禅城区Z土地资源开发公司的82亩土地共计506亩，一同于2006年12月29日通过佛山市禅城区土地交易中心挂牌转让给W公司开发W城项目。2007年2月26日，W公司与土地交易中心签订《成交确认书》。同日，转让双方签订《国有土地使用权转让合同》，约定：申请人连同镇政府属下的A投资公司将B片区共计11块土地以人民币50631.6万元转让给W公司，其需于挂牌成交之日起6个月内支付60%的总成交地价款，剩余款项在挂牌成立之日起 6 个月内付清。由于转让地块中所涉 216 亩土地上建有厂房等需要搬迁，W 公司另行支付 1.3 亿元作为搬迁费用，自挂牌成交之日起 6 个月内分两次等额支付。W 公司逾期付款的，应按迟延付款全额每日 0.021%的标准向申请人支付滞纳金等。针对涉案地块交付、过户以及转让款支付的具体事宜，申请人分别于 2007 年 1 月 8 日、3 月 8 日与 A 镇政府、W 公司签订《关于禅城区 A 镇 06-CG13 地块交易的补充协议》《〈关于禅城区 A 镇 06-CG13 地块交易的补充协议〉的补充协议》，进行了约定。

3. 签订电缆、水利用地补偿协议。2007 年 4 月 29 日，申请人与 W 公司签订《关于厂区搬迁及电缆使用事宜的会议纪要》约定，申请人将三条电缆的使用权转让给 W 公司，其支付不低于 810 万元的补偿。实际上双方就电缆补偿事宜先后于 2007 年 4 月 27 日、2007 年 12 月 3 日签订《关于 W 公司南庄项目高压电缆使用事项的协议》及其《补充协议》，确认将应付电缆补偿款调整为 736 万元。2008 年 4 月 15 日，申请人及 A 镇政府、W 公司签订《关于"W 城"项目用地外部分红线控制水利用地的补偿协议》约定，A 镇政府及 W 公司使用申请人在项目外的 20 亩水利用地，同意补偿 380 万元，其中，A 镇政府补偿 130 万元，W 公司补偿 250 万元。

4. 签订土地交易补充协议。2010 年 12 月 6 日，针对土地过户、交付及款项支付情况，申请人与 W 公司经协商签订《关于禅城区 A 镇 06-CG13 地块交易的补充协议（2010）》，双方确认：申请人转让 424 亩土地，目前已过户 208 亩，交付给 W 公司使用的土地约 192 亩，已过户未拆迁的土地约 16 亩，未拆迁土地占地面积约为 266 亩（包括规划道路，按原土地证面积计算），其中未过户的净用地面积 216 亩，W 公司未付项目用地价款 18200 万元，加上拆迁补偿款 1.3 亿元、水利用地补偿款 250 万元，W 公司应承担的尚未支付的合作价款为 31450 万元。同时，双方在该补充协议中对剩余价款支付和土地过户、交付节奏再次作出约定。

5. W 公司严重违约，应承担违约责任及损失赔偿责任。W 公司在履约过程中存在逾期支付拆迁补偿款及拒绝使用申请人铝材等违约行为，双方对土地的过户、交付一直存在争议。后为推进项目开发建设，在 A 镇政府的协调下，申请人同意从大局出发，先行办理土地过户手续及交付土地，截至 2014 年 9 月，申请人已将 424 亩土地全部过户并交付给 W 公司。据双方约定，W 公司应付申请人土地转让款 42461 万元，拆迁补偿款 1.3 亿元，水利用地补偿款 250 万元及电缆补偿 736 万元，共计 56447 万元。但申请人多次催告，其仅支付申请人 51849 万元（含代付出让金、契税、营业税及附加税费等），余款 4598 万元（包括高压电缆补偿款 436 万元）未付。依约，W 公司应向申请人支付上述欠款及自应付款日起到清偿日止的违约金。具体违约如下：（1）迟付土地转让款及水利用地补偿款等共计4162万元的违约金，自应付款之日起按日0.021%的标准计算，暂计至2016年3月3日为923万元；（2）迟付高压电缆补偿款436万元违约金，自2009年1月1日起按中国人民银行同期贷款利率计算，暂计至2016年3月7日为181万元。以上违约金共计1104万元。

W公司应支付拒绝使用申请人铝材的违约金2000万元。根据《关于禅城区A镇06-CG13地块交易的补充协议》约定，在符合市场价格的前提下，"W城"项目使用申请人生产的铝材；如其违约，应向申请人支付2000万元的违约金。但W公司严重违约，拒绝使用申请人生产的铝材，给申请人造成严重的损失，如按项目每平方米建筑面积用铝材3千克，铝材价格2.2元/吨计算，"W城"项目总建筑面积80万平方米所需铝材2400吨，价值达5280万元。可见，因W公司拒绝使用申请人铝材，申请人铝材销售损失达5280万元。依约，W公司作为违约方，应向申请人支付违约金2000万元。

W公司应返还其占用的土地48亩并赔偿损失4200万元。在申请人转让给W公司的424亩土地之外，另有48亩土地自2007年3月起被其占用至今。其中，商住用地8亩，工业用地40亩。此给申请人造成严重的损失。如按商住用地租金20万元/亩·年、工业用地租金8万元/亩·年计算，申请人暂计至2015年11月的租金损失高达4200万元。

综上所述，W公司存在迟延付款、拒绝使用申请人铝材、违法占用土地等严重违约行为。依法依约，其应支付余款4598万元（包括高压电缆补偿款436万元），违约金3104万元以及返还占用土地48亩并赔偿损失4200万元。

W公司答辩称：

（一）申请人请求仲裁庭裁决W公司向其支付余款45978880.19元（包括土地转让款余款39118880.19元、水利用地补偿款250万元、高压电缆补偿款余款436万元）以及违约金11043494.77元（暂计至2016年3月7日）缺乏事实与法律依据，依法应不予支持。

1. 申请人主张土地转让款余款39118880.19元，金额是错误的，要求W公司按日利率0.021%向其支付违约金更缺乏事实与法律依据。申请人诉W公司土地转让款余款为39118880.19元，经核账，W公司确认剩余未付的土地转让款余款为38034880.19元，二者相差1084000元。该差额的产生是因为申请人未扣减1.084亩的土地款（对应土地款为1084000元）。根据申请人与W公司所签《关于禅城区A镇06-CG13地块交易的补充协议（2013年）》，该1.084亩土地使用权并不属于申请人，实际属于佛山市禅城区南庄土地资源开发公司且由该公司完成土地过户给

W公司，该地块对应的1084000元土地款W公司已向佛山市禅城区南庄土地资源开发公司支付完毕，故该1084000元土地款不应重复计算，不应计入W公司未付X集团的土地转让款余款。自2007年1月起，因X集团多次、长时间逾期办理土地过户、交付，也未按照协议约定给付W公司付款发票原件，违约情况严重，且土地转让款余款的付款条件至今未成就，W公司有权行使抗辩权延期付款，也无须承担逾期付款违约金。（1）根据W公司与X集团所签《关于禅城区A镇06-CG13地块交易的补充协议》（以下简称"2007年1月8日补充协议"）、《国有土地使用权转让合同》（2007年2月26日）、《〈关于禅城区A镇06-CG13地块交易的补充协议〉的补充协议》（2007年3月8日）、《关于禅城区A镇06-CG13地块地价款支付及过户的补充协议》（2007年11月19日）、《关于禅城区A镇06-CG13地块交易的补充协议（2010年）》（以下简称"2010年补充协议"）等相关约定，X集团自2007年1月起实际多次、长时间逾期办理土地过户、交付手续，严重违反前述协议关于土地过户、交付时间的约定，根据《合同法》等相关法律规定，W公司有权行使抗辩权延期付款。（2）多份W公司与X集团、A镇政府的来往信函、纪要、请示等文件表明，因X集团未按双方协议约定履行土地过户、交付义务，W公司曾反复、多次就此向X集团进行催促和主张权益，并多次恳请A镇政府出面协调解决问题。（3）根据2010年补充协议第3条第2款b项，"……X集团需在W公司付款前向W公司提供足额的合法发票（含a、b所述代付款），并将之前W公司已付款但未提供发票的对应金额部分全部补齐合法发票"，第3条第2款b、c、d项和第3条第3款a、b、c项中均约定X集团需在W公司付款前向W公司提供足额合法发票。截至本案仲裁开庭日，W公司已付X集团的款项合计人民币518491119.81元，但X集团提供给W公司的发票原件金额仅为208078000.00元，欠付发票原件金额为310413119.81元，严重违反2010年补充协议有关发票交付时间的约定，W公司有权行使抗辩权延期支付余款并无须支付任何违约金。（4）根据《南庄W城相关问题协调会议纪要》（2015年6月17日）第6条约定，"关于4500多万元土地成交款的问题。会议明确待W城建筑工程延期竣工手续、核实电缆使用情况、出具20亩水利用地位置图和W城土地原权属图等工作于会议结束一个月内完成后，由W公司在一个月内一次性付清4500多万元土地成交款给X集团"，然而，以上工作至今没有一项实际完成：W城建筑工程延期手续未完成（会议纪要明确由A镇政府向区国土城建和水务局申请延期），电缆使用情况未核实（会议纪要明确由X集团牵头，会同W公司、供电部门实地核实X集团、W公司、供电部门三方的临时供电方案），20亩水利用地位置图（示意图）未出具（会议纪要明确由A镇国土城建和水务局出具），W城原权属示意图未出具（会议纪要明确由 A 镇政府国土城建和水务局出具）。根据上述会议纪要规定，上述工作完成义务人明确为 X 集团和 A 镇政府相关部门，而上述工作至今未完成，故土地转让款等余款的付款条件尚未成就，W 公司无须支付余款，更谈不上需要支付逾期付款违约金。

综上所述，由于 X 集团未按协议约定履行其土地过户、交付、给付发票原件的相关义务，W 公司有权行使抗辩权，延迟支付土地转让款、水利用地补偿款等余款。同时，因余款的付款前提条件至今仍未成就，W 公司依法依合同暂无须支付余款，更不需要向 X 集团支付所谓逾期付款违约金。

2. X 集团要求 W 公司支付 250 万元水利用地补偿款并按日利率 0.021% 向其支付违约金缺乏事实与法律依据。（1）从程序上说，水利用地补偿问题属于另一合同法律关系，该合同并未约定仲裁条款，W 公司不同意并案审理。即使 W 公司同意仲裁，申请人 X 集团也应当另案提起仲裁申请。（2）从实体上说，W 公司无须向 X 集团支付该水利用地补偿款。X 集团向 W 公司主张水利用地补偿，却没有举证证明该水利用地的权属、位置和面积，也没有举证证明该水利用地已经交付 W 公司，W 公司实际占有并使用该地块，故 X 集团依法无权要求 W 公司支付该款项。《关于"W 城"项目用地外部分红线控制水利用地的补偿协议》表明，水利用地在"W 城"项目用地之外，属于公共设施用地，X 集团无权要求 W 公司补偿。该地块如用于公共绿化，属于市政配套工程，不应当由 W 公司买单，而且 W 公司交了市政配套费，花了巨资进行园林、绿化、道路及其他公共配套建设，受益人是公众。即使市政配套工程使用了该地块，X 集团应当向谁主张补偿或权益，不言自明。《关于"W 城"项目用地外部分红线控制水利用地的补偿协议》第 1 条第 3 款约定：丙方（W 公司）的该笔补偿款于本协议签署后并不迟于 2008 年 5 月 15 日向甲方（A 镇政府）缴纳或由甲方委托支付给乙方（X 集团），甲方（A 镇政府）承担的补偿款也应同时向乙方支付，丙方付款后三个工作日内由甲方向丙方开具行政事业性收据供丙方入账。该条明确约定，250 万元是由 W 公司直接向 A 镇政府支付，再由 A 镇政府一起转给 X 集团。X 集团直接要求 W 公司支付，是对象错误，法律关系错误，不符合前述三方协议的约定，且如此操作将导致政府的行政事业性收费收据无法出具给 W 公司。退一步讲，即使 W 公司需支付该 250 万元水利用地补偿款，该款项也因目前尚未达到付款条件而无须支付，更不应当支付所谓的逾期付款违约金。根据 2010 年补充协议第 2 条，该笔 250 万元水利用地补偿款已一并纳入未付款总额 31450 万元内，应按照 2010 年补充协议约定条件、程序付款，不再单独区分支付水利用地补偿款。由于 X 集团逾期过户、交付土地，逾期给付发票原件，W 公司行使延期付款抗辩权。再结合 2015 年 6 月 17 日《南庄 W 城相关问题协调会议纪要》对余款付款条件的约定,相关余款(包括水利用地补偿款)付款前提条件尚未成就,W公司无须支付余款及逾期付款违约金。(3)X集团按照逾期每日0.021%的标准主张违约金无法律和合同依据。《关于"W城"项目用地外部分红线控制水利用地的补偿协议》未约定逾期付款的违约责任,即使X集团主张违约金也最多按照银行同期贷款利率主张。

3. X集团要求W公司支付436万高压电缆补偿款余款并按中国人民银行同期贷款利率向其支付违约金缺乏事实与法律依据。根据《关于厂区搬迁及电缆使用事宜的会议纪要》(2007年4月23日)、《关于W公司南庄项目高压电缆使用事项的协议》(2007年4月27日)及其《补充协议》的约定,X集团将其使用的三条电缆(二条专线一条公共线路)使用权转移给W公司,W公司支付810万元(补充协议变更为736万元)的补偿,该笔款项分两次支付,在协议签订之日起两个月内(即2007年6月26日前)支付300万元,其余款项在X集团将电缆电源容量改名过户到W公司名下之日起10个工作日内支付;如不能改名过户,W公司可以合理降低对X集团的补偿。前述协议签订后,W公司于2007年6月5日向X集团支付300万元,但时至今日,X集团仍未将该三条电缆的电源容量改名过户至W公司名下,协议约定的付款条件至今未成就,W公司依法依合同无须支付该电缆补偿款余款及逾期付款违约金。根据前述协议约定,X集团应在2008年年底前按照协议约定时间表将电缆申报减容退运,保证把不少于协议约定容量的高压电源移交给W公司使用,并保证在电缆电源容量改名过户前,W公司能够以居民用电的电价使用电源,但X集团事实上根本没有完成前述协议约定的相关义务。请仲裁庭注意,在本案中X集团未提供任何证据证明其已经将电缆交付W公司以及W公司使用情况(也实际未使用)。据项目现场了解,因X集团电缆严重老化、外皮脱落,W公司根本无法使用,W公司实际自2007年4月起即自行建设永久用电房、电缆。

可见,电缆补偿款相关协议约定的付款条件并未成就,交付W公司实际使用等义务X集团根本未完成,W公司依法依合同无须支付该436万元的电缆补偿款余额及逾期付款违约金,并且W公司保留追索已支付的300万元高压电缆补偿款的权利。

(二)X集团请求裁决"W公司向其支付拒绝使用X集团铝材的违约金2000万元"缺乏事实与法律依据。

1. 协议关于铝材使用的约定仅是意向性的,没有具体的权利义务约定,需要双方进一步协商洽谈并达成具体的铝材采购协议,且将该意向落实并形成具体的铝材采购协议并不是任何一方的单独义务,而是双方义务。《关于禅城区A镇06-CG13地块交易的补充协议》(2007年1月8日补充协议)第9条约定"在市场价格的前提下,'W城'项目使用X集团生产的铝材",该约定仅是初步的意向性约定,没有明确具体的权利和义务,即双方尚未就采购、使用 X 集团生产的铝材的具体事宜进一步达成合意。将该意向性的约定落实并非一方义务,而是双方义务,需要双方有进一步的合作意愿,进行协商并达成正式的采购合同,约定具体的权利和义务(包括必须约定标的、规格、数量、质量、价款或者酬金、履行时间、履行地点和履行方式、违约责任、解决争议的办法等)。2007 年 1 月 8 日补充协议签订后,X 集团既没有向 W 公司提出供货意向,也没有与 W 公司就铝材供货进行具体协商和谈判,更没有口头联系或者书面信函联系供货事宜。而事实上,W 公司城楼盘使用铝材种类繁多,X 集团从 2007 年年初就在搬厂,本身没有足够的生产能力,也没有准备充足的货源,根本无法满足 W 公司的建设需要,故 X 集团怠于履行供货义务,实际违约的是 X 集团。

2. X 集团关于 W 公司拒绝使用其铝材的陈述与事实严重不符。X 集团称 W 公司拒绝使用其铝材,但对此未提供任何证据证明。事实上,虽然 X 集团未与 W 公司进一步洽谈供货,但 W 公司仍主动倡导项目工程承建设使用 X 集团生产的铝材,W 城项目也确实使用了 X 集团生产的铝材,X 集团声称 W 城未使用和拒绝使用其铝材完全是颠倒事实。实际上,无论是 W 城一期工程,还是二期及后续各期工程,W 公司均有使用"A 铝材"。在广东世纪达装饰工程有限公司(即"W 城项目承建商")与深圳市金桥山实业有限公司("A 铝材经销商")2013 年、2014 年、2016 年的相关合同中,均约定采购"A 铝材"并使用于 W 城项目。X 集团在这一点上,并没有向仲裁庭进行如实陈述,有违诚实信用的基本原则,其主张 2000 万元的违约金不应当得到支持。

(三)X 集团请求裁决"W 公司向其返还占用的 48 亩土地并赔偿损失人民币 4200 万元"缺乏事实与法律依据。

1. 从程序上说,X 集团主张 W 公司占用了其 48 亩土地,这是属于侵权法律关系,不是合同法律关系。并且,W 公司也不同意将不同法律关系的几个案件并案审理。

2. X 集团单方要求 W 公司赔偿 4200 万元的占地损失,但未提供任何证据证明所谓 48 亩土地的权属、位置、面积、W 公司占地情况,以及 W 公司需要支付租金或赔偿的依据。对此,W 公司完全不能接受和认同。

3. 通过审查本案相关文件[2007 年 1 月 8 日补充协议第 2 条、2007 年 6 月 5 日会议决议第 1 条、2008 年 4 月 15 日《关于"W 城"项目用地外部分红线控制水利用地的补偿协议》第 2 条,以及 2013 年 9 月 5 日《关于禅城区 A 镇 06-CG13 地块交易的补充协议(2013 年之二)》第 4 条(该协议由 X 集团提供、W 公司未盖章)],A 镇政府曾征用 X 集团 41.76 亩土地(与 X 集团主张的 48 亩地面积不完全一致),作为公园、市政道路及绿化等配套设施用地,A 镇政府承诺给予 X 集团补偿，并承诺不收取 W 公司租金等任何相关费用。如果 X 集团主张的 48 亩地就是该地块，那么即使 X 集团主张费用也应当向 A 镇政府主张，与 W 公司无关。

综上所述，W 公司依法依约履行了自己的合同义务，并无违约行为，X 集团的所有仲裁请求缺乏事实与法律依据，依法应予驳回。相反在本案中，真正的违约方为 X 集团，由于 X 集团的多次、长时间的逾期交地等违约行为给 W 公司造成了巨额的损失，W 公司已经就 X 集团的违约赔偿向贵委提出了仲裁申请。

二、216 号案

与此同时，W 公司也向佛山仲裁委员会申请仲裁，请求：1. 裁决被申请人向申请人支付延期交地违约金 35056329 元；2. 裁决被申请人承担延期开发行政处罚款 78000000 元（暂计至 2017 年 12 月）；3. 由被申请人承担本案的全部仲裁费。

事实与理由：

2007 年 2 月 26 日，申请人与佛山市禅城区土地交易中心签订《成交确认书》，确认申请人经过公开竞价，依法受让位于佛山市禅城区 A 镇龙沙咀龙津路西侧、纬三路两侧的 06-CG13 地块，用途为居住用地，兼容商业，转让的范围为编号 G061208W02，净用地面积为 337543.71 平方米，成交价为 506316000 元。

2007 年 2 月 26 日，佛山市禅城区南庄土地资源开发公司、被申请人［广东 X 集团有限公司、广东 X 创新股份有限公司（现名称变更为"佛山 X 创新有限公司"）、广东 X 有限公司］与申请人签订了《国有土地使用权转让合同》，该合同就 06-CG13 地块国有土地使用权转让的转让总价款、建筑物拆迁费用、需要拆迁的地块面积作了明确约定，其中违约责任为"乙方延迟付款的，应按延迟付款金额每日 0.021% 的标准向甲方支付滞纳金，逾期 30 日仍未按规定付清转让价款的，甲方有权收回土地，并没收其保证金 6500 万元。甲方不能按期交地的，甲方应该按合同标的总额每日 0.021% 的标准向乙方支付赔偿金，若因甲方主观的原因导致该土地不能过户到乙方名下，甲方应退回乙方支付的全部转让价款并向乙方支付转让价款总额 10% 的违约金"。

2007 年 3 月 8 日，申请人与佛山市禅城区 A 镇人民政府、广东 X 有限公司、佛山市禅城区南庄土地资源开发公司签订《〈关于禅城区 A 镇 06-CG13 地块交易的补充协议〉的补充协议》（以下简称《补充协议一》），就 2007 年 1 月 8 日签订的《关于禅城区 A 镇 06-CG13 地块交易的补充协议》约定的事宜予以补充、变更。

2008 年 12 月 25 日，申请人与佛山市禅城区 A 镇人民政府、佛山市禅城区 A 镇土地资源开发公司签订《关于禅城区 A 镇 06-CG13 地块交易的补充协议二》，就《补充协议一》的相关事宜予以补充、变更。

2010 年 12 月，申请人与被申请人签订《关于禅城区 A 镇 06-CG13 地块交易的补充协议（2010）》[以下简称《补充协议（2010）》]，该补充协议就《国有土地使用权转让合同》《补充协议一》等系列补充协议的未尽事宜予以协商确定。截至该补充协议签订之日，申请人已向被申请人支付土地转让价款24250万，尚欠地价款18211万，加上1.3亿拆迁补偿款、水利用地补偿款250万，申请人应支付总价款31461万元。同时，该补充协议第3条对总价款31461万元的支付条件以及被申请人净地交付的时间等作了明确约定。

上述系列合同、补充协议签订后，申请人依约定向被申请人支付相应转让价款，截至2012年6月15日，申请人已将《补充协议（2010）》项下的2.5亿元向被申请人支付完毕，并已支付该补充协议第3条第3款约定的部分款项，但被申请人再次违反合同约定，未按照约定时间将相应地块交付申请人。

申请人为尽快完成整体开发，于2013年9月5日与被申请人再次签订《关于禅城区A镇06-CG13地块交易的补充协议（2013年之二）》，就仍未交付地块明确了交地时间，但被申请人直至2014年12月底才完成最终交付，严重违反了合同约定，给申请人造成了重大经济损失。

另外，被申请人延期交地直接导致申请人无法按照国家规定时间完成开发，后续将受到政府严重处罚。因此，该处罚应由被申请人全部承担。

综上所述，申请人认为，申请人与被申请人签订的上述合同、补充协议是双方的真实意思表示，内容合法，应受法律保护。按照合同约定被申请人本应于2010年8月完全交付土地，但考虑到需尽快履行合同，遂过程中申请人多次谅解其违约行为并与其于2010年、2013年签订了补充协议，但被申请人仍未按照最后一份补充协议予以履行，而对于申请人数次催促其按照合同约定交付土地更是无动于衷。甚至，对于被申请人延期交地的违约行为，申请人已经于2013年提交仲裁委仲裁，但基于对被申请人仍有一丝信任，撤销了仲裁。未曾想被申请人最终完全无视合同诚信，直至2014年年底才将土地交付完成。由此可见，在申请人多次主动让步、谅解协商的情况下，被申请人一再违反双方系列合同及补充协议约定，未能按时按约定以净地条件将地块交付给申请人，严重违反双方合同约定。同时，还导致申请人面临来自国土等部门巨额的土地延期竣工行政处罚。因此，根据《国有土地使用权转让合同》及系列补充协议的约定，被申请人应将涉讼地块上盖的建筑物予以拆除以净地条件交付给申请人，并承担逾期交地的赔偿金责任及申请人将遭受的行政处罚。为此，申请人依法向贵委提起申请，恳请贵委在查明事实的基础上，作出公正裁决，支持申请人的仲裁请求。

X集团答辩称：

我方三公司未逾期交地，W公司主张我方三公司逾期交地违约金无理。退一步讲，即使我方违约，W 公司主张的违约金标准过高，依法应予调整。W 公司主张延期开发行政处罚罚款无理。本次土地转让，我方三公司损失巨大，W 公司获得巨额利益后，仍恶意拖欠土地转让款4598万元，毫无社会责任心。

三、双方和解

关于甲（W 公司）乙（X 集团）双方土地转让合同纠纷，考虑到双方合同履行至今已 10 年，其间国家政策多次变动，产生系列历史问题，双方本着实事求是、互谅互让的原则，经友好协商达成如下协议：

1. 甲方拖欠乙方的土地款余款人民币 3803 万元、有争议的款项 550 万（其中水利补偿款 250 万元、电力设施款 300 万元），合计人民币 4353 万元。双方经友好协商确认，最终由甲方一次性支付人民币 3000 万元给乙方。

2. 甲方放弃对乙方的所有权利要求。

3. 乙方放弃对甲方的所有权利要求。

4. 本协议签订生效后，双方各自向仲裁机构撤回仲裁申请，互不追究除第 1 条外的权利，仲裁费用各自承担。

5. 双方撤回仲裁申请后，由乙方与政府协调妥善解决其 48 亩土地的手续问题，并协助甲方办理项目延期竣工手续。

6. 乙方需无条件配合甲方完成本项目延期竣工的相关手续，获取政府同意延期竣工的正式批文后，甲方于 10 个工作日内一次性支付乙方土地余款人民币 3000 万元。

7. 本协议自双方签字盖章之日起生效，一式两份，双方各执一份，效力等同。

法律分析

一、关于 90 号案

（一）X 集团请求仲裁庭裁决 W 公司向其支付余款 45978880.19 元（包括土地转让款余款 39118880.19 元、水利用地补偿款 250 万元、高压电缆补偿款余款 436 万元）以及违约金 11043494.77 元（暂计至 2016 年 3 月 7 日）缺乏事实与法律依据，法院依法应不予支持。

1. X 集团主张土地转让款余款 39118880.19 元金额是错误的，要求 W 公司按日利率 0.021% 向其支付违约金更缺乏事实与法律依据。理由如下：X 集团诉 W 公司土地转让款余款为 39118880.19 元，经核账，W 公司确认的剩余未付土地转让款余款为 38034880.19 元，二者相差 1084000 元。该差额的产生原因是 X 集团未扣减 1.084 亩的土地款（对应土地转让款为 1084000 元）。根据 X 集团与 W 公司所签《关于禅城区 A 镇 06-CG13 地块交易的补充协议（2013 年）》《关于禅城区 A 镇

06-CG13地块交易的补充协议（2013年之二）》显示，该1.084亩土地使用权并不属于X集团，实际属于佛山市禅城区南庄土地资源开发公司，且由该公司完成土地过户给W公司，该地块对应的1084000元土地转让款W公司已向佛山市禅城区南庄土地资源开发公司支付完毕，故该1084000元土地款不应重复计算，且不应计入W公司未付X集团的土地转让款余款。庭审过程中，X集团已经当庭向仲裁庭声明并确认其原主张的土地转让款余款39118880.19元金额错误，实际土地转让款余款为38034880.19元，双方对此余款数额已无异议。

土地转让款余款的付款条件至今未成就，并且，X集团违约给W公司造成了巨额损失，抵扣后，W公司完全无须向X集团支付该土地转让款余款，更不需要向X集团支付所谓逾期付款违约金。《南庄W公司城相关问题协调会议纪要》（2015年6月17日）第6条约定："关于4500多元土地成交款的问题。会议明确待W公司城建筑工程延期竣工手续、核实电缆使用情况、出具20亩水利用地位置图和W公司城土地原权属图等工作于会议结束一个月内完成后，由W公司在一个月内一次性付清4500多元土地成交款给X集团。"然而，以上工作至今没有一项实际完成：（1）W公司城建筑工程延期手续未完成（会议纪要明确由A镇政府向区国土城建和水务局申请延期）；（2）电缆使用情况未核实（会议纪要明确由X集团牵头，会同W公司、供电部门实地核实X集团、W公司、供电部门三方的临时供电方案）；（3）20亩水利用地位置图（示意图）未出具（会议纪要明确由A镇国土城建和水务局出具）；（4）W城原权属示意图未出具（会议纪要明确由A镇政府国土城建和水务局出具）。根据上述会议纪要规定，上述工作完成义务人明确为X集团和A镇政府相关部门，而上述工作至今未完成，故土地转让款等余款的付款条件尚未成就，W公司无须支付余款，更谈不上需要支付逾期付款违约金。

退一步讲，本案即便不存在上述付款前提条件，因X集团多次、长时间逾期办理土地过户、交付，及未依约足额向W公司给付已付款发票原件，W公司也有权根据相关协议约定及法律规定暂不予支付该尾款。（1）自2007年1月起，X集团多次、长时间逾期办理土地过户、交付，W公司有权行使抗辩权暂不付款，且有权另行追究X集团的违约责任：A.根据W公司与X集团所签《关于禅城区A镇06-CG13地块交易的补充协议》（以下简称"2007年1月8日补充协议"）、《国有土地使用权转让合同》（2007年2月26日）、《关于禅城区A镇06-CG13地块交易的补充协议》（2007年3月8日）、《关于禅城区A镇06-CG13地块地价款支付及过户的补充协议》（2007年11月19日）、《关于禅城区A镇06-CG13地块交易的补充协议（2010年）》（以下简称"2010年补充协议"）等相关协议约定，X集团自2007年1月起实际多次、长时间逾期办理土地过户、交付，严重违反了前述协议关于土地过户、交付时间的约定，根据《合同法》等相关法律规定，W公司有权行使抗辩权不付款；B. 多份W公司与X集团、A镇政府的来往信函、纪要、请示、报告、律师函等文件表明，因X集团未按双方协议约定履行土地过户、交付义务，导致W公司不能如期开发项目，为此，W公司曾反复、多次就此向X集团进行催促和主张权益，并多次恳请A镇政府出面协调解决问题，但X集团仍置若罔闻，在本项目履约过程中，严重缺乏诚信，视合同如儿戏，并且在重大问题上一再出尔反尔，导致项目开发、竣工一拖再拖，无法按期完成开发销售，无法按时交付房屋给购房人，无法按时办理产权，引起了购房人的强烈不满，给社会带来了不稳定因素，同时也令W公司蒙受了巨大经济损失，给W公司的开发经营工作造成了巨大的困扰。且因工程开发、竣工时间的严重滞后，W公司还可能面临政府的巨额罚款。（2）X集团未按照协议约定向W公司交付土地转让款发票原件，W公司有权行使抗辩权不支付余款并无须支付逾期付款违约金。2010年补充协议第3条第2款b项、第3条第2款b、c、d项和第3条第3款a、b、c项中均约定，X集团需在W公司付款前向W公司提供足额合法发票，但X集团严重违反了2010年补充协议的有关发票交付时间的约定，W公司有权行使抗辩权不支付余款并无须支付逾期付款违约金。

需要特别强调的是，由于W公司已支付出土地转让款，未收到发票，如税务部门进行税务清缴，可能无法将付出的土地转让款金额认定为土地成本，导致W公司存在被追缴巨额土地增值税的巨大风险。

综上所述，由于X集团未按协议约定履行其土地过户、交付、给付发票原件的相关义务，且余款的付款前提条件至今未成就，W公司依法依合同无须支付余款，更不需要向X集团支付所谓的逾期付款违约金。

2. X集团要求W公司支付250万元水利用地补偿款并按日利率0.021%向其支付违约金缺乏事实与法律依据：从程序上说，水利用地补偿问题属于另一合同法律关系。从实体上说，X集团向W公司主张水利用地补偿，却没有举证证明该水利用地的权属、位置和面积，也没有举证证明该水利用地已经交付W公司，W公司实际占有并使用该地块；《关于"W城"项目用地外部分红线控制水利用地的补偿协议》（2008年4月15日）表明，水利用地在"W城"项目用地红线之外，属于公共设施用地；《关于"W城"项目用地外部分红线控制水利用地的补偿协议》（2008年4月15日）第1条第3款约定：丙方（W公司）的该笔补偿款于本协议签署后并不迟于2008年5月15日向甲方（A镇政府）缴纳或由甲方委托支付给乙方（X集团），甲方（A镇政府）承担的补偿款也应同时向乙方支付。该条明确约定，250万元是由W公司直接向A镇政府支付，再由A镇政府一起转给X集团。X集团直接要求W公司支付，是对象错误、法律关系错误，不符合前述三方协议的约定。因此，W公司无须向X集团支付该水利用地补偿款。

退一步讲，即使W公司需支付该250万元水利用地补偿款，该款项因目前尚未达到付款条件而无须支付，更不应当支付所谓的逾期付款违约金。根据2010年补充协议第2条，该笔250万元水利用地补偿款已一并纳入未付款总额31450万元内，不再单独区分支付水利用地补偿款，再结合2015年6月17日《南庄W城相关问题协调会议纪要》对余款付款条件的约定，相关余款（包括水利用地补偿款）付款前提条件尚未成就，W公司无须支付余款及逾期付款违约金。

X集团按照逾期每日0.021%的标准主张违约金无法律和合同依据。因该款并非土地转让款且在《关于"W城"项目用地外部分红线控制水利用地的补偿协议》中未约定该笔款逾期付款的违约责任，即使X集团主张违约金也最多按照银行同期贷款利率主张。

3. X集团要求W公司支付436万高压电缆补偿款余款并按中国人民银行同期贷款利率向其支付违约金缺乏事实与法律依据。具体理由：（1）根据《关于厂区搬迁及电缆使用事宜的会议纪要》（2007年4月23日），W公司支付电缆款是有条件的：一是在2007年8月底前将靠近吉利涌的熔铸车间停产；二是在2008年8月底前将靠近吉利涌的熔铸车间、热处理车间、挤压三车间、挤压四车间、电房及挤压二车间北侧的包装车间等搬迁并拆除地上建筑物、构筑物将土地交由W公司使用；三是2009年3月底前将氧化车间搬迁并拆除地上建筑物、构筑物将土地交由W公司使用。但是，X集团并未按纪要精神完成以上三个条件。（2）《关于W公司南庄项目高压电缆使用事项的协议》（2007年4月27日）及其《补充协议》约定，X集团应在2008年年底前按照协议约定的时间表将电缆申报减容退运，保证把不少于协议约定容量的高压电源移交给W公司使用，并保证在电缆电源容量改名过户前，W公司能够以居民用电的电价使用电源。但X集团事实上根本没有完成前述协议约定的相关义务，W公司实际自2007年4月起即开始自行建设永久用电房、电缆。

由上可见，X集团根本未完成电缆补偿款相关协议约定的付款条件以及交付W公司实际使用等义务，W公司依法依合同无须支付436万元的电缆补偿款余款及逾期付款违约金。

（二）X集团请求裁决"W公司向其支付拒绝使用X集团铝材的违约金2000万元"缺乏事实与法律依据。

协议中关于铝材使用的约定仅是意向性的，没有具体的权利义务约定，需要双方进一步协商洽谈并达成具体的铝材采购协议，且将该意向落实并形成具体的铝材采购协议并不是任何一方的单独义务，是双方义务，需要双方有进一步的合作意愿，进行协商并达成正式的采购合同，约定具体的权利和义务（包括必须约定标的、规格、数量、质量、价款或者酬金、履行时间、履行地点和履行方式、违约责任、解决争议的办法等），但在2007年1月8日补充协议签订后，X集团既没有向W公司提出供货意向，也没有与W公司就铝材供货进行具体协商和谈判，更没有口头联系或者书面信函联系供货事宜。尽管X集团与W公司未就使用X集团铝材达成具体合同，但W公司提供的大量证据证明"W城"项目上仍使用了大量的X集团铝材，X集团称W公司拒绝使用其铝材与事实严重不符。

X集团称W公司拒绝使用其铝材，但对此未提供任何证据证明。实际上，无论是"W城"一期工程，还是二期及后续各期工程，W公司均有使用X集团铝材。相反，从前述W城项目合作方提供的其与X集团往来的函件表明，X集团在向W城供货过程中存在价格偏高、供货经常发生逾期交付、铝材质量不达标等诸多问题，严重拖延了"W城"工程进度。可见，X集团在W城项目采购、使用X集团铝材的事情上，并没有向仲裁庭进行如实陈述，有违诚实信用的基本原则，其主张2000万元的违约金不应当得到支持。

（三）X集团请求裁决"W公司向其返还占用的48亩土地（庭审中变更为42.1亩）并赔偿损失人民币4200万元"缺乏事实与法律依据。

从程序上说，X集团称W公司占用了其42.1亩土地，这属于侵权法律关系，不是合同法律关系。并且，W公司也不同意将不同法律关系的几个案件并案审理。

从实体上说，（1）X集团单方要求W公司赔偿4200万元的占地损失，但未提供任何证据证明所谓42.1亩土地的权属、位置、面积、W公司占地情况，以及W公司需要支付租金或赔偿的依据；（2）无证据证明W公司占用了其土地；（3）X集团在庭审时自认该土地非其所有，且该土地被用于市政道路、绿化等，故X集团的该项请求并无事实依据及法律依据。

通过审查本案相关文件，包括2007年1月8日补充协议第2条、2007年6月5日会议决议第1条、2008年4月15日《关于"W城"项目用地外部分红线控制水利用地的补偿协议》第2条，以及2013年补充协议之二第4条，A镇政府曾征用X集团41.76亩土地（与X集团主张的42.1亩地面积不完全一致），作为公园、市政道路及绿化等配套设施用地，A镇政府承诺给予X集团补偿，并承诺不收取W公司租金等任何相关费用。如果X集团主张的42.1亩地就是该地块，那么即使X集团主张费用也应当向A镇政府主张，与W公司无关。

（四）X集团提供的证据中"2011年12月15日W公司员工曾某某出具的签收单及其提供的发票复印件"不能证明X集团已将属于W公司的那一联发票原件交付W公司。

首先，签收单上已明确注明，所收原件用于提交给房管局办理土地过户及土地证，该联发票属于房管局保存联，并非属于付款方 W 公司应当保存的发票联。其次，X 集团提供的发票复印件中有 3 亿多元的发票属于收款方 X 集团的保存联而非付款方 W 公司的正式发票联。W 公司将不同的发票联张冠李戴，企图蒙混过关，这是有意为之，是不诚实的。最后，前述 X 集团提供的签收单出具时间是 2011 年 12 月 15 日，该签收单出具之后，X 集团于 2011 年 12 月 28 日向 W 公司出具的《说明》中已明确，截至 2011 年 12 月 28 日，W 公司已付 X 集团的款项合计人民币 424788100.02 元，X 集团交付 W 公司的发票原件金额仅 208078000.00 元，拖欠交付的发票原件金额 216710100.02 元，该《说明》出具的时间在上述签收单之后，如果 X 集团已将属于 W 公司那一联发票原件交付 W 公司，就不可能向 W 公司出具该份《说明》并在其中承认拖欠 W 公司发票未给付的事实。同时，2011 年 3 月的一份《证明》也清楚地说明"我公司尚欠佛山市 W 投资有限公司已付的 W 城（06-CG13 地块）地价款的发票金额和共为 3443.2 万元，情况属实"。另外，在《关于禅城区 A 镇 06-CG13 地块交易的补充协议（2010 年）》《关于禅城区 A 镇 06-CG13 地块交易的补充协议（2013 年之二）》中，X 集团也自认，在 W 公司支付第一笔款后、支付最后一笔款前，应向 W 公司提供足额合法发票（包括之前已付款项未提供的发票及水利用地 250 万元的合法发票）。

综上所述，W 公司依法依约履行了自己的合同义务，并无违约行为。X 集团的仲裁请求缺乏事实与法律依据，依法应予全部驳回。本案中，真正的违约方为 X 集团，X 集团的多次、长时间逾期过户土地和交地等违约行为，给 W 公司造成了巨额的经济损失。

二、关于 216 号案

（一）W 公司主张 335778645 元延期交地赔偿金（违约金）既符合 W 公司与 X 集团所签转让合同、补充协议的约定，又符合相关法律规定，依法应予以支持。

第一，W 公司与 X 集团所签转让合同、补充协议对逾期交地的赔偿金（违约金）标准有详细、明确约定，协议双方应当遵照履行。根据 W 公司与 X 集团、A 镇政府签订的《国有土地使用权转让合同》（2007 年 2 月 26 日）第 7 条约定"甲方（X 集团）不能按期交地的，甲方（X 集团）应按合同标的总额（506316000 元）每日 0.021% 的标准向乙方（W 公司）支付赔偿金"，以及 X 集团与 W 公司签订的系列补充协议约定 [如《关于禅城区 A 镇 06-CG13 地块交易的补充协议（2010 年）》第 4 条等]，对前述转让合同的效力再次确认，并约定任何一方违约将按照原转让合同及系列补充协议追究其违约责任和追偿赔偿金。因此，W 公司前述延期交地赔偿金（违约金）的主张符合前述转让合同及补充协议的约定。

第二，X集团自2007年1月份起存在多次、长时间的逾期过户土地、逾期交地及未依约给付发票原件等严重违约行为，依法依合同应承担违约责任：（1）根据W公司与X集团所签《关于禅城区A镇06-CG13地块交易的补充协议》（2007年1月8日）、《国有土地使用权转让合同》（2007年2月26日）、《关于禅城区A镇06-CG13地块交易的补充协议》（2007年3月8日）、《关于禅城区A镇06-CG13地块地价款支付及过户的补充协议》（2007年11月19日）、《关于禅城区A镇06-CG13地块交易的补充协议（2010年）》等相关协议约定，X集团自2007年1月起实际多次、长时间逾期办理土地过户、交付，严重违反前述协议关于土地过户、交付时间的约定；在庭审答辩中X集团也承认了土地实际过户、交付时间与前述协议约定不一致的事实。（2）多份W公司与X集团、A镇政府的来往信函、纪要、请示、报告、律师函等文件表明，因X集团未按双方协议约定履行土地过户、交付义务，W公司曾多次就此向X集团进行催促和主张权益，并多次恳请A镇政府出面协调解决问题。但X集团仍置若罔闻，在本项目履约过程中，严重缺乏诚信，视合同如儿戏，并且在重大问题上一再出尔反尔，导致项目开发、竣工时间一拖再拖，无法按期完成开发销售，无法按时交付房屋给购房人，无法按时办理产权，引起了购房人的强烈不满，给社会带来了不稳定因素，同时也令W公司蒙受了巨大经济损失，给W公司的开发经营工作造成了巨大的困扰。且因工程开发、竣工时间的严重滞后，W公司还可能面临政府的巨额罚款。（3）根据2010年协议第3条第2款b项"……X集团需在W公司付款前向W公司提供足额的合法发票（含a、b所述代付款），并将之前W公司已付款但未提供发票的对应金额部分全部补齐合法发票"，第3条第2款b、c、d项和第3条第3款a、b、c项中均约定X集团需在W公司付款前向W公司提供足额合法发票。截至本案仲裁开庭日，W公司已付X集团的款项合计人民币518491119.81元，但X集团提供给W公司的发票原件金额仅为208078000.00元，欠付发票原件金额为310413119.81元，严重违反2010年补充协议的有关发票交付时间的约定。

由上，根据前述合同、协议约定，W公司有权追究X集团逾期交地的违约责任。

（二）X集团称其未逾期交地与事实严重不符，其主张毫无事实、合同和法律依据。

第一，《国有土地使用权转让合同》第3条约定："不需要拆迁的地块（面积为289.784亩）在挂牌成交之日起即可交付乙方（W公司）使用；剩余需拆迁的地块于挂牌成交之日起36个月内由转让方拆迁完毕后交付乙方使用。"因挂牌成交时间为2006年12月29日，根据前述转让合同约定，不需要拆迁的地块（面积为

289.784亩，其中属于X集团名下的约191.4亩）应当在2006年12月29日完成净地交付，需拆迁的地块（约232.13亩）应当在2009年12月28日前完成净地交付。而事实上，X集团名下不需拆迁的约191.4亩土地一直拖延至2007年8月7日才交付，需拆迁的地块（约232.13亩）也是拖延至2014年12月30日才完成全部交付。X集团称没有逾期交地明显与前述转让合同约定及事实不符。

第二，因X集团对需要拆迁的土地逾期交地，未能按照前述转让合同的约定于挂牌成交之日起36个月内（2009年12月28日前）拆迁完毕并交付W公司，故双方就前述逾期交付的土地后续交付等事宜补充签订了《关于禅城区A镇06-CG13地块交易的补充协议（2010年）》，该协议第3条第3款明确约定：2011年3月31日净地交付W、E地块（约32.5亩）、2011年6月30日净地交付除F地块之外的土地（166.3亩）、2011年12月31日净地交付F地块（约17.5亩）。但X集团继续违反2010年补充协议逾期交地，其中，W、E地块（约32.5亩）拖延至2012年6月19日交付、除F地块之外的土地（166.3亩）拖延至2013年12月30日交付、F地块（约17.5亩）拖延至2014年12月30日交付，并且其主张未逾期交地的借口和理由没有任何事实依据。

X集团称，在2.5亿元付款条件成就后其才有义务按照2010年补充协议约定时间（先后为2011年3月31日、6月30日、12月31日）交付剩余未拆迁的地块，因2.5亿元付款时间顺延，X集团的交地时间也相应顺延而不构成逾期交地。X集团该主张与2010年协议约定的内容明显不符。首先，2010年补充协议第3条第2款a项约定，2.5亿元中，有约1.82亿元是在土地过户的过程中W公司代X集团缴纳的出让金和税、费。这笔费用W公司已代X集团缴纳完毕，否则，土地过户不可能完成。必须确认，此1.82亿元W公司已履行完毕，后来W公司又依约定支付了2000万元、1000万元和3771.2万元，前述2.5亿元已经全部支付完毕，没有违反协议约定，X集团不应当持任何异议。其次，根据2010年补充协议第3条第1款、第2款的约定，W公司支付2.5亿元的付款条件为：（1）X集团完成剩余土地（约216.53亩）过户且W公司取得全部土地的国有土地使用权证；（2）在付款之前X集团需向W公司提供足额合法的发票并将之前W公司已付款但未提供合法发票的对应金额部分全部补齐；（3）已将A、B、C地块范围内的土地（约49.7亩）净地交付给乙方（以双方完成《交地备忘录》为完成标志）。只有满足这三个条件才能视为2.5亿元的付款条件成就，故X集团主张完成土地过户给W公司视为付款条件成就、W公司应付清2.5亿元款项与2010年协议约定明显不符。最后，根据2010年补充协议第3条第3款约定"以上第三条第二款付款条件（即'2.5亿元付款条件'）全部成就后，剩余款项（含拆迁补偿款等）总额6461万元，由乙方（W 公司）根据（X 集团）交付剩余地面积占未拆迁土地总面积（按 266 亩扣减 A、B、C 号地块实际交付后的剩余面积计算）的比例支付"，从该条款的文义上明显可以看出，"2.5 亿元付款条件成就"是 W 公司支付地价款尾款的条件之一而非 X 集团交地条件，付款条件成就与否决定 W 公司是否应该继续向 X 集团支付剩余地价款，而不能反推 X 集团是否应该向 W 公司交地，更不能作为 X 集团拖延交地的理由。对于剩余未拆迁土地的交付（即 W、E 地块约 32.5 亩、除 F 地块之外的土地 166.3 亩、F 地块 17.5 亩），2010 年补充协议仅约定了交付时间，即依次为 2011 年 3 月 31 日、2011 年 6 月 30 日、2011 年 12 月 31 日，并没有约定任何 X 集团所谓"2.5 亿元付款条件成就的情况下""先付款后交地"的交地条件，前述主张是 X 集团偷梁换柱将 W 公司付款的条件作为其迟延交地的条件，同时 X 集团罔顾协议约定将其"先交地"的合同义务狡辩为"后交地"，明显与 2010 年补充协议约定及事实不符。事实上，前述 2.5 亿元已全部支付完毕，不存在迟付的情况，反而是在前述协议约定的付款条件未成就的情况下，W 公司向 X 集团提前付款。如上所述，因 X 集团在 W 公司付款前一直未向 W 公司提供足额合法的发票（截至本案仲裁开庭日，W 公司已付 X 集团的款项合计人民币 518491119.81 元，但 X 集团提供给 W 公司的已付款发票原件金额仅为 208078000.00 元，欠付已付款发票原件金额为 310413119.81 元），以及 A、B、C 地块范围内有部分土地（约 49.7 亩）X 集团迟迟不能实现净地交付（其中有 15.6 亩土地迟迟未拆迁持续至 2012 年 1 月 12 日才交付），造成 W 公司付款时间顺延，此责任在 X 集团，而 X 集团将此本应由其承担的违约责任推给 W 公司没有事实和法律依据。

事实上，W 公司在协议约定付款条件未成就情况下，已经提前支付了该 2.5 亿元全部款项。因 X 集团自身违约行为（未在付款前提供足额发票、迟延完成 A、B、C 地块范围内 49.7 亩地的净地交付）导致付款时间顺延，全部责任应由 X 集团自行承担，更不能以此免除其应承担的剩余 W、E、F 等地块的按时交地义务。

（三）X 集团提出本案 W 公司主张的违约金标准过高，应当调整，该主张毫无事实和法律依据；W 公司的违约金主张既符合与 X 集团所签合同约定，又符合相关法律规定和司法审判实践，依法应予支持。

目前，最高人民法院指导性案例〔（2016）最高法民终字 106 号"普定县鑫臻酒店有限公司与普定县鑫臻房地产开发有限责任公司与黑龙江省建工集团有限责任公司建设工程合同纠纷案"〕，以及广东省高级人民法院、佛山市中级人民法院处理土地、房产纠纷案件的审判实践表明：（1）充分遵照合同约定执行，违约方如认为守约方主张的违约金过高，违约方应承担举证责任，如不能举证或举证不充分，应承担举证不能的不利后果;(2)高额违约金约定主要目的在于预防协议当事人出现违约行为,且在签约时协议当事人应当对违约所需支付的违约金有清晰的预见,违约后再来要求调减不应当支持。

本案中,首先,X集团未提供任何证据证明W公司主张的赔偿金(违约金)过高,依法应承担举证不能的不利后果。其次,W公司的赔偿金(违约金)主张符合与X集团所签的转让合同、补充协议的约定。《国有土地使用权转让合同》第7条明确约定了逾期交地的违约金标准,"甲方(X集团)不能按期交地的,甲方(X集团)应按合同标的总额(506316000元)每日0.021%的标准向乙方(W公司)支付赔偿金",该合同是A镇政府、X集团与W公司三方共同签订,系三方真实意思表示,未违反法律、法规的强制性规定,依法有效(X集团对本合同的效力在庭审答辩中也予以明确认可)。也就是说,在签约当时X集团就已经对违约后果有清楚的预见和认识。但在签约后长达10年的时间里,X集团与W公司、A镇政府签订了一系列的补充协议,形成了多份会议纪要和往来函件,X集团并未就前述转让合同中赔偿金(违约金)约定是否过高的问题提出过任何异议和主张,甚至还在一系列的补充协议中对转让合同的效力反复确认,并确认任何一方如违约将按照原转让合同及系列补充协议约定追究违约责任和追偿赔偿金(本案案情与前述最高人民法院的案例情形非常类似)。如今X集团突然提出赔偿金(违约金)过高的主张,不过是其知道逾期交地导致的违约后果严重,想推卸责任罢了。笔者认为本案应当参照前述司法审判实践,充分尊重双方转让合同、补充协议的约定,根据前述转让合同约定标准判令赔偿金(违约金)。需要说明的是,协议约定的此违约金比例并不高,因为即使X集团迟交一小部分建设用地,给W公司造成的影响是整个期、区必须延期开发、销售、竣工、验收、交付使用、办证等一系列的过程,后果是严重的。协议这样约定违约金是非常合理的,是符合房地产项目的开发经营规律的。

X集团多次、长时间逾期交地、不给付发票原件等违约行为给W公司造成的损失是全面的、巨大的。X集团颠倒事实,认为逾期交地未给W公司造成实际损失,是毫无事实依据的。根据前述专业的房地产评估机构损失评估结果,因X集团逾期交地给W公司造成的损失保守估计约人民币26778万元,其中:①地价款资金占用损失约15840.7万元;②延期开发销售利润损失约6546.3万元;③利润的利息损失(按照同期银行贷款利率计算)约4391万元。同时,因X集团至今仍拖欠大量土地转让款发票原件未给付W公司(欠付已付款发票原件金额为310413119.81元),W公司有因已付款项长期无法入账冲抵成本而需向税务部门多缴纳2亿多的土地增值税的巨大风险。

(四)X集团迟延交地导致W公司延期开发需向政府缴付违约金或行政罚款,

如产生该损失，因该损失系 X 集团的违约行为造成，其依法、依约应向 W 公司承担赔偿责任。

根据《土地出让合同》的约定，从土地合同签订之日起开发周期不得超过 3 年，否则受让方（W 公司）需按日向政府缴付合同金额万分之三的违约金。而本案所涉延期交地的地块《土地出让合同》签订时间为 2011 年 5 月 20 日，与 X 集团最终实际全部交地给 W 公司开发时间 2014 年 12 月 30 日相差 3 年半时间，因此如后续 W 公司在 2018 年 5 月 20 日前完成全部竣工，却仍被政府处罚，则该处罚款或违约金应由 X 集团全部承担。

案例 7

土地使用权竞买人是否对原拆迁补偿义务承担责任 ——

基本案情

广州市××中路 459-471 号、三圣四巷、五巷、福施坊地块的 4871 平方米的国有土地使用权，原为某案的被执行人某市荔湾区工业总公司、某市荔都房地产有限公司所有。该案的执行法院荔湾区人民法院委托市国土房管局拍卖该国有土地使用权。

2005 年 6 月 21 日，市国土房管局（本案原告）受托登出国有土地使用权出让拍卖公告，拟于 2005 年 7 月 21 日在市交易中心拍卖本案涉地块（市××中路 459-471 号、三圣四巷、五巷、福施坊地块共 4871 平方米）的有国土地使用权，但拍卖公告中并无额外义务和责任的说明。2005 年 7 月 21 日，B 发展有限公司参与原告市国土房管局组织的涉案国有土地使用权的拍卖，成功竞得该地块的土地使用权（4871 平方米），成交价 9050 万元，并于当天取得《成交确认书》，该成交书注明："拟定项目公司名称：市 A 房地产有限公司。"市 A 房地产有限公司（以下简称"A 房地产公司"）即为本案被告三。该《成交确认书》也没有约定原告需承担额外的补偿责任与义务。2005 年 8 月 4 日，市荔湾区人民法院出具（2005）荔法执字第×××-1 号民事裁定书，裁定"拍卖被执行人某市荔湾区工业总公司、某市荔都房地产有限公司所有的××中路 459-471 号、三圣四巷、五巷、福施坊地块的 4871 平方米土地使用权由 B 发展有限公司以 9050 万元竞投取得"。该裁定书也没有规定原告的额外补偿责任与义务。2006 年 7 月 26 日，原告市国土房管局与被告三 A 房地产公司签订《市国有土地使用权出让合同》，没有约定被告三的额外补偿责任与义务。2006年5月10日，区人民法院出具（2005）法执字第××-2号协助执行通知书，要求原告依照该院（2005）法执字第××-1号民事裁定书，办理将被执行人某市荔湾区工业总公司、某市荔都房地产开发有限公司所有的××中路459-471号、三圣四巷、五巷、福施坊地块的4871平方米土地使用权过户到被告三A房地产公司名下的相关手续，没有规定被告三需承担任何额外补偿责任与义务。2007年9月28日，市荔湾区人民法院再次向原告市国土房管局发出《关于继续办理××中路459-471号地块土地使用权的过户手续函》，要求该局按照（2005）法执字第××-2号协助执行通知书及（2005）法执字第××-1号民事裁定书将××中路459-471号、三圣四巷、五巷、福施坊地块的4871平方米土地使用权过户到被告三A房地产公司名下，并已明确该地块房屋拆迁补偿问题应根据处理烂尾地的有关规定以货币补偿形式解决，该院已对上述房屋的拆迁补偿款按规定在土地使用权拍卖款中予以预留，并等待上述房屋的产权人向该院主张，并未规定被告三需承担任何额外的补偿责任与义务。

2005年9月6日，荔湾区人民法院发出（2005）法执字第××-2号《公告》，告知："经拍卖，该地块于2005年7月21日以9050万元拍卖成交，现本院将对拍卖款进行分配。上述地块的被拆迁人，如尚未起诉或未申请执行的，应尽快到本院办理起诉或申请执行。对未取得执行依据的被拆迁人，本院将预留相应的补偿款，预留时间自本公告之日起两年。"2006年8月28日，市城市房屋拆迁管理办公室给原案被执行人之一的某市荔湾区工业总公司（本案被告一）发出穗房拆结字〔2006〕15号《房屋拆迁结案意见书》，记明："经查，该地块属'125'宗烂尾地之一，2005年7月21日被荔湾区人民法院依法拍卖，被拆迁人原与荔湾区工业总公司签订的拆迁补偿回迁安置协议的补偿由广州市荔湾区人民法院依法处理。""……该部分房屋的补偿问题，由荔湾区法院负责依法处理"。2007年9月28日，荔湾区人民法院向被执行人发出《关于继续办理××中路459-471号地块土地使用权过户手续函》，明确说明："我院认为：××中路459-471号、三圣四巷至五巷、福施坊地块是市'125'宗烂尾地之一，房屋的拆迁补偿问题应根据处理烂尾地的有关规定以货币补偿形式解决。我院已对上述房屋的拆迁补偿款按规定予以了预留，等待上述房屋的产权人向我院主张权利。"

2015年3月16日，市国土房管局以自己作为原告，以某市荔湾区工业总公司为被告一，以某市荔都房地产开发有限公司为被告二，以A房地产公司为被告三，向荔湾区人民法院提起民事诉讼，请求：被告一、被告二、被告三立即连带向原告市国土房管局支付房屋补偿款人民币138166元及从起诉之日2015年4月2日至三被告实际支付上述款项之日的利息，利息按银行同期贷款利率标准计算；本案诉讼费用由三被告承担。

被告一某市荔湾区工业总公司口头答辩，支持原告市国土房管局的诉讼请求。

被告二某市荔都房地产开发有限公司在本案中未出庭，也未作书面或口头答辩。

被告三A房地产公司认为，原告的诉讼请求没有道理，应予驳回。理由：一是被告三是通过司法拍卖竞得本项目商住房地产开发用地的土地使用权，且拍卖公告、拍卖须知、成交确认书、土地使用权出让合同等，均没有规定或约定被告三A房地产公司需要承担拆迁补偿责任；二是被告三A房地产公司不是本项目的拆迁人，与被拆迁人没有形成任何法律关系，对被拆迁人没有补偿义务；三是荔湾区人民法院已发出公告并明确，本宗国有土地使用权拍卖款中已对被拆迁人的拆迁补偿款作了预留，拆迁补偿问题可由被拆迁人向该院主张；四是被拆迁人与原告市国土房管局的拆迁补偿问题已通过早先的仲裁程序使拆迁补偿问题得到解决，原告市国土房管局现再次起诉请求法院判决，违反了一事不再理的诉讼原则，应当裁定驳回其起诉或者判决驳回其诉讼请求。

法院判决

一审法院认定：1998年6月17日，原告市国土房管局向某市荔湾区工业总公司（本案被告一）核发了编号为房拆许字〔1998〕第××号房屋拆迁许可证，批准某市荔湾区工业总公司使用荔湾区××中路459-477号地段5767平方米土地。后该地块被列为烂尾地。2005年7月21日，被告三A房地产公司的香港母公司B发展有限公司通过公开拍卖的方式以9050万元竞得该地块，并且在拍卖前书面明确声明，如B发展有限公司成功竞得该地块的土地使用权，则将该土地使用权过户至将来的项目公司A房地产公司（即本案被告三）名下进行开发建设。2005年9月6日原审法院发出《公告》，通知市××中路459-471号、三圣四巷、五巷、福施巷地块的被拆迁户，如尚未起诉或未申请执行的，应尽快到原审法院办理起诉或申请执行，对未取得执行依据的被拆迁人，原审法院将在土地使用权拍卖款中预留相应的补偿款，预留时间自公告之日起两年。

一审法院另查明，被告一某市荔湾区工业总公司的原拆迁范围中，有一市荔湾区××中路土兴头巷6号（区段地号：8区2段5948地号）房屋是登记在符某某、邓某某名下的房产，所有权来历为符某甲（符某某的先父）于1944年3月向关某买得，符某某1945年6月继承先父符某甲的遗产。该房屋建筑面积为32.8966平方米，层数为1层，使用性质为住宅。2007年12月13日，该房屋因拆迁时未找到业主而由原告市国土房管局代管。

2007年12月28日，原告市国土房管局（乙方）和被告三A房地产公司（甲方）签订《市城市房屋拆迁作价补偿协议书》约定：（被告三）甲方拆除（原告）乙方位于荔湾区××中路土兴头巷2号（原6号），属测量8区2段5948地号房屋，该屋用途为住宅，产别代管产，建筑面积32.8966平方米；（被告三）甲方向（原告）乙方支付138166元用作拆迁乙方原址房屋的补偿；该房屋原属于被告一某市荔湾区工业总公司的拆迁范围，由于该地块已烂尾，2005年7月21日由区人民法院将该地块拍卖给（被告三A房地产公司的香港母公司）B发展有限公司，由该地块使用权人（B发展有限公司的全资子公司）A房地产公司（被告三）代为处理被告一某市荔湾区工业总公司的遗留问题；该房屋的拆迁补偿款由荔湾区人民法院从拍卖执行款9050万元中支付；经委托房地产估价所评估，该地段住宅房屋均价为4200元/平方米。

一审法院认为，从原告及被告三双方签订的《市城市房屋拆迁补偿协议书》内容来看，该协议书是由被告三A房地产公司代为处理该地块的遗留问题而和原告市国土房管局签订的，且约定补偿款138166元从"拍卖执行款9050万元中支付"。经查明，上述协议书未经原案被执行人某市荔湾区工业总公司（本案被告一）、某市荔都房地产有限公司（本案被告二）签章确认，且被告一某市荔湾区工业总公司亦当庭表示对上述协议书不予确认，因此该协议书对被告一某市荔湾区工业总公司、被告二某市荔都房地产有限公司没有约束力。

因被告一某市荔湾区工业总公司、被告二某市荔都房地产有限公司是案涉地块的原拆迁人，有关案涉房屋的原拆迁补偿问题应由被告一某市荔湾区工业总公司、被告二某市荔都房地产有限公司自行处理。现原告市国土房管局以代管人身份和被告三A房地产公司签订补偿协议，并约定处分属于被告一某市荔湾区工业总公司、被告二某市荔都房地产有限公司的拍卖执行款于法无理，且于事实上也无法履行，因此对于原告市国土房管局要求被告一某市荔湾区工业总公司、被告二某市荔都房地产有限公司、被告三A房地产公司连带支付房屋补偿款138166元及利息的诉讼请求，一审法院不予支持。被告二某市荔都房地产有限公司经一审法院合法传唤，无正当理由，拒不到庭，原审法院依法作出缺席判决。综上，依照《民法通则》第4条、《民事诉讼法》第144条之规定，原审法院判决：驳回原告市国土房管局的诉讼请求。本案受理费3064元，由市国土房管局负担。

市国土房管局不服一审判决，上诉至市中级人民法院，请求判决：撤销原审判决，改判支持市国土房管局的诉讼请求；涉讼一、二审费用全部由某市荔湾区工业总公司、某市荔都房地产有限公司、A房地产公司承担。事实与理由：1. A房地产公司作为《市城市房屋拆迁作价补偿协议书》的一方当事人，也是涉案地块房屋的拆迁人，其对市国土房管局有履行合同约定的房屋拆迁安置补偿义务，但一审法院却没有因此判决A房地产公司支付房屋补偿款给房管局，一审判决是错误的。一审法院认为："上述协议书未经被告一某市荔湾区工业总公司、被告二某市荔都房地产有限公司签章确认，且被告某市荔湾区工业总公司亦当庭表示对上述协议书不予以确认，因此该协议书对被告某市荔湾区工业总公司、被告二某市荔都房地产有限公司没有约束力。"签订的《市城市房屋拆迁补偿协议书》是房管局与A房地产公司的真实意思表示，为有效的合同，对双方均有约束力。即便对被告一某市荔湾区工业总公司、被告二某市荔都房地产有限公司没有约束力，也不能代表对A房地产公司没有约束力。既然A房地产公司作为协议书的一方当事人，没有履行合同约定的支付拆迁补偿款的义务，则构成违约，应承担违约责任并继续履行支付拆迁补偿款的义务。一审法院以"该协议对被告一某市荔湾区工业总公司、被告二某市荔都房地产有限公司没有约束力"作为没有判决A房地产公司承担支付补偿款的依据，未免有些牵强，协议对某市荔湾区工业总公司、某市荔都房地产有限公司没有约束力，但是对A房地产公司是有约束力的。所以，一审法院没有判决A房地产公司承担支付拆迁补偿款的义务，驳回市国土房管局的诉讼请求是错误的。

2. 某市荔湾区工业总公司、某市荔都房地产有限公司作为涉案地块房屋拆迁人，是当时土地的使用权人，应对涉案地块房屋拆迁补偿问题与A房地产公司共同承担责任。某市荔湾区工业总公司、某市荔都房地产有限公司是涉案地块房屋的原拆迁人，这一点一审法院也予以认定。既然作为拆迁人，享受了使用该土地带来的利润，就应承担该土地的相关拆迁补偿责任。根据《城市房屋拆迁管理条例》第22条规定，拆迁人应当对被拆除房屋及其附属物的所有人（包括代管人、国家授权的国有房屋及其附属物的管理人），依照本条例规定给予补偿。市国土房管局代为管理的房屋被拆迁了，且能确定拆迁人是谁，却不能得到拆迁人的补偿，明显是不合情理的。无奈法院告知市国土房管局有关涉案房屋的拆迁补偿问题应由某市荔湾区工业总公司、某市荔都房地产有限公司自行处理，而市国土房管局正是因为与某市荔湾区工业总公司、某市荔都房地产有限公司协商后无法达成一致才诉至法院。某市荔湾区工业总公司和某市荔都房地产有限公司是拆迁人，就应向市国土房管局承担拆迁补偿义务。因此本案房屋拆迁补偿问题应由A房地产公司与某市荔湾区工业总公司、某市荔都房地产有限公司共同承担。

3.《市信访工作领导小组会议纪要》（〔2004〕4号）、《市信访工作领导小组会议纪要》（〔2005〕1号）会议文件、市中级人民法院《关于进一步加强涉及烂尾地块案件的审理、执行工作的通知》以及市中级人民法院《关于审理涉及烂尾地块拆迁安置补偿案件的若干意见》文件精神强调，关于烂尾地块已诉至法院案件的判决问题，法院应将受理和审理烂尾地块的诉讼作为审判重点，加快审判速度，对于历史遗留问题，必须特事特办。并强调要严格按照市政法委印发的《关于解决烂尾地块拆迁补偿安置有关问题的协调会议纪要》中确定的烂尾地块拍卖受偿顺序进行补偿。拍卖所得资金要先支付被拆迁人、工程队的民工工资和工程款、小业主购楼款，以争取最大的拍卖效益。本案中，拆迁人、被拆迁人以及拆迁补偿款等情况已非常清晰明了，市国土房管局作为被拆迁人，理应优先得到补偿，但一审法院作出的却是一个不具有实质性意义的判决，以不成理由的理由驳回了市国土房管局的诉讼请求。显然，一审的判决与上述文件精神相违背，应予以撤销。

二审法院（市中级人民法院）认为，市国土房管局与 A 房地产公司就涉案房屋的拆迁补偿问题签订了《市城市房屋拆迁补偿协议书》，某市荔湾区工业总公司、某市荔都房地产有限公司均没有在上述协议书上签章，事后也没有对其效力进行追认，故该协议书只对市国土房管局、A 房地产公司产生约束力。根据该协议的约定，涉案房屋的拆迁补偿款由市荔湾区人民法院从拍卖执行款中支付，并未直接约定由 A 房地产公司向市国土房管局支付。现市国土房管局依据协议起诉，要求三被告直接向其支付涉案房屋的拆迁补偿款与该协议约定明显不符，原审不予支持并无不当，本院予以维持。

某市荔都房地产有限公司经合法传唤未到庭参加诉讼，本院依法缺席判决。

综上所述，市国土房管局的上诉请求不能成立，应予驳回；一审判决认定事实清楚，适用法律正确，应予维持。依照《民事诉讼法》第 170 条第 1 款第（一）项规定，判决：驳回上诉，维持原判。二审案件受理费 3064 元，由市国土房管局负担。

法律分析

1. 本案各方提交的证据足以证明，被告三 A 房地产公司不是涉案房屋的拆迁人，依法不负有拆迁补偿安置的义务，故不是本案的适格被告，原告要求被告三支付房屋补偿款缺乏事实与法律依据。

根据《城市房屋拆迁管理条例》第 6 条规定，我国对拆迁施行的是许可管理制度，只有取得拆迁许可证的人才是拆迁人且有资格实施拆迁并承担拆迁相应的责任（如补偿安置责任）。证据已明确显示，持有拆迁许可证的人为被告一某市荔湾区工业总公司及被告二某市荔都房地产开发有限公司，故根据上述法律规定，本案负有补偿安置责任的应为被告一某市荔湾区工业总公司及被告二某市荔都房地产开发有限公司而非被告三，被告三的香港母公司 B 发展有限公司只是通过法院拍卖取得该宗已拆迁完毕的土地，对于因该宗土地拆迁所产生的安置补偿纠纷与被告三无任何关系，同时原告向被告三主张承担补偿安置义务也无任何法律依据，原告市国土房管局作为国家机关应知晓上述法律规定。

根据市城市房屋拆迁管理办公室出具的《房屋拆迁结案意见书》以及法庭调查的情况来看，涉案房屋所在土地于 2006 年 8 月办理拆迁结案，拆迁人不是被告三，而是被告一某市荔湾区工业总公司以及被告二某市荔都房地产开发有限公司，原告应向被告一某市荔湾区工业总公司以及被告二某市荔都房地产开发有限公司主张房屋补偿款，被告三不是本案的适格被告。

2. 被告三善意取得涉案房屋所在土地，《成交确认书》、出让合同等所有出让文件均证明被告三无额外的义务；同时《市城市房屋拆迁作价补偿协议书》已明确约定涉案房屋拆迁补偿问题是被告一某市荔湾区工业总公司、被告二某市荔都房地产有限公司的遗留问题，并且该协议已明确涉案房屋的拆迁补偿款由荔湾区人民法院从 9050 万元里支付，即原告已清楚本案的实际义务人为被告一某市荔湾区工业总公司和被告二某市荔都房地产有限公司，故原告要求被告三承担涉案房屋拆迁补偿义务缺乏事实与法律依据。

第一，涉案土地使用权系由荔湾区人民法院委托原告市国土房管局于 2005 年 6 月进行公开拍卖，被告三的香港母公司 B 发展有限公司通过参加竞买取得该宗土地，并按事先书面约定落户至被告三 A 房地产公司名下。在当时法院的拍卖公告、随后的《成交确认书》及出让合同中均没有附加额外的义务，被告三的香港母公司 B 发展有限公司也按约定向荔湾区人民法院支付了土地拍卖款 9050 万元，已完成履行自己应尽的义务。被告三接收该宗土地时，土地已平整，不存在未拆迁完毕的房屋，被告三根本不知道也无从知道该宗土地上还有部分房屋的拆迁补偿问题未得到落实。

第二，被告三在办理该宗土地开发建设手续的过程中，原告市国土房管局称土地上还有部分房屋的拆迁补偿问题未得到落实，要求被告三配合签订《市城市房屋拆迁作价补偿协议书》，否则开发建设手续无法继续办理；同时原告市国土房管局还强调房屋的拆迁补偿款将由荔湾区人民法院从 9050 万元里支付，被告三无须承担支付义务。在此情况下，被告三为了该宗土地的开发工作不受影响，被迫与原告房国土房管局签订了《市城市房屋拆迁作价补偿协议书》，并且协议书中亦已明确约定涉案房屋拆迁补偿问题是被告一和被告二的遗留问题，拆迁补偿款由荔湾区人民法院从 9050 万元里支付。现原告市国土房管局推翻之前要求被告三签订《市城市房屋拆迁作价补偿协议书》时的承诺及协议的约定，起诉要求被告三支付该拆迁补偿款，毫无事实及法律根据。

虽然原告市国土房管局与被告三A房地产公司签订的《市城市房屋拆迁作价补偿协议书》第7条第2项约定"由该地块使用权人A房地产公司代为处理某市荔湾区工业总公司和某市荔都房地产有限公司的遗留问题"，但这是一个"兜底条款"，原则性商定此地块的后续开发建设、配套设施建设、回迁房产权办理等工作由被告三接替原开发商完成。而对于补偿款问题，有特别约定，即第7条第3项"该房屋的拆迁补偿款由区法院从9050万元里支付"。这是《市城市房屋拆迁作价补偿协议书》的价格支付条款，是本协议的核心条款，不能故意歪曲理解。本案涉案土地的拆迁许可证上明确载明，拆迁人为被告一某市荔湾区工业总公司和被告二某市荔都房地产有限公司，则持证人某市荔湾区工业总公司、某市荔都房地产有限公司在享有拆迁许可证下的拆迁权利同时也应承担相应的补偿义务，被告三不是拆迁人，既不能进行拆迁也不应承担拆迁补偿义务。

3. 本案早已通过仲裁程序解决，一案不得二审。原告市国土房管局也不是本案适格的原告，因为根据被告一所提交的（90）×房仲字第47号及（2006）×法执字第4806号执行通知书等证据显示，本案所涉房屋已为实际权利人所主张，故本案原告市国土房管局诉称行使代管职责是不成立的，市国土房管局并不是适格的原告，其起诉和诉讼请求是不成立的，故依法应裁定驳回其起诉或者判决驳回其诉讼请求。

综上，原告市国土房管局要求被告三支付涉案房屋的拆迁补偿款缺乏事实与法律依据。同时，本项目被拆迁人与拆迁人的拆迁补偿纠纷已通过仲裁程序解决，一审法院判决驳回其起诉是正确的。

案例8

国有土地使用权转让合同纠纷

▎基本案情

1996年3月8日，天津A公司与天津B公司签订《征地协议书》（实为国有土地使用权转让合同），约定：天津B公司征用（实为受让）天津A公司位于水上公园的两块土地（其中一块地12亩，一块地20亩），土地补偿价（实为国有土地使用权转让价款）每亩按 5.8 万元，计 185.6 万元；天津 B 公司领取土地使用证之日起，向天津 A 公司支付土地补偿金额的 100%，一次付清；天津 A 公司负责在 1996 年 5 月 1 日前将天津 B 公司征地范围的一切地上物处理完毕，并在协议生效后将土地移交给天津 B 公司。

1996 年 3 月 10 日，天津 A 公司与天津 B 公司签订《征地合同》（实为国有土地使用权转让合同），约定：天津 B 公司征用（实为受让）天津 A 公司位于本市南开区水上公园旁 32 亩土地，实际面积以市政府规划主管部门核拨为准；在天津 B 公司第一次付款给天津 A 公司或付款达到 1000 万元时，天津 A 公司即将土地使用证交给天津 B 公司，并将地上物补偿协议签订及界桩图相邻单位盖章交给天津 B 公司；天津 B 公司征用土地的地上物由天津 A 公司负责清理，天津 A 公司在勘察定桩之日起 30 日内将天津 B 公司所征土地交付给天津 B 公司；征用土地补偿费以 1996 年 3 月 8 日协议所定 32 亩，或以市政府规划主管部门测量、核实为准，正负不得超过 10%，超过或达不到可另议，每亩 60 万元，共计支付天津 A 公司 1900 万元；付款方式如下：1. 自签订合同之日起，天津 B 公司先付给天津 A 公司 400 万元。2. 天津 B 公司收到天津市土地局发文后，付给天津 A 公司 600 万元。3. 天津 B 公司在领取变更的土地使用证，并签订地上物补偿协议及界桩图相邻单位盖章后，付给天津 A 公司 500 万元。4. 天津 A 公司将地上物拆除后，天津 B 公司将余款 500 万元一次付清。

2001 年 3 月 30 日，天津 A 公司与天津 B 公司签订《补充协议》，约定：双方于 1996 年 3 月 8 日签订的《征地协议书》和 2001 年 3 月 27 日签订的《安置补偿协议书》仅供双方到土地局办理相关土地手续使用，不作为双方安置补偿费的实际结算价格，上述两份协议书于天津 B 公司办理完毕土地征用（受让国有土地使用权）手续后，自行作废。

上述合同签订后，天津 A 公司陆续对诉争土地范围内的地上物进行了拆除，并将诉争土地移交给天津 B 公司，由天津 B 公司进行房地产开发。同时天津 A 公司将土地证交予天津 B 公司，由其办理相关手续。天津 B 公司自 1996 年 10 月 28 日至 1997 年 6 月 25 日分 5 次给付天津 A 公司征地补偿费（国有土地使用权转让款），共计 1400 万元，尚有 500 万元征地补偿费未予支付。后天津 B 公司致函天津 A 公司，提出其征用（受让）的 2 块土地分两个开发项目，水上北路与津盐公路交口处为"××大厦"项目，水上北路与水上东路交口处为"××公寓"项目，其中"××公寓"项目由第三人 C 公司进行开发，为办理相关手续请天津 A 公司给予协助。后"××公寓"项目由第三人 C 公司开发建设。第三人 C 公司在办理土地使用权手续时，向天津 A 公司支付了 100 万元。

2006年，第三人C公司与天津B公司因房地产开发经营产生纠纷，诉至天津市第一中级人民法院。第三人C公司起诉要求天津B公司偿还第三人C公司向天津A公司支付的100万元，天津B公司提出第三人C公司未经天津B公司同意向天津A公司支付已经超过诉讼时效的债务100万元系第三人C公司自身的疏忽行为，认为第三人C公司无权追偿。天津市第一中级人民法院认为，该100万元债务系天津A公司依《征地合同》对天津B公司享有的权利，天津A公司将该项权利转让与第三人C公司并未通知天津B公司，故该100万元权利的转让对天津B公司依法不发生法律效力，且天津B公司对该债务作出的失效抗辩涉及天津A公司、天津B公司对《征地合同》条款的理解和实施问题，而对上述条款的理解和具体实施第三人C公司无法确定，第三人C公司可另寻途径解决。据此，天津市第一中级人民法院作出（2006）一中民四初字第××号民事判决书，判决驳回第三人C公司向天津B公司主张上述100万元的诉讼请求。

因该地块范围内涉及道路、管线、雨水泵站等方面的切改与迁移工作，天津B公司于2002年8月向市领导及有关部门递交请示报告，希望协调有关部门尽快解决各种管线设施、雨水泵站、道路等方面的迁移工作。2011年4月至5月，天津B公司向排水管理所提出对该泵站进行拆除、拆迁的申请。2013年8月20日，天津B公司（拆迁单位）与案外人（被拆迁人）天津市公用公房经营管理处及房屋使用人天津市排水管理处签订《天津市房屋拆迁补偿安置协议》及补偿协议，协议约定天津B公司补偿房屋产权人及使用人401.5万元。现天津B公司已支付该补偿款，雨水泵站已拆除。

2013年3月15日，案外人公用公房经营管理处开具产权证明，证明坐落于南开区水上公园绿荫里旁（卧福西里1号楼对面）的绿荫里泵站为人民政府公产，由该处掌管，建筑面积81.79平方米，占地面积256.57平方米，土地用途为公共设备用房，天津市排水管理处按"保管自修"使用。

2012年6月初，天津A公司向天津B公司邮寄了律师函，要求天津B公司在接到该函后3日内与律师联系，协商履行合同事宜。天津B公司收到后未予回复，也未向天津A公司支付剩余征地补偿款500万元。

2012年6月底，天津A公司向天津市南开区人民法院（一审法院）提起民事诉讼，要求天津B公司支付征地补偿款尾款500万元。

2012年7月16日，天津A公司向一审法院提出财产保全的申请，要求冻结天津B公司坐落于天津市南开区卫津南路与水上北道交口的土地变更转移手续，并提供200万元的担保，以及缴纳保全费5000元。

2013年9月25日，天津B公司向一审法院提交申请，要求解除对天津B公司坐落于天津市南开区卫津南路与水上北道交口的土地变更转移手续的冻结，并提供案外人天津某房地产开发有限公司所有的天津市宝坻区周良镇京津温泉城内319、320两套房屋作为担保。经询问，案外人天津某房地产开发有限公司同意以其所有的上述两套房屋作为天津B公司解除坐落于天津市南开区卫津南路与水上北道交口的土地变更转移手续冻结的担保。同时一审法院询问天津A公司对天津B公司提出解封土地变更转移手续及担保的意见，天津A公司对此不持异议。一审法院于2013年10月解除对天津市南开区卫津南路与水上北道交口的土地变更转移手续的冻结，同时对天津市宝坻区周良镇京津温泉城内319、320两套房屋予以查封。

法院判决

一审法院认为，天津A公司与天津B公司签订的《征地合同》及《补充协议》实为国有土地使用权转让合同及补充协议，系双方当事人的真实意思表示，且不违反相关法律、法规的强制性规定，合法有效，双方当事人均应按照合同约定履行各自义务。

本案中，天津A公司依据合同的约定已将天津B公司征用（受让）的土地全部移交给天津B公司，且绿荫里泵站的拆除于2013年完成，故地上物全部拆除的时间为2013年，天津A公司向天津B公司主张权利，没有超过诉讼时效。绿荫里泵站为公产，并不在天津B公司征用土地的范围内，不应亦不可能由天津A公司进行拆除。天津B公司提出支付案外人天津市公用公房经营管理处及房屋使用人天津市排水管理处拆迁安置补偿费401.5万元应由天津A公司承担的抗辩理由，没有依据，不予支持。

对第三人C公司向天津A公司交付100万元的事实，三方均无异议。第三人C公司曾起诉要求天津B公司返还100万元，经天津市第一中级人民法院作出的（2006）一中民四初第××号民事判决书驳回。现天津B公司以第三人C公司代其向天津A公司支付100万元为抗辩理由拒绝支付100万元债务，依据不足，不予采信。因此，天津A公司主张天津B公司应按合同约定给付欠款500万元，理由充分，应予支持。

据上，一审法院判决：判决书生效后15日内，天津B公司给付天津A公司征地补偿款500万元。

天津B公司不服一审判决，向天津市第一中级人民法院（二审法院）提起上诉。二审法院经审理后认为一审法院认定事实不清，证据不足，裁定将本案发回一审法院重审。

一审法院经重审审理，再次判决天津 B 公司向天津 A 公司支付征地补偿款 500 万元。

天津 B 公司再次不服一审法院判决，提起上诉。天津 B 公司认为一审法院重审判决认定事实错误，因为天津 B 公司与天津 A 公司所签《征地合同》明确约定，地上物由天津 A 公司负责拆除，本案诉争的 500 万元征地补偿款尾款，是以地上物拆除完毕作为付款前提条件的，而一审法院认为尚未拆除的雨水泵站不属于天津 A 公司负责拆除范围，那依约则应在 1996 年 5 月 1 日前完成地上物的拆除，虽然该时间点，双方未确认地上物是否拆除完毕，那也应在 2002 年 9 月 23 日天津 B 公司取得土地使用权前拆除完毕，因为天津 B 公司与天津市国土资源局签订的《天津市国有土地使用权出让合同》是以天津 A 公司完成地上物的拆除后取得土地使用权，故从该时间点起算，天津 A 公司诉请远远超过诉讼时效，依法应当驳回其诉讼请求。因此，请求撤销一审法院重审判决，改判天津 B 公司不对天津 A 公司承担任何付款义务。

天津 A 公司答辩称：现已查明雨水泵站在 2013 年才予以拆除，按照给付条件，天津 A 公司的主张权利根本不存在超过诉讼时效问题。至于雨水泵站的拆除问题，因雨水泵站属于政府所有，天津 A 公司没有处分权，且天津 B 公司在与天津市国土资源局签订的《天津市国有土地使用权出让合同》中已明确为天津 B 公司自身义务，何况天津 B 公司自己与相关管理部门达成了补偿协议并履行合同，法律不禁止当事人自愿承担他人的债务，天津 B 公司无权向天津 A 公司主张在本案中抵消。另外，天津 B 公司所征地面积已超过合同约定面积，请求驳回上诉，维持原判。原审案外第三人 C 公司表示同意天津 A 公司的意见。

二审法院经审理查明，一审法院查明认定的事实无误，予以确认。

二审法院认为，天津 B 公司与天津 A 公司签订的《征地合同》及《补充协议》（实为国有土地使用权转让合同及补充协议）系双方当事人的真实意思表示，内容合法有效，本案予以确认，双方当事人均应按照合同约定履行各自义务。

从合同履行情况看，天津 B 公司尚差 500 万元尾款没有给付，其主张天津 A 公司诉请早已超过诉讼时效。因为 2012 年 6 月天津 A 公司才主张权利，但在征地范围内的绿荫里泵站迟至 2013 年才由天津 B 公司与案外人天津市公用公房经营管理处及房屋使用人天津市排水管理处签订《天津市房屋拆迁补偿安置协议》及补偿协议，协议约定天津 B 公司补偿房屋产权人及使用人 401.5 万元，现雨水泵站已拆除。而《征地合同》明确约定征用土地的地上物由天津 A 公司负责清理，在地上物拆除后，天津 B 公司将余款一次付清。既然《征地合同》已明确了给付尾款的前提条件，虽然征地范围内的绿荫里泵站系天津 B 公司自行办理拆除相关手续，但毕竟十余年来，天津 B 公司既未催促天津 A 公司拆除绿荫里泵站，又未给付 500 万元尾款，由于开发需要，才于 2013 年自行与案外产权人协商办理了相关拆除手续，天津 B 公司通过自身的行为使得给付尾款的条件成就，超过诉讼时效的主张自不成立。同样道理，天津 A 公司既然要求给付尾款，则应在地上物拆除后及时主张，如绿荫里泵站不属其拆除义务。现有证据表明，天津 A 公司迟于 2012 年 6 月才向天津 B 公司发函要求解决此事，那则早已超过诉讼时效，但毕竟《征地合同》明确了地上物由天津 A 公司负责清理，清理既包括自行拆除，也包括通过与产权单位及房屋使用人签订拆迁补偿安置协议并承担相关费用的方式清除。如前所述，天津 B 公司超过诉讼时效的主张不能支持，天津 A 公司要求支付尾款的主张应予支持，但不承担拆除绿荫里泵站费用的主张亦不能支持。

至于天津 A 公司主张实际征地面积超过合同约定的征地面积和原审第三人 C 公司此前支付给天津 A 公司 100 万元属何种性质的问题，与本案不属同一法律关系，本案不予涉及。

综上所述，天津 B 公司上诉请求，部分成立，本院应予支持，一审法院判决有误，应予调整。综上，依照《民事诉讼法》第 170 条第 1 款第（二）项规定，判决：1. 撤销天津市南开区人民法院（2013）南民重字第×××号民事判决；2. 本判决生效后 15 日内，天津 B 公司给付天津 A 公司征地补偿款 98.5 万元。

法律分析

本案焦点实际上只有两个：一是天津 A 公司要求支付 500 万元征地补偿尾款的诉讼请求是否超过了诉讼时效；二是天津 A 公司是否应承担拆除地上物所涉及的费用。

1. 对于是否超过诉讼时效的问题，一审法院认为，天津 A 公司依据合同约定已将天津 B 公司征用的土地全部移交给天津 B 公司，且绿荫里泵站的拆除于 2013 年完成，故地上物的全部拆除的时间为 2013 年，天津 A 公司向天津 B 公司主张权利，没有超过诉讼时效。二审法院认为，《征地合同》明确约定征用土地的地上物由天津 A 公司负责清理，在地上物拆除后，天津 B 公司将余款一次付清。《征地合同》已经明确了给付尾款的前提条件。而天津 B 公司自行与案外产权人协商办理了相关拆除手续，天津 B 公司通过自身的行为使得给付尾款的条件成就，自尾款给付条件成就之时起，天津 A 公司有权要求支付征地补偿尾款，天津 B 公司主张天津 A 公司诉讼请求超过诉讼时效的主张不能成立，法院不予支持。

笔者同意一审法院和二审法院的观点，即没有超过诉讼时效。因为 500 万元尾款的支付时间是在拆除和清理地上物之后，天津 A 公司要求支付尾款的时效自然只能在拆除和清理地上物之时开始起算，所以天津 A 公司起诉要求支付征地补偿尾款，没有超过诉讼时效。

2. 对于 A 公司是否应当承担地上物拆除费用的问题，一审法院认为，绿荫里泵站为公产，并不在天津 B 公司征用土地的范围内，不应亦不可能由天津 A 公司进行拆除。天津 B 公司提出支付案外人天津市公用公房经营管理处及房屋使用人天津市排水管理处拆迁安置补偿款应由天津 A 公司承担的抗辩理由，没有依据，不予支持。而二审法院认为，《征地合同》明确约定征用土地的地上物由天津 A 公司负责清理，在地上物拆除后，天津 B 公司将余款一次性付清。既然征地合同明确了地上物由天津 A 公司负责清理，清理既包括自行拆除，也包括通过与产权单位及房屋使用人签订拆迁补偿安置协议并承担相关费用的方式清理，A 公司不承担拆除绿荫里泵站费用的主张不能支持。

笔者赞同一审法院和二审法院的分析和认定，理由有二：一是天津 A 公司要将土地使用证变更为新的，并负责与地上物权属单位签订补偿协议，还要负责找相邻单位在界桩图上盖章以确认相邻各方对于案涉土地使用权没有争议和纠纷，此时天津 B 公司向天津 A 公司支付 500 万元。二是天津 A 公司在完成以上工作后，要将地上物拆除，即将包括绿荫里泵站在内的地上物全部拆除，天津 B 公司再将余款 500 万元一次性付清。从天津 A 公司义务的逻辑关系看，天津 A 公司不但要完成土地使用证的换证、与地上物权属单位签订补偿协议、找相邻单位在界桩图上盖章以确认没有争议和纠纷，还要负责拆除和清理全部地上物，这就清楚地表明，天津 A 公司在此过程中要承担全部费用和款项。因此，二审法院判决 500 万元的征地补偿尾款，在扣除支付给房屋产权人及使用人 401.5 万元后的 98.5 万元由天津 B 公司支付给天津 A 公司正确。

需要特别说明的是，本案的征地合同纠纷实际上为"国有土地使用权转让合同纠纷"，因为天津 A 公司使用的土地属于国有建设用地，原已交土地使用权出让金，已取得国有土地使用证，用地性质是"商业、办公"。从其与天津 B 公司签订的所谓《征地合同》的约定看，实际上是天津 A 公司拟将案涉国有土地使用权有偿转让并过户给天津 B 公司。本案在一审、二审、重审、二审过程中（本案经过一审，上诉至二审，发回重审，一方再上诉至二审），法院对于《征地合同》性质的认定是错误的，应当认定为"国有土地使用权转让合同"，而本案案由应当是"国有土地使用权转让合同纠纷"。

案例 9

并购房地产企业不做尽职调查，风险自担

■ 基本案情

济南某某置业有限公司（以下简称"济南置业"）为一家有限责任公司，经营范围包括房地产开发经营。该公司股权转让前的主要业务是依法依政策在济南市开展"土地熟化"工作。土地熟化在其他一些地方又称为"土地的一、二级联动开发、棚户区改造"，南方称"三旧改造"，目前又称"城市更新"。

济南置业在完成了本案争议项目部分地块的拆迁、补偿、安置后，于 2013 年年初，通过挂牌竞价方式，取得了该部分国有商住建设用地的使用权，并开始进行方案设计、单体报批报建工作。

2013 年 6 月至 2013 年 12 月，济南置业的控股股东郭女士与山东某某控股集团有限公司（以下简称"山东控股"）签订《股权转让协议》，约定郭女士将其在济南置业的 60% 股权转让给山东控股，股权对价为 5500 万元。之后，双方修改了济南置业章程，完成了工商股权变更登记。继而山东控股向济南置业委派了总经理，同时，委派了会计、出纳对账务、现金进行掌管，并对济南置业的会计账目进行了规范和调整，由原先的人工记账变更为使用电脑软件记账，其中双方对于济南置业的应收账款、其他应收账款以及应付账款、其他应付账款进行了核对，双方对于以上应收、应付账款均予认可并达成共识，即济南置业股权按现状交易，济南置业银行账户中的 1200 万元现金由济南置业的控股股东（转让方郭女士）按往来款收回，济南置业的其他全部债权债务和财务科目由受让方山东控股自行处理并进行财务调账。

2015 年 11 月，双方再次签订《股权转让协议》，约定郭女士将其在济南置业的 40% 股权转让给山东控股，股权对价为 4000 万元。双方完成了股权、法定代表人、董事、监事、总经理、会计等的工商变更登记。至此，山东控股拥有了济南置业 100% 的股权。

2015 年 12 月，双方交接了济南置业的全部档案、文件，合同、2011—2015 年账簿、凭证、公章、财务章、房地产开发暂定资质、土地熟化投资人资格确认书、开户许可证、机构信用代码证、贷款卡、与政府签署的多份协议和一系列文件、项

目销售电话、监控设备安装维护电话、办公院落所有钥匙、奔驰车一辆、丰田凯美瑞车一辆，签署了《交接明细》、《济南置业有限公司交接清单》、《档案登记表》及其交接明细、《关于移交车辆归还车辆贷款的协议》等。

同日，双方多位相关人员签订《交接确认书》，确认："移交人已于今日将济南置业有限公司的全部证照、公章、财务专用章、业务合同、财务账册及相关资产负债全部移交给接交人。双方无争议。""本确认书一式三份，双方各执一份，济南置业有限公司留存一份。"至此，双方完成目标公司资料、文件、账簿、凭证、印章、资产等的全部交接，并无任何争议。

2018年5月，山东控股突然向某仲裁机构申请仲裁，以郭女士隐瞒济南置业的重要信息、虚假陈述和不当承诺、欺诈、项目开发不能取得预期利益为由，请求裁决解除双方的《股权转让协议》，9500万元股权转让款全部不予支付。

仲裁庭裁决

裁决书认定："申请人（山东控股）和被申请人（郭女士）作为公司的股东，尽管被申请人确认的事实表明公司的印章、与公司的实际管理相关的权力，在本案协议履行之前，系被申请人方行使，但是，申请人没有提交在本案合同签订之前，其对公司的经营状况不知情且不能参与公司实际运作的证据；也没有提交在接管公司管理之后，直至本案提起时，申请人就相关信息存在着被申请人隐瞒或者误导的事实向被申请人提出主张的证明。因此，申请人对因受被申请人欺诈而签订《股权转让协议》的证据不足，不能支持其抗辩理由。""双方约定目标公司的财务由申请人与被申请人共管。在申请人控制目标公司的生产经营、对目标公司账户进行管理的情况下，申请人主张被申请人抽逃出资而对申请人进行隐瞒和欺诈，仲裁庭对此不予认可。"

"综上所述，仲裁庭认为，被申请人（郭女士）不构成对申请人（山东控股）的交易欺诈，申请人不享有解除权，无权申请解除与被申请人签订的《股权转让协议》，双方当事人签订的《股权转让协议》合法有效，《股权转让协议》系确定双方权利义务的依据，应予尊重。"

裁决：驳回申请人的全部仲裁请求。

法律分析

双方自愿签订并依法成立和生效的合同，双方必须依诚实、信用的原则全面适当履行。申请人请求裁决不再履行，违反了双方在合同中的约定，违反了诚实信用的基本原则，不应得到支持。

1. 被申请人不存在虚假陈述和不当承诺的情形。申请人一方称，郭女士利用独自全面控制济南置业的条件，故意隐瞒济南置业经营外界条件已经发生的重大改变、虚构夸大济南置业盈得预期，导致《股权转让协议》显失公平，导致申请人对交易基础、交易风险及事实产生重大误解，对申请人显失公平，严重损害了申请人及济南置业的合法权益。

被申请人认为，自从双方签订《股权转让协议》至完成目标公司全面交接，被申请人对全部情况都如实陈述，没有任何隐瞒。而且，申请人一方的财务经理、实际控制人等，均参与谈判和协商，在2013—2016年间，目标公司的财务财产状况、项目土地、政府政策等信息完全公开透明，申请人对于全部事实和情况也是完全知情的。至于公司经营外界条件，更是公开和透明的，申请人假装不知情是不符合事实的。

从交易事实和双方的主张可以看出，申请人一方亲自参与目标公司及股权等情况的了解、研判和分析，其指责被申请人故意隐瞒济南置业公司经营以外的条件已经发生的重大改变，这一观点没有事实依据和法律依据，不应得到支持。

2. 申请人作为投资人，应当对标的股东、目标公司、项目情况、政府政策等进行全面审计和尽职调查。任何一个房地产项目，投资人或者股权收购方，对目标公司财务、股权、土地、税务以及当地政策不可能不做尽职调查。而事实上，申请人一方对目标公司财务状况、目标项目土地、政府新旧政策等信息，是完全了解和接受的。自双方签订《股权转让协议》至2015年11月，济南置业完成股权转让的工商变更登记。2015年12月，被申请人郭女士将济南置业的全部证照、公章、财务专用章、业务合同、财务账册及相关资产负债全部移交给申请人一方相关人员，签署了《交接确认书》，济南置业的法定代表人及山东控股的法定代表人均签字确认，申请人一方没有提出任何异议，说明双方无任何争议。

3. 申请人作为适格的投资人，对项目及其预期利益应当做静态和动态的分析、测算和评估。任何一个理性的投资方、并购方，对于任何一个目标项目，无一例外都必须进行静态和动态的财务分析和盈利预测，必须做可行性研究和盈亏测算。被申请人郭女士没有也不可能向申请人一方作任何盈利承诺，申请人一方也不可能依赖被申请人郭女士的陈述、承诺和保证就去做项目投资，并且任何投资都存在盈亏风险，这一风险必须由投资人自行享有和承担。申请人一方称郭女士故意虚构夸大济南置业的盈利预期，没有事实依据，不应得到支持。

4. 申请人作为适格的投资人，应当承担政策、法律和变化所带来的投资风险和后果。据申请人称，2015年5月，济南市人民政府下发了相关文件，对土地的熟化开发即土地挂牌出让的资格已经作了重大调整，取消了唯一土地熟化人资格的限制。2016年6月30日未完成熟化的项目，原则上不再按原土地熟化协议进行供地。

济南置业拥有的唯一土地熟化人资格优势不再存在，土地熟化投资成本高，参与土地熟化投资的企业并不能取得优惠的土地出让差价，济南置业因土地差价而取得巨额收益的事实根本不存在，济南置业的股权价值远远低于交易对价，造成《股权转让协议》严重不公平。

申请人的以上观点不能得到支持。首先，申请人于2015年10月与被申请人签订《股权转让协议》，之后签订了用于工商过户的《股权转让协议》相关文件。2015年11月，济南置业完成股权转让的工商变更登记，12月完成全部交接。2016年以后由于政府发生变化，这一政策风险应由申请人一方自行承担。

其次，政府的新政策是2015年下半年至2016年上半年出台的，政府的所有政策、文件均是公开透明的，并且必须履行公示程序，申请人作为投资人和开发商，在长达2—3年的时间内居然称其不知情，这是不符合常理的，即使不知情，后果也必须由其自行承担，因为其没有尽一个正常投资人和开发商应尽的审慎和合理的注意义务。

再次，申请人事实上已于2016年10月8日与政府重新签订《（棚户区）改造项目土地熟化投资合作补充协议》，对参与该项目的土地熟化投资和参与土地使用权招拍挂的权利和义务作了全面的重新约定。至于申请人经政府相关部门多次、反复发文催促而没有及时缴纳土地熟化投资费用所产生的违约责任和因政策变化带来的投资风险，应由申请人自行承担。申请人在这一问题上没有向仲裁庭作如实陈述，同样是严重不诚信的表现。

最后，申请人一方表面上未对目标企业财务状况、股东状况、目标土地状况、政府政策等作全面和详细的尽职调查，而实际上，申请人一方对目标公司财务情况、资产情况、股东和股权情况、10多年来对项目的运作努力、项目潜力情况、政府政策变化情况等了如指掌，同时申请人一方也完全接受全部事实和条件。申请人一方称"直到2017年7月，在济南市中级人民法院审理的山东控股与郭女士合资、合作开发房地产合同纠纷案中及山东控股在后续对济南置业公司的管理中才了解到上述基本情况"，这是不符合事实的。

根据最高人民法院的指导性案例——牟映明、赵为群股权转让纠纷二审民事判决书［（2017）最高法民终840号］中确定的原则，在进行重大投资前，投资方应对拟投资的公司和项目进行尽职调查。进行尽职调查，可以表明投资方尽到了审慎的注意义务，即使未来出现相关争议，投资方也可据此证明其系善意方。在此案中，法院是这样认定的：关于项目总面积，《转让合同》约定，土地总面积为规划红线范围内约46000平方米土地。根据法院二审查明的事实，案涉项目地块规划总用地面积合计已达54828平方米。《转让合同》约定的为土地总面积，并未明确是其中的建设用地面积，牟某明以实际建设用地面积小于 46000 平方米为由，主张贵州万东公司未履行合同约定义务，依据不足。牟某明主张，项目地块中规划有一座轻轨变电站，并且含有一片近 10 亩的林地，导致用地面积减少。对此，其在二审庭审中称，签订《转让合同》时，上述规划即已存在，贵州万东公司故意隐瞒了该事实。法院认为，根据《城乡规划法》第 17 条规定，基础设施和公共服务设施用地以及绿化用地属于城市总体规划的强制性内容，牟某明完全有渠道获得上述信息。而对于房地产开发来讲，项目所在地的总体规划情况对项目开发的收益影响甚巨，作为从事房地产开发的商事主体，理应充分调查并知悉，其关于签订合同时不知情的抗辩主张，依据不足。

另外，最高人民法院审理的四川京龙建设集团有限公司与简阳三岔湖旅游快速通道投资有限公司等及深圳市合众万家房地产投资顾问有限公司等股权确认纠纷二审民事判决书［（2013）最高法民二终字第 29 号］认为："因华仁公司与合众公司进行股权交易时，锦云公司、思珩公司均登记在合众公司名下，且华仁公司已委托会计师事务所、律师事务所对锦云公司、思珩公司的财务状况、资产状况、负债情况、所有者权益情况、银行查询情况等事项进行尽职调查并提供尽职调查报告，京龙公司亦无证据证明华仁公司在交易时明知其与三岔湖公司、刘贵良之间的股权交易关系的存在，故可以认定华仁公司在受让锦云公司、思珩公司股权时系善意。"

综上所述，在山东控股与郭女士的股权转让合同纠纷仲裁案中，仲裁庭裁决驳回申请人山东控股的全部仲裁请求，是正确的。

案例 10

转让方故意隐瞒关键信息，难逃其责

■ 基本案情

2015 年 6 月 6 日，乙方张先生与甲方李先生签订《某房地产有限公司股权转让协议》（以下简称《股权转让协议》），约定甲方将其持有的"某房地产有限公司"（丙方）的 100% 股权转让给乙方，从而将某房地产有限公司合法拥有的资产——三块土地使用权［土地证号分别为：××国用（2010）第 0402597 号，面积 4658.15 平方米；××国用（2009）第 0409882 号，面积 4030 平方米；××国用

（2006）第 5096 号，蓝线面积 13526.3 平方米]，以及在签订协议后经三方核准的账上实存固定资产（三方核准确认书作为本合同的附件）转让给乙方张先生。上述转让价按土地 33.321675 亩，以每亩 185 万元的计算方式核定。经甲丙双方同意，某房地产有限公司 100% 股权转让价为 61645098.75 元。乙方同意以该价格受让。

甲、乙、丙三方在签订本股权转让协议前，甲方、丙方在经营过程中所产生的一切税费、债权、债务（含土地使用税、土地闲置费）由甲方承担；若甲方、丙方在签订本协议时遗漏债务，由法院或者经甲方确认后，全部由甲方承担，乙方有权在甲方应收款项中予以优先扣除，代为支付。

甲方和丙方需要保证其合法持有上述土地，与第三者不存在任何争议。且甲方、丙方保证：上述土地，双方未向政府或相关第三方作出过任何影响土地开发或签订债务的承诺。乙方接受上述土地后若由于甲方、丙方在土地上存有签订债务承诺或合同，不能正常开发及正常运作时，视为甲方违约，违约金按照乙方已付金额的双倍计算。

对于丙方名下三宗土地，甲方收到乙方定金后将土地连同地上附属物一并交给乙方管理，凡土地建设所需增加容积率和改功所需缴交的税费亦由乙方自负。

以上股权转让协议签订后，乙方按约定向甲方支付了 1500 万元定金和股权转让款（2015 年 6 月 4 日支付定金 400 万元，6 月 12 日支付定金 100 万元，6 月 17 日支付定金 500 万元，8 月 5 日支付转让款 500 万元）。

2015 年 6 月 8 日，甲方将某房地产公司的第一批土地资料移交给乙方委托的人员，其中包括：大厦资料、报建资料（建设用地规划许可证、建设工程规划许可证、建设工程施工许可证、省企业基本建设投资项目备案证、单位工程开工报告、建设工程施工报告审批表等）、供电资料、图纸等。

2015 年 6 月 17 日，甲方将某房地产公司的第二批资料移交给乙方委托的人员，其中包括：某房地产公司营业执照正副本、资质证书正副本、税务登记证正副本、组织机构代码证正副本、市房地产行业诚信手册、社会保险登记证、国有土地使用证三本［××国用（2010）第 0402597 号，面积 4658.15 平方米；××国用（2009）第 0409882 号，面积 4030 平方米；××国用（2006）第 5096 号，10743.30 平方米]。

以上完整的项目资料、报建资料和土地证件，特别是所涉土地的建设用地规划许可证，对于用地性质明确注明是"二类居住用地"，这足以使乙方信赖某房地产公司对土地享有完整的、无瑕疵的权利，具备开工建设条件，某房地产公司可以进行商业开发。

2015 年 9 月，乙方就××国用（2010）第 0402597 号土地开发向相关部门进行建设规划查询时，被相关国土规划部门告知该宗地未依照市、区人民政府文件的要求通过区招投标交易中心挂牌方式改变土地用途为城镇住宅用地（兼容商服用地），导致该宗土地不能按约定进行商业开发。乙方多次要求与甲方协商处理，但甲方未予回应。之后，乙方先后三次书面致函甲方要求其采取补救措施，并全面、适当地履行合同约定的义务，也未得到甲方的回应，且甲方对乙方的函件均不予接收，其对于后续要求配合的工作也不予任何协助。

2016年年初，乙方再次到相关国土部门咨询，被明确告知该宗土地需经出让方和规划管理部门审批，报市人民政府同意后，在区招投标交易中心按照变更后的用途以招拍挂方式重新公开出让。

至此，乙方确认，甲方转让股权的某房地产公司的资产不包括全部三幅建设用地，仅有两幅建设用地。其中，××国用（2010）第0402597号土地必须由政府国土部门收储，报市人民政府同意后，在区招投标交易中心按照变更后的用途以招拍挂方式重新公开出让。按照我国相关法律法规的规定，符合条件的任何单位和个人均可以参与竞价。在这种情况下，任何参与竞价的单位或个人的报价均没有上限。由此可见，乙方未必可以在公开交易过程中获得此幅土地使用权。

法院判决

关于转让方在履行涉案股权转让协议的过程中是否存在故意隐瞒交易标的相关信息或其他违背诚信等违约行为的问题，一审法院认为，现有证据不能证明李先生在履行涉案股权转让协议过程中存在隐瞒交易标的相关信息或其他违背诚信等违约行为。理由在于：

第一，涉案三块土地的使用权系某房地产公司最核心的资产，而某房地产公司100%股权转让价格高达61645098.75元，张先生作为具有完全民事行为能力的自然人主体，在签订金额高达6000余万元的股权转让协议之前理应对该股权所对应的资产状况进行核实，而0402597号土地的土地证上载明该土地的"地类（用途）为机关团体用地"，且该土地所记载的上述信息均属于政府公开信息，张先生能通过正常渠道轻松获悉。

第二，×府复〔2009〕12号文件第5条要求"某房地产公司取得该土地使用权后，通过区招投标交易中心以挂牌的方式改变该宗地的土地用途为城镇住宅用地（兼容商服用地）。该宗地改变功能补办出让需补缴的土地出让金按照×府〔2005〕102号《关于印发市土地出让金及租金标准的通知》的规定收取，土地使用权转让税费按照国家有关政策依法征收"，依据上述文件内容，某房地产公司需在区招投标交易中心通过挂牌的方式才能改变该宗地的土地用途并需补缴土地出让金。而从本案已查明的事实可知，张先生在签订股权转让协议之后的第三天，即2015年6

月 8 日即收到李先生所交付的 ×府复〔2009〕12 号文件并知悉文件内容，但其在此之后仍然陆续支付 600 万元的定金及 500 万元的股权转让款，该行为亦表明张先生对 0402597 号土地性质及状态是知悉的。

第三，张先生称李先生违法取得 0402597 号土地的建设用地规划许可证、建设工程规划许可证、建设工程施工许可证，并于 2015 年 6 月 8 日交付给张先生，误导张先生相信 0402597 号土地已经具备商业开发的条件。如果张先生所述属实，在涉案股权价格高达 6000 余万元、土地证与建设用地规划许可证上载明的用地性质不相符的情况下，张先生仍然继续履行协议显然不符合一般常理。

第四，争议 0402597 号地块的国土证取得日期为 2010 年 2 月 25 日。之后，某房地产公司于 2010 年 3 月 29 日填写《区国有土地使用权转让申请审批表》，申请改变争议土地用地性质，未果。申请表中提到"改变规划用地性质批准文件编号：建函〔2010〕9 号、〔2010〕038 号"文件。争议地块建设用地规划许可证的取得日期为 2010 年 12 月 31 日，用地性质为二类居住用地，结合《区国有土地使用权转让申请审批表》的记载内容，规划许可证中的用地性质是经某房地产公司申请而改变的。上述文件都存在于合同双方移交的材料当中，申请人应当能获悉这些信息。

第五，《股权转让协议》第 8 条约定"甲方收到乙方的定金后甲方将土地连同地上附着物一并交给乙方管理，凡土地建设所需增加容积率和改功所需缴交的税费由乙方自负"，上述关于改功所需税费由张先生负担的约定亦表明张先生对 0402597 号土地性质是知悉的。张先生称该条约定中的"改功"是指在符合开发建设的前提下，由住宅用地变更为商业用地。"改功"虽不属法律术语，但 ×府复〔2009〕12 号文件要求"该宗地改变功能补办出让需补缴的土地出让金按照 ×府〔2005〕102 号《关于印发市土地出让金及租金标准的通知》的规定收取"，依照该文件对某房地产公司的要求，"改功"系指改变土地功能和开发用途，再结合张先生已经于 2015 年 6 月 8 日收取 ×府复〔2009〕12 号文件的事实，双方在《股权转让协议》第 8 条中所约定的改变土地功能及开发用途，0402597 号土地在依照 ×府复〔2009〕12 号文件办理相关手续之前，土地属机关团体用地，显然不能进行开发，张先生诉称"改功"系在符合开发建设的前提下进行住宅和商业用地的变更的主张缺乏依据。

判决：驳回张先生的诉讼请求。

二审法院维持了一审法院的判决。

法律分析

笔者认为，本《股权转让协议》部分不可履行，主要责任在于甲方。

2004年3月，国土资源部、监察部联合下发了《关于继续开展经营性土地使用权招标拍卖挂牌出让情况执法监察工作的通知》，要求从2004年8月31日起，所有经营性的土地一律都要公开竞价出让。也就是说，在2004年8月31日之后，各省区市不得再以历史遗留问题为由采用协议方式出让经营性国有土地使用权，以前盛行的以协议出让经营性土地的做法被正式叫停。该文件还规定，2004年8月31日以后，发展商必须及时缴纳土地出让金，而且如果在两年内不开发，政府可把土地收回。所谓"8·31"大限就是指这一天新的全国土地政策正式实施。"8·31"大限也被认为是中国"地产界的土地革命"和"阳光地政"。

自"8·31"大限（2004年8月31日）后，全部经营性用地，必须公开招拍挂出让，不得协议出让、变更用地性质、改变用地功能。具体到本案，也就是"机关团体用地"不得私自"改功"，必须由政府国土部门"收储"，再公开出让，此时，国内外的任何单位和个人，都可以参与竞拍。换句话说，对方给乙方的只有两幅地，本案涉及的争议土地无法直接作为"某房地产公司"的资产交付给乙方。违约的是甲方，而不是乙方。

必须强调，合同中约定了"改功"这一说，这就给乙方一种错觉，即补一点出让金，交少许税费就可以变更用地性质，这实属误导。公开出让过程中的竞价是不封顶的，只要有人竞价，价格可扶摇直上，无法保证底价成交，甲方怎么能"全面、适当"地履行合同？由此可见，甲方根本不能履行合同，乙方提出解除合同，或者要求赔偿损失，是有事实依据和法律依据的。

"改功"的税费，仅指税、费，绝对不能包含"土地使用权出让金"，这是两种性质完全不同的费用，税费交税局，出让金交国土部门。对于"机关团体用地"的处理，在合同中必须要有"具体、明确"的约定，对于这一核心问题，必须清楚、明白地告知，绝对不能含糊其辞，否则就是故意隐瞒。第三幅土地不能直接用于商业开发，应当是甲方的责任，因为甲方根本无法直接交付建设用地。

虽然第一次移交的文件中有"机关团体用地"的表述，但由于甲方交付了建设用地规划许可证、建设工程规划许可证、建设工程施工许可证和一系列报建审批文件，这就让乙方误以为土地已合法变更了用地性质，并可用于商业开发。而实际情况是，该幅土地已不可直接用于房地产商业开发，如果要用于房地产商业开发，必须在公开平台上重新出让，任何人均可以参与竞拍，而无须甲方将其作为某房地产公司的资产进行转让。

按合同的基本原则，无论受让方是否进行尽职调查，转让方披露真实信息的合同义务并不因此免除，转让方未如实披露有关重要信息的，受让方可主张转让方构成违约或据此撤销合同。

最高人民法院审理的周玲奇与江苏火炬创业投资有限公司等股权转让纠纷申请再审民事裁定书[（2014）民申字第1184号]认为：《股权投资协议书》的第5条"乙方和丙、丁、戊方的声明和保证"中载明，"公司、公司原股东及实际控制人确认，未有任何未披露的可能形成在任何重大方面进行误导的信息或合理地影响甲方按照本协议提供投资款和本次投资意愿的事项"，但周玲奇、奥泰公司等却存在未披露奥泰公司虚假出资及未将火炬公司投入资金全部用于购买设备和公司生产经营等事实。尽管火炬公司作为专业投资公司，亦应对奥泰公司的资产状况进行尽职调查，尽到合理审慎的注意义务，但并不能因此而免除周玲奇、奥泰公司等签约主体披露真实信息的合同义务，由此可认为周玲奇、奥泰公司等隐瞒了签订股权投资协议的重要事实前提，火炬公司基于错误认识签订协议进行投资。依据《最高人民法院关于贯彻执行〈中华人民共和国民法通则〉若干问题的意见（试行）》第68条"一方当事人故意告知对方虚假情况，或者故意隐瞒真实情况，诱使对方当事人作出错误意思表示的，可以认定为欺诈行为"之规定，认定周玲奇构成欺诈，火炬公司得以依法行使撤销权。

就本案而言，李先生确实自始至终存在故意隐瞒影响交易的关键信息的行为，否则，李先生完全可以在《股权转让协议》中明明白白将土地的关键信息交代清楚，而不是只字不提，说明是有意回避。因此，违约责任主要在于甲方。这一点，笔者不认同法院判决观点。

此外，甲方应当遵循诚实信用的基本原则，全面、主动地披露涉及土地的全部信息，对于"机关团体用地"这一核心问题应当非常清楚、明白地告知，在合同中应当非常明确、具体地约定，绝对不能含糊其辞，更不得故意隐瞒。而恰恰相反，对于这一核心内容和瑕疵，甲方在协商过程和合同中完全是有意回避，绝非过失。甲方明知土地现状不可以进行商业开发，对于这一土地瑕疵故意隐瞒，是有过错的，是严重违约和根本违约。

在本案中，乙方对于涉及标的物的尽职调查和了解是有限度的，无法对甲方的表述及大量资料和信息进行一一核实，采信了甲方的不实和不当陈述。一审、二审法院对于以上事实的认定恰恰相反，均反复将注意力集中在乙方为何不尽审慎义务，推定乙方对于土地瑕疵是"明知的"，而不追究甲方未遵循诚实信用的基本原则对相关信息和瑕疵进行详细的说明、告知和披露。法院未认定甲方的故意或过失行为，这是不恰当的，是不公平的，因此，一审、二审判决均值得商榷。

案例 11

股权挂牌交易，债权债务互抵

■ 基本案情

湛江市某区某村所属土地428亩，属农用地，为集体自留发展用地。广州A房地产开发有限公司（以下简称"A公司"）自2008年起至2017年分别多次借款给该村村民委员会（以下简称"村委会"）、村经济联合社（以下简称"经济联社"），以解决村土地开发建设资金短缺的困难，包括支付土地的前期征地、拆迁、迁坟、青苗补偿等费用以及缴纳耕地占用费、新增建设用地费、征地管理费、土地使用税等税费，支付缴纳以上费用和税费，土地由农用地转为集体用地；并代上述两单位缴付相关规费（土地出让金等）、税费（契税、土地增值税、企业所得税等），由集体建设用地转为国有商住用地，达到开发建设和挂牌征集投资者的条件；借款总额（含代缴税费及建设资金）约10.5亿元。2015年6月，A公司与村经济联合社全资子公司湛江市B房地产实业有限公司（以下简称"B公司"）签订了《委托经营管理合同》，委托A公司负责B公司土地的开发建设全过程的经营、管理及营销事宜。

2016年6月，南方联合产权交易中心（以下简称"南方产交中心"）联合湛江市公共资源交易中心（以下简称"湛江产交中心"）挂牌发布B公司80%股权转让信息，征集受让人。广州A公司报名参与受让征集，并缴纳保证金人民币8600万元。2016年7月，A公司摘牌成为B公司80%股权转让受让方，并于7月26日签订《产权交易合同》。

但在产权交易价款（人民币8.59亿元）的支付方式上，A公司与湛江产交中心产生了分歧。A公司认为应以村委会、经济联社的借款对冲或抵销产权交易价款，即以场外结算的方式结算产权交易价款，避免出现重复支付和增加企业资金压力的情况。而湛江市产交中心不同意以场外结算的方式结算，坚持必须全额支付产权交易价款，这导致签订《产权交易合同》后尚未完成产权交易价款的结算手续。

以经济联社的借款对冲或抵销产权交易价款，符合产权交易相关法规政策、交易规则及相关规定；国资委、财政部发布的《企业国有资产交易监督管理办法》第27条也明确此类情况允许场外结算；在过往的产权交易中也有采用此方式结算，湛江市区域内也有先例。南方产交中心也同意以此方式结算。同时，广州 A 公司已与村经济联社签订《债权债务抵销协议》，约定：鉴于截至 2016 年 7 月，乙方（A 公司）及其指定的公司已向甲方（B 公司）提供了合计人民币 881120688.88 元，用于湛江市某区某岛区域西南部 285590 平方米土地开发。乙方（A 公司）已于 2016 年 7 月通过南方产权交易所竞得甲方持有的 B 房地产实业有限公司 80% 股权，竞得价格为人民币 85929.66 万元。截至本协议签订之日，甲方确认乙方或其指定公司已以借款方式向甲方提供资金合计人民币 881120688.88 元，其中 4.52 亿元（含保证金 2000 万元）为甲方收取的用于支付本项目地块前期的征地、拆迁、迁坟、青苗补偿等费用，27294114.80 元用于缴交本项目地块转为国有商住用地发生的规费（包括耕地占补费、新增建设用地费、征地管理费、土地使用税等），340229384.33 元用于缴交项目土地出让金及税费，60112383 元用于缴交土地注入 B 公司产生的税费，1404806.75 元用于缴交截至 2015 年 12 月 31 日的土地使用税，8 万元用于支付代付律师费。现双方同意，乙方应付的股权转让款人民币 85929.66 万元与甲方应归还的借款于本协议签订之日等额冲抵，冲抵后即视为乙方已付清股权转让款人民币 85929.66 万元，同时甲方亦已归还了借款人民币 85929.66 万元。以上两笔金额抵销后，甲方仍需向乙方支付未冲抵的余款 21824088.88 元，此笔款项由甲、乙双方另行协商确定偿还事宜。

处理结果

经广州 A 公司与南方产交中心、湛江产交中心协商和协调，最终湛江产交中心同意通过场外等额资金冲抵的方式解决双方的债权债务。

法律分析

通说认为，债务抵销是指当事人互负到期债务时，任何一方均可将自己的相关债务与对方的相关债务进行相互抵销，从而使双方的合同权利义务终止。抵销分为法定抵销与约定抵销。法定抵销是指依法律法规明确规定的抵销条件而抵销，而约定抵销是指经双方协商一致而对双方债务进行的抵销。

《合同法》第 99 条规定："当事人互负到期债务，该债务的标的物种类、品质相同的，任何一方可以将自己的债务与对方的债务抵销，但依照法律规定或者按照合同性质不得抵销的除外。""当事人主张抵销的，应当通知对方。通知自到达对方时生效。抵销不得附条件或者附期限。"这是《合同法》关于债权债务法定抵销的规定，主要针对的是双方债务的标的物种类、品质相同情况下的债务抵销问题。这是不需要对方当事人同意或者与对方当事人协商的，任何一方当事人只要提出并通知对方即可。

《合同法》第 100 条规定："当事人互负债务，标的物种类、品质不相同的，经双方协商一致，也可以抵销。"这是《合同法》关于债权债务约定抵销的规定，针对的是双方债务的标的物种类、品质不同情况下的债务抵销问题。比如一方欠对方货物而另一方需要向对方完成某种劳务，这种情况下，虽然双方互负债务，但种类、品质完全不同，此时一方提出债务抵销时，需要征得另一方的同意，否则双方债务不能抵销。

在本案中，广州 A 公司与湛江 B 公司互负到期债务，该债务的标的物种类、品质完全相同，均为金钱债务，并不存在不得相互冲抵或抵销的法定情形。而且，双方就等额债权债务冲抵达成一致并签订了《债权债务抵销协议》，因此，广州 A 公司申请双方的债权债务互相抵销，完全符合我国《合同法》第 99 条的规定，合法有效。

案例12

土地闲置问题

■ 基本案情

一、案情回顾

2008 年 6 月，A 开发区开发建设管理委员会（以下简称"A 管委会"）与 B 投资集团签订《投资意向书》，约定 A 管委会拟引进 B 投资集团投资开发位于某大湾区的 3000 余亩（共划分为 32 幅）盐碱地和滩涂地（非集体所有的农业用地），该（32 幅）盐碱地和滩涂地编制规划为新开发区的住宅用地和商业用地，双方就土地价格进行了约定，即住宅 116 万元/亩，商业地块 60 万元/亩，酒店 10 万元/亩，由 B 投资集团支付 8000 万元（人民币）意向金。

2008 年年底，由于全球金融危机的影响市场情况不乐观，B 投资集团向 A 管委会申请退回 8000 万元意向金，未获回复。

2009 年 6 月×日，A 管委会与 B 投资集团签订《投资协议书》，具体落实前述《投资意向书》的内容，同时明确：以上 3000 余亩（32 幅）盐碱地和滩涂地拟整体出让，分期分区开发建设，其中住宅和商业用地 60 万元/亩、酒店 40 万元/亩。《投资协议书》同时约定，A 管委会提供的土地应当达到"三通一平"，即通路、通电、通水和土地平整。而且，根据《投资协议书》，上述配套基础设施建设应当在六年内，即至 2015 年 6 月全部建成。

2009年6月底，市国土资源局发布挂牌出让公告，明确拟"整体出让"36幅土地。B投资集团于是在规定期限内，通过公开竞价成功获得以上3000余亩（32幅）盐碱地和滩涂地的商住用地的国有土地使用权。

2009年7月30日，B投资集团成功摘牌，取得成交确认书，成交总价为15亿元。

2009年8月×日，A管委会与B投资集团签订《备忘录》，再次明确以上"整体性出让"的32幅盐碱地和滩涂地的付款进度、交地时间、开发具体进程及其他事宜。

此后，B投资集团开始规划和设计，但五次上报项目总体规划均未获得当地相关部门的正式批复，导致本项目的开发建设进程有所延缓。直到2010年9月底，本项目才得以启动部分期、区的开发和建设工作。

2011年12月19日，A管委会与B投资集团签订《五星级酒店项目补充协议》，协议约定甲方（A管委会）同意乙方（B投资集团）酒店项目2012年4月底前开工，12月底前完成主体结构，2013年12底前试营业，并约定五星级酒店项目开工建设后一年内甲方奖励乙方1880万元，若乙方未能在约定时间内达到要求，则取消奖励。

2012年11月1日，B投资集团就土地证延期问题与A管委会协商，A管委会首次提出了延期开发违约金及收回部分土地的要求。

2012年12月6日，B投资集团与A管委会领导协商土地问题，一致同意就加快开发进度及收回部分土地等问题继续下一步会谈。

2012年年底，B投资集团与A管委会协商《补充协议》，对尚未开工建设的土地约定建设时间，并对A管委会计划回购的七块土地予以约定，经双方协商未达成一致，此协议未签订。

2013年1月下旬，B投资集团将01、13地块调整方案及11地块（小镇中心）建设方案呈报给开发区规划局窗口，工作人员口头回复按A管委会意见暂停办理。

2013年3月12日，B投资集团与A管委会领导进一步会谈，A管委会提出每年50万平方米的进度方案及收回7块土地的想法，B投资集团提出将新的建设进度方案上报A管委会，关于退地核心是价格问题，需做一个系统方案。

2013年4月25日，B投资集团与A管委会领导进一步协商，A管委会提出住宅项目需在合同期内完成；在补充协议签订时间内完成五星级酒店项目；体育公园需在今年5月营业，配套设施按约定时间完成，若无法履约，是否可以让出，政府按合理价格回购。

2013年5月2日，A管委会发函给B投资集团，提出四个意见要求：一是2017

年年底前住宅用地全部竣工；二是酒店地块在 2013 年年底前试营业；三是体育公园项目在 2013 年 5 月底前试营业；四是若 B 投资集团认为五星酒店及体育公园的运营及审批有困难，A 管委会同意终止两项目，按合理价格收回两项目及两侧房地产开发用地。

2013 年 5 月 14 日，B 投资集团到开发区与 A 管委会进一步协商，未达成一致意见。

2013 年 7 月 9 日，B 投资集团前往市国土局办理剩余 17 块土地的土地证，市国土局口头回复暂停办理。

以上过程显示，A 管委会与 B 投资集团在项目建设问题上产生了分歧。

二、闲置调查

2013 年 7 月 17 日，开发区国土资源局发出《闲置土地调查通知书》称，据查勘，有 32 宗土地未按出让合同约定进行开发建设，要求 B 投资集团 7 日内回复土地开发利用情况，出示闲置原因等相关证据。

2013 年 7 月 22 日，B 投资集团回复《关于开发区 36 宗土地开发进程情况说明》，表明 B 投资集团立场，即将 36 块土地作为一个整体来开发建设，先开发建设住宅用地，并对市政道路河道也投入了大量的资金。

2013 年 7 月 26 日，开发区国土资源局再次发出《闲置土地调查通知书》，要求 B 投资集团在 30 日内回复每宗地开发利用的情况，如不按期回复，则会认定 B 投资集团闲置土地的事实。

2013 年 8 月 22 日，开发区规划局回复开发区国土资源局的土地闲置调查，将十块土地分为两种情况：

1. 办理了建设用地规划许可证，方案已初步确认的地块有：01、08、13。
2. 未办理建设用地规划许可证的地块有：02、11、24、25、30、33、34。

2013 年 8 月 23 日，开发区住房和城乡建设局回复开发区国土资源局的土地闲置调查，说明 01、02、09、11、13、24、25、30、33、34 十块土地均未办理建设工程施工许可证。

2013 年 8 月 23 日，B 投资集团在收到开发区国土资源局的《闲置土地调查通知书》后，就该调查通知书回函《关于开发区土地开发进程情况说明》，按照该局认定的调查依据详细提供了 B 投资集团在项目已投入方面远超过总投资额 25%（实际已经达到 100%）的明细说明，以及项目不存在因自身原因中止开发建设满一年的证明材料。

2013 年 9 月 10 日，B 投资集团会晤开发区招商局局长，表达希望妥善解决项目土地问题的意见。

2013 年 9 月 24 日，开发区国土资源局下发地块编号为 01、02、08、09、11、13、24、25、33、34 共十块土地的《土地闲置认定书》，并下发地块编号为 19 的土地闲置调查。

2013 年 9 月 25 日，开发区国土资源局下发地块编号为 01、02、08、09、11、13、24、25、33、34 共十块土地的《听证通知书》。

2013 年 9 月 27 日，A 管委会向开发区国土资源局发出《关于闲置土地处置方案的批复》（×政新〔2013〕16 号），该批复附件中列明 27 块土地分为以下几种情况：

1. 01、02、08、11、13、24、25、30、33 号土地闲置为 B 投资集团自身原因，处置方式为无偿收回；

2. 03、04、05、06、07、10、21、22、23、26、27、28、32、35、36 号土地闲置为政府原因，处置方式为延长动工开发期限；

3. 09、18、31 号土地确定为已动工，处置方式是促开发进度。

2013 年 9 月 28 日，B 投资集团向 A 管委会发出《关于继续支持××新城开发建设的请示》。

2013 年 10 月 10 日，B 投资集团会晤开发招商局局长，表达不同意收回土地，并妥善解决土地问题的意愿，无果。

三、听证、土地闲置认定、无偿收回决定

2013 年 10 月 18 日，开发区国土资源局向 B 投资集团送达 × 土资听告（新）字《听证通知书》。

2013 年 10 月 30 日，B 投资集团参加了开发区国土资源局举行的土地闲置问题听证会。在听证会上，B 投资集团充分说明了相关的投资开发数据，充分展示了项目存在各种客观因素的相关证据资料，并竭力阐述了自己关于本项目建设用地不存在闲置的观点。

然而，该局仍于 2013 年 11 月 × 日作出 × 国土资闲定〔2013〕3 号《闲置土地认定书》、×国土资闲告〔2013〕3 号《闲置土地情况告知书》，认定依据是"你公司取得土地使用权后未按《国有建设用地使用权出让合同》的规定开发建设，时间超过两年以上，属于企业自身原因造成的闲置"，且该局在《闲置土地认定书》中称"上述宗地存在国有建设用地使用权人超过国有建设用地使用权出让合同规定的动工开发日期满一年未动工的情况，该局已向 B 投资集团送达了《闲置土地调查通知书》（×国土资闲调〔2013〕1 号）"。

2013 年 11 月 × 日，开发区国土资源局发出 × 国土资闲定〔2013〕3 号《闲置土地认定书》，对于 B 投资集团开发的该项目拟采取"无偿收回国有建设用地使用

权"的处置措施。

2013年11月13日，开发区国土资源局对B投资集团十块土地发出×土（新）闲收〔2013〕3-12号《收回国有建设用地使用权决定书》，决定无偿收回。

四、复议

2014年1月7日，B投资集团向市国土资源局递交《行政复议申请》，请求依法撤销市国土局作出的×土（新）闲收〔2013〕3-12号，共计十份《收回国有建设用地使用权决定书》，事实与理由如下：

（一）就B投资集团开发项目中的土地进行单宗认定是错误的

本项目是一个综合性大型房地产项目，下辖36宗出让土地，总占地面积3000余亩，涵盖五星级酒店、特色商业街、现代生态生活区以及体育公园等多个功能区，是开发区招商引资而来的第一个大型房地产项目。该项目经过B投资集团于2008年6月25日与A管委会签订的《投资意向书》，2009年6月24日与A管委会签订的《投资协议书》，以及2009年7月27日的公开招拍挂在开发区成功落地。

无论是前述《投资意向书》《投资协议书》，还是随后签署的《备忘录》，都一致性地将该项目涉及的36宗土地作为一个项目而整体进行对待，2009年7月27日举行的公开招拍挂公告中"整体出让"的表述也充分证明了这一点。这一约定不仅约束开发区政府，也应当对开发区国土资源局具有法律效力，开发区国土资源局不应当不顾A管委会当初签订的具有法律效力的协议中的这一核心要点，执意抛开整体概念转而逐块讨论"土地闲置"问题，这很明显是不符合规定的，不能"既当运动员，又当裁判员"。

（二）忽视B投资集团所承担基础设施建设任务而认定土地闲置并决定无偿收回是错误的

根据《投资协议书》，B投资集团在项目开发过程中还需要承担滩涂整治、道路建设、管线架设、河道治理等市政基础设施的建设任务，主要有以下几项：

1. 项目用地原本为沿海的滩涂和盐碱荒地，而非农业用地，也不涉及农用地指标等问题，要使其变为可建设用地需要进行滩涂和盐碱整治。B投资集团在艰苦的、拓荒牛式地施工中，投入了大量的资金、人力、物力和精力，几乎将项目全部三千多亩用地的土质全部更换。

2. 项目用地下辖十条市政道路全部由B投资集团承担，这些道路现在已从原本的荒地变为平坦宽阔的道路。另外，在原本的荒地之上，B投资集团的大型工程设备和车辆根本无法进入，从而导致项目开发前期进度缓慢。

3. 项目规划中包含三条河道和一个小型池塘的建设任务，从开挖、整治到堤坝和景观的修造，B投资集团都花费巨大。

上述市政基础设施建设都是在原本的荒滩和盐碱地上从零开始进行的，一般常规的房地产开发无法企及，国土局不应当在忽视项目的这种极为特殊的情况，以及B投资集团已经投入巨额资金的情况下作出"土地闲置"认定和"无偿收回"的决定。同时，上述这些基础设施完全应当列入相邻地块开发进度中，这些对项目，乃至对整个开发区有着重大意义的建设行为不能排除在"闲置土地"的开发进度之外。

（三）"土地闲置"问题很大程度上是由项目所在地的A管委会造成的

根据《闲置土地处置办法》第8条的规定，如果"土地闲置"属于政府、政府有关部门行为造成的动工开发延迟的，不应当认定为"闲置土地"。B投资集团认为，即使如贵局所述，就单宗土地讨论是否因为超过土地出让合同中约定的动工开发时间而导致"土地闲置"的问题，那么其主要原因也在于项目所在地政府及政府有关部门，这些原因主要表现在以下几个方面：

1. B投资集团与A管委会签订的《投资协议书》明确约定了整体性出让，分期分区开发建设的用地开发模式。事实上，从一开始A管委会就忽略了这一具有法律约束力的约定，以致B投资集团五次上报项目总体规划都未获正式批复。尽管总规的审批并非土地开发中法定的行政许可事项，但是设计大面积的土地开发恰恰需要从总规这一宏观角度进行总体性的把控，才能够在资金、人员、设备等方面满足开发进度的需要。A管委会的这种做法不仅沉重地打击了B投资集团对A管委会的信心，打乱了B投资集团的整体工作部署，也是导致开发进度受到阻滞的最主要原因。

2. B投资集团在开发建设的同时，还承担了繁重的基础设施建设任务，开发进度因此而迟缓可以理解，但这一点却得不到原本应当给予大力支持的开发区管委会的理解和体谅。这集中表现为B投资集团在开发报建过程中遇到诸多阻碍，在早已经付清全部土地出让金的前提下无法办理国有土地使用证，单宗土地的建设规划许可证无法及时获得批准，已有的国有土地使用证无法获得延期，而这些开发报建的合法手续恰恰是合法破土动工的前置性必备条件。具体而言，直到2014年仍有17块土地未能获得国有土地使用权证，其中15块地拖延超9个月，2块地拖延3年多时间。B投资集团对已经取得国有土地使用权证的17个地块依法申请延期，也仅有4个地块获得了延期。其中，被认定和收回的十宗土地中，土地编号为0801、0813的地块原本已经核发了建设工程规划许可证，但B投资集团出于项目整体的考虑申请进行微调，然而申报工程规划修改方案未获批准，导致建设工程规划许可证到期，使得B投资集团无法破土动工。

3. 按照《投资协议书》中双方的约定，A管委会负有先期在项目用地红线旁建设一座11万伏变电站的义务,这也是项目满足全面开发建设的必备前置条件。事实上,该变电站至今仍未破土动工,直接导致B投资集团只能边开发边沟通,开发进度迟缓也实为无奈之举。

B投资集团项目所在地的A管委会在项目开发前期曾大力支持项目的开发建设工作,B投资集团对此表示感谢;但自去年年中开始双方多有摩擦,主要原因是A管委会在项目开发方面单方面对B投资集团存在诸多误解,这也是土地开发进度稍有迟缓的主要原因。

(四)就B投资集团开发项目中的中心地块认定为土地闲置并决定无偿收回是错误的

认定土地闲置并决定无偿收回的土地位于B投资集团整个项目中的中心位置,尤其是土地编号为0808、0811、0813、0830、0833、0834的六宗土地,土地收回后即面临由谁开发和怎么开发,以及如何与本项目进行协调和新的用地单位如何补偿B投资集团基础建设费等重大疑难问题,更加会破坏本项目的整体形象,最终会使本项目的开发变得支离破碎。这一点完全背离了《闲置土地处置办法》第2条中"促进利用"的处置原则。

综上,开发区国土资源局忽视B投资集团在项目开发过程中遇到的困难、造成土地开发迟延的主要原因以及B投资集团在市政建设上所作出的贡献等具体情况,执意作出土地闲置认定和无偿收回决定,存在事实不清、证据不足以及明显不当的情况,应当依据《行政复议法》第28条予以撤销。

B投资集团继续推进项目的开发建设。

2014年2月14日,B投资集团参加市国土资源局主持的行政复议听证会。

法律分析

首先,可以确定的是,本项目的用地为滩涂地和盐碱地,不属于集体所有的山地、林地或农用地,不属于"基本农田",也不属于"基本农田以外的耕地",更不属于2019年修正的《土地管理法》规定的"永久基本农田"。因此,其不需要办理征地补偿手续,不需要办理征地结案,也无须办理农用地变为国有建设用地的相关手续。

《物权法》第46条规定:"矿藏、水流、海域属于国家所有。"第47条规定:"城市的土地,属于国家所有。法律规定属于国家所有的农村和城市郊区的土地,属于国家所有。"第48条规定:"森林、山岭、草原、荒地、滩涂等自然资源,属于国家所有,但法律规定属于集体所有的除外。"

2004年修正的《土地管理法》第8条第1款规定:"城市市区的土地属于国家

所有。"第 2 款规定："农村和城市郊区的土地，除由法律规定属于国家所有的以外，属于农民集体所有；宅基地和自留地、自留山，属于农民集体所有。"

结合以上法律规定和本项目的实际情况，本项目约 3000 亩的滩涂地和盐碱地，属于国有土地，只要符合本开发区的总体规划，作为建设用地出让是符合法律法规的规定的。

其次，实践中存在不少类似案例。一个几百亩上千亩的大型或者超大型房地产项目，按照国家的用地政策，不可能一次性整体出让给某一开发商，必须"化整为零"，分割出让。实际上，各地方都在"打擦边球"，变相绕开该强制性规定。

本项目的根本问题是，约 3000 亩的项目，作为一个集住宅、商业、酒店、康体娱乐休闲等为一体的超大型综合房地产项目，一体规划、分期开发建设，是否存在建设用地闲置的问题。如果不作为一个整体项目，某些地块确实存在建设用地闲置情况。而如果作为一个整体项目，则完全不存在建设用地闲置情形。

最后，从闲置土地的认定规则上看，本项目也不存在闲置的情形：

1. 闲置土地，是指国有建设用地使用权人超过国有建设用地使用权有偿使用合同或者划拨决定书约定或规定的动工开发日期满一年未动工开发的国有建设用地。对于已动工开发但开发建设用地面积占应动工开发建设用地总面积不足 1/3，或者已投资额占总投资额不足 25%，中止开发建设满一年的国有建设用地，也可以被认定为闲置土地。闲置土地可分为以下三类：

第一类：国有建设用地使用权人超过国有建设用地使用权有偿使用合同或者划拨决定书约定或规定的动工开发日期满 1 年未动工开发。通常动工开发日以《建设用地使用权出让合同》或《划拨决定书》约定或规定的动工开发时间为准，如果未约定或规定，则以实际交付土地之日起 1 年为动工开发日期，而实际交付土地日期应以交地确认书确定的时间为准。根据《闲置土地处置办法》第 30 条规定，动工开发系指依法取得施工许可证后，需挖深基坑的项目，基坑开挖完毕；使用桩基的项目，打入所有基础桩；其他项目，地基施工完成 1/3。

第二类：已动工开发但开发建设用地面积占应动工开发建设用地总面积不足 1/3，中止开发建设满 1 年。应动工开发建设总面积应为土地使用者依照土地使用权出让合同的约定和规划设计条件，应当在规定时间内完成开发建设的土地面积；已动工开发建设的总面积应为"应动工开发建设总面积"中土地使用者已经进行实际投资开发建设的土地面积。

第三类：已动工开发但已投资额占总投资额不足 25%，中止开发建设满 1 年。《闲置土地处置办法》第 30 条规定，已投资额、总投资额均不含国有建设用地使用权出让价款、划拨价款和向国家缴纳的相关税费。

2. 关于闲置土地的调查认定程序：

调查通知。市、县国土资源主管部门发现有涉嫌闲置土地的，应当在30日内开展调查核实，并向国有建设用地使用权人发出《闲置土地调查通知书》。

当事人说明。国有建设用地使用权人应当在接到《闲置土地调查通知书》之日起30日内，按照要求提供土地开发利用情况、闲置原因以及相关说明等材料。

调查。市、县国土资源主管部门履行闲置土地调查职责，可以采取下列措施：询问当事人及其他证人；现场勘测、拍照、摄像；查阅、复制与被调查人有关的土地资料；要求被调查人就有关土地权利及使用问题作出说明。

下达认定书。经调查核实，构成闲置土地的，市、县国土资源主管部门应当向国有建设用地使用权人下达《闲置土地认定书》。

公开信息。市、县国土资源主管部门应当通过门户网站等形式向社会公开闲置土地的位置、国有建设用地使用权人名称、闲置时间等信息；属于政府或者政府有关部门的行为导致土地闲置的，应当同时公开闲置原因，并书面告知有关政府或者政府部门。

闲置土地的处理办法。《闲置土地处置办法》以造成土地闲置的原因、闲置时长以及是否已动工作为区分，针对不同类型的闲置土地作出与之相应的处置方法。

因政府以及不可抗力原因导致土地闲置的或已动工开发但开发建设用地面积占应动工开发建设用地总面积不足1/3、已投资额占总投资额不足25%，中止开发建设满1年的，市、县国土资源主管部门应当与国有建设用地使用权人协商，选择下列方式处置：

（1）延长动工开发期限，但延长动工开发期限最长不得超过1年。

（2）调整土地用途、规划条件。按照新用途或者新规划条件重新办理相关用地手续，需重新核算、收缴或者退还土地价款。改变用途后的土地利用必须符合土地利用总体规划和城乡规划。

（3）由政府安排临时使用。从安排临时使用之日起，临时使用期限最长不得超过2年。

（4）协议有偿收回国有建设用地使用权。

（5）置换土地。对已缴清土地价款、落实项目资金，且因规划依法修改造成闲置的，可以置换土地。

对于非因政府、不可抗力原因导致土地闲置，且未动工开发的，按以下方式处理：

（1）未动工满1年的，国土部门下发《征缴土地闲置费决定书》，按照土地出让或者划拨价款的20%征缴土地闲置费。

（2）未动工满 2 年的，国土部门下达《收回国有建设用地使用权决定书》，无偿收回土地使用权。

3. 关于司法查封土地的情形。根据 2008 年 9 月 3 日《国土资源部关于进一步做好闲置土地处置工作的意见》（国土资发〔2008〕178 号，以下简称《闲置土地处置意见》）第 2 条第（四）项的规定及其精神，土地查封后，未动工的时间可以不累计，查封后满 1 年以上未动工的，可不认定为闲置土地，相应的，也就不会发生查封后满 2 年以上未动工需要收回的情况。但是，根据 2016 年 5 月 27 日《国土资源部关于公布已废止或失效的规范性文件目录的公告》，上述《闲置土地处置意见》自该日起已经失效。《闲置土地处置意见》失效后，从成文的行政法规、规章层面而言，土地查封后的未动工时间是否累计，处于没有规定的空白状态。而根据《闲置土地处置办法》第 8 条列举的内容，可以不予以征缴闲置土地费及无偿收回土地使用权的情况，并不包括司法查封，特别是不宜归入"政府、政府有关部门的其他行为"这一项。因为引起司法查封的根本原因是土地使用权人与他人的民事纠纷，与政府行政行为无关，同时，执行查封的是司法机关，并非政府。而且，土地被查封后，只要相关查封的司法文书不明文禁止，实际上，土地是可以继续开发的。如土地使用权人出于顾虑而停止开发，从法律上来说，是土地使用权人的主观决定，并非因查封而受到客观限制，无法开发，由此导致的土地闲置及其法律后果，也应该由土地使用权人承担。

4. 因政府原因或不可抗力导致的闲置土地或符合《闲置土地处置办法》第 2 条第 2 款规定情形的闲置土地被收回，土地使用权及抵押权应注销登记，但根据《闲置土地处置办法》第 12 条规定，应采取协议有偿或置换土地的方式进行处置的，抵押权并不当然消灭。根据《物权法》第 174 条规定："担保期间，担保财产毁损、灭失或者被征收等，担保物权人可以就获得的保险金、赔偿金或者补偿金等优先受偿。"由此可见，我国《物权法》上担保物权人的物上代位权是指，担保期间担保财产毁损、灭失或被征收的，担保物权的效力及于该担保财产的变形物或替代物（如保险金、赔偿金与补偿金），担保物权人对这些代位物依然享有优先受偿权。若代位物是土地、房屋等实物资产，则应及时办理抵押登记，否则不能对抗善意第三人；若代位物是赔偿金、保险金等金钱资产，因金钱为种类物，必须及时提存予以特定化，抵押权人才能享有优先受偿权，或者要求债务人提前清偿债务。

5. 非因政府原因或不可抗力导致土地闲置，政府可无偿收回土地使用权，根据法律规定有以下两种情形：

（1）如抵押权人未取得法院生效判决，根据《闲置土地处置办法》第 14 条第（二）项规定，对于未动工开发满 2 年的，市、县国土资源主管部门可以依法报经有批准权的人民政府批准后，向国有建设用地使用权人下达《收回国有建设用地使用权决定书》，无偿收回国有建设用地使用权；闲置土地设有抵押权的，同时抄送相关土地抵押权人。但《闲置土地处置办法》第 13 条同时规定："在拟定设有抵押权的闲置土地处置方案时，市、县国土资源主管部门应当书面通知抵押权人。"

（2）如抵押权人已取得法院生效判决并进入执行阶段，根据 2012 年修正的《民事诉讼法》第 251 条和《最高人民法院、国土资源部、建设部关于依法规范人民法院执行和国土资源房地产管理部门协助执行若干问题的通知》（法发〔2004〕5 号）第 3 条规定，对于若已有生效判决文书并处于执行过程中的闲置土地，国土部门的调查和认定程序不应与协助执行义务相冲突，应配合法院办理协助执行手续，从维护司法权威角度出发应优先保护私权利，不适用闲置土地无偿收回的规定。

《最高人民法院、国土资源部、建设部关于依法规范人民法院执行和国土资源房地产管理部门协助执行若干问题的通知》第 3 条第 2 款规定："国土资源、房地产管理部门在协助人民法院执行土地使用权、房屋时，不对生效法律文书和协助执行通知书进行实体审查。国土资源、房地产管理部门认为人民法院查封、预查封或者处理的土地、房屋权属错误的，可以向人民法院提出审查建议，但不应当停止办理协助执行事项。"

综合本项目的实际情况分析，截至 2011 年 5 月 B 投资集团已缴纳 36 宗土地全部出让金及契税，2012 年年底完成滞纳金的缴纳。其中，19 块土地已取得国有土地使用证，还有 17 块地因政府原因一直未取得国有土地使用证。

关于 12、14、15、16、17、18、09、31，其中除 18 地块未取得建筑工程施工许可证外，其他 7 块土地全部取得建筑工程施工许可证并开工建设。

08、13 地块已取得初设意见，依据市场调整方案后再次申报，A 管委会一直未给予意见。

11 地块 B 投资集团已完成方案，申报 A 管委会一直未给予收件审批。

因此，开发区国土资源局就 B 投资集团开发项目中的土地进行单幅认定是错误的；国土资源局抛开 B 投资集团承担基础设施建设任务而认定土地闲置并决定无偿收回是错误的；B 投资集团的"土地闲置"问题很大程度上是由于非 B 投资集团主观原因造成的。

案例 13

补地价的依据与标准

在房地产开发经营过程中，经常遇到建设用地改变规划和补缴出让金（补缴地价）的问题。此类问题的情况不一，有的非常复杂，甚至 10 年、20 年未能有效解决。

我国房地产复苏伊始，不少地方招商引资，允许开发商先签订《国有土地使用权出让合同》，办理国有土地使用证或建设用地批准书，而实际上，土地出让金并没有全部缴纳，《国有土地使用权出让合同》可能约定，可以"按项目建设进度缴纳土地使用权出让金"，而由于历史原因，有的地方对于建设用地的规划做过变更，或建设指标和建设规模始终未能确定，这样，开发的小区总体规划几经变更，最终未能如期获得批准，亦即，开发商未能如期完成土地的开发建设。这就出现了一个问题，土地使用权出让金肯定必须缴纳，但按何时的标准评估和缴纳，开发商和国土部门产生了不同意见：如果按当时的出让金标准，每平方米建筑面积（楼面价）100 元左右，而如果按现在的标准，每平方米建筑面积（楼面价）可能达数万元之巨。

■ 基本案情一

北京 A 温泉山庄是北京市某区政府赴港招商引资的项目，该项目依法取得了北京市政府批复。受区政府委托，1996 年 10 月，原区房屋土地管理局与美国 B 国际实业有限公司签订了《合作开发北京温泉山庄》合同及补充协议，并取得北京市对外经济贸易委员会文件批复。之后，北京 A 温泉山庄项目公司（以下简称"项目公司"）取得建设用地规划许可证，支付了整个拆迁补偿等费用，其中一期开发用地 200 亩已向相关部门缴纳土地出让金，取得一期开发 200 亩国有土地使用权证、建设工程规划许可证、建设工程开工证并建成部分别墅小区。后因国家宏观调控停止别墅项目开发。2003 年，北京市规划局审批了区卫星城总体规划设计，项目公司按新控规要求调整了规划设计方案并取得了市发改委批复，市规划局规划意见书批准建设用地面积一期为 214800 平方米，建设面积 238380 平方米，容积率为 1.2。

项目公司已按要求预交了建设工程规划许可证执照费，后根据要求进行了方案设计。由于"非典"，项目公司于 2003 年 12 月 12 日将设计方案报区规划局审批。2004 年 1 月，项目公司到区规划局领取《审定方案通知书》，但收到的却是《修改设计方案通知书》。根据区规划局拨地测量的新要求，项目公司重做设计方案，并报送各部门，取得了人防、消防、地震、勘察、园林等批文，并完成了施工图设计和各部门的批准文件。最终，本项目在开发建设别墅中因市规划改变被叫停，之后项目公司根据政府有关部门的要求重新设计方案，但在上报中多次因规划改变至今未得到批复，项目无法如期开工建设。至此，10 多年过去了，项目土地已发生巨大增值。

由于历史原因，土地改变了规划，如本应在 a 地块建设房屋，但扩大建设规模，将房屋建到了相邻的 b 地块，这样，房屋无法规划验收，无法办理初始登记和分割产权登记，购房人的房屋也就无法办妥房产证。这就需要调整用地红线，补缴出让金，办理新的国有土地使用证，调整小区总体规划（我国南方地区称之为"小区修建性详细规划"），补办报建手续，补办规划验收，并依此办理房屋的初始登记（我国南方地区称之为"大确权"），再分割办理购房者房屋产权证。

基本案情二

北京 C 房地产开发有限公司，原计划开发 A 地块，后未办理土地使用权出让手续而违法违规将部分房屋越界建在了 B 地块上，导致 10 多年来所建所售的房屋无法通过规划验收，亦无法办理房屋的初始登记和产权分割。

在房地产项目的转让、并购、重组、重整过程中，新的开发商按新的规划要求，调整原先的小区总体规划（或项目的修建性详细规划），低密度调整为高密度，低容积率调整为高容积率住宅小区，总的建筑面积增加，需要补缴地价。

基本案情三

广州 C 山庄，原规划面积 900 亩，建设独栋别墅，容积率 0.8。后项目因资金问题烂尾。1996 年，该项目以土地使用权转让的方式，由广州某房地产开发公司接盘。经政府及国土、规划部门批准，除已建成的独栋别墅外，剩余的 500 亩土地提高容积率至 3.0，由低密度改建为高密度住宅小区。经政府国土部门组织对剩余土地进行评估，补缴了土地使用权出让金。

政府及相关部门要求改变规划，增加容积率，建设小区配套商业和酒店。对于增加容积率的建筑面积部分，需要补缴出让金（补缴地价）。

基本案情四

惠州市某小区，当地政府及相关国土、规划部门要求该小区改变部分规划，在小区内增加建设一间配套的星级酒店。由于酒店用地亦属经营性建设用地，政府及相关部门要求小区开发商补缴地价。但是项目由纯住宅用地新增商业（含地下）及酒店功能的相关文件（批复）一直是规划层面的，国土用地层面始终没有完善手续。最早由纯住宅用地转变为允许建设商铺（含地下）及酒店，是2005年惠州市规划委员会会议，正式批准建设商铺（含地下）及酒店的文件是2008年5月发布的规划条件告知书，2008年2月审批通过的项目修建性详细规划也包含了商业（含地下）及酒店面积。但国土部门并没有正式送达补缴地价的书面文件。

开发商违反规划，超出原批准的建设指标，政府相关部门批准不予拆除的建筑面积部分，除给予相应的行政处罚外，还需要开发商补缴出让金（补缴地价）。

基本案情五

1. 北方某市，A开发公司通过公开竞价方式取得了某商业及办公综合体的开发建设。该综合体原规划总建筑面积为30万平方米，后由于本综合体中包含了公交站、地铁通道及出入口、其他配套公共设施的建设，影响了本综合体的总建筑面积。因此，A开发公司在原规划总建筑面积的基础上，增加建设了6万平方米的建筑，使该综合体的总建筑面积达到了36万平方米。

2. 南方某市，B开发公司通过公开竞价方式取得了某大型商业城的开发建设。该大型商业城原规划总建筑面积为90万平方米，包括40万平方米的商业中心以及50万平方米的写字楼、酒店、商务公寓、商铺等综合商业配套。后由于本商业城若干塔楼的顶层在符合消防要求的前提下由原先的露天敞开式变更设计为玻璃钢封闭式，影响了本商业城总建筑面积的计算，导致本商业城的最终测绘总面积增加了约8万平方米，达到约98万平方米。

此二案例中，总建筑面积的增加有客观因素，也有开发企业自身违规的因素。因此，政府相关部门一方面对开发企业进行了罚款和限期补办规划变更等相应的行政处罚，另一方面要求开发企业补缴土地使用权出让金。

除以上情况外，还有其他一些需要补缴地价款的情形，比如，目前在某些地方正在研究充分利用地下空间，将建筑物的负一或负二层规划为商用，这就涉及地下空间是否需要缴纳土地使用权出让金和交多少的问题。

法律分析

对于补缴地价的问题，我国仍没有制定具体的法律和行政法规加以明确规定。

有的地方规定，"改变原出让土地用途、使用条件和规划要求的国有建设用地使用权申请转让的，应先经城乡规划行政主管部门同意并出具《规划控制图则》或规划设计要点书，再由土地交易机构初审后报主管部门核准"。"经核准同意转让的，由主管部门核定应补缴地价的数额，明确缴纳办法。"也就是说，改变原出让土地用途、使用条件和规划要求，必须申请变更规划和设计要点，并由土地主管部门核定补缴地价。这是地方的政策规定，不具有在全国一体遵行的法律效力。

2018年3月9日，国土资源部办公厅发布《国有建设用地使用权出让地价评估技术规范》，其第4.2条规定："开展土地使用权出让地价评估，目的是为出让方通过集体决策确定土地出让底价，或核定应该补缴的地价款提供参考依据。"对于已出让土地补缴地价款的问题，该规范第6.4条作了具体详细的规定：

1. 估价期日的确定。土地出让后经原出让方批准改变用途或容积率等土地使用条件的，在评估需补缴地价款时，估价期日应以国土资源主管部门依法受理补缴地价申请时点为准。

2. 调整容积率补缴地价。调整容积率的，需补缴地价款等于楼面地价乘以新增建筑面积，楼面地价按新容积率规划条件下估价期日的楼面地价确定。

核定新增建筑面积，可以相关部门批准变更规划条件所新增的建筑面积为准，或竣工验收时实测的新增建筑面积为准。

因调低容积率造成地价增值的，补缴地价款可按估价期日新旧容积率规划条件下总地价的差额确定。

容积率调整前后均低于1的，按容积率为1核算楼面地价。

3. 调整用途补缴地价。调整用途的，需补缴地价款等于新、旧用途楼面地价之差乘以建筑面积。新、旧用途楼面地价均为估价期日的正常市场价格。

用地结构调整的，分别核算各用途建筑面积变化带来的地价增减额，合并计算应补缴地价款。各用途的楼面地价按调整结构后确定。

工业用地调整用途的，需补缴地价款等于新用途楼面地价乘以新用途建筑面积，减去现状工业用地价格。

4. 多项条件同时调整。多项用地条件同时调整的，应分别核算各项条件调整带来的地价增减额，合并计算应补缴地价款。

用途与容积率同时调整的。需补缴地价款等于新用途楼面地价乘以新增建筑面积，加上新、旧用途楼面地价之差乘以原建筑总面积。新用途楼面地价按新容积率、新用途规划条件的正常市场楼面地价确定，旧用途楼面地价按原容积率规划条件下的正常市场楼面地价确定。

以上是各种条件下补缴地价的依据和标准，但这仅仅是国有建设用地使用权出让地价评估的技术规范，连部门规章都算不上。

从法律的角度说，补缴地价既涉及行政法律关系，又涉及民事法律关系。对土地的使用，必须遵守国家的土地管理法及其实施条例，必须遵守地方对于土地管理法的实施条件或细则。同时，还必须遵守国家关于规划方面的法律法规以及地方性法规，这是属于行政法层面的法律关系，是管理和被管理的关系，是行政管理人和相对人的关系。具体来说，项目建设如果超出原规划指标和方案，超出的面积就属于违章建筑或违法建筑，相关行政管理部门就要对违章和违法的企业进行相应的处罚，这是行政法律关系，如企业不服处罚的，可以通过行政复议或行政诉讼加以解决。而仅从民事的角度看，房地产开发企业与政府国土部门签订国有土地使用权出让合同及其附件，如双方因土地的使用条件发生变化，就土地使用权出让金的补缴产生纠纷和争议，属于民事法律关系，人民法院对于此类案件也是按民事案件受理和审理、判决的。

但是，到目前为止，对于土地出让金的补缴问题，亟须国家制定相应的法律法规加以明确规定，否则人民法院审理相关案件时会处于无法可依的状态。比如，有的地方规定，对于地下负一层出让金，按本幅土地地上出让金一半的标准收取，负二层按本幅土地地上出让金三分之一的标准收取。但这种做法，实际上是没有法律法规依据的，多数情况下的补缴土地使用权出让金是通过行政手段解决的，土地出让部门和土地使用单位，在平等、自愿的基础上充分协商的机会并不多。

总之，法律法规的缺失增加了实践中的随意性和不规范性，也给暗箱操作提供了空间和机会。因此，国家层面应当尽快完善这方面的规定。

第三编

105—141

合作开发房地产

案例 14

宅基地买卖合同、合作建房合同无效

■ 基本案情

广州市乙投资有限公司（乙方）欲在广东省东部某市某县城仍属于集体所有的宅基地上从事商品房开发，2017年1月，该公司与广东省东部某市某县某镇甲村村民（甲方）签订《购买宅基地房产合同》，主要条款如下：

一、宅基地房产及用地概况

1. 甲方拥有位于县城仍属于集体所有的宅基地房产及用地，用地的面积为13000平方米，其中该宅基地上房产建筑面积约为10000平方米。

2. 该房产及用地现状为：已搬空。

二、宅基地房产及用地转让价格

乙方向甲方受让上述宅基地房产及用地的价格为人民币1200万元。

三、宅基地房产及用地转让款支付办法

1. 本合同签订之日，乙方向甲方支付转让款的三分之一，即400万元，该笔款项作为本合同的履约定金。

2. 甲方向乙方交付上述宅基地房产及用地之日，乙方向甲方支付转让款的三分之一，即400万元。

3. 甲方向乙方交付上述宅基地房产及用地之日起30日内，乙方向甲方支付转让款的三分之一，即400万元。

四、宅基地房产及用地的交付

1. 甲方应在收到乙方支付的第一笔款后10日内，向乙方交付上述宅基地房产及用地。

2. 甲方以上述宅基地房产及用地的现状向乙方交付，并应向乙方确认已腾空该房产且没有任何欠费。

3. 甲方向乙方保证没有用上述宅基地房产及用地设立任何债务，且此项保证将持续有效。

4. 乙方应向甲方出具已报村委会确认的文件。

五、宅基地房产及用地的处分

1. 甲方向乙方交付上述宅基地房产及用地后，该房产的使用权、受益权及处分权均归由乙方行使。乙方有权将该房产拆除/改建/使用。

2. 甲方向乙方交付上述宅基地房产及用地如被任何人及/或公司征用，应由甲方向乙方出具获认可的全权授权文件，并由乙方与征用方协商补偿条件，征用补偿款项归乙方所有。

六、违约责任

1. 乙方未能按期向甲方支付转让款，应按所欠款项金额以每天千分之一的标准向甲方支付滞纳金。

2. 甲方未能按期向乙方交付上述宅基地房产及用地，应按转让款总额以每天千分之一的标准向乙方支付滞纳金。乙方可依法通过法律程序强制甲方履行其承诺的义务。

3. 因甲方所发生的债务造成乙方无法行使上述宅基地房产及用地使用权、受益权及处分权时，甲方应按乙方已支付的转让款的两倍赔偿乙方的损失。

4. 甲方不履行或拖延履行本合同第五条约定的义务，甲方应按转让款总额以每天千分之一的标准向乙方支付滞纳金。乙方可依法通过法律程序强制甲方履行其承诺的义务。

与此同时，甲乙双方打算再签订《合作建房协议书》，主要条款如下：

一、开发项目用地概况

1. 甲方拥有位于县城仍属于集体所有的宅基地及地上建筑物，并持有该土地的集体土地所有权证，其中记载该土地的面积为13000平方米（以下简称"合作建房用地"）。

2. 该土地现状为：已搬空。

二、合作建房模式

1. 乙方依法向政府申请包括上述合作建房用地在内的项目建设用地规划批准文件及征地批准文件，有关费用由乙方承担。

2. 乙方向甲方依法征用上述合作建房用地用于房地产项目开发。

3. 乙方在完成包括上述合作建房用地在内的项目建设用地征用补偿后，依法成立房地产项目开发公司进行整体项目的土地出让及开发建设，有关土地出让金、项目开发建设销售费用、经营管理费用及税费均由乙方成立的项目公司承担。

4. 甲方以从乙方成立的房地产项目开发公司分配房产的方式作为合作建房分成，并作为乙方征用上述合作建房用地的补偿。

三、合作建房分成方式

乙方成立的房地产项目开发公司（以下简称"项目公司"）在其建成的房地产项目的住宅部分按以下约定向甲方分配房产：

1. 包括上述合作建房用地在内的项目建设用地的容积率在3.5以内的，在扣除上述合作建房用地在整体项目用地的建设红线退缩、市政功能及相关公建配套功能用地所占的相应比例后，按该合作建房用地的实际可建楼面建筑面积的20%向甲方分配住宅部分的房产。

2. 包括上述合作建房用地在内的项目建设用地的容积率在3.5以上的房产，甲方不参与分成。

3. 乙方承担向甲方分成的房产的建造费用，用于分成的房产建造标准为毛坯。

4. 甲方通过项目公司向乙方分成的房产以征地补偿的方式办理，乙方依法可取得分成房产的集体所有房产证。

5. 甲乙双方确认在甲方完成整体项目的工程竣工验收及相关交付使用的手续后，在一个月内进行分成房产的交付及过户手续。

四、合作建房用地的交付

1. 乙方依法取得包括上述合作建房用地在内的项目建设用地规划批准文件及征地批准文件后5天内，甲方应向乙方交付上述合作建房用地及所有上盖建筑物。乙方可自行对建筑物进行拆除或使用。

2. 甲方在向乙方交付上述合作建房用地及所有上盖建筑物的同时应出具政府部门认可的确认乙方已完成征地补偿的证明。

3. 甲方应依法完成签订本协议及上述确认乙方已完成征地补偿的证明所需的村民大会表决通过程序。

五、违约责任

1. 乙方未能按期向甲方交付分成的房产，应按该房产的市价以每天千分之一的标准向甲方支付滞纳金。

2. 甲方未能按期向乙方交付上述合作建房用地及所有上盖建筑物及完成本协议第四条约定的所有随附义务的，甲方应按该合作建房用地可建房产的市价以每天千分之一的标准向乙方支付滞纳金。乙方可依法通过法律程序强制甲方履行其承诺的义务。

六、本协议的解除

如乙方无法获得包括上述合作建房用地在内的项目建设用地规划批准文件及征地批准文件或乙方变更本项目商业计划，乙方应以书面形式通知甲方解除本协议。

法律分析

众所周知，我国的土地实行社会主义公有制，即全民所有制和劳动群众集体所有制。

1986年6月25日，第六届全国人民代表大会常务委员会第十六次会议通过的《土地管理法》第6条规定："城市市区的土地属于全民所有即国家所有。""农村和城市郊区的土地，除法律规定属于国家所有的以外，属于集体所有；宅基地和自留地、自留山，属于集体所有。"

1999年1月1日起施行的《土地管理法》第8条第1款规定："城市市区的土地属于国家所有。"第2款规定："农村和城市郊区的土地，除由法律规定属于国家所有的以外，属于农民集体所有；宅基地和自留地、自留山，属于农民集体所有。"第63条规定："农民集体所有的土地的使用权不得出让、转让或者出租用于非农业建设；但是，符合土地利用总体规划并依法取得建设用地的企业，因破产、兼并等情形致使土地使用权依法发生转移的除外。"

根据广州市乙投资有限公司介绍的情况可知，甲方拟"出售（转让）"的土地属于集体所有的土地（宅基地）。而从以上法律规定可以清楚地看出，农民集体所有的土地不得出让、转让或者出租用于非农业建设；集体所有的土地如果符合城市总体规划，必须先由国土部门代表国家依法征收转为国有建设用地，然后再依法出让给土地使用者进行开发建设。甲乙之间的合同违反了法律的强制性规定，显然是无效的。

1990年5月19日发布的《城镇国有土地使用权出让和转让暂行条例》第13条规定："土地使用权出让可以采取下列方式：（一）协议；（二）招标；（三）拍卖。"

长久以来，在我国的商品房开发过程中，大多数情况是由房地产开发公司与村民小组、村委会、乡（镇）、县（市）、区等各级政府签订所谓的"征地合同"，由房地产开发公司直接将征地、拆迁、安置补偿款（包括地上建筑物、定着物、构筑物、树木、青苗、蔬菜等补偿费）支付给农民，按当地政府部门规定的比例办妥一部分农业人口转为非农业人口和"安置"手续，由大多数农民签字确认同意土地被征用后办理拆迁结案。之后，再报当地国土部门将被征用的土地转为国有土地，再由房地产开发公司与当地国土部门签订《国有土地使用权出让合同》，缴纳土地使用权出让金、市政建设配套费和各项税、费，领取建设用地规划许可证、《建设用地通知书》、《建设用地批准书》、国有土地使用证。

还有的情况是，不少企、事业单位通过各种渠道先领取了建设用地规划许可证，再与农民集体经济组织洽谈征地、拆迁、安置、补偿等事宜，最后再与国土部门协议办理有关国有建设用地的"出让"事宜。

在这一过程中,建设用地规划许可证经常出现加名(在用地单位的名称之后再加上其他的用地单位,即所谓的"合作开发")、转名(将原先的用地单位变更为其他的单位,实质就是转让)的情况,只要建设用地规划许可证的用地单位名称变动,《建设用地通知书》、《建设用地批准书》、国有土地使用证的用地单位名称相继发生变动。建设用地规划许可证和《建设用地通知书》都附有"用地红线图",虽然获得建设用地规划许可证及"用地红线图"并不意味着取得了国有土地使用权,但是,用地单位在每次变更(加名、转名)的过程中都能获得丰厚的利益,因此,这一过程就被称为"卖红线"或"炒红线",这是我国房地产开发过程中,土地一级市场和二级市场持续了多年的乱象。

2002年7月1日起施行的《招标拍卖挂牌出让国有土地使用权规定》第4条规定:"商业、旅游、娱乐和商品住宅等各类经营性用地,必须以招标、拍卖或者挂牌方式出让。前款规定以外用途的土地的供地计划公布后,同一宗地有两个以上的意向用地者的,也应当采用招标、拍卖或者挂牌方式出让。"

2004年3月18日,《国土资源部、监察部关于继续开展经营性土地使用权招标拍卖挂牌出让情况执法监察工作的通知》规定:"2002年7月1日《招标拍卖挂牌出让国有土地使用权规定》实施后,除原划拨土地使用权人不改变原土地用途申请补办出让手续和按国家有关政策规定属于历史遗留问题之外,商业、旅游、娱乐和商品住宅等经营性用地供应必须严格按规定采用招标拍卖挂牌方式,其他土地的供地计划公布后,同一宗地有两个或两个以上意向用地者的,也应当采用招标拍卖挂牌方式供应。各地要严格按国家政策规定界定《招标拍卖挂牌出让国有土地使用权规定》实施前的历史遗留问题,不得擅自扩大范围,不得弄虚作假、变相搭车。要加快工作进度,在2004年8月31日前将历史遗留问题界定并处理完毕。对8月31日后以历史遗留问题为由采用协议方式出让经营性土地使用权的,要从严查处。"

这就是我们所说的"8·31"大限。自此以后,国有建设用地的使用权结束了以协议的方式出让的历史,建设用地规划许可证和其他用地文件也不存在"加名"、"更名"或者"转名"之说。

关于"合作建房",《最高人民法院关于审理涉及国有土地使用权合同纠纷案件适用法律问题的解释》(法释〔2005〕5号)第14条规定:"本解释所称的合作开发房地产合同,是指当事人订立的以提供出让土地使用权、资金等作为共同投资,共享利润、共担风险合作开发房地产为基本内容的协议。"第24条规定:"合作开发房地产合同约定提供土地使用权的当事人不承担经营风险,只收取固定利益的，应当认定为土地使用权转让合同。"第 25 条规定："合作开发房地产合同约定提供资金的当事人不承担经营风险，只分配固定数量房屋的，应当认定为房屋买卖合同。"第 26 条规定："合作开发房地产合同约定提供资金的当事人不承担经营风险，只收取固定数额货币的，应当认定为借款合同。"第 27 条规定："合作开发房地产合同约定提供资金的当事人不承担经营风险，只以租赁或者其他形式使用房屋的，应当认定为房屋租赁合同。"

从以上规定可以看出，合作开发房地产是以有偿获得国有建设用地使用权为前提的，本案例所述合作的标的是集体所有的土地，不具备从事房地产合作开发的基本条件，因此，合作开发房地产合同也是无效的。

广州市乙投资有限公司意欲通过以上两份合同达到征地和商品房开发的目的，这一做法不符合法律、法规的规定。目前，我国多数省、市的国土部门都设立了"土地开发中心"或者"土地整理和储备中心"之类的机构，专门负责以政府的名义对符合规划的集体土地进行征收、补偿和人员安置，自行（或者委托一级开发公司）完成集体土地或者国有土地上的建筑物、构筑物、定着物拆迁、补偿工作，再将整理后的国有建设用地以招标、拍卖、挂牌的方式在公开市场上进行出让。房地产开发企业想绕开以上程序进行商品房开发是违法的。

有一种现象值得注意，有不少地方出现了"小产权房"一说，指的是在集体所有的土地上建设房屋，然后对外进行销售。但至目前为止，政策、法律都不支持。

2017 年 8 月 21 日，《国土资源部、住房城乡建设部关于印发〈利用集体建设用地建设租赁住房试点方案〉的通知》提出："为增加租赁住房供应，缓解住房供需矛盾，构建购租并举的住房体系，建立健全房地产平稳健康发展长效机制，国土资源部会同住房城乡建设部根据地方自愿，确定第一批在北京、上海、沈阳、南京、杭州、合肥、厦门、郑州、武汉、广州、佛山、肇庆、成都等 13 个城市开展利用集体建设用地建设租赁住房试点。"《利用集体建设用地建设租赁住房试点方案》的指导思想是："全面贯彻党的十八大和十八届三中、四中、五中、六中全会精神，深入学习贯彻习近平总书记系列重要讲话精神，紧紧围绕统筹推进'五位一体'总体布局和协调推进'四个全面'战略布局，牢固树立创新、协调、绿色、开放、共享的发展理念，按照党中央、国务院决策部署，牢牢把握'房子是用来住的，不是用来炒的'定位，以构建购租并举的住房体系为方向，着力构建城乡统一的建设用地市场，推进集体土地不动产登记，完善利用集体建设用地建设租赁住房规则，健全服务和监管体系，提高存量土地节约集约利用水平，为全面建成小康社会提供用地保障，促进建立房地产平稳健康发展长效机制"；主要原则是："坚持自主运作","尊重农民集体意愿,统筹考虑农民集体经济实力,以具体项目为抓手,合理确定项目运作模式,维护权利人合法权益,确保集体经济组织自愿实施、自主运作"。这才是正确利用集体建设用地的方向,我们必须牢牢把握这一方向。

案例 15

校企联营合同纠纷

■ 基本案情

2003 年 8 月 1 日,被告广东 B 职业技术学院在其网站发布《合作建设学生公寓及学生食堂招标文件》,将被告北校区内 U 型连体学生公寓楼一幢(建筑面积约 12000 平方米)、学生食堂、招待所及小超市一幢(建筑面积约 9600 平方米),总建筑面积约 21600 平方米(工程总投资约人民币 2500 万元),向社会公开招标承建。

2003 年 8 月 2 日至 19 日,被告广东 B 职业技术学院在其网站上另行公布《合作建设学生公寓及学生食堂招标文件的修改通知》《建设方对投资方提出答疑的回复》《建设方对投资方提出答疑的回复(补充)》,明确了工程建设的相关细节规定。

2003 年 8 月 26 日,原告广州 A 有限公司中标并取得被告出具的《项目投资中标通知书》,承包方式为"包建设资金、包工程施工、包经营",中标合作经营年限为 21 年,期限自 2004 年 9 月 1 日起至 2025 年 8 月 31 日止。

2003 年至 2006 年,原告与被告陆续签订《合作建设学生公寓及学生食堂合同书》(2003 年 9 月 3 日经广东省广州市某公证处公证)、《经营权转让协议》、《补充协议》。2010 年 12 月 23 日,原告与被告重新签订《合作建设学生公寓及学生食堂合同书》(以下简称《合同书》),该份合同书在双方原基本权益及义务的基础上,对之前的合同、《补充协议》和《经营权转让协议》进行了合并。

一、关于食堂、超市、招待所的收益约定

2010 年 12 月 23 日修改后的《合同书》第 5 条第 2 款第(二)项约定,双方同意按每年 76.5 万元固定收益支付(被告支付给原告)。《经营权转让协议》第 2 条约定:将本该由原告广州 A 有限公司经营的权利转让给广东 B 职业技术学院,转让费为 70 万元/年,10 年共 700 万元,甲方(被告广东 B 职业技术学院)按以下方式付给乙方（原告广州 A 有限公司）：（1）本协议签订后一个月内，甲方向乙方支付 200 万元；（2）2006 年至 2015 年甲方每年向乙方支付 50 万元。甲方在 2006 年 12 月 31 日前向乙方支付第一年转让费 50 万元，2007 年起每年 9 月一次性向乙方支付该学年全年的转让费，乙方应提供发票作为付款凭证，税费由甲方负责（具体付款方式由甲、乙方另行商定），如甲方北校区在校生超过 5500 人，每增加 500 人，经营权转让费增加 5 万元。

二、关于学生公寓的收益约定

《合同书》第 5 条第 1 款第（二）项约定，学生公寓的收费标准暂定六人间为每人 1300 元/年。

《合同书》第 5 条第 1 款第（三）项约定，甲方提取公寓收益 20% 作为管理费用，剩余的 80% 收益甲方每年分两期支付给乙方：第一期，在每年 9 月 30 日前支付 60%；第二期，在每年 12 月 30 日前支付 40%。

《合同书》第 5 条第 1 款第（四）项约定，若公寓收费超过每人 1300 元/年的原定收费标准，超出金额按甲方得 30%，乙方得 70% 分配。

三、关于 96 个床铺位差额收益

因高校扩招，学生公寓楼增加了 96 个床位，被告广东 B 职业技术学院应向原告广州 A 有限公司支付增加该 96 个床位的收益。自 2008 年起，每年收益为 99840 元（1300 元/个 × 96 个 × 80% = 99840 元），到 2017 年共 998400 元。

四、关于被告违约

自 2012 年 9 月 1 日起，被告广东 B 职业技术学院不再按双方签订的合同履行付款义务。

由于广东 B 职业技术学院不履行合同，不同意广州 A 有限公司收回投资和合理收益及回报，2015 年 9 月，广州 A 有限公司以合作开发房地产纠纷为案由向人民法院提起诉讼，请求判决广东 B 职业技术学院继续履行合同并支付拖欠的款项和收益。

被告广东 B 职业技术学院一方面答辩称，原告广州 A 有限公司未履行《合同书》约定的出资建设义务；另一方面提起反诉，请求判决确认《合同书》及相关协议无效，后变更反诉请求为请求判决解除双方签订的《合同书》及相关协议。

法院判决

受诉人民法院向原告释明本案应为"联营合同纠纷"，原告接受并将本案案由变更为"联营合同纠纷"。

一审法院判决支持原告广州 A 有限公司的全部诉讼请求，驳回被告广东 B 职

业技术学院的反诉请求。被告广东 B 职业技术学院不服一审判决,向广州市中级人民法院提起上诉,广州市中级人民法院驳回其上诉,维持原判决。广东 B 职业技术学院不服一审和二审判决,向广东省高级人民法院申请再审,广东省高级人民法院裁定驳回其再审申请。

法律分析

本案到底是房地产项目的合同开发,还是校企双方的联合经营,以下作一具体分析:

一、关于合作开发房地产合同的相关规定

《城市房地产管理法》第 2 条第 3 款规定:"本法所称房地产开发,是指在依据本法取得国有土地使用权的土地上进行基础设施、房屋建设的行为。"第 30 条规定:"房地产开发企业是以营利为目的,从事房地产开发和经营的企业。设立房地产开发企业,应当具备下列条件:(一)有自己的名称和组织机构;(二)有固定的经营场所;(三)有符合国务院规定的注册资本;(四)有足够的专业技术人员;(五)法律、行政法规规定的其他条件。设立房地产开发企业,应当向工商行政管理部门申请设立登记。工商行政管理部门对符合本法规定条件的,应当予以登记,发给营业执照;对不符合本法规定条件的,不予登记。设立有限责任公司、股份有限公司,从事房地产开发经营的,还应当执行公司法的有关规定。房地产开发企业在领取营业执照后的一个月内,应当到登记机关所在地的县级以上地方人民政府规定的部门备案。"从以上规定可以看出,房地产开发需要按要求设立公司,并且需要有足够的专业技术人员,实际上就是要求设立房地产开发企业并取得房地产开发资质。

《最高人民法院关于审理房地产管理法施行前房地产开发经营案件若干问题的解答》"关于房地产开发经营者的资格问题"第 1 条和第 2 条规定:"从事房地产的开发经营者,应当是具备企业法人条件、经工商行政管理部门登记并发给营业执照的房地产开发企业(含中外合资经营企业、中外合作经营企业和外资企业)。不具备房地产开发经营资格的企业与他人签订的以房地产开发经营为内容的合同,一般应当认定无效,但在一审诉讼期间依法取得房地产开发经营资格的,可认定合同有效。""关于以国有土地使用权投资合作建房问题"第 18 条规定:"享有土地使用权的一方以土地使用权作为投资与他人合作建房,签订的合建合同是土地使用权有偿转让的一种特殊形式,除办理合建审批手续外,还应依法办理土地使用权变更登记手续。未办理土地使用权变更登记手续的,一般应当认定合建合同无效,但双方已实际履行了合同,或房屋已基本建成,又无其他违法行为的,可认定合建合同有效,并责令当事人补办土地使用权变更登记手续。"第 20 条规定:"以划拨方式

取得国有土地使用权的一方，在《中华人民共和国城镇国有土地使用权出让和转让暂行条例》（以下简称《条例》）施行前，经有关主管部门批准，以其使用的土地作为投资与他人合作建房的，可认定合建合同有效。"第21条规定："《条例》施行后，以划拨方式取得国有土地使用权的一方未办理土地使用权出让手续，以其土地使用权作为投资与他人合建房屋的，应认定合建合同无效，但在一审诉讼期间，经有关主管部门批准，依法补办了出让手续的，可认定合同有效。"第23条规定："合建合同对房地产权属有约定的，按合同约定确认权属；约定不明确的，可依据双方投资以及对房屋管理使用等情况，确认土地使用权和房屋所有权的权属。"以上详细列明了合作开发房地产的各种条件和情形。

2005年8月1日起施行的《最高人民法院关于审理涉及国有土地使用权合同纠纷案件适用法律问题的解释》"合作开发房地产合同纠纷"第14条规定："本解释所称的合作开发房地产合同，是指当事人订立的以提供出让土地使用权、资金等作为共同投资，共享利润、共担风险合作开发房地产为基本内容的协议。"第15条规定："合作开发房地产合同的当事人一方具备房地产开发经营资质的，应当认定合同有效。""当事人双方均不具备房地产开发经营资质的，应当认定合同无效。但起诉前当事人一方已经取得房地产开发经营资质或者已依法合作成立具有房地产开发经营资质的房地产开发企业的，应当认定合同有效。"第16条规定："土地使用权人未经有批准权的人民政府批准，以划拨土地使用权作为投资与他人订立合同合作开发房地产的，应当认定合同无效。但起诉前已经办理批准手续的，应当认定合同有效。"第17条关于投资数额的规定，第18条关于分配房屋建筑面积的规定，第19条关于利润分配的规定，第24条关于风险承担和收取固定利益的规定等，对合作开发房地产合同作了详细明确的解释和规定。

二、关于联营合同的相关规定

通常所说的"联营合同"，是指企业之间或者企业与事业单位之间，为了达到一定的经济目的而达成的联合经营的协议，或者说是两个以上的经济组织为了达到共同的经济目的，约定共同出资，联合从事一定生产经营活动的协议。联营合同除具有一般合同的特征之外，还有其自身的特征：（1）联营合同的主体是法人，而且必须是企业法人和事业单位法人。机关法人、社会团体法人不能成为联营合同的主体，自然人也不能成为联营合同的当事人。（2）联营合同主要体现的是联营各方的权利和义务关系。（3）联营合同适用于法人型联营、合伙型联营和合同型联营。（4）联营合同当事人的主要权利是按合同约定取得联营的盈利，主要义务是按合同约定提供联营资金或费用，按合同约定进行协作，支持其他联营当事人从事与联营有关的活动。（5）联营合同的标的是联营行为，而不是物或智力成果。

《民法通则》第 51 条"法人型联营"规定:"企业之间或者企业、事业单位之间联营,组成新的经济实体,独立承担民事责任,具备法人条件的,经主管机关核准登记,取得法人资格。"第 52 条"合伙型联营"规定:"企业之间或者企业、事业单位之间联营,共同经营、不具备法人条件的,由联营各方按照出资比例或者协议的约定,以各自所有的或者经营管理的财产承担民事责任。依照法律的规定或者协议的约定负连带责任的,承担连带责任。"第 53 条"合同型联营"规定:"企业之间或者企业、事业单位之间联营,按照合同的约定各自独立经营的,它的权利和义务由合同约定,各自承担民事责任。"

1990 年 11 月 12 日,《最高人民法院关于审理联营合同纠纷案件若干问题的解答》对关于联营合同纠纷案件的受理问题、关于联营合同纠纷案件的管辖问题、关于联营合同的主体资格认定问题、关于联营合同中的保底条款问题、关于在联营期间退出联营的处理问题、关于联营合同的违约金和赔偿金的计算问题、关于联营合同解除后的财产处理问题、关于无效联营收益的处理问题、关于联营各方对联营债务的承担问题等,作了详细明确的规定。

从以上规定可知,本案不属于"合作开发房地产纠纷",而是属于校、企之间的"联营合同纠纷"。

首先,本案定性为"联营合同纠纷"的理由:一是高校引入社会资金建设 U 型学生宿舍楼、学生食堂、招待所及小超市,属于高校后勤社会化的具体表现,解决了财政拨款不足与学校发展之间的矛盾;二是本案所涉及的土地的用地性质不发生变化,仍为教育用地;三是用地主体不发生改变,即土地使用权不发生转让;四是建设的 U 型学生宿舍楼、学生食堂、招待所及小超市不对外出售和出租,其所有权不发生转移;五是双方不成立合作开发的房地产公司,不需要取得房地产开发资质;六是原告广州 A 有限公司作为投资方,取得一定期限(21 年)的经营权,只要求收回投资和合理的利益回报;七是本案案情不符合以上法律法规关于合作开发房地产纠纷的定义和规定,而更符合"合同型联营"的相关规定。

其次,关于联营合同法律关系的分析。联营合同纠纷,是指企业法人之间或企业法人与事业单位法人之间在通过协议或章程进行经济联合经营的过程中,因当事人的协议而产生的民事纠纷。在实践中,联营主要有法人型的联营、合伙型的联营和合同型的联营等形式。1990 年 11 月 12 日,最高人民法院发布了《关于审理联营合同纠纷案件若干问题的解答》。虽然《民法典》中没有关于联营的具体规定,或者说取消了《民法通则》关于联营合同的相关规定,但并不意味着实践中的联营合同不再有效,或不能生效。再者,与《民法典》的颁布同步修改的《民事案件案由规定》中仍保留了联营合同纠纷的民事案由,充分说明联营合同可以继续具有法律效力。即是说,《民法典》颁布后,可以按照《民法典》的一般规定和一般原则来判断联营合同是否有效,如果没有《民法典》规定的无效情形,且合同主体间意思表示真实,形成的联营合同当然有效。

最后,被告(广东 B 职业技术学院)的招标引资行为,是经过被告管理层集体决策及其上级主管部门批准的,是响应广东省教育厅关于"高校后勤社会化"的政策所作出的。以上过程、事实、合同、协议及补充协议,均未违反国家法律、法规的强制性规定,均合法有效。

本案是校企联营的一个典型例子,广东 B 职业技术学院主张广州 A 有限公司未履行联营《合同书》约定的出资建设义务,完全没有事实依据和法律依据。因为本案双方争议的广东 B 职业技术学院北校区 U 型连体学生公寓楼、学生食堂、招待所及小超市均已建成并交付使用,所有招投标文件、报建文件、办理建设工程规划许可证文件、工程招投标文件及办理建设工程施工许可证文件、采购原材料文件及付款凭证、组织项目工程验收文件、结算文件等,一应俱全,并均显示出资方为广州 A 有限公司。广州 A 有限公司还为广东 B 职业技术学院办妥了不动产登记证。双方按合同约定原为广州 A 有限公司经营,后经营权转让给了广东 B 职业技术学院,广东 B 职业技术学院也按双方的最终约定连续 10 年向广州 A 有限公司支付了经营收益和回报,双方联营的事实已持续 10 多年时间。最关键的一点是,在广州 A 有限公司出具证据证明其完全是按投标、中标的约定出资,以学院的名义报建、组织工程招投标及施工建设广东 B 职业技术学院北校区 U 型连体学生公寓楼、学生食堂、招待所及小超市并接手经营的情况下,广东 B 职业技术学院竟然主张该北校区 U 型连体学生公寓楼、学生食堂、招待所及超市为其自行出资建设,却始终拒绝出示任何集资、财政拨款等筹资建设的依据。广东 B 职业技术学院的主张无法律依据及事实依据。

案例 16

校企合作问题

基本案情一

某理工大学(甲方)与某公路工程咨询集团有限公司、某工程有限公司(作为共同乙方)合作建设"交通协同创新基地和工程训练中心"项目。

一、项目概况

1. 项目名称：某理工大学某校区交通协同创新基地。

2. 建设用地：本项目建设用地场址包括交通协同创新基地和工程训练中心两个部分。交通协同创新基地位于甲方某校区西南角，铁机路与友谊大道交汇处；工程训练中心位于甲方某校区离退休人员活动中心和教工活动中心之间。

3. 用地规模：项目总占地面积不低于38360平方米，其中交通协同创新基地占地不低于34360平方米，工程训练中心占地不低于4000平方米。具体面积以实测为准。

4. 用地类型：项目用地性质为教育用地，使用权类型为划拨用地，土地使用者为某理工大学。

5. 规划指标：交通协同创新基地容积率不低于3.7，工程训练中心具体规划指标由甲方确定。具体指标以规划主管部门批复为准。

6. 建设规模：项目总建筑面积按182961平方米控制，其中，交通协同创新基地173637平方米（包括地上部分127100平方米、地下部分46537平方米），工程训练中心9324平方米（全部为地上面积）。具体面积以规划部门批复为准。其中，（1）归属甲方运营管理部分：共36382平方米，包括工程训练中心9324平方米（全部为地上面积）、留学生公寓7000平方米（全部为地上面积）、科研办公楼20058平方米（包括地上部分19155平方米、地下部分903平方米）；（2）归属乙方运营管理部分：共146579平方米，包括科技孵化楼72445平方米、培训中心11800平方米、学术交流中心及配套服务用房25224平方米（包括地上部分16700平方米、地下部分8524平方米）、地下车库及配套37110平方米。

二、合作关系

1. 合作模式：甲方负责无偿提供具备开工建设条件的本项目建设用地，享有本项目全部建构筑物的所有权，以及归属甲方运营管理部分的全部权益；乙方成立项目公司，负责本项目投融资、建设、运营、管理、移交等工作，享有本协议约定期限内归属乙方运营管理部分的占有权、使用权和收益权。

2. 合作期：包括建设期、运营期两个阶段，共33年。其中，建设期3年，运营期30年。运营期到期后，双方另行协商是否延长合作期。

3. 资产权属：

（1）合作期内项目建设用地的土地权属和用地性质不发生改变。

（2）本项目全部建构筑物所有权归属甲方所有。

（3）归属甲方运营管理部分，甲方享有其全部权益。

（4）归属乙方运营管理部分，乙方及乙方成立的项目公司在本协议约定的合作期限内，依法享有其占有权、使用权和收益权。

4. 履约担保:

(1) 乙方注册登记成立项目公司后30天内,由项目公司向甲方提交履约担保,担保金额为人民币2000万元整。履约担保可选择采用现金(电汇或银行汇票形式)或银行保函形式。若采用银行保函,提供担保的应由具有相应担保额度的国有商业银行或股份制商业银行支行及以上级别的银行开具。

(2) 履约担保的担保有效期自本协议生效之日起至本项目通过竣工验收之日止。

(3) 为取得履约担保所需的相关费用,由项目公司自行负责。

(4) 项目竣工验收后30天内,甲方将履约担保退还给项目公司,建设过程中不予退还。

基本案情二

某大学(甲方)与某房地产集团(乙方)合作建设"某某国际设计中心"项目。

一、甲方所有的D20地块

该地块面积约为20000平方米,规划总建面积(不含地下室)约40000平方米。上述用地及项目使用功能及性质如获政府批准将建成包括一座酒店和一个商业服务中心的区域性商业中心。如政府批准的使用功能及性质与酒店和商业中心不符,乙方同意按政府批准的功能和性质与甲方合作,甲方对此不承担任何责任,本合同项下其他权利与义务不变。

二、乙方参与甲方项目建设的形式

1. 乙方决定参与甲方D20地块的开发建设,即该项目在甲方通过行政主管机关审批立项后,乙方全额提供借款建设该项目。项目建成后,本着发展和服务学校师生商业活动的宗旨,乙方将通过在一定时期内运营其中部分物业收回投资并收取合理回报。合作期满后将其管理、使用和运营的物业无偿交还给甲方。

2. 乙方前期向甲方提供借款1.6亿元人民币用以建设和运营该项目。结合项目土地使用权性质和用途,以及该项目的特点,项目建成后产权全部归甲方所有。建设期满(即甲方交付土地给乙方之日起36个月止)后,除甲方自留的一部分物业按约定的租金返租给乙方外,其余物业甲方给予乙方30年的经营权、转租权和收益权。经营期满,甲方同意乙方享有租赁期10年内的优先承租权。同时,乙方完全清楚相关的经营和管理风险,并自愿承担相应的风险和责任。

三、甲、乙双方的合作模式

1. 甲乙双方一致同意项目申报总体规划建筑面积不低于40000平方米(不含

地下室），容积率不低于2.0。报批、报建、建设、施工、安装、装修和验收交付使用等费用均由乙方全额投资和支付。项目建成后，项目所有权属甲方，除甲方自留商业服务中心第三层约8000平方米物业按约定出租给乙方外，剩余物业甲方给予乙方30年的经营权、转租权和收益权。经营期满，甲方同意乙方享有租赁期10年内的优先承租权。经营期满后乙方无偿将甲方交付给其运营的物业（经过合理使用后的状态）交付给甲方。

为了保证物业的统一经营管理，双方同意，甲方将自留的商业服务中心第三层8000平方米在建成后出租给乙方，租金按22元/平方米/月由乙方支付给甲方，租金从交付日起第37个月起算，每5年递增10%，租期为20年。租期届满后甲方同意乙方享有租赁期20年内的优先续租权。该租金已经包含物业管理费，甲方无须再缴纳物业管理费等其他费用。乙方在承租期内应按时缴纳租金，每逾期一天应向甲方支付应付未付金额万分之五的逾期违约金，如乙方欠交租金3个月以上，甲方有权单方面解除该租赁协议。

2. 自甲方交付场地给乙方起36个月的建设期内，甲方参与项目建设的管理。乙方每年支付120万元项目管理费给甲方。管理费按年支付，在交付场地的当月支付第1年的管理费，1年期满后支付下一年度的管理费。乙方应按时支付管理费，每逾期一天应向甲方支付应付未付金额万分之五的逾期违约金，逾期3个月以上，甲方有权单方面解除本合作协议。

3. 在向地方人民政府及相关主管机关申报该项目规划时，甲方与乙方一致同意以40000平方米（不含地下室）的建设规模进行申报。如地方人民政府和相关主管机关批准的建设规模低于40000平方米（不含地下室），甲方自行使用的物业按本协议的规定保持不变；如地方人民政府和相关主管机关批准的建设规模高于40000平方米（不含地下室），则甲方自行使用的物业按本协议的规定相应递增。

法律分析

关于合作开发房地产合同，实践中有许多不同的解释，存在着广义和狭义两种概念。从广义上讲，一切旨在共同对所取得的土地进行房地产合作开发的合同，均可以称为合作开发房地产合同。它不仅仅局限于一方出资、一方出地，可以是双方共同出地、出资；也不局限于搞开发，可以建设以供自用；其合作的主体亦不局限于企事业单位，可以是单位与个人之间，也可以是自然人之间。从狭义上讲，合作开发房地产合同是指当事人订立的以提供出让土地使用权、资金等作为共同投资，共享利润、共担风险合作开发房地产为基本内容的协议。从2005年8月1日起施行的《最高人民法院关于审理涉及国有土地使用权合同纠纷案件适用法律问题的解释》中可以看出，狭义的合作开发房地产必须具备以下几个条件才能成立：一是合作开发当事人中必须有一方当事人具备房地产开发经营资质；二是用作合作开发房地产的土地必须是出让土地；三是当事人之间的合作是在共同投资、共享利润、共担风险的前提下开展的。三个条件缺少任何一个，都不能称为合作开发房地产。实践中大多数合作开发房地产为不具备房地产开发经营资质的一方当事人提供土地，房地产开发企业提供资金、技术，并管理、负责建设，共同开发的这种狭义形式。合作开发地产合同具有如下特征：

1. 合作开发房地产合同是无名合同

无名合同又称非典型合同，是指法律尚没有为其确定一定名称和特定规范的合同。合作开发房地产合同是随着房地产业的发展而出现的一类合同，我国法律没有给这类合同确定名称和作出具体的规定。所以，合作开发房地产合同是一种无名合同。

2. 合作开发房地产合同是诺成双务有偿合同

合作开发房地产合同于双方当事人意思表示一致时成立，不以交付土地或资金为成立条件，故为诺成合同；合作开发房地产合同成立后，双方当事人均享有权利，亦均负有义务，故为双务合同；在合作开发房地产合同中，提供土地的一方按照合同取得合作的利润或分配房屋，需以提供土地使用权为代价，而另一方按照合同取得合作利润或分配房屋，需以提供建设资金或进行开发建设为代价，即以供地方转移土地使用权与房屋开发商建设房屋互为对价，故合作开发房地产合同为有偿合同。

在实践中，合作开发房地产合同的类型很多，其存在也很不规范，大致有以下几种类型：

1. 以供地方和房地产开发方双方名义办理房地产开发建设相关手续进行建设，双方按照合同约定分配房屋。在这种合作开发房地产合同中，房地产开发方以合同双方名义进行开发建设，双方按照合同约定分配房屋并可以自行分别预售，取得各自的收房价款。供地方应按照合同约定办理使用权转移登记手续，将房地产开发方分得的房屋所占用的土地使用权转移于房地产开发方或房地产开发方所指定的单位和自然人。这种合同方式其实就是按约定分配售房收益。

2. 以供地方单方的名义办理房地产开发建设相关手续进行建设，双方按照合同约定分配房屋。在这种合作开发房地产合同中，房地产开发方完全以供地方名义进行开发建设，供地方应按照约定分给房地产开发方一定的房屋，并将该房屋所占用的土地使用权一并登记转移给房地产开发方或房地产开发方所指定的单位和自然人。

3. 以房地产开发方单方的名义办理房地产开发建设相关手续进行建设，双方按照合同约定分配房屋，或由房地产开发方将房屋出售，双方按照约定分配售房价款。在这种合作开发房地产合同中，房地产开发方系以自己的名义进行开发建设和销售，房地产开发方应将约定分给供地方的房屋登记转移给供地方或按约定将应分给供地方的房屋出售价款给予供地方。同时，供地方将房地产开发方分得的房屋或所有出售房屋所占用的土地使用权登记转移于房地产开发方或房地产开发方所指定的单位和自然人。

4. 以供地方和房地产开发方双方共同的名义办理房地产开发建设相关手续进行建设，双方按照合同约定分配房屋。在这种合作开发房地产合同中，房地产开发方是以合同双方共同的名义进行开发建设，双方按照合同约定的比例分配房屋，并由供地方将分配给房地产开发方的房屋所占用的土地使用权转移给房地产开发方或房地产开发方所指定的单位和自然人，这种方式是纯分房。

5. 以供地方名义办理房地产开发建设相关手续进行建设，并将房屋出售，双方按照合同约定分配售房价款。在这种合作开发房地产合同中，双方当事人都不分得房屋，而是将房屋共同出卖，然后双方分配售房价款。

上述几种类型是合作开发房地产合同存在的几种的情况，但由于我国现行《城市房地产管理法》《土地管理法》《规划法》《城市房地产经营管理条例》《商品房销售管理办法》等法律法规对城市房地产开发、经营资格有明确的规定，加之各地人民政府房地产主管部门的政策、规定要求，在实践中上面的第3、第4两种类型存在较多。其他几种类型在实际操作中将会遇到法律和政策上的障碍，合同无法实施。

其实，前述两个校企合作的案例，均不属于真正的房地产合作开发法律关系，以下作一具体分析：

首先，《最高人民法院关于审理涉及国有土地使用权合同纠纷案件适用法律问题的解释》（法释〔2005〕5号）（以下简称《国有土地使用权合同纠纷案件司法解释》）第14条规定："本解释所称的合作开发房地产合同，是指当事人订立的以提供出让土地使用权、资金等作为共同投资，共享利润、共担风险合作开发房地产为基本内容的协议。"

从以上规定可以清楚地看出，合作开发房地产必须是"共同投资、共享利润、共担风险"。实际上还要符合一个条件，就是"共同经营"，综合起来说就是"共同出资、共同经营、共享盈利、共担风险"的"四共原则"，违反了此"四共原则"，就不是合作开发房地产。从前述所列的两个校企合作的案例来看，学校只提供国有划拨教育用地的土地使用权,一方面教育用地不能用于房地产合作开发,另一方面学校不参与经营管理且不承担任何风险,双方不符合《国有土地使用权合同纠纷案件司法解释》关于合作开发房地产的规定,因此,双方不属于真正的合作开发房地产的法律关系。

其次,《国有土地使用权合同纠纷案件司法解释》第15条规定:"合作开发房地产合同的当事人一方具备房地产开发经营资质的,应当认定合同有效。""当事人双方均不具备房地产开发经营资质的,应当认定合同无效。但起诉前当事人一方已经取得房地产开发经营资质或者已依法合作成立具有房地产开发经营资质的房地产开发企业的,应当认定合同有效。"第16条规定:"土地使用权人未经有批准权的人民政府批准,以划拨土地使用权作为投资与他人订立合同合作开发房地产的,应认定合同无效。但起诉前已经办理批准手续的,应当认定合同有效。"

从以上规定也可以看出,此二案例中。校企双方不会成立合作开发的房地产公司,也不会取得房地产开发资质。同时,人民政府也不可能批准学校以划拨的国有教育用地使用权作为投资与企业订立合同合作开发房地产。因此,如果一定要生硬地将此类合作定性为合作开发房地产,则合同在法律上归于无效。

最后,《国有土地使用权合同纠纷案件司法解释》第24条规定:"合作开发房地产合同约定提供土地使用权的当事人不承担经营风险,只收取固定利益的,应当认定为土地使用权转让合同。"第25条规定:"合作开发房地产合同约定提供资金的当事人不承担经营风险,只分配固定数量房屋的,应当认定为房屋买卖合同。"第26条规定:"合作开发房地产合同约定提供资金的当事人不承担经营风险,只收取固定数额货币的,应当认定为借款合同。"第27条规定:"合作开发房地产合同约定提供资金的当事人不承担经营风险,只以租赁或者其他形式使用房屋的,应当认定为房屋租赁合同。"以上司法解释规定了四种名为"合作开发房地产合同"而实为"土地使用权转让合同""房屋买卖合同""借款合同""房屋租赁合同"的情况。对该四种情况的合同争议和纠纷,要根据合同的真正性质来确定双方的权利和义务,并适用相关的法律法规予以解决争议。

综合比较以上规定和此二案例的具体合作情形,可以判定,此二校企合作的案例,不符合合作开发房地产的"四共原则",没有房地产开发资质,不转移土地使用权,并且企业一方只是在合作过程中得到新建房屋在一定期限的使用权,在这种情况下,按《国有土地使用权合同纠纷案件司法解释》的规定,校企双方不是真正的合作开发房地产,应当将此类合作行为归入"房屋租赁合同"法律关系中,而不是合作开发房地产法律关系。

案例 17

村企合作开发房地产

基本案情

本幅国有建设用地是番禺区石楼镇南派村经济合作社（以下简称"村经济合作社"）集体留用地（国有），占地面积约 7 万平方米，用地性质为"商业"，容积率 3.5，总建筑面积约 24.5 万平方米。

由于该村经济合作社不具备开发本幅留用地的资金、技术和经营管理经验，本项目由村经济合作社（甲方）与某房地产集团（乙方）合作开发，将建成以酒店、SOHO 办公、潮流商业街、创意 OFFICE、单身公寓为一体的多功能复合创意生活园区。

合作条件是：

1. 由甲方提供本幅集体留用地（国有、商业），用地建设以酒店、SOHO 办公、潮流商业街、创意 OFFICE、单身公寓为一体的多功能复合创意生活园区；

2. 由甲方全力配合办理本项目的报建、工程招标、签订《建设工程施工合同》、办理竣工验收、规划验收以及各单项专业验收及验收备案、房屋测量及大确权（初始登记）等工作；

3. 甲方负责解决本幅建设用地与周边用地潜在的争议和纠纷，并承担所有费用；

4. 甲方负责处理好村及合作社的内部关系；

5. 在乙方开发经营过程中，甲方不干预乙方的任何工作；

6. 由乙方提供开发建设本项目所需的全部资金（不得用本项目集体留用地抵押贷款），按建设进度和需要分期投入；

7. 乙方负责以甲方（村经济合作社）名义委托规划、地质勘探、方案设计及报建图施工图设计，负责以甲方（村经济合作社）名义对建设工程进行招标并签订《建设工程施工合同》；

8. 乙方负责以甲方名义办理竣工验收、规划验收以及各单项专业验收及验收备案、房屋测量及大确权（初始登记）等工作；

9. 乙方负责对新建成的本小区进行经营和管理；

10. 乙方负责在本项目合同期届满后将房屋连同土地，无偿、无条件、无权属瑕疵移交给甲方。

本项目由某房地产集团统一经营40年，采用长期（两个20年）出租、中短期出租等模式，收取租金或房屋使用费，以收回乙方的投资成本和预期利润。

先行先试和政策依据

国家征用集体所有的土地后，会按规定将变为国有建设用地中的10%—15%划拨给村集体，该10%—15%的划拨土地用地性质主要是"商业"，有的地方也有工业用地，或者以1.5∶1的比例将"工业用地"转换为"商业用地"，用以保障村集体成员及其后代的基本生活来源，该类回拨给村集体的国有建设用地，俗称"留用地"。

关于村（社）集体留用地的规定，目前国家层面仍没有法律法规的明确规定，全国不同的地区有不同的操作模式和标准，而走在前列的仍是广东省。

一、《广东省征收农村集体土地留用地管理办法（试行）》

《广东省征收农村集体土地留用地管理办法（试行）》（粤府办〔2009〕41号）制定的依据是，《国务院关于深化改革严格土地管理的决定》（国发〔2004〕28号）和《中共广东省委广东省人民政府关于解决社会保障若干问题的意见》（粤发〔2007〕14号）。

《广东省征收农村集体土地留用地管理办法（试行）》第2条规定："本办法所称的征收农村集体经济组织土地所需的留用地（下称留用地），是指国家征收农村集体土地后，按实际征收土地面积的一定比例，作为征地安置另行安排给被征地农村集体经济组织用于发展生产的建设用地。留用地的使用权及其收益全部归该农村集体经济组织所有。"

第3条规定："留用地按实际征收农村集体经济组织土地面积的10%至15%安排，具体比例由各地级以上市人民政府根据当地实际以及项目建设情况确定。但符合下列情况之一的可不安排留用地，采取折算货币方式补偿：（一）被征地农村集体经济组织选择折算货币补偿而放弃留用地安置的；（二）被征地农村集体经济组织所属土地范围内，没有符合土地利用总体规划、城乡规划可供选址安排作为留用地的；（三）被征地农村集体经济组织提出的留用地选址方案不符合土地利用总体规划或城市、乡镇规划确定的建设用地安排，在与市、县（市、区）人民政府充分协商后仍不能达成一致的。已经是集体所有性质的留用地，农村集体经济组织申请将该留用地征收为国有土地而使用的，不再安排留用地，也不折算货币补偿。"

第4条规定："留用地选址应当遵循以下原则：（一）符合土地利用总体规划

及城乡规划；（二）各地级以上市、县（市、区）人民政府与被征地农村集体经济组织共同协商确定；（三）根据产业分类分别向规划功能区、城镇社区集中。"

第5条规定："留用地折算货币补偿的，其标准参照基准地价评估确定，并不得低于该留用地办理转为建设用地需要的所有费用总和，具体标准由各地级以上市人民政府按照本地区平均土地收益和经济社会发展水平自行制定。折算成货币补偿的，应当将不安排留用地和折算货币补偿的情况在用地报批材料书面请示及征收土地方案中予以说明，货币补偿款项应当与实际征收土地的征地补偿费用一起兑现给被征地农村集体经济组织。"

第6条第1款规定："留用地应当依法转为建设用地。留用地原则上保留集体土地性质；在城镇规划区范围内的留用地可征收为国有土地。"

关键的问题是，按《广东省征收农村集体土地留用地管理办法（试行）》第8条的规定，已分配给被征地农村集体经济组织的留用地指标不得转让，这是需要特别强调的方面，因为留用地主要考虑的是确认村（社）成员及其后代稳定的和基本的生活来源，防止少数人目光短浅，收取眼前利益将留用地转让。

但是，《广东省征收农村集体土地留用地管理办法（试行）》第10条的规定对留用地的流转还是留有空间的，即依法转让、出租、抵押国有留用地使用权或出让、转让、出租、抵押集体留用地使用权，须经本农村集体经济组织的村民会议2/3以上成员或者2/3以上村民代表的同意。

另外，该条第2款规定：留用地使用权出让、转让、出租或作价入股、出资与他人合作、联营等形式用于经营性项目和工业用地的，应当参照国有土地使用权公开交易的程序和办法，通过土地交易市场招标、拍卖、挂牌等方式进行。但本农村集体经济组织全（独）资注册成立的公司、企业使用留用地的除外。这一规定，给村（社）留用地的开发、建设、经营、收益方式，留有了很大的空间。而且，在实践中，实现留用地利益最大化的方式和途径，就是村企合作模式。

二、《广东省人民政府办公厅关于加强征收农村集体土地留用地安置管理工作的意见》

《广东省人民政府办公厅关于加强征收农村集体土地留用地安置管理工作的意见》（粤府办〔2016〕30号）是对《广东省征收农村集体土地留用地管理办法（试行）》的丰富和完善。首先，该意见要求合理确定留用地安置比例，即留用地按实际征收农村集体经济组织土地面积（不包含征收后用于安置该农村集体经济组织的土地面积）的10%至15%安排，具体由地级以上市人民政府根据城乡规划和留用地安置的位置、用途、净用地比例、容积率、周边配套设施完善程度等情况确定；留用地安置面积为规划建设用地面积，包含道路、绿化等公共配套用地面积。

征收土地用于农村基础设施、公益事业、拆迁安置、旧村改造等建设，农村集体经济组织同意按低于 10% 的比例安排留用地或不安排留用地的，由该农村集体经济组织按照《广东省农村集体经济组织管理规定》（粤府令第 189 号）及其组织章程等相关规定，经农村集体经济组织成员表决通过并出具书面意见后，可按实际情况确定留用地安置比例或不安排留用地。

同时要求应及时制定留用地折算货币补偿标准，即各地级以上市人民政府要参照基准地价和本地区经济社会发展水平、平均土地收益制定留用地折算货币补偿标准，留用地折算货币补偿标准不得低于所在地相对应《全国工业用地出让最低价标准》的 70%。各地级以上市、县（市、区）基准地价调整的，留用地折算货币补偿标准要及时作出相应调整。

而且，进一步对留用地的性质进行了明确，即留用地在城镇规划区范围外的，原则上保留集体土地性质，由地级以上市、县（市、区）人民政府依法办理建设用地手续。留用地在城镇规划区范围内，以及涉及占用其他农村集体经济组织集体土地的，依法征收为国有土地，并可由地级以上市、县（市、区）人民政府无偿返拨给被征收土地农村集体经济组织，视同以出让方式取得的国有建设用地。

其次，《广东省人民政府办公厅关于加强征收农村集体土地留用地安置管理工作的意见》要求规范留用地使用权流转管理。明确规定留用地使用权及其收益全部归该农村集体经济组织所有。农村集体经济组织依法出让、转让、出租集体留用地使用权的，必须按照《广东省集体建设用地使用权流转管理办法》（粤府令第 100 号）实施，并通过农村产权流转管理服务平台公开交易。农村集体经济组织依法转让以无偿返拨方式取得的国有留用地使用权的，不需补办土地有偿使用手续和补缴土地出让金，除按规定应当缴纳土地使用权转让税费外，转让所得全部归该农村集体经济组织所有。

要求加强留用地开发建设管理。各地级以上市、县（市、区）人民政府要按照建立城乡统一建设用地市场的要求，从产业类型、用地标准、环保要求、建设指引等方面，引导留用地开发建设管理。鼓励将留用地纳入地方招商引资平台管理，通过农村产权流转管理服务平台进行公开交易。

同时鼓励留用地开发建设为经营性物业。被征收土地的农村集体经济组织为经济合作社或股份合作经济社的，由该经济合作社或股份合作经济社对留用地进行经营管理，也可委托经济联合社或股份合作经济联合社统一经营管理。鼓励农村集体经济组织通过自主开发、合资合作等方式将留用地建设为经营性物业，并通过经营不动产产权租赁，形成运营成本低、经营风险小、经济收益长期稳定的农村集体资产。

鼓励实行留用地置换物业。有条件的地级以上市、县（市、区）人民政府要结合本地区实际制定留用地置换物业标准，探索将农村集体经济组织的留用地置换为经营性物业。地级以上市、县（市、区）土地行政主管部门可与被征收土地农村集体经济组织签订留用地置换物业协议，约定拟置换物业的位置、用途、面积、交付时间和交付标准等内容。地级以上市、县（市、区）土地行政主管部门与农村集体经济组织签订协议约定在拟安置的留用地上实施物业置换的，可由当地土地行政主管部门依法对留用地使用权进行公开出让，出让时将置换物业作为土地出让的条件，并在土地出让后抓紧落实留用地置换物业协议。

三、《广州市规划和自然资源局关于加快推进留用地落地兑现工作意见的通知》

留用地纳入旧村改造，一直是各地政策鼓励的方向。2019年6月28日，《广州市规划和自然资源局关于加快推进留用地落地兑现工作意见的通知》（穗规划资源规字〔2019〕3号）以较大篇幅规定了"鼓励留用地纳入'三旧'改造"的内容。

《广州市规划和自然资源局关于加快推进留用地落地兑现工作意见的通知》在总结各地好的做法的基础上，提炼概括了鼓励留用地改造的措施。一是创造条件推动存量留用地（历史上留用地大都是低效用地）的改造。"2009年12月31日前已实际建设使用，因不符合相关规划而无法纳入省'三旧'改造地块数据库的留用地，允许按规定调整相关规划后标图入库并实施改造。"二是鼓励留用地纳入旧村改造范围统筹开发利用。为此，还明确规定了用地报批与供地方式：参照边角地、夹心地、插花地有关规定进行用地报批，并协议出让给通过公开方式选择的旧村庄合作改造主体一并实施改造。

广州市规划和自然资源局对于留用地批后监管，主要加强了以下三个方面的工作力度：一是将国有留用地纳入闲置土地执法的对象。与一般的国有建设用地不同的是，村集体经济组织作为用地单位（权属人），不一定有能力自主开发。如果不能自主开发，则可以作价入股或联营等方式引进市场主体合作开发，也可以入市流转或交给政府收储以置换物业。政府收储后招拍挂出让的，开、竣工时间自然重新约定。如果合作开发、入市流转，是否也应重新约定？有专业人士认为应当重新约定。如果超过约定期限未动工的，是否可以收回留用地使用权？《广东省自然资源厅关于推进征收农村集体土地留用地高效开发利用的通知》（粤自然资规字〔2020〕4号）明确规定可以收回，转换为折算货币、置换物业等方式落实留用地，但产生的闲置费应当如数缴纳。此举能对"吊起来卖"的村集体经济组织形成有效约束，提升留用地利用效率。二是对留用地实施严格的全生命周期管理。"留用地出让、转让、出租合同中，应当就规划条件、动工开发及竣工时间、闲置处置、土地闲置费收缴、土地使用权收回以及产业准入、投产时间、投资强度、产出效益、节能环保、运营监管、违约责任等内容作出明确约定，并依约实行土地全生命周期管理。农村集体经济组织、留用地合作开发主体未按法律法规及出让、转让、出租等相关合同约定进行开发建设的，应当承担违法违规及违约责任，并按规定由有关部门将其行为纳入社会信用管理，对其实施联合惩戒。"需要注意的是，如果这种管理措施严格到位的话，将有可能成为投资的重大风险：开、竣工时间、投资强度、节能环保等尚好把握，但产出效益以及目前许多地方要求的税收贡献等是高度市场化的因素，与宏观大环境密切相关，不是投资主体所能有效把握的。三是大力规范留用地开发利用收益管理。留用地属于被征地村集体经济组织的资产，与之相关的权益，"均应支付给农村集体经济组织或登记在其名下，作为农村集体资产进行统一经营管理，由农村集体经济组织自行决定用于发展集体经济、提高农民生活水平或改善人居环境及教育、养老、医疗保障服务水平等"。此举可以有效杜绝曾经发生的村干部内外勾结"拐卖"留用地的现象，以及防范利用留用地寻租的腐败行为。

针对留用地的利用效率低下的问题，《广州市规划和自然资源局关于加快推进留用地落地兑现工作意见的通知》极大地加强了政府统筹力度。一是要求县级以上人民政府组织有关部门对已落实留用地的开发利用情况进行全面清查，编制留用地历史遗留问题解决及统筹开发利用方案，纳入地方产业规划及招商引资平台管理；二是鼓励县级以上人民政府引导农村集体经济组织将其国有留用地使用权交由政府收储并公开出让后返还物业、折算货币补偿；三是鼓励县级以上人民政府与农村集体经济组织协商签订托管协议，通过统一招商等方式对留用地进行统筹开发利用，各方根据托管协议约定分享相关收益。

以上关于政府统筹的规定与鼓励留用地入市流转并不矛盾，政府统筹是以尊重农村集体经济组织的意愿为前提的。总的来看，《广州市规划和自然资源局关于加快推进留用地落地兑现工作意见的通知》大大提升了留用地的市场化程度，尤其是国有留用地，作为一项稀缺的土地资源，必将受到市场主体的追捧。

四、《广东省自然资源厅关于推进征收农村集体土地留用地高效开发利用的通知》

为落实广东省委、省政府《关于对标三年取得重大进展硬任务扎实推动乡村振兴的实施方案》要求，推进广东省征收农村集体土地留用地高效开发利用，切实保障被征地农民合法权益，全力助推乡村振兴战略实施，制定了《广东省自然资源厅关于推进征收农村集体土地留用地高效开发利用的通知》。

该通知要求：首先，积极推进留用地兑现落实。一是推动解决留用地历史遗留问题。各地已依法批准征地、政府承诺或征地协议约定安排实物留用地但尚未落实的，应当充分利用新一轮国土空间规划编制的窗口期，科学统筹谋划并抓紧推动落实。对被征地农村集体经济组织范围内符合国土空间规划的历史遗留建设用地，鼓励按规定完成违法行为处理并按规划完善相关用地手续后，优先用于落实承诺或约定的实物留用地。二是鼓励合理转换留用地补偿方式。在尊重被征地农村集体经济组织意愿的前提下，鼓励各地将长期难以落实的实物留用地转以折算货币、置换物业方式予以落实，或以折价出资、入股方式参与各类城市新区、产业园区建设，由被征地农村集体经济组织按出资、股权比例及相关约定分享收益。留用地折算货币补偿标准由地级以上市人民政府研究制定，且不得低于折算时被征收土地所在地的工业用地级别基准地价。三是规范留用地置换为经营性物业。采用置换物业方式落实留用地的，应当由县级以上人民政府自然资源主管部门与被征地农村集体经济组织协商签订留用地置换物业协议，约定置换物业面积、位置、用途、交付时间、交付标准、物业返租等内容。置换物业由用地单位、县级以上人民政府在被征收土地范围内进行建设，或通过筹集其他土地上的经营性物业予以落实，建设及筹集成本、不动产登记费用纳入征地成本，由用地单位承担。农村集体经济拟采用置换物业方式盘活国有留用地，并将国有留用地使用权交由政府收储后公开出让的，应将置换物业作为土地出让条件纳入出让合同管理。

其次，鼓励引导留用地入市流转。一是鼓励国有和集体留用地入市流转。农村集体经济组织依法转让无偿返拨的国有留用地使用权，应当通过公共资源交易平台按照公开转让程序确定受让人，由县级以上人民政府自然资源主管部门与受让人补签土地出让合同（出让价款按转让成交价确定，不需缴纳土地出让价款），由农村集体经济组织与受让人签订土地转让合同，将留用地的规划条件作为土地出让合同附件，由受让人按规定缴纳土地转让价款及相关税费，并将土地转让价款直接支付给农村集体经济组织。农村集体经济组织出让、转让、出租集体留用地使用权，经依法表决通过的，应当通过农村产权流转管理服务平台或公共资源交易平台公开交易。二是分类办理留用地规划条件变更手续。留用地应当依据国土空间规划确定为工业、商业等经营性用途，严格按照规划用途开发利用，可按规定建设或改建为租赁住房。农村集体经济组织出让、转让其留用地使用权，需要按规划变更土地用途、规划条件的，按有关规定报有权机关批准，并撤销原建设用地规划批准文件、划拨决定书，按照本通知第5条的规定，根据新规划条件办理重新核发建设用地规划批准文件等相关手续。留用地使用权公开出让、转让后，需要按规划变更土地用途、规划条件的，应当依法办理规划条件变更手续，并按规定调整土地价款。三是允许留用地指标适度调剂使用。农村集体经济组织在自身留用地指标已落实的前提下，可根据消化历史遗留建设用地、"三旧"改造等实际需要，编制留用地指标调剂方案，向所在地县级以上自然资源主管部门申请在本县（市、区）范围内调剂使用其他农村集体经济组织尚未兑现的留用地指标。留用地指标调剂方案应列明调入及调出方意见、指标核定文件及调剂价格、调入方指标落实及拟调入指标情况，经调入、调出的农村集体经济组织依法表决通过并进行不少于 15 日的公示，由所在地县级自然资源主管部门报经本级人民政府同意，并报地级以上市自然资源主管部门核定后实施。留用地指标调剂价格不得低于调出方所在地的留用地折算货币补偿标准。

再次，统筹推进留用地开发利用。一是加大政府统筹开发利用力度。县级以上人民政府应当组织有关部门对已落实留用地的开发利用情况进行全面清查，编制留用地历史遗留问题解决及统筹开发利用方案，并纳入地方产业规划及招商引资平台管理。鼓励县级以上人民政府引导农村集体经济组织将其国有留用地使用权交由政府收储并公开出让后返还物业、折算货币补偿，或与农村集体经济组织协商签订托管协议，通过统一招商等方式对留用地进行统筹开发利用，各方根据托管协议约定分享相关收益。二是鼓励引入市场主体合作开发。农村集体经济组织可将零星、分散的留用地交由所属经济联合社、股份合作社进行集中连片开发和统一经营管理。农村集体经济组织经依法表决通过，拟引入市场主体合作开发留用地的，可先以公开招标方式引入前期服务单位，按照自然资源主管部门出具的规划条件，研究提出留用地合作开发条件，再通过农村产权流转管理服务平台或公共资源交易平台公开选取合作开发主体，以入股、联营等方式合作开发建设；涉及留用地使用权转移的，凭成交确认书确认合作开发主体，并按本通知第 6 条的规定办理相关手续。三是鼓励留用地按规定实施改造。2009 年 12 月 31 日前已实际建设使用，因不符合相关规划而无法纳入省"三旧"改造地块数据库的留用地，允许按规定调整相关规划后标图入库并实施改造。鼓励农村集体经济组织经依法表决通过，将本村权属范围内的留用地纳入旧村庄全面改造项目统筹开发利用，参照边角地、夹心地、插花地有关规定进行用地报批，并协议出让给通过公开方式选择的旧村庄合作改造主体一并实施改造，不受本通知第 6 条、第 10 条关于公开交易规定的限制。

最后，切实加强留用地批后监管。一是积极预防和处置闲置留用地。农村集体经济组织应当按照建设用地规划批准文件、划拨决定书规定的时限，对留用地进行开发建设，确不具备自主开发能力，又无法引入市场主体合作开发的留用地，农村集体经济组织应当及时按程序组织留用地入市流转，或交由政府收储并公开出让后按约定返还物业、折算货币补偿；对于超期未开工的留用地，政府及有关部门应合理变更规定开竣工时间，切实履行开竣工督促职责，避免产生新的闲置土地；对于已构成闲置的留用地，应当依法依规进行处置，按规定收回留用地使用权后转以折算货币、置换物业方式落实补偿的，须缴纳土地闲置费。二是加强合同及社会信用管理。留用地出让、转让、出租合同中，应当就规划条件、动工开发及竣工时间、闲置处置、土地闲置费收缴、土地使用权收回以及产业准入、投产时间、投资强度、产出效益、节能环保、运营监管、违约责任等内容作出明确约定，并依约实行土地全生命周期管理。农村集体经济组织、留用地合作开发主体未按法律法规及出让、转让、出租等相关合同约定进行开发建设的，应当承担违法违规及违约责任，并按规定由有关部门将其行为纳入社会信用管理，对其实施联合惩戒。三是规范留用地开发利用收益管理。留用地折算货币、置换物业及开发建设返还给被征地农村集体经济组织的货币补偿款、物业、股权、分红等相关收益，均应支付给农村集体经济组织或登记在其名下，作为农村集体资产进行统一经营管理，由农村集体经济组织自行决定用于发展集体经济、提高农民生活水平或改善人居环境及教育、养老、医疗保障服务水平等，并由县级农业农村及农村财务主管部门、镇（街）对收益使用情况进行监管。

以上是广东省关于村（社）集体留用地的规定和实际操作规程，对于全国其他地区的留用地利用和开发，具有很好的参考价值。

案例18

挂靠开发房地产纠纷

▋基本案情

2010年10月26日，甲方A房地开发有限公司（以下简称"A公司"）与乙方（自然人张三、李四）签订《关于挂靠开发B城小区的协议书》（以下简称《挂靠协议》），约定：1. 甲乙双方商定，乙方开发的房地产项目（以下简称"B城小区"）以"挂靠"甲方的方式进行开发，甲方收取3%的挂靠管理费。为方便乙方的开发，甲方负责成立A公司的b分公司专门用于乙方对"B城小区"项目的开发，甲方成立b分公司的费用由后成立的b分公司承担。b分公司只能是乙方专门用于"B城小区"项目的开发，b分公司由张三担任负责人。甲方应为b分公司雕刻分公司公章、财务公章、合同章。2. b分公司和本合同"B城小区"项目单独建账，其账务与甲方及甲方其他项目分开。b分公司和本合同"B城小区"项目实行独立核算、自负盈亏。本合同"B城小区"项目的债权债务由b分公司和本合同"B城小区"项目承担，与甲方及甲方其他项目无关；同样甲方及甲方其他项目的债权债务由甲方承担，与 b 分公司及本合同"B 城小区"项目无关。甲乙双方均对对方承诺：在任何情况下不得利用对方项目的资产为己方及己方公司和项目、为其他任何单位和个人向金融机构或其他任何单位或个人进行抵质押贷款和融资提供任何形式的担保；在任何情况下不因己方及己方公司或项目的原因，影响对方公司及项目利用其自身公司及项目资产向金融机构所进行的贷款；任何情况下均不挪用、截留对方公司及项目资金。3. 在 b 分公司及本合同"B 城小区"项目进行开发过程中，甲方应保证免费及时提供项目开发所需的一切服务（如项目的报建、规划的报批、项目贷款、办理银行按揭等）；如需进行项目贷款和在建工程贷款，甲方及甲方公司股东应无条件同意，并不得以此为理由向 b 分公司及本合同"B 城小区"项目收取任何费用。除 b 分公司及本合同"B 城小区"项目所必需的费用外，甲方不收取分公司及本合同"B 城小区"项目的任何费用（包括管理费和挂靠费）。

由于在合同履行和项目开发建设过程中双方发生争议和纠纷，A 公司私自将 b 分公司的负责人由张三变更为 A 公司委派的人，致使项目的后续开发建设、竣工验收、办证等工作无法正常进行。2015 年 8 月×日，张三、李四以自己为原告，以 A 公司为被告，以 A 公司 b 分公司为第三人，向某省高级人民法院提起诉讼，请求：1. 确认第三人 A 公司 b 分公司的所有资产归二原告所有，估值 3 亿元；2. 判令原告张三、李四与被告 A 公司于 2010 年 10 月 26 日签订的《挂靠协议书》合法有效，并判令 A 公司继续履行上述协议书；3. 判令被告 A 公司赔偿原告张三、李四经济损失 3000 万元；4. 本案全部诉讼费用由被告 A 公司承担。

在诉讼过程中，2016 年 1 月 27 日，原告变更诉讼请求为：1. 判决张三、李四与 A 公司于 2010 年 10 月 26 日签订的《挂靠协议书》合法有效；2. 判决确认张三、李四为 A 公司 b 分公司的"B 城小区"项目的实际投资人，投资权益为张三、李四共同所有；3. 判决 A 公司继续履行前述合同，在"B 城小区"项目开发的整个过程中必须保持 A 公司 b 分公司的存在并配合办理开发手续，恢复项目的开发建设，恢复原告张三为 A 公司 b 分公司的负责人身份，将 A 公司 b 分公司开发建设应具有的公章和证照均交由张三管理；4. 判令被告 A 公司赔偿原告张三、李四经济损失 3000 万元（暂定）；5. 本案诉讼费由 A 公司承担。

2016 年 5 月 30 日，原告再一次变更诉讼请求为：1. 判决张三、李四与 A 公司于 2010 年 10 月 26 日签订的《挂靠协议书》合法有效；2. 判决张三、李四为被告 A 公司 b 分公司在"B 城小区"项目的实际投资人，"B 城小区"项目的经营权、处分权、收益权、使用权由原告张三、李四共同享有；3. 本案所有的诉讼费由 A 公司承担。

法院判决

一审法院认为，A 公司与原告张三、李四 2010 年 10 月 26 日签订的《挂靠协议书》，系合同当事人的真实意思表示，协议内容没有违反法律、行政法规的强制性规定，为有效合同，受法律保护，对当事人具有法律约束力。判决：1. 确认原告张三、李四与被告 A 公司 2010 年 10 月 26 日签订的《挂靠协议书》有效。2. 驳回原告张三、李四的其他诉讼请求。

张三、李四不服某省高级人民法院（2015）×民二初字第 8 号民事判决，认为一审法院判决虽然确认了双方的《挂靠协议书》有效，但没有判决双方继续履行的问题，也没有判决确定 A 公司 b 分公司的资产及投资权益归原告所有，因此向最高人民法院提起上诉。

最高人民法院认为，张三、李四在 2016 年 5 月 30 日的《变更诉讼请求申请书》中，明确列明"一、判决原告张三、李四与被告 A 公司于 2010 年 10 月 26 日签订的《挂靠协议书》合法有效。判决被告 A 公司第三人 A 公司 b 分公司继续履行《挂靠协议书》"，而（2015）×民二初字第 8 号民事判决未完整表述张三、李四诉讼请求，遗漏表述关于继续履行合同的诉讼请求。在"本院认为"部分未对涉案合同是否应继续履行的问题予以回应；在判项中亦仅确认涉案合同有效，未判明合同是否继续履行。因此，原审判决确实存在遗漏诉讼请求的情形，本院依法予以纠正。

《最高人民法院关于适用〈中华人民共和国民事诉讼法〉的解释》第 326 条规定，对当事人在第一审程序中已经提出的诉讼请求，原审人民法院未作审理、判决的，第二审人民法院可以根据当事人自愿的原则进行调解；调解不成的，发回重审。

本案二审庭审中，张三明确表示不同意调解，故本案应发回重审。鉴于此，对于上诉人就（2015）×民二初字第 8 号民事判决提出的其他上诉理由，最高人民法院不再审理评判，上诉人可在重审程序中再予主张。

由于原审判决遗漏当事人诉讼请求，最高人民法院根据《民事诉讼法》第 170 条第 1 款第（四）项，《最高人民法院关于适用〈中华人民共和国民事诉讼法〉的解释》第 326 条规定，裁定如下：1. 撤销省高级人民法院（2015）×民二初字第 8 号民事判决；2. 本案发回省高级人民法院重审。

一审法院重审时综合双方的意见，归纳出本案的争议焦点为：1. A 公司与张三、李四于 2010 年 10 月 26 日签订的《挂靠协议书》是否有效，《挂靠协议书》是否继续履行。2. 张三、李四是否系 A 公司 b 分公司"B 城小区"项目的实际投资人，"B 城小区"项目的经营权、处分权、收益权、使用权是否应当由张三、李四共同享有。3. A 公司、A 公司 b 分公司是否应将 A 公司 b 分公司的负责人变更为张三以及办理 A 公司 b 分公司的公章、财务章、合同章等公章交由张三管理，是否应免费办理 A 公司 b 分公司"B 城小区"项目开发建设、竣工验收、销售办证、银行按揭审批等开发过程中需要以 A 公司、A 公司 b 分公司名义办理的全部手续。

对于第一个焦点，法院认为，A 公司与张三、李四于 2010 年签订的《挂靠协议书》，系合同当事人的真实意思表示，协议内容没有违反法律、行政法规的强制性规定，不存在《合同法》第 52 条规定的合同无效情形，为有效合同，受法律保护，对当事人具有法律约束力，当事人应当按照合同约定全面履行自己的合同义务。张三、李四二人按照《挂靠协议书》的约定挂靠 A 公司 b 分公司对"B 城小区"项目进行投资、开发、建设，且事实上已完成"B 城小区"项目规划的大部分投资、开发、建设，并在挂靠 A 公司 b 分公司开发、建设"B 城小区"项目中单独建账、独立核算，没有违反《挂靠协议书》的约定，不存在违约行为，A 公司成立 b 分公司并由张三、李四挂靠经营，符合《挂靠协议书》的约定，张三、李四为守约一方当事人，诉请继续履行《挂靠协议书》符合法律规定，法院予以支持。根据查明的案件事实，《挂靠协议书》系由 A 公司与张三、李四共同签订合同设立，在履行该《挂靠协议书》的过程中，A 公司在《挂靠协议书》中仍有合同义务，因此，《挂靠协议书》应由 A 公司与张三、李四继续履行。

对于第二个焦点，根据《挂靠协议书》的约定，张三、李四挂靠 A 公司专门成立 A 公司 b 分公司并对"B 城小区"项目进行开发、建设。从《挂靠协议书》的订立及双方发生纠纷的起因、过程看，《挂靠协议书》实质是自然人挂靠有房地产资质的公司对房地产项目进行开发的协议。根据《挂靠协议书》的约定，在张三、李四挂靠 A 公司专门成立的 A 公司 b 分公司期间，A 公司对涉案项目仅有"保证免费及时提供项目开发所需的一切服务（如项目的报建、规划的报批、项目贷款、办理银行按揭等）"等合同义务，没有投资义务，而事实上 A 公司也没有提供证据证实对涉案"B 城小区"项目进行了投资、开发、建设；张三、李四挂靠 A 公司专门成立的 A 公司 b 分公司开展经营，二人根据《挂靠协议书》的约定对"B 城小区"项目进行投资、开发、建设，并已完成涉案"B 城小区"项目规划的大部分投资、开发、建设，法院在认定案件事实部分对此已进行确认。根据《挂靠协议书》的约定，张三、李四系涉案"B 城小区"项目的实际投资人，张三、李四诉请确认其为涉案"B 城小区"项目的实际投资人，该诉请属于案件事实认定的范畴，不具民事可诉性。至于张三、李四提出"B 城小区""项目的经营权、处分权、收益权、使用权由张三、李四共同享有"的诉讼请求，该诉请是张三、李四基于确认其二人为涉案"B 城小区"项目实际投资人的诉讼请求而提出，如上，法院已确认

"B城小区"项目系由张三、李四投资、开发、建设,并判决《挂靠协议书》由合同当事人继续履行,因此,张三、李四诉请"B城小区""项目的经营权、处分权、收益权、使用权由张三、李四共同享有"属于合同当事人继续履行《挂靠协议书》的内容或法律后果。据上,由于对张三、李四该诉请所根据的事实已作出确认,并判决合同当事人继续履行《挂靠协议书》,法院对张三、李四提出的该诉讼请求不再另行作出具体判项。

对于第三个焦点,关于原告张三、李四诉请被告A公司以及第三人A公司b分公司将A公司b分公司负责人变更为张三,将A公司b分公司公章、财务章、合同章等交由张三管理,免费办理"B城小区"项目开发建设、竣工验收、销售办证、银行按揭审批等开发过程中需要以A公司、A公司b分公司名义办理全部手续等问题,法院认为,张三、李四提出的该项诉讼请求属于《挂靠协议书》合同当事人A公司应履行的合同义务,法院已判决合同当事人继续《挂靠协议书》,因此对张三、李四提出的该诉讼请求不再另行作出具体判项。

综上,依据《民事诉讼法》第152条之规定,判决如下:1. 确认原告张三、李四与被告A公司于2010年10月26日签订的《挂靠协议书》有效;本判决生效后10日内,该《挂靠协议书》由原告张三、李四与被告A公司继续履行。2. 驳回原告张三、李四的其他诉讼请求。

法律分析

挂靠情况比较复杂,较早出现挂靠现象的是出租车行业,自然人以单位名义购车,然后以单位名义运营;后来,交通运输行业也出现挂靠问题,即个人购车,以运输公司名义购车开展运营活动;再后来,在工程设计、建筑施工、房地产开发等行业,均出现形形色色的挂靠行业。

在本案中,张三、李四作为两个自然人,不可能取得房地产开发资质,因此,必须挂靠有房地产开发资质的A公司,A公司在合作开发过程中并无任何实质性投入,双方签订《挂靠协议书》实际上是张三、李四以A公司成立的b分公司进行房地产开发,A公司收取管理费的挂靠性质的联合开发合同。由此本案争议的焦点在于,挂靠开发房地产的合同是否有效。

合作开发房地产合同一般可分为三类:第一类为双方都具有相应房地产开发企业资质等级的合作开发合同;第二类为仅有一方具有相应房地产开发企业资质等级的合作开发合同;第三类为双方都不具有相应房地产开发资质等级的合作开发合同。

无疑,第一类合作开发合同为有效合同。原《最高人民法院关于审理房地产管理法施行前房地产开发经营案件若干问题的解答》（已废止）"关于房地产开发经营者的资格问题"第1条规定："从事房地产的开发经营者，应当是具备企业法人条件、经工商行政管理部门登记并发给营业执照的房地产开发企业（含中外合资经营企业、中外合作经营企业和外资企业），不具备房地产开发经营资格的企业与他人签订的以房地产开发经营为内容的合同，一般应当认定无效，但在一审诉讼期间依法取得房地产开发经营资格的，可认定合同有效。"

依照《最高人民法院关于审理涉及国有土地使用权合同纠纷案件适用法律问题的解释》第15条（2020年修正后，现为第13条）的规定，合作开发房地产合同的当事人一方具备房地产开发经营资质的，应当认定合同有效。当事人双方均不具备房地产开发经营资质的，应当认定合同无效。但起诉前当事人一方已经取得房地产开发经营资质或者已依法合作成立具有房地产开发经营资质的房地产开发企业的，应当认定合同有效。

对于第三类合作开发合同，原《最高人民法院关于审理房地产管理法施行前房地产开发经营案件若干问题的解答》规定"在一审诉讼期间依法取得房地产开发经营资格的，可认定合同有效"；而《最高人民法院关于审理涉及国有土地使用权合同纠纷案件适用法律问题的解释》则以起诉时是否至少有一方具备相应资质等级来确定合作开发合同的效力。

第二类合作开发合同效力在实践中又区分为两类：一是合作开发中双方都进行了实质性投入的合同，这种合作开发合同依《最高人民法院关于审理房地产管理法施行前房地产开发经营案件若干问题的解答》或《最高人民法院关于审理涉及国有土地使用权合同纠纷案件适用法律问题的解释》的规定均应认定为有效合同。二是不具备相应资质等级的单位或个人以具备相应资质等级的房地产开发企业名义进行开发，并向对方缴纳管理费的挂靠合同。对于这种挂靠开发的合同是否有效，实务中有两种观点：一种观点认为，挂靠开发合同为无效合同，理由在于，挂靠开发实际上是名为合作开发实为资质借用，违反了法律、行政法规有关企业资质的强制性规定；另一种观点认为，挂靠开发合同有效。笔者认为后一种观点正确。

因为《挂靠协议书》签订于2010年10月26日，仍适用《民法通则》的相关规定，而依照原《民法通则》第58条："下列民事行为无效：（一）无民事行为能力人实施的；（二）限制民事行为能力人依法不能独立实施的；（三）一方以欺诈、胁迫的手段或者乘人之危，使对方在违背真实意思的情况下所为的；（四）恶意串通，损害国家、集体或者第三人利益的；（五）违反法律或者社会公共利益的；（六）经济合同违反国家指令性计划的；（七）以合法形式掩盖非法目的的。"我国

《合同法》第52条规定:"有下列情形之一的,合同无效:(一)一方以欺诈、胁迫的手段订立合同,损害国家利益;(二)恶意串通,损害国家、集体或者第三人利益;(三)以合法形式掩盖非法目的;(四)损害社会公共利益;(五)违反法律、行政法规的强制性规定。"

就本案挂靠合同而言,应当从合同主体是否适格、合同内容是否合法、是否存在行业限制和禁止的情形、是否违反法律法规的强制性规定等方面分析挂靠合同的效力问题。

1. 关于合同主体是否适格的问题。本案中A公司作为被挂靠企业不仅收取了管理费,而且在立项审批、土地手续办理、开发及项目建设管理等方面做了大量工作,最终使整个项目开发得以大部分完成。这表明,A公司在挂靠开发中不仅仅进行了名义及资质借用,而且以自己名义进行了开发流程管理的实质性工作,性质上应认定为合作开发房地产。依照前述最高人民法院的司法解释,此类挂靠开发虽然挂靠一方不具有相应资质等级,但该挂靠开发合同应认定为有效合同。

2. 关于合同内容是否合法的问题。从本案合同的内容看,双方约定挂靠开发的实质性内容为特定房地产项目的开发经营。普通房地产项目的开发经营本身并不属于国家限制经营、特许经营以及法律、行政法规禁止经营的范围。最高人民法院1993年《全国经济审判工作座谈会议纪要》的第2条第3点规定:"合同约定仅一般违反行政管理性规定的,例如一般地超范围经营、违反经营方式等,而不是违反专营、专卖及法律禁止性规定,合同标的物也不属于限制流通的物品的,可按照违反有关行政管理规定进行处理,而不因此确认合同无效。"《最高人民法院关于适用〈中华人民共和国合同法〉若干问题的解释(一)》第10条也规定:"当事人超越经营范围订立合同,人民法院不因此认定合同无效。但违反国家限制经营、特许经营以及法律、行政法规禁止经营规定的除外。"

3. 关于是否违反强制性法律的问题。我国《城市房地产管理法》第30条规定了房地产开发企业的设立应经过登记、备案程序。但对未取得营业执照从事房地产开发经营的行为仅规定了"责令停止房地产开发业务活动,没收违法所得,可以并处罚款"等行政责任。《城市房地产开发经营管理条例》第9条规定,房地产开发主管部门应当对备案的房地产开发企业核定资质等级,房地产开发企业应当按照核定的资质等级,承担相应的房地产开发项目。该条例第35条对不具备相应资质等级而从事房地产开发的企业规定了"责令限期改正,处5万元以上10万元以下的罚款;逾期不改正的,由工商行政管理部门吊销营业执照"的行政责任。从以上法律与行政法规对于欠缺相应房地产开发资质等级的责任措施性质看,法律、行政法规对欠缺相应资质等级从事房地产开发经营行为仅处以行政处罚，而未涉及其所从事的房地产开发经营合同效力问题。因此，此类资质规定性质上为行政管理规范而非民事规范。违反此类规范仅应承担行政管理法上的责任。前述法律、行政法规对欠缺资质等级从事房地产开发民事行为的效力并未作出规定，因此以上述法律、行政法规认定挂靠开发合同无效，于法无据。

而作为部门行政规章的《房地产开发企业资质管理规定》虽然规定了未取得相应资质等级的房地产开发企业不得从事相应房地产开发经营，但在法律责任条款中仅规定了限期整改、罚款、吊销营业执照及吊销资质等级证书等行政责任，而未规定此类行为的民事效力。基于这一规章性质上为行政管理规范，同时基于该规章对于不具备相应资质等级的开发经营行为仅规定了行政处罚责任，因此以此类规范认定挂靠开发合同无效，显然于法无据。

而对于房地产开发企业欠缺相应资质的问题，最高人民法院仅规定了在双方都不具备相应资质，且在起诉前仍无法取得的情形下才认定所签订的合作开发协议无效。而对于合作开发中仅有一方不具备相应资质等级所签订的合作开发合同，司法解释确认合同有效。

综上，一审法院在本案中判决确认《挂靠协议书》合法有效是正确的。

但是，关于本案判决双方继续履行合同，实践中对于此类判决的执行问题存在困惑或争议。

首先，有人认为"继续履行合同"类判决不具有强制执行效力，因为此类判决属于确认之诉的判决，没有执行内容，只能或者应当由当事人自觉履行，履行过程中产生争议的，需要重新起诉解除合同或承担违约责任。而且，此类判决的执行不符合《最高人民法院关于人民法院执行工作若干问题的规定（试行）》第18条关于"执行标的明确"的立案标准。

其次，有人认为"继续履行合同"类判决原则上不宜作为执行依据，因为执行此类案件会危及审执分立的司法体制。继续履行类判决的执行内容必须结合判决的说理部分与合同的具体条款确定。如果赋予执行部门该权力，将意味着对于判决的实体审查，危及审判与执行部门的职能分工，同时当事人的权利救济也难以保证。如果不赋予执行部门该权力，则多数此类案件难以执行。只有在特殊情况下如果符合一定条件，才可予以执行，以维护生效判决权威，减轻当事人讼累。如判决认定一方已经依据合同履行了主要义务，另一方未履行主要合同义务；再比如一方交付剩余价款，另一方完成产权移转（办产权证），且已具备法定过户条件的案件，合同对未履行义务的约定具体明确，此类"继续履行合同"的判决，符合"执行标的明确"的立案标准，可以申请法院强制执行。

最后，也有人认为"继续履行合同"类判决原则上应作为执行依据，例外情况下不能强制执行。继续履行是《合同法》规定的法定违约责任方式之一，其基本内涵就是让违约方继续实际履行合同。这种判决当然具有强制执行力。只有认为可强制执行，才能通过诉讼程序法配合实现实体法上的民事责任制度，这是其一。继续履行合同具有给付的内容，即使判决主文中没有直接写明当事人的义务，但结合经过判决确认的合同条款分析，一般能够判断出合同尚未履行的剩余内容，从而得出明确的执行标的，符合"执行标的明确"的要求，这是其二。此类判决履行的可行性与成本问题不能成为否定其执行力的理由。《合同法》规定了在合同不能或不适于继续履行时，不得作出继续履行的判决，审判人员完全可以严格执行这一规定，并且可基本防止不适于继续履行的案件进入执行程序。

由于存在以上不同观点，不同法院对于执行"继续履行合同"类判决的申请强制执行的案件也持不同的态度，有的法院受理执行申请，有的法院则不予受理此类判决的执行申请。

回到判决本案双方"继续履行合同"的执行问题，虽然本案判决解决了挂靠合同合法有效的问题，但张三、李四诉请"B城小区"项目的"经营权、处分权、收益权、使用权由张三、李四共同享有"，张三、李四诉请被告A公司以及第三人A公司b分公司将A公司b分公司负责人变更为张三，将A公司b分公司公章、财务章、合同章等交由张三管理，免费办理"B城小区"项目在开发建设、竣工验收、销售办证、银行按揭审批等开发过程中需要以A公司、A公司b分公司名义办理全部手续等问题实际上仍存在着发生争议和纠纷的隐患。如果在"继续履行合同"的过程中，负有义务的一方再次不主动或不自觉履行合同义务，执行法院是否会受理守约方的强制执行申请，是否需要守约方另行起诉，有待实践验证。

关于挂靠和合作开发房地产可否排斥案外人强制执行的问题，在合作开发房地产项目中，双方协议约定项目所有收益归实际出资一方所有，但土地使用权仍登记在另一方名义下的，实际出资的一方为土地使用权人的实际权利人，未出资的一方仅为名义权利人。该实际权利人有权要求排除名义权利人的债权人对包括土地使用权在内的项目的强制执行。《物权法》第16条规定："不动产登记簿是物权归属和内容的根据。"因此，在绝大多数情形下，登记的不动产物权人即为实际的权利人。即不动产登记簿的权利记载与权利的实际享有相一致。但现实中确实存在不动产登记簿记载的权利人与实际权利人不一致的情形。《最高人民法院关于适用〈中华人民共和国物权法〉若干问题的解释（一）》第2条规定："当事人有证据证明不动产登记簿的记载与真实权利状态不符、其为该不动产物权的真实权利人，请求确认其享有物权的，应予支持。"因此，只要当事人能够举证证明登记错误的事实，即可以要求确认其物权。

与执行程序中的执行异议不同，执行异议之诉程序是从实体上解决执行标的物权归属的程序，以确定案外人对执行标的是否享有排除强制执行的实体性权利为审理对象。因此，在执行异议之诉中，人民法院应当对案外人是否为实际物权人的问题进行审查。如经审查确认存在登记错误，案外人为实际物权人，则案外人即可要求排除强制执行。

陕西省高级人民法院（2013）陕民一终字第00127号民事判决、最高人民法院（2014）民申字第719号民事裁定均认定：虽然案涉土地使用权登记在功德公司名下，但在功德公司与熙园公司之间，该不动产权利登记证书作为物权凭证，仅具有权利推定效力，不能当然作为功德公司是该土地唯一权利人的认定依据。在《合作开发协议书》《备忘录》履行过程中，熙园公司实际支付了兼并费用、土地出让金、实际投资、实际控制项目建设，并实际占有案涉土地，故熙园公司对包括土地使用权在内的案涉项目享有物权。根据《最高人民法院关于适用〈中华人民共和国物权法〉若干问题的解释（一）》第2条之规定，可认定熙园公司系项目实际权利人。最高人民法院在（2017）最高法民申1904号厦门市卓富商贸有限公司、陕西兴庆熙园物业管理有限公司再审查与审判监督一案中认为，熙园公司是依据其相关物权对抗法院的强制执行行为，并非利用合同条款约束卓富公司，故不涉及合同相对性问题。

在以上案件中，根据熙园公司与功德公司签订的合作协议，包括土地使用权在内的项目所有收益已经约定归熙园公司所有，熙园公司为实际权利人。故三级法院在对案涉土地使用权归属作实质性审查的基础上，认定熙园公司有权排除强制执行。

关于实际权利人能否排除名义权利人的债权人对执行标的的强制执行的问题，实践中也存在一定的争议。2019年11月29日，《最高人民法院关于审理执行异议之诉案件适用法律问题的解释（一）》（向社会公开征求意见稿）第13条对隐名权利人（即实际权利人）提出执行异议之诉的处理作了规定。但该条给出了两种截然相反的方案：方案一为绝对不支持隐名权利人异议，方案二为有条件的支持隐名权利人异议。因此，值得关注。

案例 19

房地产公司涉刑事案件担保问题

■ 基本案情

2013年3月29日，被告张某因投资开发某县"滨江爱尔蓝"房产项目，向原告王某、李某借款30万元，签订《借款协议》一份，约定借期1年，每月利息7500元，按月付息，到期还本。为确保本息偿还，被告张某同意提供"滨江爱尔蓝"房产项目的两套店铺为抵押，如到期不能还款，则原告可以任意挑选另外两套住房，价格按"滨江爱尔蓝"房产项目开盘价的五折计算，被告张某以向原告的借款本息抵扣房款（如房款超过借款本息，原告补差价）。被告大鑫公司在该协议上盖章提供担保，但未约定担保方式和担保期限。借款后，被告张某支付利息至2014年5月29日。2013年5月21日、2013年8月8日，被告张某分别在2013年3月29日签订的《借款协议》上添加："2013年5月21日加贰拾万元整，金额合计伍拾万元整。月息25‰"，"2013年8月8日加本金伍拾万元整，共计本金壹佰万元整。月息25‰"。2013年5月21日增加借款本金20万元和2013年8月8日增加借款本金50万元的利息均支付至2014年5月29日。2014年3月29日，被告张某在《借款协议》上注明："此笔借款延期壹年至2015年3月29日。"2014年7月26日，被告张某向原告等债权人发送手机短信，明确表示："由于房地产大环境恶劣，本人资金已跟不上，无力还本付息……"根据被告张某"关于部分借款合同担保的情况说明"的内容证明以张某个人名义所借的王某、李某100万元，是用于"滨江爱尔蓝"房产项目建设，均由公司盖章担保，并征得公司法定代表孙某同意。2015年8月26日，被告张某因犯非法吸收公众存款罪被判刑，2015年9月8日该判决已生效。

王某、李某向一审法院起诉请求：1. 解除原、被告之间的借款合同关系；2. 判令被告张某立即偿还借款100万元及2014年6—7月利息5万元，及自起诉之日始至清偿完毕之日（按月利率25‰计算）的利息；3. 判令大鑫公司对本案借款及其利息承担连带清偿责任；4. 本案诉讼费用由被告承担。

■ 法院判决

一审法院认为，被告张某于2013年3月29日、5月21日、8月8日向原告王某、李某借款共计人民币 100 万元，签订了《借款协议》，但未按合同约定的期限支付利息，构成逾期违约，致使原告的合同目的不能实现，原告要求解除合同有事实依据和法律依据，应予支持，但目前被告的借款期限已届满，没有必要解除合同。双方约定按月利率 25‰ 计算利息，超出法律规定，对于超出部分，一审法院不予支持。被告大鑫公司提供了担保，但未约定担保方式，依法应按连带责任担保承担保证责任。被告大鑫公司以被告张某盗用公司公章为其个人借款在协议书上加盖公章为由，主张担保行为无效，担保合同不成立，但没有提供足够证据证实，且《公司法》第 16 条规定的"公司为公司股东或者实际控制人提供担保的，必须经股东会或者股东大会决议"约束的是公司本身的行为，对外并不具有约束力，故一审法院不予采纳。

综上所述，被告张某没有按约定偿还原告借款本息，被告大鑫公司也未履行担保责任，均违约，应承担本案的民事责任。原告要求被告张某偿还借款本息，被告大鑫公司承担连带担保责任的诉讼请求，有事实和法律依据，一审法院予以支持。一审法院依照《合同法》第 205 条、第 206 条、第 207 条，《担保法》第 19 条，《最高人民法院关于审理民间借贷案件适用法律若干问题的规定》第 13 条、第 14 条，《民事诉讼法》第 144 条之规定，作出判决如下：1. 由被告张某、陈某萍（大鑫公司股东，张某配偶）共同偿还原告王某、李某借款本金计人民币 1000000 元整；2. 被告张某、陈某萍共同支付原告王某、李某借款本金计人民币 1000000 元利息（自 2014 年 5 月 30 日起按月利率 20‰ 至借款还清之日止）；3. 被告大鑫公司承担本案连带清偿责任；4. 本案所涉执行内容，限被告在判决生效后二十日内履行完毕。如果未按本判决指定的期间履行给付金钱义务，应当依照《民事诉讼法》第 253 条之规定，加倍支付迟延履行期间的债务利息。案件受理费 7125 元，由被告张某、陈某萍负担。

大鑫公司不服一审判决，向中级人民法院提起上诉，请求：1. 撤销一审民事判决的第三项；2. 依法改判大鑫公司不承担任何责任；3. 本案一、二审诉讼费用由被上诉人承担。事实和理由：1. 张某非法吸收公众存款罪，本案借款合同无效，且被上诉人张某盗用公司公章为其个人非法集资在《借款协议》上盖章担保，主合同无效，担保合同也无效。2. 王某、李某存在重大过错。即便大鑫公司有过错，最多承担债务人不能清偿部分 1/2 以下或者 1/3 以下的赔偿责任。3. 2013 年 5 月 21 日、2013 年 8 月 8 日的两笔借款合计 70 万元，是在张某偷盖公章进行担保后的另行两笔借款，所以即便第一笔 30 万元借款担保有效，大鑫公司对此后发生的 70 万元借款也不应承担任何责任。4.《借款协议》约定以房抵债显失公平，因此《借款协议》为无效合同。

二审中，当事人没有提交新证据。

王某、李某辩称：1. 张某是大鑫公司的实际股东，本案借款大鑫公司知情且同意为此提供担保。2. 即便公章是张某偷盖，对外担保仍然有效，公司法约束的是内部责任。3. 答辩人对借款和担保只能进行形式审查，因此不存在过错。4. 本案30万元、20万元、50万元三笔借款均在同一《借款协议》中，均用于大鑫公司经营周转，借款性质是一致的，因此大鑫公司对三笔借款均应承担担保责任。5. 借款合同中关于以房抵债的约定无效并不当然导致借款合同无效。6. 张某借款时明确表示借款用于大鑫公司房地产开发并由公司进行担保。张某还在一审中出具了情况说明予以证明。7. 根据相关法律规定本案借款合同合法有效。综上，一审判决认定事实清楚，适用法律正确，应予维持。

张某、陈某萍未作答辩。

经二审审理查明，张某、陈某萍于1991年1月1日在兴国××乡人民政府登记结婚，系夫妻关系。2011年4月18日，陈某萍与孙某、王某利、王某松四人共同出资设立大鑫公司，开发"滨江爱尔蓝"房产项目，公司法定代表人为孙某。2013年3月29日，张某向王某、李某借款30万元并签订《借款协议》一份，大鑫公司在该协议担保方处加盖公章。之后张某又分别在2013年5月21日、2013年8月8日向王某、李某借款20万元、50万元，这两笔借款情况由张某在前份《借款协议》上一一载明，但未加盖大鑫公司公章。2014年8月4日，张某书写了一份"情况说明"，该说明表示在没有公司股东会决议和法人代表授权的情况下，其在《借款协议》上加盖公司公章属个人行为。2014年8月25日，张某又书写了一份"关于部分借款合同担保的情况说明"，其在情况说明中表明以其个人名义所借的王某、李某100万元，是用于"滨江爱尔蓝"房产项目建设，均由公司盖章担保，并征得公司法定代表孙某同意。本案二审查明的其他事实与原判认定的相符。

二审法院认为，王某、李某诉称张某向其借款100万元并提供了相应的《借款协议》和转账凭证，应予确认。债务应当清偿，张某作为借款人对上述借款本息承担清偿责任。因本案借款发生在张某、陈某萍婚姻关系存续期间，且没有证据证明该借款不属于夫妻共同债务，所以陈某萍应对本案借款承担共同还款责任。

大鑫公司上诉称因张某被认定犯非法吸收公众存款罪，故本案借款合同无效，担保内容自然无效，大鑫公司依法不承担连带担保责任。法院认为，根据《最高人民法院关于审理民间借贷案件适用法律若干问题的规定》（2015年）第13、第14条的规定，"借款人或者出借人的借贷行为涉嫌犯罪，或者已经生效的判决认定构成犯罪，当事人提起民事诉讼的，民间借贷合同并不当然无效。人民法院应当根据合同法第五十二条、本规定第十四条之规定，认定民间借贷合同的效力。担保人以借款人或者出借人的借贷行为涉嫌犯罪或者已经生效的判决构成犯罪为由，主张不承担民事责任的，人民法院应当依据民间借贷合同与担保合同的效力、当事人的过错程度，依法确定担保人的民事责任"，"具有下列情形之一，人民法院应当认定民间借贷合同无效：（一）套取金融机构信贷资金又高利转贷给借款人，且借款人事先知道或者应当知道的；（二）以向其他企业借贷或者向本单位职工集资取得的资金又转贷给借款人牟利，且借款人事先知道或者应当知道的；（三）出借人事先知道或者应当知道借款人借款用于违法犯罪活动仍然提供借款的；（四）违背社会公序良俗的；（五）其他违反法律、行政法规效力性强制性规定的"，在本案中，王某、李某与张某自愿订立借款合同，没有违反《合同法》第 52 条以及上述规定第 14 条的相关情形，合法有效。因此大鑫公司认为本案借款合同无效的上诉理由不能成立。同时大鑫公司认为系张某盗用公司公章在借款合同上进行加盖从而为 30 万元借款承担连带担保责任，但没有提供有效的证据予以证实，且张某系大鑫公司股东陈某萍丈夫，并实际参与公司的经营活动，王某、李某作为第三人有理由相信加盖公章是大鑫公司的真实意思表示。而《公司法》所规定的公司为股东或实际控制人提供担保需经股东会决议通过的要求属于公司的内部管理问题，不能以此对抗善意第三人。因此在本案中大鑫公司为王某、李某与张某的借款合同提供担保的内容是合法有效的。

至于大鑫公司提出的因借款合同中部分约定违反法律规定故借款合同应认定无效的上诉理由，二审法院认为，根据法律规定合同的部分约定违反法律规定并不当然导致合同无效，而且王某、李某也并未就"以房抵债"一事提出诉讼请求，所以对大鑫公司的该项上诉理由本院也不予支持。

对于大鑫公司提出的其对后两笔合计 70 万元的借款不承担连带保证责任的上诉理由，二审法院认为，根据审理查明的事实，大鑫公司在《借款协议》上加盖公章作担保是在 2013 年 3 月 29 日第一笔 30 万元的借款发生之时，故大鑫公司应对该笔 30 万元借款承担连带担保责任。而对后两笔合计 70 万元的借款，现有证据不能反映大鑫公司以明示的方式作出了其为借款提供担保的意思表示，因此大鑫公司对本案 2013 年 5 月 21 日及 2013 年 8 月 8 日发生的合计 70 万元的借款不应承担连带担保责任。因此，二审法院对大鑫公司的该项上诉理由予以支持。原审法院判决大鑫公司为 70 万元借款承担连带清偿责任不当，依法应予改判。另外根据《担保法》第 31 条及《最高人民法院关于适用〈中华人民共和国担保法〉若干问题的解释》第 42 条的规定，大鑫公司承担担保责任后，有权依照法律规定向张某、陈某萍追偿，人民法院对此应当在判决主文中予以明确。一审法院遗漏该判项，二审予以补正。

综上所述，大鑫公司的上诉请求部分成立。据此，依照《担保法》第 31 条、

《最高人民法院关于适用〈中华人民共和国担保法〉若干问题的解释》第 42 条、《民事诉讼法》第 170 条第 1 款第（二）项之规定，判决如下：维持一审民事判决第一、第二、第四项；变更一审民事判决第三项为上诉人某县大鑫房地产开发有限责任公司对本案 2013 年 3 月 29 日发生的 30 万元借款本息承担连带清偿责任。其承担担保证责任后有权向被上诉人张某、陈某萍追偿。

大鑫公司申请再审称，原审判决适用法律确有错误。事实与理由：1. 本案系张某以欺骗形式在未征得其他股东同意及不知情的情况下，盗用公司公章为其个人借款在协议上加盖担保，其个人涉嫌犯罪不应由公司承担责任。2. 大鑫公司在原一、二审提交的证明、公司章程、公司会计何某英的证明、张某的情况说明和银行流水，均可以证明张某在借款合同上加盖公司印章做担保属于其个人行为，且其行为已被法院判决构成犯罪，借款主合同无效，担保合同也应认定无效。3. 张某盗用大鑫公司公章，以大鑫公司名义为其个人借款担保，属无权代理，应由其个人承担。4.《公司法》第 16 条规定，公司为公司股东或者实际控制人提供担保的，必须经股东会或者股东大会决议，同时根据《最高人民法院关于适用〈中华人民共和国担保法〉若干问题的解释》第 4 条规定，董事、经理违反公司法规定，以公司资产为本公司的股东或其他个人提供担保的，担保合同无效。张某提供担保前，没有告知更没有征得其他股东同意，应属担保无效。5. 大鑫公司作为有限责任公司至少有两个以上股东，王某、李某应当知晓，张某向其借款并以大鑫公司名义进行担保，而张某不是公司法定代表人亦非公司登记股东，王某、李某按情理应当向其他真正股东询问，并要求其他股东同意提供担保的书面依据，但其没有对此进行合理审查，依法对张某不能清偿部分负有完全过错。据此，依据《民事诉讼法》第 200 条第（六）项申请再审。

王某、李某辩称：1. 张某虽被判处非法吸收公众存款罪，但案涉借款合同系张某、王某、李某的真实意思表示，且未违反《合同法》第 52 条、《最高人民法院关于审理民间借贷案件适用法律若干问题的规定》第 13 条、第 14 条之规定，应认定合法有效。2. 张某是大鑫公司股东陈某萍的配偶，且实际参与公司的经营管理，大鑫公司及其法定代表人孙某对此明确表示认可，故王某、李某作为善意第三人有理由相信大鑫公司在《借款协议》"担保方"处盖章是其真实意思表示，并不存在任何过错。3. 大鑫公司章程并未约定公司对外担保须经股东会决议，且《公司法》第 16 条之规定属于公司内部管理问题，不能以此对抗善意第三人。4. 大鑫公司主张是张某盗用公司公章为其个人借款在协议上加盖担保，但其在一、二审中均未提供任何证据予以证明，故一、二审法院均未采纳大鑫公司的这一主张合理合法。

再审法院经审查认为，本案的争议焦点为：1. 案涉借款与担保合同是否因张某的行为构成非法吸收公众存款罪而必然无效；2. 张某在案涉《借款协议》上加盖大鑫公司印章，是否是采用欺骗形式盗用公司公章为其个人借款提供担保，属于无权代理；3. 大鑫公司的担保行为是否因违反《公司法》第 16 条和《最高人民法院关于适用〈中华人民共和国担保法〉若干问题的解释》第 4 条规定而无效；4. 王某、李某是否未尽合理审查义务。

  1. 关于案涉借款与担保合同是否因张某的行为构成非法吸收公众存款罪而必然无效的问题。《最高人民法院关于审理民间借贷案件适用法律若干问题的规定》第 13 条规定："借款人或者出借人的借贷行为涉嫌犯罪，或者已经生效的判决认定构成犯罪，当事人提起民事诉讼的，民间借贷合同并不当然无效。人民法院应当根据合同法第五十二条、本规定第十四条之规定，认定民间借贷合同的效力。担保人以借款人或者出借人的借贷行为涉嫌犯罪或者已经生效的判决认定构成犯罪为由，主张不承担民事责任的，人民法院应当依据民间借贷合同与担保合同的效力、当事人的过错程度，依法确定担保人的民事责任。"第 14 条规定："具有下列情形之一，人民法院应当认定民间借贷合同无效：（一）套取金融机构信贷资金又高利转贷给借款人，且借款人事先知道或者应当知道的；（二）以向其他企业借贷或者向本单位职工集资取得的资金又转贷给借款人牟利，且借款人事先知道或者应当知道的；（三）出借人事先知道或者应当知道借款人借款用于违法犯罪活动仍然提供借款的；（四）违背社会公序良俗的；（五）其他违反法律、行政法规效力性强制性规定的。"根据上述规定可知，案涉借款与担保合同并不因张某的行为构成非法吸收公众存款罪而必然无效。二审法院以案涉借款合同没有违反上述规定的相关情形，认定其合法有效，并无不当。

  2. 关于张某在案涉《借款协议》上加盖大鑫公司印章，是否是采用欺骗形式盗用公司公章为其个人借款提供担保，属于无权代理的问题。经查，在本案二审庭审中，审判人员询问大鑫公司《借款协议》上的公章是否真实。大鑫公司陈述称："据公司法定代表人孙某说，公章可能是公司的，但是不知道如何盖上的。"大鑫公司对其主张的张某采用欺骗形式盗用公司公章，并未提供充分证据予以证明。在本案二审庭审中，大鑫公司另陈述称其公司只做了"滨江爱尔蓝"一个项目。大鑫公司的代理人在二审提交的代理词中称，"张某是实际的股东"。而根据案涉《借款协议》，张某向王某、李某借款的原因是投资开发某县"滨江爱尔蓝"房产项目。在此基础上，二审法院认为张某系大鑫公司股东陈某萍丈夫，并实际参与公司的经营活动，王某、李某作为第三人有理由相信加盖公章是大鑫公司的真实意思表示，并无不当。

  3. 关于大鑫公司的担保行为是否因违反《公司法》第 16 条和《最高人民法院

关于适用〈中华人民共和国担保法〉若干问题的解释》第 4 条规定而无效的问题。关于合同效力，《合同法》第 52 条规定："有下列情形之一的，合同无效：……（五）违反法律、行政法规的强制性规定。"对于其中的"强制性规定"，《最高人民法院关于适用〈中华人民共和国合同法〉若干问题的解释（二）》第 14 条规定："合同法第五十二条第（五）项规定的'强制性规定'，是指效力性强制性规定。"因此，法律及相关司法解释均已明确将违反法律或行政法规中效力性强制性规范作为合同效力的认定标准之一。《公司法》第 1 条规定："为了规范公司的组织和行为，保护公司、股东和债权人的合法权益，维护社会经济秩序，促进社会主义市场经济的发展，制定本法。"第 16 条第 2 款规定："公司为公司股东或者实际控制人提供担保的，必须经股东会或者股东大会决议。"将上述规定结合起来理解，应认为其立法本意在于限制公司主体行为，防止公司的实际控制人或者高级管理人员损害公司、小股东或其他债权人的利益，故其实质是内部控制程序，不能以此约束交易相对人。故此上述规定宜理解为管理性强制性规范。违反该规范的，原则上不宜认定合同无效。因此，二审法院认为《公司法》所规定的公司为股东或实际控制人提供担保须经股东会决议通过的要求属于公司的内部管理问题，不能以此对抗善意第三人，并无不当。《最高人民法院关于适用〈中华人民共和国担保法〉若干问题的解释》第 4 条规定："董事、经理违反《中华人民共和国公司法》第六十条的规定，以公司资产为本公司的股东或者其他个人债务提供担保的，担保合同无效。除债权人知道或者应当知道的外，债务人、担保人应当对债权人的损失承担连带赔偿责任。"对于张某的身份，大鑫公司二审庭审时陈述称，张某是其公司项目办事员，没有委派其他身份。由此可知，张某并非大鑫公司的董事或经理，《最高人民法院关于适用〈中华人民共和国担保法〉若干问题的解释》第 4 条规定并不适用于本案。

4. 关于王某、李某是否未尽合理审查义务的问题。本案中，张某是大鑫公司股东陈某萍的丈夫，并实际参与了大鑫公司的经营活动，大鑫公司只做了"滨江爱尔蓝"一个项目，而根据案涉《借款协议》，张某向王某、李某借款的原因是投资开发某县"滨江爱尔蓝"房产项目，作为合同相对人，王某、李某有理由相信提供担保系大鑫公司的真实意思表示。故大鑫公司的该主张不能成立。

综上，再审法院认为大鑫公司的再审申请不符合《民事诉讼法》第 200 条第（六）项之规定。依照《民事诉讼法》第 204 条第 1 款，《最高人民法院关于适用〈中华人民共和国民事诉讼法〉的解释》第 395 条第 2 款规定，裁定驳回大鑫公司的再审申请。

法律分析

对于本案，再审法院归纳出了以下四个争议焦点：1. 案涉借款与担保合同是否因张某的行为构成非法吸收公众存款罪而必然无效；2. 张某在案涉《借款协议》上加盖大鑫公司印章，是否是采用欺骗形式盗用公司公章为其个人借款提供担保，属于无权代理；3. 大鑫公司的担保行为是否因违反《公司法》第16条和《最高人民法院关于适用〈中华人民共和国担保法〉若干问题的解释》第4条规定而无效；4. 王某、李某是否未尽合理审查义务。

再审法院归纳的本案四个争议焦点非常正确，笔者完全赞同。由于三级法院对于第三个焦点均有比较充分的分析和说理，在此不再赘述。第二个和第四个焦点，实际上就是关于是否构成表见代理的问题。所以，以上四个争议焦点可以浓缩成两个核心焦点，即刑民交叉或重叠时民事行为的法律效力问题、表见代理问题。

首先，关于案涉借款与担保合同是否因张某的行为构成非法吸收公众存款罪而必然无效的问题。本案中，一审、二审和再审法院均适用了《最高人民法院关于审理民间借贷案件适用法律若干问题的规定》第13条有关于"借款人或者出借人的借贷行为涉嫌犯罪，或者已经生效的判决认定构成犯罪，当事人提起民事诉讼的，民间借贷合同并不当然无效。人民法院应当根据合同法第五十二条、本规定第十四条之规定，认定民间借贷合同的效力。担保人以借款人或者出借人的借贷行为涉嫌犯罪或者已经生效的判决认定构成犯罪为由，主张不承担民事责任的，人民法院应当依据民间借贷合同与担保合同的效力、当事人的过错程度，依法确定担保人的民事责任"和第14条关于"具有下列情形之一，人民法院应当认定民间借贷合同无效：（一）套取金融机构信贷资金又高利转贷给借款人，且借款人事先知道或者应当知道的；（二）以向其他企业借贷或者向本单位职工集资取得的资金又转贷给借款人牟利，且借款人事先知道或者应当知道的；（三）出借人事先知道或者应当知道借款人借款用于违法犯罪活动仍然提供借款的；（四）违背社会公序良俗的；（五）其他违反法律、行政法规效力性强制性规定的"的相关规定，认定案涉借款与担保合同并不因张某的行为构成非法吸收公众存款罪而必然无效。而且再审法院强调，二审法院以案涉借款合同没有违反上述规定的相关情形，认定其合法有效，并无不当。笔者认为，一审、二审和再审法院对该项事实和适用法律是正确的，因此，该项判决也是正确的。

其次，关于再审法院归纳的第二个和第四个焦点，实际上就是关于表见代理的两个方面：即张某在案涉《借款协议》上加盖大鑫公司印章，是否是采用欺骗形式盗用公司公章为其个人借款提供担保，是否属于无权代理；王某、李某是否未尽合理审查义务。

关于表见代理,我国《民法通则》没有作出明确规定。自 1998 年 4 月 29 日起施行的《最高院关于在审理经济纠纷案件中涉及经济犯罪嫌疑若干问题的规定》第 4 条至第 6 条,涉及了表见代理及法律责任的承担问题。我国《合同法》第 49 条首先规定了表见代理,该条规定:"行为人没有代理权、超越代理权或者代理权终止后以被代理人名义订立合同,相对人有理由相信行为人有代理权的,该代理行为有效。"从该条的规定来理解,所谓"表见代理",是行为人没有代理权、超越代理权或者代理权终止后签订了合同,如果相对人有理由相信其有代理权,那么相对人就可以向本人主张该合同的效力,要求本人承担合同中所规定的义务,受合同的约束。该条目的是保护合同相对人的利益,并维护交易安全,依诚实信用原则使怠于履行其注意义务的本人直接承受行为人没有代理权、超越代理权或者代理权终止后仍为代理行为而签订的合同的责任。

从以上规定可以看出,构成表见代理合同要满足以下条件:(1) 行为人并没有获得本人的授权就与第三人签订了合同,包括没有代理权、超越代理权或者代理权终止这三种情形。(2) 合同的相对人在主观上必须是善意的、无过失的。所谓善意,是指相对人不知道或者不应当知道行为人实际上无权代理。所谓无过失,是指相对人的这种不知道不是因为其大意造成的。如果相对人明知或者理应知道行为人没有代理权、超越代理权或者代理权已终止,而仍与其签订合同,那么就不构成表见代理,合同相对人也就不能受到保护。《物权法》第 106 条第 1 款规定:"无处分权人将不动产或者动产转让给受让人的,所有权人有权追回;除法律另有规定外,符合下列情形的,受让人取得该不动产或者动产的所有权:(一)受让人受让该不动产或者动产时是善意的;(二)以合理的价格转让;(三)转让的不动产或者动产依照法律规定应当登记的已经登记,不需要登记的已经交付给受让人。"第 2 款规定:"受让人依照前款规定取得不动产或者动产的所有权的,原所有权人有权向无处分权人请求赔偿损失。"第 3 款规定:"当事人善意取得其他物权的,参照前两款规定。"这一规定虽然是侧重善意取得制度,但实际上也是为了实现与表见代理相同的制度目的。《民法总则》第 172 条规定:"行为人没有代理权、超越代理权或者代理权终止后,仍然实施代理行为,相对人有理由相信行为人有代理权的,代理行为有效。"根据该条的规定,表见代理适用的前提是行为人无权代理,即行为人没有代理权、超越代理权或者代理权终止。可见,表见代理产生的原因在于行为人无权代理却仍实施代理行为。因此,认定表见代理是否成立,首先应判断行为人属于哪一类型的无权代理。如果行为人本身具有代理权,相对人可直接向被代理人主张有权代理,此时并不适用表见代理。《民法典》第一编第七章"代理"对于违法代理、职务代理、无权代理和表见代理等，作了明确的定论性规定。

从理论上说，表见代理争议常见的情形是：（1）没有代理权而实施代理行为，即行为人实际上并没有取得被代理人的委托授权，但为了让相对人产生合理信赖，往往通过私刻公章或印章、伪造合同或授权委托书等方式制造有权代理的表象，以被代理人的名义实施代理行为；或者假冒被代理人名义实施代理行为，甚至构成刑事上的诈骗。（2）超越代理权而实施代理行为，即在被代理人对代理人有明确授权的情况下，代理人在实施代理行为的过程中超越了授权范围和权限；或者代理人实施的代理行为超出了概括授权通常理解的范围；或者代理人持有被代理人的空白授权委托书，并在实施代理行为的过程中根据实际需要填写授权范围，但被代理人对该代理行为不予追认。（3）代理权终止后仍实施代理行为，即行为人原先所取得的代理权已经终止或者行为人与被代理人之间特定的职务关系已经终止，但代理人仍以被代理人的名义对外实施代理行为，导致相对人认为代理人仍享有代理权而产生纠纷。

需要注意的是，《民法通则》第66条第1款规定，本人知道他人以本人名义实施民事法律行为而不作否认表示的，视为同意；《合同法》第48条第2款规定，被代理人未作表示的，视为拒绝追认。《民法总则》第171条规定，相对人催告后，被代理人未作表示的，视为拒绝追认。可见，《民法总则》吸纳了《合同法》的内容，对《民法通则》的内容作了重大修改，不再将被代理人的"沉默"推定为追认。而《民法典》总结了以上经验，严格规定了追认或者视作拒绝追认的各种情形。

就本案而言，张某是大鑫公司股东陈某萍的配偶，且实际参与公司的经营管理，大鑫公司及其法定代表人孙某对此明确表示认可，故王某、李某作为交易第三人有理由相信大鑫公司在《借款协议》"担保方"处盖章是其真实意思表示，张某的行为构成表见代理。大鑫公司虽然主张是张某盗用公司公章为其个人借款在协议上加盖担保，但在一、二审中均未提供任何证据予以证明，故一、二审和再审法院均未采纳大鑫公司的这一主张，具有合理性并且合法。

最后，关于王某、李某是否尽合理审查义务，是否属于善意第三人的问题。本案中，张某是大鑫公司股东陈某萍的丈夫，并实际参与了大鑫公司的经营活动，大鑫公司只做了"滨江爱尔蓝"一个项目，而根据案涉《借款协议》，张某向王某、李某借款的原因是投资开发某县"滨江爱尔蓝"房产项目，作为合同相对人，王某、李某有理由相信提供担保系大鑫公司的真实意思表示，没有证据证明其存在欺诈、胁迫、恶意串通、以合法形式掩盖非法目的、损害社会公共利益、违反法律和行政法规的效力性强制性规定等过错行为。同时也没有证据证明王某、李某未尽合理审查义务。因此，对于王某、李某，应当被认定为善意的第三方交易人。

需要特别说明的是，本案例发生在《民法典》生效之前，按法不溯及既往的基本原则，之前的民事行为适用当时的法律法规。当然，如果民事行为发生在我国《民法典》之前，而诉讼发生在《民法典》生效之后，则按《最高人民法院关于适用〈中华人民共和国民法典〉时间效力的若干规定》（法释〔2020〕15号）的规定执行。

第四编

155—202

房地产工程承包

案例20

建设工程施工合同的文件构成

■ 基本案情

A 公司于 2013 年 10 月通过投标代理，举行建设工程施工的投标，B 公司中标，双方的一系列文件约定了具体工期。但对于工期是属于日历天还是工作天，冬季确定的不能施工是否为不可抗力，双方产生纠纷。

（一）关于工期的争议

1. B 公司的投标文件（包括《投标函》）明确，一期工程的开工、竣工日期分别为 2013 年 10 月 15 日、2015 年 10 月 30 日，工期计 745 日历天。

编号 2013-231《中标通知书》明确一期工程的开工、竣工日期分别为 2013 年 10 月 15 日、2015 年 10 月 30 日。

《建设工程施工合同》明确约定一期计划开工日期为 2013 年 10 月 15 日，计划竣工日期为 2015 年 10 月 30 日。

编号 20131025043-A 建筑工程施工许可证批准的开工日期为 2013 年 10 月 15 日，竣工日期为 2015 年 10 月 30 日。

2. B 公司的投标文件（包括《投标函》）明确，二期工程的开、竣工日期为 2013 年 10 月 23 日至 2015 年 10 月 30 日，计 737 日历天。

编号 2013-241《中标通知书》明确二期工程的开、竣工日期为 2013 年 10 月 23 日至 2015 年 10 月 30 日，计 737 日历天。

《建设工程施工合同》明确约定二期计划开工日期为 2013 年 10 月 23 日，计划竣工日期为 2015 年 10 月 30 日。

编号 20131025043-B 建筑工程施工许可证批准的开工日期为 2013 年 10 月 23 日，竣工日期为 2015 年 10 月 30 日。

3. A 公司与 B 公司签订的两份《建设工程施工合同》分别约定工期为 745 和 737 天。B 公司需要在 2015 年 10 月 30 日前同时将竣工验收合格的一期和二期工程交付给 A 公司，但 B 公司直到 2016 年 9 月 30 日才将 1 号和 4 号住宅楼交付给 A 公司使用（由于与购房人签订了购房合同，必须交付使用，否则将引起群体事件），该日期明显超出了约定的工期 335 天。而 2 号楼酒店和 3 号楼公寓至今未交付使用,且未经验收合格。

因此,在施工工期方面,B公司事实上已严重违约。

(二) 冬季确定的不能施工是否为"不可抗力"

1. B公司的投标书自行确定了施工的开工、竣工时间,B公司作为一家正规、有资质且有着多年在北方施工经验的建筑工程承包企业,没有理由不能预见冬季不能施工,其主张冬季不能施工为不可抗力事件是不符合事实和常理的,同时也是不符合逻辑的。

而实际上,B公司的施工日历天、《分部工程施工进度计划表》已将冬季不能施工的日期进行了扣除。因而,冬季确定的不能施工,不能视为不可抗力。

2.《建筑工程冬期施工规程》(JGJ 104—2011)规定,根据当地多年气象资料统计,当室外日平均气温连续5天稳定低于5℃即进入冬期施工;当室外日平均气温连续5天稳定高于5℃时解除冬期施工。

B公司投标时,制定了一、二期工程的《分部工程施工进度计划表》,气温5℃以下(每年的11月中旬至次年的5月中旬)的日期没有施工计划和施工安排,证明B公司完全预见了严冬不能施工。施工的日历天也将冬季不能施工的日期进行了扣除。

2013年10月25日,B公司自行制定了《冬季施工专项方案报审表》,附件为一份详细的《冬季施工专项方案》,并报A公司核准,证明冬季气温在5℃以上可以施工,并且B公司也作了充分的研判和准备,是有对策的,不是不可预见、不能避免和不能克服的。

3. "不可抗力事件"是指不可预见、不可避免并不能克服的客观情况。B公司投标文件是要约,《中标通知书》是承诺,双方签订并在建设行政主管部门备案的《建设工程施工合同》、建设工程施工许可证等,反复要求2015年10月30日完工。

根据《建设工程施工合同》第6条"合同文件构成"的约定,投标文件及附件、《中标通知书》、《建设工程施工合同》等均为合同的组成部分,约定的工期均为日历天。

4. 一期和二期工程合同约定工期分别为745天和737天。B公司需要在2015年10月30日前同时将竣工验收合格的一期和二期工程交付给A公司,但B公司直到2016年9月30日才将1号和4号住宅楼交付给A公司使用,该日期比施工合同约定的工期明显超出了335天。而2号楼酒店和3号楼公寓至今未交付使用,也未经验收合格。

5. 关于工程接收和使用问题。本项目的一期工程施工时间为745日历天,二期工程施工时间为737日历天,因B公司的严重违约行为,导致A公司对购房人违约并延迟交房。A 公司唯一的救济途径就是提前收楼并交付给购房人使用，这一严重后果是 B 公司造成的，B 公司应当对此承担全部延期交付工程的违约责任。

▇▇ **法院判决**

法院没有综合考虑投标人的投标文件、《中标通知书》、《建设工程施工合同》、《施工计划书》、《分部工程施工进度计划表》、建设工程规划许可证、建设工程施工许可证、进场确认书，也没有考虑发包方和监理工程师的《签证单》、《会议纪要》、《设计变更通知书》、工程竣工验收文件等构成的合同的组成部分，判决认定"冬季确定的不能施工为不可抗力事件"。

▇▇ **法律分析**

笔者认为法院的认定和判决是错误的，因为本案中，招标和投标属于要约邀请、要约和承诺的合同过程。

（一）关于要约邀请和要约

《合同法》第 13 条规定："当事人订立合同，采取要约、承诺方式。"第 14 条规定："要约是希望和他人订立合同的意思表示，该意思表示应当符合下列规定：（一）内容具体确定；（二）表明经受要约人承诺，要约人即受该意思表示约束。"第 15 条规定："要约邀请是希望他人向自己发出要约的意思表示。寄送的价目表、拍卖公告、招标公告、招股说明书、商业广告等为要约邀请。商业广告的内容符合要约规定的，视为要约。"

要约邀请和要约具有以下特点：

1. 要约邀请又称为"要约引诱"，是指一方邀请对方向自己发出要约，是当事人希望对方主动向自己提出订立合同的意思表示。要约邀请是当事人订立合同的预备行为，只是引诱他人发出要约，不能因相对人的承诺而成立合同。而要约，是由一方发出订立合同的意思表示，是一方当事人以缔结合同为目的，向对方当事人提出合同条件，希望对方当事人接受的意思表示。发出要约的一方称要约人，接受要约的一方称受要约人，并且，要约是当事人自己主动愿意订立合同的意思表示，以订立合同为直接目的。

2. 要约邀请不含有当事人愿意承受拘束的意旨，不具有法律上的约束力。而要约是当事人旨在订立合同的意思表示，含有要约人愿意接受要约拘束的意旨，必须包括将来可能订立的合同的主要内容。

3. 要约邀请一般不必具备足以使合同成立的必要条款。要约在内容上应具备愿与他人订立合同的必要条款。

4. 要约邀请一般针对不特定的相对人的，往往需要利用电视、报刊等媒介手段发出。要约大多数是针对特定的相对人的，故要约往往采用对话、信函等方式和手段进行。

5. 发出要约邀请以后，要约邀请人可以撤回其邀请，只要没给善意相对人造成信赖利益的损失，要约邀请人一般不承担责任。《合同法》第16条规定："要约到达受要约人时生效。采用数据电文形式订立合同，收件人指定特定系统接收数据电文的，该数据电文进入该特定系统的时间，视为到达时间；未指定特定系统的，该数据电文进入收件人的任何系统的首次时间，视为到达时间。"

6. 《合同法》第17条规定："要约可以撤回。撤回要约的通知应当在要约到达受要约人之前或者与要约同时到达受要约人。"

7. 《合同法》第18条规定："要约可以撤销。撤销要约的通知应当在受要约人发出承诺通知之前到达受要约人。"《合同法》第19条规定："有下列情形之一的，要约不得撤销：（一）要约人确定了承诺期限或者以其他形式明示要约不可撤销；（二）受要约人有理由认为要约是不可撤销的，并已经为履行合同作了准备工作。"

8. 《合同法》第20条规定："有下列情形之一的，要约失效：（一）拒绝要约的通知到达要约人；（二）要约人依法撤销要约；（三）承诺期限届满，受要约人未作出承诺；（四）受要约人对要约的内容作出实质性变更。"

（二）关于承诺

《合同法》第21条规定："承诺是受要约人同意要约的意思表示。"第22条规定："承诺应当以通知的方式作出，但根据交易习惯或者要约表明可以通过行为作出承诺的除外。"第23条规定："承诺应当在要约确定的期限内到达要约人。要约没有确定承诺期限的，承诺应当依照下列规定到达：（一）要约以对话方式作出的，应当即时作出承诺，但当事人另有约定的除外；（二）要约以非对话方式作出的，承诺应当在合理期限内到达。"第24条规定："要约以信件或者电报作出的，承诺期限自信件载明的日期或者电报交发之日开始计算。信件未载明日期的，自投寄该信件的邮戳日期开始计算。要约以电话、传真等快速通讯方式作出的，承诺期限自要约到达受要约人时开始计算。"

第25条规定："承诺生效时合同成立。"第26条规定："承诺通知到达要约人时生效。承诺不需要通知的，根据交易习惯或者要约的要求作出承诺的行为时生效。采用数据电文形式订立合同的，承诺到达的时间适用本法第十六条第二款的规定。"

第27条规定："承诺可以撤回。撤回承诺的通知应当在承诺通知到达要约人之前或者与承诺通知同时到达要约人。"

第 28 条规定："受要约人超过承诺期限发出承诺的，除要约人及时通知受要约人该承诺有效的以外，为新要约。"第 29 条规定："受要约人在承诺期限内发出承诺，按照通常情形能够及时到达要约人，但因其他原因承诺到达要约人时超过承诺期限的，除要约人及时通知受要约人因承诺超过期限不接受该承诺的以外，该承诺有效。"第 30 条规定："承诺的内容应当与要约的内容一致。受要约人对要约的内容作出实质性变更的，为新要约。有关合同标的、数量、质量、价款或者报酬、履行期限、履行地点和方式、违约责任和解决争议方法等的变更，是对要约内容的实质性变更。"第 31 条规定："承诺对要约的内容作出非实质性变更的，除要约人及时表示反对或者要约表明承诺不得对要约的内容作出任何变更的以外，该承诺有效，合同的内容以承诺的内容为准。"

第 32 条规定："当事人采用合同书形式订立合同的，自双方当事人签字或者盖章时合同成立。"第 33 条规定："当事人采用信件、数据电文等形式订立合同的，可以在合同成立之前要求签订确认书。签订确认书时合同成立。"第 34 条规定："承诺生效的地点为合同成立的地点。采用数据电文形式订立合同的，收件人的主营业地为合同成立的地点；没有主营业地的，其经常居住地为合同成立的地点。当事人另有约定的，按照其约定。"

第 35 条规定："当事人采用合同书形式订立合同的，双方当事人签字或者盖章的地点为合同成立的地点。"第 36 条规定："法律、行政法规规定或者当事人约定采用书面形式订立合同，当事人未采用书面形式但一方已经履行主要义务，对方接受的，该合同成立。"第 37 条规定："采用合同书形式订立合同，在签字或者盖章之前，当事人一方已经履行主要义务，对方接受的，该合同成立。"

（三）建设工程施工合同的组成文件

按我国《合同法》的相关规定，《工程招标书》、合同文本及其他文件，属于要约邀请。投标人的投标文件（包括《投标函》），以及其他相关的法律文件，属于要约。《中标通知书》属于承诺，《中标通知书》到达要约人时生效，承诺生效时合同成立。

一般而言，《建设工程施工合同》通用条款中，有专门条款约定协议书与下列文件一起构成合同文件：《中标通知书》、《投标函》及其附件、《专用合同条款》及其附件、《通用合同条款》、技术标准和要求、图纸、已标价工程量清单或预算书、其他合同文件等。同时会约定，在合同订立及履行过程中形成的与合同有关的文件均构成合同组成部分。

因此，投标人的投标文件、《中标通知书》、《建设工程施工合同》、《施工计划书》、《分部工程施工进度计划表》、建设工程规划许可证、建设工程施工许可证、进场确认书、发包方和监理工程师的《签证单》、《会议纪要》、《设计变更通知书》、工程竣工验收文件等，均为合同的组成部分。

就本案而言，考察建设工程施工工期以及冬季不能施工是否为不可抗力，应当综合投标文件、《中标通知书》、《建设工程施工合同》、《施工计划书》、《分部工程施工进度计划表》以及其他相关文件和规定进行判断。

需要特别强调的是，双方没有就工期延期达成任何补充协议，即使存在补充约定，也属于对中标和备案合同的实质性变更，根据自2005年1月1日起施行的《最高人民法院关于审理建设工程施工合同纠纷案件适用法律问题的解释》第21条关于"当事人就同一建设工程另行订立的建设工程施工合同与经过备案的中标合同实质性内容不一致的，应当以备案的中标合同作为结算工程价款的根据"的规定，也应当认定无效。

所以，笔者认为，本案中一审法院和二审法院都认为"冬季确定的不能施工"为不可预见的不可抗力事件，是严重错误的。

关于要约和承诺，我国自2021年1月1日起施行的《民法典》第471条至第489条有更详细的规定，但基本原则没有过大变化，此处不再赘述。

案例21

世界上最完备的《菲迪克（FIDIC）条款》也有漏洞

▍基本案情

（一）关于保险合同法律关系的争议

北方某大型建设项目扩建工程，总项目工程中又分若干专业分包工程。2007年，在该项目扩建工程和各专业分包工程有序进行的过程中，该地区遭遇强暴雨及洪涝灾害，导致承包商预先采购并存放在已建设好的隧道中的材料和设备受到浸泡而变形，大部分无法继续使用，必须重新采购全新材料设备。而要重新采购全新产品，势必重新支付货款。

但幸运的是，项目的扩建工程总包和各专业分包工程建设的施工合同采用的是

《菲迪克（FIDIC）条款》范本。按《菲迪克（FIDIC）条款》范本的第18.2条"工程和承包商设备的保险"的规定，投保人应当是承包商（施工单位），或者由承包商按其内部的全球保险体系进行投保。而在本案中，投保人并非承包商，而是由发包单位（雇主、建设单位）事先按《菲迪克（FIDIC）条款》范本第18.2条的约定为本项目的总包和各专业分包扩建工程购买了商业保险，包括建筑工程一切险、安装工程一切险、工程和承包商机械设备险（如工程本身、工程设备、材料、承包商文件、承包商机械设备险等）、第三者责任险、承包商人员人身意外伤害险等。按投保人（发包方、雇主、建设单位）与保险人（保险公司）的约定，当发生保险事故后，保险人（保险公司）应当对受损的材料和设备进行理赔。然而，保险人（保险公司）认为受损标的物没有完成施工和安装，作为材料和设备的所有权仍属于承包商，而承包商并未就该批次的受损标的物进行单独投保，并且，本案中的承包商也非保险受益人。另外，保险人（保险公司）对于承保的标的物的范围和赔偿的数额也提出了异议。

而发包方（雇主、建设单位）和承包商则持不同意见，他们认为他们是按《菲迪克（FIDIC）条款》第18.2条"工程和承包商设备的保险"的规定对本项目扩建工程范围内的工程、设备、材料等进行了投保。虽然受损标的物在完成施工、安装并经验收合格交付使用前所有权属于承包商，但是这属于包发方（雇主、建设单位）与承包商之间的法律关系和内部约定。事实上，按合同的相对性原则，承包商和供货商之间的确有合同约定，即在承包商付清货款之前，标的物的所有权仍归供货商，即所谓的"所有权保留"。发包方（雇主、建设单位）同时还认为，发包方（雇主、建设单位）、承包商、供货商之间或者相互之间的合同约定，不影响投保人（发包方、雇主、建设单位）与保险人之间的合同约定，即是说，投保人（雇主、建设单位）对扩建范围内的工程、设备、材料等进行了投保，现在承包商存放在已建设好的隧道中的材料、设备等遭受洪水浸泡而变形受损，保险人应当理赔。至于发包人、承包商以及供货商之间的约定，不影响投保人与保险人之间的保险合同法律关系。

（二）菲迪克（FIDIC）条款漏洞

关于投保人，根据第18.2条（a）项的规定，除非在专用条款中另有约定，本款规定的各项保险应由承包商作为投保人办理和维持。保险人和保险的条件要求应当与双方在签订合同协议书前协商同意的任何条件或者与专用条款所附的详细内容相一致。而在本案中，相关约定是不明确的。

关于保险受益人，本应由双方协商确定。但是第18.2条（b）项规定，除非在专用条款中另有规定，本款规定的各项保险应由共同有权从保险人处得到赔偿的各方联名投保，保险赔偿金在各方之间保有或分配，仅用于修正损失或损害。也就是说在这种情况下，工程一切险一般应当以雇主（发包方、建设单位）和承包商双方作为受益人，承包商设备险以承包商为受益人，承包商人员意外伤害险则以承包商或者被保险人作为受益人。

经反复、仔细研究本案以《菲迪克（FIDIC）条款》为蓝本而制定的《建设工程施工合同》，并无关于现场建设设备、材料等由谁投保的具体约定，也没有关于在材料、设备完成安装、施工并成为建设工程的一个有机整体之前的权属归谁的约定，即在承包商将所采购设备、材料、配件等运送至施工现场后，此时的所有权属于哪一方并未约定。对于发包方（业主或雇主）而言，其支付或预付了工程款，承包商用此工程款采购的设备、材料、配件等，运达施工现场后即属于发包方所有；对于承包商而言，设备、材料、配件等是其采购并支付价款，所有权应归其所有；而对于供货商而言，在价款未完成全部支付之前，其可能保留对该批次的设备、材料和配件的所有权，等等。另外，在本案中，承包商并未按其内部惯常操作参与其全球保险体系而统一投保，并且其也没有和发包方（雇主、建设单位）一同联名参加投保，因此，发包方（雇主、建设单位）也就没有将其作为本保险合同的受益人。在本案中，投保人仅为发包方（雇主、建设单位），材料、设备的所有权又属于承包商，而承包商又不是保险受益人，因而出现了承包商在这次保险事故中的尴尬地位和情形，这不能不说是采用《菲迪克（FIDIC）条款》的一个极大疏忽、漏洞和遗憾。

因此，目前世界上最完备的《菲迪克（FIDIC）条款》也是不完备的。

▰ 协商解决

本着公平、公正、公开、诚实信用、友好协商、互谅互让的基本原则，投保人和保险人最终达成一致，尽管受损标的物损失数千万元人民币，但保险人同意赔偿3000万元人民币给保险受益人（发包方、雇主、建设单位），发包方（雇主、建设单位）再对承包商追加以上金额的承包费用，以修正承包商的成本和损失，承包商同意接受。这是一个令相关各方均满意的结果。

▰ 菲迪克（FIDIC）条款综述

一、菲迪克（FIDIC）

FIDIC 是 "Fédération Internationale Des Ingénieurs Conseils" 的法文缩写，中文音译为"菲迪克"，其英文名称是 "International Federation of Consulting Engineers"，指"国际咨询工程师联合会"这一独立的国际组织。该组织于 1913 年由欧洲 5 国独立的咨询工程师协会在比利时根特成立，是当今国际上最有权威的被世界银行认可的咨询工程师组织。菲迪克的总部原设在瑞士洛桑，后于 2002 年迁至日内瓦。

二、基本情况

菲迪克的目标是共同促进成员协会的行业利益，以及向成员协会传播他们感兴趣的信息。目前，菲迪克有来自全球六十多个国家和地区的成员，代表着全世界大多数私营的咨询工程师组织。

菲迪克定期或不定期举办各类研讨会、会议及其他活动，以推动和促进其实现行业目标：坚持高水平的道德和职业标准；交流观点和信息；讨论成员协会和国际金融机构代表共同关心的问题；促进发展中国家工程咨询业的发展。

菲迪克有各类出版物，例如：各类会议和研讨会的论文集，为咨询工程师、项目业主和国际发展机构提供的信息，资格预审标准格式，合同文件以及客户与咨询单位协议书等。

三、组织结构

菲迪克有以下常设委员会、工作组和论坛：

执行委员会；委员会（裁决员评审委员会、业务实践委员会、实力建设委员会、年会委员会、合同委员会、财务委员会、廉洁管理委员会、会员委员会、风险和职业责任委员会、可持续发展委员会）；工作组（菲迪克非洲分会工作组、战略审查工作组）；论坛（质量管理论坛、青年咨询工程师论坛）。

四、会员类型

2007 年菲迪克成员协会代表大会通过对菲迪克会员类型的修改。将支持会员并入附属会员，将通讯员并入联系会员。

菲迪克会员分以下几种：（1）有投票权的菲迪克成员协会。截至 2007 年 10 月，菲迪克组织拥有 80 家成员协会。（2）没有投票权的会员（荣誉会员是授予那些为菲迪克作出突出贡献的个人，由成员协会代表大会选举产生；附属会员是指还没有菲迪克成员协会的国家中支持菲迪克的目标的任何协会、组织、企业和企业集团；联系会员是指还没有菲迪克成员协会的国家中其主要业务是工程咨询的任何个人、组织、企业和企业集团）。

五、主要出版物

菲迪克合同条件第 1 版发布于 1957 年，第 2 版发布于 1963 年，第 3 版发布于 1977 年，并在 1988 年及 1992 年作了两次修改，习惯将 1988 年版菲迪克合同条件称为第 4 版。

《土木工程施工合同条件》（通常称为"FIDIC 条件"），由于该标准合同的封面为红色，很快以"红皮书"而闻名世界；《土木工程施工合同条件的注释》和

《土木工程施工合同条件应用指南》；《业主/咨询工程师标准服务协议书》，以代替上述文件，可用于投资前研究、可行性研究、设计及施工管理、项目管理，这种协议书及合同条件同样适用于国内协议，该书简称"白皮书"；《电气和机械工程合同条件》（黄皮书）；《土木工程合同招标评标程序》，用以指导工程项目的招标工作；《咨询工程师在项目中的作用》《为工程服务的独立咨询工程师使用指南》《根据能力进行选择》；等等。

1999年9月，菲迪克根据多年来在实践中取得的经验以及专家、学者的建议与意见，在继承前4版优点的基础上进行重新编写，并出版发行了一套4本全新的标准合同条件：《施工合同条件》（新红皮书），业主设计的房屋和工程施工合同条件；《生产设备和设计－施工合同条件》（新黄皮书），承包商设计的电气和机械设备安装与民用和工程合同条件；《设计采购施工（EPC）/交钥匙项目合同条件》（银皮书）；适合小规模项目的《简明合同格式》（绿皮书）。此外，菲迪克为了便于雇主选择投标人、招标、评标，出版了《招标程序》，由此形成一个完整的合同参考版本体系。

有人称菲迪克条款是国际承包工程的"圣经"。可以说，菲迪克条款是集工业发达国家土木建筑业上百年的经验，把工程技术、法律、经济和管理等有机结合起来的一个非常完备和非常科学的建筑工程合同系列范本。

菲迪克自成立以来，一直致力于解决工程咨询行业面临的问题，特别是通过制定、发行通称为"菲迪克彩虹"的各种建筑工程合同范本，引领着本行业的潮流。

六、条款优点

条款以业主和承包商签订的承包合同为基础，以独立、公正的第三方（施工监理）为核心，从而形成业主、监理、承包商三者之间互相联系、互相制约、互相监督的合同管理模式。

菲迪克条款虽然不是法律，也不是法规，但是却成了全世界公认的一种国际惯例。

菲迪克合同条件倡导公平、公正、公开，除此之外还有诸多优点：菲迪克合同条件脉络清晰，逻辑性强，承包人和业主之间的风险分担公平合理；菲迪克合同条件对承包人和业主的权利义务和工程师职责权限明确的规定，使合同双方的义务权利界限分明，工程师职责权限清晰，避免合同执行中过多的纠纷和索赔事件发生，并起到相互制约的作用；菲迪克合同条件已被大多数国家和地区采用，为世界上大多数发包人和承包人所熟悉；菲迪克合同条件为世界银行和其他金融机构所推崇，有利于实行国际竞争性招投标；菲迪克合同条件方便合同管理，对保证工程质量、合理地控制工程费用和工期产生良好的效果。

案例22

建设工程中阴阳合同和黑白合同的法律效力问题——

■ 基本案情一

2006年12月，肇庆某有限公司（某工厂）就该工厂厂房建筑工程与肇庆某建筑工程公司（以下简称"建筑公司"）签订《建筑工程施工实际履行合同》，约定按建筑面积600元/平方米的价格（不含管理费和施工水电费），由建筑公司承包该工厂厂房基础以上部分工程的建设施工（包工包料），工程总造价为2000万元人民币。在该合同中，双方约定了施工工程的建筑面积、双方的权利义务、违约责任等条款。

同日，双方签订《建筑工程施工合同》，该合同采用通常使用的格式文本，约定建筑公司按建筑面积680元/平方米的价格（不含管理费和施工水电费）承包该工厂厂房基础以上工程的建设施工（包工包料）。之后，双方再签订一份《补充说明》，约定："双方的具体权利义务按《建筑工程施工实际履行合同》执行，《建筑工程施工合同》仅用于建设局备案，不作实际履行。"

在工程临近完工阶段，建筑公司提出要提高承包价格，双方发生争议。

■ 基本案情二

2015年6月28日，云南A房地产有限公司（以下简称"A房地产公司"）与云南B建筑安装工程有限公司（以下简称"B建筑安装公司"）签订《建设工程施工合同》，约定由B建筑安装公司承包A房地产公司开发的"鸿通·锦绣花园"84810.18平方米房屋（包括地下室）建设，承包总价为116997493.2元，单价为1379.52元/平方米。2016年6月30日，双方签订《建设工程施工合同补充协议》，约定承包总价为91800000元，单价为1080元/平方米，其中0.8%为管理费。同日，B建筑安装公司向A房地产公司出具一份《承诺书》，强调"同意将施工价格调整为1080元/平方米，我公司郑重承诺，双方结算时，以双方签订补充协议调整后的价格为准计算"。

2018年5月31日，B建筑安装公司向一审法院提起诉讼，请求法院判令A房地产公司履行工程款结算义务，并按照《中标通知书》和《建设工程施工合同》

确定的中标单价对建设项目进行工程款结算，并支付工程欠款约 3400 万元及利息。

经核实，以上建设工程的实际施工人为夏某军个人，其并无建筑工程施工的资格，因而挂靠 B 建筑安装工程有限公司，并以该公司的资质和名义参加本项目工程的投标和施工，该 B 建筑安装工程有限公司为被挂靠单位。

法律分析

所谓"阴阳合同"，是指合同当事人就同一事项订立两份以上的内容不相同的合同，一份对内，一份对外。其中对外的一份并不是双方的真实意思表示，而是以逃避国家税收、规避法律法规和政策等为目的；对内的一份则是双方的真实意思表示，或表现为书面或表现为口头。

通常情况下，阴阳合同也叫"黑白合同"，已广泛存在于二手商品房（甚至新建商品房）买卖、国有土地使用权转让、房屋和土地租赁、民商事居间服务、公司股权转让、演艺界的出演等过程中。尽管阴阳合同或黑白合同存在的行业和形式各异，但其主要是为了偷逃税款或躲避税收，此外还有为了获得银行更多的按揭贷款而将备案商品房买卖合同价格故意虚高、为了规避商品房买卖限价政策而将房屋装修合同的价格故意虚高等，不一而足。

"阴阳合同"和"黑白合同"是一种违规、违反政策甚至违法的行为，在给当事人带来"利益"的同时，也预示着法律风险。从合同法的角度看，其中一份合同的价格是虚假的，不是当事人之间真实的意思表示，因而是不发生法律效力的。《民法通则》第 55 条规定："民事法律行为应当具备下列条件：（一）行为人具有相应的民事行为能力；（二）意思表示真实；（三）不违反法律或者社会公共利益。"《合同法》第 52 条规定："有下列情形之一的，合同无效：（一）一方以欺诈、胁迫的手段订立合同，损害国家利益；（二）恶意串通，损害国家、集体或者第三人利益；（三）以合法形式掩盖非法目的；（四）损害社会公共利益；（五）违反法律、行政法规的强制性规定。"而《民法总则》第 143 条则规定："具备下列条件的民事法律行为有效：（一）行为人具有相应的民事行为能力；（二）意思表示真实；（三）不违反法律、行政法规的强制性规定，不违背公序良俗。"根据以上法律的规定，"阴阳合同"或"黑白合同"中虚假的一份，由于不是当事人真实的意思表示；或者恶意串通，损害国家、集体或者第三人利益；或者以合法形式掩盖非法目的；或者损害社会公共利益；或得违反法律、行政法规的强制性规定；或者违反公序良俗，必定是无效的。

多数"阴阳合同"和"黑白合同"不仅使国家税收蒙受损失，还动摇社会对诚信经营、履约和纳税的信心，扰乱市场经济秩序。实践中，鉴于合同双方签订

"阴阳合同"和"黑白合同"的行为严重违反了国家税法的有关强制性规定，通常被认为属于无效的约定。有关部门查实后，如果属于一般偷税行为并且属于"初次"，行政机关有权进行罚款等行政处罚；如果数额较大、次数较多，则可能构成犯罪。

2018年6月27日报道，中央宣传部、文化和旅游部、国家税务总局、国家广播电视总局、国家电影局等联合发布通知，要求加强对影视行业天价片酬、"阴阳合同"、偷逃税等问题的治理，控制不合理片酬，推进依法纳税，促进影视业健康发展。这一举措无疑给"阴阳合同"和"黑白合同"的当事人和其他相关人员敲响了警钟。

而在建筑工程施工领域也常出现"阴阳合同"或"黑白合同"，但此类合同常常不是为了偷税、逃税和漏税，而是为了规避法律法规或政策的相关规定，或者为了逃避主管部门的监管。

在建筑工程施工领域，为了保证建设工程质量，我国的《招标投标法》《工程建设项目招标范围和规模标准规定》将绝大多数工程纳入强制招投标的范围。

为了规避政府部门的监管，或者压低中标价格，往往出现双方先签订一份施工合同到建设行政管理部门备案，然后再签订一份实际履行的施工合同的情况，这就是人们常说的建筑工程施工"阴阳合同"，亦称为建筑工程施工"黑白合同"。

由于这种规避监管的行为本身具有违法性，审判实践针对这种情况，一般采取三种处理办法：如果合同是必须招标而没有招标的，出现了阴阳合同或黑白合同，以经过招标的为准；合同按照规定应当经过备案的，以备案的合同为准；先后签订的两份合同，不属于前述有特定要求的，以实际履行的合同为准。

为了规范这一现象，于2004年9月29日通过并自2005年1月1日起施行的《最高人民法院关于审理建设工程施工合同纠纷案件适用法律问题的解释》（以下简称《建设工程施工合同司法解释》）第21条规定："当事人就同一建设工程另行订立的建设工程施工合同与经过备案的中标合同实质性内容不一致的，应当以备案的中标合同作为结算工程价款的根据。"但是，笔者认为，有必要进一步厘清该条的适用范围，正确界定"阴阳合同"或"黑白合同"。

一、《建设工程施工合同司法解释》第21条不应当适用于非强制招标工程

《招标投标法》第3条规定，强制招标项目都是国家投资、融资项目，关系到社会公共利益和公共安全的项目，或者使用国家统借外资的项目。对这些项目采用强制招投标的方式，可以有效地监督资金使用情况、项目实施情况，实现国家对这类民事活动的干预和监督。而非强制招标工程并非该条的规范对象，当事人有权不经招投标直接签订施工合同。合同本身具备合法的形式，且系当事人真实意思表示,符合《合同法》的有关规定,应当认定其具备合法的效力。因此,当事人在招投标之后再行签订的合同合法有效,该合同内容与中标合同不一致,应视为对中标合同的变更。由于并无法律规定经过招投标签订的合同的效力高于未经招投标签订的合同,所以该变更行为亦合法有效。根据《合同法》第42条第(三)项规定,招标人的行为违反诚实信用原则,应当承担缔约过失责任,受害人可以请求损害赔偿。由此可见,若工程不属于强制招标范围,而是当事人自愿选择招投标的,那么在中标之后,当事人另行订立的施工合同与中标合同实质性内容不一致的,根据意思自治的原则,应当以体现当事人真实意思的合同作为结算工程价款的根据。

二、《建设工程施工合同司法解释》第21条不适用于单纯的备案合同

实践中,当事人对于建筑成本都会进行详细的造价预算,承包人愿意接受最终商定的承包价格实际上是双方当事人的真实意思表示(这是《民法通则》《合同法》《民法总则》对于合同的有效性而强制性规定的)。为了加强对施工活动的监管,有些地方的建设行政主管部门同样要求将未经招投标程序直接签订的合同也进行备案登记,合同价格条款如果低于当地的定额要求(实际上是政府指导价),则不予备案,也就无法领取建筑工程施工许可证,因而双方会另外签订一份价格不低于当地定额价格的备案合同。此外,施工合同备案时,相关政府部门要按照施工合同约定的合同总价向发包人征收一定比例的管理费,发包人为了少交该项费用,往往在与施工人签订实际履行的合同之外,还签订一份价格低于实际履行合同并仅用于备案登记的合同。

《建设工程施工合同司法解释》第21条规定的"备案的中标合同"仅指确实存在公开招投标活动,并根据招投标结果招标人与投标人签订并备案的合同。对于这类单纯用于备案的合同不应认定为"经过备案的中标合同",单纯用于备案的合同并非中标合同,在结算时应以当事人实际履行的合同为依据。未进行公开招标活动而编造的仅用于备案以办理建设施工手续的合同,不能作为结算工程款的依据。

所以笔者认为,在上述第一个案例中,双方签订的实际履行的非招标合同具有法律效力。

三、《建设工程施工合同司法解释》第21条不适用于客观情况发生根本性变化的情况

《招标投标法》第46条规定,按照招标文件和中标人的投标文件订立书面合同之后,招标人和中标人不得再行订立背离合同实质性内容的其他协议。一般认为,所谓"合同实质性内容"是指工程价款、工程质量和工程期限三个主要方面的内容。但是建设工程具有建设周期长的特点,在合同履行期限内,订立合同时所依据的客观情况发生根本性变化的情况屡见不鲜,比如建筑材料价格大幅上涨,如此时

仍执行原合同条件，将导致当事人之间的利益分配显著失衡。因此笔者认为，根据《合同法》所确立的公平原则，在订立合同时所依据的客观情况发生根本性变化的情况下，应当允许当事人对原合同确定的权利义务进行调整，对原合同条件进行实质性的变更。但是，对中标合同的变更必须予以严格限制，只有满足下列二个条件，才能进行实质性变更：客观情况发生了根本性变化（情势变更），并导致当事人之间的利益分配格局在原合同条件下显著失衡（显失公平）；将变更的合同进行备案登记。

四、《建设工程施工合同司法解释》第 21 条不适用于备案合同无效的情况

无效合同因其缺少有效的要件而自始无效，对双方以及任何人均无约束力。但是，并不是建设工程施工合同被认定无效后就了事。由于双方或一方的过错导致备案的建设工程施工合同无效的，有过错的一方或双方应依过错程度，依法承担过错责任。

在备案的建设工程施工合同无效的情况下，对于工程款的结算，应以实际履行的合同或补充合同为依据，如无实际履行的合同或补充合同，则应当以双方协商最终确定的结算价或委托第三方出具的鉴定结查为依据。

五、政策的变化

《国务院办公厅关于进一步做好民间投资有关工作的通知》（国办发明电〔2016〕12 号）、《广州市住房和城乡建设委员会、广州市发展和改革委员会关于调整我市非国有投资商品房项目发包方式的通知》（穗建筑〔2016〕1746 号），已改变以往建设单位必须通过公开投标的方式选择有资质的施工单位对房地产建设项目进行承包施工的做法。

2018 年 5 月 18 日，国务院办公厅正式公布《国务院办公厅关于开展工程建设项目审批制度改革试点的通知》（国办发〔2018〕33 号），大大精简了审批环节，主要包括取消施工合同备案、建筑节能设计审查备案等事项；对于社会投资的房屋建筑工程，建设单位可以自主决定发包方式；等等。此外，国务院总理李克强于 2018 年 6 月 6 日主持召开国务院常务会议，会议决定顺应企业和群众呼声，全面清理各类证明事项。一是对国务院部门规章和规范性文件等设定的证明事项，可直接取消的要立即停止执行，并抓紧修改或废止规章、文件。2018 年年底前先行取消申请施工许可证时需提交的资金到位证明等一批证明事项。二是对法律法规有规定，但可通过法定证照、书面告知承诺、政府部门间核查等涵盖或替代的证明事项，要提请修法，依托信息共享和信用体系予以取消。三是对各地自行设定的证明事项，除地方性法规规定外，最晚应于年底前取消等。

由此可见，建设施工合同备案制度已经取消，即建设施工合同不再以是否备案来确定其效力。再者,《建设工程施工合同司法解释》第 21 条并没有说明认定备案的建设工程施工合同合法有效的法律、法规依据,而《最高人民法院关于审理建设工程施工合同纠纷案件适用法律问题的解释(二)》(法释〔2018〕20 号)也已于 2019 年 2 月 1 日起开始施行,其第 1 条明确规定:"招标和中标人另行签订的建设工程施工合同约定的工程范围、建设工期、工程质量、工程价款等实质性内容,与中标合同不一致,一方当事人请求按照中标合同确定权利义务的,人民法院应予支持。"该司法解释没有提到备案合同的问题,可以推断,中标合同不以备案为要件,并且可以确定,当备案合同无效时,不能依《建设工程施工合同司法解释》第 21 条的规定确定工程结算价款。

就第二个案例而言,一是投标文件、备案的《建设工程施工合同》上的公章是挂靠人夏某军私刻(刑责另论)的,二是被挂靠单位虽然后来以收取管理费(挂靠费),在《建设工程施工合同补充协议》《承诺书》《授权委托书》《法定代表人身份证明》上加盖真实公章,起诉要求按中标价结算工程款等默示和明示的方式追认该合同的事实,但该合同仍属无效。从另一方面说,《建设工程施工合同补充协议》上的公章是真实的,《承诺书》上的公章也是真实的,《授权委托书》《法定代表人身份证明》上的公章都是真实的,因此《补充协议》和《承诺书》上的施工单价 1080 元/平方米的约定和承诺,是当事人真实的意思表示,没有违反法律、行政法规的强制性规定,并且属于实际执行的施工价格,挂靠人最后结算时仍然承认,是合法有效的结算价。被挂靠单位起诉要求按无效的备案《建设工程施工合同》上的单价 1379.52 元/平方米进行最终工程款结算,于法无据,不应得到支持。

案例 23

建设工程施工合同双方约定管辖法院的效力

基本案情

2016 年 11 月 6 日,原告河北 A 防腐工程有限公司与被告江西 B 实业有限公司签订《工程施工合同》,约定原告承包 C 钢铁集团脱硫脱硝防腐工程的施工,并约定"本合同在履行过程中发生争议,由当事人双方协商解决,协商不成,向起诉方所在地的人民法院提起诉讼"。

由于双方对于工程款的结算和支付产生纠纷,2018 年 4 月 18 日,原告向河北省沧州市盐山县人民法院提起诉讼，请求判决被告支付工程款 X 万元、利息暂计 Y 万元及诉讼费用。

在法定期限内，异议人（被告江西 B 实业有限公司）提出管辖权异议，请求将盐山县人民法院（2018）冀 0925 民初 1322 号原告（河北 A 防腐工程有限公司）与异议人（被告江西 B 实业有限公司）建设工程施工合同纠纷一案移送给内蒙古自治区包头市昆都仑区人民法院管辖，理由是：根据 2015 年 2 月 4 日开始施行的《最高人民法院关于适用〈中华人民共和国民事诉讼法〉的解释》（法释〔2015〕5 号）第 28 条第 2 款的规定："农村土地承包经营合同纠纷、房屋租赁合同纠纷、建设工程施工合同纠纷、政策性房屋买卖合同纠纷，按照不动产纠纷确定管辖。"也就是说，"建设工程施工合同纠纷"按照不动产纠纷确定管辖。《民事诉讼法》第 33 条规定："因不动产纠纷提起的诉讼，由不动产所在地人民法院管辖。"以上规定明确了"建设工程施工合同纠纷"适用专属管辖，由不动产所在地即由建设工程所在地人民法院管辖。另外，《民事诉讼法》第 34 条规定："合同或者其他财产权益纠纷的当事人可以书面协议选择被告住所地、合同履行地、合同签订地、原告住所地、标的物所在地等与争议有实际联系的地点的人民法院管辖，但不得违反本法对级别管辖和专属管辖的规定。"因此，建设工程施工合同纠纷当事人只能约定由不动产所在地即建设工程所在地人民法院管辖，不能约定其他法院管辖。所以，原告与异议人在《工程施工合同》中关于管辖权的约定，属于无效的条款。综上所述，异议人请求将本案移送给内蒙古自治区包头市昆都仑区人民法院管辖。

法院裁定

2018 年 6 月 14 日，盐山县人民法院经审查认为，被告江西 B 实业有限公司虽向本院提出管辖权异议申请，主张由不动产所在地人民法院管辖，但该案为非不动产纠纷提起的诉讼，故被告江西 B 实业有限公司提出的管辖权异议不成立。依照《民事诉讼法》第 127 条第 1 款规定，裁定如下：驳回江西 B 实业有限公司对本案管辖权提出的异议。

同月，江西 B 实业有限公司不服盐山县人民法院的裁定，向河北省沧州市中级人民法院提起上诉，请求：1. 撤销盐山县人民法院（2018）冀 0925 民初 1322 号民事裁定书；2. 依法裁定将盐山县人民法院（2018）冀 0925 民初 1322 号被上诉人（一审原告，河北 A 防腐工程有限公司）与上诉人（一审被告，江西 B 实业有限公司）建设工程施工合同纠纷一案移送给内蒙古自治区包头市昆都仑区人民法院审理。

河北省沧州市中级人民法院经审查认为，《民事诉讼法》第 33 条规定："下列案件，由本条规定的人民法院专属管辖：（一）因不动产纠纷提起的诉讼，由不动产所在地人民法院管辖……"本案是因不动产引起的建筑工程施工合同纠纷，应当按照不动产纠纷，以不动产所在地确定具有管辖权的法院。该案不动产所在地是内蒙古自治区包头市昆都仑区，故内蒙古自治区包头市昆都仑区人民法院对本案具有管辖权。依照《民事诉讼法》第 170 条第 1 款第（二）项之规定，裁定如下：1. 撤销河北省某县人民法院（2018）冀 0925 民初 1322 号民事裁定；2. 本案移送内蒙古自治区包头市昆都仑区人民法院审理。

法律分析

专属管辖实际上也是地域管辖的一种。法律规定某些案件必须由特定的法院管辖，具有强制性和排他性，当事人不能以协议的方式加以变更。世界各国对于专属管辖权的规定主要表现在家庭、继承和不动产等案件方面。中国民事诉讼的专属管辖有：因不动产提起的诉讼，由不动产所在地人民法院管辖；港口作业中发生的诉讼，由港口所在地人民法院管辖；因登记发生的诉讼，由登记机关所在地人民法院管辖；继承遗产的诉讼，由被继承人生前户籍所在地或主要遗产所在地人民法院管辖；破产诉讼，由破产企业主要办事机构所在地人民法院管辖。中国行政诉讼的专属管辖有：因不动产提起的行政诉讼案件，由不动产所在地人民法院管辖。

笔者认为，河北省沧州市中级人民法院的终审裁定认定事实清楚，适用法律正确；而一审法院裁定认定事实错误，适用法律错误。

一审法院裁定认定此案为非不动产纠纷提起的诉讼，所以裁定上诉人提出的管辖异议不成立。但此案系建设工程施工合同纠纷，依照法律和司法解释，应按照不动产纠纷确定管辖，由不动产所在地即建设工程所在地人民法院管辖。

2016 年 11 月 6 日，被上诉人（一审原告，河北 A 防腐工程有限公司）与上诉人（一审被告，江西 B 实业有限公司）签订《工程施工合同》，约定原告承包 C 钢铁集团脱硫脱硝防腐工程的施工，并约定："本合同在履行过程中发生争议，由当事人双方协商解决，协商不成，向起诉方所在地的人民法院提起诉讼。"

但是，根据 2015 年 2 月 4 日开始施行的《最高人民法院关于适用〈中华人民共和国民事诉讼法〉的解释》（法释〔2015〕5 号）第 28 条第 2 款的规定："农村土地承包经营合同纠纷、房屋租赁合同纠纷、建设工程施工合同纠纷、政策性房屋买卖合同纠纷，按照不动产纠纷确定管辖。"也就是说，"建设工程施工合同纠纷"按照不动产纠纷确定管辖。《民事诉讼法》第 33 条规定："因不动产纠纷提起的诉讼，由不动产所在地人民法院管辖。"以上规定明确了"建设工程施工合同纠纷"

适用专属管辖,由不动产所在地即由建设工程所在地人民法院管辖。

另外,《民事诉讼法》第 34 条规定:"合同或者其他财产权益纠纷的当事人可以书面协议选择被告住所地、合同履行地、合同签订地、原告住所地、标的物所在地等与争议有实际联系的地点的人民法院管辖,但不得违反本法对级别管辖和专属管辖的规定。"因此,建设工程施工合同纠纷当事人只能约定由不动产所在地即建设工程所在地法院管辖,不能约定其他法院管辖。所以,被上诉人与上诉人在《工程施工合同》中关于管辖权的约定,属于无效的条款。

案例 24

建设工程施工合同纠纷按合同标的额还是按诉讼标的额确定级别管辖

基本案情

2016 年 7 月 20 日,原告贵州 A 城乡建设工程有限公司(以下简称"A 公司")与被告贵州 B 房地产开发有限公司(以下简称"B 公司")签订了两份建设工程施工合同,一份是《C 广场项目 6 号楼总包合同》,另一份是《C 广场项目 7 号楼总包合同》。其中《C 广场项目 6 号楼总包合同》约定:原告 A 公司以总价 3549 万元承包被告 B 公司投资建设的 C 广场项目 6 号楼所有土建主体工程,合同工期从 2016 年 8 月 5 日至 2017 年 10 月 31 日;《C 广场项目 7 号楼总包合同》约定:原告 A 公司以总价 350 万元承包被告 B 公司投资建设的 C 广场 7 号楼所有土建主体工程,合同工期从 2016 年 8 月 5 日至 2017 年 8 月 31 日。

2019 年 4 月 15 日,原告 A 公司向 D 县人民法院提起诉讼称,A 公司从进场施工至 2018 年年底,共完成工程量价值 4700 多万元,按两份总包合同约定的工程进度款支付方式,被告 B 公司应向原告 A 公司支付工程进度款 3657 万元,但被告 B 公司至今只支付了 2320 万元,拖欠工程进度款 1337 万元一直未付。请求 D 县人民法院判决被告 B 公司立即支付所欠原告 A 公司工程进度款 1337 万元,并从 2018 年 8 月 3 日起按年利率 6% 支付逾期付款的违约金至工程进度款付清为止(暂计算至 2019 年 4 月 3 日违约金为 53.488 万元),两项合计 1390.688 万元。

2019 年 4 月 28 日,被告 B 公司提出管辖权异议称,2016 年 8 月 11 日,原告 A

公司与异议人（被告B公司）分别签订《建设工程施工合同·C广场项目6号楼总包合同》和《建设工程施工合同·C广场项目7号楼总包合同》，约定被告B公司投资建设的C广场项目6号楼和7号楼由原告A公司承包进行施工建设，其中6号楼的合同总价约5024万元，7号楼的合同总价约920万元，两个合同总价约为5944万元（注：本案原、被告所提供的合同标的额不一致，可能涉及备案和实际履行的"黑白合同"或"阴阳合同"等实体问题，在本文程序问题中暂不作讨论）。现原告A公司与异议人（本案被告B公司）就本项目工程款的支付产生分歧和纠纷，原告A公司起诉至D县人民法院。由于本案两个合同总价超过D县人民法院受理民事诉讼的标的额2000万元，根据级别管辖的相关规定，请求将本案移送给贵州省黔南E自治州中级人民法院管辖。

法院裁定

D县人民法院认为，原告A公司诉讼标的额为1390.688万元，合同履行在D县辖区境内，属D县人民法院管辖的受案范围，D县人民法院有管辖权。为此，根据《民事诉讼法》第18条之规定，本案不属于中级人民法院管辖范围。故被告B公司提出的异议不成立，应予驳回。为此，依据《民事诉讼法》第18条之规定，驳回被告B公司对本案管辖权提出的异议。

被告B公司不服一审裁定，向贵州省黔南E自治州中级人民法院提起上诉，请求裁定将本案移送给贵州省黔南E自治州中级人民法院管辖，或依法裁定本案由贵州省黔南E自治州中级人民法院提审。

贵州省黔南E自治州中级人民法院认为，根据《最高人民法院关于调整部分高级人民法院和中级人民法院管辖第一审民商事案件标准的通知》，本院管辖诉讼标的额在3000万元以上的一审民商事案件，本案系建设工程施工合同纠纷，诉讼标的额为1390.688万元，不属于《民事诉讼法》第18条规定的中级人民法院管辖的一审民商事案件范围。根据《民事诉讼法》第33条及《最高人民法院关于审理建设工程施工合同纠纷案件适用法律问题的解释》（2005年）第28条第2款之规定，本案涉案工程位于D县，D县人民法院对本案有专属管辖权。一审法院驳回管辖权异议正确，上诉人B公司的上诉请求不能成立，本案不予支持。依据《民事诉讼法》第170条第1款第（一）项、第171条之规定，裁定如下：驳回上诉，维持原裁定。本裁定为终审裁定。

法律分析

1. 我国《民事诉讼法》第17条规定："基层人民法院管辖第一审民事案件，但本法另有规定的除外。"第18条规定："中级人民法院管辖下列第一审民事案件：

（一）重大涉外案件；（二）在本辖区有重大影响的案件；（三）最高人民法院确定由中级人民法院管辖的案件。"《最高人民法院关于适用〈中华人民共和国民事诉讼法〉的解释》（法释〔2015〕5 号）第 1 条规定："民事诉讼法第十八条第一项规定的重大涉外案件，包括争议标的额大的案件、案情复杂的案件，或者一方当事人人数众多等具有重大影响的案件。"但是，以上条款没有具体规定中级人民法院受理民商诉讼事案件的标的额。

2. 2014 年 11 月 15 日，《北京市高级人民法院关于规范合同纠纷级别管辖及案件受理费问题的意见》（京高法发〔2014〕450 号）第一部分明确："合同纠纷应以诉讼请求标的额作为确定级别管辖的依据，并据以收取案件受理费。"

3. 《最高人民法院关于调整高级人民法院和中级人民法院管辖第一审民商事案件标准的通知》（法发〔2015〕7 号）第一部分规定："贵州、西藏、甘肃、青海、宁夏高级人民法院，管辖诉讼标的额 1 亿元以上一审民商事案件，所辖中级人民法院管辖诉讼标的额 500 万元以上一审民商事案件。"《最高人民法院关于调整部分高级人民法院和中级人民法院管辖第一审民商事案件标准的通知》（法发〔2018〕13 号）第一部分"当事人住所地均在受理法院所处省级行政辖区的第一审民商事案件"规定："贵州省、陕西省、新疆维吾尔自治区高级人民法院和新疆维吾尔自治区高级人民法院生产建设兵团分院管辖诉讼标的额 3 亿元以上一审民商事案件，所辖中级人民法院管辖诉讼标的额 3000 万元以上一审民商事案件。"《最高人民法院关于调整高级人民法院和中级人民法院管辖第一审民事案件标准的通知》（法发〔2019〕14 号）第一部分规定："中级人民法院管辖第一审民事案件的诉讼标的额上限原则上为 50 亿元（人民币），诉讼标的额下限继续按照《最高人民法院关于调整地方各级人民法院管辖第一审知识产权民事案件标准的通知》（法发〔2010〕5 号）、《最高人民法院关于调整高级人民法院和中级人民法院管辖第一审民商事案件标准的通知》（法发〔2015〕7 号）、《最高人民法院关于明确第一审涉外民商事案件级别管辖标准以及归口办理有关问题的通知》（法〔2017〕359 号）、《最高人民法院关于调整部分高级人民法院和中级人民法院管辖第一审民商事案件标准的通知》（法发〔2018〕13 号）等文件执行。"

以上文件均规定，因合同纠纷提起的诉讼，应按"诉讼标的额"而不是按"合同标的额"确定级别管辖法院。

4. 关于专属管辖的相关规定。根据 2015 年 2 月 4 日开始施行的《最高人民法院关于适用〈中华人民共和国民事诉讼法〉的解释》（法释〔2015〕5 号）第 28 条第 2 款的规定："农村土地承包经营合同纠纷、房屋租赁合同纠纷、建设工程施工合同纠纷、政策性房屋买卖合同纠纷，按照不动产纠纷确定管辖。"亦即，"建设工程施工合同纠纷"按照不动产纠纷确定管辖。《民事诉讼法》第33条规定："因不动产纠纷提起的诉讼，由不动产所在地人民法院管辖。"

以上规定明确了"建设工程施工合同纠纷"适用专属管辖的规定，由不动产所在地即由建设工程所在地人民法院管辖。

本案系建设工程施工合同纠纷，诉讼标的额为1390.688万元，不属于《民事诉讼法》第18条规定的中级人民法院管辖的第一审民商事案件范围，也没有达到《最高人民法院关于调整部分高级人民法院和中级人民法院管辖第一审民商事案件标准的通知》规定的本地中级人民法院管辖诉讼标的额在3000万元以上的一审民商事案件的标准。因此，一审法院和二审法院裁定本案由不动产所在地即由建设工程所在地D县人民法院管辖正确。

案例25

建设工程中的表见代理

基本案情

2016年7月20日，原告贵州A城乡建设工程有限公司（以下简称"A公司"）与被告贵州B置业有限公司（以下简称"B公司"）签订了两份建设工程施工合同，一份是《6号楼总包合同》，另一份是《7号楼总包合同》。其中《6号楼总包合同》约定：原告A公司以总价3549万元承包被告B公司投资建设的6号楼所有土建主体工程。《7号楼总包合同》约定：原告A公司以总价350万元承包被告B公司投资建设的7号楼所有土建主体工程。

2019年4月15日，原告A公司到C县人民法院提起诉讼称，A公司自进场施工至2018年年底，共完成工程量价值4700多万元，按两份总包合同约定的工程进度款支付方式，被告B公司应向原告A公司支付工程进度款3657万元，但被告B公司至今只支付了2320万元，拖欠工程进度款1337万元一直未付。请求C县人民法院判决被告B公司立即支付所欠原告A公司工程进度款1337万元，并从2018年8月3日起按年利率6%支付逾期付款的违约金至工程进度款付清为止（暂计算至2019年4月3日止违约金为53.488万元），两项合计1390.488元。

而作为被告的B公司则答辩称，其已按合同约定向原告A公司委派的现场负责人，亦即本项目的实际施工人张某某及施工工人支付了该付的全部工程进度款，并未拖欠工程进度款，原告起诉无理，其诉讼请求应予驳回，理由如下：

1. 被告支付工程进度款符合双方在合同中的约定和有关部门的要求和规定

从被告提供的证据可以看出，原告成立了项目部、任命了项目经理、管理人、工程负责人。原告《关于成立"6、7号楼"项目部并任命胡某某为该项目负责人的通知》《关于成立"6、7号楼"项目部的通知》《项目管理机构人员表》《关于变更项目"6、7号楼"项目负责人的联系函》《工作联系函》等文件，任命胡某某为项目负责人，任命张某某为项目经理，项目部有完整的管理机构及人员，项目部负责人由胡某某变更为梁某某，原告项目部和项目经理及其他负责人和管理人员，全权代表原告对外开展建设、施工、处理民工工资问题以及完成其他相关业务。

双方在6、7号楼的两份建设工程施工合同中约定，原告派驻到本项目的项目经理为张某某。

原告在本项目中，授权"6、7号楼"项目部使用项目公章、财务章，以及原告法定代表人李某、项目负责胡某某个人私章等。

原告《工作联系函》、《证明》、《会议签到册》、《补充协议》、铝合金门窗合同补充协议、外保温补充协议、（2019）黔2725民初×××号民事判决书等文件，均能证明原告有项目部印章，施工单位负责人签名，并盖原告公章，原告项目部负责人梁某某、张某某参加项目相关会议，原告项目部负责人梁某某、工程管理人张某某签名，盖原告公章，法定代表人李某印章，等等。

以上事实足以证明原告项目部、项目经理、项目管理人和工程负责人，自始至终代表原告，构成对原告的"表见代理"。

2. 原告收款出具了收条收据

被告不直接支付工程款至原告银行账户，是由于原告与其他第三方存在几十宗没完没了的诉讼案件，原告银行账户反复被司法冻结和查封，原告特别要求不将工程款直接支付给原告。

有一段时间，被告打算将工程款通过其他途径直接支付给原告，但程序非常烦琐，原告又极不配合，导致被告付款极为不便。

在原告给县劳动局和被告的《委托支付函》中，原告要求将工程款支付给县劳动局，但县劳动局的对公账户无法代收代付民工工资，因此，县劳动局出具《关于委托我局代收付6、7号楼工程款用于支付民工工资的通知》，决定并要求被告将工程款直接转账给梁某某、张某某个人银行账户，用于支付民工工资。

对于被告的付款，原告出具了书面付款委托，并长期使用公章、项目专用章、法定代表人章，长期由项目经理、项目管理人、工程负责人签名，被告确信无误。

原告出具的收款收条、收款收据、收条等，足以证明原告已收到相关工程进度款。

3. 被告付款、原告收款有相关银行凭证

被告提供的银行承兑汇票、银行收付款凭证，足以证明被告支付了相关工程进度款。

4. 被告支付工程进度款完全符合相关部门的规定，确保了工人工资、项目建设材料款的支付

从被告当庭提交的补充证据可以看出，由于原告涉众多法律诉讼、司法执行案件，原告按要求于2017年1月16日存入银行的工人工资保证金，立即被相关法院扣划到了"司法扣划暂挂款项户"。

从"天眼查"查询可知，原告存在63个"开庭公告"、141个"法律诉讼"、2个"法院公告"、14个"终本案件"、17个"失信信息"、10个"被执行人"、1个"司法协助"、3个"行政处罚"。原告处于如此困境，再要求被告向其银行账户支付工程进度款，无异于是让被告自投火海，本项目的工程进度款完全会被原告其他案件司法扣划，本项目的工人工资、项目建设材料款完全无法保障，原告的这一要求是完全不合理的，同时也是完全不负责任的。

被告支付本项目工程进度款，是在县房地产管理局、街道办事处、县住建局、县人社局等单位的协调和监督下进行的，完全确保了本项目的工人工资和项目建设材料款的支付。被告支付本项目工程进度款，完全符合县相关部门的规定和要求，县劳动局执法大队可以证明，被告均未拖欠民工工资。

法院判决

C县人民法院认为，原、被告于2016年7月20日签订的《6号楼总包合同》和《7号楼总包合同》合法有效，胡某某、张某某以挂靠原告的名义对被告6号楼、7号楼进行施工，截至2018年8月31日被告共支付工程款3683.38元，已远远超过原、被告双方约定的合同总价。被告在支付工程款过程中，以合同的约定和《委托支付函》向原告及实际施工人支付工程款，无论《委托支付函》的印章是否系原告公司印章，被告完全有理由相信系公司的委托行为，且从原、被告的陈述及双方提供的证据及证人证言分析，原告不是工程款的实际权利人，被告将工程款支付给实际施工人并无不当且符合法律规定，现原告称已按合同约定履行的义务与客观事实不符，要求被告给付工程进度款1337万元及支付逾期违约金理由不充分，证据不足。根据《民事诉讼法》第64条第1款"当事人对自己提出的主张，有责任提供证据"及《最高人民法院关于适用〈中华人民共和国民事诉讼法〉的解释》

第 90 条的规定"当事人对自己提出的诉讼请求所依据的事实或者反驳对方诉讼请求的依据的事实，应当提供证据加以证明，但法律另有规定的除外。在作出判决前，当事人未能提供证据或者证据不足以证明其事实主张的，由负有举证证明责任的当事人承担不利后果"之规定，原告要求被告给付工程进度款及支付逾期付款违约金的诉讼请求，本院不予支持。

为此，依照《民事诉讼法》第 64 条第 1 款及《最高人民法院关于适用〈中华人民共和国民事诉讼法〉的解释》第 90 条之规定，判决如下：驳回原告贵州 A 城乡建设工程有限公司的诉讼请求。

法律分析

一、表见代理的基本原理

一般认为，表见代理是指虽然行为人事实上无代理权，但相对人有理由认为行为人有代理权而与其进行法律行为，其行为的法律后果由被代理人承担的代理。表见代理属于广义上和实质上的无权代理，但为了保护善意第三人的信赖利益与交易安全，法律强制被代理人承担相应法律后果。

构成表见代理合同要满足以下条件：（1）行为人并没有获得本人的授权就与第三人签订了合同。存在没有代理权、超越代理权或者代理权终止这三种情形。（2）合同的相对人在主观上必须是善意的、无过失的。所谓善意，是指相对人不知道或者不应当知道行为人实际上无权代理；所谓无过失，是指相对人的这种不知道不是因为其大意造成的。如果相对人明知或者理应知道行为人是没有代理权、超越代理权或者代理权已终止，而仍与行为人签订合同，那么就不构成表见代理，合同相对人也就不能受到保护。

表见代理争议常见的情形是：（1）没有代理权而实施代理行为，即行为人实际上并没有取得被代理人的委托授权，但为了让相对人产生合理信赖，往往通过私刻公章或印章、伪造合同或授权委托书等方式制造有权代理的表象，以被代理人的名义实施代理行为；或者假冒被代理人名义实施代理行为，甚至构成刑事上的诈骗。（2）超越代理权而实施代理行为，即在被代理人对代理人有明确授权的情况下，代理人在实施代理行为的过程中超越了授权范围和权限；或者代理人实施的代理行为超出了概括授权通常理解的范围；或者代理人持有被代理人的空白授权委托书，并在实施代理行为的过程中根据实际需要填写授权范围，但被代理人对该代理行为不予追认。（3）代理权终止后仍实施代理行为，即行为人原先所取得的代理权已经终止或者行为人与被代理人之间特定的职务关系已经终止，但代理人仍以被代理人的名义对外实施代理行为，导致相对人认为代理人仍享有代理权而产生纠纷。

二、关于表见代理的法律规定

1. 我国《民法通则》没有对表见代理作出明确规定。

2. 表见代理在最高人民法院的一些司法解释中也体现出来，例如自1998年4月29日起施行的《最高人民法院关于在审理经济纠纷案件中涉及经济犯罪嫌疑若干问题的规定》第4条至第6条，涉及了表见代理及法律责任的承担问题。

3. 我国《合同法》第49条首先规定了表见代理，该条规定："行为人没有代理权、超越代理权或者代理权终止后以被代理人名义订立合同，相对人有理由相信行为人有代理权的，该代理行为有效。"从该条的规定来理解，所谓"表见代理"，是指行为人没有代理权、超越代理权或者代理权终止后签订了合同，如果相对人有理由相信其有代理权，那么相对人就可以向本人主张该合同的效力，要求本人承担合同中所规定的义务，受合同的约束。目的是保护合同相对人的利益，并维护交易安全，依诚实信用原则使怠于履行其注意义务的本人直接承受行为人没有代理权、超越代理权或者代理权终止后仍为代理行为而签订的合同的责任。

4. 我国《物权法》第106条规定："无处分权人将不动产或者动产转让给受让人的，所有权人有权追回；除法律另有规定外，符合下列情形的，受让人取得该不动产或者动产的所有权：（一）受让人受让该不动产或者动产时是善意的；（二）以合理的价格转让；（三）转让的不动产或者动产依照法律规定应当登记的已经登记，不需要登记的已经交付给受让人。""受让人依照前款规定取得不动产或者动产的所有权的，原所有权人有权向无处分权人请求赔偿损失。""当事人善意取得其他物权的，参照前两款规定。"这一规定虽然是侧重善意取得制度，但实际上也是为了实现与表见代理相同的制度目的。

5. 我国《民法总则》第172条规定："行为人没有代理权、超越代理权或者代理权终止后，仍然实施代理行为，相对人有理由相信行为人有代理权的，代理行为有效。"根据该条的规定，表见代理适用的前提是行为人无权代理，即行为人没有代理权、超越代理权或者代理权终止。可见，表见代理产生的原因在于行为人无权代理却仍实施代理行为。因此，认定表见代理是否成立，首先应判断行为人属于哪一类型的无权代理。如果行为人本身具有代理权，相对人可直接向被代理人主张有权代理，此时并不适用表见代理。

需要注意的是，《民法通则》第66条第1款规定，本人知道他人以本人名义实施民事法律行为而不作否认表示的，视为同意。《合同法》第48条第2款规定，被代理人未作表示的，视为拒绝追认。《民法总则》第171条规定，相对人催告后，被代理人未作表示的，视为拒绝追认。可见，《民法总则》吸纳了《合同法》的内容，对《民法通则》的内容作了重大修改，不再将被代理人的"沉默"推定为追认。

三、司法实践中对表见代理的实际运用

1. 2013年9月24日，《江苏省高级人民法院关于买卖合同纠纷案中当事人行为是否构成表见代理认定问题的纪要》（审判委员会会议纪要〔2013〕3号）第二部分"关于相关问题的处理意见"认为："《中华人民共和国合同法》第49条规定：'行为人没有代理权、超越代理权或者代理权终止后以被代理人名义订立合同，相对人有理由相信行为人有代理权的，该代理行为有效。'该条是关于认定表见代理的规定。表见代理本属于无权代理，但因本人与无权代理人之间的关系，具有外观授权的特征，致使相对人有理由相信行为人有代理权而与其进行民事法律行为，法律赋予其与有权代理相同的法律效果。表见代理的制度意义在于维护代理制度的诚信基础，保护善意第三人的合法权益，建立正常的民事流转秩序。"

"会议认为，根据法律规定，认定行为人与相对人订立合同的行为构成表见代理，应当具备以下条件：一是行为人没有代理权；二是签订合同之时具有使相对人相信行为人具有代理权的事实或理由；三是相对人主观上须为善意且无过失；四是行为人与相对人签订的合同应具备合同有效的一般条件，即不具有无效和可撤销的内容。按照这一判断标准，本案中钮志浩的行为不构成表见代理，主要理由是：（1）钮志浩的行为是无权代理行为。本案中，虽然买卖合同的需方填写的是中兴公司，但最终签字确认的是钮志浩个人，中兴公司并未签章；签约时钮志浩亦未向陈元林出示其代表中兴公司或受中兴公司委托订立买卖合同的授权委托书。因此，钮志浩以中兴公司的名义与陈元林签订买卖合同的行为是无权代理行为。（2）钮志浩与陈元林签订合同时，不具有足以使陈元林相信其有权代理中兴公司的事实和理由。陈元林主张钮志浩代表中兴公司的主要证据是，体育城项目部向钮志浩施工队所发的通知、函告以及陈元林称其在钮志浩办公室所拍摄的铭牌照片（中兴公司对照片的真实性不予认可）。通知及铭牌照片等证据仅能表明钮志浩的身份是'钮志浩施工队'负责人和工程项目质量领导小组及安全领导小组的成员，并不具有代表中兴公司对外购买建材的权限，且上述通知及照片均系陈元林于合同订立之后的供货期间取得。因此，没有证据证明陈元林在订立合同时相信钮志浩有权代表中兴公司。（3）陈元林具有过失。陈元林在与钮志浩签订合同时，既不审查核实钮志浩身份及有无代理权，又不要求中兴公司在合同上加盖印章；在合同履行过程中，也未要求中兴公司予以确认或追认，具有明显过错。

"综上，钮志浩的行为不符合《中华人民共和国合同法》第49条规定的表见代理构成要件，不构成表见代理。"

2. 最高人民法院发布的《关于当前形势下审理民商事合同纠纷案件若干问题的指导意见》第14条规定："人民法院在判断合同相对人主观上是否属于善意且无过失时，应当结合合同缔结与履行过程中的各种因素综合判断合同相对人是否尽到合理注意义务，此外还要考虑合同的缔结时间、以谁的名义签字、是否盖有相关印章及印章真伪、标的物的交付方式与地点、购买的材料、租赁的器材、所借款项的用途、建筑单位是否知道项目经理的行为、是否参与合同履行等各种因素，作出综合分析判断。"

3. 《上海市高级人民法院民二庭商事合同案件适用表见代理要件指引（试行）》第6条列举了关于代理权外观表征的主要考量因素，包括：（1）合同是否以被代理人名义订立。（2）行为人的身份、职务是否与被代理人有关联。（3）被代理人对行为人是否存在可合理推断的授权关系。（4）合同等对外文件材料上是否加盖与被代理人有关的、可正常对外使用的有效印章。（5）合同关系的建立方式是否与双方以往的交易方式相符。（6）合同订立过程、交易环境和周围情势等是否与被代理人有关。（7）被代理人是否存在能够使人相信其参与合同履行的行为。（8）标的物的用途、交付方式与交付地点等是否与被代理人有关，被代理人是否取得履行合同的利益。（9）其他具有代理权客观表象的情形，即行为人在交易过程中存在其他行为，足以使一般商人合理推断该行为系基于被代理人合法授权的，可以作为认定的考量因素。

同时，《上海市高级人民法院民二庭商事合同案件适用表见代理要件指引（试行）》第7条列举了关于相对人善意的主要考量因素，包括：（1）合同相对人与被代理人之间是否存在交易历史以及相互熟识程度。（2）合同相对人在订立合同之前是否就已充分知悉权利外观事实。（3）合同相对人注意义务与交易规模大小是否相称。（4）交易对效率的要求与合同相对人核实代理权限的成本是否相称。（5）其他影响合同相对人主观判断的因素。

从以上内容看，代理权外观表象表征和相对人善意的要求都必须判断相对人的信赖程度和合理性，同时需要根据各个个案及其所处场景来具体作出分析和判断，而且是合理性程度的综合判断。

4. 根据《最高人民法院关于适用〈中华人民共和国物权法〉若干问题的解释（一）》（法释〔2016〕5号）第15条规定，善意取得中相对人的善意是不知无处分权且无重大过失。但较之善意取得，在表见代理中，由于行为人必须以被代理人名义作出代理行为，因此相对人至少知道被代理人的存在，获知行为人是无权代理的信息成本要低一些，因此表见代理中相对人善意的要求更高一些。

四、最高人民法院案例

1. 最高人民法院（2016）最高法民申733号民事裁定书确认，即使为公司相关人员私刻的公章，对于善意的相对方也是合法有效的。

2. 江山市江建房地产开发有限责任公司（以下简称"江建公司"）与雷伟程与江西四季青生态科技有限公司、吴自旺、俞小貂民间借贷纠纷〔（2016）最高法民申425号〕。最高人民法院认为，吴自旺与雷伟程达成的《还款协议》是双方真实意思表示，应为有效。《还款协议》上江建公司作为担保人加盖公章，虽然该公章已被刑事判决认定为吴自旺伪造，但吴自旺多次使用该枚公章从事一系列经营活动，且该公章已为施工单位和相关政府职能部门确认。吴自旺通过挂靠江建公司，取得了"金迪商厦"项目的开发人资格，吴自旺是该项目的实际控制人，吴自旺所借款项部分用于"金迪商厦"项目。江建公司为涉案款项提供担保的行为合法有效。吴自旺在《招标通知书》和《建设工程施工招标备案资料》以及与施工单位订立的《建设工程施工合同》中均使用了该枚私刻的公章。上述法律行为必须使用公章，在此情况下，推定江建公司对于吴自旺使用该枚公章知情并无不当。且依据一审时的鉴定结论，吴自旺使用的该枚公章与其向东乡县房管局申报《承诺书》中的公章相同。上述事实使雷伟程对于该公章形成合理信赖，雷伟程的合理信赖利益应当受到保护。

最高人民法院的裁定要点是：自然人挂靠其他公司，并私刻该公司公章，多次使用该枚公章从事一系列经营活动，且该公章已为相关政府职能部门确认的，可推定该公司明知该自然人使用该枚公章，该公司应当对外承担相应民事责任。

五、实践中常见的表见代理纠纷

1. 实际施工人（挂靠人）用"项目资料专用章"签订买卖合同，购买钢材，挂靠企业不予追认，不构成表见代理。

2. 企业的一般员工，私刻该企业印章对外签订16份材料买卖合同，相对人未尽多方面的注意义务，不构成表见代理。

3. 作为施工企业的项目代表，经常参加工程监理例会、工程签证等活动，临近春节，以施工企业的名义借款，用以解决员工工资、劳务费等，项目部无公章，由该代表签名，构成表见代理。

4. A公司给乙出具营业执照（副本），但《授权委托书》上的公章系乙私刻。乙与相对人签订劳务分包合同，构成表见代理。

5. 公司的股东和监事无权私自代表公司对外签署买卖合同的《承诺书》及《确认书》，其行为不构成表见代理。

6. 张某某并非A公司职工，但他对外以A公司项目经理名义实施一系列民事法律行为（在支付工程款项的票据上签字、在整改通知单上签字等），并且经证人证言证实，施工过程中张某某对外是以A公司项目经理名义实施法律行为，且客观上张某某也确实实施了有被授予代理权的外观行为。同时，A公司也未对张某某签字支付工程款项等行为提出异议，构成表见代理。

7. 分公司经理在其担任项目经理期间与他人签订《借款协议》并出具收据，收据上加盖公司项目经理部印章，构成表见代理。

8. 分公司的负责人以总公司名义签订房屋买卖合同（但合同上加盖的公司印章系虚假私刻），购房款进入分公司账户，总公司出具收到购房款的收据，构成表见代理。

9. 甲公司委托王某某全权代理某工程招、投标工作，王某某接受委托后与乙公司签订《施工合同》，盖有甲公司公章，王某某也在承包人处签名。后王某某以甲公司名义与丙公司签订买卖合同，合同加盖甲公司项目资料章，构成表见代理。

10. A作为公司工作人员并不具有代理权，但对其签署的出租材料汇总表，公司不仅以合同的实际履行行为认可了A签字的效力，还在A代表公司签名的多份文件上加盖公司的公章，构成表见代理。

11. A、B两家施工企业"联营"，A企业只负责"管理"（向发包方出具发票，收取工程款，扣留12%作为管理费和税金，剩余88%支付给B企业），B企业负责全部工程的包工包料"施工"，承担全部风险，其以B企业的名义对外购买商品混凝土，不构成表见代理（A、B承担其他民事责任）。

12. 谭某挂靠在四川B施工企业，并以B施工企业的名义与A发包方签订了《建筑工程施工合同》，谭某持该《建筑工程施工合同》到四川某地大量高息吸收民间资金（涉刑另案处理），谭某对A和B均不构成表见代理。

13. 张某某挂靠在B施工企业，与李四的经营部（个体企业）签订多份买卖合同，购买李四经营部出售的钢材、铝合金、石材等建筑材料，没有证据（运货单、收货证明、其他证据）证明张某某与李四的合同已实际履行，表见代理不成立。

从以上可以看出，在建筑工程特别是民用建筑工程中，联营、挂靠、转包、违法分包的现象十分普遍，挂靠人（实际施工人）、项目或工地其他人员等常以施工单位名义对外从事买卖、租赁、借贷等相关行为，引发大量的表见代理纠纷，是否真正构成对被挂靠施工企业的表见代理，具体情形各异，也特别复杂，法院判例和司法实践争议颇多。

六、我国《民法典》对表见代理的最新规定

《民法典》第172条规定："行为人没有代理权、超越代理权或者代理权终止后,仍然实施代理行为,相对人有理由相信行为人有代理权的,代理行为有效。"由此可见,我国《民法典》基本承袭了我国《合同法》和《民法总则》关于表见代表的规定。

案例26

发包人在欠付工程款范围内承担责任的法律问题——

■ 基本案情

青海某房地产公司于2013年将地王大厦的建设工程(包括土建工程和水电安装工程)经过招标发包给某建设集团公司,后该建设集团公司将总包工程中的水电安装工程部分分包给了上海某安装公司,而上海某安装公司则将该水电安装工程交由其青海分公司施工。然而,该分公司又将该水电安装工程转包给了自然人冯某,冯某再次转包给了自然人肖某。肖某完成该水电安装工程后未得到工程款,因而以某房地产公司(发包方)、某建设集团(总包方)、上海某安装公司、自然人冯某为共同被告向人民法院提起诉讼,请求人民法院判令被告某建设集团、被告某房地产公司在欠付的工程款中承担支付责任,并判令冯某、上海某公司青海分公司、上海某公司承担连带支付责任。

■ 法院判决

一审法院经过审理认为,被告某建设集团公司从某房地产公司(发包方)承包修建工程后,被告冯某借用上海某安装公司青海分公司资质与被告某建设集团公司签订施工协议,承包共和县恰卜恰镇地王国际一期水电安装工程后又将该工程中的部分施工工程转包给无施工资质的原告肖某进行施工,该转包合同违反了相关法律规定,应属无效,但原告按照双方约定进行施工并将工程交付被告冯某,被告冯某应向原告支付工程款……现原告要求被告冯某、上海某安装公司青海分公司、上海某安装公司连带支付工程款及要求被告某建设集团公司、青海某房地产公司在欠付工程款范围内承担支付责任的诉讼请求缺乏相应证据证明,不符合法律规定,本院不予支持。判决:驳回原告肖某的诉讼请求。

■ 法律分析

首先,原告肖某在起诉状中称,其与冯某签订了水电安装劳务协议,并承认其与青海某房地产公司（发包方）没有合同关系。根据 2016 年 8 月 24 日《最高人民法院对十二届全国人大四次会议第 9594 号建议的答复》"'实际施工人'是指依照法律规定被认定为无效的施工合同中实际完成工程建设的主体，包括施工企业、施工企业分支机构、工头等法人、非法人团体、公民个人等"的表述，可认为肖某属于本水电安装工程的实际施工人。但是，又根据以上合同关系，青海某房地产公司与某建设集团公司的总包合同是合法有效的，该建设集团公司与上海某安装公司的分包合同也是合法有效的。只有上海某安装公司青海分公司与冯某的分包合同以及冯某与肖某的劳务协议是无效的。

虽然 2005 年 1 月 1 日起施行的《最高人民法院关于审理建设工程施工合同纠纷案件适用法律问题的解释》第 26 条第 2 款规定，在欠付劳务分包工程款，进而欠付农民工工资情形下，实际施工人可突破合同相对性向与其没有合同关系的发包人、总承包人提起偿还劳务分包工程欠款的诉讼，但该条第 1 款同时规定，原则不能突破合同相对性，应当按照合同顺位主张权利。

2011 年，最高人民法院《全国民事审判工作会议纪要》强调，对实际施工人向与其没有合同关系的转包人、分包人、总承包人、发包人提起的诉讼，要严格按照法律、司法解释的规定进行审查，不能随意扩大《最高人民法院关于审理建设工程施工合同纠纷案件适用法律问题的解释》第 26 条第 2 款规定的适用范围，并且要严格根据相关司法解释的规定明确发包人只在欠付工程价款范围内对实际施工人承担责任。2015 年，第八次全国法院民事商事审判工作会议上，再次强调，要根据《最高人民法院关于审理建设工程施工合同纠纷案件适用法律问题的解释》第 26 条第 1 款规定严守合同相对性原则，不能随意扩大该条第 2 款规定的适用范围，只有在欠付劳务分包工程款导致无法支付劳务分包关系中农民工工资时，才可以要求发包人在欠付工程价款范围内对实际施工人承担责任，不能随意扩大发包人责任范围。

在本案中，存在四个合同关系，第一个合同关系是合法的发包与总承包合同关系，后三个合同均为非法的和无效的转包合同。所以，如果允许最终的实际施工人绕过中间多个合同关系，直接向合法的发包方主张权利，则会破坏"合同的相对性"原则，更会引起合同关系的"天下大乱"。因此，根据合同的相对性原则，以及为了维护交易安全和交易秩序，本案原告肖某应首先向与其有合同关系的相对方主张权利。青海某房地产公司因与原告肖某无合同关系，对水电安装施工并不直接管理，对该工程的质量、进度、造价、原材料等是否符合原告签订的合同约定并不知晓，因此，本案原告肖某应当首先和与其有合同关系的相对方进行结算，确定工程价款，并要求相对方承担支付责任，这是原告保护其合法权益的主渠道。

其次，原告要求"发包方在欠付的工程款范围内承担连带责任"是不正确的：一是这种情况必须以其（分包、转包、肢解合同）合同无效为前提条件，也就是实际施工人的合同属于违法的分包、违法的转包或违法的被肢解合同，此类合同均被认定为无效，在这种情形下才可要求发包方承担支付责任；二是即使发包方承担责任，也应当是补充清偿责任（先由非法发包、非法转包、非法肢解合同的总承包方、转包方承担支付责任），而不应当是无限连带责任。目前，北京、江苏、广东、安徽、四川等高级人民法院均有指导意见。

再次，青海某房地产公司与总包方某建设集团公司正在就工程结算款进行诉讼，工程款尚未最终确定，并且，双方均要求对方承担违约责任，因此并不能确定青海某房地产公司是否拖欠总包方的工程款。实际施工人肖某要求青海某房地产公司承担责任，可在青海某房地产公司与总包单位某建设集团公司的诉讼案件中申请参加诉讼，现原告肖某单独起诉青海某房地产公司，法院不应当受理，如果已受理，应当驳回原告的起诉，或者判决驳回其诉讼请诉。如果一审法院既不驳回原告的起诉，也不判决驳回其诉讼请求，则青海某房地产公司应当申请"中止本案诉讼"，因为青海某房地产公司是否最终拖欠总包单位某建设集团公司工程款，必须以二审的终审判决为依据。本案中，暂不能断定青海某房地产公司欠某建设集团公司工程款。

最后，建设工程常常分为地质勘查、基础、消防和人防、水给排水、供电等多个专业分包工程，也常常被不法承包方肢解为多个小规模施工安装、装饰、装修、橱柜、燃气、供暖、网络通信等项目，这些小规模施工项目常常是包工包料的，必须根据《最高人民法院关于审理建设工程施工合同纠纷案件适用法律问题的解释》第26条第1款的规定严守合同相对性原则，不能随意扩大该条第2款规定的适用范围。只有在如脚手架、模板、扎钢筋、砌墙、批荡粉刷、外挂石、外保温、外墙漆等无效劳务合同的情形下，才可突破合同的相对性，要求发包方承担支付责任。

综上所述，本案中，原告肖某起诉发包方青海某房地产公司，要求该房地产公司直接向其支付工程款，不合适。其应当直接起诉合同相对方，判决生效后可申请法院强制执行合同相对方的到期债权。需要特别说明的是，无论哪种情形下强令发包方房地产公司承担支付责任，都应当判决发包方扣留承包方应承担的税款，并由承包方配合由发包方直接代缴。

不同法院对于实际施工人的不同态度

以下主要探讨最高人民法院和各级人民法院关于发包人在欠付工程款范围内对实际施工人承担责任的相关司法解释、指导意见、解答、负责人讲话等，涉及适用范围、欠付工程款举证责任分配、是否承担连带责任等方面。

1. 2004年最高人民法院的司法解释

2004年,《最高人民法院关于审理建设工程施工合同纠纷案件适用法律问题的解释》第26条规定:"实际施工人以转包人、违法分包人为被告起诉的,人民法院应当依法受理。""实际施工人以发包人为被告主张权利的,人民法院可以追加转包人或者违法分包人为本案当事人。发包人只在欠付工程价款范围内对实际施工人承担责任。"从这一司法解释的本意来讲,该条文突破合同相对性,主要是为了保障实际施工人背后农民工的工资和劳务报酬,保障农民工及其家庭成员的基本生活需要。以上司法解释自2004年公布迄今已有十几年的时间,司法实践对该条文的适用,基本坚持以合同相对性为原则,以突破为补充的做法,避免对突破相对性原则的滥用。

2. 江苏省高级人民法院的指导意见

2008年,《江苏省高级人民法院关于审理建设工程施工合同纠纷案件若干问题的意见》第23条规定:"实际施工人以发包人为被告要求支付工程款的,人民法院一般应当追加转包人或者违法分包人为被告参加诉讼。""建设工程因转包、违法分包导致建设工程施工合同无效的,实际施工人要求转包人、违法分包人和发包人对工程欠款承担连带责任的,人民法院应予支持,但发包人只在欠付的工程款范围内承担连带责任。""实际施工人要求发包人给付工程款,发包人以实际施工人要求给付的工程款高于其欠付的工程款进行抗辩的,应当由发包人承担举证责任。"

3. 杭州市中级人民法院的解答

2010年,《杭州市中级人民法院民一庭关于审理建设工程及房屋相关纠纷案件若干实务问题的解答》第一部分第2条"合同责任认定"中提出:对《最高人民法院关于审理建设施工合同纠纷案件适用法律问题的解释》第26条中规定的,发包人在欠付工程价款范围内对实际施工人所应承担的责任,应如何理解?对于这一问题的解答是:"建设工程因非法转包、违法分包导致建设工程施工合同无效的,发包人应当在其欠付工程价款范围内,与非法转包人、违法分包人向实际施工人承担连带责任。同时,实际施工人以发包人为被告要求支付工程价款的,一般应当追加非法转包人或者违法分包人为被告参加诉讼。发包人以款项已付清或实际施工人要求给付的工程价款高于其欠付的工程价款进行抗辩的,应当由发包人承担举证责任。"

4. 2011年《全国民事审判工作会议纪要》

2011年6月,最高人民法院《全国民事审判工作会议纪要》第28条规定:"人民法院在受理建筑工程施工合同纠纷时,不能随意扩大《关于审理建筑工程施工合同纠纷案件适用法律问题的解释》第二十六条第二款的适用范围，要严格控制实际施工人向与其没有合同关系的转包人、违法分包人、总承包人、发包人提起的民事诉讼，且发包人只在欠付工程款范围内对实际施工人承担责任。"

5. 浙江省高级人民法院的解答

2012年，《浙江省高级人民法院民事审判第一庭关于审理建设工程施工合同纠纷案件若干疑难问题的解答》第23条明确："实际施工人的合同相对人破产、下落不明或资信状况严重恶化，或实际施工人至承包人（总承包人）之间的合同均为无效的，可以依照最高人民法院《关于审理建设工程施工合同纠纷案件适用法律问题的解释》第二十六条第二款的规定，提起包括发包人在内为被告的诉讼。"

可以看出，浙江省高级人民法院的指导意见实际上是对最高人民法院司法解释的适用作出了限制，即只有符合一定条件（合同相对人履约不能或层层合同无效）时，实际施工人才可以突破合同相对性要求发包人承担责任。这也是兼顾合同相对性原则和保护农民工利益的考虑。

6. 北京市高级人民法院的解答

2012年，《北京市高级人民法院关于审理建设工程施工合同纠纷案件若干疑难问题的解答》问题19提出："违法分包合同、转包合同的实际施工人主张欠付工程款的，诉讼主体如何确定？发包人的责任如何承担？"对于这一问题的解答是："实际施工人以违法分包人、转包人为被告要求支付工程款的，法院不得依职权追加发包人为共同被告；实际施工人以发包人为被告要求支付工程款的，应当追加违法分包人或转包人作为共同被告参加诉讼，发包人在其欠付违法分包人或转包人工程款范围内承担连带责任。发包人以其未欠付工程款为由提出抗辩的，应当对此承担举证责任。"

7. 安徽省高级人民法院的指导意见

2013年，《安徽省高级人民法院关于审理建设工程施工合同纠纷案件适用法律问题的指导意见（二）》第13条规定："实际施工人根据《最高人民法院关于审理建设工程施工合同纠纷案件适用法律问题的解释》第二十六条第二款的规定要求发包人承担责任，发包人对其已支付的工程价款数额负有举证责任。"

8. 四川省高级人民法院的解答

2015年，《四川省高级人民法院关于审理建设工程施工合同纠纷案件若干疑难问题的解答》问题13提出："实际施工人主张欠付工程款的诉讼主体如何确定？发包人、转包人、违法分包人的责任如何承担？"对于这一问题的解答是："《建工司法解释》第二十六条中的'发包人'应当理解为建设工程的业主，不应扩大理解为转包人、违法分包人等中间环节的相对发包人。建设工程因转包、违法分包导致建设工程施工合同无效的,实际施工人以转包人、违法分包人为被告主张权利的,人民法院一般不主动依职权追加发包人作为共同被告参加诉讼。实际施工人以发包人为被告主张权利的,人民法院应当追加与实际施工人存在直接合同关系的转包人、违法分包人作为共同被告参加诉讼,发包人在欠付工程价款范围内对实际施工人承担责任。发包人以其未欠付工程价款为由提出抗辩的,应当承担举证责任。实际施工人可以以发包人、转包人、违法分包人为共同被告主张权利,当事人之间依据相应的合同关系承担法律责任。建设工程施工合同无效,实际施工人要求未与其建立合同关系的转包人、违法分包人对工程欠款承担支付责任的,不予支持。"

9. 最高人民法院民一庭相关负责人的讲话

2015年12月24日,最高人民法院民事审判第一庭庭长程新文关于当前民事审判工作中的若干具体问题的讲话提到,对于《最高人民法院关于审理建筑工程施工合同纠纷案件适用法律问题的解释》第26条规定,目前实践中执行得比较混乱,并特别强调,要根据该条第1款规定严守合同相对性原则,不能随意扩大该条第2款规定的适用范围,只有在欠付劳务分包工程款导致无法支付劳务分包关系中农民工工资时,才可以要求发包人在欠付工程价款范围内对实际施工人承担责任,不能随意扩大发包人责任范围。

笔者理解:最高人民法院民一庭负责人的讲话中将适用范围进一步缩小在劳务分包工程款,也就是常说的包工不包料。如果实际施工人诉求的工程款包含了材料款,也就是包工包料,是不是就不能要求发包人在欠付工程款范围内承担责任了呢?由于目前毕竟只是个讲话精神,尚未找到相关的判例。

10. 最高人民法院的答复

2016年8月24日,《最高人民法院关于统一建设工程施工合同纠纷中"实际施工人"的司法认定条件的建议的答复》是这样答复的:"'实际施工人'是指依照法律规定被认定为无效的施工合同中实际完成工程建设的主体,包括施工企业、施工企业分支机构、工头等法人、非法人团体、公民个人等,是《最高人民法院关于审理建设工程施工合同纠纷案件适用法律问题的解释》(以下简称《解释》)确定的概念,目的是区分有效施工合同的承包人、施工人、建筑施工企业等法定概念。为保障农民工合法权益和维护社会大局稳定,该司法解释第二十六条第二款规定,在欠付劳务分包工程款,进而欠付农民工工资情形下,实际施工人可突破合同相对性向与其没有合同关系的发包人、总承包人提起偿还劳务分包工程欠款的诉讼;该条第一款同时规定,原则不能突破合同相对性,应当按照合同顺位主张权利。《解释》施行十余年来,该条规定对保护农民工权益切实起到积极作用,为实际施工人主张劳务分包工程欠款提供了便捷通道,最高人民法院向全国人大常委会所作工作报告也报告了此条立意；同时，不可否认，实践中也出现大量突破司法解释原意滥用此条规定的情形，损害了发包人、总承包人合法权益。""十余年来，最高人民法院反复强调准确理解、限缩适用《解释》第二十六条第二款规定，为此，通过在专业审判工作会议上领导讲话、发布指导性案例、撰写理论文章、答新闻记者问等形式反复阐明司法解释该条本意，指导地方法院审理好此类案件。特别是，2011年最高人民法院民事审判工作会议纪要规定，对实际施工人向与其没有合同关系的转包人、分包人、总承包人、发包人提起的诉讼，要严格按照法律、司法解释的规定进行审查，不能随意扩大建设工程施工合同司法解释第二十六条第二款规定的适用范围，并且要严格根据相关司法解释规定明确发包人只在欠付工程价款范围内对实际施工人承担责任。2015年第八次全国法院民事商事审判工作会议上，再次强调，要根据《解释》第二十六条第一款规定严守合同相对性原则，不能随意扩大该条第二款规定的适用范围，只有在欠付劳务分包工程款导致无法支付劳务分包关系中农民工工资时，才可以要求发包人在欠付工程价款范围内对实际施工人承担责任，不能随意扩大发包人责任范围。""目前，保护农民工合法权益仍事关大局。建筑市场竞争秩序逐步规范，劳动用工法律制度不断完善，行政监管力度加大，农民工维权的救济途径不断拓宽。目前最高人民法院正在起草建设工程施工合同司法解释（二），二十六条第二款存废与否也是讨论重点之一，拟在征询国家有关保护农民工权益部门、地方法院、建筑市场承发包经营主体等各方意见基础上，权衡利弊，再行决定该条存废。"

11. 广东省高级人民法院的解答

2017年，《广东省高级人民法院关于审理建设工程合同纠纷案件疑难问题的解答》第24条明确：《最高人民法院关于审理建设工程施工合同纠纷案件适用法律问题的解释》第26条第2款规定的"发包人只在欠付工程价款范围内对实际施工人承担责任"应定性为连带责任。如果发包人和总承包人未就工程款纠纷进入仲裁、诉讼程序，实际施工人单独起诉合同相对人后，另案起诉发包人在欠付工程价款范围内支付工程款的，应予受理。根据《最高人民法院关于审理建设工程施工合同纠纷案件适用法律问题的解释》第26条第2款的规定，发包人应举证证明已向总承包人支付的工程款数额。发包人和总承包人已对工程款进行结算的，按照工程结算款扣减已支付工程款确定发包人欠付工程款的数额；发包人和总承包人未对工程款进行结算且未进入仲裁、诉讼程序的，根据工程实际完工的情况，可以按照合同约定的工程结算款扣减已支付工程款确定发包人欠付工程款的数额，发包人和总承包人实际结算后，如发包人仍欠付总承包人工程款的，实际施工人可就差额部分另行起诉；发包人和总承包人就工程款的结算纠纷进入仲裁、诉讼程序的，实际施工人可以申请参加该案的诉讼，其另案主张发包人承担付款责任的，不予受理。

其他还有福建省高级人民法院、山东省高级人民法院等的指导意见或解答，不一一罗列，规定基本类似。由此可以看出，各地方人民法院的相关指导意见和解答、最高人民法院相关领导的讲话、最高人民法院的指导案例等，事实上都是以限制及谨慎适用《最高人民法院关于审理建设工程施工合同纠纷案件适用法律问题的解释》第 26 条的规定为主旨。

案例27

发包人、承包人、实际施工人对工程款进行庭外调解和结算的效力

基本案情

2015 年 6 月 26 日，原告（云南省）红河州 A 建筑安装工程有限公司出具《授权委托书》，委托张三以原告名义办理云南省开远市 X 花园商住小区项目的投标事宜。2015 年 6 月 26 日中标并取得被告开远 B 房地产开发有限公司发出的《中标通知书》，确认红河州 A 建筑安装工程有限公司为中标人，总建筑面积约 84810.18 平方米，中标价为 116997493.2 元。2015 年 6 月 28 日，双方签订《建设工程施工合同》，约定开工日期为 2015 年 6 月 30 日，竣工日期为 2016 年 8 月 30 日，合同工期总日历天数 426 天；合同单价按建筑面积每平方米 1379.52 元计算。此外，合同还对工程承包范围、质量标准、价款支付、双方权利义务、违约责任等作了约定。2015 年 7 月 30 日，被告开远 B 房地产开发有限公司又要求原告红河州 A 建筑安装工程有限公司的"项目负责人"张三签订了一份《建设工程施工合同补充协议》，否定了《中标通知书》和《建设工程施工合同》。《建设工程施工合同补充协议》约定：一次性包干定价每平方米 1080 元；开工日期为 2015 年 7 月 30 日，竣工日期为 2016 年 8 月 30 日，合同工期总日历天数 396 天；招标价格及以招标方式签订的《建设工程施工合同》只作办理手续用，以本补充协议的价格为准；本补充协议系《建设工程施工合同》的非实质性补充，若二者不一致处，以本补充协议为准等。同日，原告还出具一份《承诺书》，承诺双方结算时，按补充协议确定的 1080 元/平方米的施工价格为准计算。此后，原告的"项目负责人"张三组织工人进场施

工。2017年10月，项目竣工，原告将房屋移交给被告。2018年1月23日，原告的"项目负责人"张三与被告进行了工程款支付核对，并签订了《项目已付工程款情况说明》，加盖了"项目部"印章，确认截至2018年1月22日，被告已向原告支付了85282636元。

原告起诉认为，《建筑工程施工合同补充协议》不仅对中标合同进行了实质性更改，更是完全取代了《建设工程施工合同》，应认定为无效协议。故原告请求人民法院判令被告按照《中标通知书》和《建设工程施工合同》确定的每平方米1379.52元的承包单价与原告进行结算，并支付拖欠的工程款34302394元及自起诉之日起至全部款项付清期间所产生的利息。

在本案诉讼过程中，原告委派的"项目负责人"张三代表原告于2018年10月17日与被告签订了一份《项目决算书》，确认合计结算金额为94976000元，原告共计预借工程款85282636元，余额9693364元。

被告答辩称，原告与被告在本案诉讼过程中进行了工程款结算，并达成了书面协议，《中标通知书》仅记载了合同总价，未明确合同单价，双方根据当时建筑材料价格变化的客观情况，可以自愿对合同进行变更补充，故本案无须判令被告履行结算义务。请求按照双方的结算协议判决。

在诉讼过程中，被告认为原告"项目负责人"张三为实际施工人，并申请追加了张三作为本案第三人参加诉讼。

张三称，对原告的起诉和被告的答辩不发表意见。

2018年12月22日，原告（作为甲方）和被告（作为乙方）双方及原告"项目负责人"张三（作为丙方）经庭外和解协商，签订《调解协议书》，再次确定：1. 三方同意按《建设工程施工合同补充协议》约定的1080元/平方米的单价办理结算；2. 被告乙方已付工程款85282636元，尚欠余款9693364元，经协商被告乙方同意追加240000元对原告甲方进行补贴；3. 丙方张三同意被告乙方从尚欠的工程款中直接扣留1240000元给原告甲方；4. 税费由丙方张三承担，并由被告乙方代缴代扣，原告甲方和丙方张三配合办理；5. 项目建设过程中的各种材料欠费，由丙方张三承担，被告乙方承担连带责任等。本《调解协议书》还对工程余款的支付、工程质量保证金、项目工程验收、工程质量和保修责任等作了明确约定。

原告之后仍不认可上述《建筑工程施工合同补充协议》《项目已付工程款情况说明》《项目决算书》《调解协议书》的内容。

法院判决

法院认为：首先，《调解协议书》系各方经协商共同签署，是当事人在意思自治的基础上达成的合意，是各方的真实意思表示，在不违反法律、行政法规强制性规定的情形下，当事人应当受其约束，因此，该《调解协议书》应作为本案工程款的结算依据。其次，该《调解协议书》约定的金额与《建设工程施工合同补充协议》《项目已付工程款情况说明》《项目决算书》内容相符，并相互印证。最后，虽然《项目已付工程款情况说明》《项目决算书》无原告公章，但有张三的签名和项目部印章，应视为张三履行职务的行为，对原告有效并有约束力。

法院对于原告主张的工程款核算错误、张三将个人预借款冲抵工程款无效，不予支持。对于原告主张的对外债务由张三个人承担的约定无效，不予支持。对于原告主张的《调解协议书》只是一个解决纠纷的意向，并未生效，不予支持。

判决：被告开远 B 房地产开发有限公司于本判决生效之日后十五日内给付原告红河州 A 建筑安装工程有限公司工程款 10633406 元及利息；驳回原告的其他诉讼请求。

原告不服一审判决，向二审法院提起上诉，请求撤销一审全部判决，改判支持上诉人的一审全部诉讼请求，判令被上诉人按照《中标通知书》《建设工程施工合同》确定的单价结算，付款给上诉人。后上诉人自动撤回上诉。

法律分析

一、关于建设工程招投标

《建筑法》第 16 条规定："建筑工程发包与承包的招标投标活动，应当遵循公开、公正、平等竞争的原则，择优选择承包单位。建筑工程的招标投标，本法没有规定，适用有关招标投标法律的规定。"第 18 条规定："建筑工程造价应当按照国家有关规定，由发包单位与承包单位在合同中约定。公开招标发包的，其造价的约定，须遵守招标投标法律的规定。发包单位应当按照合同的约定，及时拨付工程款项。"第 19 条规定："建筑工程依法实行招标发包，对不适于招标发包的可以直接发包。"第 20 条规定："建筑工程实行公开招标的，发包单位应当依照法定程序和方式，发布招标公告，提供载有招标工程的主要技术要求、主要的合同条款、评标的标准和方法以及开标、评标、定标的程序等内容的招标文件。开标应当在招标文件规定的时间、地点公开进行。开标后应当按照招标文件规定的评标标准和程序对标书进行评价、比较，在具备相应资质条件的投标者中，择优选定中标者。"第 21 条规定："建筑工程招标的开标、评标、定标由建设单位依法组织实施，并接受有关行政主管部门的监督。"第 22 条规定："建筑工程实行招标发包的，发包单位应当将建筑工程发包给依法中标的承包单位。建筑工程实行直接发包的，发包单位应当将建筑工程发包给具有相应资质条件的承包单位。"

《最高人民法院关于审理建设工程施工合同纠纷案件适用法律问题的解释》第1条规定："建设工程施工合同具有下列情形之一的，应当根据合同法第五十二条第（五）项的规定，认定无效：……（三）建设工程必须进行招标而未招标或者中标无效的。"

2014年，住房和城乡建设部令第18号《建筑工程施工许可管理办法》第4条规定："建设单位申请领取施工许可证，应当具备下列条件，并提交相应的证明文件：……（四）已经确定施工企业。按照规定应当招标的工程没有招标，应当公开招标的工程没有公开招标，或者肢解发包工程，以及将工程发包给不具备相应资质条件的企业的，所确定的施工企业无效……"

从形式上看，本案原被告双方均履行了招投标有关法律、法规规定的程序，形式上的合法性是毋庸置疑的。

二、关于《建设工程施工合同》的效力问题

《招标投标法》第12条规定："……依法必须进行招标的项目，招标人自行办理招标事宜的，应当向有关行政监督部门备案。"根据笔者的调查，《建设工程施工合同》为形式上的中标合同，并且已经在当地建设行政主管部门备案，具有法律效力。由于行政监管需要，建设工程招标、投标必须按照法定程序进行；施工单价不能低于当地"定额"，否则，《建设工程施工合同》无法在当地建设行政主管部门备案，也就意味着不能取得建设工程施工许可证，项目将无法顺利施工建设。"定额"实际上是政府部门对于建设工程承包价推出的参考价，目的是为招标方和投标方提供项目施工的价格依据，"定额"并不具法律强制性。政府部门要求施工价格不得低于"定额"，实际上是机械化地适用法律、政策；当地建设行政主管部门对于单价低于"定额"的《建设工程施工合同》不予备案，是不正确的，对于承包价低于"定额"的承包合同不予核发建设工程施工许可证的做法，也是错误的，应当纠正。

2014年《住房城乡建设部关于推进建筑业发展和改革的若干意见》明确，建筑业的发展目标是：简政放权，开放市场，坚持放管并重，消除市场壁垒，构建统一开放、竞争有序、诚信守法、监管有力的全国建筑市场体系；创新和改进政府对建筑市场、质量安全的监督管理机制，加强事中事后监管，强化市场和现场联动，落实各方主体责任，确保工程质量安全；转变建筑业发展方式，推进建筑产业现代化，促进建筑业健康协调可持续发展。《国务院办公厅关于进一步做好民间投资有关工作的通知》（国办发明电〔2016〕12号）明确要求，毫不动摇鼓励、支持、引导非公有制经济发展，保证各种所有制经济依法平等使用生产要素、公平参与市场竞争、同等受到法律保护。广州市率先响应政策，于2016年发布《广州市住宅和

城乡建设委员会、广州市发展和改革委员会关于调整我市非国有投资商品房屋项目发包方式的通知》，明确："一、市（区）发展改革部门不再审核商品房屋项目的招标方式、招标范围、招标组织形式。二、在我市范围内，非国有资金（包括集体资金）投资占控股或者主导地位且无财政性资金投资的商品房屋项目（以下简称非国有投资的商品房屋项目）均由建设业主自主决定采取招标发包或者直接发包，以及是否进入广州公共资源交易中心交易；若建设业主选择进行招标发包，则不再需要进行招标文件备案和招标情况备案，由建设业主依法依规开展招标工作。"

由此可见，非国有投资的商品房屋项目无须进行公开招投标，《建设工程施工合同》亦无须送建设行政主管部门备案，所签《建设工程施工合同》同样具有法律效力。

三、关于《建筑工程施工合同补充协议》的效力问题

《招标投标法》第46条第1款规定："招标人和中标人应当自中标通知书发出之日起三十日内，按照招标文件和中标人的投标文件订立书面合同。招标人和中标人不得再行订立背离合同实质性内容的其他协议。"

《最高人民法院关于审理建设工程施工合同纠纷案件适用法律问题的解释》第21条规定："当事人就同一建设工程另行订立的建设工程施工合同与经过备案的中标合同实质性内容不一致的，应当以备案的中标合同作为结算工程价款的根据。"《招标投标法实施条例》第57条亦规定："招标人和中标人应当依照招标投标法和本条例的规定签订书面合同，合同的标的、价款、质量、履行期限等主要条款应当与招标文件和中标人的投标文件的内容一致。招标人和中标人不得再行订立背离合同实质性内容的其他协议。"《最高人民法院办公厅关于印发〈全国民事审判工作会议纪要〉的通知》（法办〔2011〕442号）第四部分"关于建设工程合同纠纷案件"第23项规定："招标人和中标人另行签订的改变工期、工程价款、工程项目性质等中标结果的约定，应当认定为变更中标合同实质性内容；中标人作出的以明显高于市场价格购买承建房产、无偿建设住房配套设施、让利、向建设方捐款等承诺，亦应认定为变更中标合同的实质性内容。"

《最高人民法院关于审理建设工程施工合同纠纷案件适用法律问题的解释（二）》第1条规定："招标人和中标人另行签订的建设工程施工合同约定的工程范围、建设工期、工程质量、工程价款等实质性内容，与中标合同不一致，一方当事人请求按照中标合同确定权利义务的，人民法院应予支持。招标人和中标人在中标合同之外就明显高于市场价格购买承建房产、无偿建设住房配套设施、让利、向建设单位捐赠财物等另行签订合同，变相降低工程价款，一方当事人以该合同背离中标合同实质性内容为由请求确认无效的，人民法院应予支持。"第9条规定："发包人将依法不属于必须招标的建设工程进行招标后，与承包人另行订立的建设工程施工合同背离中标合同的实质性内容，当事人请求以中标合同作为结算建设工程价款依据的，人民法院应予支持，但发包人与承包人因客观情况发生了在招标投标时难以预见的变化而另行订立建设工程施工合同的除外。"第10条规定："当事人签订的建设工程施工合同与招标文件、投标文件、中标通知书载明的工程范围、建设工期、工程质量、工程价款不一致，一方当事人请求将招标文件、投标文件、中标通知书作为结算工程价款的依据的，人民法院应予支持。"

《北京市高级人民法院关于审理建设工程施工合同纠纷案件若干疑难问题的解答》第15条第1款规定："法律、行政法规规定必须进行招标的建设工程，或者未规定必须进行招标的建设工程，但依法经过招标投标程序并进行了备案，当事人实际履行的施工合同与备案的中标合同实质性内容不一致的，应当以备案的中标合同作为结算工程价款的依据。"关于"黑白合同"中如何认定实质性内容变更，该解答第16条第1款规定："招投标双方在同一工程范围下另行签订的变更工程价款、计价方式、施工工期、质量标准等中标结果的协议，应当认定为《解释》第二十一条规定的实质性内容变更。中标人作出的以明显高于市场价格购买承建房产、无偿建设住房配套设施、让利、向建设方捐款等承诺，亦应认定为变更中标合同的实质性内容。"

如果严格按照《招标投标法》、《最高人民法院关于审理建设工程施工合同纠纷案件适用法律问题的解释》的相关规定和《北京市高级人民法院关于审理建设工程施工合同纠纷案件若干疑难问题的解答》的说明，本案中《建设工程施工合同补充协议》当然无效。

然而，2018年5月18日，国务院办公厅正式公布《国务院办公厅关于开展工程建设项目审批制度改革试点的通知》（国办发〔2018〕33号），主要包括：取消施工合同备案、建筑节能设计审查备案等事项；社会投资的房屋建筑工程，建设单位可以自主决定发包方式；等等。这就意味着，本案中的《建设工程施工合同补充协议》无须再送建设行政主管部门进行备案，同样合法有效。而且，按照现有规定，非国有投资的商品房屋项目的《建设工程施工合同》无须送建设行政主管部门备案，因此，该补充协议亦合法有效。

四、关于黑白合同、挂靠施工和实际施工人参与诉讼

据笔者调查发现，本案中的张三与红河州A建筑安装工程有限公司实际为挂靠施工关系，红河州A建筑安装工程有限公司只提供名义和施工资质，收取"管理费"，代缴代扣税费，不参与项目的实际施工和现场管理。

根据《招标投标法》《建筑法》的相关规定，这种弄虚作假欺骗相关建设行政主管部门监管的行为，自始无效。《北京市高级人民法院关于审理建设工程施工合同纠纷案件若干疑难问题的解答》第 15 条第 2 款规定："法律、行政法规规定不是必须进行招标的建设工程，实际也未依法进行招投标，当事人将签订的建设工程施工合同在当地建设行政管理部门进行了备案，备案的合同与实际履行的合同实质性内容不一致的，应当以当事人实际履行的合同作为结算工程价款的依据。"第 3 款规定："备案的中标合同与当事人实际履行的施工合同均因违反法律、行政法规的强制性规定被认定为无效的，可以参照当事人实际履行的合同结算工程价款。"当然，基于《建设工程施工合同》无效所产生的责任问题，根据过错责任原则，应另当别论，在此不赘述。

《最高人民法院关于审理建设工程施工合同纠纷案件适用法律问题的解释》第 2 条规定："建设工程施工合同无效，但建设工程经竣工验收合格，承包人请求参照合同约定支付工程价款的，应予支持。"如此规定，实际上就是通常所说的"无效合同作有效处理"。

《最高人民法院关于审理建设工程施工合同纠纷案件适用法律问题的解释（二）》第 11 条规定："当事人就同一建设工程订立的数份建设工程施工合同均无效，但建设工程质量合格，一方当事人请求参照实际履行的合同结算建设工程价款的，人民法院应予支持。实际履行的合同难以确定，当事人请求参照最后签订的合同结算建设工程价款的，人民法院应予支持。"第 12 条规定："当事人在诉讼前已经对建设工程价款结算达成协议，诉讼中一方当事人申请对工程造价进行鉴定的，人民法院不予准许。"

《北京市高级人民法院关于审理建设工程施工合同纠纷案件若干疑难问题的解答》第 18 条第 1 款明确："《解释》中的'实际施工人'是指无效建设工程施工合同的承包人，即违法的专业工程分包和劳务作业分包合同的承包人、转承包人、借用资质的施工人（挂靠施工人）；建设工程经数次转包的，实际施工人应当是最终实际投入资金、材料和劳力进行工程施工的法人、非法人企业、个人合伙、包工头等民事主体。法院应当严格实际施工人的认定标准，不得随意扩大《解释》第二十六条第二款的适用范围。对于不属于前述范围的当事人依据该规定以发包人为被告主张欠付工程款的，应当不予受理，已经受理的，应当裁定驳回起诉。"本案中，案件的处理结果与实际施工的张三具有法律上的利害关系，因此，被告申请法院通知其参加诉讼是正确的。

综上所述，在本案中，法院根据《建设工程施工合同补充协议书》《项目已付工程款情况说明》《项目决算书》《调解协议书》作出的判决是正确的。

案例 28

实际施工人预借资金用于本项目可否抵作进度款 ——

■ 基本案情

2016年7月20日，原告贵州A城乡建设工程有限公司（以下简称"A公司"）与被告贵州B房地产开发有限公司（以下简称"B公司"）签订了两份建设工程施工合同，一份是《C广场6号楼总包合同》，另一份是《C广场7号楼总包合同》。其中《C广场6号楼总包合同》约定：原告A公司以总价3549万元承包被告B公司投资建设的C广场6号楼所有土建主体工程，合同工期从2016年8月5日至2017年10月31日。《C广场7号楼总包合同》约定：原告A公司以总价350万元承包被告B公司投资建设的C广场7号楼所有土建主体工程，合同工期从2016年8月5日至2017年8月31日。

2019年4月15日，原告A公司向D县人民法院提起诉讼称，A公司从进场施工至2018年年底，共完成工程量价值4700多万元，按两份总包合同约定的工程进度款支付方式，被告B公司应向原告A公司支付工程进度款3657万元，但被告B公司至今只支付了2320万元，拖欠工程进度款1337万元一直未付。请求D县人民法院判决被告B公司立即支付所欠原告A公司工程进度款1337万元，并从2018年8月3日起按年利率6%支付逾期付款的违约金至工程进度款付清为止（暂计算至2019年4月3日违约金为53.488万元），两项合计1390.688万元。

而作为被告的B公司则答辩称，其已按合同约定向原告A公司委派的现场负责人，亦即本项目的实际施工人胡某某、张某某支付了该付的全部工程进度款，并未拖欠工程进度款，原告起诉无理，其诉讼请求应予驳回。

■ 法院判决

法院认为，原、被告于2016年7月20日签订的《C广场6号楼总包合同》和《C广场7号楼总包合同》合法有效，胡某某、张某某以挂靠原告的名义对被告6号楼、7号楼进行施工，被告截至2018年8月31日共支付工程款3683.38万元，已远远超过原、被告双方约定的合同总价，被告在支付工程款过程中，以合同的约定和委托支付函向原告及实际施工人支付工程款，无论委托支付函的印章是否系原告 A 公司印章，被告完全有理由相信系 A 公司的委托行为，且从原、被告的陈述及双方提供的证据及证人证言分析，原告不是工程款的实际权利人，被告将工程款支付给实际施工人并无不当且符合法律规定，现原告称已按合同约定履行义务与客观事实不符，其要求被告给付工程进度款 1337 万元及支付逾期违约金的理由不充分，证据不足。根据《民事诉讼法》第 64 条第 1 款"当事人对自己提出的主张，有责任提供证据"及《最高人民法院关于适用〈中华人民共和国民事诉讼法〉的解释》第 90 条"当事人对自己提出的诉讼请求所依据的事实或者反驳对方诉讼请求所依据的事实，应当提供证据加以证明，但法律另有规定的除外。在作出判决前，当事人未能提供证据或者证据不足以证明其事实主张的，由负有举证证明责任的当事人承担不利的后果"之规定，原告要求被告给付工程进度款及支付逾期付款违约金的诉讼请求，法院不予支持。

为此，依照《民事诉讼法》第 64 条第 1 款及《最高人民法院关于适用〈中华人民共和国民事诉讼法〉的解释》第 90 条之规定，判决：驳回 A 公司的诉讼请求。

法律分析

一、关于"黑白合同"或"阴阳合同"的效力问题

本案原、被告所提供的合同标的额不一致。原告 A 公司提供了两份建设工程施工合同，一份是《C 广场 6 号楼总包合同》，另一份是《C 广场 7 号楼总包合同》，其中《C 广场 6 号楼总包合同》总价 3549 万元，《C 广场 7 号楼总包合同》总价 350 万元。而被告 B 公司也提供了两份建设工程施工合同，一份是《C 广场 6 号楼总包合同》，另一份是《C 广场 7 号楼总包合同》，其中《C 广场 6 号楼总包合同》总价 5024 万元（1677 元/平方米），《C 广场 7 号楼总包合同》总价 920 万元（1370 元/平方米）。

一般而言，"黑白合同"或"阴阳合同"出现的情形是，备案合同承包单价和总价会高于实际履行的合同的承包单价和总价，因为，备案合同标的额往往要以当地的建筑造价定额作为参考依据确定，而实际履行的合同往往会在发包方和承包方之间进行讨价还价，最终打折后的承包单价和承包总价往往低于备案合同的承包单价和总价。本案出现的情形正好相反，表明有的建设行政主管部门并不要求必须依建筑造价定额确定合同承包单价和总价。如此，当事人为了节省一部分中间费用（如工人工资保证金、招标代理费和其他费用），便降低合同承包单价和总价，因而产生了备案合同和实际履行的合同标的额倒挂的现象。在此情形下，如果强行依《最高人民法院关于审理建设工程施工合同纠纷案件适用法律问题的解释》第 21 条

"当事人就同一建设工程另行订立的建设工程施工合同与经过备案的中标合同实质性内容不一致的，应当以备案的中标合同作为结算工程价款的根据"的相关规定，判决实际履行的合同无效，并要求发包方和承包方履行备案的《建设工程施工合同》，由于承包单价和总价过低，将无法让实际施工人保质保量地完成项目工程建设。所以，应当具体情况具体分析，不能一概而论。在本案中，应当认定双方实际履行的、承包单价和承包总价高的那两份合同合法有效，因弄虚作假而备案的承包单价和承包总价过低的两份合同无效。

二、关于承包方 A 公司"项目部"专用章的效力问题

对于原告 A 公司现场负责人张某某的材料采购、组织施工、工程管理、签证、验收、结算、收款等行为，应当被认定为"表见代理"。

对于表见代理，应从是否在客观上形成具有代理权的表象和相对人主观上是否善意且无过失地相信行为人有代理权两个方面进行认定。本案中，相对人被告 B 公司在签约时已对行为人张某某的身份、权限进行了合理的审查和初步核实，也要求行为人张某某出示了与本人有关的身份证明或授权文件，在本项目长时间的建设施工过程中，并未出现特别异常的情形，被告 B 公司在主观上是善意且无过失的，所以，相对人被告 B 公司系善意且无过失地相信张某某有代理权。

另一方面，在长达三年多的时间内，原告 A 公司对于现场负责人张某某使用"项目部"印章是完全知情的。首先，几乎所有与本项目有关的文件，包括催款函、收款收据以及被告 B 公司与原告 A 公司的许多往来文件等，都盖有 A 公司该"项目部"印章，原告 A 公司是知情的；其次，在诸多盖有该"项目部"印章的文件出现后，原告 A 公司表面上称不认可，但自始至终并未制止其现场负责人张某某继续使用该"项目部"印章，实际上是默许的。

所以，原告 A 公司现场负责人张某某使用"项目部"印章以及实施其他现场组织施工和管理行为，构成张某某对原告 A 公司的表见代理。

三、关于实际施工人张某某预借的用于本项目的资金问题

首先，因为原告 A 公司的现场负责人张某某的行为构成表见代理，则张某某的收款行为应视作原告 A 公司本身的行为。

其次，原告 A 公司的现场负责人使用收取的 B 公司工程进度款，全部用于本项目的原材料采购、工程施工和工人工资等方面。

最后，原告 A 公司不承认张某某预借的 2800 万元现金，是在本项目的农民工临近年底未拿到工资而闹事的情况下，由县政府相关部门及劳动执法大队协调，用于优先支付了本项目施工工人的工资，有相关部门参与协调的工作人员和领导可以证明。原告 A 公司不承认这一事实是不恰当的、不正确的。

综上所述，无论是否属于挂靠施工，现场实施施工人张某某预借的 2800 万元资金，用于了本项目的原材料采购、工程施工和工人工资等，应当抵作被告 B 公司预付的工程进度款。

案例29

建设工程未验收而使用，维修费及损失的承担主体

基本案情

2010 年，原告大连 A 公司（以下简称"A 公司"）、被告北京 B 公司（以下简称"B 公司"）签订《大连 D 苑 3 号地块别墅小市政工程施工承包合同》，由被告承包原告 D 苑 3 号地块别墅雨污水外线、供暖外线、消防水外线及道路工程。

双方约定该工程应于 2011 年 11 月 30 日竣工。但由于被告在履行合同过程中存在偷工减料、以次充好、人员配置不足、施工技术不符合标准等，其承包工程存在严重的质量问题且至今无法竣工验收。原告曾经多次通过书面及口头方式要求被告对工程的问题进行整改，被告均未予以解决，原告只好委托第三方对该工程存在的问题进行整改，至今已产生数十万费用。由于工程质量问题过于严重，实际无法彻底修复，当地供热公司要求原告重新敷设，将产生巨额费用，且原告所交的 600 万元供热工程热网建设费因工程未能验收一直未能取回，对原告造成巨大损失，且该损失还在不断扩大。

2014 年 4 月 20 日，A 公司向法院起诉，请求：1. 请求判决被告赔偿原告工程修复费用及水费损失 768301.75 元；2. 请求判决被告赔偿原告重新敷设费用 3977335.29 元；3. 请求判决被告赔偿原告供热工程热网建设费损失 230600.78 元（按银行同期贷款利率计算至 2014 年 10 月 20 日，应付至该费用实际退还原告之日）；4. 由被告承担本案的诉讼费用。以上共计 4976237.82 元。

被告 B 公司答辩并反诉称：不同意原告 A 公司的诉讼请求。1. A 公司要求工程修复费用和其他损失没有事实依据和法律依据。工程修复费用并未实际发生，且工程已过质保期，工程竣工后已投入使用至今，B 公司从未收到 A 公司有关工程质量存在问题要求修复的函件，故该部分修复费用应当由 A 公司自行承担。此外，案

涉地块存在第三方施工的情形，故 A 公司诉请的质量问题是否是 B 公司施工产生没有直接证据予以证明。加之，A 公司每次支付工程款时均经验收后付款，表明 B 公司施工的工程并无质量问题。2. A 公司要求 B 公司支付重新敷设费用，依据不足。A 公司支付工程款前已验收和确认，B 公司交付的工程是符合合同约定的，重新敷设没有依据。而且该费用尚未实际发生，工程交付后 A 公司已实际使用，现超过质保期，同时案涉地块的采暖外线是由多家公司分段完成的，A 公司要求 B 公司承担全部费用没有根据。A 公司第一项诉请主张修复费用，第二项又要求重新敷设，自相矛盾。3. 关于热网建设费损失与 B 公司没有关联性，该费用是 A 公司基于政府相关政策而缴纳，且是针对整个小区缴纳，不是仅为 B 公司施工的工程单独缴纳。综上，请求法院查明事实后驳回原告 A 公司的诉请。同时，B 公司提出反诉，请求 A 公司支付尚欠的工程款 233836.74 元。在本案审理过程中，B 公司向法院提出了撤回反诉的申请。

法院判决

一审法院认为，A 公司与 B 公司签订的《大连 D 苑 3 号地块别墅小市政工程施工承包合同》系双方当事人的真实意思表示，且不违反法律、行政法规的强制性规定，应为合法有效。双方均应按照合同的约定履行各自的义务。合同签订后，B 公司完成了全部案涉工程的施工，A 公司如约支付了工程合同预算总造价 90% 的工程款。因案涉工程至今未竣工验收，双方就工程质量问题产生争议，引发本案诉讼。原告 A 公司认为 B 公司施工的工程质量不合格，无法通过竣工验收，并且给其造成了损失，应当承担相应的赔偿责任；而 B 公司认为，A 公司已实际使用了案涉工程，不应再对工程质量问题主张权利。结合本案已查明的相关事实，A 公司的诉请没有充分的事实和法律依据，不应提到支持。理由如下：

第一，A 公司擅自使用未经竣工验收的案涉工程。根据《最高人民法院关于审理建设工程施工合同纠纷案件适用法律问题的解释》的相关规定，建设工程未经竣工验收，发包人擅自使用后，又以使用部分质量不符合约定为由主张权利的，不予支持。本案中，A 公司自认案涉工程其已实际使用 3 年，由此推算，自 2011 年 A 公司即开始使用案涉工程，在案涉工程尚未竣工验收的情况下，A 公司擅自使用，3 年后又以工程存在质量问题为由提起本案诉讼，依据不足，故对其主张本院不予支持。

第二，案涉工程已超过质量保修期。按照双方合同的约定，案涉工程的质保期为 24 个月，从工程实际竣工验收合格之日起算。根据《最高人民法院关于审理建设工程施工合同纠纷案件适用法律问题的解释》的规定，建设工程未经竣工验收，发包人擅自使用的，以转移占有建设工程之日为竣工日期。由此可见，案涉工程的质量保修期已过，A 公司以此为由主张 B 公司承担修复、重作等责任，亦于法无据，本院不予支持。

第三，根据 A 公司提供的现有证据，亦不足以支持其诉请。本案中，A 公司共提出三项诉请，关于第一项诉请，即要求 B 公司赔偿 A 公司工程修复费用及水费损失 768301.75 元，A 公司提供了照片、其要求 B 公司修复案涉工程的函件，以及其另行委托案外人某建设有限责任公司大连分公司修复案涉工程的维修合同及结算书等证据。针对上述证据，本院认为：1. 照片。仅凭照片上显示的内容，无法认定是被告施工的案涉工程，即证据的关联性不能确认，故对该证据本院不予采信。2. 相关函件。因 B 公司明确表示并未收到上述函件，而 A 公司亦未能提供上述函件已送达 B 公司的相关证据，故不足以证明 A 公司已通知 B 公司修复而 B 公司拒绝修复，进而无法认定其另行委托案外人维修的合理性，故对于该证据本院不予采信。3. A 公司委托案外人某建设有限责任公司大连分公司修复案涉工程的维修合同及结算书。因该修复工程系 A 公司自行委托，对于维修事项及维修费用仅有 A 公司与案外人某建设有限责任公司大连分公司的自行结算和确认，且并无该修复费用已实际支付的相关证据，不足以证明 A 公司委托维修的真实性，以及维修费用产生的必要性和合理性。此外，根据该维修合同、结算书上的记载，合同签订于 2012 年，修复的时间是 2012 年 10—12 月，2013 年 7—10 月，此时案涉工程的质保期已过，要求 B 公司承担修复费用亦无充分依据，故对于该证据本案不予采信。至于水费损失，根据 A 公司提供的发票，该水费系永圣公司支付，无法认定是 A 公司产生的水费，亦无法证明该水费是由于 B 公司的过错所致，故 A 公司要求 B 公司承担该部分费用亦无充分的事实依据和法律依据，本院亦不予支持。

关于第二项诉请，即要求 B 公司赔偿 A 公司重新敷设费用 3977335.29 元，A 公司提举了 C 公司出具的函件及《建设工程预算书》等证据。本院认为，根据 2011 年 11 月 28 日中科院大连旅顺科技创新园召集的会议纪要内容显示，2011 年 12 月 1 日前建设单位已自行建设的二次热网直接移交给供热单位 C 公司，2011 年 12 月 1 日后，所有二次热网建设及管理均由供热单位 C 公司承担。案涉工程于 2009 年年底完工，故 C 公司仅系案涉工程的接收单位，而非政府相关验收部门，无权对案涉工程的质量及修复、重作等相关事项作出认定，并且根据该会议纪要的内容，若案涉工程重新施工，只能委托 C 公司完成，故 C 公司与案涉工程的重新敷设可能存在利害关系，因此，对于该份证据本院不予采信。至于 C 公司出具的《建设工程预算书》，因案涉工程是否应当重新敷设尚未确定，且该项费用亦未实际发生，数额的合理性无法确定，故对该份证据本院不予采信。

关于第三项诉请，即要求 B 公司赔偿 A 公司供热工程热网建设损失 230600.78 元，本院认为，热网建设费系 A 公司按照政府相关规定向有关政府部门缴纳，现 A 公司并未提供其已向有关部门提出退回热网建设费的申请而相关部门拒不退还的证据，亦未能提供充分的证据证明该笔费用未退还系由于 B 公司的过错所致，故对于 A 公司的该项主张，依据不足，本院不予支持。

关于 A 公司提供的 2014 年 6 月 15 日 B 公司出具的《关于大连 3 号地、4 号地别墅采暖维修整改承诺函》，拟证明 B 公司已认可案涉工程存在质量问题并承诺修复，本院认为，在该承诺书中，B 公司并未明确认可其施工的案涉工程存在质量问题，其同意对其施工范围内的采暖管线进行整改及承担相应的维修费用的前提条件是 A 公司撤回在另案中对 B 公司的起诉，即 B 公司出具的《关于大连 3 号地、4 号地别墅采暖维修整改承诺函》系在另案诉讼过程中，为达成和解所作出的妥协，根据《最高人民法院关于民事诉讼证据的若干规定》第 67 条的规定，在诉讼中，当事人为达成调解协议或者和解的目的作出的妥协所涉及的对案件事实的认可，不得在其后的诉讼中作为对其不利的证据。故 B 公司在另案诉讼过程中出具的《关于大连 3 号地、4 号地别墅采暖维修整改承诺函》不能作为认定本案中其施工的工程质量存在问题并应承担维修责任的依据，据此，对于 A 公司的该项诉讼理由，没有充分的事实依法和法律依据，本院不予支持。

关于 A 公司申请本院对其与 B 公司之间因《大连 D 苑 3 号地块别墅小市政工程施工承包合同》所涉工程存在质量问题及重作或修复费用进行司法鉴定一节，本院认为，根据《最高人民法院有关于民事诉讼证据的若干规定》的相关规定，当事人申请鉴定需经人民法院的同意，故人民法院有权对当事人提出的鉴定申请进行审查，并决定是否同意。基于前述三点理由，A 公司要求 B 公司承担修复或重作等责任，没有充分的事实和法律依据，故对其提出的鉴定申请，本院不予准许。

关于 B 公司在本案中提起反诉，请求 A 公司支付尚欠的工程款 233836.74 元，因在本案审理的过程中，B 公司向本院提出撤回反诉的申请，该申请系其对自身诉讼权利的处分，且不违反法律法规的相关规定，本院予以照准。

综上所述，依照《最高人民法院关于审理建设工程施工合同纠纷案件适用法律问题的解释》第 13 条、第 14 条，《民事诉讼法》第 64 条和《最高人民法院关于民事诉讼若干证据的若干规定》第 67 条之规定，判决：驳回原告 A 公司的诉讼请求。

原告 A 公司不服一审判决，向中级人民法院提起上诉，请求：1. 撤销一审判决，依法改判，驳回被上诉人的全部诉讼请求；2. 判决被上诉人承担本案全部诉讼费用。

二审法院认为，一审法院认定事实清楚，适用法律正确，判决驳回原告的上诉，维持原判决。

法律分析

一、本案是否应当适用《最高人民法院关于审理建设工程施工合同纠纷案件适用法律问题的解释》第 13 条

1. 在案涉工程施工过程中，B 公司使用不合格材料以次充好，并且未按照约定施工工艺施工，导致所建工程存在严重质量问题而未能通过竣工验收。根据合同约定，工程存在质量问题不能通过竣工验收的，乙方应根据验收结果对工程进行整改或修复。在 A 公司多次向 B 公司发函要求修复后，B 公司始终未采取任何措施整改或修复，导致工程完工后长达 5 年时间不能竣工验收。

2. 根据工程所在地政府规定，案涉工程完工后应当由大连某供热有限公司验收并接收。但是，因 B 公司所承建工程质量问题严重，导致大连某供热有限公司拒绝接收该热力管网，经 A 公司委托第三方某建设有限责任公司大连分公司修复也仅能一定程度上缓解漏水问题。B 公司所用管道材料严重不合格，导致管道千疮百孔，无法通过维修达到修复目的，如需彻底解决工程现有的质量问题，只能重新敷设。作为接受单位的大连某供热有限公司经对该工程评估也建议重新敷设。

3. 工程所在地隶属旅顺口区创新园区，根据创新园区的要求，2011 年 12 月 1 日前建设单位自行建设的二次热网工程应当移交供热单位，2011 年 12 月 1 日以后，所有二次热网工程应当由供热单位统一建设、统一管理。因案涉工程建设于 2011 年 12 月 1 日之前，为建设单位自行建设，需向当地供热办缴纳二次热网费，待工程竣工验收并经供热单位接收后方可退还。为此，A 公司向当地供热办缴纳二次热网费，但因 B 公司施工工程的质量问题，导致该工程至今无法竣工验收，供热单位也拒绝接收，并多次发函催促 A 公司对该工程进行修复。故此，A 公司缴纳的二次热网费用至今无法退回，该资金占用对 A 公司造成较大损失，该部分损失应由 B 工程承担。

4. 需要强调的是，涉案工程并非简单的建设工程，而是涉及民生问题的供热工程。A 公司作为涉案工程的开发建设单位，根据政府部门的相关规定，以确保广大业主的冬季供暖为基本前提，A 公司仅负责投资建设该工程。而该工程的具体施工单位为 B 公司，施工完成后由大连市政府部门指定的大连某供热有限公司予以验收并接收该工程，而后由大连某供热有限公司向小区业主供暖。

然而，在该工程施工完毕后，由于施工存在重大质量问题，大连某供热有限公司时至今日长达 6 年之久拒绝接收涉案工程,并多次要求对施工质量问题进行整改。但由于该工程涉及广大民生的根本利益,大连某供热有限公司在未同意接受该工程,而小区业主已经入住的情况下,为了广大的老人和儿童能安全过冬,不得不在冬季向小区业主供暖,否则,会引发群体性纠纷或上访事件,给当地政府带来不稳定因素。

因此,该工程使用与否非 A 公司作为投资建设单位所能决定,而是由大连市指定的供暖工程的接收单位决定是否将该工程投入使用,一审法院认定 A 公司擅自使用该工程与事实和法律不符。另外需要特别强调的是,本工程是涉及广大民生的供暖工程,在冬季到来之际,即使该工程未经过竣工验收,小区也必须供暖,此点不应当认定为擅自使用,这从大连某供热有限公司一直以来拒绝接收此工程但却持续为小区业主供暖的行为中可以明确看出。

根据本案以上情形可以看出,案涉工程因质量不合格一直处于维修状态,且该工程必须按当地政府的规定先交由大连某供热有限公司验收并接收,与《最高人民法院关于审理建设工程施工合同纠纷案件适用法律问题的解释》第 13 条规定的"发包人擅自使用"的情形完全不同,不能适用该解释第 13 条。所以,维修和更换材料的费用应当由 B 公司承担。

二、本案是否应当适用《最高人民法院关于审理建设工程施工合同纠纷案件适用法律问题的解释》第 14 条

该工程完工后一直未通过竣工验收,自工程完工开始上诉人就不断向被上诉人发函要求对其承包工程的质量问题进行修复,但被上诉人均拒绝修复。

根据法律规定,工程质量保修期应当自工程竣工验收合格之日起计算。涉案工程因存在严重质量问题,完工伊始就出现严重漏水情况,至今未能通过竣工验收。但涉案工程涉及民生问题,供暖与否涉及千家万户的根本利益,为使众多业主免受严寒冷冻之苦,供热公司持续为小区居民供暖,并不属于 A 公司擅自使用工程情形。因此,涉案工程至今未通过竣工验收,按照法律规定及合同约定,其质量保修期应属尚未起算。一审法院的认定与《建设工程施工合同司法解释》第 14 条规定的"以转移占有建设工程之日为竣工日期"的情形完全不同,不能适用《建设工程施工合同司法解释》第 14 条。

三、一审法院在 A 公司已经完成初步举证的情况下,未支持司法鉴定申请,存在程序错误

A 公司在一审庭审过程中提供了 B 公司施工质量不合格无法通过政府部门验收的相关证据,并且在 B 公司对此不认可的情况下,A 公司当庭向法院申请司法鉴定,包括材料质量、施工工艺、修复可能、修复费用、重新敷设费用等,在庭后又向法院补交了书面材料。而一审法院在没有进行现场勘验（现场大量漏水），仅进行了书面审查的情况下，却以举证期限届满，且 A 司提供的证据不足以启动鉴定为由没有支持 A 公司的鉴定申请。

根据 2015 年 2 月起施行的《最高人民法院关于适用〈中华人民共和国民事诉讼法〉的解释》，即使举证期限届满，当事人对证据瑕疵的补正也不受举证期限限制。一审法院以过举证期限为由，未予准许 A 公司的司法鉴定申请，违反了以上相关规定。在 A 公司提供了 B 公司施工质量不合格的初步证据的情况下，一审法院以 A 公司提供的证据不足以启动鉴定为由，驳回 A 公司的鉴定申请亦没有法律依据。

综合以上分析，本案双方在合同中有明确约定，即乙方（B 公司）如未能按照约定履行保修义务，甲方（A 公司）可以委托他人进行修复，所发生费用可以从合同总价中扣除，并不需要事先征取乙方同意。因涉案工程至发生诉讼时未通过竣工验收，尚属质量保修期内，发生的工程修复和更换材料费用应当由 B 公司承担。

四、相关法律和案例的变化

2018 年 8 月，十三届全国人大常委会第五次会议对《民法典各分编（草案）》进行了初次审议。之后，2018 年 12 月、2019 年 4 月、2019 年 6 月、2019 年 8 月、2019 年 10 月，十三届全国人大常委会第七次、第十次、第十一次、第十二次、第十四次会议对各分编草案进行拆分审议。

2019 年 12 月 5 日，习近平总书记主持召开中央政治局常委会会议，听取全国人大常委会党组《关于〈中华人民共和国民法典（草案）〉的请示》的汇报，原则同意请示，并就做好《民法典》编纂工作作了重要指示。会后，根据党中央的重要指示精神，对草案又作了进一步修改完善。关于草案二次审议稿"合同编"第 583 条规定，即除存在违法情形外，建设工程未经竣工验收而发包人擅自使用的，视为工程质量验收合格，有的单位、专家学者和社会公众提出，在实践中，未经竣工验收而使用建设工程的情况复杂，不宜一概认定为工程质量验收合格，否则不利于建设工程质量的提高，也可能导致当事人之间的不公平。宪法和法律委员会经研究，建议采纳这一意见，删去该条规定。最终通过并于 2021 年 1 月 1 日起施行的《民法典》已正式删去该条规定。

最高人民法院案例：建设工程施工人不能以已经验收合格为由不再对工程质量担责——大连市市政公司与华锦公司、神沟公司建设工程施工合同纠纷案〔（2019）最高法民申 5769 号〕。裁判要旨：《建筑法》第 80 条规定："在建筑物的合理使用寿命内，因建筑工程质量不合格受到损害的，有权向责任者要求赔偿。"据此，工程验收合格不等于工程真正合格，因施工人的原因发生质量事故的，其依法仍应承担民事责任。任何法律、法规均没有工程一经验收合格，施工人对之后出现的任何质量问题均可免责的规定。

最高人民法院经审查认为，市政公司和华锦公司申请再审的理由均不能成立，分析评判如下：1.《建筑法》第 80 条规定："在建筑物的合理使用寿命内，因建筑工程质量不合格受到损害的，有权向责任者要求赔偿。"据此，工程验收合格不等于工程真正合格，因施工人的原因发生质量事故的，其依法仍应承担民事责任。任何法律、法规均没有工程一经验收合格，施工人对之后出现的任何质量问题均可免责的规定。市政公司以案涉工程已经正式通过竣工验收为由主张其不应承担责任，理由不能成立。

2.《建筑法》第 67 条规定："承包单位将承包的工程转包的，或者违反本法规定进行分包的，责令改正，没收违法所得，并处罚款，可以责令停业整顿，降低资质等级；情节严重的，吊销资质证书。承包单位有前款规定的违法行为的，对因转包工程或者违法分包的工程不符合规定的质量标准造成的损失，与接受转包或者分包的单位承担连带赔偿责任。"根据原审已经查明的事实，市政公司在中标后未按工程设计及施工要求完成施工，且未经发包方华锦公司同意，擅自将案涉工程转包给神沟公司施工，市政公司显然存在过错。事实上，亦因实际施工人神沟公司所施工的大清河南北支石油管线埋深严重背离设计及规范要求，给华锦公司造成损失，故原审判决判令市政公司与神沟公司连带承担赔偿责任，有事实和法律依据，并无不当。市政公司申请再审以华锦公司明知工程转包为由主张其无须承担连带赔偿责任，理由不能成立。

3. 本案鉴定机构北京市建筑工程研究院建设工程质量司法鉴定中心勘验结果显示，大清河南支石油管线漂浮段附近埋深偏差巨大，设计管顶埋深为 15.502 米，实测管顶埋深仅仅 1.56 米，误差高达 13.942 米。设计埋深之所以要求达到 15 米以上，就是为了在发生洪水冲刷河床等情况下确保石油管线不会暴露出来，确保石油输送安全。在本案中，虽然确实存在暴雨导致洪水冲刷河床的情况，但根据资料显示，大清河南支漂浮管线附近河道冲刷程度仅约 2 米，远小于管道设计埋深。在此情况下，南支管道就漂浮到河面之上，恰恰暴露和证实了施工人神沟公司没有按照设计要求施工、工程质量存在严重问题的客观事实。市政公司和神沟公司不但不正确面对自身施工质量存在严重问题的现实，反而以当年发生强降水为由主张"存在多因一果"推脱责任，显然背离基本诚信。市政公司申请再审称无法确认施工原因在事故成因中所占比例、强台风影响是导致南支管道漂浮的主要原因，理由不能成立。

4. 大连理工大学司法鉴定中心接受委托进行司法鉴定，程序合法；其出具的

《司法鉴定意见书》亦经各方当事人质证，原审判决以该鉴定意见作为认定华锦公司合理损失的依据，并无不当。市政公司申请再审对南支管道抢修费用及北支管道稳固措施费用等提出异议，理由不能成立。

5. 在案涉南支管道发生漂浮事故且经鉴定发现北支管道需要采取稳固措施的情况下，华锦公司另行委托其他施工企业对案涉工程进行修复和加固，并无不当。但华锦公司进行修复和加固应选择合理方案。大连理工大学司法鉴定中心出具的《司法鉴定意见书》按照合同约定标准以及合理修复方案，确定案涉输油管线大清河穿越抢修与加固工程的合理费用总和为 15134187 元。原审判决据此判令市政公司和神沟公司赔偿华锦公司合理费用 15134187 元，并无不当。华锦公司申请再审称其实际损失 23 项共计 2800 多万元均应予以赔偿，理由不能成立。

第五编

213—266

商品房预售和买卖

案例 30

认购书、购房合同的效力问题

■ 基本案情一

广州 A 房地产开发有限公司（以下简称"A 公司"）是具备房地产开发资质的企业法人。2012 年 12 月 14 日，关先生与 A 公司签订了一份《××蓝湾认购书》（以下简称《认购书》），约定关先生向 A 公司购买位于广州市番禺区石楼镇××蓝湾之一期 A3 幢 3 梯 201 号房，关先生需于签订《认购书》时向 A 公司支付定金 30000 元，双方应在 2013 年 1 月 31 日前签订《商品房买卖合同》。同日，关先生还签署了《承诺书》，承诺：1. 本人已清楚并理解广州市《关于贯彻国务院办公厅关于进一步做好房地产市场调控工作有关问题的通知的实施意见》（穗府办××号）以及《关于进一步严格执行我市商品房限购政策的通知》（穗国房字××号）等文件关于购房条件等的相关规定……3. 本人现郑重承诺符合所有购房与银行按揭贷款的资格及条件，并决定与贵司签订商品房认购书（认购书号：0006243），如有虚假或如遇政府及其相关部门的购房政策变化或银行按揭贷款条件的变化致使本人无购房资格或不符合银行按揭贷款条件、不接受贵司指定的按揭银行办理按揭导致房产交易不能顺利进行，贵司有权随时解除该认购书，并没收本人已交付的定金，作为赔偿贵司的损失。4. 本人所作出的有关符合购房与银行按揭贷款资格及条件的判断、决定均为本人慎重考虑后独立作出，与贵司及销售人员无关，本人自愿承担由此造成的一切责任及损失……同日，A 公司还向关先生提供了一份购房人须知，告知关先生广州市户籍居民、非广州市户籍境内居民、港澳台人士、外籍人士等不同身份购房人签订《商品房买卖合同》需提供的资料。

关先生于 2012 年 12 月 14 日向 A 公司缴付了定金 30000 元。2013 年 1 月 20 日，关先生向 A 公司缴付了首期购房款 340852 元，A 公司向关先生开具了 370852 元的收据（包括之前关先生缴付的定金）。此后，由于关先生不具备购房条件，双方无法签订《商品房买卖合同》。协商退款过程中，A 公司同意退还首期购房款 340852 元给关先生，但不同意退还定金。

于是，关先生于 2013 年 11 月 11 日提起本案诉讼称，其于 2012 年 12 月 14 日向 A 公司认购其开发的××蓝湾 A3-3-201 商品房，约定总房价 1230852 元，以首付加按揭方式付款。双方约定于 2013 年 2 月 28 日前签署《商品房购房合同》,关先生于 2012 年 12 月 14 日支付定金 30000 元,2013 年 1 月 20 日支付首期购房款 340852 元。至约定的签约之日,A 公司却告知关先生,按广州市的限购政策,其不能在广州购房,但 A 公司可以通过某种操作帮助关先生取得购房资格,正式的《商品房购房合同》延后再签。但是,后来 A 公司一直没能"操作成功"跟关先生签署正式的《商品房购房合同》。关先生也了解了广州市相关限购政策,知道自己无法在广州购房,于是要求 A 公司退回购房款。但 A 公司竟然将不能签约的责任归于关先生,拒不退款。关先生反复追索未果,故起诉要求 A 公司:1. 返还购房款及定金 370852 元;2. 按银行同期贷款利率支付占用资金的利息,以 370852 元为基数,从 2013 年 1 月 21 日起计至还清该款之日止;3. 诉讼费由 A 公司负担。

A 公司辩称:1. 关先生的陈述与事实不符。2012 年 12 月 14 日关先生与 A 公司签订了《××蓝湾认购书》(认购书编号:0006243,以下简称《认购书》)。《认购书》第 4 条"购房手续"第 4 款明确约定:乙方(即关先生)应在签署本《认购书》之日起 45 日内(即 2013 年 1 月 31 日之前)携带本认购书及有效身份证明(详见《××蓝湾购房须知》,以下简称《购房须知》)到甲方(即 A 公司)位于广州番禺区石楼镇××蓝湾销售中心签署《商品房买卖合同》及附件,并按时缴付约定的房价款及相应的税费,以便甲方办理网上备案的确认手续。然《认购书》约定的签约日期即将到期时,关先生却不能提供签约所需的资料,于是其于 2013 年 1 月 20 日向 A 公司提出申请,希望延期到 2013 年 2 月 28 日与 A 公司签订《商品房买卖合同》《按揭合同》。申请延期签订合同的时间到期后,关先生虽向 A 公司支付了部分房价款,但至今仍未与 A 公司签订《商品房买卖合同》《按揭合同》。在此期间,A 公司的工作人员曾经多次电话通知其前来签约,关先生一直未予理会,导致 A 公司至今未将该商品房的余款收回,严重影响了 A 公司的资金回笼。

2. 关先生主张不再购买涉案商品房,A 公司有权没收已付定金。《认购书》第 4 条"购房手续"第 4 款明确约定:乙方逾期未签订《商品房买卖合同》及附件或逾期未向甲方支付房价款及相关税费的,甲方无须通知乙方即有权解除本《认购书》,将该商品房另行出售。乙方已付之定金及相关费用不予退回。然至今,关先生仍未与 A 公司签订《商品房买卖合同》,因此 A 公司依法有权解除双方签订的《认购书》并不退还原告关先生已付的定金及相关费用。

综上所述,关先生签订《认购书》后,申请延期与 A 公司签订《商品房买卖合同》,但至今仍未与 A 公司签订《商品房买卖合同》,但其又未明确表态是否放弃购买涉案商品房,导致 A 公司不仅没有将涉案商品房另行出售,亦严重影响了 A 公司资金的回笼。现其明确要求返还已付房价款,表明其不再愿意购买涉案商品房,实属关先生违约,A公司主张没收其定金,并保留追究因对方违约行为造成A公司损失的赔偿权利。

法院判决

原审法院认为,关先生、A公司签订的《认购书》是双方的真实意思表示,不违反法律和行政法规的强制性规定,合法有效,双方应按《认购书》约定履行各自的义务。关先生签署的《承诺书》和A公司提供给关先生的《购房须知》中均明确告知了关先生购房需提供的资料,A公司对此已尽到合理提醒义务。有关购房资格的文件也是政府向全社会公开的文件,关先生在签订《认购书》和《承诺书》前应当清楚自己是否具备相关资格。现《认购书》已无法履行,A公司同意向关先生退还首期房款340852元,法院予以确认。由于是关先生过错导致《认购书》无法履行,其要求A公司按银行同期贷款利率支付利息损失,法院不予支持。关先生在《承诺书》中明确表示如不具有购房资格同意A公司没收定金,是其真实意思表示,现关先生要求退还定金30000元并支付利息损失,无事实和法律依据,法院不予支持。综上所述,依照《民事诉讼法》第64条第1款、《合同法》第8条、第60条的规定,判决:1. A公司于本判决生效之日起五日内向关先生退还购房款340852元;2. 驳回关先生的其余诉讼请求。本案受理费3431元,由关先生负担278元,A公司负担3153元。

判决后,关先生不服原审判决,提起上诉,请求二审法院依法改判:1. A公司返还购房定金30000元;2. A公司按银行同期贷款利率支付占用资金的利息,以370852元为基数,从2013年1月21日起计至还清该款之日止;3. 本案一、二审诉讼费用由A公司负担。

被上诉人则答辩同意原审判决。

二审法院认为,本案争议的焦点有二:一是定金应否退还;二是占用资金应否支付利息。单从《承诺书》第1条来看,似乎定金不予退还是毋庸置疑的。但法院以为,对合同双方权利义务的确定、合同条文的解释,应当将双方放到具体的交易环境中去审视,并从公平合理、社会正义的视角来作出利益衡平的考量。

1. 关于定金应否退还问题。从对信息的掌握来看,限购政策属于临时性的行政管理行为,是特殊时期的产物,不同地区、不同时期内容各不相同,现在已经有部分城市放宽,甚至取消了限购政策。A公司作为专门从事房地产经营的企业,在每一次交易中都面临对限购政策的把握,故相对于购房人,其对于限购政策具有更权威、更准确、更及时地了解。因此,在限购政策的把握方面,双方存在信息的不对称。从这个角度来讲,在执行限购政策方面给予开发商更多的责任也是题中应有之义。

从违约责任的立法本意来看，法律设定违约责任更多地是为了促使当事人诚实履约，惩罚不是主要目的。限购政策是一种非市场的行政管理行为，与当事人的自由意志无关，与当事人的诚实履约无关，因此，应尽量避免当事人因限购政策导致承担违约责任的不利后果。

从情理上来看，如果购房人明知自己不具备购房资格，又怎么能签订"定金做违约金处理"的合同条款？这显然不符合常理。之所以如此，只能有两种解释：一种是购房人自己误以为具备购房资格，另一种是开发商的售楼人员促使其相信具备购房资格。无论是何种情形，购房人都对其购房资格存在误解，重大误解的合同依法可撤销。

从公平合理的角度来看，开发商未能将房屋出售给本案购房人，丧失了一次交易机会，但开发商完全可以另售他人，并没有造成实际损失。在此情况下，开发商没收定金显然对购房人是不公平的。房地产开发企业应该通过诚实经营实现利益最大化，而不应该通过签订自己单方面制作的格式合同损害他人而获利。

从平等保护当事人合法权益来看，在近几年我国房地产产业狂飙突进的发展过程中，房屋交易是典型的卖方市场，一般而言，购房人与开发商相比处于弱势的地位，其谈判合同条款的能力极为有限，这是众所周知的事实。开发商利用自身优势，制作一系列于自身有利的合同文本，这本来无可厚非。但法院在审理此类合同纠纷案件时，必须考虑到双方当事人在签约、履约过程中的实际地位，唯有此，才能真正平等保护双方当事人的合法权益。

综合上述诸多因素，二审法院认为，开发商应将其收取的30000元定金退还给购房人。

2. 关于占用资金的利息。利息是资金的法定孳息，占用资金就应该给付利息。关于利息标准的问题，本院认为，开发商系从事房地产开发的企业，资金用于经营，故以同期银行贷款利率为宜。此外，有一点对本案利息标准的确定也有相当的影响：开发商自本案一审即表示同意退回首期房款，却一直不同意按照购房人的要求尽快退还，而是拖到本案终审判决，二审法院以为此做法是值得商榷的。

据此，原审判令驳回购房人返还定金及支持利息的诉讼请求有失公允，二审法院予以纠正。依照《合同法》第 5 条、第 6 条，《民事诉讼法》第 170 条第 1 款第（二）项之规定，判决如下：1. 撤销广州市番禺区人民法院（2013）穗番法楼民初字第×××号民事判决第二项；2. 变更广州市番禺区人民法院（2013）穗番法楼民初字第×××号民事判决的第一项为，A 公司于本判决生效之日起五日内向关先生退还定金及购房款 370852 元，并按银行同期贷款利率支付自 2013 年 1 月 21 日起至实际支付之日止的利息。

基本案情二

2011 年 6 月 25 日，上海 B 房地产开发公司（以下简称"B 公司"）与陈先生签订《浙江省商品房买卖合同》及《补充协议》一份，约定：陈先生向 B 公司购买杭州经济技术开发区××阁 5 幢 1 单元 1401 室的房屋一套，总价款为 1267723 元，付款方式为分期付款，陈先生应于合同签订之日支付首期购房款 507089 元，于 2011 年 12 月 1 日前支付 380317 元，于 2012 年 6 月 1 日前支付剩余购房款 380317 元。还约定：若陈先生未按合同约定时间付款，逾期不超过 90 日的，按日万分之二向原告董女士支付逾期违约金，合同继续履行；逾期超过 90 日的，出卖人有权解除合同，也有权要求继续履行合同，并要求陈先生按日支付逾期应付款万分之四的违约金。陈先生于合同签订当日支付购房款 507089 元，余款 760634 元至今未付。B 公司于是提起民事诉讼，请求法院判决陈先生支付购房余款 760634 元及按年利率 7.80% 支付逾期付款违约金。

法院判决

原审法院认为，当事人双方签订的《浙江省商品房买卖合同》及《补充协议》系双方真实意思表示且不违反法律，应认定有效。本案纠纷产生的主要原因是陈先生未按合同约定履行支付购房款的义务，应按合同约定承担违约责任。B 公司诉请要求陈先生支付剩余购房款，于法有据。关于 B 公司诉请要求陈先生按年利率 7.80% 支付逾期付款违约金的诉讼请求，未超出法律规定及合同约定范围，原审法院予以支持。据此，依照《合同法》第 60 条第 1 款、第 107 条、第 109 条，《民事诉讼法》第 144 条之规定，判决：1. 陈先生于判决生效之日起 10 日内支付 B 公司购房款 760634 元；2. 陈先生于判决生效之日起 10 日内支付 B 公司逾期付款违约金 73552.27 元（自每期应付款逾期之日起暂计至 2013 年 5 月 28 日，之后按年利率 7.80% 继续计算至生效判决确定的履行期限届满之日止）。

陈先生不服原审判决，提起上诉称：1. 原审法院认定事实错误。B 公司向陈先生推销案涉房屋，因陈先生没有在杭州购房的资格，B 公司提出可以为陈先生办理杭州当地养老保险缴费记录以具备购房资格。陈先生签署合同后，B 公司将合同原件收走，后要求陈先生在一份承诺书上签字，要求陈先生承诺一切风险由其承担，陈先生拒绝签字。陈先生多次索要合同原件，但 B 公司未交付陈先生。2. 原审法院适用法律错误。案涉购房合同因违反法律、行政法规强制性规定而无效。根据杭州市的住房限购政策，陈先生为非杭州市户籍居民且未在杭州累计缴纳 1 年以上个人所得税或者社会保险，故 B 公司应暂停向其售房，根据《合同法》第 52 条第 5 款规定，双方签订的购房合同因违反法律、行政法规强制性规定而应认定无效。综上，请求二审法院撤销原审判决，改判驳回 B 公司的诉讼请求并由 B 公司承担诉讼费用。

B 公司辩称：一审法院认定事实清楚，适用法律正确，依法应予维持。陈先生称其不具备在杭州购房资格，关于其购房资格的问题，一审法院并未描述，所以不存在认定事实错误的问题。关于一审法院适用法律问题，陈先生并未说明一审法院适用哪条法律错误，仅是举出了两条政策。B 公司认为本案中陈先生具备购房资格，如果其没有购房资格，那么其与 B 公司签订的商品房买卖合同是不可能通过房管局的备案的，至于其如何取得购房资格，并不是双方商品房买卖合同的内容，而是合同签订之前的准备工作，不属于合同行为，与 B 公司没有关系。陈先生提到是 B 公司为其办理社保，这与事实不符，B 公司从来没有为陈先生办理过社保，陈先生办理社保所需要的钱和手续也从来没有交到 B 公司，至于其为了签订合同做了哪些准备，与 B 公司无关。

二审法院认为，《合同法》第 52 条规定："有下列情形之一的，合同无效：（一）一方以欺诈、胁迫的手段订立合同，损害国家利益；（二）恶意串通，损害国家、集体或者第三人利益；（三）以合法形式掩盖非法目的；（四）损害社会公共利益；（五）违反法律、行政法规的强制性规定。"本案中，陈先生主张双方签订的购房合同无效，但其提供的证据不足以证明案涉购房合同存在合同无效的法定情形，故原审法院认定双方签订的《浙江省商品房买卖合同》及《补充协议》系有效合同，符合法律规定，予以确认。双方当事人理应按照合同约定行使权利、履行义务，现陈先生未按合同约定支付购房款，已构成根本性违约，应当承担继续履行、采取补救措施或者赔偿损失等违约责任，故 B 公司诉请要求陈先生一次性支付剩余购房款并承担违约金，符合法律规定，法院予以支持。同时，B 公司也应当依法履行自己的合同义务。综上，陈先生的上诉理由不能成立，原审判决认定事实清楚，适用法律正确，实体处理得当。依照《民事诉讼法》第 170 条第 1 款第（一）项之规定，判决：驳回上诉，维持原判。

基本案情三

2014 年 9 月，北京 C 房地产开发有限公司（以下简称"C 公司"）起诉至一审法院称：1.《北京市商品房预售合同》（以下简称《预售合同》）已明确约定着陈某某、陈某违反限购政策，C 公司有权解除《预售合同》。C 公司已向陈某某、陈某发出了《解约通知函》。2011 年 11 月 14 日，陈某某、陈某与 C 公司签订《北京市商品房认购书》，拟作为共同购房人购买C公司开发的北京市顺义区××号房屋。该认购书附件二《补充协议》第11条明确约定：认购人承诺其已于本认购书签订之前，详细阅读并清楚知晓《国务院办公厅关于进一步做好房地产市场调控工作有关问题的通知》（国办发〔2011〕1号）、《北京市人民政府办公厅关于贯彻落实国务院办公厅文件精神进一步加强本市房地产市场调控工作的通知》（京政办发〔2011〕8号）、《关于落实本市住房限购政策有关问题的通知》（京建发〔2011〕65号）中关于住房限购政策的规定，并承诺遵守限购政策规定……同日，陈某某、陈某签署《购房承诺书》，再次承诺知晓并遵守前述限购政策。陈某向C公司提供了港澳居民来往内地通行证、境外个人在境内居留状况证明，陈某某向C公司提供了出生医学证明、户口本，C公司将陈某某、陈某提供的证件录入北京市住房和城乡建设委员会（以下简称"北京建委"）网站进行购房资格审查并获通过。2011年11月25日，陈某某、陈某就购买该房屋相关事宜，与C公司签订了《预售合同》。《预售合同》附件十《补充协议》第29条"特别约定"第4项约定：买受人承诺其已详细阅读并清楚知晓……的全部内容，完全清楚其中有关住房限购政策的各项规定，买受人承诺遵守限购政策规定……在买受人违反限购政策规定的情况下，出卖人有权单方解除《预售合同》及本补充协议。如果因为……买受人违反限购政策规定而导致解除《预售合同》及本补充协议的，买受人应按该商品房总价款的20%向出卖人支付违约金……按照《合同法》第93条的规定："……当事人可以约定一方解除合同的条件。解除合同的条件成就时，解除权人可以解除合同。"第96条规定："当事人一方依照本法第九十三条第二款、第九十四条的规定主张解除合同的，应当通知对方。合同自通知到达对方时解除……"按照《预售合同》附件十《补充协议》第25条约定：在《预售合同》及本补充协议的履行过程中，任何一方按《预售合同》及本补充协议的约定，提出解除合同（退房）的，在解除合同（退房）通知送达对方之日起，《预售合同》解除。2013年8月21日，我公司书面通知陈某某、陈某于2013年9月30日办理房屋交付手续。陈某某、陈某于2013年9月27日、2013年11月5日以北京建委复查认定陈某某、陈某违反限购政策为由，两次发函要求解除《预售合同》。C公司基于《预售合同》的约定，于2014年4月22日委托北京市汉韬律师事务所按照《预售合同》记载的陈某某、陈某通信地址、联系电话，向陈某某、陈某寄发了《解约通知函》，向陈某某、陈某通知C公司决定解除与陈某某、陈某签订的《预售合同》，《预售合同》及其他与该房屋相关之法律文件自《解约通知函》送达陈某某、陈某之日起解除。陈某某、陈某已于2014年4月25日收到《解约通知函》。

2.《预售合同》已明确约定，C公司依约行使合同解除权时，陈某某、陈某应在C公司解除合同的通知送达陈某某、陈某之日起3日内，配合C公司办理预售合同备案解除等合同解除手续。《预售合同》附件十《补充协议》第25条约定：买受人须在解除合同（退房）通知送达后3日内至出卖人售楼处与出卖人签署及/或提供解除合同及注销预购商品房抵押权预告登记（以下简称"期房抵押预告登记"）和注销预购商品房预告登记所需的全部文件（包括但不限于解约协议、办理预售合同及本补充协议的备案解除手续及期房抵押预告登记注销手续和注销预购商品房预告登记之授权委托书、贷款银行及/或抵押权人同意解除期房抵押预告登记的证明等），并于前述文件签署之日起3日内配合出卖人办理预售合同备案解除手续及/或期房抵押预告登记（如存在）的注销手续和预购商品房预告登记（如存在）的注销手续。买受人逾期签署、提交及/或办理上述手续的，每逾期一日，须按该商品房总价款万分之五向出卖人支付违约金，该违约金需于出卖人发出支付通知后10日内支付给出卖人。C公司委托北京市汉韬律师事务所发出的《解约通知函》于2014年4月25日送达陈某某、陈某，在此情况下，陈某某、陈某应该按照《预售合同》附件十《补充协议》第25条约定，配合C公司办理《预售合同》约定的预售合同备案解除等合同解除手续，但时至今日，陈某某、陈某尚未履行配合C公司办理上述合同解除手续之合同义务。由此，C公司认为本次提出的"要求陈某某、陈某协助办理《预售合同》约定的预售合同备案解除等合同解除手续"之诉讼请求有合同依据。

3. C公司有权就《预售合同》的解除，要求陈某某、陈某按照房屋总价款的10%（人民币76万元）向C公司支付违约金。《预售合同》附件十《补充协议》第25条约定：在《预售合同》及本补充协议的履行过程中，任何一方按《预售合同》及本补充协议的约定，提出解除合同（退房）的，在解除合同（退房）通知送达对方之日起，《预售合同》解除。第29条第4款约定：……买受人违反限购政策规定而导致解除《预售合同》及本补充协议的，买受人应按该商品房总价款的20%向出卖人支付违约金……C公司认为，《预售合同》经双方签署生效后，即对双方产生法律效力。C公司在《预售合同》履行过程中，已依约履行了约定的合同义务，但陈某某、陈某明知其不符合限购政策却仍要求C公司向北京建委网站审核其资格并获通过。嗣后，经北京建委复核认定陈某某、陈某违反限购政策，在此情况下，C公司实属无奈而选择行使了合同解除权。按照《预售合同》的上述约定，因陈某某、陈某违反限购政策而导致C公司行使合同解除权的，C公司有权要求陈某某、陈某支付的违约金比例为该房屋总价款的20%。在上述已有约定的前提下，C公司从遵守生效合约的精神出发，对本次《预售合同》解除的过程中陈某某、陈某作为违约方的主观故意及过错程度，以及C公司因此所遭受的损失等因素，进行了适当且合理的评估，继而要求陈某某、陈某因本次合同解除而向 C 公司支付的违约金为该房屋总价款的 10%（人民币 76 万元），C 公司主张的违约金具有合同及法律依据。

据此，C 公司为维护自身合法权益，特向法院提起诉讼，请求法院支持 C 公司如下诉讼请求：1. 判令 C 公司与陈某某、陈某签订的编号为 ×× 的《预售合同》及其补充协议于 2014 年 4 月 25 日解除；2. 判令陈某某、陈某协助 C 公司办理《预售合同》备案解除手续，陈某某、陈某与 C 公司签订解除《预售合同》及补充协议的解约协议，陈某某、陈某配合 C 公司办理注销商品房预告登记手续；3. 判令陈某某、陈某向 C 公司支付违约金 76 万元；4. 判令陈某某、陈某承担本案诉讼费用。

陈某某、陈某不同意 C 公司的诉讼请求。陈某某、陈某认为涉诉合同并没有解除，要求继续履行，产权证可以留在日后处理，陈某某、陈某可以将剩余购房款全部付清，C 公司应当将房屋交付陈某某、陈某。陈某某、陈某现已经签订购房网签，支付了 40% 的购房款，而网签合同并没有取消，所以陈某某、陈某的购房资格没有取消，且在连续的履行当中。陈某在签订涉诉合同之前在北京已经有 2 套房屋，陈某某没有。因为合同没有解除，陈某某、陈某愿意继续履行合同。如果合同确实不能继续履行，C 公司应当赔偿陈某某、陈某经济损失，赔偿房屋增值损失以及陈某某、陈某的精神损失。签订涉诉合同时 C 公司的工作人员诱导陈某拿出香港居民身份证来签合同，所以其按照要求提供以签订合同。

法院判决

一审法院经审理认为，陈某某、陈某与 C 公司签订的《北京市商品房认购书》及其附件、《预售合同》及其附件系双方当事人真实意思表示，不违反法律、行政法规的强制性规定，属于合法有效的合同，双方当事人应依约履行。

当事人可以约定一方解除合同的条件。解除合同的条件成就时，解除权人可以解除合同。根据陈某某、陈某向 C 公司发送函件的内容以及其在本案中的陈述，其购买涉诉房屋已违反限购政策，故 C 公司有权依约解除合同。C 公司已于 2014 年 4 月 22 日向陈某某、陈某发出了《解约通知函》，且陈某某、陈某于 2014 年 4 月 25 日收到该通知函，故 C 公司要求确认双方签订的《预售合同》及其补充协议于 2014 年 4 月 25 日解除的诉讼请求，于法有据，法院予以支持。陈某某、陈某以涉诉网签合同没有取消表明其购房资格没有取消，要求继续履行涉诉合同的辩解意见，缺乏依据，法院不予采信。陈某辩称 C 公司诱导其以香港居民身份签订合同，但其就此并未提交证据证明，C 公司对此亦不予认可，法院难以采信。在合同解除的情况下,陈某某、陈某应当依约协助C公司办理《预售合同》备案解除手续,C公司就此提出的诉讼请求,法院予以支持。因C公司认可涉诉商品房并未办理预告登记手续,故其要求陈某某、陈某配合办理注销商品房预告登记手续的诉讼请求,缺乏依据,法院不予支持。因涉诉《预售合同》已于2014年4月25日解除,C公司再行要求陈某某、陈某与其签订解除《预售合同》及补充协议的解约协议,依据不足,法院不予支持。《预售合同》已办理网上签约,且已办理《预售合同》备案手续,在相关行政主管部门对陈某某、陈某的购房资格在该环节审核通过的情况下,不足以认定陈某某、陈某有违反限购政策的主观故意,认定陈某某、陈某在订立合同时即明知其不具备购房资格亦稍显严苛,根据庭审查明的事实,虽陈某某、陈某客观上不具备购房资格导致涉诉合同解除,但该解除不可归责于双方当事人,故对C公司要求陈某某、陈某支付违约金的诉讼请求,法院不予支持。合同解除后,尚未履行的,终止履行;已经履行的,根据履行情况和合同性质,当事人可以要求恢复原状。为减轻当事人诉累,同时考虑C公司关于购房款的意见,法院对购房款的返还一并处理,C公司应当返还陈某某、陈某已付购房款304万元。

据此,一审法院于2014年12月判决:1. 确认北京C房地产开发有限公司与陈某某、陈某签订的合同编号为某某的《预售合同》及其补充协议于2014年4月25日解除;2. 陈某某、陈某于判决生效之日起7日内协助北京C房地产开发有限公司办理合同编号为××的《预售合同》的备案解除手续;3. 北京C房地产开发有限公司于判决生效之日起7日内返还陈某某、陈某购房款共计304万元;4. 驳回北京C房地产开发有限公司的其他诉讼请求。如果未按判决指定的期间履行给付金钱义务的,应按照《民事诉讼法》第253条之规定,加倍支付迟延履行期间的债务利息。

一审法院判决后,C公司与陈某某不服,均向二审法院提起上诉。

C公司上诉称:承担违约责任的前提条件是存在违约行为,并非存在主观过错,而陈某某、陈某违反限购政策并迟延付款的行为,已构成明显违约,应当支付C公司违约金76万元。故请求二审法院撤销原判第四项,改判陈某某、陈某向C公司支付违约金76万元。

陈某某上诉称:在签约过程中,C公司作为一家专业的房地产公司,明知其没有购房资格,却为谋取利益,故意隐瞒该情形,恶意引导陈某某与其签订协议。陈某某在此过程中不存在过失,违约方应当是C公司,故请求二审法院撤销原判,依法驳回C公司的全部诉讼请求。

陈某不服一审判决,同意陈某某的上诉意见,但未提起上诉。

经审理查明:陈某与陈某某系父子关系。陈某具有香港居民身份证及北京市居民身份证。陈某某户籍地为湖南省长沙市。

2011年11月14日,陈某某、陈某(认购人)与C公司(出卖人)签订《北京市商品房认购书》,约定认购人所认购的商品房为出卖人所开发的位于北京市顺义区××号房。该认购书附件二《补充协议》第12条约定:认购人声明其于《北京市商品房认购书》及本补充协议内所提供的全部资料均真实、合法、有效、可信,并就此承担诚信责任。同日,陈某某、陈某出具《购房承诺书》,载明其承诺遵守限购政策规定,提交的材料均真实、合法、有效,并自愿接受相关部门核查家庭购房资格。

2011年11月25日,陈某某、陈某(买受人)与C公司(出卖人)签订《预售合同》(合同编号为××)及附件,约定陈某某、陈某购买C公司建设的顺义区××号房屋,房屋总价款为760万元。该合同第29条约定:本合同及附件共100页,一式肆份,具有同等法律效力。

《预售合同》附件十《补充协议》第25条关于合同解除(退房)的补充约定为:双方同意对《预售合同》及本补充协议中合同解除(退房)时的相关内容作出如下修改和补充:(1)在《预售合同》及本补充协议的履行过程中,任何一方按《预售合同》及本补充协议的约定,提出解除合同(退房)的,在解除合同(退房)通知送达对方之日起,《预售合同》解除。买受人须在解除合同(退房)通知送达后3日内至出卖人售楼处与出卖人签署及/或提供解除合同及注销预购商品房抵押权预告登记(以下简称"期房抵押预告登记")和注销预购商品房预告登记所需的全部文件(包括但不限于解约协议、办理《预售合同》及本补充协议的备案解除手续及期房抵押预告登记注销手续和注销预购商品房预告登记之授权委托书、贷款银行及/或抵押权人同意解除期房抵押预告登记的证明等),并于前述文件签署之日起3日内配合出卖人,办理《预售合同》备案解除手续及/或期房抵押预告登记(如存在)的注销手续和预购商品房预告登记(如存在)的注销手续……(2)出卖人在完成《预售合同》备案解除手续及期房抵押预告登记(如存在)注销手续和预购商品房预告登记(如存在)注销手续,且买受人已将该商品房实际退还予出卖人,及在因买受人违约而导致《预售合同》及本补充协议被解除时,出卖人已依本补充协议第八条及其他条款确定相关损失后30日内,应将买受人实际支付的房价款无息退还买受人……

《预售合同》附件十《补充协议》第29条特别约定第4款:买受人承诺其已详细阅读并清楚知晓《国务院办公厅关于进一步做好房地产市场调控工作有关问题的通知》(国办发〔2011〕1号)、《北京市人民政府办公厅关于贯彻落实国务院办公厅文件精神进一步加强本市房地产市场调控工作的通知》(京政办发〔2011〕8

号)、《关于落实本市住房限购政策有关问题的通知》(京建发〔2011〕65号)的全部内容,完全清楚其中有关住房限购政策的各项规定,买受人并承诺遵守限购政策规定;买受人承诺其填写的家庭购房申请表、《购房承诺书》及/或其他相关文件和提供的证件、材料原件均真实、合法、有效;买受人承诺如实、完整填写家庭购房申请表、《购房承诺书》及/或其他相关文件,如实、完整提供买受人在北京市拥有住房数量的信息,如实提供买受人在北京市连续缴纳社会保险或个人所得税年数的信息(适用于非北京市户籍家庭)及/或其他相关信息,如果买受人不如实、完整填写及/或不如实提供上述任何信息,或者买受人的居民家庭购房资格被相关主管部门撤销,或者买受人违反限购政策规定的,出卖人在发现买受人提供虚假信息骗购住房,或者买受人的居民家庭购房资格被相关主管部门撤销,或者买受人违反限购政策规定的情况下,出卖人有权单方解除《预售合同》及本补充协议。如果因为买受人提供虚假信息或者买受人的居民家庭购房资格被相关主管部门撤销或者买受人违反限购政策规定而导致解除《预售合同》及本补充协议的,买受人应按该商品房总价款的20%向出卖人支付违约金,如果该违约金不足以弥补出卖人损失的〔包括但不限于因该商品房市场价格降低而导致的房屋价款差价损失、物业管理服务费(自《预售合同》解除之日起至该商品房新买受人接收该商品房之日止)、律师费及行政费用、代理佣金、房地产评估费〕,买受人还应继续赔偿出卖人的损失。

上述协议签订后,C公司依据陈某提交的港澳居民来往内地通行证、境外个人在境内居留状况证明以及陈某某提交的出生医学证明、户口本,使用北京建委向其提供的特定登录密码登录了网签系统,录入了购房人的信息,陈某、陈某某最初通过了北京建委的购房资格审核。随后《预售合同》办理了网上签约,且也办理预售合同备案手续,C公司认可涉诉商品房未办理预告登记手续。陈某某、陈某按约支付C公司40%的购房款304万元,但未再按照约定期限支付剩余购房款。

2013年8月21日,C公司向陈某某、陈某发出《誉天下二期之誉皇殿房屋交付(入住办理)通知书》,通知陈某某、陈某于2013年9月30日办理入住手续。

2013年9月18日,陈某自行到北京市顺义区住房和城乡建设委员会咨询其是否具备购房资格,并主动说明其在北京市丰台区已经拥有两套房产。随后,被口头告知其已不具备在京购房资格。

2013年9月27日,陈某某、陈某向C公司发送函件,其部分内容为:"我是丽来花园××的预售买者……建委已于2013年9月18日复查该项预售,属违反国家限购政策,责令买卖双方立即停止这单违法交易,否则双方要受严惩。兹请贵司及早退房、退款及资金占用补偿金。"C公司收到陈某某、陈某向C公司发送的函件后,亦接到了北京市顺义区住房和城乡建设委员会的电话答复,因陈某某、陈某违反限购政策，不会为其办理相关手续。C公司于2013年10月15日回函，其部分内容为："……现贵方向我公司提出退房，贵方应按照合同约定向我公司承担相应违约责任，之后，我公司才可办理相关的解约手续，并退回贵方剩余房款（如适用）。"2013年11月5日，陈某再次向C公司发送函件，其部分内容为："……本房屋买卖合同已经无法继续履行……所以商请与贵公司达成如下和解结果：贵公司退还我交付的本金304万元人民币，房产由贵公司收回，我们共同到有关机构办理相关事宜。"

2014年4月22日，C公司委托北京市汉韬律师事务所向陈某某、陈某发出《解约通知函》，其部分内容为：……阁下违反限购政策购房及逾期付款之行为，已严重违反了阁下与C公司签署的《预售合同》及其补充协议之约定……自本通知送达阁下之日起，C公司与阁下签署的《预售合同》及其补充协议以及其他与该房屋相关之法律文件即行解除……陈某某、陈某于2014年4月25日收到该通知函。

诉讼中，陈某称其已向C公司出示其两个身份证件，C公司要求其用港澳居民来往内地通行证签订涉诉合同。C公司对此不予认可，称陈某并未向其披露陈某具有两个身份证件。

陈某、陈某某表示，在签订涉诉《预售合同》时，陈某在北京市已经有两套房屋，因违反限购政策，现涉诉房屋无法过户到陈某某、陈某名下，但其要求继续履行合同，称产权过户事宜留待日后符合政策要求时再处理。

C公司称在法院确认解除《预售合同》及其补充协议的情形下，其同意退还陈某某、陈某已付购房款，并同意就此在本案中一并解决。

上述事实，有《北京市商品房认购书》及其附件、《购房承诺书》、家庭购房申请表、《预售合同》及其附件、《誉天下二期之誉皇殿房屋交付（入住办理）通知书》、2013年9月27日及2013年11月5日函件、回函、《解约通知函》及双方当事人陈述等证据在案佐证。

二审法院认为，综合双方诉辩主张，本案二审审理争议焦点归纳为：1.双方签订的《预售合同》及其补充协议是否应当解除；2.陈某某、陈某是否应当支付C公司违约金。

关于第一个争议焦点。陈某某的户口本显示其属非北京市户籍居民，另陈某某系××中学学生，亦无法提供连续5年在北京市缴纳社会保险或个人所得税纳税证明；陈某具有香港居民身份和北京市居民身份，且在北京市已拥有两套房产。根据国务院和北京市的限购政策及建委部门对双方当事人的明确答复，陈某某、陈某根本不具备在北京市购房的资格，其与C公司签订的《预售合同》及其补充协议因违反限购政策而无法继续履行。上述情形已明确约定在《预售合同》及其补充协议中，C 公司享有合同解除权，并已明确要求解除合同，故双方签订的《预售合同》及其补充协议应当予以解除。陈某某、陈某辩称双方可以继续履行协议，房屋产权过户问题等待其符合购房政策时再予以办理的意见，没有合同依据，故法院不予采信。

关于第二个争议焦点。在双方签订协议之前，国务院及北京市的限购政策早已颁布，双方均应当了解政策的具体内容。C 公司作为专业的房地产公司，在签约之前应当充分向买受人释明限购政策的全部内容，并积极全面询问有可能属于限购情形的买受人有关信息，主动审查买受人是否具备购房资格，而非被动地接受买受人提供的资料。陈某某、陈某作为买受人在签约之前亦应当充分了解限购政策，且其本人更清楚自己的身份及房产情况，应主动向出卖人说明自己的特殊身份及房产信息或主动向有关行政主管部门咨询。根据陈某某、陈某在签约之前已通过了北京建委最初的购房资格审查，《预售合同》也已办理了网上签约，并办理了《预售合同》备案手续，最终相关行政主管部门认定陈某某、陈某不具备购房资格，致使双方合同不能继续履行的事实，说明双方在签约之前均存在一定过失，对于合同因不能履行而被解除的责任，C 公司不能将其全部归责于陈某某、陈某一方，故对 C 公司要求陈某某、陈某支付违约金的诉讼请求，法院不予支持。

综上，C 公司、陈某某的上诉请求和理由均没有事实及法律依据，本院不予支持。原审法院判决并无不当，应予维持。依照《民事诉讼法》第 170 条第 1 款第（一）项之规定，判决：驳回上诉，维持原判。

基本案情四

原告董女士与被告孙先生系房屋买卖合同关系，被告 D 物业中介公司系中介方。2013 年 5 月 28 日，原告董女士与被告孙先生经被告 D 物业中介公司介绍签订《房产交易合同》，合同约定被告孙先生将自己名下坐落天津市河东区向阳楼街翠阜新村翠韵里 5 号楼 5 门 602-603 号房屋出售给原告董女士，诉争房屋面积 100.22 平方米，成交价格为 110 万元，约定原告董女士给付被告孙先生定金 20000 元，房款以银行贷款方式支付，原告董女士需于 2013 年 6 月 17 日前办理贷款申请手续，将除定金外其他首付款存入资金监管中心。签订合同时原告董女士表示自己为天津市集体户口。当日原告董女士签署声明、佣金确认书、签约告知书及天津市房地产经纪服务合同，并向被告 D 物业中介公司交付中介费 13200 元及评估费 4500 元。其中签约告知书中注明了原告董女士应提供的资料。评估报告于 2013 年 7 月 3 日作出。原告董女士逾期未能办理贷款手续，与被告孙先生在被告 D 物业中介公司处协商签订补充合同，约定原告董女士向被告孙先生再支付定金 30000 元，原合同继续履行。2013年7月18日，原告董女士与被告孙先生在九州花园底商处的一个旅行社签订天津市房产买卖协议，被告孙先生称其是2013年7月22日签的字。之后原告董女士仍未能办理贷款手续，合同未能履行。2013年9月10日，原告董女士与被告孙先生在被告D物业中介公司处协商未果，被告孙先生向原告董女士及被告D物业中介公司送达解除合同的律师函。因房屋买卖合同未能履行，原告董女士呈诉一审法院，请求判令：1. 被告孙先生返还原告董女士房屋买卖合同定金50000元；2. 判令被告D物业中介公司返还中介费13200元并赔偿损失4500元；3. 诉讼费用由二被告承担。

法院判决

一审法院认为，原告董女士与被告孙先生系房屋买卖合同关系，双方签订的房屋买卖协议真实有效，并无违反国家法律强制性规定的情形，双方应当按照合同约定履行相关义务。原告董女士未能按照约定办理贷款手续给付房款是合同无法履行的原因，原告董女士应当承担违约责任。根据《合同法》第115条规定，给付定金一方不履行约定的债务的，无权要求返还定金。故原告董女士诉请被告孙先生返还定金不符合法律规定，原审法院不予支持。关于原告董女士诉请被告D物业中介公司返还中介费并赔偿损失，被告D物业中介公司已经履行自己的义务，促成双方签订合同，原告董女士称被告D物业中介公司明知原告董女士按照天津市房屋限购政策不具有资质情况下仍与原告董女士签订居间合同、收取中介费，被告D物业中介公司存在过错，但被告孙先生证实签订合同时原告董女士自称是天津市集体户口，而且原告董女士是具有完全民事行为能力的人，在被告D物业中介公司以签约告知书的形式告知原告董女士其应提供的资料及注意事项后，原告董女士应当知道自己是否具有在天津市购买房屋的资格，原告董女士在此情况下仍与二被告签约，随后产生合同无法履行的后果，其原因在于原告董女士，被告D物业中介公司并无过错，故对于原告董女士的主张，原审法院不予支持。

综上，依照《合同法》第115条、第426条的规定，判决如下：驳回原告董女士全部诉讼请求。如果未按本判决指定的期间履行给付金钱义务，应当按照《民事诉讼法》第253条之规定，加倍支付迟延履行期间的债务利息。案件受理费1493元，减半收取746.5元，由原告董女士负担。

一审判决后，董女士不服，提起上诉，请求：1. 依法撤销原审判决，发回重审或改判支持上诉人在一审的全部诉讼请求；2. 本案一、二审诉讼费用由被上诉人承担。主要理由：1. 原审判决认定事实错误。原审判决认定上诉人董女士与被上诉人孙先生、D物业中介公司"签订合同时原告董女士表示自己为天津市集体户口"，没有任何证据证明这一事实，上诉人也不可能做如此表示。事实是，上诉人向被上诉人交付了非天津市户籍身份证，被上诉人明知上诉人的户籍情况。2. 原审判决适用法律错误。原审判决认定上诉人与被上诉人签订的房屋买卖协议真实有效，并无违反国家法律强制性规定的情形，这显然是为偏袒被上诉人一方错误地适用法律。根据2013年2月26日《国务院办公厅关于继续做好房地产市场调控工作的通知》第2条明确规定："已实施限购措施的直辖市、计划单列市和省会城市，要在严格执行《国务院办公厅关于进一步做好房地产市场调控工作有关问题的通知》（国办发〔2011〕1号）基础上，进一步完善现行住房限购措施"，"限购住房类型应包括所有新建商品住房和二手住房；购房资格审查环节应前移至签订购房合同（认购）前；对拥有1套及以上住房的非当地户籍居民家庭、无法连续提供一定年限当地纳税证明或社会保险缴纳证明的非当地户籍居民家庭，要暂停在本行政区域内向其售房"。签订协议当时，上诉人非天津市户籍，且无法提供1年以上纳税或社保证明，根本没有购房资格，也就不具有订立房屋买卖合同的主体资格。上诉人与被上诉人签订的协议违反了行政法规的强制性规定，是无效的合同。因此，上诉人的诉讼请求具有明确的法律依据，应当受到法律保护和法院支持。

二被上诉人均答辩，原审判决认定事实清楚，适用法律正确，驳回上诉，维持原判。

二审法院经审理查明的事实与原审法院查明的基本事实一致。上诉人就其主张没有提供新的证据。法院对上述事实予以确认。庭审中，二审法院就双方争议的问题进行调解，未果。

二审法院认为，本案争议焦点为上诉人董女士与被上诉人孙先生经被上诉人D物业中介公司介绍签订的《房产交易合同》是否有效，以及二被上诉人是否应返还上诉人诉请的定金和中介费等费用。上诉人与被上诉人签订的《房产交易合同》系双方的真实意思表示，合同表现形式和约定的实质性内容均不违反国家法律和行政法规的强制性规定，也不因此损害社会公共利益和第三人合法权益，依法成立并发生法律效力，双方当事人均应依约履行各自义务，不得擅自变更或者解除。《国务院办公厅关于继续做好房地产市场调控工作的通知》不属于法律或行政法规，因此上诉人依此主张合同无效本院不予支持。

关于上诉人董女士要求被上诉人孙先生返还50000元定金一节，根据上诉人董女士与被上诉人孙先生签订的《房产交易合同》第2条第2款"甲、乙双方需于2013年6月10日前亲自到该房地产所辖区房管局签署《天津市房产买卖协议》，并依照该协议约定办理买卖手续，双方应通过天津市房地产交易资金监管中心（简称'资金监管中心'）对房款进行代收代付"，以及第6条第1款"乙方交付定金后未按照本合同约定履行的，无权要求甲方返还定金"，董女士因在约定时间内未能取得天津市集体户口，导致双方未能到房管局签署买卖协议。2013年7月4日双方签订补充协议，但对协议履行期限未做约定，2013年7月18日，上诉人与被上诉人孙先生签订天津市房产买卖协议，在该协议中双方又约定30日内到房地产权属登记机构办理房屋所有权转移登记手续，但直到2013年9月7日被上诉人孙先生向上诉人董女士发出律师函要求解除合同时，上诉人董女士仍然未取得天津市集体户口，不具备办理房屋所有权转移登记手续的资格，故其要求返还50000元定金的主张本院不予支持。

关于上诉人董女士主张被上诉人D物业中介公司返还中介费13200元，上诉人与二被上诉人签订合同时，虽然被上诉人D物业中介公司向上诉人董女士提供了签约告知书，并在签约告知书中载明了"连续缴纳1年以上的个人所得税证明或者社会保险缴纳证明（外地人贷款购房提供）"，同时要求上诉人董女士在告知书上签字，但上诉人董女士当场提供的是外地身份证，依据上诉人董女士与被上诉人D物业中介公司签订的《天津市房地产经纪服务合同》（房产承购）第4条第4款"指导甲方（即上诉人董女士）签订房产交易合同"的约定，被上诉人D物业中介公司在了解董女士的身份证为外地身份证时，应指导董女士提供连续缴纳1年以上的个人所得税证明或者社会保险缴纳证明，或办理天津市户籍后再行签订房屋买卖合同，被上诉人D物业中介公司未能完全履行上述指导义务，导致涉案房屋买卖合同不能继续履行，根据被上诉人D物业中介公司与上诉人董女士签订的《天津市房地产经纪服务合同》第10条的约定，被上诉人D物业中介公司在履行合同的过程中存在瑕疵，应返还上诉人董女士部分中介费，本院认为应以50%为宜。上诉人董女士代被上诉人孙先生给付被上诉人D物业中介公司的2200元中介费以及上诉人董女士为购买诉争房屋进行评估的费用4500元，均系被上诉人D物业中介公司违约导致的损失，被上诉人D物业中介公司应对2200元和4500元损失承担赔偿责任，但是，在整个房屋买卖的过程中，上诉人董女士自身也存在一定过错，本院认为D物业中介公司承担50%的责任为宜。

综上所述，依据《民事诉讼法》第170条第1款第（三）项之规定，判决如下：1. 撤销天津市河东区人民法院（2013）东民初字第1355号民事判决；2. 本判决生效之日起10日内，被上诉人天津D物业中介公司返还上诉人董女士11000元的50%，即5500元；3. 本判决生效之日起10日内，被上诉人天津D物业中介公司给付上诉人董女士2200元的50%和4500元的50%，即3350元；4. 驳回上诉人董女士的其他上诉请求。

▰ 法律分析

1995年1月1日起实施的《城市房地产管理法》第45条第2款规定："商品房预售人应当按照国家有关规定将预售合同报县级以上人民政府房产管理部门和土地管理部门登记备案。"

国务院1998年7月20日起实施的《城市房地产开发经营管理条例》第26条第2款规定："房地产开发企业应当自商品房预售合同签订之日起30日内，到商品房所在地的县级以上人民政府房地产开发主管部门和负责土地管理工作的部门备案。"第32条规定："预售商品房的购买人应当自商品房交付使用之日起90日内，办理土地使用权变更和房屋所有权登记手续；现售商品房的购买人应当自销售合同签订之日起90日内，办理土地使用权变更和房屋所有权登记手续。房地产开发企业应当协助商品房购买人办理土地使用权变更和房屋所有权登记手续，并提供必要的证明文件。"

建设部2001年6月1日起实施的《商品房销售管理办法》第34条第3款规定："房地产开发企业应当协助商品房买受人办理土地使用权变更和房屋所有权登记手续。"

建设部1995年1月1日起实施的《城市商品房预售管理办法》第10条规定："商品房预售，开发企业应当与承购人签订商品房预售合同。开发企业应当自签约之日起30日内，向房地产管理部门和市、县人民政府土地管理部门办理商品房预售合同登记备案手续。"

建设部1995年3月1日起实施的《城市房地产开发管理暂行办法》第25条第2款规定："现货销售的商品房由购买人在销售合同签订之日起三十日内办理房地产权属登记手续；预售的商品房由购买人在结算之日起三十日内办理房地产权属登记手续。"

广东省1993年11月16日颁布并于1997年10月16日修正的《广东省房地产开发经营条例》第21条规定："预售房屋时，买卖双方须订立预购合同，并在订立预购合同之日起三十日内，持预购合同到县以上房地产管理部门办理预购登记。"第23条规定："开发经营企业出售房屋时，买卖双方应签订合同，并到县以上房地产管理部门和土地管理部门分别办理房屋所有权和土地使用权权属登记。"

广东省1998年10月1日起实施的《广东省商品房预售条例》第22条规定："预售商品房时，预售人与预购人应当签订书面的商品房预购销合同，在该合同签订三十日内持该合同到项目所在地房地产交易登记机构办理登记手续；房地产交易登记机构应当自受理之日起二十日内予以登记。"

广州市人民政府 1995 年 12 月 19 日起实施的《广州市房地产交易管理办法》第 7 条规定："房地产出售，交易双方必须到市交易所办理交易登记手续……"第 25 条规定："交易双方签订预售预购合同后，开发企业应在 30 日内持合同文书向市交易所办理审核、登记手续。凡未经审核、登记的商品房预售行为无效。"

广州市人民政府 1996 年 9 月 6 日颁布实施的《广州市房地产综合开发管理实施办法》第 44 条规定："开发公司出售商品房，买卖双方必须签订售房合同，并到土地房产管理部门办理房屋所有权和土地使用权权属登记。"

广州市 1998 年 12 月 24 日实施的《广州市商品房预售管理实施办法》第 14 条规定："开发企业应当在签约之日起 30 日内持商品房预售合同到市交易登记机构办理审核、登记手续。对证件齐备的，市交易登记机构应当自受理之日起 20 日内予以登记。凡未经审核、登记的商品房预售行为无效。"

以前广州市的《商品房预售合同》规定："本契约经甲、乙双方签署并经广州市房地产交易所审核、登记后生效。"之后使用的《商品房买卖合同》规定："本合同双方签订后 30 天内向广州市房地产交易管理部门办理登记手续。"未表明何时生效。

我国《合同法》规定，承诺生效时合同成立，依法成立的合同，自成立时生效。法律、行政法规规定应当办理批准、登记等手续生效的，依照其规定。《最高人民法院关于适用〈中华人民共和国合同法〉若干问题的解释（一）》第 9 条规定："依照合同法第四十四条第二款的规定，法律、行政法规规定合同应当办理批准手续，或者办理批准、登记手续才生效，在一审法庭辩论终结前当事人仍未办理批准手续的，或者仍未办理批准、登记手续的，人民法院应当认定该合同未生效；法律、行政法规规定合同应当办理登记手续，但未规定登记后生效的，当事人未办理登记手续不影响合同的效力，合同标的物所有权及其他物权不能转移。"显然，商品房买卖合同是需经登记生效的。那么，《商品房买卖合同》自成立至生效的这一段时间，是有效还是无效呢？是否应理解为，有些合同——附条件和附期限的合同，条件成就和期限届至时合同生效——在成立至生效之间的时间内"有效但不生效"？

有人认为，《房地产买卖合同》自双方签字盖章后生效，那么，这与其他各类普通的民事合同有何区别？同时，还存在一个问题，如果在合同登记之前，出卖人就同一套商品房与不同的购房者签订了几份《商品房买卖合同》，是否都有效？如果都有效，商品房所有权是否移转给先登记合同的买受人？

有人认为，登记是签订《商品房买卖合同》要件，但是生效要件还是对抗要件则存在争议。有人认为登记是《商品房买卖合同》的生效要件，非经登记，《商品房买卖合同》不生效。但是，如果将未登记的《商品房买卖合同》都认定为无效合同，则不利于保护当事人的合法权益和交易安全。有人认为登记是《商品房买卖合同》的对抗要件，非经登记不得对抗第三人，但登记只是起到对抗第三人的作用，而不是其发生效力的必经程序。

近年，有一种"效力待定"的观点，即合同签订后，该登记未登记，该批准未批准，合同成立，但未生效。

按我国《合同法》的规定，合同自双方签名盖章后生效。而对于不动产合同何时生效的问题，学术界和实务界一直存在争议。《最高人民法院关于审理商品房买卖合同纠纷案件适用法律若干问题的解释》实际上已明确，《商品房买卖合同》自双方签字盖章后生效。《最高人民法院关于审理商品房买卖合同纠纷案件适用法律若干问题的解释》第6条同时也规定："当事人以商品房预售合同未按照法律、行政法规规定办理登记备案手续为由，请求确认合同无效的，不予支持。""当事人约定以办理登记备案手续为商品房预售合同生效条件的，从其约定，但当事人一方已经履行主要义务，对方接受的除外。"

对于合同的生效，可根据登记的不同原因来确定登记的效力，不可一概采取登记要件主义。原则上应坚持登记要件主义，《商品房买卖合同》应经登记后生效。但未登记的，应考虑当事人双方未登记的原因，双方或一方的过错情况，买受人已占有、使用商品房的事实，买卖关系的特殊性，返还房屋是否可行以及可能给市场造成的影响等因素，决定是否应确认原买卖合同无效。"买卖双方自愿，并立有契约，买方已交付了房款，又没有其他违法行为，只是手续不完善的，应认为买卖关系有效，但应令其补办房屋买卖手续。"

2021年1月1日起施行的《民法典》第三编"合同"第一分编"通则"第三章对于"合同的效力"作了明确规定。第502条规定："依法成立的合同，自成立时生效，但是法律另有规定或者当事人另有约定的除外。""依照法律、行政法规的规定，合同应当办理批准等手续的，依照其规定。未办理批准等手续影响合同生效的，不影响合同中履行报批等义务条款以及相关条款的效力。应当办理申请批准等手续的当事人未履行义务的，对方可以请求其承担违反该义务的责任。""依照法律、行政法规的规定，合同的变更、转让、解除等情形应当办理批准等手续的，适用前款规定。"第503条规定："无权代理人以被代理人的名义订立合同，被代理人已经开始履行合同义务或者接受相对人履行的，视为对合同的追认。"第504条规定："法人的法定代表人或者非法人组织的负责人超越权限订立的合同，除相对人知道或者应当知道其超越权限外，该代表行为有效，订立的合同对法人或者非法人组织发生效力。"第505条规定："当事人超越经营范围订立的合同的效力，应当依照本法第一编第六章第三节和本编的有关规定确定,不得仅以超越经营范围确认合同无效。"第 506 条规定:"合同中的下列免责条款无效:(一)造成对方人身损害的;(二)因故意或者重大过失造成对方财产损失的。"第 507 条规定:"合同不生效、无效、被撤销或者终止的,不影响合同中有关解决争议方法的条款的效力。"第 508 条规定:"本编对合同的效力没有规定的,适用本法第一编第六章的有关规定。"

案例 31

交定金后未能签合同、交首期款后未能签按揭合同的责任承担

■ 基本案情

1998 年 10 月,"香港居民"梁先生打算以按揭形式在广州市某楼盘购买两套商品房,两套房总价款为 160 万元人民币。梁先生向开发商支付了 30 万元人民币作为定金。在办理银行按揭手续的过程中,银行表示需要梁先生对其香港居民身份提供香港有关机构的公证文件,但梁先生始终不同意公证其身份。最后,银行方面未能与其签订《按揭贷款合同》。梁先生因此无法购买该两套商品房,要求开发商返还所交的 30 万元人民币定金。

双方发生纠纷,梁先生起诉至广州市某基层法院,请求判决开发商返还其所交的 30 万元人民币定金。

■ 法院判决

一审法院认为,本案中原告"香港居民"梁先生未能与银行签订《按揭贷款合同》的原因是梁先生的居民身份未经香港有关机构公证。后原告梁先生又不接受开发商关于一次性付款、分期付款或延期付款的付款方式,导致原告梁先生最终无法购买两套商品房,过错不在开发商,而在原告梁先生本身。因此,一审法院判决驳回原告梁先生关于请求开发商返还其所交 30 万元购房定金的诉讼请求。

■ 法律分析

本案梁先生不能与银行签订《按揭贷款合同》的原因是梁先生的身份未经香

港有关机构的公证，本来在手续上作此弥补，所有购房和按揭手续都会很顺利。可偏偏梁先生始终态度坚决，不同意对其身份进行公证。而对于开发商关于一次性付款、分期付款或延期付款的付款方式，梁先生也不接受，因此，开发商不同意返还其支付的30万元定金。

对于定金的处理办法，由于当时《合同法》尚未实施，只能适用《民法通则》的有关规定和原则，分析责任究竟在哪一方。

根据本案情况，由于不能完成按揭贷款手续，继而不能顺利购房的责任不在开发商，梁先生想取回所支付的30万元定金，似乎没有法律依据。

后来自2003年6月1日起施行的《最高人民法院关于审理商品房买卖合同纠纷案件适用法律若干问题的解释》第4条对于这种情况则作了明确规定："出卖人通过认购、订购、预订等方式向买受人收受定金作为订立商品房买卖合同担保的，如果因当事人一方原因未能订立商品房买卖合同，应当按照法律关于定金的规定处理；因不可归责于当事人双方的事由，导致商品房买卖合同未能订立的，出卖人应当将定金返还买受人。"

本案中，梁先生不同意提供其香港居民身份的公证文件，导致其无法向银行贷款，之后又不同意开发商关于一次性付款、分期付款或延期付款的付款方式，其要求返还购房定金没有法律依据，一审法院判决正确。

案例32

建设行政主管部门无权锁定预售房屋

基本案情

2005年6月21日，某区人民法院委托市国土房管局登出国有土地使用权出让拍卖公告，拟于2005年7月21日在市交易中心拍卖本案涉地块的土地使用权，但拍卖公告中并无额外义务和责任的说明。2005年7月21日，香港B发展有限公司参与本次涉案土地使用权的拍卖，并成功竞得该地块的土地使用权（4871平方米），成交价9050万元，并于当天取得成交确认书。成交确认书注明："拟定项目公司名称：A房地产有限公司。"该确认书也没有约定竞买人需承担额外的补偿责任与义务。2005年8月4日，某区人民法院出具（2005）法执字第737-1号民事裁定书，裁定"拍卖被执行人××区工业总公司、××市荔都房地产有限公司所有的

××中路459-471号、三圣四巷、五巷、福施坊地块的4871平方米土地使用权由香港B发展有限公司以9050万元竞投取得"。该裁定书也没有规定竞买人的额外补偿责任与义务。2006年5月10日，某区人民法院出具（2005）法执字第737-2号协助执行通知书，要求市国土房管局依照该院（2005）法执字第737-1号民事裁定书，办理将被执行人××区工业总公司、××市荔都房地产开发有限公司所有的××中路459-471号、三圣四巷、五巷、福施坊地块的4817平方米土地使用权过户到香港B发展有限公司名下的相关手续。该通知书同样没有规定竞买人需承担任何额外补偿责任与义务。2006年7月26日，竞买人在××市的全资子公司A房地产有限公司（以下简称"A公司"）与市国土房管局签订《××市国有土地使用权出让合同》，没有约定A公司的额外补偿责任与义务。

由于该地块仍有部分拆迁补偿工作未妥善解决，土地使用权一直未过户至香港B发展有限公司或其全资子公司A公司名下。2007年9月28日，某区人民法院再次向市国土房管局发出《关于继续办理××中路459-471号地块土地使用权的过户手续函》，要求该局按照（2005）法执字第737-2号协助执行通知书及（2005）法执字第737-1号民事裁定书将××中路459-471号、三圣四巷、五巷、福施坊地块的4817平方米土地使用权过户到香港B发展有限公司名下，并已明确该地块房屋拆迁补偿问题应根据处理烂尾地的有关规定以货币补偿形式解决，该院已对上述房屋的拆迁补偿款按规定予以预留，并等待上述房屋的产权人向该院主张，并未规定竞买人需承担任何额外补偿责任与义务。之后，A公司办理了土地使用权过户，并办理了建设用地规划许可证、建设用地批准书、土地使用权证。至2008年6月，A公司已完成项目的方案设计、单体报建图审批，取得了建设工程规划许可证和建设工程实施许可证，将该楼盘名称申请确定为"某某世家"，并开始施工建设。2010年6月，A公司因为要申领商品房预售许可证，同意了市国土房管局关于"某某世家"项目因该局与原12户被拆迁户存在拆迁补偿遗留问题而将新建的12套商品房暂时在系统中作标注限制转让的要求。

由于"某某世家"项目新建商品房销售至2014年8月已接近尾声，2014年8月29日，A公司向市国土房管局发出《关于办理撤销"某某世家"项目12间房屋注记手续的报告》，请求其办理该12间房屋的撤销注记手续，以使A公司可以将该12套新建商品房对外进行销售，缓解A公司的资金压力。

市国土房管局于2014年9月29日作出《关于"某某世家"项目直管房情况的复函》，认为涉案"某某世家"项目仍有12间直管房尚未补偿，为避免国有资产流失，暂不同意撤销相关注记。A公司不服，2014年12月24日，向其区人民法院提起行政诉讼，请求：判令撤销被告市国土房管局于2014年9月29日作出的《关于

"某某世家"项目直管房情况的复函》,要求被告市国土房管局立即办理撤销"某某世家"项目12间房屋注记手续;判令被告市国土房管局承担本案全部诉讼费用。

A公司认为,"某某世家"项目的拆迁补偿问题与A公司无关,市国土房管局无视客观事实,强行要求预留A公司12间房屋,并且在A公司多次沟通及递交书面报告的情况下,至今仍不同意涂销该12间房屋的注记。市国土房管局的行为实际上是将本不应由A公司承担的责任强加给A公司,严重损害了A公司的合法权益,与法律法规规定相违背,应当对该12间房屋的注记予以涂销或撤销。具体理由如下:一是项目地块上未解决的拆迁补偿问题为原业主遗留问题,拍卖公告中也未列明,该遗留拆迁补偿问题与A公司无关。某区人民法院委托市国土房管局于2005年6月公开拍卖"某某世家"项目地块,拍卖公告中并未列明项目地块上存在待解决的拆迁补偿问题。A公司竞投取得项目地块后,直到办理项目商品房预售许可证时,才被告知原业主××区工业总公司遗留下来12户直管房拆迁补偿未得到落实处理。未解决的拆迁补偿问题是A公司取得项目地块前原业主的遗留问题,A公司作为善意的买受人,原业主遗留的拆迁补偿问题与A公司无关。二是项目地块上的房屋已拆迁结案,未解决的拆迁补偿问题由某区人民法院负责依法处理,并且某区人民法院已预留拆迁补偿款项,相关权利人应向某区人民法院主张权利。

市房屋拆迁管理办公室于2006年8月向原业主××区工业总公司发出的《房屋拆迁结案意见书》(房拆结字〔2006〕15号)称,同意房屋拆迁结案,项目地块上被拆迁人的补偿由某区人民法院负责依法处理。某区人民法院于2007年1月28日向被告发出《关于继续办理地块土地使用权过户手续函》称,某区人民法院已对项目地块上房屋的拆迁补偿款按规定予以预留,等待房屋的产权人向法院主张权利。由此可见,项目地块上的房屋已拆迁结案,且某区人民法院已预留房屋的拆迁补偿款,项目地块上被拆迁人的补偿由某区人民法院负责依法处理。因此,项目地块上未解决的拆迁补偿问题与原告A公司无关,应由某区人民法院负责依法处理,且某区人民法院已预留拆迁补偿款项,相关权利人可向某区人民法院主张权利。被告市国土房管局不同意撤销"某某世家"项目12间房屋注记手续,导致原告A公司无法对外销售该12间房屋,无端限制了原告A公司的财产处分权。

而作为行政诉讼被告的市国土房管局则答辩称:首先,原告A公司不具备本案行政诉讼的主体资格,因为参与竞拍土地使用权的是原告在香港的母公司香港B发展有限公司;其次,原告A公司请求法院判决被告撤销新建商品房的限制销售备注,不属于人民法院行政诉讼的受案范围;最后,被告市国土房管局与本项目地块的原业主签订了《城市房屋拆迁作价补偿协议书》,所涉及的拆迁补偿事宜尚未完成,并存在纠纷,因此要继续备注原告新建的12套商品房暂缓对外销售，原告的诉讼请求应予驳回。

法院判决

一审法院在一审判决书中认定："2006年7月26日，原告与被告签订《××市国有土地使用权出让合同》，约定出让上述地块，其中合同第八条明确，乙方（即本案原告）应当在拆迁许可证规定的期限内完成拆迁，未按规定的拆迁期限完成房屋拆迁的，甲方（即本案被告）可以解除合同，已收取的出让金不予退还。""2007年12月期间，原告与被告就土兴巷14号等多间房屋签订了《城市房屋拆迁作价补偿协议书》，均由约定该地块所有人香港B发展有限公司代为处理××区工业总公司的遗留问题。"

一审法院认为，本案的争议焦点是被告对涉案房屋作标注限制转让是否合法。首先，从被告提供的补偿协议及查册表显示，涉案地块仍未得到补偿安置的房屋中有代管、经租等性质房屋，对于这些房屋被告只是管理人的角色，在原房屋未得到拆迁补偿前，被告为保障权利人的合法权益限制新建大楼部分房屋转让，有利于维护原房屋产权人的利益；其次，双方签订的作价补偿协议中有明确约定，该地块所有人A公司代为处理××区工业总公司的遗留问题，即包括原拆迁人××区工业总公司尚未完成的拆迁补偿问题；最后，从庭审陈述及市国土房管局《关于"某某世家"项目直管房情况的复函》内容显示，被标注限制转让的套间是原告向被告提供的，结合上面提到的作价补偿协议，原告对进行标注的后果即为限制转让这一点是清晰且同意的。综上，被告对原告作出的答复，并无不当。原告以限制转让侵害其权益为由，要求撤销市国土房管局《关于"某某世家"项目直管房情况的复函》并撤销注记手续，理由不成立。依照《最高人民法院关于执行〈中华人民共和国行政诉讼法〉若干问题的解释》第56条第（四）项规定，判决：驳回原告A公司的诉讼请求。

原告A公司不服一审行政判决，上诉至市中级人民法院，请求撤销一审判决，改判被告撤销12套新建商品房的限售备注。

市中级人民法院经过审理认为，原告A公司已将"某某世家"项目地块的全部拍卖款支付给了某区人民法院，某区人民法院在收到款后已将有关款项予以预留，被告市国土房管局已知晓却不自行积极主张让法院移交该款而选择通过其行政手段迫使原告帮其解决，这显然是不恰当的，同时原告A公司既无法定义务也无合同义务帮其解决该问题。即便其同原告A公司之间存在民事纠纷，原告A公司是否应当承担额外责任，也要通过正确的民事法律途径解决，不应当通过行政手段锁定原告的预售房源。综上，被告市国土房管局注记原告A公司"某某世家"项目的12间房屋的行为无任何法律依据，侵害了原告A公司的合法权益。因此，判决撤销一审判决，改判市国土房管局撤销12套新建商品房暂缓对外销售的注记。

法律分析

一、关于原告的主体资格问题

原告A公司是本案适格的诉讼主体，被告市国土房管局质疑原告的诉讼主体资格缺乏事实与法律依据。因为涉案土地的使用权是原告的母公司香港B发展有限公司竞拍取得的，并登记在此后成立的全资子公司原告A公司名下并开发、销售（参与拍卖的文件中明确约定了土地使用权落户至A公司名下），这是本市乃至全国土地出让一直以来的交易习惯（一般是先到工商行政管理部门核准一个项目公司名称，并承诺或声明竞买土地使用权成功后将由新成立的项目公司与国土部门签订《土地使用权出让合同》）。现原告是"某某世家"项目的实际产权人及开发商，且是因被告的不当行政行为而利益实际的受损方，故原告在本案中的诉讼主体资格毋庸置疑。

二、关于本案是否属于行政诉讼的受案范围

被告市国土房管局作为国家房地产的主管部门，其实施的批准预售、锁定预售、向原告发复函纯属行政管理行为，根据《行政诉讼法》及其实施细则明确该种行为属于具体行政行为，属于行政诉讼所规定的法院受理的范围。被告作为房地产主管部门，对房地产预售许可有决定权，对于符合相关法律规定的房产应予许可销售，而本案中，在原告前往被告处办理商品房预售许可证时，被告以该宗土地上存在前业主遗留下来的12户直管房拆迁补偿未得到落实处理为由，迫使原告接受对该项目中12套房的注记，且在原告申请撤销注记手续时回函予以拒绝，该行为是针对原告要求其撤销注记手续作出的，且已损害了原告的合法权益，根据《行政诉讼法》的有关规定，该情况属于人民法院应予受理的行政诉讼案件的范围，故被告认为该情况不属于法院管辖的行政诉讼案件的范围缺乏法律依据。

三、关于原告是否需要承担后续拆迁补偿义务

原告提供的拍卖公告、成交确认书、土地出让合同、收据都证明原告是善意的第三人买家，同时所有的文件、证据均证明原告无额外的义务，原告无须承担拍卖公告、土地出让合同约定以外的责任，被告要求原告承担前业主所应承担义务缺乏事实与法律依据。

1. 原告取得该宗土地的程序合法，且已完全履行自己应尽的义务。"某某世家"项目地块系由某区人民法院委托被告于2005年6月进行公开拍卖而原告参加竞买取得的，且原告已将全部的拍卖款支付给了某区人民法院，某区人民法院已确认收到该款并向原告出具了省法院系统代管款（物）收据作为原告的支付

凭证。至此，原告在取得该宗土地中的义务已全部履行完毕，在事实上及法律上并不存在任何未尽的义务。

2. 在当时法院的拍卖公告、随后的土地成交确认书及土地出让合同中均没有涉及 12 户直管房拆迁补偿方面的问题，故在本案中无论是否存在原业主遗留下来的 12 户直管房拆迁补偿的问题，这些问题均与原告无关。原告 A 公司已将"某某世家"项目地块的全部拍卖款支付给了某区人民法院，某区人民法院在收到款后已将有关款项予以预留，被告市国土房管局已知晓却不自行积极主张让法院移交该款而选择通过其行政手段迫使原告帮其解决，这显然是不恰当的，同时原告 A 公司既无法定义务也无合同义务帮其解决该问题。

被告市国土房管局与原业主签订了何种回迁、补偿协议均为被告市国土房管局与原业主之间的民事法律关系，原告 A 公司不是该法律关系的当事人，根据合同的相对性原理，协议对原告 A 公司无任何法律约束力，如因此产生的法律纠纷应由协议的一方当事人市国土房管局与协议的另一方当事人原业主自行解决。然而，市国土房管局利用行政权力锁定原告预售房源，无任何法律及政策依据，是滥用公权的违法、违规行为。

3. 退一步讲，即便存在原业主遗留下来的 12 户直管房拆迁补偿未解决的问题，也是因被告的失职行为所导致的，该后果不应由原告 A 公司承担。被告市国土房管局作为该宗土地的管理方及该宗土地的拍卖会主办人在拍卖时理应将该宗土地上的有关情况予以公示告知，且被告作为政府机关，对社会的公信力是不言而喻的，原告正是基于对被告作为政府机关公信力的信任而参与该宗土地的竞拍，并与之签订土地出让合同取得该宗土地的使用权，然而在原告前往被告处办理该项目商品房预售许可证时却被告知该宗土地上存在原业主遗留下来的 12 户直管房拆迁补偿未得到落实，被告故据此迫使 A 公司同意注记了"某某世家"项目的 12 套房，这明显属于缺乏诚信的滥用职权的行为。

所以，无论从事实上还是法律上来讲，原告在取得该宗土地过程中均为善意的第三人，其合法权益依法应受到国家法律的保护，被告强行要求原告承担额外的合同义务缺乏事实与法律依据，该行为明显违法，依法应予纠正。

原告 A 公司是否应当承担额外责任，应当通过民事法律途径解决，不应当通过行政手段锁定原告的预售房源。党的十八届四中全会对全面推进依法治国作出重大部署，强调把法治作为治国理政的基本方式，同时国务院也多次强调各级政府应依法行政，被告作为国家的政府机关理应在该方面起带头作用，其所作的任何决定均应有法律依据，如其同原告 A 公司之间存在民事纠纷也要通过正确的司法途径解决，而不应凭国家赋予其的行政管理权来迫使原告接受其不符合法律规定的要求。

综上，被告市国土房管局注记原告 A 公司的"某某世家"项目的 12 间房屋的行为无任何法律依据，侵害了原告 A 公司的合法权益，是滥用职权的违法行政行为，依法应予撤销。

四、一审法院在一审判决书中认定的事实错误

1. 一审法院在一审判决书中认定："2006 年 7 月 26 日，原告与被告签订《××市国有土地使用权出让合同》，约定出让上述地块，其中合同第八条明确，乙方（即本案原告）应当在拆迁许可证规定的期限内完成拆迁，未按规定的拆迁期限完成房屋拆迁的，甲方（即本案被告）可以解除合同，已收取的出让金不予退还。"很明显，这是一个固定纸质合同，也就是常说的格式合同，条款无法随意改变，空白处只能用笔写。而且，这条款并不针对原告，原告不是拆迁责任人，也未取得拆迁许可证，被告将已拆迁的地块现状移交给原告，因此，原告没有拆迁义务。

一审法院引用出让合同的此条款，完全是理解错误。被告和一审法院完全清楚，此地块取得拆迁许可证的拆迁主体是××区工业总公司和××市荔都房地产有限公司（以下简称"荔都公司"）。被告提供的（2005）荔法民三初字第 1273 号民事判决书第 2—3 页查明：荔湾公司经城市规划局以（85）城地批字第 1038 号《征用土地通知书》和规地换证字（1998）第 82 号建设用地规划许可证、市房地产管理局以（98）房拆许字 74 号房屋拆迁许可证批准征用上址地段土地建筑业务用房、回拆房等。1999 年 1 月 26 日，市国土局以穗国土建用函（1999）312 号《关于建设用地批文延期及建设用地使用问题的复函》，1999 年 3 月 21 日，市规划局以穗规地复字（1999）第 273 号《关于建设用地转为荔都公司开发的复函》，同意上址中建设用地中 4817 平方米转名为××市荔都房地产开发有限公司建设商品房回迁住房。2000 年 9 月 13 日，荔都公司与市国土局签订《国有土地使用权出让合同》，约定市国土局房管局将上址地块（面积 4817 平方米）使用权出让给荔都公司。

市城市房屋拆迁管理办公室给××区工业总公司发出房拆结字〔2006〕15 号《房屋拆迁结案意见书》记明："我局分别核发《通告》（〔1986〕房征字第 188、231 号）及 1998 年 6 月 17 日核发房屋拆迁许可证（拆许字〔1998〕74 号）准予拆迁。根据 2006 年 7 月 12 日《关于××中路 459-471 号烂尾地块回迁楼确权办证相关工作会议纪要》的精神，同意房屋拆迁结案。"由此可以清楚地看出，拆迁完全不是原告的义务和责任，该拆迁工作早已完成并结案。

2. 一审法院在一审判决书中认定："2007 年 12 月期间，原告与被告就土兴巷 14 号等多间房屋签订了《城市房屋拆迁作价补偿协议书》，均有约定该地块所有人 A 公司代为处理××区工业总公司的遗留问题"，完全是断章取义。

（1）一审法院作为该地块的处理法院不可能不清楚该地块的情况，一审法院在向被告的致函（《关于继续办理××中路459-471号地块土地使用权的过户手续函》）中已明确了遗留的拆迁补偿问题应按相关规定以货币补偿，并明确表示已将有关款项预留，被告作为被拆迁房屋的代管人完全可以直接向某区人民法院主张将预留的补偿款办理移交，一审法院不顾该事实，在判决书中断章取义，引用该条款而对协议中明确约定的从9050万元拍卖款中支付的条款予以忽略，从而认定被告的违法行政行为有理，这显然是错误的。

（2）原告被迫与被告签订的上述作价补偿协议版本是由被告提供的，在该宗土地已完成拆迁工作之后（见2006年8月28日，市城市房屋拆迁管理办公室给××区工业总公司发出的穗房拆结字〔2006〕15号《房屋拆迁结案意见书》），"香港B发展有限公司代为处理××区工业总公司的遗留问题"应该理解为该宗土地所遗留的建设开发问题而不是拆迁补偿问题，不然与合同中所约定的补偿款从9050万元拍卖款中支付是矛盾的，而且该协议也无任何实际意义。

五、被告及其他权益人应向某区人民法院主张权利

如上所述，该宗土地上因拆迁而产生的补偿问题与原告无任何关系，被告及其他权益人应向某区人民法院主张权利，一审法院认为××区工业总公司所遗留的拆迁补偿问题未得到解决前，被告对原告要求解除注记的函作出的答复并无不当，明显属于适用法律错误。

1. 2005年10月10日，某区人民法院发出（2005）法执字第737-2号《公告》告知："经拍卖，该地块于2005年7月21日以9050万元拍卖成交，现本院将对拍卖款进行分配。上述地块的被拆迁人，如尚未起诉或未申请执行的，应尽快到本院办理起诉或申请执行。对未取得执行依据的被拆迁人，本院将预留相应的补偿款，预留时间自本公告之日起两年。"

2. 2006年8月28日，市城市房屋拆迁管理办公室给××区工业总公司发出穗房拆结字〔2006〕15号《房屋拆迁结案意见书》记明："经查，该地块属'125'宗烂尾地之一，2005年7月21日被某区人民法院依法拍卖，被拆迁人原与××区工业总公司签订的拆迁补偿回迁安置协议的补偿由某区人民法院依法处理。""……该部分房屋的补偿问题，由某区人民法院负责依法处理。"

3. 2007年9月28日，某区人民法院向被执行人发出《关于继续办理××中路459-471号地块土地使用权过户手续函》，明确说明："我院认为：××中路459-471号、三圣四巷至五巷、福施坊地块是市'125'宗烂尾地之一，房屋的拆迁补偿问题应根据处理烂尾地的有关规定以货币补偿形式解决。我院已对上述房屋的拆迁补偿款按规定予以了预留，等待上述房屋的产权人向我院主张权利。"

4. 《城市房屋拆迁作价补偿协议书》第7条第2项约定："由该地块所有人香

港 B 发展有限公司代为处理××区工业总公司的遗留问题。"这是一个"兜底条款",原则性商定此地块的后续开发建设、配套设施建设、回迁房产权办理等工作由原告接替原开发商完成。而对于补偿款问题,有特别约定,即第 7 条第 3 项约定:"该房屋的拆迁补偿款由某区法院从 9050 万元里支付。"这是本协议书的价格支付条款,是本协议的核心条款,不能故意歪曲理解。一审法院在一审判决书中不仅选择性引述上述协议条款,而且对条款的内容随意曲解并延伸其内涵,如一审判决书的第 4 页倒数第 8 行:"该地块所有人香港 B 发展有限公司代为处理××区工业总公司的遗留问题即包括原拆迁人××区工业总公司尚未完成的拆迁补偿问题",在原合同中并无该表述,完全是一审法院随意引申出来的意思,同时在无证据表明该宗土地的拆迁人已发生变更的情况下,一审法院随意把××区工业总公司称为"原拆迁人"也是错误的,在拆迁许可证上记载的拆迁人未发生变更的情况下,持有该证的人即为拆迁人,则持证人享有拆迁许可证下的拆迁权利同时也应承担相应的义务,包括拆迁补偿义务,原告不是拆迁人,既不能进行拆迁也不应承担拆迁补偿义务。

综上,被告对原告"某某世家"项目 12 套房的注记行为无法律依据,一审法院判决认定事实与适用法律都是错误的,二审法院改判正确。

案例 33

法院判决解除购房合同是否当然撤销合同备案

基本案情

2007 年 7 月 25 日,北京某房地产开发有限公司作为出卖人与买受人蔡女士签订三份《北京市商品房预售合同》,约定:出卖人向买受人出售朝阳区西大望路 23 号 1#住宅楼 15 层 2 单元 1501、1502、1503 房屋,总价款分别是 2580385 元、2100964 元和 2618872 元;买受人应当在 2007 年 4 月 17 日前分别支付 774116 元、630290 元和 785662 元,另于 2007 年 4 月 25 日前分别支付 1806269 元、1470674 元和 1833210 元。买受人逾期付款超过 30 日后,出卖人有权解除合同;出卖人解除合同的,买受人应当自解除合同通知送达之日起 10 日内按照累计的逾期应付款的 2% 向出卖人支付违约金。以上《北京市商品房预售合同》经北京市房管部门登记备案。之后,买受人未支付以上任何款项。

出卖人遂于 2014 年 11 月，向北京市朝阳区人民法院提起民事诉讼，请求法院判决：1. 解除三份《北京市商品房预售合同》；2. 买受人协助出卖人办理以上三套商品房的预售备案解除手续；3. 买受人向出卖人支付违约金分别为 51607.7 元、42019.28 元和 52377.44 元。

法院判决

北京市朝阳区人民法院经审理认为，原告北京某房地产开发有限公司与被告蔡女士签订的三份《北京市商品房预售合同》系双方当事人真实意思表示，合法有效。被告蔡女士未按照约定时间支付购房款，原告北京某房地产开发有限公司有权要求解除合同，并有权要求被告蔡女士按照合同约定标准支付违约金……预售备案属于纯粹行政管理事项，与当事人之间的民事权利义务无关，原告北京某房地产开发有限公司无权要求被告蔡女士配合办理相关预售备案手续。原告北京某房地产开发有限公司可持本判决自行尝试办理相关行政管理事项，但被告蔡女士无义务予以配合……综上，依照《合同法》第 93 条第 2 款、第 114 条，《民事诉讼法》第 144 条之规定，判决：1. 解除原告北京某房地产开发有限公司和被告蔡女士签订的《北京市商品房预售合同》；2. 被告蔡女士于本判决生效之日起 10 日内向原告北京某房地产开发有限公司支付违约金分别为 51607.7 元、42019.28 元和 52377.44 元；3. 驳回原告北京某房地产开发有限公司的其他诉讼请求。案件受理费和公告费由被告蔡女士承担。

判决生效后，原告北京某房地产开发有限公司持三份生效的判决书，向北京市朝阳区不动产登记中心要求撤销三份《北京市商品房预售合同》的预售备案登记，但遭到拒绝，称必须要有法院的协助执行通知书，或者由买卖双方亲临现场申请撤销备案手续。

法律分析

经了解，目前各地处理同类问题的做法不尽一致：北京通州区需要申请强制执行，且执行裁定中要明确说明由申请人单方申请撤销，否则不予办理。天津要求在判决书中明确说明维修基金及相关费用的归属，否则不予办理，具体需要先办理退税，之后向法院申请执行，和法官一起到市房管局办理退备案手续。广州需要向法院申请执行，房管局会根据协助执行通知书办理撤销备案登记。上海需要法院在判决书中明确撤销合同备案手续，否则执行局不予立案，交易中心不予办理。广东惠州市要求，如果判决书中写明购房合同"强制解除"，则购房任何一方均可持判决书到房管局撤销合同备案。但是，如果判决书中没有"强制"两个字，则需要当事人向法院申请执行，撤销购房合同备案。

本案中，北京某房地产开发有限公司于 2015 年 9 月持生效判决及相关手续到北京市不动产登记中心申请撤销上述三份《商品房预售合同》备案，该中心业务窗口提出需要买卖双方共同办理或出具法院协助执行通知书才可办理。2015 年 11 月 23 日，北京某房地产开发有限公司再次前往该中心办理相关手续，该中心业务窗口再次提出相同理由未予受理。

笔者认为该中心的上述工作要求明显不符合相关规定。依据《北京市建设委员会关于实行商品房预售合同网上联机备案的通知》第 6 条"因法院或仲裁机构判决或裁决解除商品房预售合同的，当事人可单方到市、区县建委（房管局）办理预售合同备案解除手续"的规定，北京某房地产开发有限公司可以持法院生效判决到北京市不动产登记中心单方办理预售合同备案解除手续。依据《北京市建设委员会关于实行商品房预售合同网上联机备案的通知》中第 7 条"办理商品房预售合同备案解除手续需提交下列材料：……（六）法院或仲裁机构判决或裁决解除商品房预售合同的，当事人应提交生效的法院判决书、裁定书、调解书、仲裁裁决书（原件）"的规定，及北京市住房和城乡建设委员会网站公示的办理商品房预售合同解除备案的申报材料要求，只需提交法院判决即可办理，未规定需要提交法院协助执行通知书，北京市不动产登记中心的上述工作要求明显不符合上述规章的规定。

笔者认为，如《商品房预售（买卖）合同》已被法院判决解除，则买卖双方关于购房的交易关系不复存在，那么，政府房管部门对购房合同备案的基础自该购房合同解除之日起也不复存在，因此，政府房管部门无论从哪一方面获得法院判决解除购房合同的信息（原件），均应撤销对该购房合同的备案，并且该撤销行为的法律效力应当追溯至法院判决生效之日。

案例 34

改变房屋结构的违约责任

▋ 基本案情

2004 年 11 月 1 日，原告李（父）、李（子）向被告天津某房地产开发有限公司（以下简称"房地产公司"）购买了位于宝坻区周良庄镇××温泉城上京别墅和园 246 号房屋一套，签订了《天津市商品房买卖合同》（编号：2004-59656），合同约定：商品房价款为 1330532 元，被告房地产公司应于 2005 年 6 月 30 日前交付符合合同约定的商品房，未征得原告同意不得擅自变更商品房的房屋设计和环境布局，逾期交付商品房超过 90 日的，如继续履行合同，应支付原告已付款利息及违约金等内容。合同签订后原告按约定全额支付了购房款，在约定的交房日期届满时，诉争房屋为竣工但未达到合同约定标准状态。该房现仍然存在花园面积短缺、房间窗户面积尺寸过小、斜梁过低、填埋景观河等十余项严重违反合同约定以及擅自变更规划设计的情形，导致原告长达 4 年多的时间无法入住。故此原告起诉要求：1. 被告限期整改完善涉诉房屋达到合同约定和规划设计标准向原告限期交付（整改项目：①使花园面积达到合同的标准；②使二层窗户的面积、标高尺寸及结构格局等达到规划设计和图纸标准；③使房屋斜坡、屋檐、二层室内斜梁达到规划设计和图纸标准，并与样板房相符；④整改并恢复擅自填埋的景观河达到规划设计要求；⑤安装绿化喷洒龙头及安保系统管道；⑥安装温泉水接口并使温泉入户；⑦安装游泳池给排水管接口；⑧安装庭院绿篱；⑨在庭院内配植符合约定的树木；⑩使阳台地面和室内墙面、地面达到约定交付标准；⑪修复墙体裂纹；⑫整改二层主卧室地面厚度超标与阳台门持平至无法装修的现状并达到设计要求和图纸标准）。2. 被告向原告支付逾期交房的已付存款利息 365107 元和逾期交房违约金 396606 元，两项合计 761713 元（自 2005 年 7 月 1 日起计算至 2009 年 7 月 31 日止）。3. 本案诉讼费由被告承担。

2010 年 4 月 21 日，原告增加诉讼请求如下：1. 被告向原告支付自 2009 年 8 月 1 日起至 2010 年 4 月 26 日止逾期交房已付款利息 57266 元和逾期交房违约金 71554 元，两项合计 128820 元；2. 被告按合同约定标准向原告支付自 2010 年 4 月 27 日至实际交房之日止的逾期交房已付款利息和违约金。

被告法定代表人及其委托代理人辩称：和园 246 号别墅已于 2005 年 6 月 26 日取得商品房准许交付使用证，在合同约定的交付日期 2005 年 6 月 30 日前竣工，原告以各种质量瑕疵拒收房屋是被告未能交付的根本原因，此类问题属于维修责任与补偿问题，不能成为拒绝收楼的理由；合同约定的花园面积是约 811.5 平方米并不是完全准确，且花园面积不计入产权面积，被告并不存在违约问题；对于原告提出的整改问题，原第四项整改要求，因景观河不是被告填埋而是原告的邻居填埋的，房地产公司准备通过法律途径解决，花园面积与实际有出入是合理的，其他问题同意整改；对于原告出具的已付款利息及违约金计算明细认可；原告要求房地产公司给付延迟交房利息和违约金没有事实依据，同时原告主张的违约金和利息明显过高。

法院判决

一审法院经审理查明，2004年11月1日原告李（父）、李（子）与被告天津某房地产开发有限公司签订了《天津市商品房买卖合同》（编号：2004-59656），约定：被告将位于天津市宝坻区周良庄镇××温泉城上京别墅和园246号住宅出售给原告，原告于2004年10月30日前支付首期房款430532元（含定金20000元），余款通过银行贷款方式付清；被告于2005年6月30日前将商品房交付给原告，同时约定商品房竣工，经验收合格后可交付，未经验收或验收不合格的不得交付；被告逾期交付商品房在90日内的，原告方有权向被告追究已付款利息，利息自合同约定被告交付商品房次日起至实际交付商品房之日止按银行同期贷款利率计算，如超过上述约定期限的，合同继续履行，被告应支付原告方已付款利息，利息自合同约定被告应交付商品房次日起至实际交付商品房之日止，按银行同期贷款利率计算，此外被告还应每日按商品房价款的万分之二向原告方支付违约金；商品房配有花园面积约811.5平方米；交付商品房时庭院当中以围墙和绿篱分隔，铁艺庭院门，庭院内铺草坪并配植灌木、乔木或果树，预留绿化喷洒龙头及保安系统管道，根据庭院大小种植胸径18厘米以上的乔木1株、果树1株，预留温泉水接口，面积在300平方米以上的户型预留游泳池给排水管接口，合同同时对其他权利义务进行了约定。此外，《补充合同》第18条和第19条分别约定：……买受人通信地址以主合同载明的地址为准，如买受人的地址变更，应以书面形式通知出卖人；主合同及协议约定的通知应采用电报、挂号或特快专递方式。到达日期以买受人签收日期为准，如无签收，则买受人通讯地址为本市的，自书面通知发出之日起第7日视为到达，买受人通讯为外省的，自书面通知发出之日起第15日即视为到达……原告方于合同签订当天缴纳了首付款，于2004年11月24日以银行贷款的形式支付了其余房款。2005年6月14日，被告向原告发出交楼通知，先知2005年6月29日及30日交付房屋。至约定的交付之日原告以约定的商品房未竣工等为理由拒绝收楼。2009年7月2日，被告按合同载明的原告地址邮寄《收楼通知书》，但原告称不知道。7月10日，原告以花园面积不足等问题为由拒绝收房。

2009年8月14日，经一审法院现场勘查，规划当中存在的景观河被填埋。

依原告申请，经一审法院委托，天津某工程咨询管理有限公司于2009年11月26日对诉争房屋进行质量鉴定，并作出《房屋质量司法鉴定意见书》，提出如下意见："1.花园实际面积比合同约定面积小$4.12m^2$；2.二层窗尺寸、面积、标高绝大部分不满足验收规范窗洞口宽高允许偏差5mm的规定，最大偏差259mm，窗洞口高度偏差值，除主卧室落地窗外，其他窗偏差值在28mm至259mm之间，面积偏差主要反映在厅内两樘窗，其面积分别小了 0.55m² 和 0.58m²，其他窗面积偏差在 0.02m² 至 0.26m² 之间；3. 二层厅和卧室斜梁最低点至地面高度测量结果分别为 2584mm 和 2588mm，比样板房厅内和卧室斜梁最低点至地面高度分别低了 159mm 和 256mm；4. 诉争房屋首层楼板层高低于样板房首层层高 22mm，其偏差值超出了《砼结构工程施工质量验收规范》第 8.3.2 条允许偏差 10mm 的规定，也表明诉争房屋首层板厚度偏大导致出现二层卧室阳台门下框与地面距离近影响装修工程实施；5. 首层卫生间窗洞口经剥开承重墙抹灰层检查表明该处经过剔凿拆改，后已修复。"

因被告未提供工程施工图，鉴定机构以样板房桃园 212 号（与诉争房屋为同一户型）为参照标准出具上述鉴定意见。

另查，被告于 2005 年 6 月 26 日取得诉争房屋商品房准许交付许可证，7 月 11 日取得建设工程规划验收合格证，于 9 月 2 日完成竣工备案。

一审法院认为，原、被告之间签订的《天津市商品房买卖合同》是双方当事人的真实意思表示，合法有效，原、被告应当按约定履行合同。被告按约定时间交付房屋时，因约定的商品房尚未竣工且未经主管部门验收，原告拒收符合约定，被告属于逾期交房，在经验收合格后被告履行交付义务时，原告方应当接受给付。被告于 2009 年 7 月 2 日向原告发出催促收楼通知，原告方称不知道，故此按《补充合同》第 18 条之约定，2009 年 7 月 9 日视为原告收到该通知的日期，被告逾期交付期间应当计算至 2009 年 7 月 9 日。因此时约定的商品房已经验收合格并取得交付使用许可证，虽然约定的商品房存在鉴定结论当中的诸项问题，但上述问题属于质量问题，并不影响合同根本目的实现，该商品房可以交付，原告仍拒收，应属原告违约，自此被告不属于逾期交付。原告提出按设计标准对涉诉房屋进行整改，除第 1 项、第 4 项外被告表示同意，法院予以支持。原告的第 1 项、第 4 项整改要求亦符合法律规定，法院予以支持。被告辩称原告主张的违约金和利息明显过高，而原告上述诉讼请求系按合同约定计算，同时被告亦未提交证据予以证实，故此本院对其抗辩意见不予采信。

综上所述，依据《合同法》第 107 条、《最高人民法院关于民事诉讼证据的若干规定》第 2 条的规定，判决如下：1. 被告天津某房地产开发有限公司于判决生效后 5 日内给付原告李（父）、李（子）因逾期交付房屋而产生的已付房款利息 360423 元（自 2005 年 7 月 1 日起至 2009 年 7 月 9 日止按中国人民银行同期贷款利率计算）。2. 被告天津某房地产开发有限公司于判决生效后 5 日内给付原告李（父）、李（子）逾期交付房屋违约金 390754 元（自 2005 年 7 月 1 日起至 2009 年 7 月 9 日止）。3. 被告天津某房地产开发有限公司于判决生效日 5 日内对诉争的商品房天津市宝坻区周良庄镇××温泉城上京别墅和园246号按合同约定及规划设计标准进行整改（具体整改项目为：①使花园面积达到合同约定标准；②使二层窗户面积、标高尺寸及结构格局等达到规划设计和图纸标准，并与样板房相符；③使房屋斜坡、屋檐、二层室内斜梁达到规划设计和图纸标准，并与样板房相符；④整改并恢复擅自填埋的景观河达到规划设计要求；⑤安装绿化喷洒龙头及安保系统管道；⑥安装温泉水接口并使温泉入户；⑦安装游泳池给排水管接口；⑧安装庭院绿篱；⑨在庭院内配植符合约定的树木；⑩使阳台地面和室内墙面、地面达到约定交付标准；⑪修复墙体裂纹；⑫整改二层主卧室地面厚度超标与阳台门持平致无法装修的现状并达到设计要求和图纸标准）。4. 被告天津某房地产开发有限公司于判决生效后5日内将和园246号商品房给付原告李（父）、李（子）。5. 驳回原告其他诉讼请求。

李（父）、李（子）与天津某房地产开发有限公司均不服天津市宝坻区人民法院（2009）宝民初字第×××号民事判决，向天津市第一中级人民法院提起上诉。

李（父）、李（子）上诉称：原审判决认定"涉讼商品房虽然存在诸项问题，但属于质量问题，并不影响合同根本目的实现，该商品房可以交付，原告仍拒收，应属原告违约，自此被告不属于逾期交付"的事实错误；原审判决将"涉讼房屋具备竣工验收合格条件并取得交付使用许可证"作为涉讼房屋唯一的交付标准错误；原审判决认定"被上诉人于2009年7月2日向上诉人发出了催促收楼通知"的事实证据不足；原审判决适用法律错误。请求：1. 撤销原判决第一项内容，并改判天津某房地产开发有限公司按照中国人民银行同期贷款利率标准支付自2005年7月1日起至实际交付房屋之日止的逾期交房已付款利息（其中自2005年7月1日起至2010年4月26日止的已付款利息为422373元）。2. 依法撤销原判决第二项内容，并改判天津某房地产开发有限公司支付自2005年7月1日起至实际交付房屋之日止的逾期交房违约金（其中自2005年7月1日起至2010年4月26日止的违约金为468160元）。3. 撤销原判决第三项内容，并改判天津某房地产开发有限公司限期对涉讼房屋按合同约定及规划设计标准进行整改（具体整改项目为：①使花园面积达到合同约定标准；②使二层窗户的面积、标高尺寸及构造格局等达到规划设计和图纸标准，并与样板房相符；③使房屋斜坡、房檐、二层室内斜梁达到规划设计和图纸标准，并与样板房相符；④整改并恢复擅自填埋的景观河达到规划设计要求；⑤安装绿化喷洒龙头及安保系统管道；⑥安装温泉水接口并使温泉入户；⑦安装游泳池给排水管接口；⑧安装庭院绿篱；⑨在庭院内配植符合约定的树木；⑩使阳台地面和室内墙面、地面达到约定交付标准；⑪修复墙体裂纹；⑫整改二层主卧室地面厚度超标与阳台门不持平致无法装修的现状并达到设计要求和图纸标准），并判令如天津某房地产开发有限公司逾期不予整改或整改不符合规划设计和合同约定标准，则上诉人有权自行整改，所需费用全部由天津某房地产开发有限公司承担。4. 依法撤销原判第四项内容，并改判天津某房地产开发有限公司完成所有整改项目并经上诉人双方验收合格确认后，限期将涉讼房屋给付上诉人。5. 判令一、二审诉讼费用由天津某房地产开发有限公司承担。

天津某房地产开发有限公司上诉称：原审判决要求上诉人向李（父）、李（子）支付逾期交房的利息及违约金没有事实依据；原审判决上诉人向李（父）、李（子）支付逾期交房的利息及违约金合计751177元，上诉人对李（父）、李（子）造成的后果与合同约定的逾期交房的违约金数额相差悬殊，显失公平；鉴定机构的鉴定应以房屋设计图纸为依据，而不是以样板房为参照标准；原审判决上诉人将花园面积整改达到合同约定标准没有依据；原审判决上诉人将二层窗户尺寸等整改达到图纸标准及设计要求属认定事实不清；原审判决上诉人整改并恢复擅自填埋的景观河达到设计要求没有依据；原审判决上诉人安装温泉水接口等没有事实依据。请求二审法院依法改判，由被上诉人承担本案全部诉讼费用。

上诉人李（父）、李（子）、上诉人天津某房地产开发有限公司均未补充提交新的证据。

二审法院经审理查明，除对双方当事人约定的逾期交房违约金承担方式未查实外，原审判决查明的事实无误，二审法院依法予以确认。

二审法院认为，双方当事人签订《天津市商品房买卖合同》后，应依约履行各自义务。上诉人天津某房地产开发有限公司未按照合同约定的交付日期交付房屋，应按照合同约定承担违约责任，其交付的房屋亦应符合双方约定的标准。原审法院判决上诉人天津某房地产开发有限公司承担违约责任并对房屋进行整改并无不当，上诉人天津某房地产开发有限公司、上诉人李（父）、李（子）的上诉请求理由不足。根据双方当事人签订的《天津市商品房买卖合同》约定，逾期交房超过90日的，出卖人应支付买受人已付款利息，此外，还应每日按商品房价款的万分之二支付违约金，故上诉人天津某房地产开发有限公司应自2005年9月29日起支付违约金，原审法院认定自2005年7月1日起支付违约金有误，本院予以纠正。

综上，原审判决认定的部分事实不清，本院予以纠正。依照《民事诉讼法》第152条第1款、第153条第1款第（三）项的规定，作出如下判决：1. 维持天津市宝坻区人民法院（2009）宝民初字第×××号民事判决第一、第三、第四、第五项及对案件受理费负担的决定；2. 撤销天津市宝坻区人民法院（2009）宝民初字第×××号民事判决第二项；3. 上诉人天津某房地产开发有限公司于本判决生效后5日内给付上诉人李（父）、李（子）逾期交付房屋违约金367226.83元（自2005年9月29日起至2009年7月9日止）。如果未按本判决指定的期间履行给付金钱义务，应当依照《民事诉讼法》第229条之规定，加倍支付迟延履行期间的债务利息。

天津某房地产开发有限公司不服天津市第一中级人民法院（2011）一中民四终字第×××号民事判决，向天津市高级人民法院申请再审称：1. 原审法院审判程序违法，影响案件的正确判决，违反法律规定；2. 原审法院认定事实错误，判决认定基本事实缺乏证据证明；3. 原审判决履行不能，该判决为错误判决。因此，依据《民事诉讼法》第179条第1款第（二）、第（六）项规定，请求撤销原审民事判决。

李（父）、李（子）共同提交意见认为，天津某房地产开发有限公司的再审申请没有事实和法律依据，请求予以驳回。1. 以天津某房地产开发有限公司的能力完全具有履行的专业操作能力，且需要整改的项目完全是由于单方过错行为导致，由此产生的过错责任和法律后果也同样应由其承担。2. 原审判决确认天津某房地产开发有限公司存在逾期交付房屋的违约行为并判令其支付逾期交房的利息及违约金完全具有客观事实依据。天津某房地产开发有限公司在原审中一再拒绝提供工程图纸，由此产生的一切不利法律后果应由其自行承担。原审判决责令天津某房地产开发有限公司将花园积整改达到合同约定标准具有充足的理由，原审判决要求整改的项目具有事实和法律依据，是由法律规定和客观事实依据所决定的，不属于事实认定不清。天津某房地产开发有限公司主张温泉设施等没有事实依据明显违背客观案件事实，依法不能成立。天津某房地产开发有限公司对违约金过高问题负有举证责任，原审判决判令天津某房地产开发有限公司承担的违约责任显然远远低于李（父）、李（子）所产生的各种损失，不存在违约赔偿数额过高问题。3. 二审审判程序不存在问题。

再审法院认为，天津某房地产开发有限公司与李（父）、李（子）签订的关于诉争房屋的买卖合同系双方的真实意思表示，且不违反我国的法律规定，应认定为有效，该买卖合同的内容对双方具有约束力。合同中已经约定天津某房地产开发有限公司交付诉争房屋的日期及逾期交付应承担的违约责任，原审依据合同约定判决天津某房地产开发有限公司承担逾期交房的利息及违约金并无不妥，本院予以支持。天津某房地产开发有限公司虽主张违约金过高，但未提供相应的证据予以证明，本院对此主张不予支持。天津某房地产开发有限公司主张以样板房为鉴定依据的鉴定结论不应被采纳，本院认为，天津某房地产开发有限公司在原审司法鉴定程序中并未依照原审法院的要求向鉴定机构提供诉争房屋的图纸，应承担于己不利的法律后果。因此，鉴定机构以与诉争房屋同一户型的样板房为依据进行鉴定，法院依据此鉴定结论判令天津某房地产开发有限公司进行整改并无不妥。天津某房地产开发有限公司虽主张整改项目无法履行，但未能提供证据予以证明，本院对天津某房地产开发有限公司的此主张不予支持。经审查，原审法院审判程序并未违反法律规定。综上，天津某房地产开发有限公司的再审申请没有事实和法律依据，本院不予支持。

综上，天津某房地产开发有限公司的申请不符合《民事诉讼法》第179条规定的情形。依照《民事诉讼法》第181条第1款之规定，裁定如下：驳回天津某房地产开发有限公司的再审申请。

法律分析

本案本是一个普通的新建商品房买卖合同纠纷，但实际上，本案自一开始就表现出了一定的复杂性。

第一，案涉商品房未经验收合格便交付使用，这是不符合规定的，也不符合双方在合同中的约定。但当房地产开发商在案涉商品房经验收合格并取得商品房准许交付许可证后将收房通知以EMS按合同约定的地址寄给购房人，购房人称不知情，这就是不诚信的。而且，EMS是可以最终查询的，没有收到也会退回给开发商。另外，开发商交楼会大张旗鼓地做宣传，购房人也应当定期不定期地关注并与开发商联系交楼时间。开发商按合同约定的购房人收件地址将收楼通知发出后，依合同的约定，应当算作履行了通知义务，一审法院再追究开发商迟延交楼的违约责任是不妥当的，也是不合适的。因此，二审法院判决撤销一审法院判决第二项是正确的。

第二，购房人所购买的案涉房屋与样板房结构确实存在一些差异，如：屋顶斜度与样板房不一致；窗户上部是拱形，而不是样板房窗户的方形；等等。由于开发商人员变更的原因，本案案涉房屋的设计图和施工图遗失，购房平面图又不能显示房屋的外立面，因此，无法判断本案涉案房屋的窗户是设计成何种形状的。在这种情况下，双方当事人应当实事求是，按合同约定和房屋现状交付和接收使用，而不应当按样板房的条件交接。因为，样板房、样品房或者示范单位，多数情况下并不是交楼标准，而是作为展示和示范。购房人、法院和鉴定机构，均不应当将样板房、示范单位认定为严格的交房条件。

第三，一审法院和二审法院判决开发商将商品房按合同约定及规划设计标准进行整改（具体整改项目为：①使花园面积达到合同约定标准；②使二层窗户的面积，标高尺寸及构造格局等达到规划设计和图纸标准，并与样板房相符；③使房屋斜坡、房檐、二层室内斜梁达到规划设计和图纸标准，并与样板房相符；④整改并恢复擅自填埋的景观河达到规划设计要求；⑤安装绿化喷洒龙头及安保系统管道；⑥安装温泉水接口并使温泉入户；⑦安装游泳池给排水管接口；⑧安装庭院绿篱；⑨在庭院内配植符合约定的树木；⑩使阳台地面和室内墙面、地面达到约定交付标准；⑪修复墙体裂纹；⑫整改二层主卧室地面厚度超标与阳台门不持平致无法装修的现状并达到设计要求和图纸标准），不具有合理性和合法性。一审法院和二审法院在判决时，并没有仔细考虑到房屋的12项整改项目中有些是无法进行整改的，有些是不需要在交房前进行整改的，并且不应当将该12项整改项目认定为交房条件。如墙体裂纹是属于房屋在保修期内开发商的维修责任，并不是交楼条件。又如整改并恢复擅自填埋的景观河达到规划设计要求、安装绿化喷洒龙头及安保系统管道、安装温泉水接口并使温泉入户、安装游泳池给排水管接口、安装庭院绿篱、在庭院内配植符合约定的树木，此类问题并不是交楼条件。交楼条件是房屋竣工并经相关部门规划和房屋质量验收合格。所以，购房人、法院将以上问题认定为交楼标准是不正确的。

第四，从公平和诚信的角度看，本案案涉房屋总价约为133万余元，如果按一审法院和二审法院的判决执行，利息约36万元、违约金近40万元、鉴定费10万元、前面80万元罚款（后续可能还要100万元）、迟延履行金30万元、评估费20万元以及诉讼费、整改费等，已远远超过房屋总价格，完全可以重置两套面积同样大小房屋。因此，如果执行一审、二审法院的判决，明显有失公平。

需要特别说明的是，开发商出售（或者预售）的商品房，只是商品房的专有部分，即该商品房的平面图之内的范围，花园、游泳池等部分，严格从理论意义上说属于整个小区全体购房人或者业主可共同使用的公共部分，不属于开发商出售的范围。因此，购房人及法院将以上范围及设备设施当作购房人的专有部分和设备设施，是完全错误的。当然，当一个低密度小区全体购房人或业主均享有一个小的"私家花园"时，便会成为约定俗成的配套标准。

另外，案涉房屋整体规划已经通过验收，政府相关部门绝不允许再对花园面积进行更改。并且，案涉房屋左右均为其他房屋及所配备花园，前后分别为小区路及河道，花园面积客观上也根本无法扩大。窗户面积、标高尺寸无法扩大，一旦扩大，一层屋顶将被破坏；房屋斜坡、斜梁等更改将破坏房屋主体结构。如按判决执行将对案涉房屋造成毁灭性破坏。整改并恢复擅自填埋的景观河达到设计要求亦无可能，景观河并非任何一方的专属财产，任何一方均无物上请求权。

总之，虽然私家花园、游泳池、景观河、绿化喷洒龙头及安保系统管道、温泉水接口、游泳池给排水管接口、庭院绿篱、庭院内树木等在附件中有注明，但将此作为交楼标准是不妥当的。而且，购房人收楼后并不影响其按合同约定向开发商主张违约责任或者赔偿责任。

综上，一审、二审法院对于本案判决整改的部分，法律上和事实上均无法实现。根据《最高人民法院关于适用〈中华人民共和国民事诉讼法〉若干问题的意见》第258条规定，执行员在执行本院的判决、裁定和调解书时，发现确有错误的，应当提出书面意见，报请院长审查处理。因此，执行法院应当依法进行审查纠错，而不是强令开发商履行错误判决。此案在执行阶段，购房人接受开发商支付60万元后，执行和解结案，双方互不追究。

案例35

公摊面积减少后的补偿问题

基本案情

原告程某诉称：2006年6月2日，原告以建筑面积每平方6338元的价格向被告某房地产开发公司购买了位于某市江北新区13号小区××轩A-902单元号房，双方签订了《广东省商品房买卖合同》，合同约定建筑面积262.77平方米，其中套内建筑面积218.8平方米，公共部分与公用房屋分摊建筑面积43.97平方米，合同总价1665501元。合同签订后，原告按照约定付清了房款，在办理房地产权证的过程中，原告发现，本案争议的标的物的建筑面积为253.79平方米，比合同约定减少了8.98平方米，面积误差比约为3.42%；共有分摊面积为35.05平方米，比合同约定减少了8.92平方米，面积误差比约为20.29%。对此原告认为，被告某房地产开发公司故意隐瞒了事实真相，具有明显的欺诈行为。在开始接洽购房时，被告告知原告按建筑面积计价，在签署《楼宇认购书》及《广东省商品房买卖合同》时在房屋总价不变的情况下，又将计价单位变成了套内建筑面积。在楼宇建设期间，又多次未经原告方同意，变更了设计规划，提高了容积率，减少了公共部分与公用房屋的建筑面积，损害了全体业主的利益，导致原告方共有分摊面积的减少，严重影响了原告方的生活质量和环境舒适度，已构成严重违约。原告多次与被告沟通要求赔偿，但被告某房地产开发公司却用各种莫须有的理由予以拒绝。

综上，被告某房地产开发公司的行为已经违反了合同约定，构成违约，为维护原告方的合法权益，特向法院提起民事诉讼，请求判令：1. 被告某房地产开发公司退回多收的购房款56917.45元，并赔偿损失56917.45元，共计113834.90元；

2. 被告某房地产开发公司承担本案全部诉讼费用。

被告某房地产开发公司辩称：

1. 不仅合同约定按套内面积计价，而且广东省政府也出台了相关政策性文件要求预售商品房按套内面积计价，双方理应遵守约定及政府规定。《广东省商品房买卖合同》第4条约定非常明确，"预售商品房按照套内面积计价，同时约定了套内单价"。第5条还约定了产权登记面积与合同约定计价面积（即套内面积）发生差异的情况下如何进行补差，这样的约定符合《最高人民法院关于审理商品房买卖合同纠纷案件适用法律若干问题的解释》第14条关于"出卖人交付使用的房屋套内建筑面积或者建筑面积与商品房买卖合同约定面积不符，合同有约定的，按照约定处理"的规定。被告与原告已明确约定了按套内面积计算误差值以及误差值在何种范围内应予以补差，双方关于面积误差的纠纷应按此约定进行处理。按照此约定，公摊面积不作为确定差异值的依据，不因为有误差而进行房款补差，公摊面积只具有参考作用。目前，广东、广西、北京、重庆等城市都规定了按套内建筑面积计价，这种计价方式提高了实用率，从整体来看是有利于消费者的。例如，《广东省房屋交易价格计算暂行规定》第5条规定，按套内建筑面积计算房价的商品房，其应分摊的公用建筑面积的建筑费用计入套内建筑面积销售单价内，不再另行计价……按照上述规定，按套内面积计价的情况下，公摊面积不再另行计价，而只具有参考作用。同时《广东省房屋交易价格计算暂行规定》第4条还规定，开发商预售商品房应采取按套内建筑面积或按套售房的计价方式，故此广东省政府已通过政策文件强制或倡导开发商按照套内面积计价。如果购房人的请求成立的话，那么无论何种计价方式均没有任何差别，实际均为按照建筑面积计价，合同约定的计价方式将没有任何意义，这显然不符合政策规定和合同约定的精神，而且也变相否定了政府三令五申要求按照套内计价的文件。

2. 目前，本市房管局办证过程中的做法是"要求购房人与房地产开发商需按合同约定的计价面积补差并补交税款后才能办理产权证"，合同约定的计价方式已得到政府部门的认可，双方应彼此受到约束。并且，在办理房产证过程中，市房管局也是按照合同约定的计价方式确定房款和契税额，如存在面积差异，房管局则会要求双方必须按照约定的计价方式进行房款和税款补差，之后才给予办理房产证，但在公摊面积存在误差的情况下，房管局并不要求进行房款和税款补差。事实上，假如按照原告的诉求进行操作，不管双方约定计价方式为何种方式均按照建筑面积补差的话，房管局则不会受理房产证的办理。另外，有相当一部分业主已经同某房地产开发公司签订了面积补差协议，协议的内容就是按照套内面积实行多退少补，多退与少补的情况均有。这表明，被告诚信履行与购房人的约定进行房款补差，不存在多了要购房人补款，少了又不退房款的情况，这种符合合同约定的房款补差模式也是目前房产管理局办理产权证过程中的通行做法。

3. 房地产买卖合同上约定的面积为预测绘面积，是按照施工图纸估算的面积，不可避免会与实测面积产生误差，这种误差有大有小，风险共担，不存在一方侵犯另一方权益的问题。因双方在签署《广东省商品房买卖合同》时工程尚未竣工，房产销售时所标注的房屋面积为预测绘面积，是按照施工图纸估算的面积，该面积不可能做到精准无误，正是由于可能存在面积测量方面的误差，政府部门才三令五申要求或倡导按照套内面积计价，而套内面积才是关系购房人利益的部分，按套内计价基本能够保证被答辩人的实体利益不受侵犯。相反，如果按照建筑面积计价，开发商才可能通过调整套内面积与公摊面积的比例来达到规避合同约定的目的。况且，合同附件二最后一句也已经明确约定"最终以国家有关部门的测量为准"。双方也都已经意识到预测面积可能存在误差，故约定最终以测绘所测量结果为准。

4. 公摊面积误差产生的原因之一在于适用的测量规则不同。目前，关于房屋测量方面的法律法规及国家规范性文件较多，包括建设部1995年实施的《商品房销售面积计算及公用建筑面积分摊规则（试行）》（以下简称《分摊规则》）、国家质量技术监督局于2000年2月22日发布的《房产测量规范》、2005年建筑部发布的《建筑工程建筑面积计算规范》等，各个规范与规则就公摊面积和建筑面积的计算规则并不一致，适用不同的规范测量的房屋面积会出现不同。例如：按照《建筑工程建筑面积计算规范》及广东省造价站的规定"2005年7月1日后，入户花园按其底板结构外边线1.5米以内部位的1/2面积计算建筑面积，超过1.5米部分按全面积计算建筑面积"，而《分摊规则》则规定只计入1/2面积，且按照实测报告的内容，对于入户花园确实只计算了1/2面积，同时按照《建筑工程建筑面积计算规范》，第3.0.8的规定，架空走廊应计入建筑面积，但实测报告并未将架空走廊列入公摊。计算规则不同的地方还有很多。综上，被告认为，出现合同面积与实测面积差异的原因之一即为适用规则不同。

5. 因适用规则的不同所导致的公摊面积减少并未对原告造成影响。如前所述，由于适用规则的不同造成了公摊面积的计算结果不同，但并不影响原告的实体利益。首先，原告的套内面积未有改变，即使有改变被告也愿意按照合同约定实行多退少补，而套内面积才是原告购买房屋的实用面积，才牵扯到原告的实体利益。其次，尽管按照适用规则的不同，实测时有些部位可能未列入公摊面积，但并不影响原告的使用。

法院判决

一审法院认为，本案系商品房买卖合同纠纷，原、被告在平等自愿、协商一致的基础上签订《广东省商品房买卖合同》，合同的内容未违反国家的强制性法律规定，对其合法性予以确认。根据我国《合同法》的相关规定，当事人应按照合同约定全面履行自己的义务，如当事人一方履行合同义务不符合约定，则应承担相应的违约责任。《广东省商品房买卖合同》签订后，原告按照合同约定支付了全部购房款，被告应将符合合同约定的房屋交付给原告使用。按照双方签订的《广东省商品房买卖合同》的约定，原告购买的房屋建筑面积为262.77平方米，套内建筑面积为218.8平方米，但经房产管理部门实测，建筑面积为253.79平方米，套内建筑面积为218.74平方米，因此，虽被告交付给原告的商品房套内建筑面积未减少，但总建筑面积却比合同约定的建筑面积少了8.98平方米，被告存在履行合同义务不符合约定的违约行为，原告要求被告承担违约责任，赔偿相应损失，有事实和法律依据，本院予以支持，但因双方当事人对被告的违约行为应如何赔偿未作约定，且原告亦未提供充分证据证明其具体损失数额为多少，因此，本院根据案情，酌情确定被告应向原告支付违约赔偿款为：1665501元÷253.79平方米×8.98平方米×40% = 23572.56元。因原告未提供充分证据证明被告存在欺诈行为，其要求被告双倍返还购房款的诉讼请求，缺乏相应的事实和法律依据，本院予以驳回。本案经本院审判委员会讨论决定，依照《合同法》第60条、第107条，《民事诉讼法》第7条、第128条的规定，判决如下：1. 被告某房地产有限公司应在本判决书生效之日起10天内向原告程某支付赔偿款项23572.56元；2. 驳回原告程某的其他诉讼请求。

原告程某不服一审判决，上诉至某市中级人民法院称，一审法院认定"因原告未能提供充分证据证明被告存在欺诈行为"是认定事实错误。首先，根据原告方提供的证据，在签订涉案的《广东省商品房买卖合同》之前的《××湾置业计划表》中就是按照建筑面积计算出的"一口价"。原告方根据该计划签订《楼宇认购书》时，也未约定按"套内建筑面积"计价。该认购书后来被开发商以各种理由收回，并再次要求原告方签订一份按建筑面积计价的认购书。在签订正式《广东省商品房买卖合同》时，开发商又突然提出以"套内建筑面积"计价，声称"无论怎样计价，总价不变"等。其目的就是利用合同示范文本没有规定按套内面积或按套计价出卖的房屋情形下，没有规定公摊部分面积出现误差的漏洞。其次，涉案的商品房无论是在报建、施工、验收、交付、实测等过程中，面积都没有发生变化，而销售给业主的建筑面积全部减少。某房地产开发公司解释是因为使用的测量规范不同造成的,而某市房屋测量所依据的《房产测量规范》(GT/T 17986—2000)等文件,均在涉案房屋销售的 2006 年之前就已出台。因此,开发商的欺诈故意明显,应当依法承担法律责任。在本案的实体处理上,一审法院没有按照《最高人民法院关于审理商品房买卖合同纠纷案件适用法律若干问题的解释》第 14 条,对开发商"短斤少两"的行为作出正确判决。请求二审法院依法查明事实,依法撤销一审判决,改判某房地产开发公司双倍返还多收取的购房款,并承担本案一审、二审的全部费用。

上诉人某房地产开发公司也不服该判决,上诉称,一审法院认定某房地产开发公司交付的房屋"总建筑面积比合同面积少是履行合同不符合约定的违约行为",是认定事实错误。某房地产开发公司与购房人签订的合同约定房屋建筑面积由套内建筑面积和公摊面积组成,同时约定相关面积的数据"最终应当以房产测绘部门的测量为准",因此,最终的实测面积与合同约定面积存在误差是双方当事人可以预见、应当预见并应当接受的结果。此外,涉案房屋也已经取得规划验收合格证,某房地产开发公司完成了应有的配套公共建筑等。实测公摊面积比合同约定面积减少,并非因为实体配套公共建筑、设施减少或者面积缩水,而是使用的测量规则不同导致的。如入户花园是否超过 1.5 米宽度,商铺走廊是否层高超过 2.2 米和有无永久性的顶盖等,某房地产开发公司根据广东省造价站的规定和建设部 2005 年《建筑工程建筑面积计算规范》的计算面积的方式,与房管部门的实测所采用的标准就不相同。事实上,合同所约定的面积只是暂定数据,与最终交付后的实测数据存在误差是普遍的情况。这一误差只关乎买卖合同是否要对价款的结算进行调整,但不能认定为违约。本案中公摊面积是没有另行计价的,这部分误差不再影响房屋的价款符合交易习惯。某房地产开发司作为合法的开发商,在对涉案小区的建设、销售、指导办证等环节,所有的做法均符合房产行业通行做法,没有任何减少配套公共建筑、提高容积率等侵犯买房人利益的违约行为。一审法院的判决,没有事实依据和法律依据,严重地影响了房产交易关系的安全和稳定。由于合同约定公摊部分面积没有单独计价,业主一方没有支付相应的对价。在业主一方没有举证公摊面积减少造成了哪一些实际损失的情况下,仍然按照换算单价的 40% 赔偿,且计算赔偿数额的公式错误,既不符合逻辑,在实践中也难以操作。综上,请求二审法院依法撤销一审判决,改判驳回对方的全部诉讼请求并承担全部诉讼费用。

二审法院另查明,双方上诉人均认可在合同签订后,涉案房屋所在楼房的规划并未更改。引起本案争议的主要问题不是涉案房屋的套内面积,而是公共部分与公用房屋分摊建筑面积。对于公共部分与公用房屋分摊建筑面积的减少,上诉人认为是由于在签订合同时开发商采取欺骗行为,虚增分摊面积所引起;上诉人某房地产开发公司认为是由于该公司签订合同时采取的是国家建筑部发布的《分摊规则》，而办理产权证时房管部门采纳的是广东省造价站发布的《建筑面积计算规范》，是因为规则不同引起的。

二审法院认为，上诉人程某，上诉人某房地产开发公司对双方之间关于涉案的房屋买卖合同成立并生效、房屋已经交付、涉案房屋合同约定面积与办证通知之间存在差异等事实没有异议。双方争议的是涉案房屋面积的差异出现的原因，以及上诉人某房地产开发公司是否存在违约、如需要补偿应当按照何种标准计算的问题。

上诉人程某称在合同洽谈阶段，某房地产开发公司的销售人员是按照房屋的面积计算单价的，而在合同签订时却根据该单价计算的总金额约定房屋按套出售。如果上述情况属实的话，毕竟开发商采纳的面积计算规则也有行政法规依据，而且在洽谈阶段形成的置业计划书并没有法律约束力，只是合同签订磋商过程中达成的合意。产生法律效力的只能是最终双方签署并报房管部门备案的合同书，双方最终在签订合同时已经非常明确地约定了房屋按套出售，而不是按照面积出售，这就对置业计划约定的按照面积计价的条款进行了修改。同时，双方上诉人也一致认可涉案房屋所在楼房的规划没有发生过变更。也就是说，无论合同如何约定，合同所指向的房屋并没有实质上的改变。正因为如此，合同所记载的房屋面积和办证通知、产权证书上记载的房屋面积存在的差异，也不至于影响业主对房屋的使用。在上诉人程某没有举证证明某房地产开发公司自创面积计算标准，虚增面积欺诈业主的情况下，一审法院对出现差异的原因善意地理解为是计算规则不同造成的，符合案件的实际情况。上诉人程某关于开发商欺诈、虚构分摊面积的上诉理由即双倍赔偿的上诉请求没有法律依据和事实依据，本院不予支持。

如上所述，由于某房地产开发公司没有故意欺诈购房者，一审法院关于某房地产开发公司履行合同不符合约定的事实认定是正确的，但是定性为违约的依据不足。根据建设部《商品房销售管理办法》第19条规定，按套计价的预售房屋，"剖面图应当标明详细尺寸，并约定误差范围。房屋交付时，套型与设计图纸一致，相关尺寸也在约定的误差范围内，维持总价款不变；套型与设计图纸不一致或者相关尺寸超出约定的误差范围，合同未约定处理方式的，买受人可以退房或者与房地产开发企业重新约定总价款"。本案所涉及的房屋尽管是按套出卖的房屋，但是合同中也有面积方面的约定。达到合同所约定的面积标准的一套房屋才是符合合同约定的，这里的面积不仅包括套内面积，还应当包括分摊部分面积。因此，上诉人开发商的上诉理由不成立，本院不予支持。涉案房屋在购房合同中约定是按套内面积计价，但是对于套外分摊面积误差范围以及如何赔偿损失的问题没有进行约定；同时上诉人没有选择退房，诉讼中也未能与开发企业重新约定总价款。一审法院根据上诉人的诉讼请求，酌情考虑按照总价款和实测面积的比例计算平方单价后以40%计算赔偿额，是行使自由裁量权的行为，没有违反法律的禁止性规定，本院依法予以支持。

综上，双方上诉人的上诉理由均不成立，本院不予支持。一审法院查明事实基本清楚、适用法律正确、实体处理得当，其判决本院依法予以维持。依照《民事诉讼法》第153条第1款第（一）项的规定，判决：驳回上诉，维持原判。

法律分析

一、关于商品房预售和买卖面积差的处理的依据

1. 2001年3月14日经建设部第38次部常务会议审议通过，2001年4月4日发布并自2001年6月1日起施行的《商品房销售管理办法》第18条规定："商品房销售可以按套（单元）计价，也可以按套内建筑面积或者建筑面积计价。商品房建筑面积由套内建筑面积和分摊的共有建筑面积组成，套内建筑面积部分为独立产权，分摊的共有建筑面积部分为共有产权，买受人按照法律、法规的规定对其享有权利，承担责任。按套（单元）计价或者按套内建筑面积计价的，商品房买卖合同中应当注明建筑面积和分摊的共有建筑面积。"第19条规定："按套（单元）计价的现售房屋，当事人对现售房屋实地勘察后可以在合同中直接约定总价款。按套（单元）计价的预售房屋，房地产开发企业应当在合同中附所售房屋的平面图。平面图应当标明详细尺寸，并约定误差范围。房屋交付时，套型与设计图纸一致，相关尺寸也在约定的误差范围内，维持总价款不变；套型与设计图纸不一致或者相关尺寸超出约定的误差范围，合同中未约定处理方式的，买受人可以退房或者与房地产开发企业重新约定总价款。买受人退房的，由房地产开发企业承担违约责任。"第20条规定："按套内建筑面积或者建筑面积计价的，当事人应当在合同中载明合同约定面积与产权登记面积发生误差的处理方式。合同未作约定的，按以下原则处理：（一）面积误差比绝对值在3%以内（含3%）的，据实结算房价款；（二）面积误差比绝对值超出3%时，买受人有权退房。买受人退房的，房地产开发企业应当在买受人提出退房之日起30日内将买受人已付房价款退还给买受人，同时支付已付房价款利息。买受人不退房的，产权登记面积大于合同约定面积时，面积误差比在3%以内（含3%）部分的房价款由买受人补足；超出3%部分的房价款由房地产开发企业承担，产权归买受人。产权登记面积小于合同约定面积时，面积误差比绝对值在3%以内（含3%）部分的房价款由房地产开发企业返还买受人；绝对值超出3%部分的房价款由房地产开发企业双倍返还买受人……"第21条规定："按建筑面积计价的，当事人应当在合同中约定套内建筑面积和分摊的共有建筑面

积,并约定建筑面积不变而套内建筑面积发生误差以及建筑面积与套内建筑面积均发生误差时的处理方式。"

2. 2003年6月1日起实施的《最高人民法院关于审理商品房买卖合同纠纷案件适用法律若干问题的解释》第14条的规定:"出卖人交付使用的房屋套内建筑面积或者建筑面积与商品房买卖合同约定面积不符,合同有约定的,按照约定处理;合同没有约定或者约定不明确的,按照以下原则处理:(一)面积误差比绝对值在3%以内(含3%),按照合同约定的价格据实结算,买受人请求解除合同的,不予支持;(二)面积误差比绝对值超出3%,买受人请求解除合同、返还已付购房款及利息的,应予支持。买受人同意继续履行合同,房屋实际面积大于合同约定面积的,面积误差比在3%以内(含3%)部分的房价款由买受人按照约定的价格补足,面积误差比超出3%部分的房价款由出卖人承担,所有权归买受人;房屋实际面积小于合同约定面积的,面积误差比在3%以内(含3%)部分的房价款及利息由出卖人返还买受人,面积误差比超过3%部分的房价款由出卖人双倍返还买受人。"

3. 广东省高级人民法院《全省民事审判工作会议纪要》第一部分"关于房地产纠纷案件"(三)"关于房屋买卖合同的履行问题"明确:"商品房买卖合同约定按套内建筑面积计算单价,公共部位和公用房屋分摊建筑面积的建设费用计入套内建筑面积销售单价内,不再另行计价,如交付房屋时建筑面积少于合同约定的,出卖人应依最高人民法院《关于审理商品房买卖合同纠纷案件适用法律若干问题的解释》第十四条的规定承担违约责任。具体赔偿数额可参照如下方式计算:总房价÷(套内面积+分摊面积)×减少面积。"

二、按套内使用面积售房的新趋势

重庆市人大常委会早在2002年6月就通过了《重庆市城镇房地产交易管理条例》,要求商品房现售和预售以套内建筑面积作为计价依据,商品房买卖合同及商品房权证应当载明共用部位及设施。该条例于当年8月1日施行,宣告重庆在全国率先施行商品房销售以"套内建筑面积"计价的政策,不按要求销售的开发商,将被责令改正,并处以商品房交易金额5%—10%的罚款。

随后,广州市及其他一些省、市陆续实行按套内建筑面积计价销售的政策。这标志着按房屋套内建筑(使用)面积计价和销售的经验正在全国推广。

关于房屋买卖合同纠纷的处理,司法实践中,对于买房时写明了具体的套内面积和公摊面积,房价是按套内面积算的,法院一般的判法是公摊面积的变化不影响房价,只有套内面积变化在6%以内会多退少补,超过6%就可以解除合同。而对于套内面积变化不大,公摊面积减少,合同约定是按套内面积计价,法院最后仍判决按合同总价除以合同约定总建面算单价,再乘以减少的公摊面积来赔偿购房人。

另外，实践中又出现了一种新的趋势，即房屋的总建筑面积没有发生变化，而是房屋的套内面积减少了而公摊面积增加了，法院判决按套内面积计价，增加的公摊面积无偿赠送给购房人。

总之，司法实践中两种判法都出现过，规律就是保护购房人的权益。

三、公摊面积在本案的影响

1. 其实按"套内使用面积"计价，对房屋交易影响并不大。2019年2月18日，住房和城乡建设部官方网站发布《住房和城乡建设部办公厅关于〈城乡给水工程项目规范〉等38项住房和城乡建设领域全文强制性工程建设规范公开征求意见的通知》，其中《住宅项目规范（征求意见稿）》第二部分第2.4.6条指出："住宅建筑应以套内使用面积进行交易。"

从表面上看，按"套内使用面积"计价保证了购房人所购房屋不会缺斤少两，保证了购房人对房屋的实际使用面积。这对于希望按套内使用面积购房的实惠型购房者来说，可以或者可能实实在在的得到更多更大的套内使用面积，有利于提高其个人和家庭成员的生活质量和享受度。

2. 实际上，按"套内使用面积"计价也有其不利的一面。因为公摊面积或者共有建筑面积的内容包括：电梯井、管道井、楼梯间、垃圾道、变电室、设备间、公共门厅、过道、地下室、值班警卫室等，以及为整幢楼服务的公共用房和管理用房的建筑面积，以水平投影面积计算。共有建筑面积还包括套与公共建筑之间的分隔墙，以及外墙（包括山墙）水平投影面积一半的建筑面积。

首先，对于开发商来说，如果以房屋套内使用面积计价，会促使他们今后尽可能地压缩公摊面积的比例。能取消的都取消，意味着宽敞的电梯间、敞亮的消防通道、挑高的大堂可能少有了，舒适的公共空间不多见了，这对于购房人来说不是什么利好。

其次，对于要求改善型或者要求高品质住房的购房者来说，不一定希望公摊面积减少。按套内使用面积计价，住房档次不能有效提高，个人及家庭身份将可能降低，不利于社会商业交往。所以，对于以前飘窗台、飘阳台、送平台露台、送庭园、送地下室半地下室、送叠层、送储物间、送架空层车位、送地面绿化车位等的惯常方式，以及其他形形色色的偷面积之举，仍会继续。

再次，羊毛出在羊身上，即使以套内面积计价，对于房屋总价、物业服务费、水费电费、供热取暖费、卫生费等几乎没有什么影响，只是改变一下计价方式而已。

3. 从更深的层次说，公摊面积少了，对购房人或者业主的权益的确会产生一定的影响。按现代建筑物区分所有权的原理，共有共用部分属于房屋区分所有权的权能之一。我国《民法典》第271条规定："业主对建筑物内的住宅、经营性用房等专有部分享有所有权，对专有部分以外的共有部分享有共有和共同管理的权利。"从以上规定可以看出，除房屋"套内建筑面积"或"套内使用面积"外，不以房屋建筑面积计算房价，并不会影响业主对共有部分享有共有和参与共同管理的权利。但是，共有共用建筑面积按房屋面积大小比例分摊给购房人，也不完全合理。如对于电梯间、消防通道、大堂和其他共有共用部位的使用，180 平方米房屋的业主就比 90 平方米房屋的业主多使用的共有共用公摊面积是相等的。因此，压缩共有共用公摊面积，反而对大面积房屋的购房者或业主有利。

四、双方在合同中的约定

就本案而言，双方签订的《广东省商品房买卖合同》第 4 条有明确约定，即"预售商品房按照套内计价"，同时约定了套内单价。第 5 条还约定了产权登记面积与合同约定计价面积（即套内面积）发生差异的情况下如何进行补差，事后又与部分业主签署了套内面积补差协议，这样的约定符合《最高人民法院关于审理商品房买卖合同纠纷案件适用法律问题的解释》第 14 条关于"出卖人交付使用的房屋套内建筑面积或者建筑面积与商品房买卖合同约定面积不符，合同有约定的，按照约定处理"的规定。

由于房屋的公摊面积确实有所减少，并且对于购房人的利益也确实存在一定的影响，综合本案原、被告双方的房屋买卖合同的实际情况，以及考虑原、被告双方的利益平衡，一审法院根据案情，酌情确定被告应向原告支付违约赔偿款为：1665501 元 ÷ 253.79 平方米 × 8.98 平方米 × 40% = 23572.56 元，比较公平和合理。二审法院维持一审法院的判决，也是正确的。

五、关于原告主张签约时被告存在欺诈行为的问题

关于民事欺诈，最高人民法院《关于贯彻执行〈中华人民共和国民法通则〉若干问题的意见（试行）》第 68 条规定："一方当事人故意告知对方虚假情况，或者故意隐瞒真实情况，诱使对方当事人作出错误意思表示的，可以认定为欺诈行为。"根据该司法解释的规定，被告构成欺诈应至少具备以下全部构成要件：第一，被告存在欺诈的故意；第二，被告具有欺诈行为；第三，原告因欺诈行为陷入错误的认识；第四，原告因错误认识作出买房的意思表示。

首先，被告预售时房屋已基本成型。根据《城市商品房预售管理办法》和《广东省商品房预售管理条例》等法律法规的规定，七层以下（含本数）的商品房项目，已完成结构工程并封顶；七层以上（不含本数）的商品房预售项目，已完成三分之二结构工程，惠州地区的实务操作也是这样做的（有房管局网站上的办事指南文件为证）。那么，商品房项目"封顶"或者"完成三分之二结构工程"即意味着，房屋的四至、住房、楼梯间和电梯间等部分的分布已经固定。

其次，双方最终的意思应当以最终签订的商品房买卖合同为准。面积误差产生的原因主要有两点：其一是预测绘本身是不准确的，而这种不准确也是被允许的。因双方在签署商品房买卖合同时工程尚未竣工，房产销售时所标注的房屋面积为预测绘面积，是按照施工图纸估算的面积，该面积不可能做到精准，这种误差有大有小，风险共担，不存在一方侵犯另一方权益的问题。如前所述，购房合同附件二最后一句也约定得清清楚楚，具体数据以国家有关部门测绘的为准，也就是说合同上所注明的面积并非某房地产开发公司的必然承诺。其二是适用规则的不同。事实上关于房屋测量方面的法律法规是比较多的，包括建设部1995年实施的《商品房销售面积计算及公用建筑面积分摊规则（试行）》、国家质量技术监督局于2000年2月22日发布的《房产测量规范》、2005年建筑部发布的《建筑工程建筑面积计算规范》等，各个规范、规则的规定并不完全一致，导致适用不同的规范测量的房屋面积出现不同。

因此，原告证明被告存在欺诈行为的证据并不足，一审和二审法院不予支持是正确的。

案例 36

不动产带抵押过户问题

▍基本案情

2005年，广州B房地产开发公司（以下简称"B公司"）与原开发商增城A房地产开发公司（以下简称"A公司"）签订五幅商住建设用地的《土地使用权转让合同》，并经增城区国土部门委托第三方鉴定机构对五幅土地使用权进行了评估，按双方约定和国土部门核准的标准支付了土地使用权转让对价，再经规划部门批准变更规划设计指标、补缴增加容积率的土地使用权出让金和相关税费，完成了五幅商住建设用地过户登记，B公司最终取得了五幅商住建设用地的土地使用权。

在以上五幅土地之一的一幅土地上，转让方（A公司）已建成了一栋四层的会所大楼（包括三层和四层的酒店功能部分），总建筑面积12000平方米，并取得了房屋产权证。转让方（A公司）在转让前以该会所大楼抵押，向郑州某资产管理公司融资借款5000万元。

2006年，A公司与B公司签订《商品房买卖合同》，约定A公司将该四层会所大楼转让给 B 公司，转让价 5000 万元。之后，双方再签订一份《补充协议》，约定由 B 公司代 A 公司向郑州某资产管理公司偿还 5000 万借款及利息，作为该栋四层会所大楼的交易对价。2006 年 10 月，B 公司按《商品房买卖合同》及《补充协议》的约定，代 A 公司将 5000 万元本金及利息通过银行转账给了郑州某资产管理公司，郑州某资产管理公司到增城区房管局涂销了该会所大楼的抵押登记。

就在该会所大楼的抵押登记被涂销，A 公司与 B 公司将房屋产权过户的文件、资料递交给增城区房管局，该局完成审批并即将换发新的会所房产证的过程中，广州 C 公司向广州市中级人民法院提起民事诉讼，请求判决 A 公司偿还其欠 C 公司的欠款 3000 万元及相应利息，并申请法院保全了该会所大楼。而在之后的一段时间内，又有辽宁等地的五家单位，向不同地方的人民法院提起民事诉讼，请求判决 A 公司向其偿还欠款。在大约半年的时间内，共有五家单位申请保全了该会所大楼，导致 A 公司和 B 公司无法完成该会所大楼的产权过户手续。

针对这一情况，B 公司要么作为第三人参加诉讼，要么在执行过程中提出执行异议，或者提起执行异议之诉，都没有得到支持。而且，B 公司还向增城区人民法院起诉 A 公司，请求判决 A 公司继续履行针对该会所大楼的《商品房买卖合同》及《补充协议》，同样没有得到支持。

▍处理结果

最后，广州 C 公司凭生效的民事判决书申请法院强制执行，经过三次拍卖和一次变卖，全部流拍，最终该会所大楼被"以物抵债"抵给了广州 C 公司。并且，广州 C 公司以"地随房走"为理由，申请国土部门将该会所大楼所占的相应土地使用权红线进行了分割，并过户给了广州 C 公司。

▍法律分析

笔者不探讨相关案件各阶段的是与非、对与错，只分析 B 公司受让该会所大楼过程中的程序问题。

一般情况下，房屋和土地等不动产（权）的转移和过户登记，应当在该房屋和土地等不动产（权）无任何负担的情况下进行。在英美国家和我国的香港地区，法律人士称产权干净或产权无负担时为 "be free of encumbrances"，而非专业人士常说的 "be free of burden"。

就本案会所大楼的交易过户过程看，因会所大楼被转让方即 A 公司用于向郑州某资产管理公司借款 5000 万作抵押，在此背景下，会所被房管部门登记为抵押状态，从法律的角度说，就是该会所大楼的产权是不干净的，是存在瑕疵和负担的。而 B 公司代 A 公司向郑州某资产管理公司偿还借款本息后，即要求郑州某资产管理公司到房管部门申请涂销了抵押登记,以至于在 A 公司配合 B 公司到房管部门申请过户登记的过程中,被交易双方以外的第三方因诉讼保全而冻结了该会所的过户登记手续,因而最关键的环节是 B 公司要求郑州某资产管理公司在本会所大楼过户登记前解除和涂销了抵押登记。

实际上,B 公司完全可以在代 A 公司向郑州某资产管理公司偿还借款 5000 万元及利息后,立即向房管部门申请"带抵押过户",在过户完成并在该会所大楼成为 B 公司的财产之后,再要求郑州某资产管理公司到房管部门申请抵押的涂销登记,这样会所大楼的产权就是安全的。这种做法从理论上说可行,因为 B 公司愿意承担会所大楼产权带(抵押)负担的风险,而实际上郑州某资产管理公司的本金和利息均已偿还,其必定要解除和涂销抵押登记,并不存在任何风险,只是解除和涂销抵押需要延后部分时间完成。我国《担保法》第 49 条规定:"抵押期间,抵押人转让已办理登记的抵押物的,应当通知抵押权人并告知受让人转让物已经抵押的情况;抵押人未通知抵押权人或者未告知受让人的,转让行为无效。"《最高人民法院关于适用〈中华人民共和国担保法〉若干问题的解释》第 67 条规定"抵押权存续期间,抵押人转让抵押物未通知抵押权人或者未告知受让人的,如果抵押物已经登记的,抵押权人仍可以行使抵押权……"因此从法律的角度看,这种做法也是可行的。

从另一角度看,B 公司也可以与郑州某资产管理公司进行债权转让,在这种情况下,抵押权也相应转让。《不动产登记暂行条例实施细则》第 69 条规定,因主债权转让导致抵押权转让的,当事人可以持不动产权属证书、不动产登记证明、被担保主债权的转让协议、债权人已经通知债务人的材料等相关材料,申请抵押权的转移登记。B 公司在受让郑州某资产管理公司的债权和抵押权后,再与 A 公司约定现金债务的相互抵销,根据我国《合同法》第 99 条关于"当事人互负到期债务,该债务的标的物种类、品质相同的,任何一方可以将自己的债务与对方的债务抵销,但依照法律规定或者按照合同性质不得抵销的除外。当事人主张抵销的,应当通知对方。通知自到达对方时生效。抵销不得附条件或者附期限"的规定,是完全可行的。

2021 年 1 月 1 日起施行的《民法典》第 406 条规定:"抵押期间,抵押人可以转让抵押财产。当事人另有约定的,按照其约定。抵押财产转让的,抵押权不受影响。抵押人转让抵押财产的,应当及时通知抵押权人。抵押权人能够证明抵押财产转让可能损害抵押权的,可以请求抵押人将转让所得的价款向抵押权人提前清偿债务或者提存。转让的价款超过债权数额的部分归抵押人所有,不足部分由债务人清偿。"这是我国不动产带抵押过户的最新法律规定。

2021年4月6日，《自然资源部关于做好不动产抵押权登记工作的通知》（自然资发〔2021〕54号，以下简称《不动产抵押权登记通知》），就全面落实《民法典》及《最高人民法院关于适用〈中华人民共和国民法典〉有关担保制度的解释》中的不动产抵押相关问题进行了明确规定，其中第3条规定："保障抵押不动产依法转让。当事人申请办理不动产抵押权首次登记或抵押预告登记的，不动产登记机构应当根据申请在不动产登记簿'是否存在禁止或限制转让抵押不动产的约定'栏记载转让抵押不动产的约定情况。有约定的填写'是'，抵押期间依法转让的，应当由受让人、抵押人（转让人）和抵押权人共同申请转移登记；没有约定的填写'否'，抵押期间依法转让的，应当由受让人、抵押人（转让人）共同申请转移登记。约定情况发生变化的，不动产登记机构应当根据申请办理变更登记。《民法典》施行前已经办理抵押登记的不动产，抵押期间转让的，未经抵押权人同意，不予办理转移登记。"

从《民法典》第406条和《不动产抵押权登记通知》第3条的具体规定来看，前者是将抵押物转让的主动权赋予了抵押人，后者是将抵押物转让的主动权重新赋予了抵押权人，因此《不动产抵押权登记通知》的规定更有利于保护债权人、抵押权人的权益，也更符合抵押借款等的业务逻辑。

案例37

历史遗留房屋不动产权证的办理

▇▇▇ 基本案情

1954年，广州市华侨房屋建设委员会成立，后受"文革"影响，业务暂停。1980年7月16日，广州市人民政府侨务办公室经广州市编委同意成立华侨房屋建筑服务公司。该公司承继承接了"广州市华侨房屋建设委员会"的业务工作和档案资料。1986年，经广州市编委同意更名为"广州市华侨房屋开发公司"。2010年6月21日，经珠江实业集团有限公司珠实集〔2010〕118号批复，"广州市华侨房屋开发公司"更名为"广州华侨房产开发有限公司"。

1965年，原告罗先生利用侨汇购买了"广州市华侨房屋建设委员会"开发的基立新村新四巷7号五楼（当时相当于定制，或集资建房），总价为7890元。原告罗先生一家于1965年至1966年搬入该房屋居住。

1971年4月8日,"广州市华侨房屋建设委员会"向原告罗先生出具《申请立契证明书》,由于原告罗先生在境外,未收到该证明书。1987年7月8日,经原告罗先生申请,"广州市华侨房屋开发公司"补发了该证明书。

1992年,原告罗先生持购买房屋的全部相关文件到被告"广州市华侨房屋开发公司"办公室(广州市华侨新村爱国路1号五楼)找当时的负责人梁先生,请求其协助办理房屋产权证,梁先生将相关资料文件原件交给销售科施先生跟进办理。由于施先生后来过世,办理产权证的事务最终未能完成。

2018年6月,原告向房屋所在地海珠区人民法院提起诉讼,请求判决确认原告所购广州市海珠区前进路111号501号房屋(原地址:基立新村新四巷7号五楼)归原告所有;请求判决被告在本案判决生效之日起立即协同原告到广州市不动产登记中心办理该房屋的不动产权证;请求判决被告承担本案案件受理费。

法院判决

一审法院认为:原告罗先生主张其向被告广州市华侨房产开发有限公司购买了涉案房屋,并将涉案房屋的买卖合约、付款收据及海外汇款银行存根原件交由被告办理房屋产权证,被告将上述材料遗失,被告对此予以确认。原告表示其已接收涉案房屋使用至今,并提交了水电费、物业服务费等收据予以证明。根据本案现有的证据以及原、被告双方的陈述,本院对原告的上述主张予以采信。据广州市国土资源和规划委员会于2018年10月24日出具的《关于(2018)粤0105民初8611号协助调查函的复函》记载,暂无涉案房屋的不动产权登记信息,故原告要求被告协助办理涉案房屋的产权过户登记手续不具备条件,本院对于原告的该诉请不予支持。

综上所述,依照《最高人民法院关于适用〈中华人民共和国民事诉讼法〉的解释》第90条的规定,判决:驳回原告的诉讼请求。

原告罗先生不服一审判决,上诉至广州市中级人民法院,请求判决:1. 撤销(2018)粤0105民初8611号民事判决书;2. 被上诉人(一审被告)广州市华侨房屋开发公司在本案判决生效之日起立即协助上诉人到广州市不动产登记中心办理广州市海珠区前进路111号501房的不动产权证。

事实和理由:首先,一审法院查明和认定的事实基本正确。本案案涉房屋为"广州市华侨房屋建设委员会"开发建设,这一点已查明,上诉人、被上诉人均认可。上诉人已从广州市城市档案馆查出1965年3月16日(1965年建字151号)《总平面图》(甲型、乙型)、1965年8月17日(1965年建字607号)《广州市城市建设委员会技术设计送审单》和乙型公寓《单体报建图》。以上报建文件可以证明,"华侨公寓"(甲型、乙型)为"广州市华侨房屋建设委员会"报建和开发建设。由于前进路的扩路建设，靠前进路的"华侨公寓"二幢（甲型）公寓楼已被拆除，目前，只保留"华侨公寓"二幢（乙型）楼，上诉人在本案的案涉房屋位于西侧一栋的五层501房。本案案涉房屋现在的门牌号为"侨苑"——广州市海珠区前进路111号501房，这一点也已查明，上诉人、被上诉人均认可。报建文件显示，本案案涉房屋在1965年报建时的门牌号为广州市海珠区云桂路25-35号"华侨公寓"（乙型）；在1971年前后开始办理产权证的时间阶段，门牌号为广州市海珠区基立新村新四巷7号五层"华侨公寓"；第三次门牌号变更为广州市海珠区前进路123号"侨苑"501房。本案案涉房屋现在的门牌号为"侨苑"——广州市海珠区前进路111号501房。本案案涉房屋土地登记信息：旧地区"五区三段29幅2607"（新地区图1219幅4地14-1219）。"广州市华侨房屋建设委员会"的权利义务由被上诉人"广州华侨房产开发有限公司"享有和承继，这一点也已查明，上诉人、被上诉人均无异议。上诉人在购房时按要求（用外汇）交齐了房款并收楼使用至今，本案案涉房屋不存在任何权属争议。上诉人多次申请办理房产证，但由于客观原因未能办成。

其次，广东省自然资源厅《关于加快处理不动产登记历史遗留问题的指导意见》第3条第（四）项规定："因开发建设单位已注销等原因，购房人不能按照双方共同申请的规定办理不动产登记手续的，土地和房屋权属来源清楚、界址明确，房屋的用地、规划报建、竣工验收等批准文件齐备清楚，购房人可凭购房合同、购房款票据（或证明）、税费凭证等单方申请登记，不动产登记机构经核实并公告后办理首次、转移等不动产登记。"

再次，一审法院违反法定程序。《民事诉讼法》第9条规定："人民法院审理民事案件，应当根据自愿和合法的原则进行调解；调解不成的，应当及时判决。"本案上诉人和被上诉人，在开庭前均主动请求法庭进行庭前调解，但法庭未予允许，理由是需要查清事实。在开庭之后，上诉人的代理人反复电话请求法庭组织调解，制作调解书，并承诺如存在虚假诉讼等情况，愿承担一切法律责任和后果，被上诉人一方也同意调解，但法庭仍不予允许。一审法院不主动组织调解，也不允许双方自愿达成和解的做法是完全错误的，是严重违反法定程序的。

最后，一审法院适用法律错误。一审法院适用《最高人民法院关于适用〈中华人民共和国民事诉讼法〉的解释》第90条规定："当事人对自己提出的诉讼请求所依据的事实或者反驳对方诉讼请求所依据的事实，应当提供证据加以证明，但法律另有规定的除外。""在作出判决前，当事人未能提供证据或者证据不足以证明其事实主张的，由负有举证证明责任的当事人承担不利的后果。"上诉人认为，一审法院实际上已查明了本案事实，广州市国土资源和规划委员会与不动产登记中心也已书面明确本案案涉房屋可以办理不动产权证，但一审法院故意视而不见。

综上所述，请求二审法院支持上诉人的上诉请求，以维护上诉人的合法权益。

二审法院认为，原告罗先生为香港特别行政区居民，本案为涉港民商事纠纷，依法应参照涉外案件审理。本案是因不动产所致的争议，根据《涉外民事关系法律适用法》第63条关于"不动产物权，适用不动产所在地法律"的规定，本案适用内地法律作为解决争议的准据法。

原告诉请广州华侨房产开发有限公司协助其办理案涉房屋即广州市海珠区前进路111号501号房屋（原地址：广州市海珠区基立新村新四巷7号五楼）的不动产权证。广州华侨房产开发有限公司在本案一、二审过程中均表示，愿意配合原告办理案涉房屋的不动产权证，双方对此实际并无争议。只是因原告无法提供办证所需的全部资料，且广州市国土资源和规划委员会暂无案涉房屋的不动产权登记信息，案涉房屋暂不具备办理不动产权证的条件。故一审判决不支持原告要求广州华侨房产开发有限公司协助其办理案涉房屋不动产权证的诉讼请求，并无不当，本院依法予以维持。既然广州华侨房产开发有限公司与原告对双方建立了房屋买卖合同关系及原告付清购房款的事实无争议，且广州华侨房产开发有限公司也明确表示愿意协助原告办理案涉房屋的不动产权证，双方可在案涉房屋具备办证条件并按规定提供办证所需的资料或补办遗失的资料后，自行向广州市不动产登记中心申请办证。

综上所述，原告的上诉请求不能成立，应予驳回；一审判判决认定事实清楚，适用法律正确，应予维持。依照《民事诉讼法》第170条第1款第（一）项规定，判决：驳回上诉，维持原判。

法律分析

笔者认为，本案中，一审法院和二审法院的判决都是有失妥当的。

第一，本案案涉房屋为"广州市华侨房屋建设委员会"开发建设，这一点已查明，原告（上诉人）、被告（被上诉人）均认可。原告已从广州市城市档案馆查出1965年3月16日（1965年建字151号）《总平面图》（甲型、乙型）、1965年8月17日（1965年建字607号）《广州市城市建设委员会技术设计送审单》和乙型公寓《单体报建图》。以上报建文件可以证明，"华侨公寓"（甲型、乙型）为"广州市华侨房屋建设委员会"报建和开发建设。由于前进路的扩路建设，靠前进路的"华侨公寓"二幢（甲型）楼已被拆除，目前，只保留"华侨公寓"二幢（乙型）楼，原告在本案的案涉房屋位于西侧一栋的五层501房（前进路111号501房）。

第二，本案案涉房屋现在的门牌号为"侨苑"——广州市海珠区前进路111号501房，这一点也已查明，原告、被告均认可。报建文件显示，本案案涉房屋在

1965年报建时的门牌号为广州市海珠区云桂路25-35号"华侨公寓"（乙型）；在1971年前后开始办理产权证的时间阶段，门牌号为广州市海珠区基立新村新四巷7号五层"华侨公寓"；第三次门牌号变更为广州市海珠区前进路123号"侨苑"501房。由于前进路扩建，拆除了侨苑二幢甲型公寓，因此减少了门牌号，现本案案涉房屋现在的门牌号为"侨苑"——广州市海珠区前进路111号501。经原告一方到广州市不动产登记中心主任值班室咨询，本案案涉房屋土地登记信息为旧地区"五区三段29幅2607"（新地区图1219幅4地14-1219）。

第三，"广州市华侨房屋建设委员会"的权利义务由被告"广州华侨房产开发有限公司"享有和承继，这一点也已查明，原告、被告均无异议。1954年，广州市华侨房屋建设委员会成立，后受"文革"影响，业务暂停。1980年7月16日，广州市人民政府侨务办公室经广州市编委同意成立华侨房屋建筑服务公司。该公司承继承接了"广州市华侨房屋建设委员会"的业务工作和档案资料。1986年，经广州市编委同意更名为"广州市华侨房屋开发公司"。之后，经广州市人民政府和广州市国有资产管理委员会批准，广州市华侨房屋开发公司被划转给珠江实业集团有限公司。2010年6月21日，经珠江实业集团有限公司珠实集（2010）118号批复，"广州市华侨房屋开发公司"更名为"广州华侨房产开发有限公司"。

第四，原告罗先生在购房时按要求交齐了房款并收楼使用至今，本案案涉房屋不存在任何权属争议。原告罗先生及家人按当时的政策，用外汇一次性（兑换成人民币）交齐7890元全部购房款（当时相当于定制，或集资建房）。原告罗先生一家于1965年至1966年搬入该房屋居住，直至现在，并持续缴纳水费、电费、物业服务费。本案案涉房屋不存在任何权属争议，也不存在任何抵押、查封等财产负担情况。

第五，原告多次申请办理房产证，但由于客观原因未能办成。1971年4月8日，"广州市华侨房屋建设委员会"向原告出具《申请立契证明书》，由于原告在境外，未收到该证明书。1987年7月8日，经原告申请，"广州市华侨房屋开发公司"补发了《申请立契证明书》。1992年期间，原告持购房全部相关文件，前后三次到被告广州市华侨房产开发有限公司办公室（广州市华侨新村爱国路一号五楼）找当时的负责人梁先生，请求协助办理房屋产权证，梁先生将相关资料文件原件交给当时的销售科施先生跟进办理。由于施先生后来去世，资料遗失，办理产权证的事务最终未能完成。在多次尝试协助原告办产权证未果的情况下，2017年7月6日，被告"广州华侨房产开发有限公司"向"广州市人民政府侨务办公室"发出穗侨房外〔2017〕××号《关于请求协调办理华侨××房屋产权登记的函》，"我司恳请贵办参照以往同类房屋办理产权登记的办法，发函给广州市不动产交易中帮助我司协调有关事宜，以便尽快为华侨办理有关房屋的产权登记"。多年来，原告罗先生（80多岁）多次往来"广州华侨房产开发有限公司"、广州市不动产登记中心、广州市人民政府侨务办公室之间，请求协助办理产权证，但仍无法办理。"广州市不动产登记中心"不能为原告办理产权证的原因是产权资料不全，同时，"广州市不动产登记中心"又不具有司法审查的职能，不具有依法查明事实和准确适用法律确认权属关系的权力。

第六，原告具有购房资格。原告罗先生是华侨，1965年是按国家和地方政策用外汇购房，符合当时的政策要求，具有购房资格。原告罗先生购房并使用至今，共计53年，没有违反国家法律和政策。本案案涉房屋为原告1965年购买，不属于现在的预售商品房，也不属于单位的福利分房，同时也不属于购买目前的存量二手房，而是属于历史遗留问题，原告罗先生请求的是续办手续，不属于限购商品房的范围，不应当适用广东省高级人民法院、广东省住房和城乡建设厅、广东省司法厅于2013年12月27日发布的《关于在审判执行、办理公证工作中落实住房限购政策的意见》。

穗海登记（业务）函〔2018〕××号《关于（2018）粤0105民初×××号之一协助调查的复函》明确："经核查，截至2018年9月7日止，原告具备本市住房限购区域内购买广州市海珠区前进路111号501房（原址：海珠区基立新村新四巷五楼）的购房资格。"

第七，穗国土规划协查〔2018〕××号《关于（2018）粤0105民初8611号〈协助调查函〉的复函》回复："暂无海珠区前进路111号501房（原址：海珠区基立新村新四巷7号五楼，以下简称501房）的预售合同备案、查封、抵押和不动产登记信息。""……若房屋不存在查封、抵押或其他限制转移的情形，在符合相关法律法规、政策，提交资料齐全的情况下，申请人可持协执回执等资料办理不动产权证书。"由于历史原因，原告购房时没有《合同法》《建筑法》《民法通则》《城市房地产管理法》《城市房地产开发经营管理条例》，没有《物权法》、《城市商品房预售管理办法》、房屋登记规章、地方不动产登记条例，更没有今天的房地产或不动产登记系统，本案案涉房屋根本无法按正常的商品房建设、开发、验收和买卖流程办理产权，只能通过历史遗留问题途径办理，但由于原告常住境外，被告经办人员去世而丢失办产权证资料，原告房产证最终未能办妥。但是，以上复函明确表明，根据广州的特殊政策，本案案涉房屋完全可以通过诉讼判决、调解的方案办理产权。

第八，《广州市国土资源和规划委员会对广州市第十五届人大第一次会议代表建议20172024号建议的答复》第2条第（二）项"部分办证难问题可通过司法执法程序解决"明确答复:"从 2004 年 1 月开始,针对法院已出具《协助执行通知》要求协助过户房屋,但房屋仅办理规划验收,未办理初始登记的案件。原市国土房管局出台的《关于协助法院转移房地产权属的通知》(穗国房字〔2004〕37 号)、《关于印发〈关于协助执行法院转移房地产权属的操作方案〉的通知》(穗房交登〔2005〕301 号)等系列文件,同意在核实项目土地为国有用地、土地权属来源清晰、房屋实测与规划验收一致的情况下,可直接为购房业主办理房屋权属登记。至今该系列文件仍在具体执行中。"

第九,本案被告的前身"广州市华侨房屋建设委员会"开发的本栋大楼共五层,每层共 4 套房屋,只有本案上诉人的 501 房和另外一位购房人购买的一套房屋没有办妥产权证,其余 18 套房屋已全部办妥了房产证。说明本案原告的房屋也是可以办理房产证的,只是原告的部分资料遗失而无法正常办理。穗国土规划协查〔2018〕××号《关于(2018)粤 0105 民初 8611 号〈协助调查函〉的复函》回复:"……若房屋不存在查封、抵押或其他限制转移的情形,在符合相关法律法规、政策,提交资料齐全的情况下,申请人可持协执回执等资料办理不动产权证书。"广州市国土资源和规划委员会与广州市不动产登记中心的以上书面文件,已明确本案案涉房屋完全可以办理不动产权证。

第十,为了解决不能办理房屋产权证的历史遗留问题,2018 年年底广东省专门出台了相关政策和指导意见。广东省自然资源厅《关于加快处理不动产登记历史遗留问题的指导意见》第 3 条第(四)项规定:"因开发建设单位已注销等原因,购房人不能按照双方共同申请的规定办理不动产登记手续的,土地和房屋权属来源清楚、界址明确,房屋的用地、规划报建、竣工验收等批准文件齐备清楚,购房人可凭购房合同、购房款票据(或证明)、税费凭证等单方申请登记,不动产登记机构经核实并公告后办理首次、转移等不动产登记。"

第十一,法院和经办法官判决被告协助上诉人办理不动产权证,不存在任何风险。由于原告的购房合同等资料遗失,原告选择诉讼方式,主要目的是确认原告的购房事实。即使有法院的裁判文书,广州市不动产登记中心办理不动产登记前仍会依程序进行公示,以确保不侵害任何案外人或任何第三人的合法权益。假设法院判决被告协助原告办理不动产权证,之后出现案外人或者第三人主张产权的情况。案外人或者第三人仍可以通过异议之诉或者其他法律途径主张权利。因此,理论上说,原告请求判决被告协助原告办理不动产权证,不会损害任何案外人或者任何第三人的合法权益。

综上所述,笔者认为,通过本案诉讼程序,在查清事实的基础上,完全可以通过判决或调解的方式,由被告协助原告办妥房产证。

笔者不赞同一审和二审法院的判决结果。本案双方当事人对于售房和购房的事实均是承认的，被告广州华侨房产开发有限公司也表示愿意协助原告罗先生办理房屋的不动产权证，双方并无任何争议。法院认为，既然双方均认可售房和购房的事实，双方也一致同意办理不动产权证，则可由双方自行到不动产登记机关申请办理，无须通过法院判决。法院的如此观点有失偏颇，购房人罗先生到法院起诉，就是因为原申请办理房产证的资料丢失，无法找回；并且更由于历史原因，售房、购房时的政策与现行商品房交易的法律、政策完全不一致，双方已无法按不动产登记中心的现行要求和流程申请不动产登记，更无法满足目前办理不动产登记所需要的全部文件和资料。另外，不动产登记中心不是司法机关，它不具有法律的专业性，不能像法院一样能够认定事实和适用法律。因此，通过法院认定售房、购房、收房和使用的事实，法院完全可依法判定本案案涉房屋是否具有办理不动产权证的条件，法院不应当按现行不动产办理不动产初始登记和转移登记的思维来审理和判决。而且，法院对于每一个案件都应当进行调解，不调解有违审理案件的法定程序。

当然，原告一方也存在某些方面的失误。首先，不应当为了节省1万元左右的案件受理费而将请求法院判决确定原告享有房屋所有权的诉讼请求撤回，而是应当首先请求法院判决确认房屋所有权，再请求判决广州华侨房产开发有限公司协助办理不动产权证。如果法院判决确认了原告罗先生对于房屋的所有权，再申请不动产登记中心办理不动产权证，那就顺理成章。其次，当二审法院判决驳回上诉人罗先生的上诉后，应当继续申请再审和申请检察监督。由于原告罗先生年事已高，又是香港人士，亲自到法院面签授权委托书实为不便，后来便没有完成申请再审和申请检察监督的流程。

通过笔者，即本案代理律师的协助，也通过原告的继续努力，找到了本幢房屋的报建和验收资料，最后，罗先生还是在不动产登记中心申请办理不动产登记成功。

第六编

277—291

行政法律关系

案例 38

土地使用权变更登记

■ 基本案情

2012年7月6日,江西省某县国土资源局发布《国有建设用地使用权网上挂牌出让公告》,拟以挂牌方式出让某乡400平方米国有住宅建设用地70年使用权,挂牌时间为2012年7月28日8:00—2012年8月7日10:00。

2012年8月6日,自然人张三出具《授权委托书》,委托李四代理其参加于2012年8月8日在江西省国土资源交易网上举行的拍卖活动,拍卖标的为江西省某县某乡的以上国有住宅建设用地使用权。委托权限为"委托人全权委托受托人参加本次拍卖竞买活动、缴纳保证金、参与网上竞价、缴纳全部相关费用、签署相关文件、签订成交确认书、签署相关合同及土地使用权出让合同、领取国有土地使用(权)证"。

由于按相关规定,张三的《授权委托书》未经公证机关公证,张三本人未能在现场签署《授权委托书》,并且李四也未能取得张三的身份证原件,因此,为了不耽误张三参加竞拍,李四当场决定以自己的名义报名并缴纳72000元保证金,取得网上竞买资格。

2012年8月8日,李四以自己的名义成功竞得以上地块的土地使用权(成交金额为315000元人民币),并于2012年8月10日签署《成交确认书》,缴纳了相关的交易服务费及税费;2012年8月12日,李四以自己的名义与该县国土资源局签订《国有土地使用权出让合同》,并于2012年8月15日缴纳了除保证金外的剩余土地使用权出让金243000元、契税12600元;2013年1月22日,李四以自己的名义取得了该幅土地的国有土地使用证,使用期终止日期为2082年8月10日。

2013下半年,张三向该县国土资源局申请将该幅土地使用权变更登记在自己名下,未能如愿。2014年年初,张三委托他人向乡政府、县政府国土资源局属地分局、县政府国土资源局、县城建局等单位申请办理报建手续,以上单位均表示该土地不在县城规划范围内,无须报建,并且该乡政府所在的所有单位房屋均没有经过报建可取得任何批准建设的相关文件或证照,亦即该乡政府所在地的所有房屋,均没有报建报批的先例。在口头申请报建无果的情况下，2014年3月29日，张三通过EMS向土地所在地的乡人民政府提交《报建申请书》，未得到任何回复；2014年4月28日、29日，张三委托他人请示该乡人民政府相关工作人员，被告知需再等等。2014年4月30日，张三再次向该乡人民政府提交《关于报建情况的说明》，再次希望乡政府对于报建问题进行回复，仍无任何回应。

2014年下半年，张三在没有取得任何审批手续的情况下，自行委托建起了一栋四层小楼，建筑面积共约1000平方米。

由于张三一直未能将土地使用权变更登记到自己名下，2016年1月4日，张三以李四为被告，向该县人民法院提起诉讼，请求法院：1. 请求判决确认坐落于该乡的400平方米国有土地使用权［土地证号：×国用（2013）第0110号］归张三所有；2. 请求判决李四配合将坐落于该乡的400平方米国有土地使用权［土地证号：×国用（2013）第0110号］变更登记到张三名下。

法院调解和执行

本案中，张三委托李四参与本案所涉土地使用权网上竞价，保证金和出让金、契税等费用全部由张三支付，李四对于本次代理拍卖行为，以及张三支付的费用、土地使用权等事实都是认可的。

在县人民法院的主持下，张三与李四达成和解协议，并由县人民法院送达民事调解书：1. 被告李四同意坐落于该县该乡的400平方米国有建设用地使用权归原告张三；2. 被告李四同意在2016年7月30日前配合原告张三办理该国有建设用地使用权变更登记手续，所需费用原告张三自愿承担。

2016年4月，张三多次到县国土资源局申请土地使用权的变更登记，未能成功。2016年5月中旬，张三向该县人民法院申请强制执行。2016年5月23日，县人民法院出具执行裁定书，裁定：1. 被执行人李四名下的坐落于该乡的400平方米国有建设用地使用权，土地证号为×国用（2013）第0110号归申请人张三所有；2. 申请执行人张三可持本裁定书到登记机关办理相关产权过户登记手续。本裁定送达后立即生效。同日，该县人民法院向该县国土资源局送达协助执行通知书，通知县国土资源局协助执行以下事项：1. 将坐落于该县该乡的400平方米国有建设用地使用权过户到申请人张三名下；2. 办理过程中的其他事项由贵单位按相关规定办理。

张三持人民法院出具的以上执行裁定书和协助执行通知书到该国土资源局不动产登记中心申请办理土地使用权的变更登记，该不动产登记中心的工作人员以"土地上已建起了房屋，需地上建筑物办妥产权证后才能一起办理过户"和"办理过程中的其他事项由贵单位按相关规定办理"为理由，拒绝为张三办理该幅土地的使用权变更登记手续。

2017年7月9日，申请人通过EMS向该不动产登记中心送达《关于办理过户登记的申请》，主张"贵中心应当受理申请人的过户申请"，"再次请求贵中心受理申请人的过户申请，若贵中心认为不应受理，请书面说明理由并回复！"而该不动产登记中心没有回复任何信息。2018年2月6日，申请人再次通过EMS向该县不动产登记局送达《关于办理土地证变更登记的申请》，主张"依照《中华人民共和国民事诉讼法》第114条的规定，贵局应当，并且有义务为申请人办理土地证变更登记。现申请人再次请求贵局受理申请人的土地证变更登记，若贵局认为不应受理，请书面说明事实理由和法律依据，并出具书面《不予受理通知书》！"但是，无论是该不动产登记局抑或其属下的不动产登记中心，对申请人的口头及书面申请，均不予理睬。

法律分析

本案中，不动产登记局及其属下的不动产登记中心，拒不依执行裁定书和协助执行通知书协助执行人民法院生效法律文书确定的义务，属于严重的违法行为，负责执行的人民法院除责任单位履行协助义务外，还可以对该单位和其主要负责人进行处罚，同时还可以向相关部门提出予以纪律处分的司法建议。

《民事诉讼法》第114条规定："有义务协助调查、执行的单位有下列行为之一的，人民法院除责令其履行协助义务外，并可以予以罚款：（一）有关单位拒绝或者妨碍人民法院调查取证的；（二）有关单位接到人民法院协助执行通知书后，拒不协助查询、扣押、冻结、划拨、变价财产的；（三）有关单位接到人民法院协助执行通知书后，拒不协助扣留被执行人的收入、办理有关财产权证照转移手续、转交有关票证、证照或者其他财产的；（四）其他拒绝协助执行的。""人民法院对有前款规定的行为之一的单位，可以对其主要负责人或者直接责任人员予以罚款；对仍不履行协助义务的，可以予以拘留；并可以向监察机关或者有关机关提出予以纪律处分的司法建议。"

有人认为，行政机关不履行法定的协助执行义务，可以向人民法院提起行政诉讼，请求法院判决强制其履行协助执行义务。但是，这个观点是不正确的。

《最高人民法院关于行政机关根据法院的协助执行通知书实施的行政行为是否属于人民法院行政诉讼受案范围的批复》（法释〔2004〕6号）规定："行政机关根据人民法院法院的协助执行通知书实施的行为，是行政机关必须履行的法定义务，不属于人民法院行政诉讼受案范围。但如果当事人认为行政机关在协助执行时扩大了范围或违法采取措施造成其损害，提起行政诉讼的，人民法院应当受理。"从该条规定可以看出，只有行政机关在协助执行时扩大了范围或违法采取措施造成其损害时，才可提起行政诉讼。

2013年7月29日《最高人民法院关于行政机关不履行人民法院协助执行义务行为是否属于行政诉讼受案范围的答复》（〔2012〕行他字第17号）对辽宁省高级人民法院是这样答复的："你院《关于宫起斌诉大连市道路客运管理处、大连市金州区交通局、大连市金州区公路运输管理所不履行法定职责及行政赔偿一案的请示报告》收悉，经研究，答复如下：行政机关根据人民法院的协助执行通知书实施的行为，是行政机关必须履行的法定协助义务，公民、法人或者其他组织对该行为不服提起诉讼的，不属于人民法院行政诉讼受案范围。行政机关拒不履行协助义务的，人民法院应当依法采取执行措施督促其履行；当事人请求人民法院判决行政机关限期履行协助执行义务的，人民法院不予受理。但当事人认为行政机关不履行协助执行义务造成其损害，请求确认不履行协助执行义务行为违法并予以行政赔偿的，人民法院应当受理。"

所以，当事人请求人民法院判决行政机关限期履行协助执行义务的，人民法院不予受理。行政机关拒不履行协助义务的，应当请求人民法院依我国《民事诉讼法》第114条的规定采取相应的责令和处罚措施。

案例39

"土地整合"之行政诉讼典型案例

基本案情

A公司通过有偿受让取得B市约200亩商住建设用地的国有土地使用权，用于住宅建设，并于2007年4月26日取得该市人民政府核发国有土地使用权证。

B市城乡规划局于2007年8月13日向A公司发出《关于A公司调整修建性详细规划的批复》，内容为："你公司申请调整项目用地的修建性详细规划，经2007年3月14日召开的B市城市规划审批领导小组会议审议通过，现批复如下：1. 原则上同意你公司项目用地的修建性详细规划调整方案，该用地原审批通过的修建性详细规划方案即日起失效。2. 你公司须整合R01地块内约4亩用地，在未完善整合用地前，我局不受理该地块内的单体建筑报建手续。"

张三、李四于 2010 年年初通过拍卖购得某大道南 4 号房屋（独栋别墅及房屋和庭院所占用的国有土地使用权），并于 2010 年 12 月 6 日取得该房屋的房地产权证。该房屋位于上述批复提及的需整合的约 4 亩用地范围内，与 A 公司取得 200 亩土地使用权同属 R01 地块。因张三、李四对项目的规划变更问题向 B 市城乡规划局提出书面异议，该局于 2014 年 1 月 17 日向上述二人发出《关于项目规划变更问题异议书的复函》，主要内容为："送来《关于项目规划变更问题的异议书》及相关材料收悉，就你们提出的问题，经研究，我局答复意见如下：1. 我局 2007 年 8 月 13 日在批复该项目修建性详细规划前，已按程序进行了规划批前公示并取得了公证部门的书面意见，符合法律法规要求。2. 我局 2007 年 8 月 13 日批复该项目修建性详细规划方案时，已考虑到了 R01 地块内尚有约 4 亩用地未完成土地整合（包括你们来反映的房屋），为统一规划同时又不对现有权属人合法权益造成影响，我局在批复规划方案时明确注明'在 A 公司未完善整合 R01 地块内约 4 亩的用地前，R01 地块范围内不能进行单体报建'。3. 为最大限度减少规划调整对本项目住户的影响，现 A 公司拟对 R01 地块修规方案进行再次优化调整，目前还只是规划方案阶段，我局尚未正式受理和批复。4. 我局会充分考虑到你们提出的合理诉求，在规划审批过程中充分保障所有业主的合法权益。"

由于 A 公司拟对 R01 地块范围内的 200 亩建设用地进行项目四期住宅楼建设，于 2014 年 5 月 26 日向 B 市城乡规划局申请上述项目的建设工程规划许可证，并提交了立案申请表、国有土地使用权证、国有用地规划许可证、《报建图》、《总平面图》、《放线记录册》、《建筑面积核算资料》等文件。B 市城乡规划局经审核，于 2014 年 6 月 19 日就上述住宅楼向 A 公司核发了规建证〔2014〕220 号建设工程规划许可证。

张三、李四得知后，于 2014 年 9 月 26 日以 B 市城乡规划局为被告，以 A 公司为第三人向一审法院提起本案行政诉讼，请求判令撤销 B 市城乡规划局核发规建证〔2014〕220 号建设工程规划许可证的行政行为。

法院判决

一审法院认为，综合原、被告诉辩及第三人陈述，本案需解决如下几个方面的问题：

1. 关于本案的主体问题。被告属县级市人民政府城市规划行政主管部门，在本行政区域内核发建设工程规划许可证是其职责，本案被诉具体行政行为属于被告的法定职权。二原告是 B 市某大道南 4 号房屋的合法共有人，B 市某大道南 4 号房屋位于上述批复第二点 R01 地块内约 4 亩用地范围内。被告于 2007 年 8 月 13 日作出的《关于A公司调整修建性详细规划的批复》第二点明确"你公司须整合R01地块内约4亩的用地,在未完善整合用地前,我局不受理R01地块内的单体建筑报建手续。"2014年1月17日,被告向二原告作出的《关于项目规划变更问题异议书的复函》亦明确以上内容。所以二原告与被告在R01地块范围内核发建设工程规划许可证的具体行政行为存在利害关系,原告主体资格适合。第三人是建设工程规划许可证许可建设住宅楼的建设单位,其与本案存在利害关系,第三人主体适格。

2. 关于被告作出的行政许可的合法性问题。被告2007年8月13日作出的《关于A公司调整修建性详细规划的批复》第二点及《项目修建性详细规划总平面规划图》标注:在A公司未完善整合R01地块内约4亩的用地前,R01地块范围内不能进行单体报建。该批复及标注是本项目修建性详细规划的组成部分,是对本项目修建性详细规划施行的条件限制。被告在庭审中释明"整合用地"是指规划意义上的整合,是基于城市规划、土地利用、城市景观等方面,为达到塑造良好居住环境和城市形象的愿景,建议R01地块内约4亩用地能统一规划、统一开发建设。《关于A公司调整修建性详细规划的批复》是被告作出的具体行政行为,被告是城市规划行政主管部门,其解释"整合用地"是指规划意义上的整合切合其法定职权,一审法院予以采纳。《关于A公司调整修建性详细规划的批复》及《项目修建性详细规划总平面规划图》属修建性详细规划,根据被告释明"整合用地"是指规划意义上的整合,即被告应在完善整合R01地块内约4亩用地后方能在R01地块范围内进行单体报建的许可。《城乡规划法》第7条规定:"经依法批准的城乡规划,是城乡建设和规划管理的依据,未经法定程序不得修改。"但是,被告在未依法定程序完善修建性详细规划内约4亩的用地前就受理第三人在R01地块内的单体报建并审批核发建设工程规划许可证,该发证行为已经违反法定程序,属行政行为违法。

3. 关于行政许可应否撤销问题。首先,被告作出行政许可,核发建设工程规划许可证给第三人,该行为是授益性行政行为。第三人作为被告许可行为的行政相对人,持有R01地块的建设用地规划许可证,具有相应的房地产开发资质,一直以来对本项目进行分期建设,对本案的行政许可亦已依程序进行申请并递交相关的报建材料,并无证据证明第三人是通过不当手段取得该行政许可。其次,第三人取得行政许可后,基于合理期待而产生的信赖利益,已经进行大量的工程投入。现所有许可项目均在建或已封顶,部分楼房已进入预售,已产生一定的社会效应。最后,涉建设工程规划许可证许可建设的房屋与需"整合"的地块距离较远,最短距离达351米,不对二原告房屋的实质使用构成影响。基于以上原因,即便被告在作出该具体行政行为的时候在程序上存在违法之处，第三人基于这种合理期待而产生的信赖利益应当受到法律的保护，不具可撤销性。

综上所述，被告B市城乡规划局核发规建证〔2014〕220号建设工程规划许可证的行政行为违法，但规建证〔2014〕220号建设工程规划许可证不具可撤销性，依法不予撤销。关于二原告认为被告具体行政行为严重损害、侵犯其合法物权，涉案物权所受损害、侵犯属于业主与开发商之间的纠纷，二原告可另循其他法律途径解决。依照《行政诉讼法》第56条第（四）项、第57条第2款第（二）项的规定，经一审法院审判委员会讨论决定，判决如下：1. 确认被告B市城乡规划局于2014年6月19日向第三人A公司核发规建证〔2014〕220号建设工程规划许可证的行政行为违法。2. 驳回原告张三、李四的其他诉讼请求。

张三、李四不服一审判决，向中级人民法院提起上诉称：1. 一审法院认定事实错误。A公司进场施工后，张三、李四的房屋处于停水停电、交通管制等无法正常使用的状态，不能实际控制和支配涉案房产。B市城乡规划局对张三、李四作出的规〔2014〕101号复函，也证明该局认为涉案建设工程规划许可证对张三、李四的合法权益造成影响。因此，A公司的施工建设行为已经对张三、李四对涉案房产的正常使用造成影响，一审法院认为涉案建设工程规划许可证对张三、李四的房屋的实质使用不构成影响，存在明显错误。2. 一审法院认为涉案行政许可不能撤销，存在错误。A公司并非是取得行政许可后，基于合理期待产生的信赖利益才开始施工建设。A公司早在2014年6月19日取得涉案建设工程规划许可证之前就已进场施工，且一审法院于2014年11月5日进行现场勘查时，部分住宅楼才刚完成地基承台工程，并非已进行大量的工程投入，产生一定的社会效应。因此，涉案建设工程规划许可证应予撤销。3. 一审法院认为"整合用地"应解释为规划意义上的整合，存在错误。"整合用地"实际上只能是A公司通过土地或房产置换、现金购买等方式，与R01地块内约4亩用地的权属人达成一致，将该4亩用地与A公司所属地块整合为一个整体，以进行开发建设。因此，"整合用地"并非是规划意义上的整合。4. 涉案修建性详细规划总平面规划图的审批时间为2007年8月30日，有效期为1年，现已失效，B市城乡规划局依据失效的规划图核发涉案建设工程规划许可证已构成违法，理应撤销。综上所述，上诉请求二审法院判决：撤销一审判决，撤销B市城乡规划局核发规建证〔2014〕220号建设工程规划许可证的非法具体行政行为。

B市城乡规划局不服一审判决，向中级人民法院提起上诉称：1. 张三、李四不是涉案具体行政行为相对人，且其所有的房屋距离涉案工程最短直线距离351米，与具体行政行为不具有法律上的利害关系，不具备行政诉讼的主体资格。一审判决认定张三、李四主体资格适格属于认定事实错误。2. B市城乡规划局根据A公司提交的相关报建资料，依据《行政许可法》第38条、《市城市规划局业务分类及立案标准规定》第7条第4款及相关规定，依法审批涉案地块的建设工程规划许可，程序合法。3.《市城市规划管理技术标准与准则（修建性详细规划篇）》以及《市城乡规划技术规定》并无土地整合的相关规定，土地整合不是修建性详细规划施行的条件限制，也不是建设工程规划许可的审查范围。综上所述，上诉请求二审法院判决：撤销一审判决第一项，驳回张三、李四的全部诉讼请求。

A公司不服一审判决，向中级人民法院提起上诉称：1. B市城乡规划局于2014年6月19日核发涉案建设工程规划许可证，同时在网站公示，张三、李四于公示之日起应当知道该具体行政行为，但上述二人于2014年9月26日才提起诉讼，已超过起诉期间，应驳回起诉。2. 涉案具体行政行为对张三、李四的权利并未产生实际影响，故二人与涉案具体行政行为无法律上的利害关系。如张三、李四认为A公司或者其他单位的行为侵害其合法物权，应通过民事途径解决，而不应对与其房屋无关的涉案建设工程规划许可证提起行政诉讼。3. B市城乡规划局提出的"整合用地"只是规划工作的建议，而非强制性要求，也符合其法定职权。4. 修建性详细规划图是对地块的规划，并不是具体实施行为，不构成具体的侵权行为。张三、李四认为规划图看不到其房屋，即认为法律上的房屋产权灭失，是错误认识。只有房屋产权注销，才是产权灭失。5. 张三、李四不愿意放弃物业所有权，不配合"整合用地"工作，与我公司属于民事法律关系。张三、李四索要巨额房屋转让款未果，转而采用恶意诉讼手段阻碍A公司的正常生产经营行为，严重破坏平等、自愿、等价、有偿的商业原则。6. 涉案建设工程规划许可证对应的工程项目已基本封顶，并已销售500多套，如撤销涉案建设工程规划许可证，将严重损害购房业主和我公司的可信赖利益，影响社会公平正义。综上所述，上诉请求二审法院判决：撤销一审判决第一项，驳回张三、李四的全部诉讼请求。

二审法院认为，《城乡规划法》第40条规定："在城市区域内进行建筑物、构筑物、道路、管线和其他工程建设的，建设单位或者个人应当向城市、县人民政府城乡规划主管部门或者省、自治区、直辖市人民政府确定的镇人民政府申请办理建设工程规划许可证。申请办理建设工程规划许可证，应当提交使用土地的有关证明文件、建设工程设计方案等材料。需要建设单位编制修建性详细规划的建设项目，还应当提交修建性详细规划。对符合控制性详细规划和规划条件的，由城市、县人民政府城乡规划主管部门或者省、自治区、直辖市人民政府确定的镇人民政府核发建设工程规划许可证。城市、县人民政府城乡规划主管部门或者省、自治区、直辖市人民政府确定的镇人民政府应当依法将经审定的修建性详细规划、建设工程设计方案的总平面图予以公布。"本案中，A 公司向 B 市城乡规划局申请涉案工程项目的建设工程规划许可证时，提交了使用土地的有关证明文件、建设工程设计方案等材料，B 市城乡规划局据此向 A 公司核发涉案建设工程规划许可证，符合上述有关审批的规定，并无不当，本院予以支持。

关于 B 市城乡规划局作出的《关于 A 公司调整修建性详细规划的批复》第二点规定是否为该局核发涉案建设工程规划许可证限制条件的问题。《市城乡规划技术规定（试行）》第 31 条规定："建设工程规划许可一般包括建设单位、建设项目名称、建设位置、建设规模、使用性质、建筑高度、建筑间距、临路退让、建筑布局、建筑平立剖面设计、公共服务设施、停车配建、建筑景观、周边环境要求和有效期限等内容。"根据上述规定，规划部门对建设工程的规划许可审查范围并不包含土地整合内容的审查，土地整合情况并非建设工程规划许可的前提条件。虽然 B 市城乡规划局作出的《关于 A 公司调整修建性详细规划的批复》第二点规定，A 公司未完善整合 R01 地块内约 4 亩用地前，该局不受理 R01 地块内的单体建筑报建手续，但 R01 地块内的约 4 亩用地已由张三、李四等人取得土地使用权，A 公司对该地块并不拥有使用权，故不存在土地整合的前提条件。B 市城乡规划局作出《关于 A 公司调整修建性详细规划的批复》提出 A 公司对 R01 地块范围内他人已取得土地使用权的地块完成土地整合后，方能申请 R01 地块内其他土地上盖建筑的报建手续的要求，缺乏事实和法律依据，也不属于建设工程规划许可的法定审查项目，故《关于 A 公司调整修建性详细规划的批复》的第二点规定不构成涉案建设工程规划许可的限制条件。一审判决以 B 市城乡规划局在未依法定程序完善修建性详细规划内约 4 亩用地前即向 A 公司核发建设工程规划许可证，违反法定程序为由，确认该局核发涉案建设工程规划许可证的行为违法的依据不充分，处理不当，本院予以纠正。张三、李四主张撤销涉案建设工程规划许可证的上诉理由不能成立，本院不予采纳。B 市城乡规划局、A 公司主张撤销一审判决第一项，驳回张三、李四的诉讼请求的上诉请求成立，本院予以支持。

综上所述，依照《行政诉讼法》第 69 条、第 89 条第 1 款第（二）项的规定，判决如下：1. 撤销 B 人民法院〔2014〕法行初字第××号行政判决；2. 驳回张三、李四的诉讼请求。

法律分析

1. 我国《城乡规划法》第 40 条第 2 款规定："申请办理建设工程规划许可证，应当提交使用土地的有关证明文件、建设工程设计方案等材料。需要建设单位编制修建性详细规划的建设项目，还应当提交修建性详细规划。对符合控制性详细规划和规划条件的,由城市、县人民政府城乡规划主管部门或者省、自治区、直辖市人民政府确定的镇人民政府核发建设工程规划许可证。"本案中,A 公司在涉案工程的修建性详细规划已被批复后,向 B 市城乡规划局提交了用地证明文件、建设工程设计方案等材料申请涉案建设工程规划许可证,B 市城乡规划局依法核发涉案建设工程规划许可证符合上述法律规定。

B 市城乡规划局在《关于 A 公司调整修建性详细规划的批复》中依职权对涉案建设项目作出了未整合部分土地前不得单体报建的限制,但该局在 A 公司申请核发建设工程规划许可证时并未遵循其作出的限制,直接核发了涉案建设工程规划许可证,可视为 B 市城乡规划局依职权自行撤销了其设置的限制,即《关于 A 公司调整修建性详细规划的批复》的有关内容已不再限制 A 公司取得涉案建设工程规划许可证。

因此,二审法院的终审判决是正确的。

2. 张三、李四的房屋建筑面积约为 420 平方米,自建成以来无人居住。自张三、李四知悉 B 市城乡规划局要求 A 公司进行"整合用地"后,多次与 A 公司联系并提出以 3000 万元的价格转让该房屋(约 7.5 万/平方米)及土地使用权,而涉案房屋的周边市场平均单价约为 1.5 万/平方米,张三、李四的要价明显高出房屋的市场价。

房屋买卖和土地使用权转让行为是平等主体之间的自愿行为,张三、李四不愿放弃其对物业的所有权,不配合"整合用地"工作,属于整合方与被整合方双方的民事法律关系。并且 A 公司与张三、李四的拆迁补偿沟通工作一直在进行中,在涉案的约 4 亩用地中,A 公司已与另外三户业主达成协议进行房屋买卖,并向张三、李四发出《洽商函》愿以 1500 万元总价(该价格已实际远高于同类房屋的市场价格)购买原审原告张三、李四的房屋和受让该房屋所占的土地使用权,以完成"用地整合"。此报价高于其他三户业主的最终协议价,足见 A 公司的诚意,而张三、李四仍不愿与 A 公司达成协议。

3. 从本案的基本情况看,张三、李四真正的目的并不在于追究一审被告 B 市城乡规划局的行政行为是否违法,张三、李四提起本案诉讼的动机亦并非 B 市城乡规划局的具体行政行为是否侵害其合法权益,而是以行政诉讼手段迫使 A 公司以更高的价格收购涉案房屋和受让该房屋所占的土地使用权,其开出的 3000 万报价明显高于市场价,与平等、自愿、公平、诚实信用的商业原则不符。

4. 因"整合用地"中的房屋买卖行为和土地使用权行为是平等主体之间的自愿行为,任何人不能强制要求张三、李四放弃其对房屋的所有权而完成"整合用地",这是张三、李四与 A 公司间的民事法律关系,不属行政法律关系,应通过民事途径解决。

由于张三、李四与 A 公司最终未就价格达成一致，张三、李四也不愿意放弃其物业，最终 A 公司向 B 市城乡规划局申请调整规划，将张三、李四的房屋及所占的土地使用权予以保留。

案例 40

观光塔用地问题

▍基本案情

一、依法有偿取得本案案涉土地使用权

本案案涉土地分别于 1992 年 2 月取得（92）城地批字第 39 号、第 55 号建设用地规划许可证，规划批准用地分别达到 320787 平方米（481.18 亩）和 333320 平方米（499.98 亩），共 654107 平方米。

1998 年 12 月 31 日，股东 A 华侨房产有限公司与市国土局签订 ×国地出合（98）490 号《国有土地使用权出让合同》，约定出让土地使用权 618861 平方米。

2000 年 2 月 1 日，B 房地产开发有限公司与市国土局签订 ×国地出合（98）490 号的补充合同之 1 号《国有土地使用权出让补充合同》，将土地使用权受让方变更为 B 公司（符合当时政策规定）。2000 年 2 月 14 日市国土局 ×国土建用函〔2000〕24 号《关于建设用地使用问题的复函》、2000 年 4 月 25 日市规划局 ×规证复字〔2000〕第 309 号《关于建设用地转名项目公司的复函》，将（92）城地批字第 39 号、第 55 号建设用地规划许可证规划批准用地共 654107 平方米，转名给 B 公司（符合当时政策规定）。

之后，2000 年 2 月 20 日和 2000 年 6 月 19 日，B 公司分别取得 ×国土建用字〔2000〕第 120 号建设用地批准书和 ×国土建用字〔2000〕第 236 号建设用地批准书，批准用地面积分别为 312887 平方米和 212570 平方米（共 525457 平方米）。

2000 年 5 月 10 日和 2001 年 3 月 28 日，B 公司分别取得 ×府国用〔2000〕字第特 063 号国有土地使用证和 ×府国用〔2001〕字第特 057 号国有土地使用证，分别取得 249262 平方米和 175405 平方米（共 424667 平方米）土地使用权。

综上，B 公司完全依法有偿取得取了本案案涉国有土地的使用权。

二、规划控制不准建设

20××年×月×日,市规划局×规设字〔2000〕第31号《关于申领"B苑新风"规划设计要点的复函》称:"扣除市新城市轴线控制的不准建设用地,剩余可开发用地约为41.026公顷,应以该用地面积计算各项技术指标。"

20××年×月×日,市规划局×规复字〔2000〕360号《关于送审总平面规划设计方案的复函》确认B公司"实际可建设用地面积41.026万平方米"。

20××年×月×日,×规批〔2000〕113号《关于"B苑新风"修建性详细规划方案的批复》确定征地红线扣除市新城市轴线控制的不准建筑范围,可建设用地面积为41.026万平方米,规划总建筑面积为870598.6平方米。

20××年×月×日,×规地复字〔2001〕第65号《关于"B苑新风"用地红线总问题的复函》确定新城市轴线控制以外的可建设用地面积为410260平方米。

20××年×月×日,×规函〔2002〕2537号《关于调整"B苑新风"总平面规划方案的函》,将容积率由2.3调整为2.36,总建筑面积由870598.6平方米调整为879375.6平方米。

20××年×月×日,×规函〔2003〕3310号《关于"B苑新风"建设用地问题的函》,明确:2003年第2次市用地会决定收回B公司位于本地段,被城市新中轴线控制部分的国有土地使用权,收回用地面积为223648.2平方米。要求国土局按市用地会意见与市财政局一起核定办理具体补偿事宜。

20××年×月×日,×规〔2003〕10号《关于"B苑新风"用地问题等复函》,函复:1."B苑新风"用地因受中轴线规划影响,B公司申请将中轴线控制的243847平方米用地交还市政府统一规划并申请保留用地指标事宜,告知备齐资料送我规划局统一协调研究。2.关于征地补偿款的返还等问题,另行征求市国土局的意见。

20××年×月×日,×规函〔2003〕290号《关于明确新城市中轴线控制范围的复函》,具体明确新城市中轴线控制的建筑范围。

20××年×月×日,×规〔2003〕142号《关于B公司建设用地问题的函》,函告市用地会审批结果:1.同意收回中轴线控制部分用地的国有土地使用权,具体补偿由市国土资源和房屋管理局及市财政局核定办理。2.不同意在其他地段划拨同等面积用地开发建设。

三、借用土地建设观光塔

2004年,市政府相关部门组织市城建投资集团等法人单位出资成立××市观光塔建设有限公司(后更名为"××观光塔旅游文化发展有限公司"),由市政府安排该市建设行政主管部门负责人出面,向B公司借用B公司用地范围的"新城市中轴线减少用地面积 243847 平方米"建设用地，用于观光塔的建设。

之后，××市观光塔建设有限公司建设该观光塔，取得了建设用地规划许可证、建设工程规划许可证、建设工程施工许可证，唯独没有国有土地使用证，因为该"新城市中轴线减少用地面积 243847 平方米"建设用地仍在 B 公司的红线范围内，没有分割。

从法律上讲，该"新城市中轴线减少用地面积 243847 平方米"建设用地的使用权人仍是 B 公司，××市观光塔建设有限公司至今没有取得该幅建设用地使用权，并且，该幅建设用地的用地性质仍为"商业和住宅"，而实际上，××市观光塔建设有限公司"借用"该幅土地建设观光塔后，将该幅土地的用地性质变更为了"商业、旅游"。

四、B 公司反复申请补偿，市国土资源局反复承诺补偿

2011 年至 2014 年，B 公司多次向市国土部门要求补偿，提交了《关于请求加快"B 苑新风"补偿工作的请示》、《关于要求解决"B 苑新风"用地补偿的请示》（2011 年 11 月 4 日）、《关于收回"B 苑新风"项目用地补偿方案的请示》（2011 年 12 月 25 日）、《关于要求解决"B 苑新风"用地补偿的请示》（2012 年 2 月 9 日）、《关于受中轴线影响请求给予"B 苑新风"补偿的请示》（2013 年 4 月 1 日）、《关于受中轴线影响请求给予"B 苑新风"补偿的请示》（2013 年 4 月 9 日）、《关于对"B 苑新风"项目建设用地进行补偿的报告》（2014 年 6 月 19 日）等请示、报告。

2010 年 10 月，市国土资源局向 B 公司发出《关于收回"B 苑新风"项目部分用地有关问题的函》（×国房函〔2010〕1718 号），明确提出："因实施城市规划建设的需要，我局已依法收回你司'B 苑新风'项目部分用地的土地使用权，现将开展补偿工作，补偿方式主要包括货币补偿、用地置换、用地规划、经济指标调整等。请你司尽快向我局提出收地补偿申请，以便推进收地补偿工作的开展。"

处理结果

经过协商，市国土部门根据历史形成的事实，同意在同地段补偿 18 万平方米的商住建筑面积指标给 B 公司，B 公司表示同意，问题最终得以圆满解决。

法律分析

2019 年新修正的《土地管理法》第 2 条第 3 款规定："任何单位和个人不得侵占、买卖或者以其他形式非法转让土地。土地使用权可以依法转让。"第 4 款规定："国家为了公共利益的需要，可以依法对土地实行征收或者征用并给予补偿。"

《城乡规划法》第 48 条规定："修改控制性详细规划的，组织编制机关应当对修改的必要性进行论证,征求规划地段内利害关系人的意见,并向原审批机关提出专题报告,经原审批机关同意后,方可编制修改方案。修改后的控制性详细规划,应当依照本法第十九条、第二十条规定的审批程序报批。控制性详细规划修改涉及城市总体规划、镇总体规划的强制性内容的,应当先修改总体规划。""修改乡规划、村庄规划的,应当依照本法第二十二条规定的审批程序报批。"第49条规定:"城市、县、镇人民政府修改近期建设规划的,应当将修改后的近期建设规划报总体规划审批机关备案。"第50条规定:"在选址意见书、建设用地规划许可证、建设工程规划许可证或者乡村建设规划许可证发放后,因依法修改城乡规划给被许可人合法权益造成损失的,应当依法给予补偿。""经依法审定的修建性详细规划、建设工程设计方案的总平面图不得随意修改;确需修改的,城乡规划主管部门应当采取听证会等形式,听取利害关系人的意见;因修改给利害关系人合法权益造成损失的,应当依法给予补偿。"第60条规定:"镇人民政府或者县级以上人民政府城乡规划主管部门有下列行为之一的,由本级人民政府、上级人民政府城乡规划主管部门或者监察机关依据职权责令改正,通报批评;对直接负责的主管人员和其他直接责任人员依法给予处分:(一)未依法组织编制城市的控制性详细规划、县人民政府所在地镇的控制性详细规划的;(二)超越职权或者对不符合法定条件的申请人核发选址意见书、建设用地规划许可证、建设工程规划许可证、乡村建设规划许可证的;(三)对符合法定条件的申请人未在法定期限内核发选址意见书、建设用地规划许可证、建设工程规划许可证、乡村建设规划许可证的;(四)未依法对经审定的修建性详细规划、建设工程设计方案的总平面图予以公布的;(五)同意修改修建性详细规划、建设工程设计方案的总平面图前未采取听证会等形式听取利害关系人的意见的;(六)发现未依法取得规划许可或者违反规划许可的规定在规划区内进行建设的行为,而不予查处或者接到举报后不依法处理的。"

《物权法》第42条规定:"为了公共利益的需要,依照法律规定的权限和程序可以征收集体所有的土地和单位、个人的房屋及其他不动产。""征收集体所有的土地,应当依法足额支付土地补偿费、安置补助费、地上附着物和青苗的补偿费等费用,安排被征地农民的社会保障费用,保障被征地农民的生活,维护被征地农民的合法权益。""征收单位、个人的房屋及其他不动产,应当依法给予拆迁补偿,维护被征收人的合法权益;征收个人住宅的,还应当保障被征收人的居住条件。""任何单位和个人不得贪污、挪用、私分、截留、拖欠征收补偿费等费用。"第44条规定:"因抢险、救灾等紧急需要,依照法律规定的权限和程序可以征用单位、个人的不动产或者动产。被征用的不动产或者动产使用后,应当返还被征用人。单位、个人的不动产或者动产被征用或者征用后毁损、灭失的,应当给予补偿。"第148条规定:"建设用地使用权期间届满前,因公共利益需要提前收回该土地的,应当依照本法第四十二条的规定对该土地上的房屋及其他不动产给予补偿,并退还相应的出让金。"

2019年新修正的《土地管理法》第45条首次对土地征收的"公共利益"进行了界定,并且采用列举的方式明确了因军事外交、政府组织实施的基础设施建设、公益事业、扶贫搬迁和保障性安居工程,以及成片开发建设等情况可以对土地依法实施征收,并改变了原来不合理的补偿原则。

2021年1月1日起施行的《民法典》第358条规定:"建设用地使用权期限届满前,因公共利益需要提前收回该土地的,应当依据本法第二百四十三条的规定对该土地上的房屋以及其他不动产给予补偿,并退还相应的出让金。"

B公司取得了涉案地块的国有土地使用权证和用地批准书,对涉案土地享有物权和开发权益,市国土资源局收回土地应按照国务院《全面推进依法行政实施纲要》的要求和新修正的《土地管理法》、《民法典》的相关规定,依法对B公司给予及时、充分、有效和公平合理的补偿。

经过双方协商,市国土部门根据历史事实,安排在同地段补偿大约18万平方米的商住建筑面积指标给B公司,这种做法是正确的,是务实的,是值得肯定和值得赞赏的。

案例 41

民事和行政程序的竞合问题

■ 基本案情

2017年年底,A村民小组村民发现张三在A村取得土地证的土地上建设房屋,便与张三交涉,未果。A村民小组村民遂向所在的镇人民政府反映,镇人民政府称已经过县国土部门批准。A村民小组村民立即向县国土部门查询,被告知该房屋并未完成批准。A村民小组村民同时向县国土资源局某分局反映,要求停止审批。该国土分局立即向张三下达了《责令停止国土资源违法行为通知书》。然而,张三并未听从县国土资源局某分局和镇政府暂停建房的通知和要求,继续建房。

2018年3月,A村民小组以张三为被告,向县人民法院提起民事诉讼,请求法院判决：1. 被告停止侵害，恢复原告山地原状；2. 诉讼费由被告承担。事实和理由：被告未经原告同意和许可，擅自在原告所有的庵背岭至人形岭，小班1号的山地范围内违法进行房屋建设，经原告多次交涉，被告却不听劝阻仍在建房屋，被告擅自占用原告山地的违法建房行为，给原告造成极大的经济损失，严重地侵害了原告集体的合法权益。

被告张三辩称：1. 本案诉讼不符合法律程序，实为虚假诉讼。本案系由非A村民小组成员组织操办的，未经A村民小组成员2/3同意并授权针对本案委托律师进行起诉。本案委托律师程序不合法，起诉状及委托律师的授权委托书均非原告村小组组长的签字，并且村民代表签字授权也未达到村民小组成员的2/3同意。2. 本案原告起诉被告拆除房屋、恢复原状，不属于人民法院的受案范围。本案原告起诉被告拆除房屋、恢复原状，实为对被告建造房屋性质的认定和处理，根据2011年《全国民事审判工作会议纪要》，在审理私有房屋所有权纠纷中，应当特别重视对违法建筑相关纠纷的处理。对于未取得建设工程规划许可证或者未按照建设工程规划许可证规定内容建设的违法建筑的认定和处理，按照城乡规划法等法律、行政法规的规定，属于国家有关行政机关的职权范围，应避免通过民事审判变相为违法建筑确权。当事人请求确认违法建筑权利归属及内容的，人民法院不应予以受理，已经受理的，应驳回起诉。根据1993年《全国民事审判工作座谈会纪要》，因违章建筑妨碍他人通风采光或因违章建筑的买卖、租赁、抵押等引起的民事纠纷，人民法院可以受理，违章建筑的认定、拆除不属于民事纠纷，依法应由有关行政部门处理。本案原告要求拆除被告在建房屋，不属于民事纠纷，应驳回原告的起诉，况且，本案中被告的房屋建房手续已按照相关规定办理，村委会和乡政府均已签字，且缴纳了相关建房保证金及测绘费用，审批手续在县国土资源局审批程序中，并非违法建筑。3. 被告建设的房屋在B村农民集体所有的×集有〔2013〕第28402号土地所有权证的范围之内，被告属B村农民，在该村所有的土地上建造房子合理合法。B村农民集体所有的×集有〔2013〕第28402号土地所有权证四至范围涵盖原告所有的×府林证字〔2006〕第4150号的四至范围，且×集有〔2013〕第28402号土地所有权证在原告×府林证字〔2006〕第4150号证之后颁发，已覆盖原告×府林证字〔2006〕第4150号的效力。本案不属于民事纠纷，原告的土地所有权证涵盖被告所在村的土地所有权证，应通过行政途径解决行政争议，再行主张自己的权利。故本案并不属于民事纠纷的范畴。

法院裁定

一审法院围绕当事人诉讼请求依法提交的证据，组织当事人进行了证据交换和质证。对当事人无异议的证据，一审法院予以确认并在卷佐证。

一审法院认为，结合原、被告双方的诉辩意见，本案争议的焦点可归纳为：1. 法定代表人是否在起诉书及授权委托书上签字；2. 被告所建房屋是否处于原告的山林权范围内；3. 本案是否属于人民法院受案范围。

关于争议焦点1，被告辩称法定代表人在起诉状及授权委托书上的签字不是真实的，不是其本人的签字。但被告没有提供任何证据证明本案起诉状及原告的授权委托书上法定代表人的签字不是其本人所签，故本院认定起诉状及原告的授权委托书上原告法定代表人的签字是真实的。

关于争议焦点2，原告提供的×府林证字〔2006〕第4150号林权证，明确了该林地的四至范围：东至江至公路为界、南至山脚田为界、西至江仔堪为界、北至路为界。被告未提供其所建的房屋的具体位置。从原告提供的证据一审法院无法认定被告所建的房屋处于原告的山林权范围内。

关于争议焦点3，原告的诉讼请求是要求被告停止侵害，恢复原告山地原状。被告在B村建设房屋属于其自主行为，只要其建房行为符合法律规定及党的政策，且不侵犯他人合法权益即可。原告起诉被告侵权，并要求被告停止侵权、恢复原状，原告就有责任和义务提供证据证明被告存在侵权行为，但是原告未提供充分证据证明被告的侵权行为。原告要求被告恢复原状，而恢复原状必须拆除被告所建房屋，法院需强制拆除该房屋。而且原告认为该房屋没有经过政府审批，属于违章建筑。关于认定、拆除违章建筑的问题，最高人民法院1993年《全国民事审判工作座谈会纪要》第二大点"关于审理房地产案件的几个问题"第1点中明确："违章建筑的认定，拆除不属民事纠纷，依法应由有关行政部门处理"，2011年《全国民事审判工作座谈会议纪要》第7点明确："当事人请求确认违法建筑权利及内容的，不予受理。"本案恢复原状不是基于原、被告之间的相邻关系，所以本案名为民事侵权，实为拆除违章建筑，而违章建筑的处理由有关行政机关行使。根据《城乡规划法》第64条、第65条、第68条规定，人民政府才有权强制拆除违章建筑。因此，法院不应受理本案，现我院已经受理，应驳回原告的起诉。

据此，依照《城乡规划法》第64条、第65条、第68条，《民事诉讼法》第124条第（三）项、第154条第1款第（三）项、《最高人民法院关于适用〈中华人民共和国民事诉讼法〉的解释》第208条第3款规定，裁定如下：驳回原告A村民小组的起诉。

A村民小组不服一审裁定，向中级人民法院提起上诉，请求：撤销原审裁定，指定一审法院对本案进行审理。事实和理由：张三所建案涉房屋占用的土地系A村民小组所有，且其未经A村民小组同意，也未完成必要的行政审批手续，A村民小组因此起诉要求停止侵害、排除妨碍、恢复原状，完全符合《物权法》和《民事诉讼法》的规定，系一起典型的民事侵权案件，属于人民法院民事诉讼受案范围。因此，一审法院的裁定错误，请求撤销。

张三辩称，所建案涉房屋有乡政府、村委会的审批手续，所占土地系 B 村民小组和 A 村民小组共有，对 A 村民小组不构成侵权，一审裁定正确，请求驳回 A 村民小组的上诉。

二审中，当事人未提交新证据，一审法院查明的事实有在卷证据加以佐证，本院予以确认。另，双方当事人在二审询问中均认可县人民政府已经受理了张三就案涉山林权属争议提起的调处申请，本院对此亦予以确认。本案二审当事人争议的焦点为 A 村民小组的诉请是否属于人民法院民事诉讼受案范围。

二审法院认为，A 村民小组的诉请名为排除妨害，实为涉及案涉土地所有权和使用权归属的争议，根据《土地管理法》第 16 条第 1 款"土地所有权和使用权争议由当事人协商解决，协商不成的由人民政府处理"的规定，本案不属于人民法院民事诉讼受案范围，已经立案受理的应予驳回起诉，故一审裁定应予维持，A 村民小组的上诉理由不足，不予支持。

综上，A 村民小组的上诉请求不能成立，一审裁定认定事实清楚、适用法律正确，依照《民事诉讼法》第 170 条第 1 款第（一）项、第 171 条规定，裁定如下：驳回上诉，维持原裁定。

A 村民小组向省高级人民法院申请再审称：1. 有新的证据，足以推翻二审裁定。A 村民小组提交县国土资源局 × 分局《责令停止国土资源违法行为通知书》、A 村民小组林权证、×集有〔2013〕第 28403 号集体土地所有权证及红线图、县蓝图测绘有限公司"测绘坐标图"、卫星图和侵权现场实景照片，证明张三在 A 村民小组的土地红线内侵权建房。2. 二审裁定认定的基本事实缺乏证据证明，适用法律错误。张三是自然人，与 A 村民小组之间不存在土地所有权或山林所有权纠纷。二审裁定依据《土地管理法》第 16 条第 1 款认定本案为土地所有权和使用权归属争议，属认定事实不清，适用法律错误。A 村民小组依据《民事诉讼法》第 200 条第（一）项、第（二）项、第（六）项的规定申请再审。

省高级人民法院经审查认为：1. 关于新证据的问题。经查，A 村民小组提交的县国土资源局 × 分局《责令停止国土资源违法行为通知书》和 A 村民小组林权证证据材料，在一、二审中已提交并质证，不符合《最高人民法院关于适用审判监督程序若干问题的解释》第 10 条关于再审新证据之规定，不属于再审新的证据。×集有〔2013〕第 28403 号集体土地所有权证、县蓝图测绘有限公司"测绘坐标图"和卫星图证据欲证明的侵权建房的事实不属于二审裁定认定的事实，上述证据不在本案再审审查范围内，本院不予审查。A 村民小组关于有新的证据足以推翻二审裁定的再审申请事由不成立。

2. 关于二审裁定认定的基本事实是否缺乏证据证明及适用法律的问题。经查，张三系 B 村民小组村民。2006 年 8 月 5 日，县人民政府向 A 村民小组颁发了×府林证字〔2006〕第 4150 号林权证，明确了该林地的四至范围及林地所有权归属。2017 年，张三向村委会申请建房，因 A 村民小组对张三的建房行为存在争议，故行政机关一直未完成对该房屋审批，现房屋已停止施工。以上事实有"×府林证字〔2006〕第 4150 号林权证"、《责令停止国土资源违法行为通知书》、×集有〔2013〕第 28403 号集体土地所有权证、当事人陈述等证据在案佐证，并非缺乏证据证明。A 村民小组认为案涉房屋未完成必要的行政审批，属于违章建筑，在其村民小组所属土地范围内建造房屋构成侵权，遂向法院起诉要求张三停止侵害、排除妨碍、恢复原状。再审法院认为，本案 A 村民小组的诉请名为排除妨害，实为涉及案涉土地所有权和使用权归属争议，二审已查明县人民政府已受理张三就案涉山林权属争议提起的调处申请，依据《土地管理法》第 16 条第 1 款"土地所有权和使用权争议由当事人协商解决，解决不成的由人民政府处理"，第 3 款"单位之间的争议，由县级以上人民政府处理。个人之间、个人与单位之间的争议，由乡级人民政府或县级以上人民政府处理"，《城乡规范法》第 65 条"在乡、村庄规划区内未依法取得乡村建设规划许可证或者未按照乡村建设规划许可证的规定进行建设的，由乡、镇人民政府责令停止建设、限期改正；逾期不改正的，可以拆除"等规定，无论是土地所有权和使用权归属问题，还是认定及拆除违章建筑的问题，依法均应由有关行政机关管辖，不属于人民法院民事案件受理的范围，故二审裁定驳回 A 村民小组的起诉，认定事实、适用法律均无不当。A 村民小组关于二审裁定认定的基本事实缺乏证据证明及适用法律确有错误的再审申请事由不成立。

综上，A 村民小组的再审申请不符合《民事诉讼法》第 200 条第（一）项、第（二）项、第（六）项规定的情形。依照《民事诉讼法》第 204 条第 1 款、《最高人民法院关于适用〈中华人民共和国民事诉讼法〉的解释》第 395 条第 2 款之规定，裁定驳回 A 村民小组的再审申请。

法律分析

本案一审、二审、再审均属于程序问题，即本案究竟是先由政府相关部门处理和解决，还是可直接由人民法院判决。本案自始至终不属于实体问题的处理或判决。

说到底，本案属于土地所有权争议和纠纷在民事和行政程序中的竞合问题。关

于行政调处程序与民事诉讼程序的竞合,有以下案例可以参考:

广东省高级人民法院(2017)粤民再 155 号民事裁定书认为,根据罗伟强起诉所主张的事实和理由,其是基于与金丰盛公司签订的《土地转让协议书》违反相关法律法规规定,而诉请确认《土地转让协议书》无效以及要求金丰盛公司返还罗伟强支付的土地转让价款和赔偿因合同无效给其造成的其他经济损失,并没有对涉案土地主张实体权益,故本案只是单纯的合同效力确认之诉,而合同效力是指法律对各方当事人合意的评价,当合同当事人对合同效力的认识出现分歧时,可直接诉至法院请求法院依法确认。因此,对本案《土地转让协议书》的效力认定,并不以行政主管部门对涉案土地是否属于违法用地、地上建筑物是否属于违章建筑进行认定为前置条件。据此,根据《最高人民法院民事案件案由规定》第 67 条,本案诉请事项属于人民法院可直接受理的民事诉讼范围,且罗伟强的起诉符合《民事诉讼法》第 119 条规定的受理条件,人民法院应予受理。综上所述,一审、二审法院以涉案土地属违法用地,且地上建有违章建筑,故当事人应先向行政主管部门申请处理确定其财产权益后,方可向法院主张民事权利为由,驳回罗伟强的起诉、上诉不当,本院依法予以纠正。依照《民事诉讼法》第 207 条第 1 款、第 170 条第 1 款第(二)项和《最高人民法院关于适用〈中华人民共和国民事诉讼法〉的解释》第 407 条第 2 款、第 332 条的规定,裁定如下:1. 撤销广东省陆丰市人民法院(2015)汕陆法民二初字第 70 号民事裁定和广东省汕尾市中级人民法院(2016)粤 15 民终 238 号民事裁定;2. 指令广东省陆丰市人民法院对本案进行审理。

最高人民法院〔2017〕最高法行再 99 号行政裁定书认为:

1. 关于本案招商引资协议是否为行政协议的问题

协议是经过谈判、协商而制订的共同承认、共同遵守的文件。利用协议来约定权利义务是各种社会主体普遍采用的手段。平等的民事主体间签订的协议,属民事协议;引发的纠纷,按照民事救济程序解决。随着行政管理方式的多样化和行政管理理念从高权命令向协商、合作的转变,行政机关在法律规定的职权范围内,通过协商一致的方式约定其与行政管理相对人之间的权利义务关系,此种协议也被统称为行政协议(行政契约、行政合同);由此引发的纠纷,一般通过行政救济程序解决。《行政诉讼法》第 12 条第 1 款规定:"人民法院受理公民、法人或者其他组织提起的下列诉讼:……(十一)认为行政机关不依法履行、未按照约定履行或者违法变更、解除政府特许经营协议、土地房屋征收补偿协议等协议的。"《最高人民法院关于适用〈中华人民共和国行政诉讼法〉若干问题的解释》(以下简称《行政诉讼法解释》)第 11 条第 1 款规定:"行政机关为实现公共利益或者行政管理目标,在法定职责范围内,与公民、法人或者其他组织协商订立的具有行政法上权利义务内容的协议,属于《行政诉讼法》第 12 条第 1 款第 11 项规定的行政协议。"因此,行政协议一般包括以下要素:一是协议有一方当事人必须是行政主体;二是该行政主体行使的是行政职权;三是制订协议的目的是实现社会公共利益或者行政管理目标;四是协议的主要内容约定的是行政法上的权利义务关系。由于行政管理的复杂性以及双方当事人协议约定内容的多样性,判断一项协议是属于行政协议还是属于民事协议,不能仅看其名称,也不能仅依据其中的少数或者个别条文,而应当结合以上要素和协议的主要内容综合判断。

对本案的招商引资协议而言:

(1) 协议的一方当事人海陵工业园管委会是行政机关。海陵工业园管委会是经江苏省人民政府批准设立,作为海陵区政府派出机构,对开发区实行统一领导和管理的行政机构。协议权利义务的最终承担者系海陵区政府,因此具备协议订立一方必须是行政主体的形式特征。

(2) 海陵工业园管委会在协议中处分的虽有民事机关法人的职权但主要是行政职权。根据《江苏省经济技术开发区管理条例》第 8 条、第 9 条规定,以及江苏省人民政府苏政复〔2006〕35 号《省政府关于同意设立南京栖霞经济开发区等 34 家省级开发区的批复》,海陵工业园管委会属于海陵区政府派出机构,具有"制定开发区的总体规划和发展计划,按规定负责审批或者审核开发区内的投资建设项目,负责开发区内的基础公用设施的建设和管理,对市属各有关部门设在开发区内的分支机构的工作进行监督和协调,依法行使海陵区政府授予的其他职权,代表海陵区政府对开发区实行统一领导和管理"等法定职责。招商引资协议约定海陵工业园管委会行使的职权和义务,如有关土地出让金价格的确定、二期项目开发用地的预留、配套平整土地、给予政策补贴、帮助减免相应税费、对开发、利用土地及未来改变土地用途时的同意并逐级上报审批、对斯托尔公司可能存在的违法用地行为的监督管理和行政处罚等,均属《江苏省经济技术开发区管理条例》规定以及海陵区政府所授予的行政管理职权。

(3) 制订协议的目的是实现公共利益。《江苏省经济技术开发区管理条例》第 3 条第 2 款规定:"开发区旨在发展对外经济技术合作,引进外资、先进技术、先进设备、人才和科学管理方式,以兴办外商投资、出口创汇、高新技术项目为主,相应发展第三产业,加强与省内外的经济技术合作,促进对外开放和经济技术发展。"招商引资协议正是为了实现上述目的,为了实现公共利益需要而签订。协议约定,斯托尔公司将主要从事智能电脑针织机械的生产、制造和销售业务,企业总投资 5000 万美元,注册资本 3000 万美元;斯托尔公司将从当地学校招录职业技工 300 名,解决部分就业问题;条件成熟时,斯托尔公司还将二期项目扩产,海陵工业园管委会同时预留 100 亩土地用于保障投资。协议的如约履行，将相应提高当地经济生产总量，提高政府财税收入，解决部分就业问题，有助于对外开放、经济技术发展和产业结构调整，有利于地方的长远发展。这些显然是为了促进社会公共利益，而非海陵工业园管委会以及海陵区政府自身的法人利益。

（4）协议的主要内容约定的是行政法上的权利义务。协议虽有海陵工业园管委会借款给斯托尔公司，支付国有建设用地使用权招拍挂成交价与 5 万元/亩基数差额部分的约定，但协议的主要内容仍然为行政法上的权利义务。协议约定，斯托尔公司保证所使用土地为拟申报项目的工业用地性质，不擅自改变土地用途，如需改变土地使用用途，应征得海陵工业园管委会同意并报上级有权部门批准，重新签订土地使用权出让合同，调整土地使用权出让金并办理登记等义务；海陵工业园管委会则相应承担对斯托尔公司申请变更土地使用用途进行审核上报的义务。协议还约定，斯托尔公司待协议生效后，负担及时申请外资企业工商注册登记，办理计划、测量、规划、国土、建设、交通、消防、财政、人防、质监等相关行政审批，缴纳相关配套费用的义务；海陵工业园管委会则相应承担协助斯托尔公司办理完成其申请的行政审批和登记手续，争取政策补贴，帮助减免建设规费等义务。协议并约定，斯托尔公司需服从海陵工业园管委会及当地政府管理，及时向海陵工业园管委会主管税务机关纳税，以及以土地摘牌之日后 24 个月为起始时间，连续 3 年企业入库税收分别达到人民币 10 万元/亩、15 万元/亩时，申请相应税费减免奖励等；海陵工业园管委会则需对斯托尔公司依法纳税进行监管，积极争取和利用有关招商引资政策，将斯托尔公司投产后五年内所缴纳国税、地税、基金等税费，视情形对斯托尔公司进行奖励，以及在斯托尔公司设立新企业注册后 1 个月内配套安排 25 套住宅房屋，用于斯托尔公司引进高管人才，并帮助解决相关高管人才子女就学问题，帮助协调泰州地区有关职业技术学校与斯托尔公司签订就业安置协议等。这些权利义务虽有部分民事权利义务性质，但更多约定涉及地方政府不同职能部门的行政职权，分别受多部行政法律规范调整，具有明显的行政法上的权利义务特征。而事实上，此类约定也系海陵工业园管委会代表海陵区政府进行的行政允诺。

总之，本案招商引资协议一方为行政主体，协议目的符合公共利益需要，海陵工业园管委会行使的主要是《江苏省经济技术开发区管理条例》规定的行政职权，协议内容除包括相关民事权利义务约定外，还包括大量难以与协议相分离的行政权利义务约定，依法属于《行政诉讼法解释》第 11 条第 1 款规定的行政协议范畴。一审法院仅以双方约定的部分内容，即认定招商引资协议仅系形成借款与赠与的民事法律关系，而不具有行政法上的权利义务内容，属于认定事实错误。

2. 关于本案纠纷解决应当适用民事诉讼程序还是行政诉讼程序的问题

我国实行国家统一的法院制度，不存在普通法院与行政法院的管辖区分，人民法院内部仅系分庭管理，民事和行政审判庭也非以自己名义独立对外行使审判权，而是统一以人民法院名义行使审判权。因而，民事协议与行政协议、民事诉讼与行政诉讼，一般仅具有法理分工和管辖指引功能。审理行政协议案件既要适用行政法律规范，也要适用不违反行政法和行政诉讼法强制性规定的民事法律规范。实践中，民事协议可能交由行政审判庭审理，行政协议也可能交由民事审判庭审理。区分民事协议与行政协议、民事诉讼与行政诉讼，更多应考虑审判的便利性、纠纷解决的有效性、裁判结果的权威性以及上下级法院间裁判标准的一致性，也应考虑何种诉讼更有利于对行政权力的监督和公共利益的维护。

本案协议有关民事权利义务的约定与行政权利义务的约定互相交织、难以完全分离。海陵工业园管委会代表海陵区政府所作的权利义务的约定，涉及多个行政管理领域，多项行政管理职能，人民法院对此类约定的合法性、有效性进行审查，既要考虑是否确属当事人之间真实自愿和协商一致，还应考虑行政管理领域的具体法律规定，约定对地方政府及其职能部门的约束力，以及合同的相对性原则的适用等。

与民事诉讼程序相比，行政诉讼程序更有利于全面审查协议中有关税收承诺、土地出让价款承诺、行政许可承诺等诸项涉及行政法律规范之适用条款的合法性与合约性；而协议包含的工商、质监、房管、建设、交通等多个行政许可审批事项的约定，适用行政诉讼程序审理也更为适宜。尤其重要的是，本案斯托尔公司作为一审原告，在诉讼请求、诉讼类型及诉讼标的等问题上依法具有选择权，其有权就招商引资协议的全部或部分内容提起诉讼。如果斯托尔公司在一审诉讼期间或者根据一审法院的指引，选择通过民事诉讼解决本案纠纷，亦无不可。在此情形下，上级法院应当尊重当事人选择权，而不宜仅因协议定性问题推翻下级法院生效裁判。但鉴于斯托尔公司因诉讼管辖等方面考虑，坚持选择行政诉讼程序寻求救济，则人民法院应同样予以尊重，并作为行政案件立案和审理。

就本案而言，笔者认为，属于普通的侵权（侵犯集体土地所有权）纠纷，属于人民法院的管辖范围和受案范围，至于是否存在侵权行为，是否能得到支持，要通过实体审理才能确定，不能在程序上驳回 A 村民小组的起诉。对于 A 村民小组可通过行政程序和民事诉讼程序维权的竞合问题，A 村民小组有选择采用哪种方式和途径的权利，人民法院不能剥脱这种选择权。B 村民小组和 B 村委会对于 A 村民小组的山权纠纷（行政处理程序），不在本案争议的地址范围内，不影响本案的审理。如果确需等待行政处理结果，法院可以中止审理。B 村民小组和 B 村委会的山权纠纷，是张三为了阻扰本案审理，操纵 B 村民小组和 B 村委会而故意提起的，是在本案起诉以后好几个月才向行政机关提起的，阻却本案诉讼的意图非常明显。如果考虑潜在的纠纷而驳回 A 村民小组的起诉，那么可能还存在别的纠纷，A 村民小组则永远不能起诉，这是不公正的。本案法理上虽然可拆房屋、恢复原状、恢复植被，但实际上完全可以通过让步、和解、调解得到解决。

综上，本案属于人民法院的受案范围，人民法院应当受理。一审、二审法院裁定驳回 A 村民小组的起诉和再审法院裁定驳回 A 村民小组的再审申请都是错误的。

第七编

303—334

房地产税务

案例 42

房产税和城镇土地使用税

▌ 基本案情一

A 公司在辽宁省某市喀左地区某乡租用了村集体所有的 1000 亩山地林地，并经批准进行铁矿勘探，申领了探矿权证。同时，在探矿区现场建设了一栋一层的临时办公用房。2008 年按当地地税局要求，A 公司申报并缴纳了 2008 年度的房产税和土地使用税。自 2009 年之后，由于探矿区需要修建高铁，A 公司办公室被拆迁并得到相应补偿，自此以后，A 公司没有再申报和缴纳房产税和土地使用税，报税系统便自动生成了滞纳金，计算下来可能产生的本金和滞纳金约 100 万元，因此，地税局将 A 公司的报税系统作为异常报税、纳税企业进行了锁定。2018 年年底，全国地税和国税合并，导致 A 公司的报税系统同时被锁定。

▌ 基本案情二

同样的问题出现在广东省的台山市。B 公司在广东省的台山市某镇某村租用了 200 亩集体山地和林地进行金、银、铅、锌矿的勘查，申请并领取了探矿权证。建起了临时办公室。一直没有申报和缴纳房产税和城镇土地使用税。

▌ 处理结果

经与相关税务部门沟通，A、B 两公司均无须缴纳房产税和土地使用税。

▌ 法律分析

笔者认为，按我国现行的法律和地方性法规的规定，以上公司均无须申报和缴纳房产税和城镇土地使用税。另外，在某些乡、村一级的国营矿区、农场、林场、茶场、草场、牧场、渔场等区域，公司、企业或者单位，也无须缴纳房产税和城镇土地使用税。

当然，采矿企业需要申报和缴纳资源税，占用耕地的公司、企业或者单位需要申请和缴纳耕地占用税，那是其他的税种，应另当别论。

以下对我国房产税和城镇土地使用税作一分析：

一、关于房产税

1. 征税地域范围。1986年9月15日国务院发布，并于2011年1月8日修订的《房产税暂行条例》第1条规定："房产税在城市、县城、建制镇和工矿区征收。"

而根据相关细则的规定，房产税的具体征收地区为：城市按市行政区域（含郊区）的区域范围；县城按县城镇行政区域（含镇郊）的区域范围；建制镇按镇人民政府所在地的镇区范围，不包括所辖的行政村；工矿区指大中型工矿企业所在地非农业人口达二千人以上，工商业比较发达的工矿区。开征房产税的工矿区须经省税务局批准。

2. 纳税主体。《房产税暂行条例》第2条规定："房产税由产权所有人缴纳。产权属于全民所有的，由经营管理的单位缴纳。产权出典的，由承典人缴纳。产权所有人、承典人不在房产所在地的，或者产权未确定及租典纠纷未解决的，由房产代管人或者使用人缴纳。""前款列举的产权所有人、经营管理单位、承典人、房产代管人或者使用人，统称为纳税义务人。"由此可见，产权所有人、经营管理单位、承典人、房产代管人或者使用人，为纳税义务人。

3. 征缴比例。《房产税暂行条例》第3条规定："房产税依照房产原值一次减除10%至30%后的余值计算缴纳。具体减除幅度，由省、自治区、直辖市人民政府规定。""没有房产原值作为依据的，由房产所在地税务机关参考同类房产核定。""房产出租的，以房产租金收入为房产税的计税依据。"第4条规定："房产税的税率，依照房产余值计算缴纳的，税率为1.2%；依照房产租金收入计算缴纳的，税率为12%。"

相关细则规定，房产税依照房产原值一次减除30%后的余值计算缴纳。房产原值是指纳税人按照财务会计制度规定，在账簿记载的房产原值。对纳税人未按财务会计制度规定记载，房产原值不实和没有原值的房产，由房产所在地税务机关参考同时期的同类房产核定。房产出租的，以房产租金收入为房产税的计税依据。房产税的税率，依照房产余值计算缴纳的，税率为1.2%；依照房产租金收入计算缴纳的，税率为12%。

4. 纳税时间。房产税按年征收、分期缴纳。纳税期限由省、自治区、直辖市人民政府规定。此处需要注意的是，房产税的起征时间，自取得房产（不动产权）证之日起计算。

5. 关于免纳房产税的特别规定。《房产税暂行条例》第5条规定，下列房产免纳房产税：国家机关、人民团体、军队自用的房产；由国家财政部门拨付事业经费的单位自用的房产；宗教寺庙、公园、名胜古迹自用的房产；个人所有非营业用的房产；经财政部批准免税的其他房产。可见，个人所有非营业用的房产"免纳"房产税。

相关细则进一步明确规定免纳房产税的适用范围：国家机关、人民团体、军队自用的房产；由国家财政部门拨付事业经费的单位自用的房产；宗教寺庙、公园、名胜古迹自用的房产；社会举办的学校、图书馆（室）、文化馆（室）、体育馆、医院、幼儿园、托儿所、敬老院等公共、公益事业单位自用的房产；个人自有自用的非营业用的房产；经有关部门核定属危房、不准使用的房产；经财政部门和省税务局批准免税的其他房产。

6. 其他优惠政策。《房产税暂行条例》第6条规定："除本条例第五条规定者外，纳税人纳税确有困难的，可由省、自治区、直辖市人民政府确定，定期减征或者免征房产税。"第7条规定："房产税按年征收、分期缴纳。纳税期限由省、自治区、直辖市人民政府规定。"

对少数民族地区、山区和其他地区部分新建立的建制镇，由于经济不发达，房屋简陋，县人民政府要求缓征的，可由县税务局上报，经省税务局批准，可暂缓征收房产税。除以上规定外，纳税人纳税确有困难，可向房产所在地纳税人税务机关申请，经县（市）税务局批准，酌情给予定期减税或免税的照顾。房产税按年征收，分期缴纳。具体的缴纳期限，由市、县税务局规定。

二、关于城镇土地使用税

1. 征税的区域范围和纳税主体。1988年9月27日中华人民共和国国务院令第17号发布，2006年12月31日第一次修订，2011年1月8日第二次修订，2013年12月7日第三次修订的《城镇土地使用税暂行条例》第2条第1款规定："在城市、县城、建制镇、工矿区范围内使用土地的单位和个人，为城镇土地使用税的纳税人，应当依照本条例的规定缴纳土地使用税。"

首先，该条例明确了城镇土地使用税的征税地区为城市、县城、建制镇、工矿区范围。其次，该条第2款具体明确了"前款所称单位，包括国有企业、集体企业、私营企业、股份制企业、外商投资企业、外国企业以及其他企业和事业单位、社会团体、国家机关、军队以及其他单位；所称个人，包括个体工商户以及其他个人"。

2. 征税标准。《城镇土地使用税暂行条例》第3条规定："土地使用税以纳税人实际占用的土地面积为计税依据，依照规定税额计算征收。"第4条规定："土地使用税每平方米年税额如下：（一）大城市1.5元至30元；（二）中等城市1.2元至24元；（三）小城市0.9元至18元；（四）县城、建制镇、工矿区0.6元至12元。"

需要说明的是，如果土地之上有房屋，且房屋产权属于不同的纳税主体，则按房屋面积比例分摊土地使用税。

3. 减免政策。《城镇土地使用税暂行条例》第5条规定："省、自治区、直辖市人民政府，应当在本条例第四条规定的税额幅度内，根据市政建设状况、经济繁荣程度等条件，确定所辖地区的适用税额幅度。""市、县人民政府应当根据实际情况，将本地区土地划分为若干等级，在省、自治区、直辖市人民政府确定的税额幅度内，制定相应的适用税额标准，报省、自治区、直辖市人民政府批准执行。""经省、自治区、直辖市人民政府批准，经济落后地区土地使用税的适用税额标准可以适当降低，但降低额不得超过本条例第四条规定最低税额的30%。经济发达地区土地使用税的适用税额标准可以适当提高，但须报经财政部批准。"第6条规定："下列土地免缴土地使用税：（一）国家机关、人民团体、军队自用的土地；（二）由国家财政部门拨付事业经费的单位自用的土地；（三）宗教寺庙、公园、名胜古迹自用的土地；（四）市政街道、广场、绿化地带等公共用地；（五）直接用于农、林、牧、渔业的生产用地；（六）经批准开山填海整治的土地和改造的废弃土地，从使用的月份起免缴土地使用税5年至10年；（七）由财政部另行规定免税的能源、交通、水利设施用地和其他用地。"第7条规定："除本条例第六条规定外，纳税人缴纳土地使用税确有困难需要定期减免的，由县以上地方税务机关批准。"

4. 纳税时间。《城镇土地使用税暂行条例》第8条规定："土地使用税按年计算、分期缴纳。缴纳期限由省、自治区、直辖市人民政府确定。"第9条规定："新征收的土地，依照下列规定缴纳土地使用税：（一）征收的耕地，自批准征收之日起满1年时开始缴纳土地使用税；（二）征收的非耕地，自批准征收次月起缴纳土地使用税。"

根据《财政部、国家税务总局关于房产税、城镇土地使用税有关政策的通知》（财税〔2006〕186号）规定，以出让或转让方式有偿取得土地使用权的，应由受让方从合同约定交付土地时间的次月起缴纳城镇土地使用税；合同未约定交付土地时间的，由受让方从合同签订的次月起缴纳城镇土地使用税。由此可见，一级土地市场土地交付时间是一个非常重要的参照标准，通常由它决定土地使用税的起征时间。

《财政部、国家税务总局关于房产税城镇土地使用税有关问题的通知》（财税〔2008〕152号）第3条，关于房产税、城镇土地使用税纳税义务截止时间的问题：纳税人因房产、土地的实物或权利状态发生变化而依法终止房产税、城镇土地使用税纳税义务的，其应纳税款的计算应截止到房产、土地的实物或权利状态发生变化的当月末。因此，对于房地产开发企业而言，通常以取得商品房预售许可证的时间作为停止缴纳土地使用税的时间点。但也有地方按房屋交付或办理房屋产权转移登记之日作为停止缴纳土地使用税的时间点。

三、《城镇土地使用税管理指引》

2016年2月3日，国家税务总局发布《城镇土地使用税管理指引》，对城镇土地使用税管理中涉及的纳税申报管理、减免税管理、第三方涉税信息管理、税源管理、税收风险管理等事项作了详细和明确的指引。

四、关于去产能和调结构房产税、城镇土地使用税政策

2018年9月30日，《财政部 税务总局关于去产能和调结构房产税 城镇土地使用税政策的通知》（财税〔2018〕107号）明确，为推进去产能、调结构，促进产业转型升级，调整有关房产税、城镇土地使用税政策：自2018年10月1日至2020年12月31日对按照去产能和调结构政策要求停产停业、关闭的企业，自停产停业次月起，免征房产税、城镇土地使用税。企业享受免税政策的期限累计不得超过两年。本通知发布前，企业按照去产能和调结构政策要求停产停业、关闭但涉及的房产税、城镇土地使用税尚未处理的，可按本通知执行。

五、律师为何要了解房产税和城镇土地使用税

律师在开展相关业务的活动中，不可避免会遇到如下问题：1. 收购涉及未开发的国有建设用地的房地产项目的业务，必须查清所涉及土地是否缴纳了城镇土地使用税，是否产生了滞纳金，从哪一年开始未缴纳，产生的滞纳金可能会是多少。2. 收购涉及已开发的国有建设用地的房地产项目的业务，必须查清所涉及土地是否缴纳了城镇土地使用税，是否产生了滞纳金，从哪一年开始未缴纳，产生的滞纳金可能会是多少；已取得产权的房屋（包括商品房、酒店、会所、商业用房、其他经营性用房等）是否缴纳了房产税，是否产生了滞纳金，从哪一年开始未缴纳，产生的滞纳金可能会是多少。3. 收购所谓不良资产（包括住宅、商业用房、办公用房、其他经营性用房等）的业务，必须查清所涉已取得产权的房屋（包括已取得判决、裁定、仲裁裁决确定了产权的商品房、酒店、会所、商业用房、其他经营性用房等）是否缴纳了房产税，是否产生了滞纳金，从哪一年开始未缴纳，产生的滞纳金可能会是多少。4. 收购涉及国有工业用地的工厂、产业园、智慧城、产业园、创业园、数码城、创客园、酒店、物流园、码头、仓储园等企业的业务，必须查清所涉及土地是否缴纳了城镇土地使用税，是否产生了滞纳金，从哪一年开始未缴纳，产生的滞纳金可能会是多少；已取得产权的房屋（包括商品房、酒店、会所、商业用房、其他经营性用房等）是否缴纳了房产税，是否产生了滞纳金，从哪一年开始未缴纳，产生的滞纳金可能会是多少。

同时，律师在为企业进行并购、重组、解散、破产清算时，必须了解相关国有土地的土地使用税及房屋的房产税纳税情况。在担任企业法律顾问时，需要提醒相关企业关于房产税和城镇土地使用税的相关问题。

最后，当律师本人、朋友、客户需要购买各种用途的房屋时，需要考量：是以个人名义购买，还是以公司名义购买；哪一种方式购买房屋最合算；当朋友、客户、本人以公司名义购买房屋时，在哪个时间需要转让出去；或者将公司进行解散和清算并将房屋产权划转至个人名下。

总之，律师在相关实践中应重点关注房产税和土地使用税以及产生的滞纳金等问题，认真做好尽职调查、税务筹划、可行性分析和测算等工作，未雨绸缪。

案例 43

房地产项目股权转让涉税问题

■ 基本案情

原告沈某某诉称，2006 年 9 月 29 日，第三人上海 A 公司与上海 B 房地产开发有限公司（以下简称"上海 B 公司"）签署了《关于上海 C 房地产发展有限公司之股权转让协议》，第三人上海 A 公司将其持有的被告上海房地产发展有限公司（以下简称"上海 C 公司"）100% 股权（包含金桥—张江 C4、C5 地块国有土地使用权，项目建设规划为建造别墅）以人民币（以下币种相同）20258.54 万元转让给上海 B 公司。第三人上海 A 公司与上海 B 公司在上述协议第 12 条第 2 款第（5）项中，特别约定原告沈某某有权在被告上海 C 公司房地产开发项目用地的 C-4-2 地块内，自建一幢别墅。2007 年 8 月，第三人上海 A 公司与被告上海 C 公司依据上述特别约定条款，签署了《补充协议》，约定：原告沈某某自建别墅净用地面积为 4101.5 平方米，应付土地成本价为 1795.8 万元（6.15 亩 × 292 万元/亩），公摊土地价款 303.68 万元（1.04 亩 × 292 万元/亩），在该栋别墅达到预售条件（建筑结构封顶）后 7 日支付，被告上海 C 公司在收到上述 2099.48 万元后开具相应金额的发票；原告自建别墅的配套费为 100 万元，被告在收到该笔款项后开具相应金额的发票。2011 年 6 月 20 日，被告上海 C 公司对原告沈某某自建别墅申办建设项目（工程）档案验收合格证；2011 年 7 月 27 日，被告上海 C 公司对原告沈某某自建别墅申办建设工程竣工验收备案证书；2011 年 10 月 28 日，被告上海 C 公司对原告沈某某自建别墅申办建设工程竣工规划验收合格证。2012 年上半年，第三人上海 A

公司、被告上海C公司与原告沈某某签署了《关于金桥—张江C-4-2及C-5地块备忘录》，原告沈某某在小区自建别墅，应付被告上海C公司2199.48万元，已付500万元，剩余1699.48万元由第三人上海A公司代付。三方还同意该款项与被告上海C公司应付第三人上海A公司股权转让预留的税负款项403.1708万元相互折抵，第三人上海A公司应付被告上海C公司1060.3292万元。被告上海C公司在收到该款项后开具2199.48万元的发票，并配合办理房地产权证。2012年12月25日，第三人上海A公司代为原告沈某某支付被告上海C公司土地款1060.3292万元，但被告上海C公司未按约履行开具和办理该房屋权属证书的手续。被告上海C公司开发建设的其他别墅，均已经办理了初始登记，取得了房地产权证（大产证），正是被告上海C公司故意不为原告沈某某自建别墅办理初始登记。

2013年3月26日，第三人上海A公司致函被告上海C公司敦促其按照实付价格完成在网上的销售备案并开具等额发票。2013年11月15日，原告沈某某再次具函致被告上海C公司，要求被告上海C公司尽快办理自建别墅的房地产初始登记及其他相关手续，并协助办理该房屋过户手续。被告上海C公司始终不予书面回复，也不予开具发票，怠于办理原告沈某某自建别墅的初始登记手续，导致原告沈某某至今不能取得自建别墅的权属证书。原告沈某某认为自建别墅是被告上海C公司股权转让协议的特殊条件，纳入被告上海C公司商品房项目开发建设范围，取得了合法的土地、规划、建设、施工等许可，已竣工验收合格。原告按约支付被告上海C公司全部土地款和配套费用，已经具备初始登记和申领房地产权证的条件。被告上海C公司违反合同约定，不履行合同义务，严重损害了原告沈某某的财产权益。为此，起诉要求：1. 判令被告办理上海市浦东新区翠柏路××弄××号房屋（以下简称"系争房屋"）的房地产初始登记手续；2. 判令被告向原告开具系争房屋过户必需的金额为人民币2199.48万元（以下币种相同）的税务发票；3. 判令被告配合原告将系争房屋登记过户至原告名下；4. 判令被告偿付逾期未取得房屋权属证书的违约金（以2199.48万元为基数，自2013年3月26日计算至判决生效日止，按照中国人民银行规定的金融机构计收逾期贷款利息的标准计算）；5. 判令被告承担违约金尚不足以弥补原告实际损失的部分（以该房屋实际价值8000万元为基数，自2013年3月26日计算至判决生效日止，按照中国人民银行规定的同期同类贷款利率标准计算得出的金额，减去第二项诉请中的金额）。

被告上海C公司辩称，根据相关法律规定，合作开发房地产合同中提供土地的一方不承担风险的，应认定为土地使用权转让法律关系。本案中，被告提供土地，原告提供资金，故应认定双方为土地使用权转让合同关系，该合同合法有效。根据合同的约定，原告自建的系争房屋在被告开发建设的C-4-2地块内，因原告自建的房屋滞后于被告在该地块内由被告建造的其他房屋，故被告先行办理了该地块内其他房屋的房地产权证。而且，原告自建房屋中技防设备的配套手续未具备报备验收条件，另外，被告如需办理原告自建房屋的初始登记，属于被告配合原告办理的义务，在该过程中所产生的土地增值税、营业税和企业所得税应当由原告承担，但原告予以拒绝，双方为此发生争议，故被告至今未予办理该房屋的初始登记，责任在原告。为此，现也不可能将该房屋过户登记至原告名下，原告的全部诉讼请求不能成立，请求予以驳回。

第三人上海 A 公司陈述称，同意原告所述全部事实。

法院判决

原告于 2015 年 1 月 29 日向本院提出撤回要求被告办理上海市浦东新区翠柏路×××弄×××号房屋的房地产初始登记手续和要求被告向原告开具系争房屋过户必需的金额为人民币 2199.48 万元（以下币种相同）税务发票的诉讼请求。

一审法院认为，当事人有权在法律规定的范围内处分自己的民事权利和诉讼权利。原告现自愿撤回上述两项诉讼请求，符合法律规定，本院应予准许。依照《民事诉讼法》第 13 条、第 145 条第 1 款、第 154 条第 1 款第（五）项的规定，裁定如下：准许原告沈某某撤回要求被告办理上海市浦东新区翠柏路×××弄×××号房屋的房地产初始登记手续和要求被告向原告开具系争房屋过户必需的金额为 2199.48 万元税务发票的诉讼请求。

一审法院经审理查明，原告沈某某系第三人上海 A 公司的法定代表人。第三人上海 A 公司原系被告上海 C 公司的股东，持有被告上海 C 公司 100% 股份。2006 年 9 月 29 日，第三人上海 A 公司与上海 B 公司签订《关于上海 C 房地产发展有限公司之股权转让协议》，约定上海 B 公司受让第三人上海 A 公司持有的被告上海 C 公司的 100% 的股权［包含被告上海 C 公司项下之 C-5 地块，位于上海市浦东新区紫竹路以东、碧桃路以南、金桥路以西、翠柏路以北，计 138.45 亩（最终面积以被告取得 C-5 地块的上海市房地产权证记载的土地面积为准），该地块使用期限为 70 年，性质为低密度住宅用地，容积率为 0.25，该地块已完成"三通一平"；被告上海 C 公司项下之 C-4-2 地块，位于上海市浦东新区金科路以东、碧桃路以南、金桥路以西、翠柏路以北，计 98.7 亩（最终面积以被告取得 C-5 地块的上海市房地产权证记载的土地面积为准），该地块使用期限为 70 年，性质为低密度住宅用地，容积率为 0.25，该地块已完成"三通一平"］。该协议第 12 条第 2 款"受让方（上海 B 公司）特作下述声明、保证和承诺"第（5）项约定，受让方上海 B 公司承诺，原告有权在 C-4-2 地块中（出让方原设计图纸指定位置见附件）按每平方米的土地成本价自行建造地上建筑面积为 1200 平方米的房屋（地下建造的房屋不另行计算面积），建安费用由原告自理，土地成本价及相关配套费用由原告沈某某向第三人上海 A 公司支付。

2007 年 8 月，被告上海 C 公司与第三人上海 A 公司签订《补充协议》，约定：根据 2006 年 9 月 29 日签订的《关于上海 C 房地产发展有限公司之股权转让协议》第 12 条第 2 款第（5）项的约定，特订立本协议；原告沈某某独栋别墅净用地面积为 4101.5 平方米，应支付土地成本价款为 1795.8 万元（6.15 亩×292 万元/亩），应承担的公共部位分摊部分土地价款为 303.68 万元（1.04 亩×292 万元/亩），在该栋别墅达到预售条件（建筑结构封顶）后 7 日内支付，被告在收到上述款项 2099.48 万元后开具相应金额的发票；原先沈某某房屋的配套费按照该房屋的容量和地上建筑面积等指标进行分摊，经双方确认为 100 万元，被告在收到该笔款项后开具相应金额的发票。

2007 年，坐落于上海市浦东新区翠柏路 699 弄 1-3、6-12、15-23、26-33、35、39-40 号住宅用地，建筑面积共计 24325.22 平方米依法取得上海市房地产权证，登记的权利人为被告，使用期限自 2007 年 2 月 14 日至 2075 年 12 月 30 日。

2008 年 2 月 2 日，上海市浦东新区建设和交通委员会就被告项下东郊别墅 E 型（金桥—张江 C-4-2 地块商品住宅，即系争房屋）建设规模为 1402 平方米工程出具建筑工程施工许可证。2010 年 6 月 2 日，上述工程取得了建设工程规划许可证。2011 年 6 月 20 日，上述工程取得建设项目（工程）档案验收合格证，载明竣工日期为 2011 年 6 月。同年 7 月 27 日，被告的金桥—张江 C-4-2 地块商品住宅工程取得建设工程竣工验收备案证书。同年 10 月 28 日，上海市浦东新区规划和土地管理局对上述工程中的系争房屋工程颁发了建设工程竣工规划验收合格证，载明：东郊别墅 E 型地上 2 层、高度 10.09 米为 1 栋，地上面积为 1177.90 平方米；东郊别墅 E 型地下室 1 层、高度为 -4.50 米为 1 栋，地下建筑面积为 1083.80 平方米。建设工程竣工验收备案工程明细表载明上述系争房屋工程为框架结构，面积为 2440 平方米，造价为 454.94 万元。2012 年 4 月 13 日，上海市浦东新区规划和土地管理局就上述工程出具了《国有建设用地土地核验合格证明》。

2008 年开始，C-4-2 地块商品住宅取得商品房预售许可证。

2012 年，原告沈某某、被告上海 C 公司与第三人上海 A 公司签订《关于金桥—张江 C-4-2 及 C-5 地块备忘录》，约定：1. 原告在小区内建设房屋，应支付土地款（土地成本）为 2099.48 万元（计算方式为：房屋占用的 6.15 亩土地和小区公共部位分摊的 1.04 亩土地，按每亩 292 万元），截至本备忘录签订之日已支付 500 万元，剩余 1599.48 万元尚未支付给被告。原告在小区内建设房屋，涉及配套费用，经协商后确认为 100 万元，原告尚需向被告支付配套费 100 万元。原告上述两项合计应付款为 1699.48 万元，该款第三人同意代为支付和履行。2. 由于该地块土地使用权办证面积比所签署的土地使用权出让合同少 1.14 亩，按照双方约定平均土地价每亩 207 万元计算，被告向政府土管部门多付了 235.98 万元，截至本备忘录签订之日，被告未收回多付的 235.98 万元；被告向第三人支付股权转让款 20158.54 万元时，暂扣了按转让款 5.5% 计算的 1108.7197 万元发票税赋，第三人认为现建设类发票税赋为 3.5%，为此被告多扣了第三人股权转让款，经计算为 403.1708 万元（20158.54×2.0%＝403.1708），要求被告予以支付。4. 三方同意将各自应付款项进行折抵，经折抵后第三人向被告支付 1060.3292 万元（即 1599.48＋100－235.98－403.1708＝1060.3292 万元），第三人不再提供赋税为 3.5% 的发票，被告也不再支付剩余的暂扣款。被告在收到本条上述款项后开具金额为 2199.48 万元的发票，并配合办理房地产权证，办证过程中产生的税收和费用均由第三人和原告承担。第三人承诺将积极协助被告从政府土管部门取得多支付的 235.98 万元。

2012 年 12 月 25 日，第三人向被告支付土地款 1060.3292 元。

2013 年 3 月 26 日，第三人向被告发出《关于敦促上海 C 房地产发展有限公司履行合同的函》，要求被告完成实际支付价格在网上的销售备案并开具等额发票。同年 11 月 15 日，原告向被告发函，要求被告尽快办理原告别墅的房地产初始登记及其他相关手续，并协助原告办理别墅的过户登记手续。

另查明，公安机关于 2008 年 5 月对被告所涉的金桥—张江 C-4-2 地块商品住宅房编订的门弄号牌为上海市浦东新区翠柏路×××弄×××号，其中原告自建的系争房屋的门号为 25 号。

审理中，原告、被告与第三人均确认原告自建的系争房屋目前的市场价值超过 8000 万元。

一审法院认为：1. 关于本案原、被告之间合同的性质。案外人上海 B 公司在向第三人上海 A 公司受让被告上海 C 公司股权过程中，承诺在被告取得的国有建设用地使用权的 C-4-2 地块中由原告按土地成本价自行建造房屋，此后，被告与第三人签订的《补充协议》再次确定了上述内容，并确定了原告应支付的土地成本价和配套费、被告在房屋达到预售条件后应开具发票等义务。且原、被告和第三人三方又通过签订《关于金桥—张江 C-4-2 及 C-5 地块备忘录》明确了各方的权利义务。从上述一系列合同可以看出，被告同意原告在其建设用地使用权土地上自行出资建造房屋，支付相应的土地成本价，在符合房屋预售条件后由被告办理系争房屋初始登记，并将系争房屋权利登记至原告名下。原告签订协议的目的是取得标的房屋的所有权,对被告而言,其也平等地取得相应的对价,即原告为此需支付相应的土地成本价及相应的配套费用,另外对建造费用由原告自理,故从上述目的看,双方实际为商品房买卖合同的法律关系,上述协议并未违反法律、法规的禁止性规定,应当认定合法有效,双方当事人均应依约严格履行。

2. 关于被告拒办系争房屋初始登记是否构成违约。根据原告、被告和第三人签订的《关于金桥—张江 C-4-2 及 C-5 地块备忘录》的约定,在收到三方的结算款 1060.3292 万元后,应配合办理房地产权证。对此,作为房地产开发经营企业,被告应当明知系争房屋纳入在其相应的开发项目中,其具有办理房地产初始登记手续的法定义务,由此才能将系争房屋登记至原告名下,实现原告的合同目的。现被告仅以原告自建的系争房屋中技防设备的配套手续不具备报备验收条件,以及原告不愿意承担办理系争房屋初始登记中产生的土地增值税、营业税和企业所得税而拒绝办理系争房屋的初始登记。本院认为,技防设备等配套手续的报备验收本身系开发商的义务,且在原、被告之间的协议中从未约定系争房屋相应的配套手续系由原告自行完成,故被告据此拒办系争房屋初始登记的意见不能成立。至于办理系争房屋初始登记过程中所产生的土地增值税、营业税和企业所得税,其纳税主体系被告,办理初始登记手续的义务主体也是被告,对此,除非双方在合同中有明确的约定,否则,并不能任意转移义务主体。虽然上述税费也是商品房买卖合同中的部分成本,但原告、被告之间的合同关系并非单一的,而是与当初龙盟公司与第三人收购被告公司具有一定的关联性的,在该股权收购过程中,双方也已充分考虑到各自的利益,故在原告、被告之间的系争房屋的买卖合同关系中未要求原告承担上述费用,也属合理,不会必然导致利益的失衡。至于上述备忘录中约定的,被告在收到 1060.3292 万元后,配合办理房地产权证,办证过程中产生的税收和费用均由原告和第三人承担的内容,被告认为办证过程中的税收和费用也包含了被告办理初始登记的全部税费,而原告和第三人对此不予认可,如上所述,系争房屋的初始登记办理手续的义务主体为被告,与原告无关,而上述条款约定的被告配合办理房地产权证的义务,只能办理小产证,即被告在取得初始登记后,配合原告将系争房屋过户登记至原告名下,在此过程中所产生的费用,双方对此作出了明确约定。故被告以原告拒付办理系争房屋初始登记中产生的土地增值税等而拒绝办理系争房屋初始登记的抗辩,无事实和法律依据。综上,被告拒办系争房屋初始登记的行为已经违反了合同约定。

3. 关于原告各项诉请能否成立。如上所述,原、被告实际为商品房买卖合同关系,现因被告的原因,系争房屋未能取得房屋权属证书。双方未约定违约金或损失数额难以确定的,根据相应司法解释,原告可按照已付购房款总额,参照中国人民银行规定的金融机构计收逾期贷款利息的标准计算损失。由于双方在协议中也未约定被告办理房屋初始登记的时间，但备忘录中约定了在被告收到1060.3292万元后配合办理房地产权证，而原告支付上述款项的时间为2012年12月25日，被告应在此后合理时间内履行上述义务，现原告自愿从其于2013年3月26日向被告发函催促办证开始计算，于法无悖，可予支持，即被告应以2199.48万元为基数，自2013年3月26日计算至一审判决之日止，按照中国人民银行规定的金融机构计收逾期贷款利息的标准向原告支付逾期办证违约金。关于原告主张要求被告配合其将系争房屋过户登记至原告名下的请求，因目前系争房屋还未办理初始登记，尚不具备过户条件，本院难以支持，原告可在系争房屋具备过户条件后，另行主张。至于原告主张的实际损失，因系争房屋实际由原告控制，原告主张的损失无事实和法律依据，本院不予支持。

依照《合同法》第107条，《最高人民法院关于审理商品房买卖合同纠纷案件适用法律若干问题的解释》第18条第1款第（一）项、第2款的规定，判决如下：1. 被告上海C房地产发展有限公司于本判决生效之日起10日内支付原告沈某某违约金（以2199.48万元为基数，自2013年3月26日起计算至2015年2月3日止，按照中国人民银行规定的金融机构计收逾期贷款利息的标准计算）；2. 驳回原告沈某某的其余诉讼请求。

被告不服一审判决，提起上诉。二审法院驳回上诉，维护原判决。

法律分析

表面上看，本案是因迟办房产证产生的违约纠纷，但实际上，本案争议的实质是房屋办理产权过户过程中的税、费由谁承担的问题。被告（上诉人）认为，为原告（被上诉人）沈某某办理房屋产权过户，所需的全部税、费应当由沈某某承担；而沈某某则认为，当初已经约定好并且是股权转让的条件，即被告应当无条件为其办好房屋产权证。

众所周知，房屋过户需要签订房屋买卖合同，过户时便会产生营业税（现已变更为"增值税"）及其附加、契税、印花税、交易手续费、工本费、土地增值税和企业所得税等，其中营业税（现已变更为"增值税"）及其附加、契税、土地增值税和企业所得税是税负中的大头。

一、关于诉争营业税及其附加、土地增值税和企业所得税的缴纳时间问题

如被告上海C公司按照原告沈某某要求以销售形式办理涉案房屋的产权变更手续，则被告将被政府税务部门征收营业税及其附加、土地增值税和企业所得税，前述三项税、费属于配合原告办证过程中产生的，根据被告与原告约定应由原告

承担。

(一) 关于三项税收的产生原因、计算方式及缴纳时点

1. 关于营业税及其附加

营业税属于流转税制中的一个主要税种,是对在中国境内提供应税劳务、转让无形资产或销售不动产的单位和个人,就其所取得的营业额征收的一种税(详见《营业税暂行条例》第1条规定)。纳税人销售不动产应缴纳的营业税计算公式为:应纳税额=营业额×税率5%(详见《营业税暂行条例》第4条和营业税税率表规定)。营业税纳税义务发生时间为纳税人销售不动产并收讫营业收入款项或者取得索取营业收入款项凭据的当天(详见《营业税暂行条例》第12条规定)。

纳税人缴纳营业税的同时,还应缴纳城市维护建设税、教育费附加、地方教育费附加、河道工程修建维护管理费,前述合称营业税附加,计算公式为:应缴营业税附加金额=营业税税额×13%,其中:

城市维护建设税计算公式为:应纳税税额=营业税税额×7%(详见《城市维护建设税暂行条例》第2条、第3条、第4条规定)。

教育费附加计算公式为:应缴费额=营业税税额×3%(详见《征收教育费附加的暂行规定》第2条、第3条规定)。

地方教育费附加,系上海市政府规定纳税人除按照国家规定缴纳教育费附加之外还应按照缴纳的费用,计算公式为:应缴费额=营业税税额×2%(详见《上海市人民政府关于本市开征地方教育附加的通知》第1条规定)。

河道工程修建维护管理费,系上海市政府规定纳税人应当缴纳的费用,计算公式为:应缴费额=营业税税额×1%(详见《上海市人民政府办公厅关于本市河道工程修建维护管理费征收事项的通知》第1条、第2条规定)。

综上,纳税人应当缴纳的营业税及其附加的计算公式为:应缴纳的营业税及其附加金额=营业额×5%(营业税)+营业额×5%(营业税)×13%=营业额×5.65%,应于纳税人销售不动产并收讫营业收入款项或者取得索取营业收入款项凭据的当天缴纳。

如果被告上海C公司配合原告沈某某办理涉案房屋产权证,出具金额为2199.48万元的房屋销售款发票,则产生的应缴纳营业税及其附加的金额为1242706.2元。但是,如果税局认定该房屋价值近亿元人民币,那营业税就是一笔巨资,近5650000元。

2. 关于土地增值税

土地增值税是指转让国有土地使用权、地上的建筑物及其附着物并取得收入的

单位和个人，以转让所取得的收入减除法定扣除项目金额后的增值额为计税依据向国家缴纳的一种负税（详见《土地增值税暂行条例》第 2 条、第 3 条、第 4 条规定），与本案相关的法定扣除项目包括：取得土地使用权所支付的金额、开发土地的成本和费用、与转让房地产有关的税金（详见《土地增值税暂行条例》第 6 条规定）。土地增值税实行四级超率累进税率，分为 30%、40%、50%、60% 四级，根据增值额与扣除项目金额的比率确定税率，土地该税的计算公式为：应缴土地增值税金额＝增值额×税率。

房地产开发企业开发住宅项目的，以项目为单位预缴土地增值税。分期开发的，以分期项目为单位预缴土地增值税，当项目全部销售完毕再进行清算。但是，已转让的房地产建筑面积占整个项目可售建筑面积的比例在 85% 以上，或者取得销售（预售）许可证满 3 年仍未销售完毕的项目都要进行清算（详见《国家税务总局关于房地产开发企业土地增值税清算管理有关问题的通知》第 2 条规定）。涉案房屋所在项目已于 2012 年 12 月 6 日按照上述规定进行了清算，确定的增值税税率为 40%，此后每次进行房屋交易，都应当进行土地增值税清算并缴纳相应税金。纳税人应自转让房地产合同签订之日起 7 日内向房地产所在地主管税务机关办理纳税申报，并在税务机关核定的期限内缴纳土地增值税（详见《土地增值税暂行条例》第 10 条规定），并且纳税人未按照本条例缴纳土地增值税的，土地管理部门、房产管理部门不得办理有关的权属变更手续（详见《土地增值税暂行条例》第 12 条规定）。因此，清算并缴纳涉案房屋交易的土地增值税，是办理涉案房屋小产证的前提条件。若按本房屋价值 1 亿元算，增值部分可能在 6000 万元至 7000 万元之间，按 60% 计算增值税，增值税可达 4200 万元。

3. 关于企业所得税

企业所得税是指对中华人民共和国境内的企业（居民企业及非居民企业）和其他取得收入的组织以其生产经营所得为课税对象所征收的一种所得税（详见《企业所得税法》第 1 条规定）。企业所得税按企业所得额的 25% 计征，假设该房屋所得 5000 万元，企业所得税至少 1250 万元。企业应当自月份或者季度终了之日起 15 日内，向税务机关报送预缴企业所得税纳税申报表，预缴税款。企业应当自年度终了之日起 5 个月内，向税务机关报送年度企业所得税纳税申报表，并汇算清缴，结清应缴应退税款。

（二）应以三项税负是否系因配合原告办证产生，来判定是否应按照约定由原告承担，而不应以三项税收的缴纳时点，判定是否属于办证过程中产生

正如上文所述，涉案三项税负都是以发生营业收入为前提进行征收的，如涉案

房屋不发生交易以及产权变更则不会产生缴纳义务。现原告要求将涉案房屋向其销售，并配合提供房屋买卖合同、房屋销售款发票等办理房屋产权变更登记的必需文件，则必然会产生涉案三项税负的缴纳义务，此为配合原告办理涉案房屋产权证过程中所产生的税收和费用，根据被告上海C公司与原告沈某某的约定，应由原告沈某某承担。

如以三项税负的具体缴纳时点是否属于办理房屋产权证之前判断是否属于"办证过程中产生"，则属于对被告上海C公司与原告沈某某的约定的误解。

二、关于假定被告与原告之间是房屋买卖合同关系，诉争三税应由谁承担的问题

一般的房屋买卖合同关系中，卖房人按照市场价格出让房屋，卖房人取得合理售房利润，在此前提下由卖房人向政府缴纳营业税及其附加、土地增值税、企业所得税，且无权要求买房人承担。但是，被告上海C公司与原告沈某某之间关于涉诉房屋的法律关系并非房屋买卖合同关系，原因如下：

首先，被告上海C公司与原告沈某某关于涉案房屋的交易模式与"房屋买卖"具有根本的区别。本案中，被告上海C公司出地、收取土地款及配套费，原告沈某某自行建造房屋，承担建造房屋的所有费用并承担办理房屋产权证过程中产生税收、费用，此种模式，与通常所讲的"房屋买卖"的交易方式具有根本的区别。

其次，被告上海C公司从未与原告沈某某达成过"买卖"涉案房屋的合意。

最后，被告上海C公司从未实施过向原告沈某某售卖涉案房屋的行为，从未收取也从未要求原告沈某某缴纳涉案房屋的房价款，更未获利，也未享受房屋增值后的任何权益。被告向原告收取的2199.48万元款项，仅为涉案房屋所占用土地的成本价及相关配套费用，未收取任何土地溢价款，即被告没有获取任何利润。对于诉争的地上房屋，被告从未向原告收取任何的"房款"，也即被告从未实施过向原告售卖涉案房屋的行为。

综上，被告与原告之间关于涉案房屋的法律关系，无论是从相关协议条文内容、协议体现的当事人真实意图，还是协议的实际履行行为来看，均与房屋买卖合同关系具有根本的区别，法院不应将之认定为房屋买卖合同关系。

事实上，如果被告配合原告办理涉案房屋小产证，按照2199.48万元的金额出具房屋销售款发票，产生的上述三项税费将达到1400万元，其中占绝大多数的土地增值税，根本就是原告建造房屋导致涉案房屋价值巨额增值所产生，并且该增值利益也最终由原告享有，因被告向原告收取的款项为土地成本价即没有附加任何利润，如果该税费让被告承担将造成其1400万元的亏损，而原告因此获取的将是价值过亿的房屋权益，二者之间存在极大的权、义失衡，对被告极端的不公平、不公正。

案例44

房地产公司中的各负各税

■ 基本案情

2008年12月1日，海口A公司（转让方）与广州B公司（受让方）签订《股权转让及合作开发合同》，约定：转让方海口A公司同意向受让方广州B公司转让其所持有的、占海南省C公司（目标公司）70%的出资及相应股东权益；受让方广州B公司同意接受转让方海口A公司所持有的、占海南省C公司（目标公司）70%的出资及相应股东权益。

《股权转让及合作开发合同》同时约定，转让方在完成其在海南省C公司（目标公司）70%的出资及相应股东权益后，由双方重新委派董事及监事，组成董事会和监事会。而海南省C公司（目标公司）的总经理、副总经理、财务人员及各部门负责人均由广州B公司委派。并且，双方重点约定，本房地产项目的规划、设计、融资、开发、销售、经营等全部工作由受让方广州B公司负责和完成，实际上就是双方约定项目的运作完全由受让方广州B公司负责，也就是项目由广州B公司操盘。

关于双方的利益分配，海口A公司被广州B公司约定：1. 目标公司的商品房及配套用房建成后，如容积率小于或等于2.23，则扣除应移交给政府有关部门的公建配套用房、设备用房和其他不可售公建及配套用房后的可售商品房（包括住宅和商业用房）和配套用房，双方按建筑面积30∶70的比例进行分配，即转让方分得30%的建筑面积，受让方分得70%的建筑面积。如果容积率大于2.23至双方接受的范围，则容积率超过2.23（不包括本数）的建筑面积，补缴地价款由转让方承担，建安成本和税费按30∶70的比例分摊，建筑面积按照30∶70比例分摊。2. 转让方和受让方分得的商品物业，如果双方没有另行特别约定，建筑和装修标准应当一致。3. 对于双方分得的建筑面积，双方分别承担各自的税费（包括土地增值税、营业税、所得税、教育费附加、契税、印花税、股东的个人所得税以及其他所有应纳税费）。转让方物业的营销费用按销售收入的5%由转让方承担。4. 公建配套用房按规定不能进行销售的,双方均不得进行分配,但经营税后所得可按以上比例进行分配。5. 地下车位不进行分配,归受让方所有(出租和出售),地上部分按照比例分配。6. 除按比例分配商品房所涉及的税费外,转让方所获得的30%物业部分不承担本项目的建安成本。除因目标公司开发建设所必需的业务支出并经受让方同意的以外,转让方人员均不在目标公司领取工资、奖金,也不享有目标公司的其他福利、待遇(包括专用车辆)。7. 转让方在分得30%的物业后,不再享有目标公司的任何权益,也不承担目标公司的亏损。8. 转让方收回的1400万元注册资金和7100万元股东借款,在转让方30%的物业中扣除,即转让方30%的利益中,按本合同约定首先回收1400万元的注册资本和7100万元的股东借款,其余利益按本项目的开发进展在完税后分配。

在项目取得第一期商品房预售许可证并即将对外推广销售的时候,海口A公司和广州B公司就双方拟分得的物业统一由项目对外销售所约定的"对于双方分得的建筑面积,双方分别承担各自的税费(包括土地增值税、营业税、所得税、教育费附加、契税、印花税、股东的个人所得税以及其他所有应纳税费)。转让方物业的营销费用按销售收入的5%由转让方承担"产生了分歧。转让方海口A公司认为,"对于双方分得的建筑面积,双方分别承担各自的税费(包括土地增值税、营业税、所得税、教育费附加、契税、印花税、股东的个人所得税以及其他所有应纳税费)"是指其分得的30%建筑面积,在对外出售后,就所取得的该30%建筑面积的全部销售款承担以上税费。而受让方广州B公司则认为,关于对于双方分得的建筑面积,双方分别承担各自的土地增值税、营业税(现为增值税)、教育费附加、契税、印花税、股东的个人所得税的约定,双方观点是一致的,但关键在于双方应承担的企业所得税承担方式。在这一问题上,其与转让方海口A公司的观点存在严重分歧。受让方广州B公司认为,海南省C公司(目标公司,亦即合作公司)的企业所得税,应当按双方最后的净所得(净收入、纯利润)分担,亦即在企业最后税务汇算清缴时,按双方在目标公司中所分得的净所得(纯收入、纯利润)在目标公司全部净所得(纯收入、纯利润)所占的比重分担企业所得税。

处理结果

经过协商,最后双方确定按A公司分得的30%建筑面积,在对外出售后,就所取得的该30%建筑面积的全部销售款承担税费。

法律分析

事实上,各负各税表面上看不出什么问题,但不同的条件下,区别巨大。如本案中,由于转让方(海口A公司)除前期部分出资外,不承担项目的任何费用

（包括建设成本、融资成本或财务费用、管理费用、营销推广费用等），而受让方（广州 B 公司）则要承担项目从地质勘查、规划设计、施工建设、推广营销等费用，还要承担项目的人工成本及管理费用等全部费用。这样，海口 A 公司所分得的 30% 建筑面积，在对外销售和取得销售款后，交完了营业税（现为增值税）及附加、预征的土地增值税、由开发商承担的一半交易手续费、印花税等税费（契税由购房人承担）后，该 30% 建筑面积对外销售所得销售款也是占全部销售款的 30%，其承担的企业所得税也就是占企业所得税的 30%。而由于广州 B 公司所分得 70% 的建筑面积，对外销售虽然可得到 70% 的销售款，扣除整个项目的建安成本、道路绿化、管线电气、配套建设等全部建议成本、融资本成及财务费用、人工和管理成本、推广及营销费用等，以及营业税（现增值税）及附加、开发商应承担的交易手续费、土地增值税、印花税及其他一些费用，已所剩无几，该部分净利润所占的企业所得税便远远不到全部企业所得税的 70%。因此，受让方广州 B 公司主张应按双方所得的纯利润计算和承担企业所得税。

事实上，各负各税是一把双刃剑：如果房价低，受让方的纯利润也会很少，如果再按 70% 建筑面积承担企业所得税，那么最后的净所得就会很少；如果售价很高，受让方纯利润也会大幅提高，最后的净所得也会大幅提高。

本项目总建筑面积（不包括地下室）为 386500 平方米。如果按房屋售价 5000 元/平方米和 10000 元/平方米计算双方的税前所得，可知：

如果按房价 5000 元/平方米计算，转让方海口 A 公司的税前所得为：386500×30%×5000＝579750000 元。受让方广州 B 公司的税前所得为：386500×70%×5000＝1352750000 元。再扣除所有建安、配套、管理、财务、营销等成本（不扣税费）3000 元/平方米（1159500000 元），税前所得为 193250000 元。如果再承担全部企业所得税的 70%，则最后税后纯利润很少。

如果按房价 10000 元/平方米计算，转让方 A 公司的税前所得为：386500×30%×10000＝1159500000 元，即使交税，最后纯利润也是可观的。受让方 B 公司的税前所得为：386500×70%×10000＝2705500000 元。再扣除所有建安、配套、管理、财务、营销等成本（不扣税费）3000 元/平方米（1159500000 元），税前所得为 1546000000 元，即使交税，最后纯利润也很可观。

因此，本案"各负各税"，按双方税前所得在项目全部税前所得所占的比例承担企业所得税，如果房价低，对转让方海口 A 公司有利；如果房价高则对受让方广州 B 公司用利。实际上，按当时起草《股权转让及合作开发合同》的本意，转让方海口 A 公司的理解正确。再者，如果按广州 B 公司的理解，按双方税前所得在项目全部税前所得所占的比例承担企业所得税，与按税后 30% 和 70% 的比例承担税款无异,则没有必要约定按建筑面积计算各负各税。

所以,本案不是起草合同的错误,也不是对合同的理解错误,而是受让方广州B公司在收购前对项目售价及双方最后的纯利润测算错误或测算不准造成的,以至于房屋销售单价实际上处于低位时,对受让方不利。

综上,在收购项目公司股权时,特别是收购项目公司部分股权时,必须测算相对准确,同时《股权转让及合作开发合同》对于税务的承担方式也要详细、具体、明确地进行约定,以免日后产生争议和纠纷。

需要特别说明的是,无论项目公司股东之间如何约定税务承担,这都不为我国相关税法所禁止或限制,都是允许的。但在实际纳税时,必须以项目公司的名义进行纳税,因为纳税义务人只能是项目公司。

案例 45

房地产企业股权转让,土地增值税缴纳问题

■ 基本案情

2012 年,B 公司分三次通过在北京产权交易所公开挂牌的方式转让了其所持有的 A 房地产开发公司 100% 的股权,转让价总额为 13000 万元人民币。

在办理税务登记时,相关税务部门要求 A 公司申报和缴纳土地增值税。

■ 现实情况

以受让股权的方式收购房地产企业,是绝大多数房地产公司获取建设用地或房地产开发项目的最重要方式,没有之一。原因很简单,受让股权时间短、易操作,还可以暂时不交增值税(原营业税)及附加、契税、交易手续费、工本费、印花税等。但关于股权转让是否要交土地增值税的问题,实践中,行业行政主管部门和司法部门观点和意见不一致,这个问题已经争论很久,也困扰了许多律师同行和税务师们。

■ 相关规定

一、国家税务总局涉及土地增值税的相关文件

1.《财政部、国家税务总局关于土地增值税一些具体问题规定的通知》(财税字〔1995〕48 号)第 1 条规定:"对于以房地产进行投资、联营的,投资、联营的

一方以土地（房地产）作价入股进行投资或作为联营条件，将房地产转让到所投资、联营的企业中时，暂免征收土地增值税。对投资、联营企业将上述房地产再转让的，应征收土地增值税。"

2.《国家税务总局关于以转让股权名义转让房地产行为征收土地增值税问题的批复》（国税函〔2000〕687号）中批复："鉴于深圳市能源集团有限公司和深圳能源投资股份有限公司一次性共同转让深圳能源（钦州）实业有限公司100%的股权，且这些以股权形式表现的资产主要是土地使用权、地上建筑物及附着物，经研究，对此应按土地增值税的规定征税。"

3.《财政部、国家税务总局关于土地增值税若干问题的通知》（财税〔2006〕21号）第5条规定："对于以土地（房地产）作价入股进行投资或联营的，凡所投资、联营的企业从事房地产开发的，或者房地产开发企业以其建造的商品房进行投资和联营的，均不适用《财政部、国家税务总局关于土地增值税一些具体问题规定的通知》（财税字〔1995〕48号）第1条暂免征收土地增值税的规定。"

4.《国家税务总局关于土地增值税相关政策问题的批复》（国税函〔2009〕387号）中批复："鉴于广西玉柴营销有限公司在2007年10月30日将房地产作价入股后，于2007年12月6日、18日办理了房地产过户手续，同月25日即将股权进行了转让，且股权转让金额等同于房地产的评估值。因此，我局认为这一行为实质上是房地产交易行为，应按规定征收土地增值税。"

5.《国家税务总局关于天津泰达恒生转让土地使用权土地增值税征缴问题的批复》（国税函〔2011〕415号）中批复："经研究，同意你局关于'北京国泰恒生投资有限公司利用股权转让方式让渡土地使用权，实质是房地产交易行为'的认定，应依照《土地增值税暂行条例》的规定，征收土地增值税。"

二、需要缴土地增值税的案例

2013年4月11日，旬阳地税局向中成公司送达了旬地税罚告〔2013〕1号税务行政处罚事项告知书，拟对中成公司处以罚款470957.60元。经中成公司申请，于4月26日举行了听证会。2013年5月15日，菜湾税务所作出旬税菜处〔2013〕2号税务处理决定书，决定向中成公司追缴税款736495.50元，加收滞纳金377374.84元。同日，旬阳地税局作出旬地税罚〔2013〕1号税务行政处罚决定书。该决定书载明：1. 2005年1月至2009年7月，中成公司在持有"太极商城"土地使用权期间，未按照规定申报、缴纳城镇土地使用税46145.50元。2. 2009年5月、6月，中成公司先后与巨隆公司签署《联合开发合同》《股权转让协议》，实质是转让土地使用权行为。在此行为中，中成公司未按照规定申报缴纳营业税600000元、企业所得税120000元、城市维护建设税30000元、印花税6000元、教育费附加

18000元、地方教育费附加2000元。未按照规定进行土地增值税清算，少缴纳土地增值税600000元。

陕西省白河县人民法院（2015）白河行初字第00001号行政判决书认为："中成公司在经营活动中，在取得、持有土地使用权后，又将土地使用权转让巨隆公司，按照税务法律、法规的规定，应依法缴纳城镇土地使用税、营业税、企业所得税、土地增值税、城市维护建设税、印花税、教育费附加、地方教育费附加。"

安康市中级人民法院（2015）安中行终字第00037号行政判决书认为：被上诉人中成公司2003年取得"太极大厦"建设用地使用权，2009年通过签订《联合开发合同》及《股权转让协议》的形式，将"太极大厦"土地使用权转让给巨隆公司。根据《城镇土地使用税暂行条例》《企业所得税法》《营业税暂行条例》等税收法律、法规规定，被上诉人中成公司在持有、转让"太极大厦"土地使用权过程中，应依法申报并缴纳城镇土地使用税、营业税、企业所得税、土地增值税等税款。

三、不需要缴纳土地增值税的相关文件和案例

1. 《广东省地方税务局关于广东省云浮水泥厂转让股权涉及房地产是否征税问题的批复》（粤地税函〔1998〕65号）中批复："你局云地税发〔1998〕004号请示悉。广东国际信托投资公司为减轻国有企业的沉重负担，保障职工生活继续得到安定，报经省人民政府批准，将其属下全资企业广东省云浮水泥厂的95%股权转让给香港中国水泥（国际）有限公司，同时以5%的股权与香港中国水泥（国际）有限公司成立中外合营公司。对广东省云浮水泥厂转让95%股权涉及的房地产是否征收营业税和土地增值税问题，经研究，现批复如下：全资企业将其股权转让他人，不属于《中华人民共和国营业税暂行条例》和《中华人民共和国土地增值税暂行条例》规定的征税范围，不予征收营业税和土地增值税。因此，对广东省云浮水泥厂转让股权而涉及的房地产，不予征收营业税和土地增值税。"

2. 最高人民法院（2014）民二终字第1264号，马庆泉、马松坚与湖北瑞尚置业有限公司股权转让纠纷二审民事判决书："瑞尚公司提出在工商登记机关备案的协议与双方当事人实际履行的协议内容不一致，规避了我国税法对于土地使用权转让交易的税收规定，规避缴纳营业税、土地增值税，是不合法的。瑞尚公司与马庆泉、马松坚对本案所涉的股权转让协议及两份补充协议的内容均无异议，且对应实际履行的协议内容无争议，故虽然出现备案的合同内容与实际履行的合同内容不一致，不影响案涉股权转让合同效力。由于转让股权和转让土地使用权是完全不同的行为，当股权发生转让时，目标公司并未发生国有土地使用权转让的应税行为，目标公司并不需要缴纳营业税和土地增值税。"

3. 在"江苏某房地产开发有限公司与某集团有限公司股权转让纠纷"一案中，其再审民事判决书〔江苏省高级人民法院（2014）苏商再终字第0006号〕认为："在股权转让时，土地增值税最终并未流失，因为股权转让也只是股东的变换，土地使用权权属没有变化，股权无论经过多少次转让，土地无论如何增值，公司初始受让土地支付对价的成本不变。但是，只要房地产发生了权属流转，公司就需要按最终的实际房地产销售价与最初的房地产成本价之间的增值部分缴纳土地增值税。因此，涉案股权转让实际上并未逃避土地增值税的征收。高成公司主张涉案股权转让逃避了国家土地增值税征收的理由不能成立。"

四、对于是否需要缴土地增值税需要分析的批复

《安徽省地方税务局关于对股权转让如何征收土地增值税问题的批复》（皖地税政三字〔1996〕367号）中批复："你局《关于省旅游开发中心转让部分股权如何计征土地增值税的请示》（黄地税一字〔1996〕第136号）悉。经研究，并请示国家税务总局，现批复如下：据了解，目前股权转让（包括房屋产权和土地使用权转让）情况较为复杂。其中，对投资联营一方由于经营状况等原因而中止联营关系，正常撤资的，其股权转让行为，暂不征收土地增值税；对以转让房地产为盈利目的的股权转让，应按规定征收土地增值税。因此，你局请示中的省旅游开发中心的股权转让，可按上述原则前款进行确定。"

经过反复沟通，A房地产开发公司最终没有在此阶段缴纳土地增值税。

法律分析

依法征税、依法纳税，这是铁的定律。《土地增值税暂行条例》第2条明确规定："转让国有土地使用权、地上的建筑物及其附着物并取得收入的单位和个人"才属于土地增值税的纳税义务人。我国过去和现阶段的生效法律法规并未规定股权转让应缴纳土地增值税，转让股权要求缴纳土地增值税，并且依据的是"经研究""我局认为""据了解"等主观臆断行为，极具随意性，违反了税收法定原则，现分析如下：

1. 通过转让股权的方式进行土地增值税的纳税筹划是近来比较常见的操作方式，但是《国家税务总局关于以转让股权名义转让房地产行为征收土地增值税问题的批复》要求对这种行为征收土地增值税。不少人对该批复提出质疑，认为股权转让不是土地增值税的管辖范围，复函越权并违法了。同时认为，从土地增值税的征税对象上看，只有房地产转让行为才能成为土地增值税的征税对象，税法没有规定转让股权行为应当缴纳土地增值税，股权转让行为并不能成为土地增值税的征税对象。该复函的精神在《安徽省地方税务局关于对股权转让如何征收土地增值税问题的批复》也早有体现。

从以上的两个文件表面内容可以看出，真正的股权转让无须缴纳土地增值税，对于特殊的以转让房地产为盈利目的股权转让是征收土地增值税的。

我们在讨论《国家税务总局关于以转让股权名义转让房地产行为征收土地增值税问题的批复》之前，先看一下《财政部、国家税务总局关于土地增值税一些具体问题规定的通知》的规定。该通知第1条规定："对于以房地产进行投资、联营的，投资、联营的一方以土地（房地产）作价入股进行投资或作为联营条件，将房地产转让到所投资、联营的企业中时，暂免征收土地增值税。对投资、联营企业将上述房地产再转让的，应征收土地增值税。"

2.《财政部、国家税务总局关于土地增值税若干问题的通知》发布后，不管之前土地增值税有何具体政策，之后所发生的以土地（房地产）作价入股进行投资或联营的，均应当适用该文件的规定："对于以土地（房地产）作价入股进行投资或联营的，凡所投资、联营的企业从事房地产开发的，或者房地产开发企业以其建造的商品房进行投资和联营的，均不适用《财政部、国家税务总局关于土地增值税一些具体问题规定的通知》（财税〔1995〕48号）第一条暂免征收土地增值税的规定。"

就其表述的内容与权限上看，转让主体是所投资或联营企业，纳税主体也是所投资（联营）企业。但是对于投资（联营）者来说，其权利只是受让股权而已，并没有转让或受让房屋或土地使用权。

股权或者股份是投资（联营）者发起设立企业时所投资的资本，可以货币、实物、知识产权、土地使用权等财产出资。如果以土地（房屋）为主要投资，经过资产评估机构评估作价后该土地（房屋）就变成了货币计量化的企业资产。投资（联营）者不再拥有该土地（房屋）的所有权，而只是拥有企业的股权（分配权益）。即投资（联营）者只能转让股权不能转让该土地（房屋）——股权转让行为；若投资（联营）者转让其股权，企业只是换了个新股东而整体资产不会发生变化。

《财政部、国家税务总局关于土地增值税若干问题的通知》以土地（房屋）作价入股进行投资或联营的，具体需要区分投资主体、被投资行业及股权转让三种情况确定土地增值税征免。首先，要区分投资主体是从事房地产开发经营业务还是非房地产开发经营业务。对于从事房地产开发经营业务的企业来说，以其土地使用权或其建造的商品房对外投资或联营的，不论被投资企业是否从事房地产开发，属于土地增值税的征税范围，均不适用《财政部、国家税务总局关于土地增值税一些具体问题规定的通知》第1条暂免征收土地增值税的规定。其次，要区分被投资联营企业是否属于从事房地产开发经营。对于非从事房地产开发经营业务的企业来说，如果以土地（房屋）作价入股进行投资或联营的，凡所投资、联营的企业从事房地产开发经营的，根据《财政部、国家税务总局关于土地增值税若干问题的通知》的规定，属于土地增值税的征税范围；凡所投资、联营的企业非从事房地产开发经营的，则适用《财政部、国家税务总局关于土地增值税一些具体问题规定的通知》的规定，暂免征收土地增值税。最后，无论是房地产开发企业还是非房地产开发企业，转让股权时，由于股权不对应其初始投资所形成的房屋产权或土地使用权，所以不应征收土地增值税。但是对被投资、联营企业如将上述房屋或土地使用权再转让的，根据《财政部、国家税务总局关于土地增值税一些具体问题规定的通知》第1条的规定，应征收土地增值税。

3. 按照《公司法》的相关规定，公司财产的所有权属于公司，而股东拥有的是公司股权。转让股权对于公司财产而言，主体并未发生变化，依然归公司所有，变化的仅仅是公司股权的所有权，在这种情形下，只应当按照股权转让缴纳（个人或企业）所得税，无须缴纳土地增值税。

4. 按照我国相关税法的规定，企业的支出如要作为合法成本、费用，需要取得合法有效的凭证或发票。而转让股权是转让方向受让方开具收款凭证，受让方向转让方支付股权对价，凭证或发票完全无法进入项目公司成本。所以，项目公司所持有的凭证仍是当初取得土地使用权的凭证，因此，项目公司完全无法在增值税、企业所得税前将股权转让价款进行列支，只能按照取得土地使用权的原始金额列支，这就会造成重复纳税。

从税法的角度说，以股权转让方式转让土地使用权，暂时无须缴纳土地增值税。但是对于房地产项目公司而言，土地使用权的成本依然未发生改变，对于受让方而言，如果实际支付的股权价款高于土地使用权的账面价值，多余的部分则无法计入项目公司的土地使用权成本，只能挤占项目公司的税后利润。如果股权受让方受让股权是为了房地产开发出售，那么项目公司将来出售房地产时依然按照原始地价作为土地成本计算土地增值税，其土地增值额将会非常巨大，土地增值税也会非常多。综上所述，以受让股权的方式获取建设用地使用权，只能延缓土地增值税的缴纳时间，节约部分资金成本，不能减税、省税或免税。相反，根据测算和实际经验，以受让股权的方式并购房地产开发企业或房地产开发项目，可能还会增加土地增值税的纳税额。

案例46

城市更新，拆迁房是否需要先交易交税过户才注销产权登记

▎基本案情

广州市某区一个城市更新项目，已通过国家拆迁补偿方案的户主投票并经区、市城市更新部门批准。2010年，项目公司准备实施安置、补偿、拆迁以及复建工作，并将完成的实施方案向集团汇报。集团法务在审核工作流程时就拆除原户主房屋之后如果注销原房产证是否需要缴纳交易税费的问题与项目公司相关人员产生分歧。项目公司相关人员称，经咨询税务机关，按与户主签订的安置、补偿和拆迁协议的约定，安置好原户主及家庭成员并作出补偿后，需要到不动产登记部门办理过户登记，缴纳买卖双方的税费，才能到不动产登记部门申请注销房屋的产权登记，最后才能将房屋拆除。而集团法务部门集体讨论和研究的结论是，只要按双方协议办妥了对原户主及家庭成员的安置、补偿，就可以将原房屋拆除，并由原户主到不动产登记部门申请房屋产权注销，无须先办理买卖交易并过户给开发商，更无须按买卖交易缴纳买卖双方应承担的相关税费。

▎处理结果

经过反复与税务部门沟通与协调，本城市更新项目在拆迁补偿阶段，对于注销产权证的被拆迁的旧房屋，没有按交易过户的方案执行。

▎法律分析

2015年3月1日起施行并于2019年3月有24日修订的《不动产登记暂行条例》第3条规定："不动产首次登记、变更登记、转移登记、注销登记、更正登记、异议登记、预告登记、查封登记等，适用本条例。"第14条第2款规定："属于下列情形之一的，可以由当事人单方申请：……（五）不动产灭失或者权利人放弃不动产权利，申请注销登记的……"第19条规定："属于下列情形之一的，不动产登记机构可以对申请登记的不动产进行实地查看：……（三）因不动产灭失导致的注销登记……"

《不动产登记暂行条例实施细则》第 16 条规定："不动产登记机构进行实地查看，重点查看下列情况：……（三）因不动产灭失导致的注销登记，查看不动产灭失等情况。"第 17 条规定："有下列情形之一的，不动产登记机构应当在登记事项记载于登记簿前进行公告，但涉及国家秘密的除外：……（四）依职权注销登记……"第 19 条规定："当事人可以持人民法院、仲裁委员会的生效法律文书或者人民政府的生效决定单方申请不动产登记。""有下列情形之一的，不动产登记机构直接办理不动产登记：……（三）人民政府依法做出征收或者收回不动产权利决定生效后，要求不动产登记机构办理注销登记的……"第 23 条规定："因不动产权利灭失等情形，不动产登记机构需要收回不动产权属证书或者不动产登记证明的，应当在不动产登记簿上将收回不动产权属证书或者不动产登记证明的事项予以注明；确实无法收回的，应当在不动产登记机构门户网站或者当地公开发行的报刊上公告作废。"第 28 条规定："有下列情形之一的，当事人可以申请办理注销登记：（一）不动产灭失的；（二）权利人放弃不动产权利的；（三）不动产被依法没收、征收或者收回的；（四）人民法院、仲裁委员会的生效法律文书导致不动产权利消灭的；（五）法律、行政法规规定的其他情形。""不动产上已经设立抵押权、地役权或者已经办理预告登记，所有权人、使用权人因放弃权利申请注销登记的，申请人应当提供抵押权人、地役权人、预告登记权利人同意的书面材料。"第 32 条规定："申请集体土地所有权变更、注销登记的，应当提交下列材料：（一）不动产权属证书；（二）集体土地所有权变更、消灭的材料；（三）其他必要材料。"第 46 条规定："申请集体建设用地使用权及建筑物、构筑物所有权变更登记、转移登记、注销登记的，申请人应当根据不同情况，提交下列材料：（一）不动产权属证书；（二）集体建设用地使用权及建筑物、构筑物所有权变更、转移、消灭的材料；（三）其他必要材料。"第 70 条规定："有下列情形之一的，当事人可以持不动产登记证明、抵押权消灭的材料等必要材料，申请抵押权注销登记：（一）主债权消灭；（二）抵押权已经实现；（三）抵押权人放弃抵押权；（四）法律、行政法规规定抵押权消灭的其他情形。"

自 2001 年 11 月 1 日起施行的《城市房屋拆迁管理条例》第 4 条第 2 款规定："本条例所称拆迁人，是指取得房屋拆迁许可证的单位。"第 6 条规定："拆迁房屋的单位取得房屋拆迁许可证后，方可实施拆迁。"第 7 条规定："申请领取房屋拆迁许可证的，应当向房屋所在地的市、县人民政府房屋拆迁管理部门提交下列资料：（一）建设项目批准文件；（二）建设用地规划许可证；（三）国有土地使用权批准文件；（四）拆迁计划和拆迁方案；（五）办理存款业务的金融机构出具的拆迁补偿安置资金证明。""市、县人民政府房屋拆迁管理部门应当自收到申请之日起 30 日内，对申请事项进行审查；经审查，对符合条件的，颁发房屋拆迁许可证。"第

8条规定："房屋拆迁管理部门在发放房屋拆迁许可证的同时，应当将房屋拆迁许可证中载明的拆迁人、拆迁范围、拆迁期限等事项，以房屋拆迁公告的形式予以公布。"第10条规定："拆迁人可以自行拆迁，也可以委托具有拆迁资格的单位实施拆迁。""房屋拆迁管理部门不得作为拆迁人，不得接受拆迁委托。"

但是，《城市房屋拆迁管理条例》（以下简称"拆迁条例"）从头至尾都没有规定不动产注销登记需要预先按交易方式缴纳买卖双方应交的税费。我国的税务法律法规也没有具体规定不动产的注销登记需要缴纳交易各费。税收法定、依法纳税，这是铁律，既然不动产注销登记没有规定需要按买卖交易方式交税，那么，不动产的注销登记就无须按买卖交易方式交税。

2011年1月21日，国务院公布并实施了《国有土地上房屋征收与补偿条例》（以下简称"征收与补偿条例"）。与原拆迁条例相比，征收与补偿条例的主要变化是明确了补偿标准市场化、征收程序透明化、公共利益明晰化、强制征收司法化等新制度、新原则。而且，征收与补偿条例在规范公权、保护私权方面有了突破。

第一，原规定为房屋的"拆迁"提法显然与上述规定不符，欠缺明确的法律依据。现规定为房屋的"征收"，体现了与《物权法》和《土地管理法》的一致性，更加突出房屋征收和补偿的规范、公平、合理，立法的观念。

第二，征收与补偿条例第1条、第2条规定均使用"维护公共利益""为了公共利益的需要"的表述，明确以公共利益为征收的唯一目的，以公共利益作为征收的出发点。这意味着，征收与补偿条例中的"征收"是着眼于公共利益的需要，仅为公共利益需要方可征收单位或个人的房屋。上述修改体现了规范公权和保障私权的法治理念在不断强化，更注重工业化、城镇化建设与保护被征收人合法权益之间的统筹兼顾，使公共利益和私人利益得到更好的协调与平衡。

第三，明确政府作为征收补偿主体的地位，禁止实施单位以营利为目的参与征收补偿。市、县级人民政府为本行政区域的房屋征收补偿的主体的相关规定，明确了征收的行政行为性质；征收与补偿条例第4条明确了政府的征收主体地位，理顺了行政征收法律关系，规定了各级政府征收与补偿的职责与义务，克服了以往城市拆迁中政府遁形以及角色重叠的弊端，从而也明确了征收的行政行为性质；房屋征收实施单位不得以营利为目的。

征收与补偿条例参照拆迁条例设定了两种实施方式：自行实施征收和委托房屋征收实施单位实施征收，并且对被委托实施单位作了非营利性的要求，性质上属于行政委托行为，有别于拆迁条例的民事委托行为。这意味着，以往以营利为目的的建设单位（往往是开发商）和拆迁公司不得再参与征收和补偿工作的实施，彻底退出征收、补偿当事人的地位。

第四，规范政府征收行为，以决策民主、程序正当、结果公开为原则，并确立了对政府决策行为的司法救济程序。1. 设定明确的征收程序，政府征收决策过程需从规划先行，广泛征求民意、进行风险评估、适时举行听证会或讨论会。根据征收与补偿条例有关规定，作出征收决定的要件为：一是属于因公共利益需要而实施的项目；二是符合各项规划；三是经过公开征求意见（听证）的征收补偿方案；四是有风险评估报告；五是专户存储、专款专用、足额到位的补偿资金证明。只有当征收项目同时具备上述五个条件时，才能进入审查决定程序，缺少其中任何一项，均不得作出房屋征收决定。作出决定的方式有两种：一是行政机关负责人决定，二是集体讨论决定。这有利于减少政府征收中的腐败现象发生，防止政府公权力的滥用和决策的随意性、短时性，维护被征收人的利益，并有助于减少在征收补偿实施过程中的纠纷，但今后征收补偿的决策过程必然更为繁复和漫长。另外，由于国民经济和社会发展计划须经当地人大审议通过，这意味着人大对征收的监督得到强化。2. 对政府征收决定不服的，可以申请行政复议或提起行政诉讼，确立了对行政征收行为不服的司法救济途径，也体现了依法行政的要求。

第五，进一步明确征收补偿的原则、标准和范围。1. 补偿内容更加统一，增加了对被征收人的补助和奖励。征收与补偿条例对拆迁条例中的补偿内容进行了梳理和总结，并采纳了原来部分地方的立法实践和操作，增加了对被征收人给予补助和奖励的规定，进一步明确了被征收人对房屋补偿方式的选择权，还强化了对停产、停业的补偿，为停产停业补偿提供参考依据。2. 对补偿的标准明确为不得低于房屋征收决定公告之日被征收房屋类似房地产的市场价格。征收与补偿条例对补偿标准作出明确的下限要求，并提供了对评估结果异议的救济渠道，意味着今后补偿金额的确定有了更为明确、更具操作性的依据，征收人不能随意定价。3. 作出房屋征收决定前，应依法对征收范围内未经登记的建筑进行调查、认定和处理；作出征收补偿决定前，对违法建筑和超期建筑进行调查登记和认定，为征收与补偿条例的新增程序。将对违法建筑的认定置于征收实施前，有利于减少补偿过程中认定的随意性和争议。4. 房屋征收应当先补偿后搬迁。征收与补偿条例强调了"先补偿、后搬迁"的原则，意味着落实补偿是实施搬迁的必要前置程序，如补偿未落实到位的，则不得实行搬迁。

第六，取消行政强制拆迁。新条例取消了拆迁条例中的行政强制拆迁，不得再由政府责成有关部门强制拆迁，仅保留司法强制拆迁，这是征收与补偿条例的一大进步和亮点，体现了对行政法规不能设定行政强制执行的立法精神和原则。而且，与拆迁条例相比还存在如下变化：一是申请强制拆迁的时点的变化。拆迁条例中向法院申请强制拆迁的时点是当事人在裁决规定的搬迁期限内未搬迁的，即可申请。

而征收与补偿条例明确为在补偿决定规定的期限不搬迁，且在法定期限内不申请行政复议或者不提起行政诉讼，方可申请强制执行，即在补偿决定生效三个月后方可申请强制执行。若被征收人申请行政复议或（并）提起行政诉讼的，则应在复议诉讼程序终结后，方可申请强制执行，通常是在补偿决定生效半年后。二是申请人的主体发生了变化，由房屋拆迁管理部门提升为市、县级人民政府。三是明确了申请强制执行的相关材料，即应当附具补偿金额和专户存储账号、产权调换房屋和周转用房的地点和面积等材料。

第七，征收与补偿条例的其他主要变化。征收与补偿条例新增了对被征收人的住房保障的有关规定，专条规定了困难户的安置问题，且将该等规定置于"补偿"章节的第2条、第18条位置，彰显了立法机关对弱势群体的关注，充分体现了物权法中征收个人住宅应当保障其居住条件的精神。这就要求今后政府作出征收决定前需要同时考虑住房保障的因素。

同时，需要指出的是，上述征收与补偿条例中明确的一些新制度、新原则实际上在部分城市地区已先行先试，征收与补偿条例在执行和实施上具有一定的实践基础，易于被各地方政府较快地接受、理解和适用。

从以上可以看出，无论是依据《城市房屋拆迁管理条例》还是依据《国有土地上房屋征收与补偿条例》，注销不动产登记都无须按交易方式缴纳相关税费。正确的做法应当是，在原户主及家庭成员按约定被安置或得到拆迁补偿款，原房屋被拆迁后，由原户主依不动产登记条例及其实施细则的规定，到相关不动产登记机关申请该不动产的注销登记。

《民法典》第209条规定："不动产物权的设立、变更、转让和消灭，经依法登记，发生效力；未经登记，不发生效力，但是法律另有规定的除外。"第214条规定："不动产物权的设立、变更、转让和消灭，依照法律规定应当登记的，自记载于不动产登记簿时发生效力。"

案例47

名为购地建房，实为开发商偷税漏税

基本案情

2001年10月15日，张三购买了江西A房地产开发有限公司（以下简称"A

公司")的商品房，面积255平方米，毛坯价格138000元人民币，签订了《住宅小区购地建房协议》，该售房合同未备案，房屋未办妥房产证。

2006年10月29日，张三与万先生、傅女士签订《房屋转让协议》，约定由万先生、傅女士承接张三在以上《住宅小区购地建房协议》中的权利、义务，价格为380000元人民币（包括张三投入的装修款18万元）。同时，张三与A公司解除购房合同，并由万先生、傅女士重新与A公司签订了《住宅小区购地建房协议》。

2008年6月，万先生、傅女士一家接收该房屋并入住。

之后，A公司长时间未给购房人万先生、傅女士办妥房产证。

在万先生、傅女士一再催促下，A公司同意配合万先生、傅女士办理房产证，并出具所需的全部文件。

由于A公司不同意出具购房发票，为办理房产证，万先生、傅女士到江西B地方税务局某分局交税、开具发票。

令人不解的是，江西B地方税务局某分局坚持按"购地自建房"方案办理房产证，不同意收税、不同意开具发票。理由是，A公司与购房人签订的全部是《住宅小区购地建房协议》，大部房屋已办妥了房产证。其认为万先生、傅女士也应当按购地建房方案办理。

由于没有购房发票，也由于当前按"购地建房方案"已属违法，当地房管局无法为万先生、傅女士办理房产证。

法院调解

2014年5月10日，万先生、傅女士将A公司和张三列为共同被告，向县人民法院提起诉讼：一是请求判决确认该房屋所有权归自己所有，二是请求判决二被告配合办理房产证。

经过法院调解，二被告同意确认该房屋归原告万先生、傅女士所有，被告A公司也同意配合原告万先生、傅女士办理房产证，税费由原告自行承担，法院据此出具了民事调解书。

万先生、傅女士凭以上民事调解书，扣除该房屋的装修款18万元，自愿以20万元购房款为基数，到当地B地方税务局某分局缴纳本应由A公司承担的营业税及附加、企业所得税、土地增值税、滞纳金等，缴纳了应由购房人承担的契税，并到房管局缴纳交易手续费、印花税、工本费等费用，办妥了该房屋的房产证。

法律分析

一、关于购地自建房

20世纪八九十年代，在我国的中小城镇，确实存在公民个人向村集体进行所谓的"购地建房"现象。由于当时我国的中小城镇没有"土地储备中心"或"土地开发中心",实践中也不存在所谓的"土地收储"先例。实际操作办法是,公民个人代国土部门向村集体征收土地,支付土地补偿款(老百姓常称为"买地"),将集体土地变为国有土地,再向国土部门缴纳一定的费用(实际上为国有土地使用权出让金)和相关税费,取得该幅国有土地的使用权,然后到城市建设部门办理报批报建手续,缴纳审批费(实际为城市建设配套费),自己请施工队建房,最后办理房屋产权证。

二、关于我国房地产开发的主要法律法规

20 世纪末 21 世纪初,我国相继颁布了《土地管理法》《城市房地产管理法》《城市房地产开发经营管理条例》《城乡规划法》《建筑法》等法律法规。现在来分析,本案中,A 公司违反了以上几乎所有的法律法规的规定,同时也违反了我国税法的相关规定。

三、关于 A 公司的具体违法行为

1. 按规定,A 公司从事房地产开发和经营,必须依法取得国有土地使用权。本案中,A 公司未正式依法取得房地产开发的土地使用权。其让购房人自行承担土地使用权出让金,不符合《土地管理法》、《城市房地产管理法》、《城市房地产开发经营管理条例》、《城镇国有土地使用权出让和转让暂行条例》和其他法律法规的相关规定。

2. A 公司未取得建设用地规划许可证,未取得房地产企业资质证书,未做"小区总体规划"或"小区修建性详细规划",未取得建设工程规划许可证、建筑工程施工许可证、商品房预售许可证等合法手续,因而违反了我国的《城市房地产管理法》《城市房地产开发经营管理条例》《城乡规划法》《建筑法》等法律法规。

3. A 公司将土地使用权出让金、土地使用权出让金契税、审批费、土地测绘费、交易手续费等全部转嫁给购房人,不符合我国相关的法律法规的有关规定。

4. 很明显,A 公司以购房人"购地建房"的方式,变相进行房地产开发和销售,偷逃了国有土地出让阶段的土地使用权出让金、契税、印花税、土地使用税等税费(这些费用本可以合理合法地作为房地产开发经营的成本而转移到房价中),偷逃了报建阶段的市政配套费、招投标费等费用,偷逃了销售阶段的营业税及附加(现为增值税及附加)以及其他费用,偷逃了企业所得税、土地增值税、交易手续费等税、费,是一种典型的偷税漏税行为,应该得到严肃查处。

案例48

拍卖物业的税费承担及产权过户问题

▎基本案情

2005年6月2日,西部某商业银行(现名称"西部某银行股份有限公司",以下简称"西部某银行")与广州某信托投资公司签订《债务和解协议书》,约定广州某信托投资公司以部分现金和部分资产偿还其对西部某银行债务,其中偿债现金1000万元人民币整,偿债资产评估值不低于11000万元人民币,且偿债资产范围和价值应取得双方书面认可。同时,双方在《债务和解协议书》中约定,广州某信托投资公司应于双方出具偿债资产范围和价值确认书之日起60个工作日内,将偿债资产过户至西部某银行名下或按西部某银行要求过户至西某银行指定的单位名下。因偿债资产过户所产生的一切费用,由广州某信托投资公司承担。

2005年7月,西部某银行与广州某信托投资公司签订《偿债资产范围和价值确认书》,双方约定,广州某信托投资公司用以偿债的资产范围和价值分别为:广州市越秀区××街××轩商业大厦二、三层,价值分别是3495.22万元和2452.79万元;广州市保税区××大道××大厦七、八层,价值1598.49万元;增城市荔城镇××建筑材料市场A、B幢,一层价值559.34万元,二层价值193.11万元;广州市保税区××大道临街商业楼二、三层,价值1170.85万元;广州市保税区××汽车展销中心四层,价值1502.90万元。

2011年9月20日,某拍卖有限责任公司在《××日报》A16版刊登《拍卖公告》,公告受西部某银行委托拍卖以上抵债标的。

2011年9月30日,某拍卖有限责任公司在广州市某宾馆举行公开拍卖会,俞先生作为竞拍人竞得以上全部抵债标的,签订了《成交确认书》。成交价为6317万元人民币,其中,广州市越秀区××街××轩商业大厦二层(越秀区××街15号之八202房),建筑面积1395.8592平方米,交易价格人民币18369507元,单价13160元/平方米;广州市越秀区××街××轩商业大厦三层(越秀区××街15号之八301房),建筑面积1465.5734平方米,交易价格人民币18671405元,单价12740元/平方米;广州市保税区××大道××大厦七层(广州保税区××大道199、201号第七层),建筑面积2037.0897平方米,交易价格人民币3907138元,单价1918元/平方米；广州市保税区××大道××大厦八层（广州保税区××大道199、201号第八层），建筑面积1959.3848平方米，交易价格人民币3758100元，单价1918元/平方米；增城市荔城街××建筑材料市场A、B幢，建筑面积3218.58平方米，交易价格人民币2928908元，单价910元/平方米；广州市保税区××大道商品贸易展示街二、三层64间商铺（6段202—205、207、209—218、220等16间，8段202—218、220等18间，14段211—216等6间，14段303、305—316等13间，6段302—309、311等9间，14段302、304等2间），建筑面积3228.16平方米，交易价格人民币7013372元，单价2172.56元/平方米；广州市保税区××汽车展销中心四层，建筑面积4347.74平方米，交易价格人民币8521570元，单价1960元/平方米。

广东省广州市某公证处在拍卖会现场对拍卖行为进行了现场公证，并出具(2011)××广证内经字第×××号《公证书》，证明"本次拍卖活动及拍卖结果真实、合法、有效"。

一、整体拍卖方案

实际上，这是西部某银行的一个不动产资产包的整体转让，其拍卖文件有明确的声明，不单独拍卖和转让，其中：广州市越秀区××街××轩商业大厦二、三层，已取得房屋所有权证。广州市保税区××大厦七、八层，已取得房屋所有权证。增城市荔城镇××建筑材料市场A、B幢一层、二层，已取得房屋所有权证。广州市保税区××大道临街商业楼二、三层，部分已经过"规划验收"[以下简称"过户商铺（一）"]；部分已经过"大确权"，即房屋的初始登记，但未办理产权分割[以下简称"过户商铺（二）"]。广州市保税区××汽车展销中心四层则只完成建筑的封顶和外立面装修，没有完成竣工验收、规划验收和大确权，属于烂尾楼，建筑内部仍为毛坯状态。

二、尽职调查

对现房（无论是已取得产权证的还是未取得产权证的房屋）的尽职调查包括：

1. 认真研究拍卖公告上的所有信息和数据，包括地理位置、总建筑面积和套内使用面积、有无产权证或其他权益证明文件、土地使用权剩余年限、房屋来源和土地使用权的取得方式、拍卖单价、拍卖总价等，为价值分析和盈利测算作准备；

2. 确认现所有权人或享有权益的单位或个人（本案中，房屋所有权证登记的房屋所有权人和其他相关文件上注明的权益人为西部某银行）；

3. 房屋所有权证或其他权益证明文件上的权利人的名称是否经过变更（本案中，房屋所有权人或权益人原名称为"西部某商业银行"，现名称为"西部某银行

股份有限公司",简称"西部某银行");

4. 研究拍卖房屋的《评估报告》;

5. 查看拍卖批准文件;

6. 到房管部门查册,认真查看房屋是否存在抵押、查封和冻结情形(经查,以上已取得房屋所有权证的房屋,没有抵押担保,没有查封和冻结情形);

7. 到房管部门查内档文件,认真查清房屋的来源,以及交易过程中所交的税、费,并复印(盖章)备用;

8. 到房屋现场查看房屋是否空置、是否有人占用、是否有人看守、受让后是否可交吉(本案中,经现场确认,此不动产资产包全部由西部某银行安排了人员看守,内部现状为毛坯,全部空置,受让后可交吉);

9. 向原相关转让单位或开发商了解相关房屋的转让情况、费用结清情况、交接情况、纠纷情况等;

10. 到相关物业服务单位了解物业服务费收费标准,物业报备费的缴纳和欠费情况;

11. 通过各种途径,了解房屋是否缴纳了物业维修基金;

12. 向相关单位(包括西部某银行)、税务部门了解土地使用税和房产税的缴纳和欠费情况;

13. 尽可能通过各种途径查询房屋是否涉诉或涉案。

三、价值分析和盈利预测

参与不动产资产(包)拍卖的竞拍,必须进行价值分析,必须考虑房屋的周边环境和房屋将来的升值空间,必须考虑受让该资产包后如何使用或如何转让,必须进行自行使用或转让的盈利测算,当前的底线是租金收益必须高于银行同期贷款利率水平(实际上是考虑资金的成本问题)。

从此次拟拍卖转让的不动产资产包的价值上说,经过与周边二手房屋的售价比较,越秀区××街××轩商业大厦二层(越秀区××街15号之八202房),建筑面积1395.8592平方米,交易价格人民币18369507元,单价13160元/平方米;广州市越秀区××街××轩商业大厦三层(越秀区××街15号之八301房),建筑面积1465.5734平方米,交易价格人民币18671405元,单价12740元/平方米。此二层房屋属于开发商建设的新房,土地使用、规划、报建、竣工验收和规划验收以及其他各单项验收、产权办理等手续齐全,房屋功能是"餐饮"。这一功能是非常好的,因为规划功能为"餐饮"的房屋,在使用过程中实际上可以作其他用途,如办公、酒店、培训、娱乐等(值得注意的是,如果功能是办公、商业或其他,原则上不能作为餐饮使用,因为没有按餐饮的功能进行设计,也没有相关的排油烟、排污、排气等配套环保设备、设施，也没有设计和配备相应的消防、人防配套设备、设施）。

广州市保税区××大道××大厦七层（广州保税区××大道199、201号第七层），建筑面积2037.0897平方米，交易价格人民币3907138元，单价1918元/平方米；广州市保税区××大道××大厦八层（广州保税区××大道199、201号第八层），建筑面积1959.3848平方米，交易价格人民币3758100元，单价1918元/平方米，规划功能是"办公"，可以自行或者出租作为办公使用。

增城市荔城街××建筑材料市场A、B幢，建筑面积3218.58平方米，交易价格人民币2928908元，单价910元/平方米。此二层房屋也已取得房屋所有权证，位于主干道路边，规划功能是"商业"，可以装修自行使用或者出租经营商业。

以上价格，如果没有参与竞拍的单位或者个人过分地将价格往上抬，也就是说，如果竞买活动不是过于激烈，仅广州市越秀区××街××轩商业大厦二层（广州市越秀区××街15号之八202房）、广州市越秀区××街××轩商业大厦三层（广州市越秀区××街15号之八301房）、广州市保税区××大道××大厦七层（广州保税区广保大道199、201号第七层）、广州市保税区××大道××大厦八层（广州保税区××大道199、201号第八层）、增城市荔城街××建筑材料市场A、B幢，以上三处房屋的价值足以超过拍卖起始价。

而广州市保税区××大道临街商业楼二、三层（已经过规划验收和大确权，即房屋的初始登记，但未办理产权分割），规划功能是"商业、办公"，可以临时作为商业或办公使用。广州市保税区××汽车展销中心四层（只完成建筑的封顶和外立面装修，没有完成竣工验收、规划验收和大确权，属于烂尾楼，建筑内部仍为毛坯状态），此房屋功能是"仓储"，可以出租作为仓库使用。此两处暂未取得产权的房屋，就算作白送，或者理解为参加此次拍卖活动的收益。

所以，无论怎样计算，这个不动产资产包是值得受让的。

四、风险控制

受让不动产资产（包）的风险主要包括价值风险、欠税及滞纳金风险、房屋被出租或被人侵占、房屋产权过户可能存在的障碍、与第三人可能存在的争议或者纠纷、转让方或第三方不配合办理产权过户的可能性、有诉讼或仲裁等，对这些方面的风险都要考虑或进行评估，防患于未然。

首先，对于价值评估，需要投资者和受让方自己进行市场比较，自行做功课。其次，对于欠税或者欠滞纳金的问题，需要询问转让方、认真审阅《评估报告》、到相关税务部门进行咨询和了解，最主要的是要弄清楚土地使用税和房产税的缴纳和欠缴情况。然后就是要估算企业所得税和土地使用税这两大块税务负担可能的额度。再次，对于房屋现场情况，潜在的争议和纠纷，需要到实地向周边邻居调查和了解，配合转让方的介绍和陈述等信息进行评估。最后，对于转让方而言，如果是国有企业、金融机构、大型企业集团等单位，潜在的风险会少一些，因为转让方如果要转让资产（包），会由具体部门和人员负责办理和跟进，该披露的信息和风险都会披露，这些部门和人员一般不会刻意隐瞒，以免徒增麻烦。因此，凡是国有企业、金融机构、大型企业集团或者其他大型机构拟转让的资产（包），只要受让方稍微细心和谨慎，风险是可控的。

五、房屋交接和产权办理

对于房屋转让和受让方产权的办理：第一，要做的基础工作是，先准备好西部某银行的经营许可证和营业执照，原则上只需要副本，但不同部门的要求可能会不一致，稳妥起见，证、照正、副本都准备好复印件并盖单位公章；同时，准备好银行的上级主管部门（国资委、上级银保监部门）批准同意转让资产的文件复印件（盖单位公章）；另外，授权自然人办理产权过户的《授权委托书》、拍卖《成交确认书》复印件（准备原件以备核对）；受让人、代理人身份证复印件等文件和资料。

第二，到西部某银行登记的工商局（市场监督管理局）申请一份西部某银行前后名称变更的证明。

第三，准备好房产证原件、复印件，并到相应房管部门领取相关材料，如实填写，并寄回西部某银行盖单位公章。

第四，由房屋登记部门发函到公证处，核实《公证书》的真实性。

第五，到房屋登记部门（相关房管局）填写一份不征契税事项界定申请表，要求相应税务部门确认名称变更无须缴纳营业税的《不予征税证明》和无须缴纳契税的《免征契税证明》，地税部门根据相关税法的规定，认定该单位在变更名称过程中房屋、土地权属没有发生转移，"不征营业税""不征收契税"。

第六，找出相应房屋的前手交易的发票和纳税凭证，如果没有发票和纳税凭证，则需要对相应房屋进行重置成本的评估，为到国税部门缴纳土地增值税抵扣作准备。

第七，将按要求准备的房屋过户的所有材料和文件，包括房屋所有权证原件，提交给不动产登记部门，获取相应回执。

1. 对于广州市越秀区××街××轩商业大厦二层（广州市越秀区××街15号之八202房）、广州市越秀区××街××轩商业大厦三层（广州市越秀区××街15号之八301房），办理房屋产权过户相对比较顺利。申请过户前，双方需要共同填写《房地产转移登记申请书》《房地产交易与权属登记询问记录表》《存量房网上交易价格自行申报表》，然后将在不动产登记机关查询并复制的此房屋档案中保存的前一手过户时的不动产买卖发票进行审核，经核定，营业税（现增值税）及附加约 5.7%；由于以上房屋"经房管部门评估计算二手房产转让无增值"，地方税务部门出具了《土地增值税纳（免）税证明》，以上房屋交易属免税范围的房地产，无须缴纳土地增值税。其他为买方契税 3%、交易手续费 8 元/平方米、印花税、工本费等，（在国税地税部门）交完税费之后，约 20 个工作日即取得新的房屋所有权证。

2. 对于广州市保税区××大道××大厦七层（广州保税区××大道 199、201 号第七层）、广州市保税区××大道××大厦八层（广州保税区××大道 199、201 号第八层），办理房屋产权过户手续比较麻烦。地税部门的手续基本一致，但国税部门的手续较复杂，除缴纳土地增值税外，还被要求缴纳比较多的企业所得税，无论如何解释和说明，该国税局相关人员都表示，除非西部某银行能出具本地的《外出经营证明》，否则必须在本地缴纳企业所得税。然而，经咨询西部某银行，其不可能出具《外出经营证明》，因为除非经中国人民银行批准到外地设立分行、支行，该银行不被允许到外地"经营"，经到注册登记地的相应国税部门咨询，答复是没有出具银行《外出经营证明》的先例。最终，俞先生按相应国税局的要求，缴纳了一笔不菲的企业所得税，才得以办妥了新的房屋所有权证，而实际上，该企业所得税完全不用在本地缴纳，而是由西部某银行综合其业绩和企业所得，到注册登记地的国税部门缴纳。

3. 对于增城市荔城街××建筑材料市场 A、B 幢，办理房屋所有权证也颇为曲折。一是土地增值税，二是企业所得税，三是房产税和土地使用税及滞纳金，计算之后，的确不少。最终房屋产权证已办妥。

4. 关于广州市保税区××大道商品贸易展示街二、三层 64 间商铺，由于刚刚办妥竣工验收、规划验收以及各项目专业验收，正办理房屋的初始登记，所以，短时间内没有办妥房屋所有权证。此时，原开发商也不愿意配合俞先生办理产权过户手续。经梳理，该 64 间商铺的权益流转情况如下：（1）（1998）×法执公字第 3、第 4、第 5、第 6、第 7 号广州××区人民法院民事裁定书裁定将广保国际集团有限公司所有的，坐落在广州保税区商品贸易展示街××大道的铺面房，共 197 套［内含过户商铺（一）］，面积共 9937.18 平方米的房产所有权，转给中国华融资产管理公司广州办事处（以下简称"华融公司"）；（2）（1998）穗开法执公字第 8 号广州××区人民法院民事裁定书裁定将广保国际集团有限公司所有的，坐落在广州保税区商品贸易展示街××大道的铺面房，共 21 套［内含过户商铺（二）］，面积共 1103.88 平方米的房产所有权，转给华融公司；（3）华融粤授〔2005〕号《授权委托书》授权广州安振贸易有限公司（以下简称"安振公司"）对过户商铺（二）的权益进行处置；（4）华融粤授〔2006〕号《授权委托书》授权安振公司对过户商铺（一）的权益进行处置；（5）安振公司与西部某银行股份有限公司签订《房屋权益转让协议》，代华融公司将过户商铺的权益转让给西部某银行股份有限公司；（6）2011年9月30日，某拍卖有限责任公司在广州市某宾馆举行公开拍卖会，俞先生作为竞拍人竞得包括广州市保税区××大道临街商业楼二、三层（3228平方米）在内的整体标的，签订了《成交确认书》。广东省广州市某公证处在拍卖会现场对拍卖行为进行了现场公证，并出具（2011）××广证内经字第115354号《公证书》，证明"本次拍卖活动及拍卖结果真实、合法、有效"。

从以上房屋权益流转的过程可以看出，(1998) ×法执公字第3、第4、第5、第6、第7号广州××区人民法院民事裁定书裁定将广保国际集团有限公司所有的，坐落在广州保税区商品贸易展示街××大道的铺面房，共197套［内含过户商铺（一）］，面积共9937.18平方米的房产所有权，转给华融公司。(1998) 穗开法执公字第8号广州××区人民法院民事裁定书裁定将广保国际集团有限公司所有的，坐落在广州保税区商品贸易展示街××大道的铺面房，共21套［内含过户商铺（二）］，面积共1103.88平方米的房产所有权，转给华融公司。虽然当时没有取得房屋所有权证，但有法院的民事裁定书，根据我国法律的相关规定，属于房屋所有权的转移，应当按房屋买卖的有关规定缴纳相应的税、费。而在此之后的几次"产权转移"的过程中，因为没有司法文书判定产权转移，只能算作权益或债权的转移，不能认定为房屋产权的转移，无须每次"产权转移"都缴纳一次房屋交易的税费。最终，俞先生也没有办妥该批商铺的房屋所有权证，而是按现状再一次将该64个商铺转让给他人。

5. 对于广州市保税区××汽车展销中心四层，由于整栋大楼没有办理竣工验收、规划验收和各单项专业验收，只能看作是烂尾工程。像这个标的物业，由于开发商处于破产状态，并拖欠工程款，承包单位不愿意继续完善各项验收手续，在这种情况下，最好的办理方法是俞先生和其他楼层的权益人共同出资，将本栋大楼的各项验收工作完成，办妥初始登记，再将每层房屋产权进行分割，最终办理房屋所有权证。和上面一样，俞先生没有办妥该批商铺的房屋所有权证，而是按现状再一次将该第四层房屋转让给他人。

在办理以上房屋产权过户给俞先生的过程中，俞先生发现，广州某信托投资公司房屋权益转让给华融公司的过程中，双方没有按抵债协议确定的价值申报纳税和开具发票，而是按以下交易金额申报纳税和开具发票：越秀区××街15号之八202房19998312元；越秀区××街15号之八301房11513113元；增城市荔城镇××建筑材料市场A、B幢交易价格确定为3942279.00元（未开具不动产销售发票）；广州保税区××大道 199、201 号第七层 1833380.00 元；广州保税区××大道 199、201 号第八层 1665477.00 元。

按照我国有关销售不动产缴交营业税、土地增值税的规定，营业税（现为增值税）是以交易价格，扣除上一手发票价格（另加契税额），以 5% 及附加合计约为 5.7% 的税率计征的；土地增值税也是以交易价格，扣除上一手发票价格（另加契税额），按四级累进税率即分别按增值额的 30%、40%、50% 和 60% 计征。

由于广州某信托投资公司未按抵债价值申报纳税和开具正式不动产销售统一发票，俞先生缴纳越秀区××街 15 号之八 202 房、301 房营业税及附加 852161.86 元，土地增值税 1995164.00 元；增城市荔城镇××建筑材料市场 A、B 幢营业税及附加 166947.76 元，土地增值税 146445.40 元；广州保税区××大道 199、201 号第七层营业税及附加 175159.18 元，土地增值税 494008.37 元；广州保税区××大道 199、201 号第八层营业税及附加 171122.87 元，土地增值税 526877.13 元。以上合计营业税和土地增值税为 4527886.57 元。

法律分析

这个不动产资产（包）的拍卖和产权过户，是一个非常好的案例，其中的不动产包括一部分已取得房屋所有权证的标的物，一部分是未取得房屋所有权证的商业物业（商铺），最后一部分是尚未办理竣工验收、规划验收和各项专业验收的"烂尾楼"。对于收购不动产资产，具有很好的参考价值。

对于已取得产权证的不动产物业的拍卖过户，不动产登记机关需出具此房屋档案中保存的前一手过户时的不动产买卖发票，经核定，营业税（现增值税）及附加约 5.7%；同时经房管部门评估计算二手房产转让有无增值，地方税务部门出具《土地增值税纳（免）税证明》，按房屋是否增值确定是否需要缴纳土地增值税。其他为买方契税 3%、交易手续费 8 元/平方米、印花税、工本费等。

对于没有取得房屋所有权证的房屋，如果有法院的民事裁定书，根据我国法律的相关规定，属于房屋所有权的转移，应当按房屋买卖的有关规定缴纳相应的税、费。而在此之后的几次"产权转移"的过程中，因为没有司法文书判定产权转移，因此，只能算作权益或债权的转移，不能认定为房屋产权的转移，无须每次"产权转移"都缴纳一次房屋交易的税费。

而对于没有办理竣工验收、规划验收和各单项专业验收的建筑物，只能看作是烂尾工程。像这样的物业，最好的处理办法是继续将该未验收的物业的各项验收工作完成，办妥初始登记，再将每层房屋产权进行分割，最终办理房屋所有权证。

值得注意的是，办妥房屋所有权证（现为不动产权证）后，如原房屋产权人缴纳了房屋维修基金，不应当忘记还要持原房屋所有权证复印件、新房屋所有权证（不动产权证）复印件（原件核对）以及此次的交易证明文件、双方的主体身份证明复印件（原件核对），到相关银行将房屋的"房屋维修基金账户（卡）"进行过户。

关于拍卖不动产的税费承担问题，国家税务总局 2020 年 9 月 2 日在《对十三届全国人大三次会议第 8471 号建议的答复》第 1 条"关于取消不动产司法拍卖公告中由买方承担税费的转嫁条款，统一改为'税费各自承担'的建议"是这样答复的："您提出的拍卖不动产的税费按照规定由'买卖双方各自负担'的建议，是一种较为合理的做法。根据税收征管法第四条规定，法律、行政法规规定负有纳税义务的单位和个人为纳税人。即单位或个人发生经济行为，按照法律、行政法规规定负有纳税义务，则该单位或个人属于法定的纳税人，应依法履行纳税义务。各税种单行法律及暂行条例也对不动产转让环节的各项税费和纳税主体作出了明确规定。""2016 年 8 月 2 日公布、2017 年 1 月 1 日施行的《最高人民法院关于人民法院网络司法拍卖若干问题的规定》对财产处置环节的税费负担问题作出了明确规定，其中第六条规定，确定拍卖保留价、保证金的数额、税费负担等是人民法院应当履行的职责；第十三条规定，人民法院应当在拍卖公告发布当日通过网络司法拍卖平台公示拍卖财产产权转移可能产生的税费及承担方式；第三十条规定，因网络司法拍卖本身形成的税费，应当依照相关法律、行政法规的规定，由相应主体承担，没有规定或者规定不明的，人民法院可以根据法律原则和案件实际情况确定税费承担的相关主体、数额。""我局和最高人民法院赞同您关于税费承担方面的建议，最高人民法院将进一步向各级法院提出工作要求：一是要求各级法院尽最大可能完善拍卖公告内容，充分、全面向买受人披露标的物瑕疵等各方面情况，包括以显著提示方式明确税费的种类、税率、金额等；二是要求各级法院严格落实司法解释关于税费依法由相应主体承担的规定，严格禁止在拍卖公告中要求买受人概括承担全部税费，以提升拍卖实效，更好地维护各方当事人合法权益。"

相信在不动产司法拍卖的税务承担方面，今后会更加清晰、明朗、公平、合理。

第八编

345—376

物 业

案例 49

物业租赁纠纷

基本案情

原告某物业公司诉称，2012年6月，原告、被告签订了《租赁协议》，约定被告承租上海市杨浦区杨树浦路×××号（121地块）内约3900平方米场地，同时约定原告提前15天有合同解除权。2012年12月10日，原告书面向被告加猛回收站告知《租赁协议》于2012年12月31日终止，被告对函件也予以了确认签收，但被告拒不搬离并腾退房屋，故起诉至法院要求判令：1. 被告立即腾出所租赁的杨树浦路×××号场地（121地块）；2. 被告支付自2013年1月1日起至实际腾退之日止，按照每月人民币（以下所涉币种均为人民币）28080元标准计算的场地占用费。

被告加猛回收站辩称，不同意原告诉讼请求，原告、被告之间仅存在租金关系，不存在使用费问题，双方的合同并未解除，故不存在腾退问题。原告主张场地使用费超过了1年的诉讼时效。原被告的合同自2013年6月9日到期后已经终止，不存在向原告支付租金的问题，而是被告与上海A房地产开发有限公司之间的口头租赁约定。

法院判决

一审法院经审理查明，2002年4月27日，上海市杨浦区土地发展中心与上海A房地产开发有限公司签订《关于腾越路×××号地块移交协议书》，约定甲方将腾越路×××号（地籍编号为杨浦区121街坊10丘）的土地使用权移交给乙方管理……原告某物业公司接受上海A房地产开发有限公司的委托对上海市杨浦区杨树浦路×××号（121地块）场地进行出租及管理，委托期限自2008年1月1日起至2018年1月1日止。

2012年6月6日，原告某物业公司（签约甲方）与被告加猛回收站（签约乙方）签订《租赁协议》，约定甲方将上海市杨浦区杨树浦路×××号内的部分场地约3900平方米租赁给乙方使用；乙方在上述区域内仅开展废旧钢材仓储的经营活动，不能擅自改变用途，否则视为违约；租赁期限为1年，自2012年6月10日起至2013年6月9日止，期满后，乙方如需续租，必须提前一个月向甲方提出书面申请，并在同等条件下享有优先权；双方一致同意，甲方在租赁期间具有无条件单方面终止协议的权利，但甲方必须提前15天书面通知乙方，通知地址为杨浦区定海路×××号，该地址由乙方提供，甲方邮寄该地址，只需具有邮寄凭证，即视为乙方收到，若甲方提前终止协议，将不承担任何违约责任，也不需要向乙方支付任何赔偿金；租金自2012年6月10日至2013年6月9日每月28080元，每半年支付一次，即168480元，押金人民币84240元，租赁期满后10个工作日内甲方无息返还乙方，押金与租金同时支付，支付方式按先付后租的原则，乙方必须在每期租赁期满最后一个月的第一天向甲方支付下一个租赁期的租金，逾期支付按每天5%支付违约金，逾期15天，按自动解约处理；乙方承诺协议终止后（包括提前终止），半个月将全部物品无条件搬离，否则将全部作为遗弃物由甲方处置……

2012年12月10日，原告某物业公司向被告加猛回收站发出《终止租赁协议通知书》，载明杨树浦路×××号内3900平方米场地因开发商将进入开发建设程序，故依照《租赁协议》约定，特通知双方2012年6月6日签订的《租赁协议》将于2012年12月31日终止，请被告于2012年12月31日之前清场离开，原样归还租赁场地。

诉讼中，原、被告一致确认被告的租金支付至2013年12月9日止，被告支付房屋押金84240元。

以上事实，由原告提供的《租赁协议》、《终止租赁协议通知书》、照片、委托书、《关于腾越路×××号地块移交协议书》及原告、被告的陈述等证据予以佐证，并经庭审质证，一审法院予以确认。

一审法院认为：租赁期限届满，被告应当返还租赁房屋。现原告要求被告腾退租赁的场地并支付使用期间的场地使用费，于法有据，本院予以支持。依据《民法通则》的规定，诉讼时效应当从当事人知道或者应当知道其权利受到侵害之日起计算。约定分期支付租金的，每一期租金都有各自产生的时间，都是一笔独立的债，承租人只要未在约定的时间内履行该笔债务，即侵害了出租人关于该笔租金享有的权利，诉讼时效应从出租人知道或者应当知道承租人欠交租金或者拒付租金之日起计算，适用1年的诉讼时效。原告没有提供证据证明其在被告不完全履行支付义务时向被告进行了催讨，从而发生时效中断的事宜，故被告加猛回收站辩称原告已超过1年诉讼时效，本院予以采纳。为避免当事人诉累，本院对押金一并处理，原告应于被告搬离之日返还被告租房押金。被告辩称其实际与案外人上海A房地产开发有限公司建立的口头的租赁合同关系，并无证据证明，本院不予采纳。

据此，依照《合同法》第 235 条之规定，判决：1. 被告加猛回收站应于本判决生效之日起 20 日内腾退、搬离向原告某物业公司承租的上海市杨浦区 121 街坊 10 丘（租赁协议约定的杨树浦路×××号）场地；2. 被告加猛回收站应于本判决生效之日起 20 日内支付原告某物业公司自 2014 年 5 月 12 日起至实际搬离之日止按每月人民币 28080 元标准计算的场地使用费；3. 原告某物业公司应于本判决生效之日起 20 日内返还被告加猛回收站房屋押金 84240 元。

原审法院判决后，加猛回收站（上诉人）不服，向二审法院提起上诉称，涉案场地的土地登记的权利人为"上海市第十二棉纺织厂"，原审法院未查清土地权属问题。按照原审认定，本案场地的出租主体和权利主体应当是上海 A 房地产开发有限公司，但上海 A 房地产开发有限公司没有参加诉讼，致使本案事实无法查清。实际上上海 A 房地产开发有限公司、被上诉人都是无权代理。在本案土地权属不清的前提下，原审法院判决上诉人与被上诉人之间的租赁合同合法有效，与国家法律法规明显相悖，租赁合同应是无效。上诉人在场地内生产经营多年，添置了大量生产设备，存在大量经济损失。上诉人要求撤销原判，依法改判或者发回重审。

某物业公司（被上诉人）辩称，土地权属问题不影响租赁关系的成立。因租赁合同已经期满，故其有权要求上诉人返还场地。被上诉人要求驳回上诉人的上诉请求，维持原判。

二审法院经审理查明，原审法院查明的事实无误，予以确认。

二审法院认为：根据本案查明事实，上海 A 房地产开发有限公司依据其与上海市杨浦区土地发展中心签订的协议书取得系争土地使用权后，委托被上诉人对系争场地进行出租及管理，故被上诉人据此与上诉人签订《租赁协议》并无不当。合同法规定，租赁期间届满，承租人应当返还租赁物。根据本案查明事实，上诉人与被上诉人之间的租赁合同已经到期，故被上诉人要求上诉人迁出租赁场地理由正当，应予支持。上诉人还应支付搬离之前的房屋使用费。原审法院根据查明事实所作判决并无不当，本院予以维持。上诉人的上诉理由不能成立，本院对其上诉请求不予支持。依照《民事诉讼法》第 170 条第 1 款第（一）项之规定，判决：驳回上诉，维持原判。

法律分析

本案中，与国土部门签订国有土地使用权出让合同，缴纳土地使用权出让金，并取得国有土地使用权的是上海 A 房地产开发有限公司。由于上海 A 房地产开发有限公司暂时委托某物业公司对案涉土进行管理，并授权某物业公司以自己的名义对外短期出租，没有违反我国法律、法规的强制性规定。

《合同法》第 235 条规定："租赁期间届满，承租人应当返还租赁物。返还的租赁物应当符合按照约定或者租赁物的性质使用后的状态。"第 236 条规定："租赁期间届满，承租人继续使用租赁物，出租人没有提出异议的，原租赁合同继续有效，但租赁期限为不定期。"

由于租赁期限届满，原告不同意继续出租，被告应当返还租赁土地和房屋，现原告依约要求被告腾退租赁的场地和房屋并支付使用期间的场地使用费，完全符合法律的规定，被告拒不腾退租赁的场地和房屋，毫无道理。

因此，一审法院和二审法院的判决是正确的。

案例50

楼顶渗水修缮费用承担问题

基本案情

20 世纪 90 年代初，张先生和王先生所任职的单位集资建设住宅楼，该项目合计共有两栋单体楼（4 个单元），两栋楼合计 32 套房。

单位分配张先生入住其中一栋楼的第四层 401 房，即是住宅楼的顶层；王先生第三层 301 房。

由于当时的楼层是用预制块拼合而成，未认真做好防水，因此，每逢下雨天，屋顶便渗水至张先生家，再从张先生的家进一步渗水至王先生家。多年来，张先生和王先生一直饱受屋顶渗水的困扰。由于当时的单位集资建房没有缴纳住房维修基金，所以张先生自费对屋顶进行维修，多次维修后效果仍不理想。之后，王先生反复催促张先生进行维修。

在某次修缮过程中，张先生与王先生共同出资，聘请第三方维修单位对屋顶进行修缮，其中由张先生承担 900 元，王先生承担 300 元。此过程中，王先生指责张先生，认定三楼的水是从张先生的四楼渗下的，张先生应当对渗水问题负全责，并且，屋顶在张先生的四楼上盖，也应当由张先生出资负责维修。而张先生则认为，自己 20 多年来一直对屋顶进行维修，承担了几乎全部维修费用。且屋顶是本栋住宅楼 16 户业主共有的，应当由 16 户业主共同承担维修责任。

随后，王先生向人民法院提起诉讼，请求法院判决张先生返还其承担的 300 元屋顶维修费用。张先生则提起反诉，请求法院判决王先生赔偿张先生的误工费等损失30000元。

法院调解

由于本案屋顶渗水涉及整栋楼的其他14户业主，法院遂通知要求王先生追加其他14户业主作为本案的共同被告，而张先生则请求法院将该14户业主作为无独立请求权的第三人参加诉讼。

经过法院调解，张先生、王先生最终同意各自出资2000元，聘请第三方维修单位对该楼房屋顶进行修缮，王先生撤回本诉，张先生撤回反诉。

法律分析

《物权法》第70条规定："业主对建筑物内的住宅、经营性用房等专有部分享有所有权，对专有部分以外的共有部分享有共有和共同管理的权利。"第72条规定："业主对建筑物专有部分以外的共有部分，享有权利，承担义务；不得以放弃权利而不履行义务。"《最高人民法院关于审理建筑物区分所有权纠纷案件具体应用法律若干问题的解释》（2009年）第3条规定："除法律、行政法规规定的共有部分外，建筑区划内的以下部分，也应当认定为物权法第六章所称的共有部分：（一）建筑物的基础、承重结构、外墙、屋顶等基本结构部分，通道、楼梯、大堂等公共通行部分，消防、公共照明等附属设施、设备，避难层、设备层或者设备间等结构部分；（二）其他不属于业主专有部分，也不属于市政公用部分或者其他权利人所有的场所及设施等。""建筑区划内的土地，依法由业主共同享有建设用地使用权，但属于业主专有的整栋建筑物的规划占地或者城镇公共道路、绿地占地除外。"

从以上法律规定可以看出，屋顶和外墙都是属于全体业主共同所有的部分，不属于部分业主专有。

《物权法》第76条规定："下列事项由业主共同决定：……（二）制定和修改建筑物及其附属设施的管理规约……（五）筹集和使用建筑物及其附属设施的维修资金……"第79条规定："建筑物及其附属设施的维修资金，属于业主共有。经业主共同决定，可以用于电梯、水箱等共有部分的维修。维修资金的筹集、使用情况应当公布。"第80条规定："建筑物及其附属设施的费用分摊、收益分配等事项，有约定的，按照约定；没有约定或者约定不明确的，按照业主专有部分占建筑物总面积的比例确定。"第96条规定："共有人按照约定管理共有的不动产或者动产；没有约定或者约定不明确的，各共有人都有管理的权利和义务。"第97条规定："处分共有的不动产或者动产以及对共有的不动产或者动产作重大修缮的，应当经占份额三分之二以上的按份共有人或者全体共同共有人同意,但共有人之间另有约定的除外。"第98条规定:"对共有物的管理费用以及其他负担,有约定的,按照约定;没有约定或者约定不明确的,按份共有人按照其份额负担,共同共有人共同负担。"第102条规定:"因共有的不动产或者动产产生的债权债务,在对外关系上,共有人享有连带债权、承担连带债务,但法律另有规定或者第三人知道共有人不具有连带债权债务关系的除外;在共有人内部关系上,除共有人另有约定外,按份共有人按照份额享有债权、承担债务,共同共有人共同享有债权、承担债务。偿还债务超过自己应当承担份额的按份共有人,有权向其他共有人追偿。"

2021年1月1日起施行的《民法典》承继了我国《物权法》的基本原则,其第271条规定:"业主对建筑物内的住宅、经营性用房等专有部分享有所有权,对专有部分以外的共有部分享有共有和共同管理的权利。"第273条规定:"业主对建筑物专有部分以外的共有部分,享有权利,承担义务;不得以放弃权利为由不履行义务。"第278条规定:"下列事项由业主共同决定:……(五)使用建筑物及其附属设施的维修资金;(六)筹集建筑物及其附属设施的维修资金;(七)改建、重建建筑物及其附属设施;(八)改变共有部分的用途或者利用共有部分从事经营活动;(九)有关共有和共同管理权利的其他重大事项。""业主共同决定事项,应当由专有部分面积占比三分之二以上的业主且人数占比三分之二以上的业主参与表决。决定前款第六项至第八项规定的事项,应当经参与表决专有部分面积四分之三以上的业主且参与表决人数四分之三以上的业主同意。决定前款其他事项,应当经参与表决专有部分面积过半数的业主且参与表决人数过半数的业主同意。"

《民法典》第307条同时规定:"因共有的不动产或者动产产生的债权债务,在对外关系上,共有人享有连带债权、承担连带债务,但是法律另有规定或者第三人知道共有人不具有连带债权债务关系的除外;在共有人内部关系上,除共有人另有约定外,按份共有人按照份额享有债权、承担债务,共同共有人共同享有债权、承担债务。偿还债务超过自己应当承担份额的按份共有人,有权向其他共有人追偿。"

通过本案可以看出,屋顶属于公共部位,所有权属于全体业主,维修责任也属于全体业主。

案例 51

露台、平台、下沉式庭院、小花园、地下室、架空层的归属和使用问题

▎基本案情

北京某楼盘开发商为了促进房屋销售，在售房时口头承诺将相应部分地下室赠送给地下室之上一层的购房人，并提高相应房价。

钱女士就是购房人之一，其于2016年11月购买了该楼盘某栋一单元一层，签订了《北京市商品房预售合同》。该一层属于开发商售房时的"样板房"，收房时除作为展示品的家什、家电由开发商搬走外，房屋的其他固定设备设施，包括装修均予以保留。同时，开发商将该一层的地下室，包括该一层通往地下室的楼梯、地下室的房间装修、洗浴及卫生设施一并移交给钱女士。

2017年间，开发商及其委托的前期物业服务公司先后派人与钱女士交涉，要求其腾空地下室，并声称该地下室属于"设备用房"，所有权属于开发商。双方因协商未果，最终开发商及物业服务公司派人打砸该地下室、洗浴及卫生设施。

2018年5月，开发商到法院起诉，请求：判令钱女士腾退其占用的地下室设备用房，并将其对房屋擅自装修部分进行拆除和还原；判令钱女士承担设备用房与地面开口的封闭、窗井的拆除、封闭、绿化以及隔墙的恢复费用；判令钱女士承担因其违约给原告造成的经济损失共计580万元；判令钱女士承担本案的诉讼费用。

▎法院判决

一审法院认为，开发商开发规划时，是将钱女士占用的地下室设计为设备用房，从报建图、施工图等可以看出。但实际上，该栋楼房的竣工图却没有显示该地下室属于设备用房，并且开发商也并没有将其用作设备用房，而是作为地下室移交给了钱女士使用，所有施工、装修的费用全部由开发商承担，包括从钱女士一层的房屋通往该地下室的通道，也是开发商预留和交付给钱女士的，该栋楼房的竣工图也显示出了从钱女士一层的房屋通往该地下室的通道，这说明该地下室根本不是设备用房。因此，认定开发商要求钱女士腾退其占用的地下室设备用房，并将对房屋

装修部分进行拆除和还原的诉讼请求没有事实依据和法律依据，因此，判决驳回了原告开发商的全部诉讼请求。

法律分析

对于露台、平台、下沉式庭院、小花园、地下室的利用，多见于低建设密度的别墅类高档住宅小区，然而多年来，我国已严控或停止了低密度别墅类高档住宅的审批。

一、相关政策

2003年2月18日，《国土资源部关于清理各类园区用地、加强土地供应调控的紧急通知》（国土资发〔2003〕45号）第4条规定："停止别墅类用地的土地供应"，这意味着我国短期内不再审批别墅的开发建设。

2003年8月，《国务院关于促进房地产市场持续健康发展的通知》（国发〔2003〕18号）再次提出要控制高档商品房建设。

2005年5月9日，《国务院办公厅转发建设部等部门关于做好稳定住房价格工作意见的通知》（国办发〔2005〕26号）要求："各地城市规划行政主管部门要在符合城市总体规划的前提下，根据当地政府确定的中低价位普通商品住房和经济适用住房的建设需求，加快工作进度，优先审查规划项目，在项目选址上予以保证。同时，要严格控制低密度、高档住房的建设。""各地区要在严格执行土地利用总体规划和土地利用计划的前提下，根据房地产市场变化情况，适时调整土地供应结构、供应方式及供应时间，对居住用地和住房价格上涨过快的地方，适当提高居住用地在土地供应中的比例，着重增加中低价位普通商品住房和经济适用住房建设用地供应量。要继续停止别墅类用地供应，严格控制高档住房用地供应。"

我国2005年发布的《产业结构调整指导目录》将"别墅类房地产开发项目"归入第二类"限制类"。

2006年5月24日，《国务院办公厅转发建设部等部门关于调整住房供应结构稳定住房价格意见的通知》（国办发〔2006〕37号）要求："继续停止别墅类房地产开发项目土地供应，严格限制低密度、大套型住房土地供应。"

2006年5月30日，《国土资源部关于当前进一步从严土地管理的紧急通知》（国土资电发〔2006〕17号）要求："严格限制低密度、大套型住房的土地供应。坚决执行停止别墅类房地产开发项目土地供应的规定，从即日起，一律停止其供地和办理相关用地手续，进行全面清理。""各省、自治区、直辖市要认真组织开展对以租代征违法用地、闲置土地和别墅用地的清理，重点是对《国务院关于深化改革严格土地管理的决定》下发以来发生的各类违法违规用地的清理。对清理出的问题，要严肃处理，认真整改，并于2006年10月底前，将清理情况特别是查处结果向国土资源部作出报告。国土资源部将会同有关部门加强监督检查。"

2006年12月12日,《国土资源部、国家发展和改革委员会关于发布实施〈限制用地项目目录（2006年本）〉和〈禁止用地项目目录（2006年本）〉的通知》（国土资发〔2006〕296号），将"别墅类房地产开发项目"归入"禁止用地项目目录"范围。

2012年5月23日,《国土资源部、国家发展和改革委员会关于发布实施〈限制用地项目目录（2012年本）〉和〈禁止用地项目目录（2012年本）〉的通知》（国土资发〔2012〕98号），同样将"别墅类房地产开发项目"归入"禁止用地项目目录"范围。

2010年9月21日,《国土资源部、住房和城乡建设部关于进一步加强房地产用地和建设管理调控的通知》（国土资发〔2010〕151号）规定："要严格限制低密度大户型住宅项目的开发建设，住宅用地的容积率指标必须大于1。"

从此，开发商除开发高层商品房以外，开始开发"连排"、"联排"、"双拼"以及"叠墅"等相对低密度但容积率大于1的高档次住宅。之前的独栋别墅，其主体建筑都是独立的，庭院、泳池、水池、车位、露台、平台、地下室或半地下室等，虽然基本上没有产权，但均是单独使用的。而"联排"、"双拼"以及"叠墅"等却不一样了，其露台、平台、下沉式庭院、小花园、地下室或半地下室、架空层等，不少是共用的，这便产生了区分所有权或使用权问题，有时还产生了争议或纠纷。

众所周知，现代建筑物区分所有权包括建筑物区分所有人对其专有部分所享有的权利、对共有部分所享有的权利和作为本栋楼、本小区成员所享有的参与管理或其他应享有的权利。

对于业主享有的房屋专有部分所有权，应无纷争。对于共有部分，目前一般界定为楼梯间、变电室、设备间、公共门厅、过道、公共用房、管理用房、建筑物周围上下、外墙面、消防平台、防空地下室等以及电梯、管道、水泵、冷暖设备设施、用电设备设施、垃圾道、化粪池等，一般不涉及天台、露台、平台、地下室或半地下室、户外小花园、下沉式庭院、架空层等。天台、露台、平台、地下室或半地下室、户外小花园、下沉式庭院、架空层等能不能卖、能不能送，即天台、露台、平台、地下室或半地下室、户外小花园、下沉式庭院、架空层等能不能成为区分所有权人专有权利的客体，就成了广为争议的问题。

实践中，天台、露台、平台、地下室或半地下室、户外小花园、下沉式庭院、架空层等不乏卖者和送者。但人们的认识和司法实践却见仁见智，有人认为，天台、平台、架空层等属公共部分，应由本栋或本幢楼房的全体区分所有人享有所有权,不能由某一人或某些人独占使用,更不能由开发商当作物业出售或赠送。同时,也有不少持反对意见者,他们认为,天台、平台、架空层等应属顶楼房屋所有权范围,因为顶楼部分的附属物由最高一层的区分所有人所有。而一些法学家则认为,如果当事人之间没有特别约定,顶层平台应推定为全体区分所有人共同所有。换个角度说就是,如果当事人之间有特别约定,则从约定。

我们应先弄清楚一个问题,即开发商在取得一宗房地产开发用地(缴纳出让金,取得批准证书或土地使用证)后,其经营范围一般是在约定的使用年限内"开发、建设、销售、出租、经营、管理"商品楼宇。开发商必然会利用一切可能精打细算,获得预期利益,这样也符合公司运营的"利益最大化"原则,只要这种运营没有超出法律、行政法规的强制性规定,不损害社会"公共利益"。

因此,为了让不易销售的顶层、下层更易出货或售价更高,只要开发商在符合规划的前提下,将天台、平台、架空层、地下室设计成具有使用功能的物业,同时报建,销售时又"广而告之""有言在先",送天台、平台、阳台、架空层、地下室、户外小花园、下沉式庭院及其附着物、定着物应当毫无疑问。这实际上是在当事人之间形成了一种约定的合同关系,并不违反民法"法无禁止即自由"的私法原理。有些法学家也认为,各共有人间可以通过订立合同,就屋顶平台使用方式达成协议。开发商与购房者的这种约定同样是无可指责的。但是,应明确的是,天台、平台必须是平的才可送,如果是"人"字形或是其他形式的倾斜状态,由于不具有使用性质,则无送可言。另外,多层和高层房屋,必须符合消防需要,不得影响消防避难。

有一点需要强调,在天台、平台、阳台、架空层、车位、小花园、下沉式庭院、地下室或半地下室等处,如果符合规划且经过报建的厨房、杂物间、健身房、洗衣房、阳光屋、洗浴及卫生设施等永久性建筑物可卖、可送,而且有些可取得所有权。但天台、平台本身不可能有所有权,永久建筑物可出售须有面积,而可计算面积的永久建筑物,其净空间高度必须在2.2米以上,而且必须有上盖。因此,房屋产权证上不可能记明天台、平台的所有权。由此可知,天台、平台本身是不可卖、不可送的。特别需要说明的是,户外小花园、下沉式庭院、户外车位、泳池或水池等是没有产权的,有的地下室、半地下室、酒窖等也是没有产权的,因为许多地下室、半地下室、酒窖等虽然高度超过2.2米,符合办理产权的条件,但由于开发商的地上建筑面积已超过了审批的总建筑面积,规划部门不会再认可或同意地下室或半地下室再计算面积,这就是开发商经常玩的"偷面积"概念,此类所"偷"的面积,无法办理产权,但仍具有使用价值,开发商只能变相"卖"或者"送"。由于开发商明知小花园、下沉式庭院、超容积率的地下室或半地下室无法办理产权，是买卖还是送均属违法违规，因此，"卖"或"送"的约定只能是口头的，都不会写进《商品房买卖合同》或其附件中。

按以上分析，天台、平台、户外小花园、下沉式庭院、地下室或半地下室等使用权的获得只能靠"协议"约定，且天台、平台、户外小花园、下沉式庭院等可作充分利用：太阳能、乘凉、饮茶、晒衣、观光、养花、养鱼、下棋、锻炼身体以及其他形式的不影响其他区分所有人生活的娱乐等。而地下室或半地下室（有的楼盘往下建了负一层、负二层，甚至还有的建了负三层），有的用作家庭影院、娱乐室，有的作为家庭桑拿、洗浴，有的作为健身房、乒乓球室或桌球室，有的作为酒窖，有的作为储物室，有的作为会客厅、书房、阅览室、书画室，有的作为棋艺室、茶艺室，还有的作为餐厅，有的作为收藏室，有的作为车库，等等，不一而足。

关于"天台"的所有权或产权问题，早在1994年，广州市便出台了《广州市房地产面积计算技术规定》，其第5条第2款规定，"平天台"属于不能计算房地产面积的范围。即"天台"不能设定专有产权，只能构成共有产权，因而不能独立出来进行买卖，也不能进行赠送。关于"送天台"的法律性质问题，"送天台"是一种民事行为，这种行为能否受到法律保护，就要看这种行为是否合法、有效。无论是根据我国之前的《民法通则》《民法总则》《物权法》，还是根据新施行的《民法典》等法律法规的有关规定，这种行为的内容均不合法，为无效民事行为。一方面，开发商对"天台"没有取得产权，非产权人无权处分"天台"；另一方面，"送天台"行为从客观上会构成对其他业主的损害，因天台使用权为本楼全体业主共有。若开发商将"天台"送给某些业主，那么其他业主提出异议而造成的纠纷，开发商难以找到合理、合法的依据予以解决。

需注意的是，有人在获得天台、平台的使用权后，在天台、平台上加层、增设厨房、杂物间、健身房、洗衣房、阳光屋等永久性建筑物；有的砌永久游泳池、固定养鱼池、花圃，或搭建超过合理高度的花架、葡萄架或其他形式的塑钢、玻璃钢雨篷等；有的在天台、平台之上养家畜、家禽、宠物或是种植其他经济作物。凡此种种，既影响城市景观、环境或小区清洁、卫生，又不符合城市商品房建设规划的要求，均应认定为超越了对天台、平台的使用权限，属于违法违章建筑，不应得到支持，更不会得到法律的保护。与此同时，如果因此造成他人人身、财产损害，应依法赔偿，除非当事人能证明自己没有过错（故意或者过失）。《民法通则》第126条规定："建筑物或者其他设施以及建筑物上的搁置物、悬挂物发生倒塌、脱落、坠落造成他人损害的，它的所有人或者管理人应当承担民事责任，但能够证明自己没有过错的除外。"其中，过错是指所有人或者管理人未尽到应有的注意，设置不当、管理不善，或其他缺陷。此条规定适用举证责任倒置和推定过错责任原则，即受害人无须证明自己没有过错，将举证责任倒置给加害物的所有人或管理人，如所有人或者管理人证明不了或无法证明自己没有过错，则推定其有过错，从而承担民事损害赔偿责任。有一问题值得提醒，建筑物或者其他设施以及建筑物上的搁置物、悬挂物发生倒塌、脱落、坠落造成他人损害的，如果无法证明谁是所有人或管理人，则有可能要由整栋或整幢房屋的所有区分所有人分别证明自己没有过错，否则有可能要承担民事赔偿责任。

无论天台、露台、平台、地下室或半地下室、户外小花园、下沉式庭院、架空层等怎样被使用，并不能排除全体区分所有人承担的对天台、平台的修缮责任和义务。

二、法律、法规规定

2009年10月1日起施行的《最高人民法院关于审理建筑物区分所有权纠纷案件具体应用法律若干问题的解释》第2条规定："建筑区划内符合下列条件的房屋，以及车位、摊位等特定空间，应当认定为物权法第六章所称的专有部分：（一）具有构造上的独立性，能够明确区分；（二）具有利用上的独立性，可以排他使用；（三）能够登记成为特定业主所有权的客体。""规划上专属于特定房屋，且建设单位销售时已经根据规划列入该特定房屋买卖合同中的露台等，应当认定为物权法第六章所称专有部分的组成部分。"

《物权法》第70条规定："业主对建筑物内的住宅、经营性用房等专有部分享有所有权，对专有部分以外的共有部分享有共有和共同管理的权利。"第72条规定："业主对建筑物专有部分以外的共有部分，享有权利，承担义务；不得以放弃权利而不履行义务。"第73条规定："建筑区划内的道路，属于业主共有，但属于城镇公共道路的除外。建筑区划内的绿地，属于业主共有，但属于城镇公共绿地或者明示属于个人的除外。建筑区划内的其他公共场所、公用设施和物业服务用房，属于业主共有。"

《民法典》第271条规定："业主对建筑物内的住宅、经营性用房等专有部分享有所有权，对专有部分以外的共有部分享有共有和共同管理的权利。"第273条规定："业主对建筑物专有部分以外的共有部分，享有权利，承担义务；不得以放弃权利为由不履行义务。"第274条规定："建筑区划内的道路，属于业主共有，但是属于城镇公共道路的除外。建筑区划内的绿地，属于业主共有，但是属于城镇公共绿地或者明示属于个人的除外。建筑区划内的其他公共场所、公用设施和物业服务用房，属于业主共有。"

根据以上法律法规规定，我们可以得出结论：天台、露台、平台、户外小花园、下沉式庭院、架空层、未经报建和审批而加建的地下室或半地下室等，均不可能由任何人享有所有权，其中，有些偷面积的阳台、地下室或半地下室、架空层、户外小花园、下沉式庭院纯属违建，从法律和政策上看，均应予以拆除。但现实生活中，有些是可以拆除的，如户外小花园；而有些违建已是无法拆除或不便拆除的，如下沉式庭院、地下室或半地下室、架空层等，并且拆除以后反而会或者可能严重影响房屋结构安全。针对这个问题，首先，最关键的是开发商应自律，不再进行违法、违规建设。其次，建设行政主管部门、建筑商、监理单位、参与验收的单位等，要严格把关，对于违法违规的加建、违建等不承接、不参与、不唯命是从，杜绝违法和违规建设。最后，对于高容积率的小区，必须保证应有的绿化率和建筑间隔。对于历史形成的低密度的独栋别墅，院落、花园和空间、泳池、水池、地下室和半地下室等，由于每家每户均有，只要不是后来增加的违建，只要不影响他人的权益，就应当尊重历史并给予承认，特别是所谓的私家花园，表面上看好像属于本栋别墅所有，但本质上仍然是公共绿地，但相信每一个业主均不会同意将每家每户的"私家花园"进行拆除；而对于较低密度的所谓连排、联排、双拼、叠墅等，由于开发商自一开始便设计成如此户型、结构和功能，经报建和审批后不便改变，并且有样品房和示范单位对购房者展示，购房者应慎重选择和决定，有些不完全规范结构和功能区，只要是自己选择决定的，应当以诚信的态度予以承认和尊重，不应当事后再提出异议和主张，更不应产生矛盾、纠纷甚至冲突。

通过以上分析，对于本案例，开发商开始时为了提高底层房屋的售价，将地下室捆绑底层房屋进行销售，并且将装修好的地下室、地下室房间、洗浴设施、卫生洁具、水电设施、一层通往地下室的开口井、楼梯等以现房、现状交付，施工图和竣工图均设计有从底层房屋通过往地下室的楼梯通道。更何况，通过查询和了解，整栋大楼负一层的报建和验收后的功能是"设备用房"，测绘成果报告也显示没有计算计容建筑面积或产权面积，任何人均不享有所有权，只有使用权。最后，通过到住建委查询本小区其他楼栋的一层与其他楼层的售价进行比较，显示底层房屋的售价远比其他楼层的售价高，而正常情况下，底层的商品房售价都要比其他楼层的售价低许多，说明开发商开始时确实是为了提高底层的房屋售价而将负一层空间的使用权赠送给底层的购房者，这也是其他大多数开发商惯常的做法。因此，开发商或其委托的前期物业服务单位现在起诉主张要求判决钱女士腾退，拆除一层通往地下室的楼梯，封闭一层通往地下室的楼梯开口井等，没有道理，违反了诚信原则。

需要特别强调的是，有的省、市，对于部分地下空间，开发商需要按规定或出让合同的约定缴纳部分土地使用权出让金，在这种情况下，开发商对于该部门建筑物享有初始所有权，可售、可租、可使用、可收益，购房者不应有异议。

需要特别强调的是，《民法典》第275条规定："建筑区划内，规划用于停放汽车的车位、车库的归属，由当事人通过出售、附赠或者出租等方式约定。""占用业主共有的道路或者其他场地用于停放汽车的车位，属于业主共有。"由此可以看出，住宅小区内的露天车位并非全部属于全体业主所有，有些可以通过约定确定归属。

案例52

小区会所、车位、道路、信报箱等配套设施的产权归属问题

■ 基本情况

20世纪初，对于小区会所、公共游泳池、医疗用房、管理用房、信报箱的产权问题，开发商和业主争议不断，媒体也给予了广泛关注，不乏诉诸法律者。由于当时我国的《物权法》《民法典》尚未出台，即使《物权法》《民法典》已颁布实施，由于其规定仍不明确，理论界和司法实践还是见仁见智。有人认为这些配套物业未出售，应当归开发商所有；有人认为，这些物业的建设成本全部平摊到了可售的物业中，属于公共配套物业，其所有权应当归全体业主；还有人认为，即使称其为公共配套物业，也要看这些配套物业的建筑面积是否作为公用面积分摊到业主的专有面积中，如果进行了分摊，则其产权属于业主共有，如果没有进行分摊，则产权仍属于开发商所有。

■ 法律分析

对于学校、幼儿园、居委会、文化站、图书室、派出所、卫生所、医院、邮电所、粮油店、管理用房、变电站、垃圾压缩站、道路等的产权问题，要按土地使用权出让合同的约定和修建性详细规划批文或者规划部门批准的"设计要点"进行确定。

对于会所、游泳池和其他文化娱乐设施、架空层、车位要按开发商与购房人的约定进行确定。

首先，关于学校、幼儿园、居委会、文化站、图书室、派出所、变电站、垃圾压缩站的产权问题。按理说，这些纯属于为城市居民提供公共服务的配套设施，应当由政府建设，但不少地方政府将这些义务交给了房地产开发商，开发商完成建设并验收后，移交给相关的主管部门（如教育局），政府再从开发商所缴纳的该项目土地使用权出让金中将该公共配套用房所占的出让金和建设成本费用返还给开发商，本质而言，建设费用（包括该部分物业所占的出让金）属于政府支出，产权当然属于相关的政府主管部门。

其次，关于卫生所、医院、邮电所、粮油店、管理用房的产权问题。通常，对于这些配套用房的建设，政府不会以某种形式返还开发商建设费用。在这种情况下，一般的做法是由相关单位以建设成本价或略高于成本的价格购买并取得产权。关于粮油店的产权问题，实践中出现了麻烦，因为我国从计划体制过渡到了市场经济体制，当时为城市居民定量提供购粮购油指标的粮油供应站已名存实亡，粮油主管部门也不愿意花资金从开发商手中购买产权，开发商便将此类粮油供应用房对外进行出售。值得注意的是，由于规划功能属于配套物业，房管部门不允许将此类用房的产权进行过户，购买者无法取得其合法产权。而对于小区管理用房的问题，虽然有开发商取得产权，再以产权作抵押向银行贷款，存在无法偿还贷款本息而被司法查封拍卖的案例，但这是少数现象，正常情况是，小区管理用房作为为小区业主提供服务的配套设施，建筑面积应按比例全部分摊到业主的"公摊面积"中，其产权当然归属于全体业主。而对于小区会所、舞蹈室、室内网球场、健身房、活动室、棋牌室、茶艺室、公共游泳池等经营性物业和设施，应当看开发商售房时与购房人的具体约定而定。如果会所面积不独立，其面积也已分摊并约定为购房人所有，则产权属于全体业主不应当存在争议。如果属于面积独立的会所，面积没有分摊给购房人，则应当认定其产权仍属于开发商。

1996年《广州市成片开发住宅小区教育设施配套建设管理办法》（穗府〔1996〕100号）、2010年《广州市房地产开发项目配套公共服务设施建设移交管理规定》、2018年2月13日《广州市居住区配套公共服务设施管理暂行规定》（广州市人民政府令第158号），对于住宅小区相关的配套物业移交问题作了详细的规定。

再次，道路、绿化面积的产权属于全体业主所有，一般不会产生纠纷。但也有一种意见认为，道路、绿化面积应当属于国家和政府所有。此类争议不是没有依据，因为有些城市的道路和绿化面积被从小区的土地使用权面积中剔除，有的城市本来就将"建设净用地"和"代征道路面积"及"代征绿化面积"分开，道路和绿化面积归国家和政府所有，而不能认为是属于本小区的全体业主共有。

《物权法》第 73 条规定："建筑区划内的道路，属于业主共有，但属于城镇公共道路的除外。建筑区划内的绿地，属于业主共有，但属于城镇公共绿地或者明示属于个人的除外。建筑区划内的其他公共场所、公用设施和物业服务用房，属于业主共有。"《最高人民法院关于审理建筑物区分所有权纠纷案件具体应用法律若干问题的解释》第 2 条作了相关规定："建筑区划内符合下列条件的房屋，以及车位、摊位等特定空间，应当认定为物权法第六章所称的专有部分：（一）具有构造上的独立性，能够明确区分；（二）具有利用上的独立性，可以排他使用；（三）能够登记成为特定业主所有权的客体。"以上法律和司法解释都没有明确规定小区会所的所有权归属问题。因此，我们应当作此理解：除非开发商在规划报建时将会所确定为业主共有或通过商品房买卖合同约定为业主共有，否则会所属开发商所有。

《民法典》第 274 条对于小区道路、绿地作了新的规定："建筑区划内的道路，属于业主共有，但是属于城镇公共道路的除外。建筑区划内的绿地，属于业主共有，但是属于城镇公共绿地或者明示属于个人的除外。建筑区划内的其他公共场所、公用设施和物业服务用房，属于业主共有。"

最后，关于小区车位和信报箱的产权问题。《物权法》第 74 条规定："建筑区划内，规划用于停放汽车的车位、车库应当首先满足业主的需要。""建筑区划内，规划用于停放汽车的车位、车库的归属，由当事人通过出售、附赠或者出租等方式约定。""占用业主共有的道路或者其他场地用于停放汽车的车位，属于业主共有。"对于计算建设面积的车位（如地面或以上计算容积率的面积并不属于公共部分的面积部分），产权当然可以由开发商作为商品物业出售；对于地面属于不计算容积率的车位，属于全体业主共有似无争议。但是，对于规划为人防、消防设施的地下车位，有不少城市在实际操作中存在允许开发商出售并可办理产权证的情况。对于这一现象，笔者认为很值得研究。因为地下建筑面积一般不在计算容积率的范围（规划为商业用途的地下室或者半地下室除外），特别是规划为人防、消防设施的地下室，功能就是人防和消防设施，属于整个城市的公共配套设施，不应当允许开发商作为商业物权进行出售，尽管有批文批复"平时可作为车位使用，战时作为人防设施"，但无论如何也不应当将整个城市的配套人防、消防设施作为商业物权出售，房管部门更不应当允许办理产权证，起码对于不计算容积率的地下建筑面积，开发商没有为此缴纳土地使用权出让金，开发商出售人防设施的产权，实属不当。但以下几种情形值得我们注意：其一，不少城市几年前已开始要求房地产开发公司补缴地下空间的土地使用权出让金，这就意味着地下空间的使用权属于开发商所有，因而利用消防、人防空间建设的车位，也应当属于开发商所有。其二，如果按"谁投资谁收益"的原则确定开发商对消防、人防车位享有所有权，那么，有的楼盘没有建设人防设施，而是交了一笔异地建设费，在这种情况下，对于在异地建设的人防设施，交费的开发商是否享有收益权？答案当然是否定的。其三，关于地面无产权的车位以及架空层车位归全体业主所有，也不完全正确。如开发商经批准建设，未占用公共绿地，合同约定由开发商享有收益权的地面车位，或者在地面建设的立体车位和机械车位，只要未约定属于业主，收益权应归开发商。因此，应具体情况具体分析。笔者不赞成将地面车位全部归属于全体业主，有些地面车位是规划指标中规定了的，开发商经过了商业测算将车位计作收益来源之一，后决定受让土地使用权并签订了出让合同，按要求设计并经过规划审批，同时经过了报建和验收，开发商与购房人在《商品房买卖合同》中约定了归开发商经营收益，应当允许，否则就有违契约精神，有违法治精神。《民法典》第275条规定："建筑区划内，规划用于停放汽车的车位、车库的归属，由当事人通过出售、附赠或者出租等方式约定。""占用业主共有的道路或者其他场地用于停放汽车的车位，属于业主共有。"由此可以看出，住宅小区内的露天车位并非全部属于全体业主所有，有些可以通过约定归属。

早在1979年，国家建委、邮电部就以〔1979〕邮字524号发布了《关于在城市住宅楼房增设信报箱的联合通知》，对住宅楼房的信报箱设置问题作了规定。1991年，邮电部和建设部发布《关于在城市住宅楼房设置信报箱、信报间（或信报收发室）的联合通知》，第2条规定："今后除继续在住宅楼房推行安装信报箱外，在城市住宅小区及高层楼房也可采用组建信报箱群、信报间（或信报收发室）的办法解决通邮问题。信报箱以及信报箱群、信报间（或信报收发室）都是住宅建筑的组成部分，各设计单位应纳入设计内容，所需材料和资金，应和其它配套工程一起在基建项目内统一解决，凡未纳入设计内容的，城市规划部门不予审批。"2009年10月1日起施行的《邮政法》第8条第3款规定："建设城市新区、独立工矿区、开发区、住宅区或者对旧城区进行改建，应当同时建设配套的提供邮政普遍服务的邮政设施。"第10条第2款规定："建设城镇居民楼应当设置接收邮件的信报箱，并按照国家规定的标准验收。建设单位未按照国家规定的标准设置信报箱的，由邮政管理部门责令限期改正；逾期未改正的，由邮政管理部门指定其他单位设置信报箱，所需费用由该居民楼的建设单位承担。"《邮政法实施细则》第16条规定："接收邮件的信报箱是居民楼房的配套设施，设计单位应当将其纳入民用住宅建筑设计标准。居民楼房每一单元的地面层应当安装与住户房号相适应的信报箱或者在楼房集中处设置信报箱间（群），供住户接收邮件使用。信报箱由居民楼房的产权所有者或者管理单位负责维修、更换，也可以委托当地邮政企业或者其分支机构维修、更换，所需工料费由委托单位支付。"

对于小区信报箱的产权问题，笔者认为不应当列入不动产之列进行讨论，因为信报箱不属于建筑物的一部分，也不属于建筑物的附属设施。但是，从以上法律法规可以看出，小区的信报箱或者由开发商统一出资建设，或者由物业公司收取业主资金统一建设。由于小区信报箱一般是一个整体，不能按每户单独拆分，无论是开发商出资建设还是业主集资建设，产权都应当归属于全体业主共同所有。

但是，学校、幼儿园、居委会、文化站、图书室、派出所是否应当由开发商建设，存在争议。由于开发商都想将建设商业物业的面积尽可能增加，而将用于建设学校、幼儿园、居委会、文化站、图书室、派出所的用地面积尽可能减少，这就出现了人们所称的无数不成规模的"麻雀学校"和"麻雀医院"等。而是否必须规划和建设小区会所，也是一个存在争议的问题。成规模的会所可能会给业主带来便利，但是，如果不伦不类，则可能出现比较尴尬的情形，即效益不佳，连续亏损，最终被迫关闭，甚至拍卖、变卖也无人问津。因此，今后，应当从整个城市的总体规划上考虑公共配套设施的建设问题。

案例 53

收楼后是否可不缴供暖费

基本案情

原告 A 先生于 2013 年 5 月购买了一套商品房（商务、办公用途），2014 年 5 月与开发商办妥收楼手续，2017 年 9 月正式进驻该房。2017 年 11 月 13 日，原告 A 先生与被告北京 B 热力科技股份有限公司签订《非居民供热采暖合同》，合同约定由被告向原告的 148.68 平方米的商品房提供供暖服务，合同中约定供暖期自 2017 年 11 月 15 日至 2018 年 3 月 15 日，缴费标准为 80 元/建筑平方米/采暖季，采暖费总计 11894.40 元，最终在此基础上按 8 折计缴，合计采暖费为 9515.52 元。

但原告按合同约定缴费时，却被被告告知必须补缴 2014 年至 2016 年度的非居民供暖费 23733.4 元，否则将不予供暖。

原告只好于签订合同当日（2017 年 11 月 13 日）支付上述全部费用后，电话要求被告开通采暖管道。被告于当日下午 13：53 派员打开该房外的供暖阀门及房内全部供热开关,开始对原告房屋进行供热试运行,11 月 15 日正式供暖。2017 年 12 月 11 日,被告再次派员上户对原告房屋内的供热水管进行排气检查,查验合格后,被告告知原告房屋内的供热采暖设备、设施正式运行。

原告认为被告收取 2014 年 11 月至 2017 年 3 月供暖费共计 23733.4 元不合理,并于 2018 年 8 月向人民法院提起诉讼:1. 请求判决被告退回其非法多收原告的 2014 年 11 月至 2017 年 3 月供暖费共计 23733.4 元及利息 424 元(利率 4.35%/年,暂计至 2018 年 4 月 13 日,实际计至被告退款之日止)。2. 请求判决被告承担本案案件受理费。

原告 A 先生提交了以下证据:1. 原告不动产权证,证明原告的房屋所有权和面积;2.《非居民供热采暖合同》,证明原告与被告签订合同的事实、时间、供暖期;3. 被告《记录表》,证明被告强行收费的计算方法;4. 被告开具的增值税普通发票,证明被告强行收费的事实;5. 报修单,证明被告对原告开通供热采暖(试运行)的时间;6. 视频证据一,证明原告与被告沟通开始供热的时间;7. 视频证据二,证明被告正式打开供热总开关和原告房屋内全部供热开关;8. 维修通知便条,证明被告对原告房屋内的供热采暖管道进行排气检查。

原告认为,其与被告于 2017 年 11 月 13 日正式签订《非居民供热采暖合同》,被告理应按合同约定只收取原告 2017 年 11 月 15 日至 2018 年 3 月 15 日的供暖费,被告强行收取原告 2014 年至 2016 年度的非居民供暖费 23733.4 元没有事实依据和法律法规依据。

庭审前,被告公司相关负责人及代理律师主动与原告联系,希望与原告和解,原告表示赞同。经过协商,双方达成一致:被告将其收取原告的 2014 年 11 月至 2017 年 3 月供暖费共计 23733.4 元的 80% 退回给原告。此后,双方按开庭时间到庭,在法庭的主持下,双方调解成功,被告当庭退还上述供暖费交由原告代理人,结案。

法律分析

实践中,除传统"集中供暖"中"分户供暖"的供暖方式外,还有空调、电暖设备等单独计量用量的供暖方式。用户主要采用的供暖方式是"集中供暖",即由供热单位向用户进行集中、统一的供暖。以华北地区为例,供热单位需要取得供热经营许可,并向市政行政管理部门备案。如《北京市供热采暖管理办法》第 18 条、《天津市供热用热条例》第 17 条、《石家庄市供热用热条例》第 18 条等。

实际供热采暖民事法律关系产生的前提是,用户与供热单位两个平等的民事主体之间签订《供热采暖合同》。《北京市供热采暖管理办法》第 11 条规定，供热单位与用户之间订立供热采暖合同应当符合国家和本市的有关规定；《天津市供热用热条例》第 18 条规定，供热单位与用热户应当依法签订供用热合同；《石家庄市供热用热条例》第 19 条规定，热源单位与供热单位、供热单位与用热单位和用热户应签订相关合同。

根据我国民法、合同法的基本精神，合同行为包括书面合同与事实合同两种，实践中以签订书面合同作为达成合意的标志。此外，未经邀约与承诺，以实际行为达成了事实上的合意，亦是合同成立的标志。由此可见，无论用户与供热单位是否签订了书面的供热合同，只要用户的行为构成了"实际用热"，就需要按照法律法规的具体规定，按期、足额地缴纳采暖费。这一基本精神在京、津、冀等地的相关法规中也有所体现。《北京市供热采暖管理办法》第 11 条规定，未签订书面供热采暖合同，供热单位已经向用户供热一个或者一个以上采暖期的，用户与供热单位之间视为存在事实供热采暖合同关系；《天津市供热用热条例》第 18 条规定，用热户未与供热单位签订供用热合同，并在规定时间内未提出停止用热申请而形成事实用热的，用热户应当缴纳供热采暖费。

实践中，存在用户购房后未实际入住从而不了解供热情况、签订供热采暖合同后未申报而暂停使用、用户与供热单位未协商而使用"分户供暖"等情形，由此我们可以将供热采暖纠纷归纳总结为以下四类情况：（1）用户购房且收楼后，实际入住且开通供暖阀门；（2）用户购房且收楼后，实际入住但未开通供暖阀门；（3）用户购房且收楼后，未实际入住但开通供暖阀门；（4）用户购房且收楼后，未实际入住且未开通供暖阀门。

针对上述第（1）种情况，用户购房且收楼后，实际入住且开通供暖阀门，即上文所述的用户与供热单位之间形成了事实上的供热合同，根据京、津、冀等地法规的规定，应当缴纳供热采暖费。

针对上述第（2）种情况，用户购房且收楼后，实际入住但未开通供暖阀门，即没有形成"事实用热"，是"暂停使用"的一种形式，因此用户不需要向供热单位缴纳供热采暖费。但是，用户应缴纳热能损耗补偿费、拆装费等基本费用。该费用的收费标准，需要由用户与供热单位协商确定。《北京市供热采暖管理办法》第 18 条规定："具备分户独立采暖系统型式的用户，在不影响其他用户正常采暖及共用供热设施安全的前提下，经与供热单位协商，就暂停供热时间、交纳基本费用等事项达成一致后，可以由供热单位暂停供热。"《天津市供热用热条例》第 25 条规定："在不影响其他用户正常采暖和共用热设施安全运行的前提下，用热户要求暂停供热的，应当在当年 9 月 30 日前到供热单位办理暂停供热手续，交纳热能损耗补偿费……"《石家庄市供热用热条例》第 27 条第 2 款规定："用热户停止用热或者恢复用热，应当在当年的 3 月 15 日至 10 月 15 日期间，向供热单位提出申请，办理手续并缴纳拆装等费用。"

针对上述第（3）种情况，用户购房且收楼后，已收楼未实际入住但开通供暖阀门。正如上文所述，无论用户收楼后是否已入住房屋，都会推定用户知晓房屋的基本物业情况。供暖供热单位已经为住户开通了供暖阀门，即已经形成了事实供热的情形，根据相关规定，用户应当按期、足额缴纳供热采暖费。

针对上述第（4）种情况，用户购房且收楼后，未实际入住且未开通供暖阀门。一般而言，无论是首次购房还是再次购房，用户在收楼时，开发商、原业主方或者物业管理人员都会告知，或者在与用户签订的《房屋买卖合同》《物业管理合同》中都会以合同条款的形式明确房屋的基本物业情况，因此可以推定用户在购买房屋时，无论是否入住，即了解房屋的供暖方式、收费标准等基本情况。即使未入住房屋，也应适用上述第（2）种情形的处理方式，需要按照规定缴纳基本费用。但是，如果房屋的出售方未明确告知，供热公司未委托房屋的出售方告知，供热公司未自行通知或者与购房人签订相关供热合同，未开通该房屋的供热设备且未实际供热，在这种情况下，供热公司不应当收取该房屋的供热采暖费用。

在本案中，原告 A 先生与被告北京 B 热力科技股份有限公司签订了有效期为一个采暖季（自 2017 年 11 月 15 日起至 2018 年 3 月 15 日止）的《非居民供热采暖合同》，形成了供热采暖的法律关系。

而在 2014 年至 2016 年期间，原告 A 先生并未居住在该房屋。2014 年收楼时物业公司并未口头或者书面告知原告相关的供热采暖情况，之后，供热公司同样未与原告 A 先生联系，也未向 A 先生出示告知函、通知、合同等书面文件，同时供热公司也没有对原告 A 先生的房屋进行实际供热，因此没有形成事实上的供暖行为。被告北京 B 热力科技股份有限公司要求原告 A 先生支付 2014 年至 2016 年的供暖费，于法无据，原告有权要求退回供热采暖费用。

对于供热单位来说，首先，应当在售楼时委托开发商或者物业服务公司告知供热采暖情况及费用标准等基本情况，或者将相关条件和情况作为购房合同的一个补充条款。其次，供热单位也可以自行以口头或者书面方式通知用户在规定的期限内缴纳供热采暖费用，并且积极主动地与用户签订《供热采暖合同》，以保证用户都能够及时知晓采暖费的缴费方式、金额、地点，以免错过规定的缴费时间。最后，供热单位应当定期检修供暖设备，对于已购房入住的用户，要及时开通供热阀门、摸排检查供热管网。

对于用户来说，如果选择分户供暖的方式进行采暖，或暂停使用集中供暖设备的，要依据当地的法规规定，在规定的期限内向供热单位申请停止供暖或者暂停供暖，并且主动与供热单位协商，确定合理的基本费用标准，并向供热单位缴纳。

案例 54

小区会所活动中心的归属问题

▰▰ 基本案情

2008年2月4日，A公司与海口市国土环境资源局签订海口市国用（2008）第×××号《国有土地使用权出让合同》（宗地号：04-01-21-××），约定用地面积144492.76平方米，容积率2.8，总建筑面积为404579.728平方米，包括住宅369429.728平方米、独立商业30000平方米、幼儿园2000平方米、居委会100平方米、老年活动中心50平方米和会所3000平方米（该会所的规划功能为商业和作为室内网球场的"活动中心"），但不包括地下车库。A公司将该地块划分为S1、S2地块进行开发。2008年10月31日，A公司取得该地块国有土地使用证。2009年9月2日，A公司取得该地块《修建性详细规划》的批复。2010年5月21日，A公司取得S2地块A区（会所规划在本地块A区第12号楼地上一、二层）建设工程施工许可证。2010年5月27日，A公司取得S2地块A区12号楼建设工程规划许可证和建设工程施工许可证；2011年1月31日，A公司取得S2地块A区12号楼的商品房预售许可证。2013年4月17日，项目取得S2地块A区12号楼《房屋建筑面积测绘报告》（竣工报告），一层活动中心（原报建图显示功能为"商业"）面积1043.08平方米，卫生站302.85平方米，三个梯间面积分别为15.75平方米、27.19平方米、19.20平方米，二层面积1591.93平方米，为不分摊。

由于项目负责开发部的工作人员疏忽，一层面积1043.08平方米的"活动中心"和面积分别为15.75平方米、27.19平方米、19.20平方米的三个梯间未办理产权登记，小区业主和开发商因此产生关于活动中心的产权争议。

▰▰ 法律分析

《物权法》第73条规定："建筑区划内的道路，属于业主共有，但属于城镇公共道路的除外。建筑区划内的绿地，属于业主共有，但属于城镇公共绿地或者明示属于个人的除外。建筑区划内的其他公共场所、公用设施和物业服务用房,属于业主共有。"《最高人民法院关于审理建筑物区分所有权纠纷案件具体应用法律若干问题的解释》第2条作了相关规定:"建筑区划内符合下列条件的房屋,以及车位、摊位等特定空间,应当认定为物权法第六章所称的专有部分:(一)具有构造上的独立性,能够明确区分;(二)具有利用上的独立性,可以排他使用;(三)能够登记成为特定业主所有权的客体。"以上法律和司法解释都没有明确规定小区会所的所有权归属问题。因此,我们应当作此理解:除非开发商在规划报建时将会所确定为业主共有或通过商品房买卖合同约定为业主共有,否则会所属开发商所有。

1996年《广州市成片开发住宅小区教育设施配套建设管理办法》、2010年《广州市房地产开发项目配套公共服务设施建设移交管理规定》、2018年2月13日《广州市居住区配套公共服务设施管理暂行规定》,对于住宅小区相关的配套物业移交问题作了详细的规定。除了以上需要根据《土地使用权出让合同》、《补充协议》或《配套物业移交协议》需要无偿移交给政府相关部门的物业,对于开发商不需要无偿移交给政府相关部门而又可以登记产权的物业,在国家目前没有详细明确指引的情况下,应当推定由建设单位即开发商享有所有权。

所以,对于小区会所、舞蹈室、室内网球场、健身房、活动室、棋牌室、茶艺室、公共游泳池等经营性物业和设施,应当首先看开发商售房时与购房人的具体约定而定。如果会所面积不独立,其面积也已分摊并约定为购房人所有,产权属于全体业主不应当存在争议。如果属于独立面积的会所,面积没有分摊给购房人,则应当认定其产权仍属于开发商。

本案中,首先,一层活动中心(原报建图显示功能为"商业")面积1043.08平方米,卫生站302.85平方米,三个梯间面积分别为15.75平方米、27.19平方米、19.20平方米,二层面积1591.93平方米,未分摊给塔楼的购房人,不属于购房人享有的房屋专有部分所有权,也不属于公摊(共有)部分的区分所有权。其次,根据《土地使用权出让合同》以及规划部门批准的规划要点规定,"活动中心"属于本项目总建筑面积的一部分,是计算土地使用权出让金的建筑面积依据,也就是说,开发商对于该活动中心的建筑面积,是承担了土地使用权出让金的,因此,作为室内网球场的该"活动中心"的产权应当归开发商所有,根据《物权法》《不动产登记暂行条例》《不动产登记暂行条例实施细则》的相关规定,A公司可以申请初始登记(大确权)。而且,开发商可以经营、收益,也就是说,开发商可以自行或委托或发包给他人经营,可以收益,同时该活动中心可以转让(转让后的室内网球场功能不得改变)。但毕竟该"活动中心"的规划功能是室内网球场,是专为小区业主服务的配套设施。因此，该活动中心必须对小区业主开放，不得由任何人独自占有或封闭，也不得挪作他用。

案例 55

国家规定：自持自用的商业物业无须缴纳维修资金 ——

▊ 基本案情

某大型房地产集团在上海的某下属开发企业开发了一个综合商业楼群，该综合商业楼群为自持自用或对外出租经营，不作为商品房对外预（销）售。该综合商业楼群于 2013 年竣工验收，于同年办理房屋所有权初始登记，并开始招商、开业、运营。

2014 年，在该集团总部的工作检查过程中，发现该综合商业楼群缴纳了一笔 400 多万元的维修基金。因此，在集团总部与区域公司和项目公司之间展开了一场关于该 400 多万元的维修基金是否该缴纳的争论。

▊ 法律分析

一、关于房屋维修基金（资金）的规定

1998 年 11 月 9 日，建设部、财政部发布《住宅共用部位共用设施设备维修基金管理办法》（已失效），将住宅（房屋、物业）维修资金首称为"住宅共用部位共用设施设备维修基金"。

2000 年 10 月 8 日，上海市政府第 75 次常务会议通过，2001 年 1 月 1 日起施行的《上海市商品住宅维修基金管理办法》（上海市人民政府令第 91 号）第 6 条（首期维修基金的缴纳标准）规定："新建内销商品住宅的房地产开发企业和购房人，应当按照下列标准缴纳首期维修基金：（一）配备电梯的住宅，房地产开发企业按照每平方米建筑面积成本价的 4% 缴纳；不配备电梯的住宅，房地产开发企业按照每平方米建筑面积成本价的 3% 缴纳；（二）配备电梯的住宅，购房人按照每平方米建筑面积成本价的 3% 缴纳；不配备电梯的住宅，购房人按照每平方米建筑面积成本价的 2% 缴纳。""新建外销商品住宅出售时设立维修基金的，首期缴纳标准由房地产开发企业和购房人在住宅转让合同中约定；业主大会或者业主代表大会决定设立维修基金的，全体业主应当按照业主公约规定的标准缴纳首期维修基金。"

该办法亦将维修资金称为"商品住宅维修基金"。

经 2007 年 10 月 30 日建设部第 142 次常务会议讨论通过，与财政部联合签署发布并自 2008 年 2 月 1 日起施行的《住宅专项维修资金管理办法》，则开始将维修基金称作"住宅专项维修资金"。该办法第 2 条第 2 款规定："本办法所称住宅专项维修资金，是指专项用于住宅共用部位、共用设施设备保修期满后的维修和更新、改造的资金。"

2011 年《上海市住宅物业保修金管理暂行办法》、2013 年《上海市住宅物业保修金管理暂行办法》又将住宅专项维修基金称作"物业保修金"。

2003 年 6 月 8 日，中华人民共和国国务院令第 379 号公布，根据 2007 年 8 月 26 日《国务院关于修改〈物业管理条例〉的决定》、2016 年 1 月 13 日《国务院关于修改部分行政法规的决定》以及 2018 年 3 月 19 日《国务院关于修改和废止部分行政法规的决定》修订的《物业管理条例》统一称为住宅、非住宅"专项维修资金"。

二、房屋维修资金的交存

1998 年《住宅共用部位共用设施设备维修基金管理办法》（已失效）第 5 条规定："商品住房在销售时，购房者与售房单位应当签订有关维修基金缴交约定。购房者应当按购房款 2%—3% 的比例向售房单位缴交维修基金。售房单位代为收取的维修基金属全体业主共同所有，不计入住宅销售收入。维修基金收取比例由省、自治区、直辖市人民政府房地产行政主管部门确定。"第 6 条规定："公有住房售后的维修基金来源于两部分：1. 售房单位按照一定比例从售房款中提取，原则上多层住宅不低于售房款的 20%，高层住宅不低于售房款的 30%。该部分基金属售房单位所有。2. 购房者按购房款 2% 的比例向售房单位缴交维修基金。售房单位代为收取的维修基金属全体业主共同所有，不计入住宅销售收入。公有住房售后维修基金管理与使用的具体办法，由市、县财政部门和房地产行政主管部门共同制定，经当地人民政府批准后实施。"

国务院 2018 年 3 月 19 日修订的《物业管理条例》第 53 条规定："住宅物业、住宅小区内的非住宅物业或者与单幢住宅楼结构相连的非住宅物业的业主，应当按照国家有关规定缴纳专项维修资金。""专项维修资金属于业主所有，专项用于物业保修期满后物业共用部位、共用设施设备的维修和更新、改造，不得挪作他用。""专项维修资金收取、使用、管理的办法由国务院建设行政主管部门会同国务院财政部门制定。"

2008 年 2 月 1 日起施行的《住宅专项维修资金管理办法》第 6 条规定："下列物业的业主应当按照本办法的规定交存住宅专项维修资金：（一）住宅，但一个业主所有且与其他物业不具有共用部位、共用设施设备的除外；（二）住宅小区内的非住宅或者住宅小区外与单幢住宅结构相连的非住宅。""前款所列物业属于出售公有住房的，售房单位应当按照本办法的规定交存住宅专项维修资金。"第7条规定："商品住宅的业主、非住宅的业主按照所拥有物业的建筑面积交存住宅专项维修资金，每平方米建筑面积交存首期住宅专项维修资金的数额为当地住宅建筑安装工程每平方米造价的5%至8%。""直辖市、市、县人民政府建设（房地产）主管部门应当根据本地区情况，合理确定、公布每平方米建筑面积交存首期住宅专项维修资金的数额，并适时调整。"第8条规定："出售公有住房的，按照下列规定交存住宅专项维修资金：（一）业主按照所拥有物业的建筑面积交存住宅专项维修资金，每平方米建筑面积交存首期住宅专项维修资金的数额为当地房改成本价的2%。（二）售房单位按照多层住宅不低于售房款的20%、高层住宅不低于售房款的30%，从售房款中一次性提取住宅专项维修资金。"

2011年《上海市住宅物业保修金管理暂行办法》第6条（交存标准）规定："新建住宅及同一物业管理区域内其他建筑物，其建设单位按照建筑安装总造价的3%缴纳保修金。""建设单位已投保的工程质量保证保险符合国家和本市规定的保修范围和保修期限的，经房屋管理部门审核同意，可以免予缴纳物业保修金。"

2013年《上海市住宅物业保修金管理暂行办法》第6条（交存标准）规定："新建住宅及同一住宅物业管理区域内其他建筑物，由其建设单位按照建筑安装总造价的3%缴纳保修金。""符合以下情形之一的建筑物，经房屋管理部门审核同意，建设单位可免予缴纳保修金：（一）住宅物业管理区域内的所有住宅及其他建筑物，建设单位均不预（出）售的；（二）建设单位不预（出）售的整栋建筑物，但归业主共有的房地产、机动车车库、公益性公共服务设施房地产以及其他公建配套设施设备等除外；（三）建设单位已投保的工程质量保证保险符合国家和本市规定的保修范围和保修期限的。"

《上海市人民政府办公厅关于延长〈上海市住宅物业保修金管理暂行办法〉有效期的通知》（沪府办发〔2017〕84号）要求："经评估，2013年12月市政府办公厅转发原市住房保障房屋管理局制订的《上海市住宅物业保修金管理暂行办法》（沪府办发〔2013〕68号）需继续实施，其有效期延长至2019年12月31日。"

三、维修资金的保管

以下内容遵循国家统一规定：

《住宅专项维修资金管理办法》第10条规定："业主大会成立前，商品住宅业主、非住宅业主交存的住宅专项维修资金，由物业所在地直辖市、市、县人民政府建设（房地产）主管部门代管。""直辖市、市、县人民政府建设（房地产）主管部门应当委托所在地一家商业银行,作为本行政区域内住宅专项维修资金的专户管理银行并在专户管理银行开立住宅专项维修资金部。""开立住宅专项维修资金专户,应当以物业管理区域为单位设账,按房屋户门号设分户账;未划定物业管理区域的,以幢为单位设账,按房屋户门号设分户账。"第 11 条规定:"业主大会成立前,已售公有住房住宅专项维修资金,由物业所在地直辖市、市、县人民政府财政部门或者建设(房地产)主管部门负责管理。""负责管理公有住房住宅专项维修资金的部门应当委托所在地一家商业银行,作为本行政区域内公有住房住宅专项维修资金的专户管理银行,并在专户管理银行开立公有住房住宅专项维修资金专户。""开立公有住房住宅专项维修资金专户,应当按照售房单位设账,按幢设分账;其中,业主交存的住宅专项维修资金,按房屋户门号设分户账。"

该办法第 15 条规定:"业主大会成立后,应当按照下列规定划转业主交存的住宅专项维修资金:(一)业主大会应当委托所在地一家商业银行作为本物业管理区域内住宅专项维修资金的专户管理银行,并在专户管理银行开立住宅专项维修资金专户。开立住宅专项维修资金专户,应当以物业管理区域为单位设账,按房屋户门号设分户账。(二)业主委员会应当通知所在地直辖市、市、县人民政府建设(房地产)主管部门;涉及已售公有住房的,应当通知负责管理公有住房住宅专项维修资金的部门。(三)直辖市、市、县人民政府建设(房地产)主管部门或者负责管理公有住房住宅专项维修资金的部门应当在收到通知之日起 30 日内,通知专户管理银行将该物业管理区域内业主交存的住宅专项维修资金账面余额划转至业主大会开立的住宅专项维修资金账户,并将有关账目等移交业主委员会。"

四、维修资金的过户

《住宅专项维修资金管理办法》第 28 条规定:"房屋所有权转让时,业主应当向受让人说明住宅专项维修资金交存和结余情况并出具有效证明,该房屋分户账中结余的住宅专项维修资金随房屋所有权同时过户。""受让人应当持住宅专项维修资金过户的协议、房屋权属证书、身份证等到专户管理银行办理分户账更名手续。"

需要说明的是,专项维修资金的过户,需要转让方和受让方持身份证明文件(无论是单位还是自然人,包括名称变更的证明文件、营业执照、身份证)原件和复印件、法人《授权委托书》原件、自然人本人或经公证的《授权委托书》原件、受托人身份证明原件和复印件、转让方原房屋所有权证(不动产权证)复印件、转让方原房屋维修资金存折(卡)原件和复印件、受让方取得的新房屋所有权证(不动产权证)原件和复印件、房屋过户的《房屋买卖合同》或(司法)拍卖《成交确认书》原件和复印件等证照文件(所有原件均仅供核对用),到专项维修资金的存管银行办理,并获取新的专项维修资金存折(卡)。

五、维修资金的使用和分摊

国务院 2018 年 3 月 19 日新修订的《物业管理条例》第 11 条规定："下列事项由业主共同决定：……（五）筹集和使用专项维修资金；（六）改建、重建建筑物及其附属设施；（七）有关共有和共同管理权利的其他重大事项。"

《住宅专项维修资金管理办法》第 18 条规定："住宅专项维修资金应当专项用于住宅共用部位、共用设施设备保修期满后的维修和更新、改造，不得挪作他用。"第 20 条规定："住宅共用部位、共用设施设备的维修和更新、改造费用，按照下列规定分摊：（一）商品住宅之间或者商品住宅与非住宅之间共用部位、共用设施设备的维修和更新、改造费用，由相关业主按照各自拥有物业建筑面积的比例分摊。（二）售后公有住房之间共用部位、共用设施设备的维修和更新、改造费用，由相关业主和公有住房售房单位按照所交存住宅专项维修资金的比例分摊；其中，应由业主承担的，再由相关业主按照各自拥有物业建筑面积的比例分摊。（三）售后公有住房与商品住宅或者非住宅之间共用部位、共用设施设备的维修和更新、改造费用，先按照建筑面积比例分摊到各相关物业。其中，售后公有住房应分摊的费用，再由相关业主和公有住房售房单位按照所交存住宅专项维修资金的比例分摊。"第 21 条规定："住宅共用部位、共用设施设备维修和更新、改造，涉及尚未售出的商品住宅、非住宅或者公有住房的，开发建设单位或者公有住房单位应当按照尚未售出商品住宅或公有住房的建筑面积，分摊维修和更新、改造费用。"第 22 条规定："住宅专项维修资金划转业主大会管理前，需要使用住宅专项维修资金的，按照以下程序办理：（一）物业服务企业根据维修和更新、改造项目提出使用建议；没有物业服务企业的，由相关业主提出使用建议；（二）住宅专项维修资金列支范围内专有部分占建筑物总面积三分之二以上的业主且占总人数三分之二以上的业主讨论通过使用建议；（三）物业服务企业或者相关业主组织实施使用方案；（四）物业服务企业或者相关业主持有关材料，向所在地直辖市、市、县人民政府建设（房地产）主管部门申请列支；其中，动用公有住房住宅专项维修资金的，向负责管理公有住房住宅专项维修资金的部门申请列支；（五）直辖市、市、县人民政府建设（房地产）主管部门或者负责管理公有住房住宅专项维修资金的部门审核同意后，向专户管理银行发出划转住宅专项维修资金的通知；（六）专户管理银行将所需住宅专项维修资金划转至维修单位。"第 23 条规定："住宅专项维修资金划转业主大会管理后，需要使用住宅专项维修资金的，按照以下程序办理：（一）物业服务企业提出使用方案，使用方案应当包括拟维修和更新、改造的项目、费用预算、列支范围、发生危及房屋安全等紧急情况以及其他需临时使用住宅专项维修资金的情况的处置办法等；（二）业主大会依法通过使用方案；（三）物业服务企业组织实施使用方案;(四)物业服务企业持有关材料向业主委员会提出列支住宅专项维修资金;其中,动用公有住房住宅专项维修资金的,向负责管理公有住房住宅专项维修资金的部门申请列支;(五)业主委员会依据使用方案审核同意,并报直辖市、市、县人民政府建设(房地产)主管部门备案;动用公有住房住宅专项维修资金的,经负责管理公有住房住宅专项维修资金的部门审核同意;直辖市、市、县人民政府建设(房地产)主管部门或者负责管理公有住房住宅专项维修资金的部门发现不符合有关法律、法规、规章和使用方案的,应当责令改正;(六)业主委员会、负责管理公有住房住宅专项维修资金的部门向专户管理银行发出划转住宅专项维修资金的通知;(七)专户管理银行将所需住宅专项维修资金划转至维修单位。"第24条规定:"发生危及房屋安全等紧急情况,需要立即对住宅共用部位、共用设施设备进行维修和更新、改造的,按照以下规定列支住宅专项维修资金:(一)住宅专项维修资金划转业主大会管理前,按照本办法第二十二条第四项、第五项、第六项的规定办理;(二)住宅专项维修资金划转业主大会管理后,按照本办法第二十三条第四项、第五项、第六项和第七项的规定办理。""发生前款情况后,未按规定实施维修和更新、改造的,直辖市、市、县人民政府建设(房地产)主管部门可以组织代修,维修费用从相关业主住宅专项维修资金分户账中列支;其中,涉及已售公有住房的,还应当从公有住房住宅专项维修资金中列支。"第25条规定:"下列费用不得从住宅专项维修资金中列支:(一)依法应当由建设单位或者施工单位承担的住宅共用部位、共用设施设备维修、更新和改造费用;(二)依法应当由相关单位承担的供水、供电、供气、供热、通讯、有线电视等管线和设施设备的维修、养护费用;(三)应当由当事人承担的因人为损坏住宅共用部位、共用设施设备所需的修复费用;(四)根据物业服务合同约定,应当由物业服务企业承担的住宅共用部位、共用设施设备的维修和养护费用。"第26条规定:"在保证住宅专项维修资金正常使用的前提下,可以按照国家有关规定将住宅专项维修资金用于购买国债。""利用住宅专项维修资金购买国债,应当在银行间债券市场或者商业银行柜台市场购买一级市场新发行的国债,并持有到期。""利用业主交存的住宅专项维修资金购买国债的,应当经业主大会同意;未成立业主大会的,应当经专有部分占建筑物总面积三分之二以上的业主且占总人数三分之二以上业主同意。""利用从公有住房售房款中提取的住宅专项维修资金购买国债的,应当根据售房单位的财政隶属关系,报经同级财政部门同意。""禁止利用住宅专项维修资金从事国债回购、委托理财业务或者将购买的国债用于质押、抵押等担保行为。"第27条规定:"下列资金应当转入住宅专项维修资金滚存使用:(一)住宅专项维修资金的存储利息;(二)利用住宅专项维修资金购买国债的增值收益;(三)利用住宅共用部位、共用设施设备进行经营的，业主所得收益，但业主大会另有决定的除外；（四）住宅共用设施设备报废后回收的残值。"

《物权法》第 79 条规定："建筑物及其附属设施的维修资金，属于业主共有。经业主共同决定，可以用于电梯、水箱等共有部分的维修。维修资金的筹集、使用情况应当公布。"

《民法典》第 278 条规定："下列事项由业主共同决定：……（六）筹集建筑物及其附属设施的维修资金；（七）改建、重建建筑物及其附属设施；（八）改变共有部分的用途或者利用共有部分从事经营活动……"第 281 条规定："建筑物及其附属设施的维修资金，属于业主共有。经业主共同决定，可以用于电梯、屋顶、外墙、无障碍设施等共有部分的维修、更新和改造。建筑物及其附属设施的维修资金的筹集、使用情况应当定期公布。""紧急情况下需要维修建筑物及其附属设施的，业主大会或者业主委员会可以依法申请使用建筑物及其附属设施的维修资金。"

六、对维修资金的监管

《住宅专项维修资金管理办法》第 16 条规定："住宅专项维修资金划转后的账目管理单位，由业主大会决定。业主大会应当建立住宅专项维修资金管理制度。""业主大会开立的住宅专项维修资金账户，应当接受所在地直辖市、市、县人民政府建设（房地产）主管部门的监督。"第 17 条规定："业主分户账面住宅专项维修资金余额不足首期交存额 30% 的，应当及时续交。""成立业主大会的，续交方案由业主大会决定。""未成立业主大会的，续交的具体管理办法由直辖市、市、县人民政府建设（房地产）主管部门会同同级财政部门制定。"

《住宅专项维修资金管理办法》第 29 条规定："房屋灭失的，按照以下规定返还住宅专项维修资金：（一）房屋分户账中结余的住宅专项维修资金返还业主；（二）售房单位交存的住宅专项维修资金账面余额返还售房单位；售房单位不存在的，按照售房单位财务隶属关系，收缴同级国库。"第 30 条规定："直辖市、市、县人民政府建设（房地产）主管部门，负责管理公有住房住宅专项维修资金的部门及业主委员会，应当每年至少一次与专户管理银行核对住宅专项维修资金账目，并向业主、公有住房售房单位公布下列情况：（一）住宅专项维修资金交存、使用、增值收益和结存的总额；（二）发生列支的项目、费用和分摊情况；（三）业主、公有住房售房单位分户账中住宅专项维修资金交存、使用、增值收益和结存的金额；（四）其他有关住宅专项维修资金使用和管理的情况。""业主、公有住房售房单位对公布的情况有异议的，可以要求复核。"第 31 条规定："专户管理银行应当每年至少一次向直辖市、市、县人民政府建设（房地产）主管部门，负责管理公有住房住宅专项维修资金的部门及业主委员会发送住宅专项维修资金对账单。""直辖市、市、县建设（房地产）主管部门，负责管理公有住房住宅专项维修资金的部门及业主委员会对资金账户变化情况有异议的，可以要求专户管理银行进行复核。""专户管理银行应当建立住宅专项维修资金查询制度，接受业主、公有住房售房单位对其分户账中住宅专项维修资金使用、增值收益和账面余额的查询。"第32条规定："住宅专项维修资金的管理和使用，应当依法接受审计部门的审计监督。"第33条规定："住宅专项维修资金的财务管理和会计核算应当执行财政部有关规定。""财政部门应当加强对住宅专项维修资金收支财务管理和会计核算制度执行情况的监督。"第34条规定："住宅专项维修资金专用票据的购领、使用、保存、核销管理，应当按照财政部以及省、自治区、直辖市人民政府财政部门的有关规定执行，并接受财政部门的监督检查。"

建设部、财政部1998年发布的《住宅共用部位共用设施设备维修基金管理办法》（已失效）第4条第2款规定："维修基金的使用执行《物业管理企业财务管理规定》（财政部财基字〔1998〕7号），专项用于住宅共用部位、共用设施设备保修期满后的大修、更新、改造。"第3条则规定："本办法所称共用部位是指住宅主体承重结构部位（包括基础、内外承重墙体、柱、梁、楼板、屋顶等）、户外墙面、门厅、楼梯间、走廊通道等。""共用设施设备是指住宅小区或单幢住宅内，建设费用已分摊进入住房销售价格的共用的上下水管道、落水管、水箱、加压水泵、电梯、天线、供电线路、照明、锅炉、暖气线路、煤气线路、消防设施、绿地、道路、路灯、沟渠、池、井、非经营性车场车库、公益性文体设施和共用设施设备使用的房屋等。"

2008年2月1日起施行的《住宅专项维修资金管理办法》第2条第2款规定："本办法所称住宅专项维修资金，是指专项用于住宅共用部位、共用设施设备保修期满后的维修和更新、改造的资金。"第3条第1款和第2款则分别规定："本办法所称住宅共用部位，是指根据法律、法规和房屋买卖合同，由单幢住宅内业主或者单幢住宅内业主及与之结构相连的非住宅业主共有的部位，一般包括：住宅的基础、承重墙体、柱、梁、楼板、屋顶以及户外的墙面、门厅、楼梯间、走廊通道等。""本办法所称共用设施设备，是指根据法律、法规和房屋买卖合同，由住宅业主或者住宅业主及有关非住宅业主共有的附属设施设备，一般包括电梯、天线、照明、消防设施、绿地、道路、路灯、沟渠、池、井、非经营性车场车库、公益性文体设施和共用设施设备使用的房屋等。"根据《住宅专项维修资金管理办法》第6条的规定，一个业主所有且与其他物业不具有共用部位、共用设施设备的住宅无须缴纳住宅专项维修资金。

2013年《上海市住宅物业保修金管理暂行办法》第6条（交存标准）第2款

规定："符合以下情形之一的建筑物，经房屋管理部门审核同意，建设单位可免予缴纳保修金：（一）住宅物业管理区域内的所有住宅及其他建筑物，建设单位均不预（出）售的；（二）建设单位不预（出）售的整栋建筑物，但归业主共有的房地产、机动车车库、公益性公共服务设施房地产以及其他公建配套设施设备等除外；（三）建设单位已投保的工程质量保证保险符合国家和本市规定的保修范围和保修期限的。"

《物业管理条例》第53条规定："住宅物业、住宅小区内的非住宅物业或者与单幢住宅楼结构相连的非住宅物业的业主，应当按照国家有关规定缴纳专项维修资金。""专项维修资金属于业主所有，专项用于物业保修期满后物业共用部位、共用设施设备的维修和更新、改造，不得挪作他用。"

由上可知，无论是一栋大型的商业综合体、整栋住宅、整栋建筑物，抑或一个综合商业楼群，其所有权归属于单一的一个业主，即开发商，即使后来整体转让给了第三方受让人，由于不存在共用部位、共用设施设备，因此，无须缴纳住宅（房屋、物业）专项维修资金，该商业综合体、整栋住宅、整栋建筑物、综合商业楼群及其设施设备的保养或维修费用，完全由最终的单一业主承担，或者通过保险关系解决。

当然，如果大型的商业综合体、整栋住宅、整栋建筑物，抑或一个综合商业楼群最终被分割出售（转让）给多个受让人，便应当按照以上规定缴纳专项维修资金。

案例 56

停霸王车，物业公司留置车辆无商量

基本案情

2018年5月，谢某作为原告，以B物业管理有限公司（以下简称"B物业公司"）为被告，向青海省A县人民法院提起诉讼，请求：依法判令被告归还停放于被告公司管理的停车场内的面包车1辆、小轿车1辆。事实与理由：被告B物业公司管理的位于青海省A县某小区地下停车场，任何车辆可以入内停放，且不收费。2017年12月13日左右，原告将有故障的面包车和小轿车拖到被告的地下停车场，想停放一晚第二天再拖走。次日，原告去开车，发现车打不着，之后原告就去了外地出差，两个月后原告去取车，但被告知其需支付 1200 元的停车费，原告要求被告出示收费员证，被告说没有，根据 A 县人民政府文件的规定，被告必须出示收费员证。原告多次与被告进行协商解决，但无济于事，原告的两辆车至今停放在被告管理的停车场，现原告要求返还。

法院立案后，依法适用简易程序审理。

被告 B 物业公司辩称，原告的两辆车在该公司管理的地下停车场停放两个月，原告取车时被告以小区业主收费标准要求原告支付两辆车两个月的停车费 600 元，但原告拒绝支付，也没有将车开走。

被告 B 物业公司于 2018 年 6 月 22 日提起反诉，请求：依法判令原告支付面包车和小轿车自 2017 年 12 月 13 日至 2018 年 8 月 14 日的停车费 4880 元（以 1 辆车 1 天 10 元 ×244 天 ×2 计算），反诉费用由原告负担。事实与理由：2017 年 12 月 13 日，原告将面包车 1 辆和小轿车 1 辆停放在该公司管理的停车场，2018 年 2 月 16 日原告来取车时，被告要求其支付停车费，但原告拒绝支付并弃车而去。原告拒绝支付停车费的行为侵害了全体业主的合法权益，同时给被告增加了额外负担，并造成经济损失，应依法承担相应的法律责任。

原告谢某辩称，2017 年 12 月 13 日其将车停放于被告公司管理的停车场时没有看到告知牌，在停车场内看到要求业主将车开走的通知，不知道该停车场是否收费，被告工作人员没有收费员证，被告放在路边的收费牌不合格，被告以此迷惑消费者。

法院于 2018 年 8 月 1 日裁定将本案转为普通程序审理。

法院判决

原告谢某将面包车和小轿车停放于被告 B 物业公司管理的停车场，被告管理的停车场是收费性质的停车场，原告在看到被告 B 物业公司设置的停车收费牌后仍将车辆停放在该停车场，原告以不知道被告管理的停车场是否收费及被告工作人员收费时未出示收费员证等为由拒绝支付停车费。本院认为，原告在停车时已看到被告 B 物业公司设置的停车收费牌，应当认识到被告管理的停车场系收费停车场，且被告工作人员未出示收费员证并非其不支付停车费的法定抗辩事由，故对此本院不予采纳。因原告未支付停车费而无法取回车辆，在原告未支付停车费的情况下，被告可以行使留置权，被告表示原告支付停车费即可将车辆开走，原告车辆无法取回并非被告行为造成，而系其未支付停车费导致，故原告要求被告返还面包车和小轿车的诉讼请求不符合法律规定，本院不予支持。现原告享受了被告提供的服务，被告有权要求原告支付停车费，同时，被告以外来车辆 1 辆车 24 小时 10 元的收费标准符合 B 县机动车停放服务收费标准，原告自 2017 年 12 月 13 日起将两辆车停放于被告公司停车场，被告要求原告支付自 2017 年 12 月 13 日至 2018 年 8 月 14 日的停车费 4880 元（以 1 辆车 1 天 10 元×244 天×2 计算）的诉讼请求符合法律规定，本院予以支持。据此，依据《合同法》第 109 条、《民事诉讼法》第 64 条第 1 款，判决：1. 驳回原告（反诉被告）谢某的诉讼请求；2. 原告（反诉被告）谢某于本判决生效之日起 10 日内给付被告（反诉原告）B 物业公司停车费 4880 元。案件受理费 100 元，由原告谢某负担，反诉费 25 元，由原告谢某负担。

原告谢某不服一审判决，向中级人民法院提起上诉，请求：依法撤销一审判决；依法判令上诉人不承担停车费；依法判令被上诉人立即放行停放的车辆。

经过二审法院调解，达成调解协议，上诉人谢某支付 2800 元给被上诉人 B 物业公司。

法律分析

本案中，B 物业公司受委托管理的地下停车场为收费停车场，谢某将车停放在该停车场，与 B 物业公司形成了停车服务的合同关系。

一、原告拒不承认停车事实，确系停"霸王车"

原告（上诉人）所称其于 2017 年 12 月 15 日将两辆车停放于被告（被上诉人）管理的地下停车场与事实不符。事实是，2017 年 12 月 13 日，原告将面包车、小轿车各 1 辆停放于被告管理的地下停车场内，电脑有停车记录，同时有闭路录像。原告拒不承认停车事实是不诚实的。

二、原告停"霸王车"，至今仍拒不付费，极不合理

原告所称其停车时被告管理的停车场没有停车收费的通知和公告与事实不符。事实是，在原告将车辆停放于被告管理的停车场时，被告早已经放置了停车收费标志。被告于 2017 年 5 月 5 日开始收取停车费，并且在停车场外设置了收费标志，收费标准为外来车辆 24 小时 10 元，业主月租停车 1 个月 300 元，业主年租停车 1 年 3600 元，故原告应当知晓该收费标准。

并且，属于他人的地下车库，不可能无偿随意停放车辆，原告停车不付费，是没有道理的。

三、原告停"霸王车"，至今仍拒不付费，强词夺理

原告所称"在审理中被上诉人没有办理相关扣车的手续，私自扣留上诉人的车辆"于法无据。

原告于 2017 年 12 月 13 日始将车辆停放于被告管理的地下停车场内，对被告

的停车位，形成了事实上的占有、使用关系，故应当根据收费标准支付停车费，而原告至今仍拒不支付停车费，与被告形成了事实上的债权债务关系。

《物权法》第230条规定："债务人不履行到期债务，债权人可以留置已经合法占有的债务人的动产，并有权就该动产优先受偿。"根据该条规定，被告有权留置原告的两辆汽车直至原告支付停车费（暂计至2018年11月30日，具体数额为7640元，计算公式：10元/天×382天×2＝7640元）。

因此，一审判决认定事实清楚，采信证据和适用法律正确。在二审过程中，双方当事人根据互让互谅的原则，在法院的调解下达成和解，在上诉人支付了部分停车费后，由法院出具民事调解书。

第九编

383—415

综 合

案例 57

公司法人人格混同

■ 基本案情

2013年10月15日和22日，A建设集团有限公司（以下简称"A公司"）与青海B房地产开发有限公司（以下简称"青海B公司"）分别签订了两份《建设工程施工合同》及其补充协议，约定青海B公司的地王国际商城一期工程（包括1#住宅楼、裙楼及地下室）、二期工程（包括2#楼酒店、3#楼公寓、4#住宅楼）由A公司承包施工。

由于A公司与青海B公司双方在工程款结算问题上未达成一致意见，2017年8月25日，A公司申请诉前财产保全，冻结青海B公司在银行账户中的资金，冻结张三在青海B公司100%的股权，冻结江西C实业有限公司（以下简称"江西C公司"）在银行账户中的资金，冻结张三在江西C公司中99%的股权，查封江西C公司开发的预售房产。对上述资金、股权、房产的冻结、查封总额为6000万元。中国人民财产保险股份有限公司某市分公司为该保全提供担保。

2017年9月25日，A公司向某高级人民法院起诉，请求判决青海B公司支付工程款47711478.66元，利息2778771.5元，违约金21352665.2元以及担保费、保全费、律师费等费用。同时，以"法人人格混同"为由请求判决江西C公司对以上债务承担连带责任。

江西C公司提出书面异议认为，A公司及其法定代表人、保险公司、代理律师完全知晓青海B公司有足够的资产供其查封、冻结，但他们却舍近求远，查封和冻结张三在江西C公司的股权，冻结江西C公司的资金、房产。同时，江西C公司与以上相关单位和人员从未有过任何业务关系，他们借"法人人格混同"之名，行企业连坐和恶意保全之实，恶意查封和冻结了张三在江西C公司的合法股权，冻结了江西C公司的银行账户资金、预售房产，导致江西C公司在长达两年多的时间内项目开发、销售等工作完全停滞，该企业的所有活动和经营管理几乎完全瘫痪，给江西C公司造成了无可挽回的巨额经济损失和极其恶劣的社会影响。

法院判决

一审法院认为，青海 B 公司注册资本 2000 万元，实缴 500 万元（注：实际实缴 2000 万元），经营范围为房地产开发经营，股东为张三，占公司 100% 股权。《公司法》第 63 条规定："一人有限责任公司的股东不能证明公司财产独立于股东自己的财产的，应当对公司债务承担连带责任。" A 公司提供张三于 2017 年 9 月 26 日向 A 公司支付工程款 90 万元的证据证明张三与青海 B 公司之间财产混同，该公司已经完成初步证明的责任。但张三并未根据上述法律规定证明青海 B 公司财产独立于其个人财产。依照上述法律规定，张三应对青海 B 公司的本案债务承担连带责任。江西 C 公司注册资本金 3000 万元，实缴资本 1020 万元（注：实际实缴 2000 万元），经营范围为房地产开发经营，股东为张三、李四，其中张三占公司 99% 的股权。青海 B 公司与江西 C 公司人格混同：一是两个公司人员混同。在法院出具的 (2017) ×民初 105 号调解书中两个公司委托诉讼代理人均为两个公司的总工程师王五。二是两个公司业务混同。两个公司经营范围均为房地产开发经营。三是两个公司财务混同。青海 B 公司在向省人力资源和社会保障厅的申请书中，将江西 C 公司、青海 B 公司设立的银行账户均称"我公司银行账户"。因此，两个公司之间表征人格的因素（人员、业务、财务等）高度混同，导致各自财产无法区分，已丧失独立人格，构成人格混同。根据《公司法》第 20 条第 3 款"公司股东滥用公司法人独立地位和股东有限责任，逃避债务，严重损害公司债权人利益的，应当对公司债务承担连带责任"的规定，江西 C 公司应当对青海 B 公司的债务承担连带清偿责任。

判决：1. 青海 B 公司于本判决生效之日 30 日内向 A 公司支付工程款 39752841.86 元；2. 青海 B 公司于本判决生效之日 30 日内向 A 公司支付以 39752841.86 元为基数从 2017 年 2 月 16 日至付清之日止按照中国人民银行发布的同期同类贷款利率计付利息；3. 青海 B 公司于本判决生效之日 30 日内向 A 公司支付以 39752841.86 元为基数从 2017 年 2 月 16 日至付清之日止按照中国人民银行发布的同期同类贷款利率 1.3 倍计付违约金；4. 江西 C 公司、张三对本判决第一、二、三项承担连带责任。

青海 B 公司、江西 C 公司、张三均不服一审判决，并提出上诉。

二审法院认为，关于一审判决认定青海 B 公司与张三及江西 C 公司之间构成人格混同并判由张三、江西 C 公司承担连带责任是否正确的问题，《公司法》第 63 条规定："一人有限责任公司的股东不能证明公司财产独立于股东自己的财产的，应当对公司债务承担连带责任。"从一审查明的事实看，张三持有青海 B 公司 100%

股权,该公司属上述规定中的一人有限责任公司,由于在本案中张三未提交证据证明青海 B 公司财产独立于其个人财产,一审法院依照上述法律规定判决张三对青海 B 公司的本案债务承担连带责任,并无不当。至于青海 B 公司与江西 C 公司之间,经查,青海 B 公司和江西 C 公司的业务范围相同,均为经营房地产开发;在人员方面,张三同时为青海 B 公司和江西 C 公司的法定代表人,分别持有两公司 100% 和 99% 的股权,张三对江西 C 公司的决策具有绝对控制权,且两公司在某省高级人民法院审理的(2017)×民初 105 号民事调解书中,委托诉讼代理人均为两公司的总工程师王五,上述事实表明,青海 B 公司和江西 C 公司存在人员混同的情形;在财务方面,青海 B 公司在向省人力资源和社会保障厅提交的申请书中,将江西 C 公司、青海 B 公司设立的银行账户均称为"我公司银行账户",可见两公司在财务上亦存在混同情形。此外,二审期间,青海 B 公司与张三及江西 C 公司系以同一份上诉状共同提起上诉,一并缴纳诉讼费用,且未能区分各自份额,该事实亦可证明三者之间存在人员和财产上的混同。故一审法院认定青海 B 公司与张三及江西 C 公司之间人格混同,并判决张三、江西 C 公司与青海 B 公司承担支付工程款的连带责任并无不当。

判决:驳回上诉,维持原判。

法律分析

一、从客观事实和法律事实上看,江西 C 公司和青海 B 公司不存在人格混同的情形

江西 C 公司在二审期间提交了江西 C 公司的建设用地规划许可证、不动产权(土地)证、建设工程规划许可证、商品房预售许可证、建设工程施工许可证、2017 年 8—12 月部分员工工资表、员工个人所得税《税收完税证明》、自然人税收管理系统扣缴客户端查询的个税信息、2017 年度用于税务汇算清缴的《审计报告》等。

青海 B 公司在二审期间提交了其营业执照(正、副本),国有土地使用证,建设用地规划许可证,建设工程规划许可证,商品房预售许可证,资质证书,扣缴个人所得税报告表,已付、应付、应收账款凭证,等等。

笔者认为,以上证据足以证明江西 C 公司与青海 B 公司在业务、人事、财产、资金等方面不存在人格混同。一审、二审判决认定事实和适用法律均存在错误。首先,江西 C 公司和青海 B 公司的营业执照、资质证书、建设用地规划许可证、不动产权(土地)证、建设工程规划许可证、建设工程施工许可证、商品房预售许可证,以及青海 B 公司的房屋测绘成果报告等,均能证明江西 C 公司与青海 B 公司之间的土地使用权、项目、地址、财产、资金等均系各自独立,客观上不存在混同情形。其次，两公司的人员工资表及个人所得税扣缴报告表足以证明两个公司的人员不存在混同（青海 B 公司提交的此份证据有税务机关确认的印章，确认王五属于青海 B 公司的正式员工）。江西 C 公司 2017 年度《审计报告》系由有资质的会计师事务所为每年一次的汇算清缴所作出的，且 A 公司也未提出异议，可见二审判决认定"为单方制作"与事实不符。此外，江西 C 公司的该份《审计报告》以及青海 B 公司的"已付、应付、应收账款"凭证能有效证明两个公司各自的资产状况（包括总资产、债权和债务、净资产等）。

一审、二审判决认为，青海 B 公司和江西 C 公司的业务范围相同，均为经营房地产开发，且两公司在省高级人民法院审理的（2017）×民初 105 号民事调解书中，委托诉讼代理人均为两公司的总工程师王五，青海 B 公司在向省人力资源和社会保障厅的申请书中，将江西 C 公司、青海 B 公司设立的银行账户均称为"我公司银行账户"，可见两公司在财务上亦存在混同情形。此外，二审期间，青海 B 公司与张三及江西 C 公司系以同一份上诉状共同提起上诉，一并缴纳诉讼费用，且未能区分各自份额，该事实亦可证明三者之间存在人员和财产上的混同。

从以上内容可以看出，除张三曾经担任两公司的法定代表人外，一审和二审判决均未列出具体混同的事实因素，草率地将所谓"混同事实"强加给两公司。王五系青海 B 公司的正式员工，当时担任两公司的诉讼代理人符合民事诉讼法的规定，由企业员工担任本企业及关联公司的诉讼代理人实属正常，一审法院和 A 公司均是认可的，没有提出任何异议。除了一审法院认为张三因受到行政机关拘留的威胁而代青海 B 公司垫付了 90 万元农民工工资外，一审和二审法院均没有指出两公司之间哪几项财产、哪几笔资金存在混同情形。A 公司在一审时将青海 B 公司、张三、江西 C 公司列为共同被告，法律并未规定不允许共同上诉，一审法院受理时也未提示不得共同上诉。上诉费无法区分份额，一审法院也未要求共同上诉人之间区分份额。笔者认为，二审判决将此认定为人格混同并无法律依据。

二、从法律规定看，张三与青海 B 公司、江西 C 公司与青海 B 公司不存在任何混同的情形

1. 张三与青海 B 公司不存在任何混同。我国《公司法》第 63 条规定："一人有限责任公司的股东不能证明公司财产独立于股东自己的财产的，应当对公司债务承担连带责任。"张三只是被迫替青海 B 公司代付了 90 万元工人工资，张三的财产与青海 B 公司财产没有任何混同。在青海 B 公司无现金的情况下，股东将资金借给公司（这是最常见的"股东借款"方式，任何企业都会发生这种合法的股东借款行为）符合财务和会计制度，并且还可以收取利息，是完全合法的。青海 B 公司提交的证据能够证明其资产、账户、资金均是独立的，与张三没有任何混同的情形。笔者认为，一审法院和二审法院凭此便认定张三与青海 B 公司财产混同，属于认定事实错误。

2. 江西 C 公司与青海 B 公司不存在任何人格混同。我国《公司法》第 20 条第 3 款规定："公司股东滥用公司法人独立地位和股东有限责任，逃避债务，严重损害公司债权人利益的，应当对公司债务承担连带责任。"一审法院认定江西 C 公司和青海 B 公司混同的依据是：（1）青海 B 公司和江西 C 公司的业务范围相同，均为经营房地产开发。（2）且二公司在省高级人民法院审理的（2017）×民初 105 号民事调解书中，委托诉讼代理人均为二公司的总工程师王五。（3）青海 B 公司在向省人力资源和社会保障厅的申请书中，将江西 C 公司、青海 B 公司设立的银行账户均称为"我公司银行账户"。二审法院在二审期间增加了一个理由，即青海 B 公司与张三及江西 C 公司系以同一份上诉状共同提起上诉，一并缴纳诉讼费用，且未能区分各自份额，该事实亦可证明三者之间存在人员和财产上的混同。

一审法院和二审法院的四个理由，均不符合我国《公司法》第 23 条第 3 款、第 63 条的规定。事实上，没有哪一部法律规定不允许股东借款给公司，也没有哪一部法律不允许股东代公司付款。全国几万家房地产公司，某些大型房地产集团内部有几十家甚至上百家房地产项目公司，都有房地产开发的经营范围，均不属于法人人格混同的情形。

3. 以前为节约成本，员工代理公司和关联公司参加诉讼活动的情形经常发生，法院并未阻止。因此，即使本案不符合代理的要求，也是法院把关不严造成的，算不上公司人员混同。

4. 两个公司各自有自己的银行账户，银行账户不可能是共同的，一审法院和二审法院揪住当事人口语化的表述，认定此亦为公司混同的一个理由，太过牵强。

5. 二审法院将江西 C 公司一方共同的上诉状和共同的上诉行为也认为是公司混同的一个理由，没有法律依据。A 公司将江西 C 公司一方列为共同被告和共同被上诉人，江西 C 公司同样可以共同上诉、共同答辩。

由此可以看出，一审、二审判决，认定的事实是错误的。

三、一审和二审审判庭适用法律错误

一审和二审判决避开了认定公司人格混同最为关键的因素。我国《公司法》第 20 条第 3 款规定："公司股东滥用公司法人独立地位和股东有限责任，逃避债务，严重损害公司债权人利益的，应当对公司债务承担连带责任。"从《公司法》的该条规定看，必须达到"公司股东滥用公司法人独立地位和股东有限责任，逃避债务，严重损害公司债权人利益"这一后果，才构成公司人格混同。而从本案看，独资股东张三没有滥用公司法人独立地位和股东有限责任，抽逃资金、隐匿资产、逃避债务，损害债权人利益。需要特别说明的是，江西 C 公司为了支持青海 B 公司的开发建设，支付了 2250 万元的往来款给青海 B 公司，对青海 B 公司形成了 2250 万元的应收账款。需要特别强调的是，江西 C 公司并不是青海 B 公司的股东，没有也不可能滥用公司法人独立地位和股东有限责任，逃避债务，严重损害公司债权人利益。另外，青海 B 公司至庭审阶段仍是盈利的、足值的，资产主要为房屋存货，足以偿还所欠 A 公司的工程款债务，不会损害 A 公司的利益。因此，笔者认为，一审、二审判决适用法律错误。

四、关于江西 C 公司、青海 B 公司、张三是否人格混同的问题

《公司法》第 20 条第 3 款规定："公司股东滥用公司法人独立地位和股东有限责任，逃避债务，严重损害公司债权人利益的，应当对公司债务承担连带责任。"第 63 条规定："一人有限责任公司的股东不能证明公司财产独立于股东自己的财产的，应当对公司债务承担连带责任。"

《上海市高级人民法院民事审判第二庭关于审理公司法人人格否认案件的若干意见》第 2 条（审理原则）规定："审理公司法人人格否认诉讼案件，应当严格遵循公司独立人格和股东有限责任，不得滥用法人人格否认制度。"第 5 条（构成要件）规定："按照公司法第二十条第三款之规定，人民法院适用公司法人人格否认原则时，应当注意审查是否同时具备下列三项要求：（一）股东实施了滥用公司法人独立地位和股东有限责任的行为；（二）逃避债务；（三）严重损害公司债权人利益。"第 6 条（滥用公司法人独立地位和股东有限责任行为的认定）规定："公司存在资本显著不足，或者股东与公司人格高度混同，或者股东对公司进行不正当支配和控制情形的，可以认定属公司法第二十条第三款规定的股东滥用公司法人独立地位和股东有限责任的行为。"第 7 条（资本显著不足的认定）规定："股东未缴纳或缴足出资，或股东在公司设立后抽逃出资，致使公司资本低于该类公司法定资本最低限额的，人民法院应当认定公司资本显著不足。"第 8 条（人格高度混同的认定）规定："下列情形持续、广泛存在的，可以综合认定股东与公司人格高度混同：（一）（财产混同情形）存在股东与公司资金混同、财务管理不作清晰区分等财产混同情形的；（二）（业务混同情形）存在股东与公司业务范围重合或大部分交叉等业务混同情形的；（三）（人事混同情形）存在股东与公司法定代表人、董事、监事或其他高管人员相互兼任，员工大量重合等人事混同情形的；（四）（场所混同情形）存在股东与公司使用同一营业场所等情形的。"第 9 条（对公司进行不正当支配和控制的认定）规定："股东利用关联交易，非法隐匿、转移公司财产的，可以认定股东对公司进行不正当支配和控制。"第 12 条（适用限制）规定："对下列情形，人民法院不宜适用法人人格否认原则：（一）（债权人明知）公司债权人明知股东实施了滥用公司法人独立地位和股东有限责任行为，但仍与公司进行交易的；（二）（损害后果不严重）公司虽未能清偿到期债务，但有清偿债务可能，尚不构成严重损害债权人利益的。"

本案中，有财务凭证证明青海 B 公司的财产完全独立于股东张三的财产；第三方的汇算清缴《审计报告》和员工个人所得税纳税表证明了江西 C 公司和青海 B 公司不存在任何混同的情形。因此，笔者对一审法院和二审法院认定三方人格混同，是存疑的。

总之就本案而言，笔者认为，A 公司要求青海 B 公司的关联方承担连带责任，其行为是恶意的和非法的。

第一，青海 B 公司与江西 C 公司的经营业务、人员、财务、资金、股权、资产等完全独立，互不交叉、互不隶属。而且，江西 C 公司还为青海 B 公司提供了借款资金（企业往来资金）支持，至今，青海 B 公司还欠江西 C 公司 2775 万元，这属于企业之间再正常不过的经营行为，青海 B 公司与江西 C 公司之间账务清楚明晰，没有任何混同情形，与 A 公司的主张完全相反。

第二，认定公司法人人格混同必须严格和严谨。就本案而言，一审法院完全没有查清青海 B 公司及江西 C 公司之间的全部人员、业务、财务、资产、设备等是否混同，更没有进行财务上的审计，仅凭 A 公司一方故意的错误陈述和两份代付款、代垫款凭证，便如此简单草率地下结论，是极其错误的，既没有事实依据，也没有法律依据。

第三，在本案中，建筑工程总造价为 117888218.71 元，已付工程款 102899489.37 元，共计欠 A 公司工程款 14988729.34 元，A 公司申请冻结和查封了江西 C 公司、青海 B 公司几亿元人民币的账户、股权、资金、预售商品房，导致江西 C 公司的生产经营完全停滞，造成了巨额经济损失。A 公司明知青海 B 公司、江西 C 公司、张三之间没有任何混同，也不进行任何的调查和审计，却故意将三个关联方全部列为共同被告，并舍近求远，申请查封和冻结江西 C 公司的几乎所有账户、资金、可售资产，还包括张三的股权，导致江西 C 公司的经营完全瘫痪，这一行为是故意的、是恶劣的，同时也是非法的，目的是造成江西 C 公司无法经营，资金链完全断裂，最后由 A 公司坐收渔利。需要说明的是，A 公司因向案外人借高利贷欠债 5000 万—6000 万元，从案外人向张三的电话要求中可知，A 公司企图用江西 C 公司、青海 B 公司的资产去填补其所借高利贷窟窿，以摆脱其被追索的窘境和困扰。

第四，首先，青海 B 公司仍有大量物业未出售，没有用于抵押担保，更不存在司法查封、冻结等情况，青海 B 公司有足额资产偿还 A 公司工程款。其次，青海 B 公司股东从未从公司抽逃资金，并不存在恶意逃债的现象。最后，青海 B 公司只是对工程款具体数额存在争议，并没有造成 A 公司公司任何损失。

第五，青海 B 公司现提供了新的证据，证明其与江西 C 公司在经营业务、人员、资金、财务、财产等方面，完全不存在混同的任何情形。A 公司完全是恶意诉讼、恶意申请冻结和查封，其目的是获得不法利益。A 公司的代理律师和律师事务所明知对江西 C 公司的财产保全属于故意、恶意和非法，但仍进行代理，也负有不可推卸的责任。

五、本案保全和判决不符合我国当前相关民事案件的审判精神

1. 江门市泰力房地产开发有限公司执行案〔（2018）最高法执监 105 号〕中，最高人民法院认为，在进行诉讼保全时，双方当事人权利义务尚处于待定状态，应尽量采取对当事人经营影响较小的方式。在房地产开发公司尚有房产可供保全，且提出可用保函来解冻一部分账户时，法院应予充分考虑，在能够实现保全目的的情况下，尽量采取对企业经营影响较小的方式。因此，鉴于商品房预售款监管账户担负着优先保障开发项目、促进在建工程如期竣工、维护购房者合法权益的核心功能，人民法院对于该账户的保全、执行，相对于普通账户，应采取更为谨慎的态度。在保全阶段，保全人若申请提出保全被保全人的商品房预售款账户，人民法院应当对该在建工程施工情况、建筑材料购买情况、工人工资支付以及税费支付等情况作出严格审查，在保证建设工程施工正常进行的情况下，方可采取保全措施，且尽量不采取全部冻结账户资金的方式。即使是在执行阶段，也应在设立该账户的目的已经实现后，或账户资金满足项目建设所需资金之外的部分，可采取执行措施。

2.《最高人民法院关于充分发挥审判职能作用为企业家创新创业营造良好法治环境的通知》（法〔2018〕1 号）第 5 条强调，要"依法保护企业家的自主经营权"，要"严格依法采取财产保全、行为保全等强制措施，防止当事人恶意利用保全手段，侵害企业正常生产经营。对资金暂时周转困难、尚有经营发展前景的负债企业，慎用冻结、划拨流动资金等手段。加强对虚假诉讼和恶意诉讼的审查力度，对于恶意利用诉讼打击竞争企业，破坏企业家信誉的，要区分情况依法处理"。

3. 2016 年，《最高人民法院关于防范和制裁虚假诉讼的指导意见》标本兼治、多管齐下严厉惩治虚假诉讼，较全面地构建起虚假诉讼的释明机制、发现机制、识别机制和制裁机制。

4. 中央政法委制定下发了《关于建立涉法涉诉信访事项导入法律程序工作机

制的意见》《关于建立涉法涉诉信访执法错误纠正和瑕疵补正机制的指导意见》《关于健全涉法涉诉信访依法终结制度的实施意见》三个重要文件，提出了依法纠正错误、补正瑕疵，防止程序空转，凡是有错误的案件必须依法纠正，凡是有瑕疵的案件都要给当事人一个说法。

5. 最高人民法院原副院长江必新强调：一方面要防止有些人抓住民营企业和企业家的一些行为上的瑕疵、轻微的违法行为，而置民营企业和企业家于死地。另一方面要警惕一些人抓住一些鸡毛蒜皮的事情，对民营企业和企业家敲诈勒索。还要警惕利用一些瑕疵来进行恶意诉讼，甚至提起虚假诉讼，坑害民营企业和企业家的行为……要进一步加大纠正冤错案的力度，除了纠正刑事领域的冤假错案以外，还要进一步纠正行政审判领域、民事审判领域以及执行领域的冤错案件。

6. 中央政法委重申，凡是有错误的案件，必须依法纠正。中央政法委此前制定下发了《关于建立涉法涉诉信访事项导入法律程序工作机制的意见》《关于建立涉法涉诉信访执法错误纠正和瑕疵补正机制的指导意见》《关于健全涉法涉诉信访依法终结制度的实施意见》三个重要文件，其中《关于建立涉法涉诉信访执法错误纠正和瑕疵补正机制的指导意见》中提出依法纠正错误、补正瑕疵，防止程序空转，凡是有错误的案件必须依法纠正，凡是有瑕疵的案件都要给当事人一个说法。

因此，笔者认为，本案一审、二审判决在认定事实和适用法律方面确实存在错误。

公司人格混同

一、公司人格混同概述

公司人格混同源于西方国家法律或判例中的"揭开公司的面纱"（Piercing The Corporate Veil）。在西方国家法院的许多案件中，为了追求公平正义，维护社会利益，常常会拒绝承认一个合法成立的公司的独立法人地位，直接探究公司与股东的真实关系。依据"揭开公司的面纱"的原则，如果法庭认为成立公司的目的在于利用公司作为手段，从事妨碍社会利益、欺诈或逃避个人责任的活动，法院将不考虑公司的法人资格，直接追究股东或其他行为人的民事或刑事责任。也就是说，法院有权要求公司有控制权的股东及主要经营者对公司债务承担个人责任。但是现实生活中，"揭开公司的面纱"或者认定公司人格混同，是一个相当复杂的事实问题。

1. 公司人格混同的表征因素——人员混同，指关联公司之间在组织机构和人员上存在严重的交叉、重叠，最典型的情形是"一套人马，多块牌子"。业务混同，指关联公司之间从事相同的业务活动，在经营过程中彼此不分，以至于与之交易的对方当事人认为是在与同一家公司进行交易。财务混同，指关联公司之间账簿、账户混同、资金混用等。

需要注意的是，在集团公司、母子公司结构之下，控股公司对其下属公司的人员、业务、财务等进行统一管理是一种经常性的状态。如：集团公司向下属公司派遣管理人员；对下属公司制定统一的业务规范，下达统一的生产经营计划，进行统一考核；建立统一的财务管理制度，依法合并财税报表；在分开记账、支取自由前提下的集中现金管理；建立集团内部的财务公司、资金中心、结算中心、支付中心；等等。这种统一管理，只要是在合法的范围内，并且没有滥用权利、抽逃资金、隐匿资产、逃避债务，损害其他单位和个人的合法权益，不应被视为财务混同。另外，根据中国人民银行《贷款通则》和相关规定，企业之间不能进行资金拆借，但随着我国经济的发展，企业之间的资金往来是极为频繁的，也是正常的，不应轻易认定为财务混同。但是，如果公司账户与股东的账户之间存在大量、频繁的资金往来，导致公司财产与股东财产无法进行区分情况下可以认定公司与股东之间构成财务混同。

2. 公司人格混同的实质因素——财产混同，指关联公司之间的财产归属不明，难以区分。如：具有相同的住所地和营业场所，共同使用办公设施、机器设备；共同使用资金，各自的收益不加区分，相互之间随意调用财产；等等。这是公司人格混同的实质因素，因为财产混同违背了公司财产与股东财产相分离、公司资本维持和公司资本不变等基本原则，潜伏着公司财产被隐匿、非法转移或被私吞、挪用的重大隐患和风险，可能影响公司对外清偿债务的能力。

3. 公司人格混同的结果因素，是指由于公司人格混同导致本公司没有对外偿还到期债务的能力，严重损害了债权人利益。在这种情形下，法院才能否定关联公司的法人人格，让关联公司之间承担连带责任。如果公司有充分的偿债能力，债权人就不应当请求法院否定公司的独立人格。

我国《公司法》第3条第1款规定："公司是企业法人，有独立的法人财产，享有法人财产权。公司以其全部财产对公司的债务承担责任。"第20条规定："公司股东应当遵守法律、行政法规和公司章程，依法行使股东权利，不得滥用股东权利损害公司或者其他股东的利益；不得滥用公司法人独立地位和股东有限责任损害公司债权人的利益。公司股东滥用股东权利给公司或者其他股东造成损失的，应当依法承担赔偿责任。公司股东滥用公司法人独立地位和股东有限责任，逃避债务，严重损害公司债权人利益的，应当对公司债务承担连带责任。"第63条规定："一人有限责任公司的股东不能证明公司财产独立于股东自己的财产的，应当对公司债务承担连带责任。"第171条第2款规定："对公司资产，不得以任何个人名义开立账户存储。"这就是我国《公司法》对公司法人人格否认制度的规定。

4. 关于举证责任，根据我国《公司法》的相关规定，一人有限责任公司需证明股东财产与公司财产未产生混同，由股东承担举证责任；而对于其他类型的公司，债权人有义务证明股东财产与公司财产发生了混同。但债权人能够提供初步证据证明股东滥用公司独立法人地位和股东有限责任的，法院可确定该举证责任由公司股东承担，如股东未对公司款项汇入个人账户作出合理解释，证明公司财产独立于股东个人财产的，股东应对相应的债务承担连带赔偿责任。

为了防止股东利用法人独立地位与股东有限责任损害公司债权人利益，《公司法》第20条第3款首次规定了法人人格否认制度，也就是通常所谓的"揭开公司的面纱"制度，其目的在于实现股东利益与债权人利益之间的合理平衡。由于《公司法》规定得较为原则抽象，为了规范统一该制度在司法实践中的裁判尺度，2019年最高人民法院发布《全国法院民商事审判工作会议纪要》（以下简称《九民会议纪要》）对公司人格否认制度作出了专门规范。

在司法实践中，适用法人人格否认制度，不能偏离《公司法》第20条第3款规定的精神实质。根据该款规定，公司股东滥用公司法人独立地位与股东有限责任，逃避债务，严重损害公司债权人利益的，应当对公司债务承担连带责任。根据上述规定，适用法人人格否认制度应当具备三个要件：一是主体要件，即滥用的主体限于公司股东；二是行为要件，即存在滥用公司独立人格和股东有限责任的行为；三是结果要件，即严重损害了公司债权人的利益。可见，当且仅当债权人的利益因法人人格混同被损害时，债权人才可以通过诉讼来否认债务人的法人资格，从而要求股东承担赔偿责任。

法人人格否认制度的本质，是一种债权人的特殊救济方式，即针对股东滥用权利损害公司债权人利益的行为，通过刺穿公司面纱进而突破股东有限责任，使滥用权利的股东对公司债务承担责任，滥用权利的行为是一种侵害债权的行为，从责任属性上讲，滥用权利的股东承担的连带清偿责任，并非依据合同约定，其属于侵权责任。

因此，依据《公司法》第20条第3款及《九民会议纪要》的规定，所谓的主体要件，包括侵权行为主体与受害人主体，滥用权利的股东是侵权责任主体，公司债权人是受害主体，也就是在否认法人人格诉讼中，原告应当为公司债权人，被告是公司股东（实际控制人）或者股东与公司为共同被告。

《九民会议纪要》明确，只有实施滥用公司法人独立地位与股东有限责任的股东，才对公司债务承担连带责任，其他股东对此不应承担责任。上述规定遵循侵权责任的一般归责原理，即只有实施侵权行为的股东才承担责任，也就是所谓的积极股东，债权人不得向没有实施滥用权利行为的消极股东主张连带清偿责任。

公司法人人格否认制度设置的本意，是防止股东尤其是控股股东滥用权利，导致公司丧失清偿能力无法偿付债权人的债权，然后利用公司独立人格及股东有限责任作为"护身符"，躲在公司面纱背后试图"合法"地逃避责任。故此，在否认公司独立人格的典型模式中，制裁的对象是实施滥用权利的股东，故此《公司法》第20条第3款及《九民会议纪要》均将责任主体限定为公司股东。

关于实际控制人是否符合法人人格否认的适用条件，目前主要有两种观点：一种观点认为，《公司法》第20条第3款将法人人格否认的责任主体限定为公司股东，由于否定法人人格制度的适用原本就是在穷尽其他手段之后，对公司债权人利益保护的"不得已选项"，本身就应当慎重适用，故此，不宜对适用的责任主体随意做扩大解释。另一种观点认为，实践中存在大量的实际控制人滥用权利的现象，具体表现为实际控制人通过间接持股、协议安排、持有投票权的方式，甚至通过亲属关系对公司实施过度支配与控制，进而完成各种利益输送，损害债权人利益，故此，应当将实际控制人纳入法人人格否认制度的适用范围，对其滥用权利导致公司无法偿付债权人债权的，应当承担连带清偿责任。

实践中，控股股东或者实际控制人滥用其对关联公司的支配权，利用多个关联公司进行利益输送，通过减损某个关联公司的利益以求其控制的公司集团的利益最大化，同时使债权人利益遭受损害，此时债权人是否可以请求否认关联公司之间的各自独立地位，使各个关联公司共同对发生的债务承担责任。此种情形称之为横向否认或者"揭开姐妹公司的面纱"。

传统的揭开公司面纱，仅是指通过揭开公司面纱去追究股东个人的连带责任，从而使股东与债权人的利益获得再平衡。《公司法》第20条第3款对于关联公司人格否认没有明确规定，在审判实践中，要对人格混同的关联企业实行人格否认，只能依据民法基本原则准用公司法人人格否认理论，而不能直接适用《公司法》第20条。

《公司法》第20条第3款规定的滥用公司法人独立地位和股东有限责任的行为，《九民会议纪要》对此明确了实践中的三种情形，即人格混同、过度支配与控制、资本显著不足。

《九民会议纪要》第11条在关于"过度支配与控制"的规定中明确，控制股东或实际控制人控制多个子公司或者关联公司，滥用控制权使多个子公司或者关联公司财产边界不清、财务混同，利益相互输送，丧失人格独立性，沦为控制股东逃避债务、非法经营，甚至违法犯罪工具的，可以综合案件事实，否认子公司或者关联公司法人人格，判令承担连带责任。上述规定，为司法实践中否定关联公司人格提供了法律适用中的裁判说理依据。

最高人民法院发布的指导案例15号"徐工集团工程机械股份有限公司诉成都

川交工贸有限责任公司等买卖合同纠纷案",旨在明确关联公司人格否认的具体认定标准,以便进一步完善公司法人格否认制度,有利于防止关联公司滥用公司法人独立地位和股东有限责任,恶意逃避债务,损害公司债权人利益;有利于规范关联公司经营行为,促进企业依法健康发展。

指导案例 15 号确立的具体裁判规则为:关联公司的人员、业务、财务等方面交叉或混同,导致各自财产无法区分,丧失独立人格的,构成人格混同;关联公司人格混同,严重损害债权人利益的,关联公司相互之间对外部债务承担连带责任。

在公报案例"中国信达资产管理公司成都办事处与四川泰来装饰工程有限公司、四川泰来房屋开发有限公司、四川泰来娱乐有限责任公司借款担保合同纠纷案"〔(2008)民二终字第 55 号〕的裁判摘要中,最高人民法院确立的裁判规则为:存在股权关系交叉、均为同一法人出资设立、由同一自然人担任各个公司法定代表人的关联公司,如果该法定代表人利用其对于上述多个公司的控制权,无视各公司的独立人格,随意处置、混淆各个公司的财产及债权债务关系,造成各个公司的人员、财产等无法区分的,该多个公司法人表面上虽然彼此独立,但实质上构成人格混同。因此损害债权人合法权益的,该多个公司法人应承担连带清偿责任。

最高人民法院在北京宏宇祥贸易有限责任公司、大同市宏安国际酒店有限责任公司合同、无因管理、不当得利纠纷二审民事判决书〔(2016)最高法民终 819 号〕的裁判说理中认为,公司股东过度控制公司,将公司资产无偿转移给三个关联公司,且股东个人财产与公司财产不清,关联公司应对公司的涉案债务承担连带清偿责任;从各关联公司陆续成立和变化的轨迹可以看出股东滥用公司法人独立地位和股东有限责任、恶意逃避债务的意图明显,公司的法人人格变成股东用来逃避公司债务的工具。

二、公司法人人格否认参考案例

关于公司法人人格混同和否认,实践中的案例不多,可作为参考的有以下案例:

1. 徐工集团工程机械股份有限公司诉成都川交工贸有限责任公司等买卖合同纠纷案(最高人民法院指导案例 15 号)。最高人民法院认定:第一,三个公司人员混同。三个公司的经理、财务负责人、出纳会计、工商手续经办人均相同,其他管理人员亦存在交叉任职的情形,川交工贸公司的人事任免存在由川交机械公司决定的情形。第二,三个公司业务混同。三个公司实际经营中均涉及工程机械相关业务,经销过程中存在共用销售手册、经销协议的情形;对外进行宣传时信息混同。

第三，三个公司财务混同。三个公司使用共同账户，以王某某的签字作为具体用款依据，对其中的资金及支配无法证明已作区分；三个公司与徐工机械公司之间的债权债务、业绩、账务及返利均计算在川交工贸公司名下。因此，三个公司之间表征人格的因素（人员、业务、财务等）高度混同，导致各自财产无法区分，已丧失独立人格，构成人格混同。

川交机械公司、瑞路公司应当对川交工贸公司的债务承担连带清偿责任。公司人格独立是其作为法人独立承担责任的前提。《公司法》第3条第1款规定："公司是企业法人，有独立的法人财产，享有法人财产权。公司以其全部财产对公司的债务承担责任。"公司的独立财产是公司独立承担责任的物质保证，公司的独立人格也突出地表现在财产的独立上。当关联公司的财产无法区分，丧失独立人格时，就丧失了独立承担责任的基础。《公司法》第20条第3款规定："公司股东滥用公司法人独立地位和股东有限责任，逃避债务，严重损害公司债权人利益的，应当对公司债务承担连带责任。"本案中，三个公司虽在工商登记部门登记为彼此独立的企业法人，但实际上相互之间界线模糊、人格混同，其中川交工贸公司承担所有关联公司的债务却无力清偿，又使其他关联公司逃避巨额债务，严重损害了债权人的利益。上述行为违背了法人制度设立的宗旨，违背了诚实信用原则，其行为本质和危害结果与《公司法》第20条第3款规定的情形相当，故参照《公司法》第20条第3款的规定，川交机械公司、瑞路公司对川交工贸公司的债务应当承担连带清偿责任。

2. 山东协同教育信息技术有限公司、田某某民间借贷纠纷案［（2017）最高法民申2646号］。最高人民法院认为：我国实行银行账户实名制，原则上账户名义人即是账户资金的权利人。同时，根据《会计法》《税收征收管理法》《企业会计基本准则》等相关规定，公司应当使用单位账户对外开展经营行为，公司账户与管理人员、股东账户之间不得进行非法的资金往来，以保证公司财产的独立性和正常的经济秩序。根据本案认定的事实，李某出借的款项均汇入了协同教育公司股东肖某某账户（大部分款项又汇入宋某某账户，小部分款项汇入协同教育公司账户），协同教育公司亦通过肖某某、宋某某等股东账户向李某偿还借款。同时，协同教育公司的账户与肖某某、宋某某等股东的账户之间存在大量、频繁的资金往来，且资金用途复杂，导致公司财产与股东财产无法进行区分。协同教育公司、宋某某、肖某某申请再审称协同教育公司实际控制肖某某、宋某某等股东账户，股东账户的资金属于公司资金，但未提供充足的证据。因此，原判决认定因协同教育公司与股东之间构成财产混同，公司已经失去了独立承担债务的基础，有事实和法律依据。同时，肖某某、宋某某在本案诉讼期间又退出协同教育公司，致使公司变为一人有限公司（田某某一人股东）。以上情形严重损害了公司债权人的利益，根据《公司法》第 20 条的规定，公司股东滥用公司法人独立地位和股东有限责任，逃避债务，严重损害公司债权人利益的，应当对公司债务承担连带责任。

3. 江西盈森实业有限公司与江西嘉维板业有限公司、嘉汉板业（江西）营林有限公司买卖合同纠纷案［（2014）民申字第 419 号］。最高人民法院认为：一审、二审审理查明，嘉汉公司与嘉维公司的股东均为嘉汉板业（中国）投资有限公司，同为嘉汉板业（中国）投资有限公司的子公司，两公司存在关联关系，系关联企业。嘉汉公司和嘉维公司的董事长、经理等公司高管一致，工作人员也存在相互交叉任职的情形，两公司均不设股东会和董事会，股东、执行董事、监事等公司组织机构亦完全一致。嘉汉公司与嘉维公司的办公地址和营业场所重合，且嘉汉公司的办公场所系嘉维公司无偿提供，其租赁物业的租金和物业管理费等相关费用均由嘉维公司支付。嘉汉公司与嘉维公司的经营范围基本重合，且均涉及林木开发利用。上述事实表明，嘉维公司、嘉汉公司表面上是彼此独立的公司法人，但在组织机构、公司间财产及业务上均有着不同程度的重合，两公司之间已实际成为人格混同的关联企业，符合适用法人人格否认制度的条件。

4. 宁夏银祥房地产开发集团有限公司、宁夏新银迪建筑装饰工程有限公司与何某房屋买卖合同纠纷案［（2013）民申字第 1435 号］。最高人民法院认为：依据原审查明的事实，新银迪公司的股东与银祥公司的股东构成完全一致，王某某在银祥公司、新银迪公司的出资比例均为最高，系两公司的控股股东。两公司的注册经营场所一致、两公司的财务人员、管理人员有混同为两公司办理相关业务的情况，两公司的资金有混同使用的情况，据此原审判决认定银祥公司与新银迪公司构成两公司主体人格混同有事实和法律依据；同时，鉴于新银迪公司在主体上与银祥公司存在股东完全相同，均为同一家庭成员，两公司的重大行为均在同一家庭成员的范围内形成股东大会决议，两公司的经济利益均为同一家庭成员共同享有，两公司在利益上相互关联，据此原审判决认定新银迪公司与银祥公司构成关联企业有事实和法律依据。

5. 亚之羽航空服务（北京）有限公司等与宽甸金远房地产开发有限公司居间合同纠纷案［（2016）最高法民申 2096 号］。最高人民法院认为：违背股东与公司分离原则是公司法人人格否定的重要情形，在违背股东与公司分离原则下存在人格混同和财产混同两种情况。本案中，金远公司与亚之羽公司签订合同后，应亚之羽公司的要求将前期费用 500 万元打入了公司股东刘某某个人账户，刘某某收到款项后并未将全部款项转入公司账户。在刘某某个人账户的款项，刘某某主张亦用于公司支出，可见刘某某作为股东的资产与公司资产难分你我，互为所用，公司财产与股东财产难以分辨，属于财产混同，公司已经丧失了独立性，原判决从保护债权人利益的角度出发，认定刘某某滥用公司法人独立地位，并判决其承担连带责任，适用法律并无不当。

6. 义乌市矿业煤炭有限公司等与永昌天源矿业有限责任公司等合同纠纷案〔(2015) 民一终字第 177 号〕。最高人民法院认为：案涉协议签订、履行时，石某某系义乌矿业公司的法定代表人、股东，亦系鸿瑞公司（一人有限责任公司）的法定代表人和出资人。《财产转让清单》上义乌矿业公司一方签收人、2010 年 7 月 15 日支付 125 万元转让款的银行账户开户人为赵某；而鸿瑞公司工商登记信息显示，赵某现系该公司持股比例 20% 的股东。2010 年 7 月 14 日义乌矿业公司签收的《移交资料清单》中包括永昌公司大通分公司和大通县昌通萤石矿、大通县盛源萤石矿相关资料。嗣后鸿瑞公司接收相应资料和财产，均未提供与义乌矿业公司交接的任何证据。石某某个人支付徐某某共计 800 万元，其中 2010 年 7 月 10 日 175 万元和 2010 年 7 月 15 日 125 万元，称系石某某作为义乌矿业公司的法定代表人支付的 300 万元定金；2010 年 8 月 3 日、8 月 19 日、10 月 21 日分别支付的 50 万元、250 万元、200 万元，则称系石某某作为鸿瑞公司法定代表人支付的 500 万元转让款，同一方式支付的款项被人为赋予不同性质，既与徐某某针对上述款项出具收条的记载不符，在鸿瑞公司系石某某一人公司的情形下，更有违公司财务制度。公司之间人员交叉任职、财产混同系构成法人人格混同的主要方面。义乌矿业公司与鸿瑞公司之间表征人格的因素混同，构成法人人格混同。

7. 海南海钢集团有限公司与中国冶金矿业总公司及三亚度假村有限公司损害股东利益责任纠纷案〔(2013) 民二终字第 43 号〕。最高人民法院认为：在此情形下，度假村公司及其股东中冶公司均为人格独立的公司法人，不应仅以两公司的董事长为同一自然人，便认定两公司的人格合一，进而将度假村公司董事会的行为认定为中冶公司的行为，这势必造成公司法人内部决策机制及与其法人单位股东在人格关系上的混乱。此外，两公司人格独立还表现为其财产状况的独立和明晰，在没有证据证明公司与其股东之间存在利益输送的情况下，此类"董事长同一"并不自然导致"法人人格否认原理"中的"人格混同"之情形。

8. 朱某某与临沂市昆和物资有限公司等买卖合同纠纷案〔(2016) 最高法民申 3168 号〕。最高人民法院认为：法人人格独立是公司法的基本原则，对法人人格否认应予慎重适用。对于不存在持股关系的关联公司，认定人格混同，需有证据证实公司之间表征人格的因素（人员、业务、财务等）高度混同，导致各自财产无法区分，已丧失独立人格，构成人格混同，而且这种混同状态给债权人带来债务主体辨认上的困难，使关联公司逃避巨额债务，最终危害到债权人的利益。就本案而言，二审法院认为昆和公司与源丰公司存在一定的关联关系，尚不足以导致两公司人格混同，并无不当。

9. 七台河宝泰隆圣迈煤化工有限责任公司与营口市大洋石化有限公司等买卖合同纠纷案［（2016）最高法民申 2011 号］。最高人民法院认为：公司独立财产是独立承担责任的基础，审查公司之间人格混同的重要标准是审查是否存在人员混同、经营混同及财产混同，其中核心是财产混同。如两公司之间财产混同，无法区分，失去独立人格，则构成人格混同，对外债务应当承担连带责任。反之，如两公司之间财产相互独立，不存在混同，则对外不应承担连带责任。本案中，宝泰隆公司在原审中所提供证据仅证明了涉案《工业品买卖合同》签订时大洋公司与华威公司股东及管理人员存在交叉，但并未提供初步证据证明两公司之间存在财产混同，宝泰隆公司应当承担举证不能的法律后果。

另外，无论是华威公司和大洋公司的工商档案，还是《营口华威石化有限公司"10·11"生产安全事故调查报告》《询问笔录》《营口市大洋石化有限公司股权转让协议》等，仅证明华威公司与大洋公司在涉案《工业品买卖合同》签订时存在股东交叉情形，但不能证明华威公司与大洋公司之间人格混同。宝泰隆公司要求华威公司对大洋公司所欠货款承担连带责任，证据不足，不予支持。

审查公司之间是否人格混同的重要标准是，是否存在人员混同、经营混同及财产混同，其中核心是财产混同，如两公司之间财产混同，无法区分，失去独立人格，则构成人格混同，对债务应当承担连带责任。

10. 常州高新技术产业开发区三维工业技术研究所有限公司等与上海大陆药业有限公司等技术合作开发合同纠纷案［（2014）民三终字第 12 号］。最高人民法院认为：大陆公司与兰陵公司的法定代表人虽系兄弟关系，但两公司均具有独立的法人资格，兰陵公司的法定代表人虞某某从未持有大陆公司股份，仅在 2002 年担任过大陆公司董事，大陆公司或者大陆公司的法定代表人虞某某亦未持有兰陵公司的股份，两公司之间并不存在股权关系，也不存在实际控制关系。三维公司提交的相关工商登记资料等证据也不足以证明虞某某通过王某某和陈某某两人实际控制兰陵公司和大陆公司。因此，原审法院认为根据现有证据不足以证明大陆公司与兰陵公司之间存在关联关系，更不能证明双方之间已构成法人人格混同未有不当。

11. 哈尔滨秋林集团股份有限公司与哈尔滨美达商业服务管理有限公司等租赁合同纠纷案［（2015）民申字第 3316 号］。最高人民法院认为：尽管美达公司的原法定代表人王某曾任黑龙江汉帛公司董事，美达公司的现任法定代表人李某同时也是博瑞公司的副总经理，美达公司的股东孙某某曾任博瑞公司的总经理、董事，以及两公司之间在财务上互有资金拆借情形，博瑞公司的工作人员也曾为美达公司办理过年检及财务等相关事宜，但美达公司与博瑞公司是两个各自独立的法人主体，其二者关系并不符合《公司法》第21条、第216条关于关联关系的规定。秋林公司主张美达公司与博瑞公司间构成关联关系、人格混同，缺乏事实和法律依据。

12. 湖南宏欣投资有限公司与湖南鑫都大酒店有限公司等物权保护纠纷案〔（2016）最高法民申519号〕。最高人民法院认为：仅从法定代表人和注册地址的同一不能否认二者的独立人格地位，电力公司仅仅是鑫都公司五名股东之一，并不能以此认定鑫都公司与电力公司主体混同。至于鑫都公司与电力公司之间的租金、债权债务、担保等往来，并不能达到认定二者人格混同的程度。

13. 河北煤业工贸有限责任公司与唐山重型装备集团有限责任公司等买卖合同纠纷案〔（2016）最高法民申430号〕。主张被告一方存在人格混同的当事人，应当对被告存在资产混同、人员混同、业务混同以及滥用公司法人独立地位和股东有限责任，逃避债务，严重损害债权人利益的情形承担举证责任。最高人民法院认为：首先，煤业公司未能证明冶金厂与重型集团之间存在资产混同。本案中，重型集团系国有独资公司，其股东为唐山市国资委，仅是重型集团增加的注册资本系唐山市国资委委托冶金厂支付，不能以此认定二企业具有投资关系，亦不能认定二者资产混同。其次，煤业公司未能证明冶金厂与重型集团之间存在人员混同。两企业的法定代表人虽然是同一人，但不能以此认定二者人格混同，煤业公司也没有提供其他证据证明两企业存在人员、机构混同的情形。再次，煤业公司未能证明冶金厂和重型集团存在业务混同以及滥用公司法人独立地位和股东有限责任，逃避债务，严重损害债权人利益的情形。最后，煤业公司提供的招标文件和重型集团在网上发布的广告以及冶金厂发布的放假通知，均不能证明冶金厂与重型集团之间存在人格混同的情形。

14. 海南海联工贸有限公司与海南天河旅业投资有限公司等合作开发房地产合同纠纷案〔（2015）民提字第64号〕。最高人民法院认为：公司是否已经形骸化，公司与股东之间是否构成人格混同，应严格按照法律关于公司法人终止、股东是否滥用权利、是否在财产、业务、人员等多方面出现混同等因素进行判定。从本案事实看，海联公司并不存在形骸化和公司与股东人格混同的情形。

15. 中国华融资产管理股份有限公司深圳市分公司与青海水泥厂等金融借款合同纠纷案〔（2015）民二终字第244号〕。最高人民法院认为：盐湖股份公司是盐湖新域公司的控股股东，盐湖新域公司是青海水泥公司的控股股东，盐湖股份公司通过盐湖新域公司间接控股青海水泥公司，对青海水泥公司等企业的统一管理，可以是基于股权法律关系，通过行使股权来实现，因此，不能简单认为控股公司对子公司的一体化管理必然会导致子公司丧失独立法人人格。

关于合并报表是否表明青海水泥公司丧失独立人格。根据财政部制定的《企业合并报表会计准则——合并财务报表》，合并财务报表是指反映母公司和其全部子公司形成的企业集团整体财务状况、经营成果和现金流量的财务报表；母公司是指控制一个或一个以上主体（含企业、被投资单位中可分割的部分，以及企业所控制的结构化主体等）的主体；控制是指投资方拥有对被投资方的权力，通过参与被投资方的相关活动而享有可变回报，并且有能力运用对被投资方的权力影响其回报金额。可见，合并报表仅表明母公司对子公司的控制，并不能以合并表报为由简单得出子公司丧失独立法人人格的结论。

16. 三亚嘉宸房地产开发有限公司与海马汽车集团股份有限公司股东损害公司债权人利益责任纠纷案［（2015）民二终字第85号］。最高人民法院认为：在债权人用以证明股东滥用公司法人独立地位和股东有限责任的证据令人对股东产生合理怀疑的情形下，将没有滥用的举证责任分配给被诉股东。但上述举证责任调整的前提，应是作为原告方的债权人已举出盖然性的证据证明股东存在滥用公司法人独立地位和股东有限责任的行为以及由此产生了损害的结果，而不是当然的举证责任倒置。

本案中，嘉宸公司提出的证据内容不能证明海马公司滥用通海公司法人独立人格和股东有限责任，未达到对法人人格混同可能性的合理怀疑程度，本案不具备对嘉宸公司法人人格否认主张适用举证责任倒置原则的前提。

在债权人用以证明股东滥用公司法人独立地位和股东有限责任的证据令人产生合理怀疑的情形下，将没有滥用的举证责任分配给被诉股东。但上述举证责任调整的前提，应是作为原告方的债权人已举出盖然性的证据证明股东存在滥用公司法人独立地位和股东有限责任的行为以及由此产生了损害的结果，而不是当然的举证责任倒置。

17. 河北中电开利贸易有限公司与上海博恩世通光电股份有限公司等买卖合同纠纷案［（2014）民申字第2149号］。最高人民法院认为：法人人格否认的最根本要件在于，公司法人独立意志的丧失从而导致公司对外不能完全独立地承担民事责任，该制度的目的在于防止大股东将其投资的企业作为工具，使企业丧失独立性，并且利用企业获得利益。本案现有证据不能证明上海博恩利用大股东地位使江苏博恩失去独立意志从而获得不正当利益。上海博恩对江苏博恩虽然具有控股关系，但并没有证据表明江苏博恩丧失独立意志表示能力。上海博恩与江苏博恩的董事、监事交叉任职及财务人员双重任职，并非为法律所禁止，其亦不足以成为认定二者法人人格混同的根据。江苏博恩与上海博恩分别有独立的账户和财务，不存在财务交叉、随意调走资金的情形。因此亦不能以此证明上海博恩与江苏博恩之间财产、财务及业务混同。公司之间虽然具有控股关系，但并没有证据表明公司丧失独立意志表示能力，公司之间的董事、监事交叉任职及财务人员双重任职，并非为法律所禁止，其亦不足以成为认定二者法人人格混同的根据。

18. 长城资产管理公司沈阳办事处与新东北电气（沈阳）高压隔离开关有限公司等金融不良债权追偿纠纷案［(2013) 民二终字第 66 号］。最高人民法院认为：判断公司与其他公司是否构成人格混同，应当从公司之间是否存在财产混同、组织机构混同以及业务混同等方面进行综合分析判断。财产混同是公司人格混同的重要考察要素，其外在表征主要有，公司在经营场所、主要办公、生产设备以及财务等方面混同，其本质则是财产混同情形违背了公司财产与股东财产相分离、公司资本维持和公司资本不变的基本原则，严重影响了公司对外清偿债务的物质基础。

本案中，长城资产公司从上述公司部分实物资产的实际占用人与权利人不相符以及公司经营场所曾经在同一地址等方面进行了举证说明，但未进一步提供证明上述公司在生产设备、财务、账目等其他方面混同的证据。公司组织机构混同的外在表征主要有，公司的股东、董事、经理、负责人与其他公司的同类人员相混同，其本质则是组织机构混同情形导致公司不能形成独立的完全基于本公司利益而产生的意志，致使公司的独立性丧失，独立承担责任的基础丧失。

本案中，根据长城资产公司所举证据，上述公司的部分高管确实存在交叉任职的情况，但该种情形是否足以导致公司丧失独立性则无相应证据予以证明。公司业务混同的外在表征主要有，公司之间的经营业务、经营行为、交易方式、价格确定等持续混同，其本质则是业务混同情形导致公司失去了经营自主权和独立人格。

本案中，从上述公司企业法人营业执照记载的经营范围来看，高压开关公司与隔离开关公司、兆利电气设备公司的经营范围确实存在部分重合，其他公司的经营范围未有明显交叉；除此之外，长城资产公司未提交证明上述公司业务混同的其他证据。

综合分析以上事实和证据，虽然上述公司在经营场所、经营范围、高管任职等方面确实存在时间或者空间上交叉的情形，存在公司人格混同的若干外在表征，但上述外在表征尚不足以证实上述公司在财产、组织机构、业务等方面存在持续的重叠情形，更不足以证实上述外在表征与长城资产公司所主张的高压开关公司丧失独立承担民事责任资格的后果具有因果关系。因此，长城资产公司关于上述公司人格混同的主张，缺乏事实和法律依据，法院不予支持。

案例58

执行案件要慎重冻结开发商保证金账户

■ 基本案情

2013年10月15日和22日，A建设集团有限公司（以下简称"A公司"）与青海B房地产开发有限公司（以下简称"青海B公司"）分别签订了两份《建设工程施工合同》及其补充协议，约定青海B公司的地王国际商城一期工程（包括1#住宅楼、裙楼及地下室）、二期工程（包括2#楼酒店、3#楼公寓、4#住宅楼）由A公司承包施工。

由于A公司与青海B公司双方在工程款结算问题上未达成一致意见，2017年8月25日，A公司申请诉前财产保全，冻结青海B公司在银行账户中的资金，冻结张三在青海B公司100%的股权，冻结江西C实业有限公司（以下简称"江西C公司"）在银行账户中的资金，冻结张三在江西C公司中99%的股权，查封江西C公司开发的预售房产。对上述资金、股权、房产冻结、查封的总额为6000万元。中国人民财产保险股份有限公司某市分公司为该保全提供担保。

2017年8月25日，法院作出民事裁定书：1.冻结青海B公司共和分公司在青海银行海南州分行1××××××××账户中、在中国建设银行共和支行6×××××××账户中资金。2.冻结张三在青海B公司100%的股权。3.冻结江西C公司在中国银行信丰支行营业部1×××××××账户中资金。4.冻结张三在江西C公司99%股权。5.查封江西信丰县迎宾大道与站前大道交汇处（义乌商贸城）景洲尊御小区预售许可证号为信房许字2××××××号项下房产。

2017年9月25日，A公司向某高级人民法院起诉，请求判决青海B公司支付工程款47711478.66元，利息2778771.5元，违约金21352665.2元以及担保费、保全费、律师费等费用。同时，以"法人人格混同"为由请求判决"江西C公司"对以上债务承担连带责任。

A公司申请诉前财产保全，某高级人民法院于2017年8月25日出具裁定，青海C公司于2017年9月中、下旬收到法院送达的本案诉讼材料，并立即对保全提出书面异议，青海法院却不予接收，称已过时效。

2019年3月12日，某高级人民法院委托某中级人民法院执行并作出（2019）

青×执×号执行裁定书,冻结了青海B公司共和分公司在青海银行股份有限公司海南州分行账户1×××××××存款3037936.14元。

2019年3月13日,某中级人民法院作出(2019)青×执×号执行裁定书,冻结了青海B公司共和分公司在青海银行股份有限公司海南州分行账户1××××××××存款39752841.86元。

2019年3月25日,某中级人民法院作出(2019)青×执×号之五执行裁定书,查封青海B公司所有的位于共和县恰卜恰镇长风路国际商贸城1—3楼商铺(查封前已出售的除外);查封了青海B公司所有的位于共和县恰卜恰镇长风路国际商贸城2号楼酒店及酒店大堂。

青海B公司于2018年9月向最高人民法院第六巡回法庭递交《关于对××××财产超值查封的异议》,未予回应。2019年3月19日和3月26日两次向某中级人民法院执行局提出书面《关于暂缓执行的申请》,均被拒收。

2019年4月1日,某中级人民法院再次作出(2019)青×执×号之六执行裁定书,查封被执行人江西C公司永丰分公司名下的永叔大院工程的房屋产权信息,期限为三年,其间不得出售、转让及变更。

至此,青海B公司、青海B公司共和分公司、江西C公司、江西C公司永丰分公司、张三的所有未售资产、账户、股权,全部被查封。

2019年3月21日,案外人青海银行股份有限公司海南州分行于2019年3月21日对某中级人民法院(2019)青×执×号执行裁定书提出书面异议,请求:停止对青海B公司共和分公司在申请人处开立保证金账户(账号:1×××××××××)的执行。

事实与理由:2014年6月27日,申请人与青海B公司共和分公司签订《楼宇按揭合作协议》,合同约定:申请人为青海B公司共和分公司开发的"国际商城"项目的购房人按揭贷款,按揭贷款总额度不超过1.6亿元。《楼宇按揭合作协议》第7.1条约定:"乙方……按照保证金按揭额度的10%存放保证金,并划入保证金账户。"同时,7.2条约定:"只要按揭贷款借款人不按合同规定如数支付贷款本息及相关费用,甲方有权向乙方追偿或从乙方任何账户直接扣划。"《楼宇按揭合作协议》签订后,青海B公司共和分公司在申请人处开立的保证金账户(账号:1××××××××),并根据按揭情况,向该账户存入相应金额的保证金,并由申请人进行监管。根据《最高人民法院关于适用〈中华人民共和国担保法〉若干问题的解释》第85条"债务人或者第三人将其金钱以特户、封金、保证金等形式特定化后,移交债权人占有作为债权的担保,债务人不履行债务时,债权人可以以该金钱优先受偿"之规定,申请人自青海B公司共和分公司将保证金存入保证金账户账号时,申请人对青海 B 公司共和分公司存款本息的质权已设立,申请人对该笔存款的存款本息享有优先受偿权。在《楼宇按揭合作协议》未履行终结前,法院不应当对保证金账户采取执行措施。

法院裁定

法院查明,申请执行人 A 公司与青海 B 公司、江西 C 公司、张三建设工程施工合同执行一案,最高人民法院于 2018 年 10 月 30 日作出(2018)最高法民终 × 号民事判决书,已经发生法律效力。因被执行人青海 B 公司未履行法律文书确定的义务,申请执行人 A 公司于 2019 年 2 月 20 日向某高级人民法院申请强制执行,某高级人民法院于 2 月 22 日作出(2019)青执 × 号执行裁定书指定我院执行。本院以(2019)青 × 执 × 号立案执行。本案申请执行的标的为 39752841.86 元及利息。本院实际冻结被执行人银行存款 307936.14 元,冻结期限为一年。另查明,青海银行股份有限公司海南州分公司与青海 B 公司签订了《楼宇按揭合作协议》,被执行在案外人青海银行股份有限公司海南州分行设立保证金账号 1××××××××××,户名"青海 B 公司",《楼宇按揭合作协议》中约定,"按照按揭额度的 10% 存入保证金,并划入保证金账户"。

法院认为,执行异议以形式审查为原则,实质审查为例外。案外人青海银行股份有限公司海南州分行提出异议,应当就其执行标的物享有排除执行的权利予以证明。本案中,涉案账户开立于被执行人青海 B 公司名下,本院予以冻结合法有据。案外人青海银行股份有限公司海南州分行亦未提出证据证明其对本案冻结之涉案账户中的款项享有排除执行的权利。案外人青海银行股份有限公司海南州分行以青海 B 公司存款本息享有优先权的请求应当通过诉讼程序确认,不属于执行异议审查的范围。故案外人青海银行股份有限公司海南州分行提出执行异议的理由不能成立,本院不予支持。

综上,依照《民事诉讼法》第 227 条和《最高人民法院关于人民法院办理执行异议和复议案件若干问题的规定》第 24 条的规定,裁定如下:驳回案外人青海银行股份有限公司海南州分行的异议请求。案外人、当事人对裁定不服,认为原判决、裁定错误的,应当依照审判监督程序办理;与原判决、裁定无关的,可以自本裁定送达之日起 15 日内向人民法院提起诉讼。

法律分析

一、关于超值查封的问题

在江门市泰力房地产开发有限公司执行案〔(2018)最高法执监 105 号〕中,最高人民法院认为:首先,从《最高人民法院关于人民法院办理财产保全案件若干问题的规定》第 13 条"被保全人有多项财产可供保全的，在能够实现保全目的的情况下，人民法院应当选择对其生产经营活动影响较小的财产进行保全"的规定分析，诉讼保全不同于执行程序，因当事人一方的行为或者其他原因，可能使判决不能执行或难以执行时，为了保证将来作出的判决得以执行，或为了避免财产遭受损失，对方当事人可以申请诉讼保全，其目的是保证将来作出的判决得以执行，或为了避免财产遭受损失。而执行程序是在当事人双方权利义务已为人民法院生效的法律文书所确认，应以便捷、高效的方式兑现生效法律文书确定的权利义务。二者在目的上有所不同。因此，在进行诉讼保全时，双方当事人权利义务尚处于待定状态，应尽量采取对当事人经营影响较小的方式。本案中，被保全人为房地产开发公司，其资金账户对其维持正常生产经营非常重要，一旦资金链断裂不仅将导致开发商无法经营，相关的小业主、材料商相关利益也会受到极大影响，因此，执行法院应非常谨慎地对现金账户采取保全措施。在房地产开发公司尚有房产可供保全，且提出可用保函来解冻一部分账户时，法院应予充分考虑，在能够实现保全目的的情况下，尽量采取对企业经营影响较小的方式。

其次，关于商品房预售款监管账户问题。《城市房地产管理法》（2009 年）第 45 条第 3 款明确规定："商品房预售所得款项，必须用于有关的工程建设。"《国务院办公厅关于继续做好房地产市场调控工作的通知》也要求各地制定本地区商品房预售资金的监管办法，确保资金用于建设项目的施工。商品房预售资金在形式上为开发商所有，但该资金在用途上受到严格的限制和监管。人民法院能否保全或执行开发商收取的商品房预售资金，目前并无明确的法律规定。实践中，各地做法也有不同。按照江门市中级人民法院在异议裁定中查明的事实，江门市房地产开发企业的商品房预售款账户受到江门市住房和城乡建设局、中国建设银行股份有限公司江门市分行的双重监管，房地产开发公司需要使用该项目商品房预售款时，必须向江门市住房和城乡建设局提出申请，由住房和城乡建设局批准，并且使用预售房款，只能购买该项目建设必需的建筑材料、设备和支付项目建设的施工进度款及法定税费，不得挪作他用。因此，鉴于商品房预售款监管账户担负着优先保障开发项目、促进在建工程如期竣工、维护购房者合法权益的核心功能，人民法院对于该账户的保全、执行，相对于普通账户，应采取更为谨慎的态度。在保全阶段，保全人若申请提出保全被保全人的商品房预售款账户，人民法院应当对该在建工程施工情况、建筑材料购买情况、工人工资支付以及税费支付情况等做严格审查，在保证建设工程施工正常进行的情况下，方可采取保全措施，且尽量不采取冻结全部账户资金的方式。即使是在执行阶段，也应在设立该账户的目的已经实现后，或账户资金满足项目建设所需资金之外的部分，采取执行措施。本案中，异议法院只在事实审查部分提及了该账户,但两级法院并未对该账户所涉及在建工程的施工建设情况、工人工资的支付情况、税费的缴纳情况等事实作进一步查明,在随后的争议归纳和分析部分也未提及。广东省高级人民法院认为江门市中级人民法院市依照保全裁定执行,而该保全裁定系依照当事人申请顺序作出,进而符合规定的说法也未充分考虑到商品房预售款监管账户的特殊性。

本案中,江西 C 公司提出书面异议认为,A 公司及其法定代表人、保险公司、代理律师完全知晓青海 B 公司有足够的资产供其查封、冻结,但他们却舍近求远,查封和冻结张三在江西 C 公司的股权,冻结江西 C 公司的资金、房产。同时,江西 C 公司与以上相关单位和人员从未有过任何业务关系,他们借"法人人格混同"之名,行企业连坐和恶意保全之实,恶意查封和冻结了张三在江西 C 公司的合法股权,冻结了江西 C 公司的银行账户资金、预售房产,导致江西 C 公司在长达两年多的时间内项目开发、销售等工作完全停滞,该企业的所有活动和经营管理几乎完全瘫痪,给江西 C 公司造成了巨额、无可挽回的经济损失和极其恶劣的社会影响等严重后果。

二、关于保证金账户的问题

《担保法》第 63 条规定:"本法所称动产质押,是指债务人或者第三人将其动产移交债权人占有,将该动产作为债权的担保。债务人不履行债务时,债权人有权依照本法规定以该动产折价或者以拍卖、变卖该动产的价款优先受偿。前款规定的债务人或者第三人为出质人,债权人为质权人,移交的动产为质物。"第 64 条规定:"出质人和质权人应当以书面形式订立质押合同。质押合同自质物移交于质权人占有时生效。"

为明确金钱是否可作为质物进行质押的问题,《最高人民法院关于适用〈中华人民共和国担保法〉若干问题的解释》第 85 条规定:"债务人或者第三人将其金钱以特户、封金、保证金等形式特定化后,移交债权人占有作为债权的担保,债务人不履行债务时,债权人可以以该金钱优先受偿。"

从以上规定可以看出,如贷款保证金账户的款项已特定化,专用于贷款质押担保,构成动产质押,法院不能执行贷款保证金账户的款项,不能扣划该类账户的资金;如贷款保证金账户的款项没有特定化,没有构成动产质押,法院就可以执行贷款保证金账户的款项。

首先,依照《民事诉讼法》第 242 条、第 243 条,《最高人民法院关于人民法院执行工作若干问题的规定(试行)》(2008 年,以下简称《执行规定》)第 32 条、第 36 条的规定,银行余额作为被执行人的财产,法院可以进行冻结、扣划。但是,具体到本案该公司银行账户类别已明确为贷款保证金,青海银行股份有限公司海南州分行(以下简称"海南州分行")对该笔款项具有优先权(共有权),款项已特定化,专用于贷款质押担保,构成动产抵押。

《执行规定》第40条规定："人民法院对被执行人所有的其他人享有抵押权、质押权或者留置权的财产，可以采取查封、扣押措施……"据此，海南州分行只有在贷款人不清偿贷款时享有优先权，故法院在案件执行过程中对该贷款保证金账户可以予以冻结。《担保法》第63条规定："本法所称动产质押，是指债务人或者第三人将其动产移交债权人占有，将该动产作为债权的担保。债务人不履行债务时，债权人有权依照本法规定以该动产折价或者以拍卖、变卖该动产的价款优先受偿。前款规定的债务人或者第三人为出质人，债权人为质权人，移交的动产为质物。"据此，海南州分行对该笔款项在贷款人不清偿债务时具有优先受偿权，故法院不能扣划贷款保证金账户的资金。

其次，为明确金钱是否可作为质物进行质押的问题，《最高人民法院关于适用〈中华人民共和国担保法〉若干问题的解释》第85条规定："债务人或者第三人将其金钱以特户、封金、保证金等形式特定化后，移交债权人占有作为债权的担保，债务人不履行债务时，债权人可以以该金钱优先受偿。"这是保证金质押的明确法律依据。

司法实践中，比较常见的是被执行人为获得贷款，与债权人签订书面质押合同，共同约定开立保证金专用账户并存入一定数量金钱作为质押。被执行人名下的保证金账户被冻结后，该账户担保的债权人（也即案外人）就账户内资金主张实体权利，请求排除强制执行，提起执行异议之诉，此种情况下，账户资金的质权人享有的权利优先于申请执行人的普通金钱债权，其主张应予支持。但被执行人与该质押权人之间的债权债务结清后，该笔保证金不再具有金钱质押的性质，则不能排除人民法院的强制执行。

综上，金钱作为特殊的动产质押应具备以下要件：一是双方当事人签订书面质押合同；二是要将作为质押物的金钱特定化，并移交债权人占有。债权人（主要是银行等金融机构）与贷款人约定为出质金钱开立保证金账户并存入一定保证金，该账户未作日常结算使用，符合特定化要求。此时，则不能简单地适用占有即所有的规则，案外人对于账户内资金享有质押权的，可以排除强制执行。

案例59

再议拍卖不动产的交吉与不交吉

2018年，广州市中级人民院对"交吉""不交吉"案件作出了终审判决，即

"司法拍卖不交吉,明知房屋状态不支持立即腾房",律师界一片哗然,称这是一纸"扯淡的判决"。

2018年11月30日,广州市中级人民法院发出情况通报,称:"近日,网民热议我院审结的关于不动产不交吉房产拍卖案,对此我院高度重视,已组织相关人员成立了专业小组,进行案件核查,将根据核查结果依法处理,并及时向社会公布。感谢大家对我院审判工作的关注,欢迎大家继续对我院各项工作给予支持和监督。"

2018年12月4日,广州市中级人民法院再次发出情况通报,称:"根据《中华人民共和国民事诉讼法》第一百九十八条第一款的规定,我院决定对(2018)粤01民终19145号、(2018)粤01民终17779号民事判决,依法启动审判监督程序,由本院再审。再审期间,中止原判决的执行。""对于社会热议的不交吉房产司法拍卖问题,我院将认真研究,严格依照法律及相关司法解释的规定予以规范,维护各方当事人的合法权益。"

然而,在律师界,有识之士仍纷纷撰写文章,讨论关于"拍卖房屋交吉与不交吉"的问题。

基本案情

陈某1、陈某2为一审法院(2016)粤0106执6793号执行案的被执行人。在该执行案中,法院依法将陈某1、陈某2位于广州市天河区龙口中路152号×××房的房产(以下简称"涉案房屋")交付评估拍卖,经公开拍卖,涉案房屋最终由李某某以最高价5595960元竞得。法院遂于2017年7月31日作出(2016)粤0106执6793-1号执行裁定书,裁定涉案房屋归李某某所有。2017年9月21日,李某某取得涉案房屋的房地产权证,该证载明涉案房屋建筑面积为117.43平方米。

2017年12月1日,李某某委托律师按涉案房屋的地址向陈某1、陈某2发出《律师函》,要求陈某1、陈某2在收到该函之日起3日内搬离涉案房屋等;相应的EMS邮寄底单及邮件查询单显示该邮件于2017年12月1日由本人签收;陈某1亦当庭确认其收到了该《律师函》。

现李某某以陈某1、陈某2拒不搬离涉案房屋为由提起本案诉讼,请求:1.陈某1、陈某2立即搬离广州市天河区龙口中路152号×××房;2.陈某1、陈某2向李某某支付占用上述房屋的使用费(按上述房屋所在地的租金标准7985.24元/月,自2017年9月21日起计至陈某1、陈某2搬离房屋之日止);3.陈某1、陈某2承担本案诉讼费。

李某某提交了《2016年广州市房屋租金参考价》,要求陈某1、陈某2按该参考价即 68 元/平方米/月向其支付涉案房屋自 2017 年 9 月 21 日起的占用费。经质证，陈某 1 对上述《2016 年广州市房屋租金参考价》不予确认，认为其无须支付涉案房屋的占用费，因李某某在竞买涉案房屋时是知悉有人居住在涉案房屋内的；事实上，涉案房屋自 2007 年起一直由其及妻子陈某 1 等家人居住使用至今。

2018 年 5 月 10 日，一审法院工作人员在涉案房屋大门张贴权利申报公告，并告知如对涉案房屋主张权利的公民、法人或其他组织可向该院申报权利，逾期未申报视为放弃权利；后并无案外人在一审法院指定的申报权利期间向该院申报权利。

法院判决

一审法院认为，《物权法》第 39 条规定："所有权人对自己的不动产或者动产，依法享有占有、使用、收益和处分的权利"，(2016) 粤 0106 执 6793-1 号执行裁定书确认涉案房屋归李某某所有，李某某亦于 2017 年 9 月 21 日取得了涉案房屋的房地产权证，其依法享有涉案房屋的各项法定权利。现陈某 2 经一审法院合法传唤逾期未到庭应诉，视为放弃举证；而陈某 1 确认其及陈某 2 至今仍居住在涉案房屋内，确侵害了李某某的合法权益，故对李某某要求陈某 1、陈某 2 搬离涉案房屋并自 2017 年 9 月 21 日起支付占用费的诉讼请求，予以支持。关于占用费的计算标准，因陈某 1 对李某某主张的 68 元/平方米/月的计算标准持有异议，根据公平合理的原则，认定每月的占用费应按涉案房屋建筑面积 117.43 平方米计算，由具有相关资质的评估机构进行评定，如评定标准超出 68 元/平方米/月的，以 68 元/平方米/月为限。陈某 2 经合法传唤，无正当理由拒不到庭参加诉讼，依法缺席判决。

综上，一审法院根据《物权法》第 39 条，《民事诉讼法》第 64 条第 1 款、第 144 条的规定，判决：1. 陈某 1、陈某 2 自本判决发生法律效力之日起 30 日内腾空并搬离广州市天河区龙口中路 152 号×××房。2. 陈某 1、陈某 2 自本判决发生法律效力之日起 30 日内，向李某某支付上述房屋自 2017 年 9 月 21 日起至搬离之日止的占用费（每月的占用费应按房屋建筑面积 117.43 平方米计算，由具有相关资质的评估机构进行评定，如评定标准超出 68 元/平方米/月的，以 68 元/平方米/月为限）；如果未按本判决指定的期间履行给付金钱义务，应当依照《民事诉讼法》第 253 条之规定，加倍支付迟延履行期间的债务利息。本案受理费 800 元，由陈某 1、陈某 2 负担。

陈某 1 不服广州市天河区人民法院（2017）粤 0106 民初 25280 号民事判决书，向广州市中级人民法院提起上诉，请求：1. 撤销一审判决，改判驳回李某某的诉讼请求；2. 二审诉讼费用由李某某承担。

被上诉人李某某辩称，陈某1的上诉请求没有法律依据，其陈述的事实和理由没有相关证据。涉案房产归属于李某某，陈某1无理由占有使用严重损害李某某的利益，一审法院判决陈某1、陈某2腾空搬离房屋合法合理。综上，请求维持原判，驳回上诉。

经二审审查，一审法院查明事实无误，二审法院予以确认。二审中，双方当事人没有提交新证据。

二审法院另查明，涉案房屋在（2016）粤0106执6793号执行案中是按现状不交吉方式拍卖。

二审法院认为，本案二审的主要争议焦点在于陈某1、陈某2应否腾空搬离涉案房屋。对此，二审法院认为，李某某虽已竞得涉案房屋并取得了涉案房屋的房地产权证，依法享有涉案房屋的各项法定权利，但涉案房屋是按现状不交吉方式拍卖，李某某在拍卖时对此应当清楚，故其应当承担相应的法律后果。现李某某在取得房屋所有权后立即要求陈某1、陈某2腾空搬离房屋，理由欠充分，本院暂不予支持。而李某某要求陈某1、陈某2自2017年9月21日起支付占用费合法合理，陈某1在二审中亦未提出异议，故陈某1、陈某2应按一审判决确定的标准计付至本判决发生法律效力之日止。

综上所述，陈某1的上诉请求部分成立，本院予以支持。另由于李某某在本案中没有过错，故受理费应由陈某1、陈某2一方承担。依照《民事诉讼法》第170条第1款第（二）项之规定，判决如下：1. 撤销广州市天河区人民法院（2017）粤0106民初25280号民事判决第一项；2. 变更广州市天河区人民法院（2017）粤0106民初25280号民事判决第二项为，陈某1、陈某2自本判决送达之日起30日内，向李某某支付上述房屋自2017年9月21日起至本判决发生法律效力之日止的占用费（每月的占用费应按房屋建筑面积117.43平方米计算，由具有相关资质的评估机构进行评定，如评定标准超出68元/平方米/月的，以68元/平方米/月为限）；3. 驳回李某某的其他诉讼请求。

法律分析

一、律师界的观点

有律师发表《"不交吉房产拍卖案"之我见》一文，认为：根据法律和司法解释规定，原业主应当向买受人依法移交被执行的房屋。原业主从法院出具裁判文书之时就已经丧失了该房屋的所有权，且原业主既不是该房屋的承租人，也不是该房屋的用益物权人，原业主已属于无权占有，根据《物权法》第34条关于"返还原物请求权"的规定:"无权占有不动产或者动产的,权利人可以请求返还原物。"买受人对该房屋依法享有返还原物请求权,有权请求法院判令原房主腾空搬离房屋,并向买受人支付占用费。法院以李某某在拍卖时明知涉案房屋是按现状不交吉方式拍卖,所以其应当承担相应的法律后果为由,不支持李某某要求陈某1、陈某2腾空搬离房屋的诉讼请求是完全一刀切的做法。以笔者的理解,法院表述出来的意思就是因为房屋的现状是有人占有的,而买受人又是明知该情况的,所以不管该占有人是有权占有还是无权占有,买受人成为该房屋的所有权人后都无权要求占有人返还原物。"交吉"和"不交吉"只是对房屋现状的一种习惯表述,但并不影响物权的转移以及新的权属人合法行使权利。法院的判决显然无视《物权法》的相关规定。另外,从法理上讲,被执行人本来就应当主动提供财产给法院执行,以清偿自己的债务,但法院的这种判决无异于主动向老赖开放不履行判决的大门。法院的判决将会对拍卖市场及法院的执行工作带来消极影响。此判决一出,势必令很多人对司法拍卖产生怀疑。花钱买了房子不能住,甚至还要花费大量的人力物力财力去和原物主协商、周旋、对簿公堂,谁还敢去参与竞拍,无人参与竞拍必定会使得拍卖市场出现大量的"流拍"现象。从法律的角度上看,不交吉的司法拍卖大量"流拍",客观上使得有房产却又无法执行的案件越堆越多,使得执行难的现状日益加重。从经济发展的角度上看,"流拍"的负面作用除了使拍卖价格越来越低,影响拍卖的收益外,还使买主产生了"盼低观望"的心态,这些都不利于拍卖市场的健康发育。

同时,也有律师写文章《"法拍房"到底该不该交吉?》,提出了以下观点:

执行法院在处置涉案房屋之前,至少应履行如下职责:①根据《最高人民法院关于人民法院民事执行中查封、扣押、冻结财产的规定》第9条规定,对查封的不动产,应当张贴封条或者公告;②根据《最高人民法院关于人民法院网络司法拍卖若干问题的规定》第6条第(二)项规定,查明拍卖财产的现状、权利负担等内容;③根据《最高人民法院关于人民法院确定财产处置参考价若干问题的规定》第3条规定,应当查明财产的权属、权利负担、占有使用、欠缴税费、质量瑕疵等事项。又根据《最高人民法院关于人民法院办理执行异议和复议案件若干问题的规定》第7条规定,当事人、利害关系人认为法院的执行措施违法的,有权提出异议。基于上述法律规定,执行法院在处置涉案房屋之前,应依职责履行上述程序和执行行为,查明涉案房屋的权属、现状、权利负担、占有使用等情况,为下一步交吉拍卖创造条件。其中,"占有使用"情况,一般包括自用、借用、占用、出租、安置、闲置、损坏(毁)、置换、被征收(用)、第三人使用、共有人自用或安排他人使用等情形。涉案房屋由被执行人自住或第三人借用、占用的执行法院应当交吉。《最高人民法院关于人民法院民事执行中拍卖、变卖财产的规定》（2004年）第30条规定，法院裁定拍卖成交或者以流拍的财产抵债后，除有依法不能移交的情形外，应当于裁定送达后15日内将拍卖的财产移交买受人或者承受人；被执行人或者第三人占有拍卖财产应当移交而拒不移交的，强制执行。上述条文相当清晰，明确规定了买家在签收了拍卖成交裁定时起即取得拍卖房屋的所有权，而法院也应在送达成交裁定书后的15天内将涉案房屋交付给买家；如果涉案房屋仍由被执行人或第三人占用且拒不腾房，法院则需强制执行收回房屋并交付给买家。同时，《最高人民法院关于人民法院网络司法拍卖若干问题的规定》第6条第（七）项规定，实施网络司法拍卖，人民法院应当办理财产交付……参照《最高人民法院关于审理商品房买卖合同纠纷案件适用法律若干问题的解释》（2012年）第11条规定，对房屋的转移占有，视为房屋的交付使用。因此，既然法律要求法院在拍卖房屋后需履行"财产交付"的职责，那么，反推过来，自然就会得出"法院应交吉拍卖房屋"的结论。

该文还列举了几家省级法院关于拍卖物交吉的相关规定：《江苏省高级人民法院关于正确适用〈最高人民法院关于人民法院网络司法拍卖若干问题的规定〉若干问题的通知》第3条规定，法院拍卖不动产时，除法律另有规定外，一般均应清空后再拍卖；法院对于拍卖成交需要交付买受人的不动产，除法律另有规定外，一般均应负责交付买受人。《安徽省高级人民法院执行局关于强制执行中房屋腾退若干问题的指导意见》第3条规定，执行法院拍卖房屋时，原则上应当先清空后拍卖；确有特殊情况未能清空的，可先行拍卖，但应当在拍卖公告中说明未予清空的原因，且必须在交付前予以清空；执行法院对于裁定确认拍卖、变卖成交、以物抵债的房屋，应负责交付。

大量涉案房屋均存在租赁关系且大多数后于抵押权设立，如果对优先权的实现有影响的，本应依法由执行法院涤除。但现实中大部分执行法院不会理会上述规定，甚至在拍卖公告中根本不提及租赁或抵押事项，更加不会涤除租赁关系后再行拍卖。对于法院查封之后才设立的租赁关系，执行法院应根据申请执行人的申请或主动依职权裁定除去租赁关系后交吉拍卖，否则需予以说明。无论被执行人与承租人订立的租赁合同在法院查封之前或之后，只要承租人在法院查封之后才占有使用涉案房屋的，法院则应根据申请执行人的申请或依职权裁定除去租赁关系后再拍卖（即交吉）。

最后，该律师认为："'法拍房'不交吉拍卖，执行法院又不清晰说明相关状态的，明显是'有法不依'、不履行法定职责的'甩锅行为'。"

二、笔者观点

我们先来梳理一下相关的法律规定和司法解释：《物权法》第 28 条规定："因人民法院、仲裁委员会的法律文书或者人民政府的征收决定等，导致物权设立、变更、转让或者消灭的，自法律文书或者人民政府的征收决定等生效时发生效力。"《最高人民法院关于人民法院民事执行中拍卖、变卖财产的规定》第 30 条规定："人民法院裁定拍卖成交或以流拍的财产抵债后，除有依法不能移交的情形外，应当于裁定送达后十五日内，将拍卖的财产移交买受人或者承受人。被执行人或者第三人占有拍卖财产应当移交而拒不移交的，强制执行。"而《合同法》第 229 条"所有权变动后的合同效力"规定："租赁物在租赁期间发生所有权变动的，不影响租赁合同的效力。"这就是所谓的"买卖不破租赁"原则。《物权法》第 117 条"用益物权人享有的基本权利"规定："用益物权人对他人所有的不动产或者动产，依法享有占有、使用和收益的权利。"《最高人民法院关于人民法院民事执行中拍卖、变卖财产的规定》第 31 条规定："拍卖财产上原有的租赁权及其他用益物权，不因拍卖而消灭，但该权利继续存在于拍卖财产上，对在先的担保物权或者其他优先受偿权的实现有影响的，人民法院应当依法将其除去后进行拍卖。"《最高人民法院关于人民法院民事执行中查封、扣押、冻结财产的规定》第 26 条第 1 款规定："被执行人就已经查封、扣押、冻结的财产所作的移转、设定权利负担或者其他有碍执行的行为，不得对抗申请执行人。"根据《最高人民法院关于人民法院办理执行异议和复议案件若干问题的规定》第 31 条规定，承租人请求在租赁期内阻止向受让人移交占有被执行的不动产，必须同时符合以下条件：①查封之前已签订合法有效的书面租赁合同；②占有使用了该不动产。

现实的租赁关系需要保护，但也会出现各种情况，使"拍卖房屋"不能立即交付给买受人。而且，为了保护相对弱势人群的基本生活需求，应当对其妥善安置，不宜将他们强制搬离"拍卖房屋"，存在特殊情形的，还需要相应补偿：（1）房屋由年老体弱者居住，而他们往往无多余住所，又无子女、亲人依靠。（2）有些国企企业改制、破产，原大量职工无其他工作、收入，又暂未得到补助，无其他方式安置，破产清算组暂无法搬离。（3）有的房屋，原业主确实花了不少装修费，而该装修费未评估进入拍卖房屋的价值，属于"添附物"，应当合理补偿和妥善处理；有证据证明原承租人一次性缴纳了 20 年或多年租金给原房屋或工厂的业主，承租人可以继续使用至租赁期届满。（4）如果房屋存在共同共有或按份共有关系，也不宜强制搬离等。

但是，有些情况就不同了：（1）原业主与"承租方"串通，将短期租赁合同改为长期租赁合同或其他假合同，并且租金价格明显超低于市场水平。在这种情况下，可以通过鉴定技术确定签约的大致时间和合同的真实性，一旦查实，应当以妨害司法执行的行为严处。(2) 有些被执行人与社会上涉黑涉恶势力勾结，在无合同、无经营业务的情况下，想尽一切办法对抗司法执行（以要求装修款等名目强占房屋、商铺、餐厅、工厂、项目、土地等）。这种情况必须强制搬离并严厉打击。

需要特别指出的是，申请执行人一般只关注债权或拍卖款的实现，而不会要求拍卖物达到"吉交"的状态。要求拍卖物交吉的，通常都只是拍卖物的成功竞买者。《物权法》第34条规定："无权占有不动产或者动产的，权利人可以请求返还原物。"第35条规定："妨害物权或者可能妨害物权的，权利人可以请求排除妨害或者消除危险。"第36条规定："造成不动产或者动产毁损的，权利人可以请求修理、重作、更换或者恢复原状。"第37条规定："侵害物权，造成权利人损害的，权利人可以请求损害赔偿，也可以请求承担其他民事责任。"第38条第1款规定："本章规定的物权保护方式，可以单独适用，也可以根据权利被侵害的情形合并适用。"根据上述法律规定，特别是在经过依法变更登记取得物权的情况下，新的物权人完全可以向人民法院起诉，依以上规定主张权利，要求交吉拍卖房屋、商铺、餐厅、工厂、项目、土地等。

当然，也有专业人士认为，新业主应有权请求旧业主搬迁腾房，但诉前应通知并预留合理搬迁时间。如法院认为诉前预留时间过短，可判决在合理期限内搬迁。这种观点值得肯定。

案例 60

关于债务抵销的问题

■ 基本案情

2009年10月，原告广东某工程总承包有限公司以刘某为被告，并以"租赁合同纠纷"为案由向某区人民法院提起民事诉讼，请求：1. 判令被告刘某向原告支付拖欠的租赁费2156325.92元；2. 判令被告向原告赔偿因不能返还租赁材料给原告造成的经济损失2811811.95元；3. 判令被告向原告支付钢管短缺损失51086.34元；4. 判令被告向原告支付自2008年11月11日计至被告实际付款之日止的利息；5. 判令被告承担本案诉讼费用。本案案号：(2009) ××法民一初字第79号。

2009年11月，刘某以自己为原告以广东某工程总承包有限公司为被告，并以"建设工程施工合同纠纷"为案由向同一区人民法院提起民事诉讼，请求：1. 判令被告向原告支付尚未支付的工程款和人工费共计2166400元；2. 判令被告向原告支付工程因超合同期而造成的原告材料损失费共计3027962.95元；3. 判令被告向原告支付超合同期而造成原告支付现场人员工资288000元及水电费、生活费、管理费16000元，合计304000元；4. 本案诉讼费由被告承担。本案案号：（2009）××法民一初字第789号。

法院判决

由于这两个案件经办法官从民事审判庭调换至刑事审判庭等客观原因，直到2017年8月3日才最终审结，并作出一审判决［判决书案号：（2009）××法民一初字第79号、789号］：1. 被告刘某应在本判决民生法律效力之日起7日内一次性向原告广东某工程总承包有限公司支付自2007年1月至2008年10月期间拖欠租赁费2156325.92元；2. 被告刘某应在本判决发生法律效力之日起7日内一次性向原告广东某工程总承包有限公司赔付因不能返还租赁材料造成的经济损失2811811.95元；3. 被告刘某应在本判决发生法律效力之日起7日内一次性向原告广东某工程总承包有限公司支付钢管短缺损失51086.34元；4. 原告广东某工程总承包有限公司应在本判决发生法律效力之日起7日内一次性向被告刘某支付尚未支付的工程款353093元；5. 驳回被告刘某的其他诉讼请求。

对于一审判决，原告广东某工程总承包有限公司未上诉。被告刘某不服一审判决，上诉至市中级人民法院。市中级人民法院经过开庭审理，认为：一是经双方同意两案可以合并审理，但应分开和分别判决，不能将两个案件合并写入一份判决书而同时写两个案号；二是双方对工程量和工程争议较大，应委托鉴定而未委托。因此，裁定发回原审人民法院重审。

发回重审后，原审法院重新组成合议庭并征得双方同意，对两个件进行合并审理。对于第一案原告广东某工程总承包有限公司诉被告刘某的租赁合同纠纷［（2018）粤××02号民初90号］，2018年6月27日法院判决如下：1. 被告刘某应在本判决发生法律效力之日起10日内向原告广东某工程总承包有限公司支付自2007年1月至2008年10月期间拖欠租赁费2156325.92元；2. 被告刘某应在本判决发生法律效力之日起10日内向原告广东某工程总承包有限公司支付因不能返还租赁材料造成的经济损失2811811.95元；3. 被告刘某应在本判决发生法律效力之日起10日内向原告广东某工程总承包有限公司支付钢管短缺损失51086.34元；4. 被告刘某应在本判决发生法律效力之日起10日内向原告广东某工程总承包有限公司支付利息（利息以上述三项诉讼请求总额 5019224.21 元为基数，按中国人民银行同期同类贷款利率自 2008 年 11 月 11 日计至被告实际支付之日止）。

被告刘某不服一审判决，向市中级人民法院提起上诉。

2018 年 12 月 21 日，市中级人民法院作出终审判决：驳回上诉，维持原判。

由于被告未按判决书的要求履行付款义务，2019 年 5 月 10 日，原告广东某工程总承包有限公司向原审人民法院申请强制执行 9024168 元。

对于原告刘某诉被告广东某工程总承包有限公司建设工程施工合同纠纷一案，由于法院委托第三方司法鉴定机构对工程量和工程款进行鉴定，直至 2019 年 7 月 1 日，原审法院才作出一审判决［（2018）粤××02 号民初 34 号］：1. 被告广东某工程总承包有限公司应在本判决发生法律效力之日起 10 日内向原告刘某支付剩余的工程款 353808.55 元；2. 被告广东某工程总承包有限公司应在本判决发生法律效力之日起 10 日内向原告刘某支付因工程超合同期而造成的材料损失费 2442586.53 元；3. 被告广东某工程总承包有限公司应在本判决发生法律效力之日起 10 日内向原告刘某支付因工程超合同期而产生的现场人员工资 100000 元；4. 被告广东某工程总承包有限公司应在本判决发生法律效力之日起 10 日内向原告刘某支付利息（利息以上述前三项诉讼请求总额 2896395.08 元为基数，按中国人民银行同期同类贷款利率自 2009 年 2 月 11 日计至被告实际支付之日止）。

判决送达后，原被告双方均未上诉。

法律分析

由于在此两个案件中，双方互负债务。2019 年 8 月 10 日，申请执行人广东某工程总承包有限公司向法院申请债权债务抵销，抵销之后，被执行人刘某仍需向申请执行人广东某工程总承包有限公司支付 3675531 元。

执行法院收到申请执行人提交的《关于债权债务抵销的申请》后明确表示，如果要抵销，需要被执行人书面同意。

在被执行人刘某未按法院要求履行判决书确定的付款义务，同时声称也要向法院申请执行的情况下，2019 年 12 月 23 日，申请执行人向执行法院执行局提交了一份《关于尽快出裁定的紧急请求》，告知法院：由于被执行人刘某存在大量民间借贷资金及被执行案件，正被多个案件当事人申请执行，刘某声称要告知相关当事人到贵院申请执行广东某工程总承包有限公司。为了维护本案申请执行人广东某工程总承包有限公司的合法权益，现紧急请求贵院出具关于广东某工程总承包有限公司与刘某债权债务抵销的民事裁定书。《合同法》第 99 条规定："当事人互负到期债务，该债务的标的物种类、品质相同的，任何一方可以将自己的债务与对方的债务抵销，但依照法律规定或者按照合同性质不得抵销的除外。当事人主张抵销的，应当通知对方。通知自到达对方时生效。抵销不得附条件或者附期限。"这是《合同法》关于债权债务法定抵销的规定。《合同法》第100条规定："当事人互负债务，标的物种类、品质不相同的，经双方协商一致，也可以抵销。"这是《合同法》关于债权债务约定抵销的规定。在本案中，广东某工程总承包有限公司与刘某互负到期债务，该债务的标的物种类、品质完全相同，均为金钱债务，并不存在不得相互抵销的法定情形。因此，申请执行人广东某工程总承包有限公司申请双方的债权债务互相抵销，完全符合我国《合同法》第99条的规定，单方申请抵销并通知刘某即可，无须与刘某协商，也无须刘某方认可或同意。恳请法院尽快出具关于本案双方债权债务互相抵销的民事裁定书，以免造成申请执行人广东某工程总承包有限公司无可挽回的巨大经济损失。

2020年3月×日，执行法院最终作出执行裁定书裁定双方互负的债务可相互抵销，双方债务抵销后，被执行人刘某仍需向申请执行人广东某工程总承包有限公司支付3675531元。

附 录

421—522

若干前沿问题初探

中国集体经营性建设用地入市建设
共产房敲响历史性第一槌

一、我国国有土地使用权有偿有限期使用历史性第一槌

新中国成立后,土地分属于国家和集体所有,即土地所有权的"二元"体制。而对于国有建设用地,曾长期由国家统一划拨、分配给土地使用者,无偿无限期使用。

从20世纪80年代初开始,我国开始进行土地估价试点,先后颁布了《城镇土地定级规程(试行)》和《城镇土地估价规程(试行)》。紧接着,我国开始进行意义重大的土地管理制度改革:一是土地行政管理制度改革。1986年,国家发布了《土地管理法》,成立了"国家土地管理局"。二是土地使用制度的改革,将土地的使用权和所有权进行分离。在使用权上,变过去无偿无限期使用为有偿有限期使用,使国有土地使用权按照其商品的属性进入市场。

1982年,深圳经济特区开始按城市土地等级不同收取不同标准的使用费。1987年4月,国务院提出国有土地使用权可以有偿转让。

1987年9月,深圳率先试行土地使用权有偿出让,出让了一块5000多平方米土地的使用权,使用期限50年,揭开了国有土地使用制度改革的序幕。同年11月,国务院批准了国家土地管理局等部门的报告,确定在深圳、上海、天津、广州、厦门、福州进行土地使用制度改革试点。

1987年7月1日,深圳市政府提出以"土地所有权与使用权分离"为指导思想的改革方案,确定可以将土地使用权作为商品转让、租赁、买卖。同年9月8日,深圳市以协商议标形式有偿出让第一幅国有土地使用权;9月11日,以招标形式有偿出让第二幅国有土地使用权。

1987年9月29日,广东省人大常委会通过了《深圳经济特区土地管理条例》,规定土地使用权可以有偿出让、转让。这标志着我国的土地使用全面引入了竞争机制,开始了商品化的道路。

1987年12月1日,深圳市规划国土局在深圳会堂举行拍卖会,拟以拍卖形式有偿出让第三幅国有土地使用权,深圳市规划国土局局长刘佳胜敲响了"新中国国有土地使用权拍卖第一槌",这是新中国成立后的首次土地使用权拍卖活动,引起了国内外的广泛关注。据称,拍卖会举办前,深圳市政府在报纸上刊登了《土地竞投公告》,到拍卖开始前三天,共有44家企业领取了正式编号,准备参加竞投,其中包括了9家外资企业。拍卖当天,时任国家经济体制改革委员会主任的李铁映亲

临现场，国务院外资领导小组副组长周建南、中国人民银行副行长刘鸿儒以及来自全国 17 个城市的市长到现场观摩。香港方面则派出了一个由 21 人组成的"深圳第一次土地使用权拍卖参观团"。

之后，1988 年 7 月 9 日，上海市第一次以国际招标方式出让虹桥开发区内 26 号地铁共 1.29 万平方米土地 50 年的使用权，日本孙臣氏企业有限公司一举中标，支付了相当于 1.0416 亿元人民币的美元。我国的土地有偿有限期使用制度正式确立。按照土地所有权与使用权分离的原则，国家在保留土地所有权的前提下，通过拍卖、招标、协议等方式将土地使用权以一定的价格、年期及用途出让给使用者，出让后的土地使用权可以转让、出租、抵押。

以上是我国土地使用制度的第一次历史性和根本性改革，打破了国有土地使用权长期无偿、无限期、无流动、单一行政手段的划拨分配制度，创立了以市场手段配置土地使用权的新模式和新制度，影响极其深远。

1988 年，国务院决定在全国城镇普遍实行收取土地使用费（税）。与此同时开始试行土地使用权有偿转让，定期出让土地使用权。就在深圳"国有土地使用权第一拍"之后，1988 年 4 月 12 日，第七届全国人大第一次会议通过了《宪法修正草案》，将原来宪法中禁止出租土地的"出租"二字删去，规定"土地的使用权可以依照法律的规定转让"。同年 12 月我国通过《土地管理法》的修改议案，规定"国家依法实行国有土地有偿使用制度"，土地使用权可以依法出让、转让、出租、抵押。

同是在 1988 年，全国各城市开始建立房地产交易所，各专业银行成立房地产信贷部。1990 年 5 月，国务院允许外商进入大陆房地产市场，发布了《城镇国有土地使用权出让和转让暂行条例》、《外商投资开发经营成片土地暂行管理办法》和相应文件，这标志着我国的国有建设用地市场走上了有法可依的轨道，进而使国有土地有偿使用制度改革在全国铺开。

二、集体经营性建设用地使用权入市建设共产房的历史性第一槌

事实上，我国早在 20 世纪八九十年代就在开展关于集体所有的建设用地使用权流转的探索，即广东省佛山市顺德区龙江镇仙塘村开始试点集体建设用地使用权流转工作。

在全国相关地区试点取得经验之后，《中共中央 国务院关于做好农业和农村工作的意见》（中发〔2003〕3 号）发布，该意见明确提出："各地要制定鼓励乡镇企业向小城镇集中的政策，通过集体建设用地流转、土地置换、分期缴纳土地出让金等形式，合理解决企业进镇的用地问题。"紧接着，广东省人民政府根据现实需要并结合实际情况，于 2003 年 6 月 24 日发布了《关于试行农村集体建设用地使用

权流转的通知》，该通知第 2 条"农村集体建设用地使用权流转的原则和条件"规定："任何单位和个人不得买卖或者以其他形式非法转让农村集体土地所有权，农村集体建设用地使用权可以按照本通知的规定流转。以出让、转让、出租和抵押等形式流转农村集体建设用地使用权应当遵循自愿、公开、公平、等价有偿和用途管制等原则。"

2009 年 3 月 6 日，为切实保证《中共中央 国务院关于 2009 年促进农业稳定发展农民持续增收的若干意见》（中发〔2009〕1 号）的贯彻落实，《国土资源部关于促进农业稳定发展农民持续增收推动城乡统筹发展的若干意见》（国土资发〔2009〕27 号）发布，该意见强调，要为农业稳定发展、农民持续增收、城乡统筹发展提供优质服务，同时坚持严格规范管理，依法依规办理农业和农村各类用地手续。同时还提到规范集体建设用地流转，逐步建立城乡统一的建设用地市场。具体举措为：一是明确土地市场准入条件，规范集体建设用地使用权流转。在城镇工矿建设规模范围外，除宅基地、集体公益事业建设用地，凡符合土地利用总体规划、依法取得并已经确权为经营性的集体建设用地，可采用出让、转让等多种方式有偿使用和流转。国土资源部将下发农村集体建设用地使权出让和转让办法。二是完善土地资源配置机制，构建城乡统一建设用地市场。各地要充分依托已有的国有土地市场，加快城乡统一的土地市场建设，促进集体建设用地进场交易，规范流转。三是制定集体土地收益分配办法，增加农民财产性收入。各地在集体建设用地出让转让等流转活动中，要按照"初次分配基于产权，二次分配政府参与"的原则，总结集体建设用地流转试点经验，出台和试行集体建设用地有偿使用收益的分配办法。国土资源部将积极与相关部门沟通，研究建立集体建设用地有偿使用有关税费征缴和分配办法。

2013 年 11 月 12 日，中国共产党第十八届中央委员会第三次全体会议通过了《中共中央关于全面深化改革若干重大问题的决定》，11 月 15 日该决定正式发布，指出要建立城乡统一的建设用地市场，在符合规划和用途管制前提下，允许农村集体经营性建设用地出让、租赁、入股，实行与国有土地同等入市、同权同价。缩小征地范围，规范征地程序，完善对被征地农民合理、规范、多元保障机制。扩大国有土地有偿使用范围，减少非公益性用地划拨。建立兼顾国家、集体、个人的土地增值收益分配机制，合理提高个人收益。完善土地租赁、转让、抵押二级市场。该决定明确，集体建设用地的流转形式主要包括以下几种：（1）农村集体经济组织直接转让、出租土地使用权；（2）农村房屋产权人转让、出租房产时，连带转让、出租土地使用权；（3）乡村企业的兼并、改制过程中涉及集体土地转让、出租；（4）农村集体经济组织以土地使用权作价入股、联营等形式新办企业；（5）村集体经济组织以土地使用权合作的方式开发项目；（6）经征用、补办为国有土地并进行转让、出租；（7）由于企业破产清算或债权债务因素，经司法裁定发生流转。该决定在深入总结国内外经验的基础上提出，农村集体经营性建设用地实行同等入市、同权同价。同等入市意味着农村集体经营性建设用地可以与国有建设用地以平等的地位进入市场，可以在更多的市场主体间、在更宽的范围内、在更广的用途中进行市场交易，这为完善农村集体经营性建设用地权能指明了方向；同权同价意味着农村集体经营性建设用地享有与国有建设用地相同的权能，在一级市场中可以出让、租赁、入股，在二级市场中可以租赁、转让、抵押等，为完善农村集体经营性建设用地权能提供了具体明确的政策依据。这必将为深化农村土地制度改革注入强大动力，进而开启农村土地制度改革的破冰之旅。

2014年11月，中共中央办公厅、国务院办公厅发布《关于引导农村土地经营权有序流转发展农业适度规模经营的意见》，第5条规定："鼓励创新土地流转形式。鼓励承包农户依法采取转包、出租、互换、转让及入股等方式流转承包地。鼓励有条件的地方制定扶持政策，引导农户长期流转承包地并促进其转移就业。鼓励农民在自愿前提下采取互换并地方式解决承包地细碎化问题……"

2014年12月31日，中共中央办公厅、国务院办公厅印发《关于农村土地征收、集体经营性建设用地入市、宅基地制度改革试点工作的意见》，进一步推动集体建设用地使用权入市流转。

为了落实十八届三中全会"建立城乡统一的建设用地市场"的要求，改革完善农村土地制度，2015年2月27日，第十二届全国人民代表大会常务委员会第十三次会议决定，授权国务院在北京市大兴区等33个试点县（市、区）行政区域，暂时调整实施《土地管理法》《城市房地产管理法》关于农村土地征收、集体经营性建设用地入市、宅基地管理制度的有关规定，并授权国务院在北京市大兴区进行"农村集体经营性建设用地入市"的改革试点。上述调整在2017年12月31日前试行，对于实践证明可行的，修改完善有关法律；对于实践证明不宜调整的，恢复施行有关法律规定。"北京土改试点"系列从政策、规划和实施三个层面，以"规划先行，统筹兼顾"的思路，探索大兴区进行"农村集体经营性建设用地入市"改革试点的新路，这是中国农村土地制度改革历史性举措中的重要一环。

在本次33个试点县（市、区）中，试行"农村土地征收制度改革"的为3个；试行"农村集体经营性建设用地入市改革"及"宅基地制度改革"的分别为15个。其中，大兴区主要作为"农村集体经营性建设用地入市改革试点"先试先行区。

本次试点经过全国人大充分授权，与法律调整挂钩，是继农村土地合作社运动、农村土地联产承包责任制、国有土地有偿使用制度之后，我国针对土地使用制度的新一轮基础性变革，意义十分重大，影响极其深远。

按照党中央、国务院部署要求，2015年3月23日至25日，原国土资源部召开试点工作部署暨培训会议，正式启动农村土地征收，集体经营性建设用地入市、宅基地制度改革试点工作。按照中央决策、全国人大授权、国务院部署，根据北京市委市政府安排，大兴区代表北京市具体承担农村集体经营性建设用地入市试点任务，在符合用地规划、用途管制和依法取得的前提下，探索农村集体经营性建设用地使用权出让、租赁、入股等方式，建立"同权同价、流转顺畅、收益共享"的农村集体经营性建设用地入市制度。大兴区的这次试点改革是继农村土地合作社运动、农村联产承包责任制、国有土地使用权有偿出让制度之后的新一轮土地制度变革，是一项国家基础性制度改革，是落实首都城市战略定位、解决"大城市病"、促进全区跨越发展、实现农民快速增收的重大历史机遇。

2015年，国土资源部以国土资函〔2015〕384号批复了北京市大兴区农村集体经营性建设用地入市试点实施方案。2016年1月，大兴区第一块集体经营性土地顺利上市交易，土地成交楼面价高达1.5万元/平方米，仅略低于周边地区的国有商业用地出让价格，得到了较好的市场认可，建立城乡统一的建设用地"交易市场"在大兴区首战告捷。在此次具体入市实践中，该地块所在镇落实与完善了试点规划的相关规则。首先，成立了"镇级联营公司"统筹进行入市操作；其次，编制了具体的镇级入市实施方案规划，进一步明确了可减量规模、可入市规模、在哪入市、入市用地及农民收益等内容；再次，重点开展了"拆除腾退"的"减量"工作和资金平衡测算明确具体农民通过入市可获得的增加收益数额；最后，针对土地入市方式、规划审批流程、金融配套改革、入市收益分配方面等进行了研究。

2015年12月31日，北京市大兴区人民政府发布了《关于印发大兴区农村集体经营性建设用地入市试点工作方案的通知》，对"指导思想与试点方向、总体要求与基本原则、主要任务与重要措施、主要程序与重要环节、任务分解与年度安排、职责分工"等方面作了具体详细的安排。

2016年4月18日，财政部、国土资源部印发《农村集体经营性建设用地土地增值收益调节金征收使用管理暂行办法》，明确按照建立同价同权、流转顺畅、收益共享的农村集体经营性建设用地入市制度的目标，在农村集体经营性建设用地入市环节取得入市收益的农村集体经济组织，或者再转让环节取得再转让收益的土地使用权人，应向国家缴纳调节金。调节金分别按入市或再转让农村集体经营性建设用地土地增值收益的20%—50%征收。具体征收比例，由试点地区综合考虑土地增值收益情况，考虑土地用地、土地等级、交易方式等因素确定。同时，上述暂行办法明确，调节金全额上缴试点地方国库，纳入地方一般公共预算管理，由试点地区财政部门统筹安排使用。

2017年8月，国土资源部、住房和城乡建设部发布《利用集体建设用地建设租赁住房试点方案》，确定第一批在北京、上海等13个城市开展利用集体建设用地建设租赁住房试点，建成房源可以出租不可出售，防止出现小产权房。

鉴于2015年年初经全国人大常委会授权，全国33个县（市、区）开展农村土地征收、集体经营性建设用地入市，宅基地制度三项的改革和试点已于2017年年底基本结束，全国人大常委会再次作出决定，将之延期至2019年12月31日。

2018年12月23日至29日，《土地管理法修正案（草案）》《城市房地产管理法修正案（草案）》《农村土地承包法修正案（草案）》提请十三届全国人大常委会第七次会议审议，以推动农村土地制度改革依法进行。

2019年8月26日上午，十三届全国人大常委会第十二次会议在北京人民大会堂闭幕。会议以163票赞成、1票反对、3票弃权，表决通过了关于修改《土地管理法》《城市房地产管理法》的决定。

具体说来，《土地管理法》的这次修改有以下几个方面的重大突破：

第一，在土地征收方面的修改主要涉及：一是首次对土地征收的"公共利益"进行了界定，并且采用列举的方式明确了因"军事外交、政府组织实施的基础设施建设、公益事业、扶贫搬迁和保障性安居工程，以及成片开发建设"等六种情况可以对土地依法实施征收。二是首次明确了土地征收补偿的基本原则是保障被征地农民原有生活水平不降低、长远生计有保障。改变了过去以土地征收的原用途来确定土地补偿、以年产值倍数法来确定土地补偿费和安置补助费的做法，以区片综合地价取代原来的土地年产值倍数法。另外，在原来的土地补偿费、安置补偿费、地上附着物三项基础上增加了"农村村民住宅补偿和社会保障费补偿"，在法律层面上为被征地农民构建了一个更加完善的保障体系。三是完善了土地的征收程序，由原来的"批后公告"改为了"批前公告"，使被征地农民在整个过程中有了更多参与权、监督权和话语权。

第二，在集体经营性建设用地入市方面，这次新修改的《土地管理法》破除了农村集体建设用地进入市场的法律障碍。新法删除了原来《土地管理法》第43条"任何单位或个人需要使用土地的必须使用国有土地"的规定，增加规定了"农村集体建设用地在符合规划、依法登记，并经三分之二以上集体经济组织成员同意的情况下，可以通过出让、出租等方式交由农村集体经济组织以外的单位或个人直接使用"，同时使用者在取得农村集体建设用地使用权后还可以通过转让、互换、抵押的方式进行再次转让。这是《土地管理法》的一个重大制度创新，取消了多年来集体建设用地不能直接进入市场流转的二元体制，为城乡一体化发展扫除了制度性障碍，集体经营性建设用地入市是这次《土地管理法》修改的最大的亮点。

第三，在宅基地方面，本次修改在原来"一户一宅"的基础上增加了"户有所居"的规定，允许已经进城落户的农村村民自愿有偿退出宅基地，鼓励农村集体经济组织及其成员盘活利用闲置宅基地和闲置住宅。

第四，《土地管理法》还将"基本农田"修改为"永久基本农田"，以及在其他一些方面也作了修改。

此次修改，特别是涉及农村集体土地改革方面，其目的和宗旨不仅仅是稳定房价，也是更高层次的土地制度设计，基本要求是统筹城镇建设用地与农村集体建设用地和宅基地，统筹增量建设用地与存量建设用地，实行统一规划，遵循统一规则，建设统一平台，强化统一管理，形成统一、开放、竞争、有序的建设用地市场体系。这才是我国集体土地改革的真正目标。

就在我国《土地管理法修正案（草案）》《城市房地产管理法修正案（草案）》《农村土地承包法修正案（草案）》提请十三届全国人大常委会第七次会议审议的过程中，2018年12月27日，北京市规划和自然资源委员会发布通知称，大兴区瀛海镇3宗集体建设用地发布挂牌出让公告，出让宗地将建设共有产权住房，于2019年1月16日开始竞买，预计1月30日完成挂牌出让。但是，半年之后的6月27日，北京市规划和自然资源委员会大兴分局发布公告称，因故暂停这三宗集体经营性建设用地使用权出让挂牌交易。而在暂停一个多月后的2019年8月1日，北京市规划和自然资源委员会再度发布通知称，大兴区瀛海镇3宗集体建设用地（总建筑面积依然是357802平方米）区级统筹地块公开挂牌出让，折合楼面价格约为1.4万元/平方米（土地出让起拍价比去年下调了约1000元/平方米），限定的销售价格也都是2.9万元/平方米。2019年9月12日，北京市规划和自然资源委员会公布："集体建设用地区级统筹大兴区瀛海镇YZ00-0803-2010、2013A、2013B、2014、2016地块竞价结束，竞得人为北京上瑞置业有限公司，成交价格为151283万元。"

近年来，多地利用集体土地建设租赁房虽有试点，但这些房源只能出租不能销售。北京大兴区在全国首次挂牌出让的三宗集体建设用地用于共有产权住房建设，此类土地本身没有征地环节，和国有建设用地实现了"同等入市""同权同价"，并且房屋"共有产权""可以销售"，这无论是从北京还是全国的土地市场来说，都属于重大历史性改革和创新，都是最大亮点。

按照《北京市共有产权住房管理暂行办法》的规定，共有产权住房是一种实行政府与购房人按份共有产权的政策性商品住房。该项目的入市是一种全新的探索，丰富了集体经营性建设用地入市的案例，积累了集体土地改革的经验。

然而，本项目与一些城市在试点利用集体土地建设租赁房相比较，投入较大，收益回报时间较长，投资成本较高。因此，在目前国家对房地产资金严厉监控的情况下，作为配套金融手段和措施，应当允许和鼓励金融机构或准金融机构加大对本项目的资金支持力度，以确保本探索性共产房项目的成功运作。原因在于，此集体经营性建设用地建设共产房的历史性网络第一次挂牌，不仅是考验集体经营性建设用地出让这一简单环节，还必须验证建设项目的报规报建、建设施工、开发商股权质押、集体土地使用权及在建工程预抵押融资、共产房的预售、购房人按揭贷款、共产房的预抵押登记、房屋初始登记（大确权）、产权分割和过户、正式抵押登记、他项权的取得、共产房产权份额的处分、政府的优先受让权、开发商和购房人的违约责任、司法拍卖、担保人担保债权的实现……所有环节和行为的合法性和可操作性，意义非凡。

附相关文件：

（一）集体经营性建设用地入市文件

1.《关于农村土地征收、集体经营性建设用地入市、宅基地制度改革试点工作的意见》

2.《全国人民代表大会常务委员会关于授权国务院在北京大兴区等33个试点县（市、区）行政区域暂时调整实施有关法律规定的决定》

3.《农村集体经营性建设用地使用权抵押贷款管理暂行办法》

4.《中国银监会办公厅 国土资源部办公厅关于扩大农村集体经营性建设用地使用权抵押贷款工作试点范围的通知》

5.《北京市大兴区人民政府办公室关于印发大兴区农村集体经营性建设用地入市试点工作方案的通知》

6.《北京市大兴区人民政府办公室关于印发大兴区统筹协调推进农村集体经营性建设用地入市与土地征收制度改革试点工作方案的通知》

（二）集体产业用地统筹利用文件

1.《关于开展北京市乡镇统筹利用集体产业用地试点工作的通知》（市规划国土发〔2017〕236号）

2.《关于统筹利用集体建设用地政策的有关意见》（市规划国土发〔2017〕69号）

3.《关于"乡镇统筹利用集体产业用地试点"实施方案编制及管理指导意见》（市规划国土发〔2017〕219号）

4.《北京市乡镇统筹利用集体产业用地试点民主决策程序及实施主体组建运行

管理暂行办法》

5.《国土资源部 住房城乡建设部关于印发〈利用集体建设用地建设租赁住房试点方案〉的通知》（国土资发〔2017〕100号）

6.《关于进一步加强利用集体土地建设租赁住房工作的有关意见》（市规划国土发〔2017〕367号）

我国土地管理法的历史性修改

2019年8月26日上午，十三届全国人大常委会第十二次会议在北京人民大会堂闭幕，会议以163票赞成、1票反对、3票弃权，表决通过了关于修改《土地管理法》《城市房地产管理法》的决定。

《土地管理法》的修正在很多方面有了突破与变化：允许集体经营性建设用地入市，允许集体经营性用地在符合相关条件下出租、出让；改革了土地征收制度，明确界定公共利益范围；明确征收补偿的基本原则是保障被征地农民原有生活水平不降低，长远生计有保障；改革土地征收程序，将原来的征地批后公告改为征地批前公告；完善了农村宅基地制度，在原来一户一宅的基础上，增加宅基地户有所居的规定；为"多规合一"改革预留法律空间；将"基本农田"修改为"永久基本农田"；对中央和地方的土地审批权限进行了调整，按照是否占用永久基本农田来划分国务院和省级政府的审批权限；土地督察制度正式入法。

此前，《土地管理法》已经作了两轮审议。2018年12月23日，《土地管理法修正案（草案）》提请十三届全国人大常委会第七次会议进行第一次审议，删去了"从事非农业建设必须使用国有土地或者征为国有的原集体土地"的规定，"对土地利用总体规划确定为工业、商业等经营性用途，并经依法登记的集体建设用地，允许土地所有权人通过出让、出租等方式交由单位或者个人使用"，这就有望为破解集体经营性建设用地入市扫除法律障碍。为配合《土地管理法》的修改，提请审议的还有《城市房地产管理法修正案（草案）》。2019年6月25日进行的第二次审议中，修改的主要内容包括集体土地征收、集体经营性建设用地入市、宅基地制度和其他修改四个方面。

建立城乡统一的建设用地市场是一项长期艰巨的任务，需要深入研究、系统设计，区分轻重缓急，分步实施、配套推进，不断把改革引向深入。

下面来梳理一下探索集体建设用地使用权流转的过程：

一、现行法律规定

《宪法》第10条规定："城市的土地属于国家所有。农村和城市郊区的土地，除由法律规定属于国家所有的以外，属于集体所有；宅基地和自留地、自留山，也属于集体所有。国家为了公共利益的需要，可以依照法律规定对土地实行征收或者征用并给予补偿。任何组织或者个人不得侵占、买卖或者以其他形式非法转让土地。土地的使用权可以依照法律的规定转让……"

《土地管理法》第 9 条规定："城市市区的土地属于国家所有。农村和城市郊区的土地，除由法律规定属于国家所有的以外，属于农民集体所有；宅基地和自留地、自留山，属于农民集体所有。"第 11 条规定："农民集体所有的土地依法属于村农民集体所有的，由村集体经济组织或者村民委员会经营、管理；已经分别属于村内两个以上农村集体经济组织的农民集体所有的，由村内各该农村集体经济组织或者村民小组经营、管理；已经属于乡（镇）农民集体所有的，由乡（镇）农村集体经济组织经营、管理。"第 60 条规定："农村集体经济组织使用乡（镇）土地利用总体规划确定的建设用地兴办企业或者与其他单位、个人以土地使用权入股、联营等形式共同举办企业的，应当持有关批准文件，向县级以上地方人民政府自然资源主管部门提出申请……"第 61 条规定："乡（镇）村公共设施、公益事业建设，需要使用土地的，经乡（镇）人民政府审核，向县级以上地方人民政府自然资源主管部门提出申请……"第 82 条规定："擅自将农民集体所有的土地通过出让、转让使用权或者出租等方式用于非农业建设，或者违反本法规定，将集体经营性建设用地通过转让、出租等方式交由单位或个人使用的，由县级以上人民政府自然资源主管部门责令限期改正，没收违法所得，并处罚款。"2021 年修订的《土地管理法实施条例》第 60 条规定："依照《土地管理法》第八十二条的规定处以罚款的，罚款额为非法所得的 10% 以上 30% 以下。"

从我国以上现行法律规定来分析，当前我国是禁止集体建设用地使用权入市流转的。1998 年 8 月 29 日，第九届全国人民代表大会常务委员会第四次会议修订的《土地管理法》第 63 条虽然规定了"农民集体所有的土地的使用权不得出让、转让或者出租用于非农业建设；但是符合土地利用总体规划并依法取得建设用地的企业，因破产、兼并等情形致使土地使用权依法发生转移的除外"，看上去似乎给集体土地使用权入市流转提供了法律支持，但实践中难以操作。

二、探索、试验、总结、推广

早在 20 世纪八九十年代，广东省佛山市顺德区龙江镇仙塘村便开始试点集体建设用地流转工作，有关成功案例逐渐增多。

1987 年 1 月 1 日起施行的《土地管理法》（即"87 版土地管理法"）曾规定，城镇非农业户口居民建住宅，需要使用集体所有的土地的，必须经县级人民政府批准，其使用面积不得超过省、自治区、直辖市规定的标准，并参照国家建设征用土地的标准支付补偿费和安置补助费。换言之，当时城镇居民在经过政府有关部门批准、支付相关补偿费用，且不得超标的前提下，即可在集体土地上新建住宅。

1996 年，江苏省苏州市开展了农村集体建设用地流转的探索，其实施的集体建设用地流转主要是为配合乡镇企业改制和吸引外商投资，局限于城市规划区外的存量集体建设用地。

1998 年 8 月 29 日，全国人大常委会修订《土地管理法》，并于 1999 年 1 月 1 日起施行。在 1999 年《土地管理法》中，删去了上述"87 版土地管理法"的相关条文。

1999 年年底，安徽省芜湖市获得国土部批准，开始在其 5 个镇进行农村建设用地使用权流转试点。

2001 年，广东省佛山市顺德区向国土资源部申请开展集体土地转为国有土地和集体建设用地使用权流转方面的改革试点。试点之初，当地参照国有土地使用权出让、转让的相关规定，明确了非农集体建设用地的产权界定、流转范围、年限、方式、程序、收益金的收费标准等具体举措。在此过程中，出现了不少因集体建设用地使用权流转而产生的纠纷，急需进行规范和治理。为规范此类纠纷，2001 年《广东省高级人民法院关于审理农村集体土地出让、转让、出租用于非农业建设纠纷案件若干问题的指导意见》（粤高法发〔2001〕42 号）明确了农村集体土地出让、转让、出租等用于非农业建设的合同的效力等问题。

2002 年，江苏省苏州市集体建设用地流转的范围从城市规划区外引申到规划区内，并将流转对象从存量建设用地扩展到新增建设用地，同时规定由集体经济组织投资兴办的企业新增建设用地可以通过出租、转让、入股等形式入市流转，但不得开发大型娱乐和高档房地产项目，同时明确规定流转收益在政府、集体经济组织与农民之间按 2∶4∶4 的比例进行分配。

2002 年，广东省佛山市顺德区制定了《集体所有建设用地使用权流转管理暂行办法》。2003 年，国土资源部在顺德召开农村集体建设用地流转试点总结会，顺德的做法受到了高度赞扬。2003 年 4 月，流转试点扩大到该区 15 个镇。

之后，国务院发布的《中共中央 国务院关于做好农业和农村工作的意见》（中发〔2003〕3 号）明确提出："各地要制定鼓励乡镇企业向小城镇集中的政策，通过集体建设用地流转、土地置换、分期缴纳土地出让金等形式，合理解决企业进镇的用地问题。"紧接着，广东省人民政府根据现实需要并结合实际情况，于 2003 年 6 月 24 日发布了《关于试行农村集体建设用地使用权流转的通知》，该通知第 2 条"农村集体建设用地使用权流转的原则和条件"规定："任何单位和个人不得买卖或者以其他形式非法转让农村集体土地所有权，农村集体建设用地使用权可以按照本通知的规定流转。以出让、转让、出租和抵押等形式流转农村集体建设用地使用权应当遵循自愿、公开、公平、等价有偿和用途管制等原则。农村集体建设用地使用权符合下列条件的,可以出让、转让、出租和抵押,并享有与城镇国有土地使用权同等的权益:……""依法应当进入土地交易机构公开交易的,按照《广东省土地使用权交易市场管理规定》办理。""通过出让、转让、出租和抵押方式流转农村集体建设用地使用权的,其地上建筑物、其他附着物所有权随之流转。"但同时规定:"通过出让、转让和出租方式取得的农村集体建设用地不得用于商品房地产开发。未经原批准用地的人民政府或有批准权的人民政府批准,不得改变该幅土地的建设用途。各级人民政府要按照用途管制的原则,强化和协调城市规划区内外国有和集体所有建设用地的规划和管理。国家为公共利益的需要,可以依法对集体所有的土地实行征用,任何单位和个人不得阻扰。""农村集体建设用地使用权的出让、转让年限参照《中华人民共和国城镇国有土地使用权出让和转让暂行条例》的有关规定确定,农村集体建设用地的出租年限参照《国土资源部关于印发〈规范国有土地租赁的若干意见〉的通知》(国土资发〔1999〕222号)确定。期限届满后,地上建筑物和其他设施按照双方约定处理。"

2004年,佛山市在全市范围推广顺德经验,并制定了《佛山市试行农村集体建设用地使用权流转实施办法》。

2004年8月28日,《土地管理法》再次修改,其内容基本延续了1999年《土地管理法》的规定,即从事非农业建设必须使用国有土地或者征为国有的原集体土地。至此,除兴办乡镇企业等少数情形外,集体建设用地流转的通道基本被封堵完毕。利用集体建设土地进行房地产开发的行为被严令禁止。因集体建设用地私下流转难以禁绝,且有诸多不可控因素,将其纳入合规、可监管的渠道就逐渐成为决策层的一个选项。但有种反对声音始终存在,认为允许集体建设用地流转,会引起农民利益受损、建设用地失控以及加大征收集体土地的难度。此次草案的提请审议,也说明在集体建设用地流转问题上,体现了决策层直面现状,管控、引导的思路。

2004年10月21日,国务院下发了《关于深化改革严格土地管理的决定》(国发〔2004〕28号),这是近年来国务院出台的关于土地管理的较为全面、明确、高规格的一份文件。针对当前存在的圈占土地、乱占滥用耕地等突出问题,提出了深化改革、健全法制、统筹兼顾、标本兼治,进一步完善符合我国国情的最严格的土地管理制度的明确要求。其中,第10条规定:"加强村镇建设用地的管理。要按照控制总量、合理布局、节约用地、保护耕地的原则,编制乡(镇)土地利用总体规划、村庄和集镇规划,明确小城镇和农村居民点的数量、布局和规模。鼓励农村建设用地整理，城镇建设用地增加要与农村建设用地减少相挂钩。农村集体建设用地，必须符合土地利用总体规划、村庄和集镇规划，并纳入土地利用年度计划，凡占用农用地的必须依法办理审批手续。禁止擅自通过'村改居'等方式将农民集体所有土地转为国有土地。禁止农村集体经济组织非法出让、出租集体土地用于非农业建设。改革和完善宅基地审批制度，加强农村宅基地管理，禁止城镇居民在农村购置宅基地。引导新办乡村工业向建制镇和规划确定的小城镇集中。在符合规划的前提下，村庄、集镇、建制镇中的农民集体所有建设用地使用权可以依法流转。"

2005年，广东省向全省推广佛山的做法，并以政府令（粤府令第100号）的形式在全国率先出台了《广东省集体建设用地使用权流转管理办法》，允许集体建设用地使用权的出让、出租、作价入股、转让、转租。

自2006年2月起，佛山在全市铺开集体建设用地流转。土地规划和流转的具体工作由乡镇政府负责，采取公开招标、拍卖方式供应土地，土地流转收益由村集体留存50%（但未明确界定农民和村集体之间的利益分配比例）。

广东新政对农村建设用地的流转条件（符合规划、权属清晰）、土地使用权益（与国有土地同权）、流转最高年限（不超过国有土地使用权出让年限）及用途（不得用于商品房地产开发建设和住宅建设）进行了明确规定，被视为中国土地政策的新一场"革命"。广东不同城市在政策框架内还进行了不同形式的深化和创新，如佛山市顺德区对集体建设用地的基准地价进行了详细规定，佛山市南海区采用股份合作制流转，即农村建设用地可直接出租或修建厂房后出租等。

2007年，九龙坡区被重庆市列为城乡统筹先行试验区，该区自行制定了试点内容为宅基地换住房、承包地换社保的"双交换"政策，农民可享受城镇就业、教育、医疗、养老等待遇，因补偿标准较高而颇受农民欢迎。后因置换出来的农村土地被大量改变作其他用途，被国土资源部叫停整改。

为严格执行有关农村集体建设用地法律和政策，坚决遏制并依法纠正乱占农用地进行非农业建设，2007年12月31日，《国务院办公厅关于严格执行有关农村集体建设用地法律和政策的通知》（国办发〔2007〕71号）第3条第2款规定："严格控制农民集体所有建设用地使用权流转范围。农民集体所有的土地使用权不得出让、转让或者出租用于非农业建设。符合土地利用总体规划并依法取得建设用地的企业发生破产、兼并等情形时，所涉及的农民集体所有建设用地使用权方可依法转移。其他农民集体所有建设用地使用权流转，必须是符合规划、依法取得的建设用地，并不得用于商品住宅开发。"

自2008年起，国家对农村集体建设用地的管理和流转方式日趋严格，并开始完善相关政策措施，各地开始广泛开展农村建设用地流转的试点工作。

天津试点城乡建设用地增减挂钩，是以宅基地换房模式实现农村集体建设用地流转的典型试点城市，其操作思路在 2008 年得到了国家有关部门的肯定和大力支持，并被国土资源部列为全国土地挂钩试点城市。2009 年，天津出台《以宅基地换房建设示范小城镇管理办法》，宅基地换房政策在天津得到了良好的推行。随后，嘉兴、北京、苏州、佛山、中山、青岛等众多城市纷纷试点换房模式。

浙江嘉兴试行"两分两换"：将宅基地与承包地分开，搬迁与土地流转分开；以承包地换股、换租、换保障，推进集约经营、转换生产方式；以宅基地换钱、换房、换地方，推进集中居住、转换生活方式。2009 年，嘉兴推出了劳动就业、社会保障、户籍制度、新居民管理、涉农体制、村镇建设、金融体系、公共服务、规划统筹等"十改联动"，在全国率先取消了"农业户口"。

重庆市江津区创新"地票模式"，主要通过复垦农村建设用地和城乡建设用地指标增减挂钩机制，增加城镇建设用地指标（经土地交易所跨区流转为中心城区建设用地指标）。2008 年重庆设立农交所试点地票交易，其中江津区是试点最早、模式最成熟的区域，地票供应集中在偏远区域。从重庆地票模式的操作实践来看，这种模式虽然得到了决策层的肯定，但仍然存在不少问题：一是实效有限，释放的土地量不大，对房地产市场影响微弱；二是流转收益分配存在争议，有一定寻租空间；三是地票非土地竞拍准入条件，房地产企业参与地票交易积极性不高。

2009 年 3 月 6 日，为切实保证《中共中央 国务院关于 2009 年促进农业稳定发展农民持续增收的若干意见》（中发〔2009〕1 号）的贯彻落实，《国土资源部关于促进农业稳定发展农民持续增收推动城乡统筹发展的若干意见》（国土资发〔2009〕27 号）发布，该意见中强调，要为农业稳定发展、农民持续增收、城乡统筹发展提供优质服务，同时坚持严格规范管理，依法依规办理农业和农村各类用地手续。同时还提到规范集体建设用地流转，逐步建立城乡统一的建设用地市场。具体举措为：一是明确土地市场准入条件，规范集体建设用地使用权流转。在城镇工矿建设规模范围外，除宅基地、集体公益事业建设用地，凡符合土地利用总体规划、依法取得并已经确权为经营性的集体建设用地，可采用出让、转让等多种方式有偿使用和流转。国土资源部将下发农村集体建设用地使权出让和转让办法。二是完善土地资源配置机制，构建城乡统一建设用地市场。各地要充分依托已有的国有土地市场，加快城乡统一的土地市场建设，促进集体建设用地进场交易，规范流转。三是制定集体土地收益分配办法，增加农民财产性收入。各地在集体建设用地出让转让等流转活动中，要按照"初次分配基于产权，二次分配政府参与"的原则，总结集体建设用地流转试点经验，出台和试行集体建设用地有偿使用收益的分配办法。国土资源部将积极与相关部门沟通，研究建立集体建设用地有偿使用有关税费征缴和分配办法。

2010年,佛山市中级人民法院发布《关于审理集体土地使用权流转纠纷若干问题的指导意见》,第2条明确:"集体建设用地使用权的流转,包括集体建设用地使用权的出让、出租、转让、转租、抵押。"第3条规定:"集体建设用地使用权流转,必须符合下列条件:(一)经依法批准使用或取得的集体建设用地使用权,已办理土地登记并领有相关的土地权属证书——出让必须取得集体土地所有权证;转让、抵押必须取得土地使用权证;出租必须取得土地所有权证或土地使用权证;(二)经本集体经济组织成员的村民会议2/3以上成员或者2/3以上村民代表的同意。不具备以上条件的,流转合同无效。"

成都于2010年8月启动了地票交易模式,同时公布了《持证准入通知》,并于2010年12月17日举办了第一场地票交易会,保利、荣盛、金地等房地产企业均有参与,但由于地票交易价格较高,国土部门对此事进行了调查,原定于同月举办的第二场交易会被叫停。2011年4月,成都地票交易重启,将持证准入改为持证准用。

上海市则建立城乡统一的"上海市土地交易中心",探索国有建设用地和农村集体建设用地"两种产权、同一市场、统一管理"的新途径。2010年8月,上海市规划国土资源局发布《农村集体建设用地流转试点操作规范(试行)》,规定农村集体建设用地与国有土地"同地同权",对依法取得的农村集体建设用地,可以用于工业、商业、旅游业、服务业等经营性项目,禁止进行商品住宅开发建设;农村集体建设用地全面实行有偿使用,建立最低限价制度,出让底价不低于同类国有建设用地基准地价的70%,租赁地价按照相应标准进行换算;农村集体建设用地的出让或租赁等流转活动,必须通过市土地市场统一进行;在交易方式、交易价格、使用期限等方面,与国有土地"同地、同权",也可转让、转租、抵押。

2011年9月13日,广州市人民政府办公厅发布《广州市集体建设用地使用权流转管理试行办法》,第2条第2款规定:"本试行办法所称流转是指在集体建设用地所有权不变的前提下,集体建设用地使用权以有偿方式发生转移、再转移的行为,包括出让、出租、转让、转租、抵押……"第3条规定:"集体建设用地使用权流转应当符合以下要求:(一)产权明晰,完成集体建设用地权属登记。(二)符合土地利用总体规划、城乡规划。(三)符合产业政策和土地供应政策,严格土地用途管制,严控新增集体建设用地规模。通过出让、转让、出租、转租方式取得的集体建设用地不得用于商品房开发和住宅建设。(四)遵循依法、自愿、有偿、平等、公开的原则。"第4条第1款规定:"集体建设用地使用权转让、出租、转租和抵押时,其地上合法建筑物及其他附着物随之转让、出租、转租和抵押;集体建设用地上的建筑物及其他附着物转让、出租、转租和抵押时，其占用范围内的集体土地使用权随之转让、出租、转租和抵押。"第2款规定："集体建设用地上的建筑物及其他附着物流转时须取得合法的房地产权属证书。地上有违法建筑物及其附着物的，不得流转。"

2012年3月，杭州市人民政府发布《关于开展集体建设用地流转试点工作的实施意见》，明确集体建设用地使用权可按出让、转让、出租、转租、抵押等方式进行流转，其地上合法建筑物及其他附着物随之出让、转让、出租、转租和抵押。同时，严禁使用集体建设用地进行商品房地产开发，地面建筑物不得进行分割，使用权不得进行分割登记。此外，农村宅基地暂不进行流转。

2012年12月，《土地管理法修正案草案》提交十一届全国人大常委会三十次会议初次审议。但在2014年，"考虑到形势发生很大变化"，全国人大常委会决定终止这次修改。

按照"试点先行"原则，2013年，深圳、安徽、重庆、浙江等省市政府都已相继出台指导性文件，农村集体经营性建设用地入市试点多方突围。

2013年1月，深圳市发布促进产业转型升级的"1+6"文件①，对工业用地的供应方式作出改革，允许集体工业用地直接挂牌入市。《深圳市完善产业用地供应机制拓展产业用地空间办法（试行）》中规定，原农村集体经济组织继受单位实际占用的、符合城市规划的产业用地，在理清土地经济利益关系，完成青苗、建筑物及附着物的清理、补偿和拆除后，可申请以挂牌方式公开出（转）让土地使用权。

深圳新政策为"国土部特批"政策，打破了以往政府作为土地唯一供应方的格局，拉开了土地供给双轨制的序幕，为土地改革重大创新，对未来的农村集体建设用地流转提供了有益启示。

2013年11月12日，中国共产党第十八届中央委员会第三次全体会议通过了《中共中央关于全面深化改革若干重大问题的决定》，11月15日该决定正式发布，指出要建立城乡统一的建设用地市场，在符合规划和用途管制前提下，允许农村集体经营性建设用地出让、租赁、入股，实行与国有土地同等入市、同权同价。缩小征地范围，规范征地程序，完善对被征地农民合理、规范、多元保障机制。扩大国有土地有偿使用范围，减少非公益性用地划拨。建立兼顾国家、集体、个人的土地

---

① 所谓"1+6"文件，主文件是《深圳市人民政府关于优化空间资源配置促进产业转型升级的意见》，其他6个附属文件是《深圳市完善产业用地供应机制拓展产业用地空间办法（试行）》《深圳市工业楼宇转让管理办法（试行）》《深圳市宗地地价测算规则（试行）》《深圳市关于贯彻执行〈闲置土地处置办法〉的实施意见（试行）》《深圳市创新型产业用房管理办法（试行）》《关于加快发展产业配套住房的实施意见》。

增值收益分配机制,合理提高个人收益。完善土地租赁、转让、抵押二级市场。该决定明确,集体建设用地的流转形式主要包括以下几种:(1)农村集体经济组织直接转让、出租土地使用权;(2)农村房屋产权人转让、出租房产时,连带转让、出租土地使用权;(3)乡村企业的兼并、改制过程中涉及集体土地转让、出租;(4)农村集体经济组织以土地使用权作价入股、联营等形式新办企业;(5)村集体经济组织以土地使用权合作的方式开发项目;(6)经征用、补办为国有土地并进行转让、出租;(7)由于企业破产清算或债权债务因素,经司法裁定发生流转。

《中共中央关于全面深化改革若干重大问题的决定》在深入总结国内外经验的基础上提出,农村集体经营性建设用地实行同等入市、同权同价。同等入市意味着农村集体经营性建设用地可以与国有建设用地以平等的地位进入市场,可以在更多的市场主体间、在更宽的范围内、在更广的用途中进行市场交易,为完善农村集体经营性建设用地权能指明了方向;同权同价意味着农村集体经营性建设用地享有与国有建设用地相同的权能,在一级市场中可以出让、租赁、入股,在二级市场中可以租赁、转让、抵押等,为完善农村集体经营性建设用地权能提供了具体明确的政策依据。这必将为深化农村土地制度改革注入强大动力,进而开启农村土地制度改革的破冰之旅。

2014年11月,中共中央办公厅、国务院办公厅发布《关于引导农村土地经营权有序流转发展农业适度规模经营的意见》,第5条规定:"鼓励创新土地流转形式。鼓励承包农户依法采取转包、出租、互换、转让及入股等方式流转承包地。鼓励有条件的地方制定扶持政策,引导农户长期流转承包地并促进其转移就业。鼓励农民在自愿前提下采取互换等形式解决承包地细碎化问题。"

2014年12月31日,中共中央办公厅、国务院办公厅印发《关于农村土地征收、集体经营性建设用地入市、宅基地制度改革试点工作的意见》,进一步推动集体建设用地使用权入市流转。

三、大兴经验

为落实十八届三中全会"建立城乡统一的建设用地市场"的要求,改革完善农村土地制度,2015年2月27日,第十二届全国人民代表大会常务委员会第十三次会议决定,授权国务院在北京市大兴区等33个试点县(市、区)行政区域,暂时调整实施《土地管理法》《城市房地产管理法》关于农村土地征收、集体经营性建设用地入市、宅基地管理制度的有关规定,并授权国务院在北京市大兴区进行"农村集体经营性建设用地入市"的改革试点。上述调整在2017年12月31日前试行,对于实践证明可行的,修改完善有关法律;对于实践证明不宜调整的,恢复施行有关法律规定。"北京土改试点"系列从政策、规划和实施三个层面,以"规划先行、统筹兼顾"的思路，探索大兴区进行"农村集体经营性建设用地入市"改革试点的新路，这是中国农村土地制度改革历史性举措中的重要一环。

本次33个试点县（市、区）中，试行"农村土地征收制度改革"的为3个；试行"农村集体经营性建设用地入市改革"及"宅基地制度改革"的分别为15个。其中，大兴区主要作为"农村集体经营性建设用地入市改革试点"先试先行区。

本次试点经过全国人大充分授权，与法律调整挂钩，是继农村土地合作社运动、农村土地联产承包责任制、国有土地有偿使用制度之后，我国针对土地使用制度的新一轮基础性变革，意义十分重大、影响极其深远。

四、向深水区进发

按照党中央、国务院部署要求，2015年3月23日至25日，原国土资源部召开试点工作部署暨培训会议，正式启动农村土地征收、集体经营性建设用地入市、宅基地制度改革试点工作。按照中央决策、全国人大授权、国务院部署，根据北京市委市政府安排，大兴区代表北京市具体承担农村集体经营性建设用地入市试点任务，在符合用地规划、用途管制和依法取得的前提下，探索农村集体经营性建设用地使用权出让、租赁、入股等方式，建立"同权同价、流转顺畅、收益共享"的农村集体经营性建设用地入市制度。大兴区的这次试点改革是继农村土地合作社运动、农村联产承包责任制、国有土地使用权有偿出让制度之后的新一轮土地制度变革，是一项国家基础性制度改革，是落实首都城市战略定位、解决"大城市病"、促进全区跨越发展、实现农民快速增收的重大历史机遇。

2015年4月，中央政治局审议通过了《京津冀协同发展规划纲要》，该纲要提出"疏解非首都核心功能""疏堵结合调控北京市人口规模"。同时，北京市城市总体规划明确提出要促进集体建设用地的减量和集约高效利用，并将其列为近期重点规划任务。因此，在当前"北京市城乡治理理念与管理方式发生重大转型"的背景下，大兴区的试点具有与其他地区不同的特殊性，既要研究政策，实现保障农民权益的基本目标，又要减量提质，借助试点机遇为北京市转型发展提供宝贵的和切实可行的经验。

2015年7月23日，广州市人民政府办公厅发布《广州市集体建设用地使用权流转管理办法》，第2条第2款规定："本办法所称流转是指在集体建设用地所有权不变的前提下，集体建设用地使用权以有偿方式发生转移、再转移的行为，包括出让、出租、转让、转租、抵押等，但利用本村建设用地建设镇（村）公共设施和公益事业、农村村民住宅的除外。"第3条规定："集体建设用地使用权流转应当符合以下要求：（一）产权明晰，完成集体建设用地权属登记。（二）符合土地利用总体规划、城乡规划。（三）符合产业政策和土地供应政策，严格土地用途管制，严控新增集体建设用地规模。通过出让、转让、出租、转租方式取得的集体建设用地不得用于商品房开发和住宅建设。（四）遵循依法、自愿、有偿、平等、公开的原则。"

2015年9月8日，浙江省德清县敲响了集体经营性建设用地入市竞拍的第一槌。有市场人士评价称："集体经营性建设用地入市进一步显化了集体土地价值，试点地区共获得入市收益178.1亿元。浙江德清已入市集体经营性建设用地183宗、1347亩，农村集体经济组织和农民获得净收益2.7亿元，惠及农民18万余人，覆盖面达65%。"

2015年，国土资源部以国土资函〔2015〕384号批复了北京市大兴区农村集体经营性建设用地入市试点实施方案。

2015年12月31日，北京市大兴区人民政府发布了《关于印发大兴区农村集体经营性建设用地入市试点工作方案的通知》，对"指导思想与试点方向、总体要求与基本原则、主要任务与重要措施、主要程序与重要环节、任务分解与年度安排、职责分工"等方面作了具体详细的安排。

2016年1月，大兴区第一块集体经营性土地顺利上市交易，土地成交价楼面价高达1.5万元/平方米，仅略低于周边地区的国有商业用地出让价格，得到了较好的市场认可，建立城乡统一的建设用地交易市场在大兴区首战告捷。在此次具体入市实践中，该地块所在镇落实与完善了试点规划的相关规则，首先成立了"镇级联营公司"统筹进行入市操作；其次，编制了具体的镇级入市实施方案规划，进一步明确了可减量规模、可入市规模、在哪入市、入市用地及农民收益等内容；再次，重点开展了"拆除腾退"的"减量"工作和资金平衡测算明确具体农民通过入市可获得的增加收益数额；最后，针对土地入市方式，规划审批流程、金融配套改革、入市收益分配方面等进行了研究。

2016年4月18日，财政部、国土资源部发布《农村集体经营性建设用地土地增值收益调节金征收使用管理暂行办法》，明确按照建立同价同权、流转顺畅、收益共享的农村集体经营性建设用地入市制度的目标，在农村集体经营性建设用地入市环节取得入市收益的农村集体经济组织，或者再转让环节取得再转让收益的土地使用权人，应向国家缴纳调节金。调节金分别按入市或再转让农村集体经营性建设用地土地增值收益的20%—50%征收。具体征收比例，由试点地区综合考虑土地增值收益情况，考虑土地用地、土地等级、交易方式等因素确定。同时，前述暂行办法明确，调节金全额上缴试点地方国库，纳入地方一般公共预算管理，由试点地区财政部门统筹安排使用。

2017年8月，国土资源部、住房和城乡建设部发布《利用集体建设用地建设租赁住房试点方案》，确定第一批在北京、上海等13个城市开展利用集体建设用地建设租赁住房试点，建成房源可以出租不可出售，防止出现小产权房。

2017年9月12日，广东省高级人民法院发出《关于审理建设用地使用权合同纠纷案件的指引》（粤高法〔2017〕199号），对集体建设用地使用权流转的定义、合同的效力、纷争的解决等作了详细指导。

2017年10月31日，全国人大常委会审议决定，拟将农村土地制度三项改革试点期限延长至2018年12月31日。

继2012年修正之后，《土地管理法》修改再次闯关。在延续2012年版聚焦征地制度改革的基础上，此次修法重点又增加了集体建设用地入市、宅基地流转退出等关键内容，直面当前土地管理制度中的改革核心及重点难点。

鉴于2015年年初经全国人大常委会授权，全国33个县（市、区）开展农村土地征收、集体经营性建设用地入市，宅基地制度三项的改革和试点已于2017年年底基本结束，全国人大常委会再次作出决定，将之延期至2019年12月31日。据自然资源部相关人士表示，33个试点县（市、区）集体经营性建设用地已入市地块1万余宗，面积9万余亩，总价款约257亿元，收取调节金28.6亿元，办理集体经营性建设用地抵押贷款228宗、38.6亿元。

2018年12月23日至29日，《土地管理法修正案（草案）》《城市房地产管理法修正案（草案）》《农村土地承包法修正案（草案）》提请十三届全国人大常委会第七次会议审议，以推动农村土地制度改革依法进行。

在此次草案提请全国人大常委会审议期间，北京市规划和自然资源委员会发布消息，大兴区瀛海镇3宗集体建设用地发布挂牌出让公告，出让宗地将建设共有产权住房，可对外销售，销售均价为29000元/平方米。"大兴此类地块，无论是从北京市场还是全国市场，都属于重大创新内容。"按照《北京市共有产权住房管理暂行办法》的规定，共有产权住房是一种实行政府与购房人按份共有产权的政策性商品住房。北京市规划和自然资源委员会表示，该项目入市有效改善了住房结构，同时丰富了集体建设用地入市案例，探索了改革经验。虽然一些城市在试点利用集体土地建设租赁房，但因为收益回报时间长、投入成本高，一些城市的推进力度不大、积极性也并不高。而集体土地建设共有产权这种试点，对集体而言，短期投入少且收益高，可能更有利于提升集体组织的参与意愿。

五、配套改革工程

关于可否通过强制执行的方式流转集体建设用地使用权的问题，2004年2月10日《最高人民法院、国土资源部、建设部关于依法规范人民法院执行和国土资源房地产管理部门协助执行若干问题的规定》（法发〔2004〕5号）第24条规定，人民法院执行集体土地使用权时，经与国土资源管理部门取得一致意见后，可以裁定予以处理。

此规定出台以后，有学者提出质疑，仅仅依靠最高人民法院的司法解释不能够成为农村集体建设用地强制执行的依据，因为集体建设用地使用权的强制执行是以集体建设用地能够流转为前提的，而能否流转，理论界一直存在分歧，一种观点认为可以，理由是：

1.《宪法》允许农村集体建设用地使用权流转。《宪法》第10条第4款规定："任何组或者个人不得侵占、买卖或者以其他形式非法转让土地。土地的使用权可以依照法律的规定转让。"该款中"土地使用权"不仅包括国有土地使用权，也包括农村集体土地使用权。而农村集体建设用地使用权作为土地使用权中的一种，理所当然"可以依照法律的规定转让"。

2. 2003年6月24日，《广东省人民政府关于试行农村集体建设用地使用权流转的通知》规定，符合一定条件的农村集体建设用地使用权可以出让、转让、出租和抵押，并享有与城镇国有土地使用权同等的权益。

3. 北京市国土资源局2003年制定的《北京市农民集体建设用地使用权流转试点办法》中规定，农民集体建设用地使用权在土地所有者和使用者自愿的前提下，可以转让、租赁、作价出资（入股）。

4. 2004年10月21日，《国务院关于深化改革严格土地管理的规定》中强调，禁止农村集体经济组织非法出让、出租集体土地用于非农业建设；加强农村宅基地管理，禁止城镇居民在农村购置宅基地；引导新办乡村工业向建制镇和规划确定的小城镇集中；在符合规划的前提下，村庄、集镇、建制镇中的农村集体所有建设用地使用权可以依法流转。

5. 2006年3月27日，《国土资源部关于坚持依法依规管理节约集约用地支持社会主义新农村建设的通知》中提出，要适应新农村建设的要求，稳步推进城镇建设用地增加和农村建设用地减少挂钩试点，集体非农建设用地使用权流转试点，不断总结试点经验，及时加以规范完善。

6. 2006年8月31日，《国务院关于加强土地调控有关问题的通知》中规定，农民集体所有建设用地使用权的流转，必须符合规划并严格限定在依法取得的建设用地范围内。

但另一种观点认为，我国现行法律对农村集体建设用地使用权的流转持否定态度，只能通过地方政府征地的方式将其转为国有土地，然后由地方政府以划拨方式或通过国有土地一级市场以招、拍、挂等方式让渡土地使用权。理由是：

1. 《土地管理法》（2004 年）第 43 条第 1 款规定："任何单位和个人进行建设，需要使用土地的，必须依法申请使用国有土地；但是，兴办乡镇企业和村民建设住宅经依法批准使用本集体经济组织农民集体所有的土地的，或者乡（镇）村公共设施和公益事业建设经依法批准使用农民集体所有的土地的除外。"从该条款可以看出，民事主体仅在三种情形下可以申请取得集体建设用地使用权，即兴办乡镇企业、村民建设住宅、乡（镇）村建设公共设施和公共事业。这实际上表明农村集体建设用地使用权不能像国有建设用地使用权一样进入一级市场自由流转。

2. 《土地管理法》（2004 年）第 63 条明确规定："农民集体所有的土地的使用权不得出让、转让或者出租用于非农业建设。但是，符合土地利用总体规划并依法取得建设用地的企业，因破产、兼并等情形致使土地使用权依法发生转移的除外。"该条规定的立法意图是限制集体所有的农用地转变为非农建设用地。

3. 《城市房地产管理法》（1995 年）第 8 条规定："城市规划区内的集体所有的土地，经依法征用转为国有土地后，该幅国有土地的使用权方可有偿出让。"

从当时的法律来看，我国法律禁止或者严格限制农村集体建设用地使用权自由流转，虽然《国务院关于深化改革严格土地管理的规定》提出在符合规划的前提下，村庄、集镇、建制镇中的农村集体所有建设用地使用权可以依法流转，但《土地管理法》第 63 条的禁止性规定依旧无法逾越，作为全国人大制定的《土地管理法》，其效力是行政法规无法比拟的。我国法律并没有完全禁止农村集体建设用地使用权的被动流转，《土地管理法》第 63 条明确规定："符合土地利用总体规划并依法取得建设用地的企业，因破产、兼并等情形致使土地使用权依法发生转移的除外。"这就规定了流转的例外情况，表明立法者对集体建设用地使用权的流转是有预见并留有操作空间的。而被动流转正是强制执行的特征和结果。正是这个例外的规定让现实中存在的集体建设用地使用权有了合法被动流转的可能性。

2018 年 9 月 10 日，深圳市规划和国土资源委员会印发了《关于做好没收违法建筑执行和处置工作的指导意见》，要求："坚持综合施策，标本兼治。推动解决土地历史遗留问题，从根本上解决没收违法建筑执行和处置难题，通过征收、出让、参照利益统筹等多种方式完善土地征转手续，构建土地开发增值利益共享机制。探索通过纳入人才住房和保障性住房体系，纳入土地整备、城市更新项目，纳入产业用地、养老服务设施用地等多种路径予以处理。""没收违法建筑的资产处置以区政府为主导，区别国有土地和未完善征转手续土地两种情形，参照我市现行土地政策、产业用房、人才住房和保障性住房政策，统筹制定分类处置方案。不影响规划实施且符合工程质量、消防安全、地质安全条件，是建筑物依法进行资产处置的前提。处置过程中，应当选定具有资质的评估机构，根据《国有资产评估管理办法》的规定对没收建筑物价格进行评估。处置工作经费纳入相关部门预算安排，处置收入在抵扣符合规定的相关税费后，按照政府非税收入管理规定上缴国库。各区政府可以根据有关法律、法规和本指导意见，结合辖区实际制定处置没收违法建筑的具体实施细则。""对于未完善征转手续土地，可以参照市政府征地安置补偿的相关标准，采取货币补偿方式解决征转地遗留问题。""没收违法建筑区域内有非农建设用地指标或者征地返还用地指标落地的，参照市政府有关原农村集体经济组织非农建设用地和征地返还地用地土地使用权交易若干规定进行出让。以出让方式处理的，应当向政府确定的接收单位缴纳没收建筑物评估价格等价值的货币。""原村集体没有非农建设用地指标或者征地返还地指标落地的，可以参照市政府土地整备利益统筹或者'社区土地入市'的方式进行处置。参照土地整备的整村统筹方式处置的，在核算留用土地、物业返还的规模和收益分成时，应当扣减与没收建筑物的评估价格等价值的留用土地、物业面积或者金额。参照'社区土地入市'模式处置的，所得收益在根据相关政策分配时，应当扣减与没收违法建筑地上建筑物的评估价格等价值的物业面积或者金额。"

集体建设用地使用权的强制执行和罚没行政处罚，不以集体建设用地使用权自由流转为前提，它实现的是集体建设用地使用权在不同主体间的被动流转，体现了国家的强制力。只有对集体建设用地使用权进行强制执行和罚没行政处罚，才能最大限度地保护债权人的合法权益。这也是集体建设用地使用权入市流转的一个配套改革方向，效果可期。

众所周知，土地作为我国最为重要的生产资料，其使用制度的历次改革均对我国经济社会发展产生了重大影响。本次试点和改革在继承国有土地出让成功经验的同时，结合集体建设用地的特点对已有出让政策进行创新完善，最终推动土地管理制度的整体改革。因此，此次改革将涉及审批、金融、财税、利益分配等多项配套制度改革，内容繁多且复杂，需统筹考虑。因此，是一次综合性改革。

当前，集体经营性建设用地入市改革打破了我国长期存在的城乡不同权属建设用地使用制度的二元结构，一方面是借助城乡建设用地市场的统一来缓解现阶段土地储备压力、丰富土地供给来源，促进城乡经济社会可持续发展；另一方面则是通过完善农村集体经营性建设用地产权制度，实现国有与集体权属建设用地使用制度的"同地同权"，进而真正保障农民权益，实现城乡统筹。

当然，集体经营性建设用地入市，不会对我们的土地市场造成冲击。首先，入市的土地要符合规划，规划必须是工业或者商业等经营性用途；其次，它必须经过依法登记；再次，它在每年的土地利用年度计划中要作出安排；最后，土地使用权人要按原来规划的用途使用土地。

建立城乡统一的建设用地市场是一项长期且艰巨的任务，需要深入研究、系统设计，区分轻重缓急，分步实施、配套推进，不断把改革引向深入。农村集体土地改革的目的和宗旨不仅是稳房价，更是一种更高层次的土地制度设计，其基本要求是统筹城镇建设用地与农村集体建设用地和宅基地，统筹增量建设用地与存量建设用地，实行统一规划，遵循统一规则，建设统一平台，强化统一管理，形成统一、开放、竞争、有序的建设用地市场体系。这才是我国集体土地改革的目标。

国有土地和集体土地使用权出让合同的有效性问题

自我国1987年实行土地制度改革以来，出现了大量土地使用权有偿有限期出让和转让合同，土地市场也随即由萌芽状态逐步发育成为一种重要的要素市场，并对土地资源配置、资产置换和产权流转开始产生机制效能。[1] 然而，在这一过程中，有诸多法律问题悬而未决，澄清对这些问题的模糊认识，对完善我国土地制度和保护国家、当事人的合法权益以及促进土地使用权的流转，使其在国民经济中发挥更好的作用，无疑是十分有益的。

一、关于主体资格问题

国有土地所有权的主体是国家。但是，国家对其土地行使所有权权能时，绝大多数情况下不是直接进行的，而是将权力层层下放直至市、县一级人民政府继而又指定、交给、委托某一机关或部门具体操作，这其中就产生了两个问题：其一是什么机关或部门能作为国有土地的形式主体参与国有土地使用权出让活动；其二是国有土地的形式主体与国家这一实质主体是什么关系。

对于第一个问题，国家的法律法规无统一规定，各地的情况也各异。有的是土地管理局或国土局，有的是国土资源和房屋管理局，有的是管理委员会，有的是建设委员会，有的是规划局，有的是房地产管理局，还有的是身兼多职的综合机构。目前最主流的做法是各地成立国土资源局，另外，成立作为行政机关的"不动产登记局"和作为事业单位的"不动产登记中心"，土地管理和不动产（权）登记各司其职，各负其责。

对于第二个问题，即国家与土地出让的形式主体的关系问题，主要有三种观点，即"特别授权说""代理说""代表说"。

"特别授权说"认为，国有土地的所有权属于国家，国家所有权只能由国家统

---

[1] 高波：《土地股份制与城市土地市场发育》，载《中国房地产》1996年第8期，第15页。

一行使、统一掌握，非经国家授权，任何单位无权行使国家财产的所有权权能。因此，国有资产管理局、土地（管理）局、房地（产管理）局、土地房产规划局的权力，均是基于"国家授权"而产生。

"代理说"认为，土地所有权的实质主体是国家，形式主体是以国家名义与其他主体发生法律关系，其行为的法律后果也由被代理人——国家承担。"在签订土地使用权出让合同问题上，市、县人民政府为国家的代表，与国家具有同一人格。土地管理部门为合同的经办人，亦即出让人的代理人。"①"出让土地使用权固然不是为了土地管理机关这个经办人的利益，而是为了国家这个出让人的利益，但是，由于按法律规定，经办人签订合同均应为被代理人的利益，故单从系为经办人的利益抑或为被代理人的利益，难以确定法律行为、法律关系的性质……"②

"代表说"认为，在我国国家所有权借助于各级政府部门的行政管理活动来行使和实现，并不意味着各级政府部门是国家的代理机关。各个政府机构无论其属于哪一个行政层次，它们都是代表国家行使所有权的机关。"名义上作为国家经济行政管理权和国家财产的享有者——国家，事实上是通过各个具体的政府职能机构来行使权力（利）的。这些职能机构大体上可以分为两类：中央政府各行业部门和地方政府。它们实际上代表着国家行使在法律上属于国家的经济行政管理和所有权。从理论上的认识到实践中的措施，都要求政府职能机构代表国家的利益、按照国家的意志行使其拥有的权力（利）。"③"协议出让指土地使用权的有意受让人直接向国有土地的代表提出有偿使用土地的愿望，由国有土地的代表与有意受让人进行一对一的谈判切磋、协商出让土地使用权的有关事宜的这样一种出让方式。"④"……出让方是土地所有者国家，具体负责土地使用权出让事务的是市、县人民政府的管理部门，由它们代表国家签订土地使用权的出让合同。"⑤ 不过，有人认为："土地管理机关并不是土地使用权出让的当事人，只是代替国家行使权利，出让人实质上仍是国家。"⑥ 此处用"代替"一词显然是为了回避"代理"与"代表"之争。

笔者同意第三种观点。国家无论是作为国际法上的主体还是作为国内行政法和特定情况下的民事主体身份，其权力（利）都是由各级、各种职能机关作为代表的。我国的立法实践也多界定为"代表"。

---

① 崔建远等：《中国房地产法研究》，中国法制出版社1995年版，第23页。
② 崔建远等：《中国房地产法研究》，中国法制出版社1995年版，第21页。
③ 钱明星：《物权法原理》，北京大学出版社1994年版，第277页。
④ 南路明、肖志岳：《中华人民共和国地产法律制度》，中国法制出版社1991年版，第45页。
⑤ 彭万林主编：《民法学》，中国政法大学出版社1994年版，第286页。
⑥ 崔建远等：《中国房地产法研究》，中国法制出版社1995年版，第21页。

二、关于国有土地使用权出让的法律性质问题

关于国有土地使用权出让的法律性质问题，目前有四种观点：

1. 行政行为说。该观点认为，国有土地使用权出让是一种行政行为。基本依据是：（1）从土地使用权出让的主体看，一方是土地管理部门，它是国有土地所有权的唯一合法代表，代表县、市人民政府主管国有土地使用权出让的行政工作，负责土地使用权出让的组织、协商、审查、报批和出让方案的落实，负责土地使用权转让、出让、抵押等权属管理，其他任何单位、个人都不能作为土地使用权出让合同中的出让人。[①] 另一方是土地使用者，双方存在管理与服从的关系。（2）从当事人双方的权利义务看，与民事法律关系双方当事人的权利义务有明显的区别，它渗透着一系列如批准、征得同意、警告、罚款、无偿收回土地等行政因素。（3）从土地使用权出让的目的、土地使用权出让金和争议的解决措施等方面看，土地使用权的有偿出让是政府行为而不是市场行为。

2. 民事行为说。该观点认为，虽然土地使用权出让合同以政府的计划供地为前提，但它本身并不是行政行为，而是法律上的一种出让财产权能的合同行为，国家虽是国家的主体代表和最高权力代表，但在土地使用权出让的法律关系中，国家并不以主权者的身份出现，而是以土地所有者的身份出现。作为土地所有者，国家的法律地位与土地使用权受让人的法律地位完全平等。土地使用权出让合同的订立应遵守平等、自愿、有偿的原则[②]，国家方面不能表现其对土地使用权受让人的优越地位，合同内容必须是双方真实的内心意愿的表示。土地使用权的出让是国有土地使用制度第一个环节，是土地使用权作为商品经营和进入流通的一步，因此土地使用权的出让市场亦称为地产市场中的一级市场，它反映了国家土地所有者与土地使用者之间的商品经济关系。

黄河教授在《土地法理论与中国土地立法》一书中指出："土地使用权出让合同是一种经济合同。"[③] 黄河教授在此虽然将土地使用权出让合同表述为是一种"经济合同"，但实际上指的还是民事合同。

朱征夫博士也认为，土地使用权出让合同是一种民事合同，理由：一是法律规定以民法原则调整出让合同双方的权利义务关系；二是国土管理部门监督、管理土地使用的权力，不是依出让合同产生的，而是依法律规定产生的；三是监督和管理

[①] 甘榕：《试论无效土地使用权出让、转让合同》，载《现代法学》1993年第5期。

[②] 黄河编著：《房地产法》，中国政法大学出版社1997年版，第55页；黄河：《中国土地法论》，陕西人民教育出版社1992年版，第144页。

[③] 黄河：《土地法理论与中国土地立法》，世界图书出版公司1997年版。

的权利不一定就是行政权力；四是行政行为和合同行为在本质上是不相容的。① 朱征夫博士等专家在《房地产开发经营中的合同问题》一书中，进一步阐述出让合同是一种民事合同：一是从合同内容上看，土地使用权出让合同是双方当事人的合意；二是从合同主体看，政府在出让合同中是以土地所有人的身份，或从法理上说是土地所有人的代表人的身份出现的，它是民事主体而非行政主体；三是土地使用权出让的方式已日趋商业性，出让金渐由市场确定；四是土地使用权出让合同的目的在于设定不动产物权；五是相关法规规定以民法原则调整出让合同双方的权利义务关系；六是从合同中的行政权方面看，政府监督、管理土地使用的权力不是源于约定，而是源于法定。

3. 行政与民事双重性说。首先，从现行土地出让实践来看，出让合同兼具民事属性和行政属性双重法律性质。现行法律法规、《城镇国有土地使用权出让和转让暂行条例》更突出出让合同的民事属性，《城市房地产管理法》则在这方面有所弱化。其次，从合同目的来看，土地管理部门作为国家土地所有权的代表，通过出让合同在土地所有权上设定土地使用权，实现土地所有权的民事目的。同时其作为国家土地资源管理部门，通过出让合同实现土地高效集约、用途管制、土地市场调控等行政目标。

4. 经济法律合同说。此说认为国家出让土地使用权的行为是经济法律行为，理由是，出让行为的一方主体是国家，出让行为的目的和完成过程均体现国家干预，贯彻国家意志，但出让行为又是有偿的，有经济合同的性质，且违反出让合同的责任是复合责任，即有行政责任，又有经济责任。②

不可否认，土地使用权出让合同有以下一些不同于一般民事合同的特殊性：（1）明显的计划性。即土地使用权出让合同严格按照国家有关土地使用权出让的计划订立，而且这里所指的计划不仅包括土地资源开发利用计划，还包括产业发展计划、城镇和乡村发展计划及其他计划。（2）对行政行为严重的依赖性。失去行政划拨土地这一行政行为的前提，就无从订立合同，纵使订立了合同，亦会因缺乏合法的标的而无效。（3）高度"标准化"。由于土地使用权出让涉及各种国家计划，又基于业已生效的行政行为，因而土地使用权出让合同除了价格条款，在诸如该土地使用权载体的土地方位、用途、期限等问题上，均不存在协商余地，受让方除了接受别无选择。但是土地使用权出让合同也具有民事合同的一般特性。当国家土地管理部门以出让方身份与用地需求方发生市场经济关系时，它们就成为法律关系的权

---

① 朱征夫：《房地产项目公司的法律问题》，法律出版社 2001 年版。
② 朱谢群：《论国有土地使用权出让的法律性质》，载《法律科学》1999 年第 2 期，第 106—110 页。

利义务方。由于出让方代表国家，出让方之间又有上下级的行政从属关系，因此，如果把出让内部行政从属关系套在出让方与受让方之间，就容易把土地使用权出让行为理解为是一种行政行为，把出让方与受让方的关系理解成是通过行政法律来解决的关系，甚至把出让合同不当作经济合同而当作土地使用权批准证书。[①]

我国目前的有关立法和地方所有关于土地使用权出让和转让的规定都明确了下列几项基本内容：（1）土地使用权出让是国家土地所有者与土地使用者之间关于权利义务的一种经济关系，其特点是平等、自愿、有偿。（2）国家作为土地所有者的地位不变，使用者只享有土地使用权。（3）土地使用权出让的具体工作由地方政府来代表国家实施。（4）土地使用权出让市场即一级市场由政府垄断经营，任何部门、单位和个人不得擅自经营。

综上所述，国有土地使用权出让是民事行为，国有土地使用权出让合同是民事合同。最高人民法院和地方各级人民法院现在也把土地使用权合同纠纷归为民事案件受理和审理。

三、关于国有土地使用权的概念问题

我国《民法通则》将"国有土地使用权"列为"与财产所有权有关的财产权"。我国的传统民法理论也将其列为他物权。有的学者将"城镇国有土地的使用权""国有耕地、林地、草原的使用权""承包经营权""宅基地使用权""采矿权""水资源使用权"列为使用权的范围。[②] 也有学者则将"国有土地使用权"置于所有权以外的其他物权之列。[③] 纵观各大陆法系国家的物权法，无论是法国民法、德国民法、日本民法，还是我国台湾地区所谓"民法"，都无"土地使用权"这一说。因此，把"国有土地使用权"称为"土地公有制下的特定产物——新型物权"，的确值得探讨。其实，在世界上，无论是大陆法系国家还是英美法系国家，都存在不同程度的土地公有制，如：美国有联邦所有和州政府所有；日本的土地基本上是私有，但也有一部分是国有的；英国的土地属英王所有，实质上还是国家所有；在新西兰，土地属中央政府所有。为什么只在我国出现了一个"国有土地使用权"的概念？事实上，土地使用权的概念已造成了混乱。有人认为它是我国的一种法定权利，也就是说法律根据我国的实际而特别设定的权利，因此它是一种新型的物权。也有人认为土地使用权是从土地所有权中分离出来的，是所有权弹力性的表现。但是，其中又有两种观点：权利集合说认为，所有权是由各项权能组成的集合

[①] 《土地使用权出让与转让中的法律问题》，载国家土地管理局政策法规司编：《土地使用制度改革的理论与实践——市长研讨班文集》，1992年3月。

[②] 彭万林主编：《民法学》，中国政法大学出版社1994年版。

[③] 佟柔等：《中国民法》，法律出版社1990年版。

体，各项权能都是独立的权利。土地使用权就是所有权中的使用权权能的游离。而权利作用说认为，所有权的各项权能是所有权的不同作用，所有权不是各项权能的简单相加，权能与所有权发生的分离，不过是所有权的不同作用的体现。同时，各项权能不论与所有权分离与否，都在一定程度上相互依存、相互制约，因此，国有土地使用权是国有土地所有权作用的表现。还有人认为，土地使用权出让具有财产长期租赁的性质，由此，可称出让的土地使用权为批租土地使用权，这能比较清晰地反映出土地使用权出让行为的市场经济性质。①

笔者认为，国家出让土地使用权实际上是出租土地，国家与土地使用者签订的合同实际上是一种土地租赁合同，是较特殊的（要式）财产租赁合同。承租人对于土地的用益权，其性质应当属于债权。而债权在作用上属于相对权，其效力只能对于债务人发生，而无法对抗第三人。然而，在近代，判例和社会立法归纳出强化承租人用益权效力的新规则，使之具有足以对抗第三人的效力。于是，本来作为债权内容的承租的用益权，现在获得了只有物权才具有的效力。人们把这一现象概括为"债权物权化"②。"由此可称出让的土地使用权为'批租土地使用权'……"③但是笔者认为，用土地租赁权来表述租赁合同中的用益物权，取代目前的土地使用权的概念似乎更为合适。与此相适应，土地使用权出让可称为"土地出租"。

四、谁有权出让国有土地使用权

《城镇国有土地使用权出让和转让暂行条例》第 7 条规定："土地使用权出让、转让、出租、抵押、终止及有关的地上建筑物、其他附着物的登记，由政府土地管理部门、房产管理部门依照法律和国务院的有关规定办理。"第 11 条规定："土地使用权出让合同应当按照平等、自愿、有偿的原则，由市、县人民政府土地管理部门（以下简称出让方）与土地使用者签订。"《最高人民法院关于审理涉及国有土地使用权合同纠纷案件适用法律问题的解释》第 1 条规定："本解释所称的土地使用权出让合同，是指市、县人民政府土地管理部门作为出让方将国有土地使用权在一定年限内让与受让方，受让方支付土地使用权出让金的合同。"第 2 条规定："开发区管理委员会作为出让方与受让方订立的土地使用权出让合同，应当认定无效。""本解释实施前，开发区管理委员会作为出让方与受让方订立的土地使用权出让合同，起诉前经市、县人民政府自然资源主管部门追认的，可以认定合同有效。"

由此可以看出，国有土地使用权的出让方必须是市、县人民政府自然资源主管

---

① 胡文政：《地产供求与中国的经济发展》，陕西人民出版社 1995 年版，第 144 页。
② 彭万林主编：《民法学》，中国政法大学出版社 1994 年版，第 572 页。
③ 胡文政：《地产供求与中国的经济发展》，陕西人民出版社 1995 年版，第 144 页。

部门，其他任何单位（包括各级人民政府）和个人均无权与土地使用权人签订土地使用权出让合同。

五、集体所有的土地是否可作为国有建设用地出让

目前，我国的土地所有制为二元结构，即全民所有（国有）和农民集体所有。2019年8月26日，第十三届全国人民代表大会常务委员会第十二次会议修正的《土地管理法》第2条第1款规定："中华人民共和国实行土地的社会主义公有制，即全民所有制和劳动群众集体所有制。"第9条规定："城市市区的土地属于国家所有。农村和城市郊区的土地，除由法律规定属于国家所有的以外，属于农民集体所有；宅基地和自留地、自留山，属于农民集体所有。"

第4条规定："国家实行土地用途管制制度。国家编制土地利用总体规划，规定土地用途，将土地分为农用地、建设用地和未利用地。严格限制农用地转为建设用地，控制建设用地总量，对耕地实行特殊保护。"同时界定，"农用地是指直接用于农业生产的土地，包括耕地、林地、草地、农田水利用地、养殖水面等；建设用地是指建造建筑物、构筑物的土地，包括城乡住宅和公共设施用地、工矿用地、交通水利设施用地、旅游用地、军事设施用地等；未利用地是指农用地和建设用地以外的土地"。

第15条第1款规定："各级人民政府应当依据国民经济和社会发展规划、国土整治和资源环境保护的要求、土地供给能力以及各项建设对土地的需求，组织编制土地利用总体规划。"

第23条规定："各级人民政府应当加强土地利用计划管理，实行建设用地总量控制。土地利用年度计划，根据国民经济和社会发展计划、国家产业政策、土地利用总体规划以及建设用地和土地利用的实际状况编制。土地利用年度计划应当对本法第六十三条规定的集体经营性建设用地作出合理安排。土地利用年度计划的编制审批程序与土地利用总体规划的编制审批程序相同，一经审批下达，必须严格执行。"

第44条规定："建设占用土地，涉及农用地转为建设用地的，应当办理农用地转用审批手续。永久基本农田转为建设用地的，由国务院批准。在土地利用总体规划确定的城市和村庄、集镇建设用地规模范围内，为实施该规划而将永久基本农田以外的农用地转为建设用地的，按土地利用年度计划分批次按照国务院规定由原批准土地利用总体规划的机关或者其授权的机关批准。在已批准的农用地转用范围内，具体建设项目用地可以由市、县人民政府批准。在土地利用总体规划确定的城市和村庄、集镇建设用地规模范围外，将永久基本农田以外的农用地转为建设用地的，由国务院或者国务院授权的省、自治区、直辖市人民政府批准。"

第 35 条规定："永久基本农田经依法划定后，任何单位和个人不得擅自占用或者改变其用途。国家能源、交通、水利、军事设施等重点建设项目选址确实难以避让永久基本农田，涉及农用地转用或者土地征收的，必须经国务院批准。禁止通过擅自调整县级土地利用总体规划、乡（镇）土地利用总体规划等方式规避永久基本农田农用地转用或者土地征收的审批。"

第 2 条第 3 款和第 4 款规定："任何单位和个人不得侵占、买卖或者以其他形式非法转让土地。土地使用权可以依法转让。国家为了公共利益的需要，可以依法对土地实行征收或者征用并给予补偿。"

第 48 条规定："征收土地应当给予公平、合理的补偿，保障被征地农民原有生活水平不降低、长远生计有保障。征收土地应当依法及时足额支付土地补偿费、安置补助费以及农村村民住宅、其他地上附着物和青苗等的补偿费用，并安排被征地农民的社会保障费用。征收农用地的土地补偿费、安置补助费标准由省、自治区、直辖市通过制定公布区片综合地价确定。制定区片综合地价应当综合考虑土地原用途、土地资源条件、土地产值、土地区位、土地供求关系、人口以及经济社会发展水平等因素，并至少每三年调整或者重新公布一次。征收农用地以外的其他土地、地上附着物和青苗等的补偿标准，由省、自治区、直辖市制定。对其中的农村村民住宅，应当按照先补偿后搬迁、居住条件有改善的原则，尊重农村村民意愿，采取重新安排宅基地建房、提供安置房或者货币补偿等方式给予公平、合理的补偿，并对因征收造成的搬迁、临时安置等费用予以补偿，保障农村村民居住的权利和合法的住房财产权益。县级以上地方人民政府应当将被征地农民纳入相应的养老等社会保障体系。被征地农民的社会保障费用主要用于符合条件的被征地农民的养老保险等社会保险缴费补贴。被征地农民社会保障费用的筹集、管理和使用办法，由省、自治区、直辖市制定。"

第 44 条规定："建设占用土地，涉及农用地转为建设用地的，应当办理农用地转用审批手续。永久基本农田转为建设用地的，由国务院批准。在土地利用总体规划确定的城市和村庄、集镇建设用地规模范围内，为实施该规划而将永久基本农田以外的农用地转为建设用地的，按土地利用年度计划分批次按照国务院规定由原批准土地利用总体规划的机关或者其授权的机关批准。在已批准的农用地转用范围内，具体建设项目用地可以由市、县人民政府批准。在土地利用总体规划确定的城市和村庄、集镇建设用地规模范围外，将永久基本农田以外的农用地转为建设用地的，由国务院或者国务院授权的省、自治区、直辖市人民政府批准。"

第 45 条规定："为了公共利益的需要，有下列情形之一，确需征收农民集体所有的土地的，可以依法实施征收：（一）军事和外交需要用地的；（二）由政府组织实施的能源、交通、水利、通信、邮政等基础设施建设需要用地的；（三）由政府组织实施的科技、教育、文化、卫生、体育、生态环境和资源保护、防灾减灾、文物保护、社区综合服务、社会福利、市政公用、优抚安置、英烈保护等公共事业需要用地的；（四）由政府组织实施的扶贫搬迁、保障性安居工程建设需要用地的；（五）在土地利用总体规划确定的城镇建设用地范围内，经省级以上人民政府批准由县级以上地方人民政府组织实施的成片开发建设需要用地的；（六）法律规定为公共利益需要可以征收农民集体所有的土地的其他情形。前款规定的建设活动，应当符合国民经济和社会发展规划、土地利用总体规划、城乡规划和专项规划；第（四）项、第（五）项规定的建设活动，还应当纳入国民经济和社会发展年度计划；第（五）项规定的成片开发并应当符合国务院自然资源主管部门规定的标准。"

第 46 条规定："征收下列土地的，由国务院批准：（一）永久基本农田；（二）永久基本农田以外的耕地超过三十五公顷的；（三）其他土地超过七十公顷的。征收前款规定以外的土地的，由省、自治区、直辖市人民政府批准。征收农用地的，应当依照本法第四十四条的规定先行办理农用地转用审批。其中，经国务院批准农用地转用的，同时办理征地审批手续，不再另行办理征地审批；经省、自治区、直辖市人民政府在征地批准权限内批准农用地转用的，同时办理征地审批手续，不再另行办理征地审批，超过征地批准权限的，应当依照本条第一款的规定另行办理征地审批。"

第 47 条第 1 款规定："国家征收土地的，依照法定程序批准后，由县级以上地方人民政府予以公告并组织实施。"

按照以上规定，镇、乡一级人民政府无权实施对土地的一切征收活动。因此，市、县以上人民政府、开发区管委会、镇政府、乡政府与任何单位或个人签订的所谓《集体土地使用权出让合同》，都是无效的。

未经验收的建设工程不能视作已验收合格

一、泉州欣佳快捷酒店坍塌事故

2020 年 3 月 7 日 19 时许，位于福建省泉州市鲤城区常泰街道南环路的欣佳快捷酒店发生坍塌事故，导致现场共有 71 人被困（不含自救逃生的 9 人）。截至 2020 年 3 月 11 日 12 时 46 分，现场搜救出受困人员 70 人（其中 26 人救出时无生命体征，另有 2 人送医院抢救无效死亡），最后一名受困者被找到时已经遇难。此次坍塌事故总共 29 人遇难，令人痛心。据悉，新冠肺炎疫情发生后，欣佳酒店被作为集中医学观察点，用以对来自重点疫区或有相关旅居史的人员进行集中医学观察。

事发大楼占地5亩，建筑面积约7000平方米，共7层，每层约1000平方米，大楼高22米，属于钢结构建筑。该建筑据称是2013年开始建设，2018年改造为欣佳酒店，并于当年6月开业，酒店有各类客房66间。另外，该建筑一楼共有6间，其中两间原为超市。2020年春节前，房屋业主将一楼出租的超市收回重新改装。而该事故系房屋改装作业时发生。

2020年3月12日，泉州市政府召开新闻发布会，通报欣佳酒店楼体坍塌事故有关处置工作进展，判定并宣布"经初步调查，欣佳酒店在建设、改造、审批等方面确实存在严重问题"。

二、泉州欣佳快捷酒店坍塌根源

泉州市政府相关人士初步认定："欣佳酒店在建设、改造、审批等方面确实存在严重问题。"这话确实没有说错，但还有一个环节没有说，其实也不用说，即该酒店没有经过装修整改的"竣工验收"，甚至可以说，即使经过了装修整改的"竣工验收"，也明显是假验收，因为根据常识，如此简单的钢结构建筑物不可能完成和通过"正规和专业的竣工验收"。

三、《民法典》一锤定音

根据1983年由国务院发布的《建筑安装工程承包合同条例》第13条的规定，工程未经验收，发包方提前使用或擅自动用，由此而发生的质量或其他问题，由发包方承担责任。1993年修正的《经济合同法》规定，工程未经验收，提前使用，由此而发生质量问题的由发包方承担责任。（现在上述法律、法规均已失效）

2005年1月1日，《最高人民法院关于审理建设工程施工合同纠纷案件适用法律问题的解释》正式生效实施，其中第13条规定："建设工程未经竣工验收，发包人擅自使用后，又以使用部分质量不符合约定为由主张权利的，不予支持；但是承包人应当在建设工程的合理使用寿命内对地基基础工程和主体结构质量承担民事责任。"第14条进一步规定："当事人对建设工程实际竣工日期有争议的，按照以下情形分别处理：……（三）建设工程未经竣工验收，发包人擅自使用的，以转移占有建设工程之日为竣工日期。"

以上规定是极为不科学的，也是不符合现实情况的。

1997年实施的《建筑法》、1999年实施的《合同法》以及国务院2000年发布实施的《建设工程质量管理条例》均规定，建设工程竣工经验收合格后，方可交付使用；未经验收或者验收不合格的，不得交付使用。而对于发包人未经竣工验收擅自使用发生质量问题的法律责任，只有《建设工程质量管理条例》进行了进一步的规定："责令建设单位改正，处工程合同价款百分之二以上百分之四以下的罚款；

造成损失的,依法承担赔偿责任。"该规定对于责任方的责任显然是轻描淡写,无关痛痒。

从双方的角度看,由于发包人支付工程款或进度款不及时,影响了承包人的施工进度,或者发包人不支付尾款,承包人暂不参与、不配合工程的竣工验收,工程也无法完成竣工验收。但是,也有无良包工头,即使发包方支付了全部工程款或进度款,也可能以种种理由拒绝参与、配合工程的竣工验收。在这种情况下,发包方无可奈何,为了不影响工程的交付使用,或者在某种紧急情况下,只能"擅自使用",以免造成更大的损失。从这一方面说,《最高人民法院关于审理建设工程施工合同纠纷案件适用法律问题的解释》第13条、第14条的规定,没有考虑到承包人故意规避责任的现实后果。

2019年12月,全国人大常委会对《民法典(草案)》部分条款作了调整和说明,其中第三部分"合同编"(四)作了这样的说明:"草案二次审议稿第583条规定,除存在违法情形外,建设工程未经竣工验收而发包人擅自使用的,视为工程质量验收合格。有的单位、专家学者和社会公众提出,在实践中,未经竣工验收而使用建设工程的情况复杂,不宜一概认定为工程质量验收合格,否则不利于建设工程质量的提高,也可能导致当事人之间的不公平。宪法和法律委员会经研究,建议采纳这一意见,删去该条规定。"

从现实的角度看,以上意见和修改是及时的,是必要的,否则,不良包工头们会想尽一切办法偷工减料、违规施工、规避责任、漫天要价、无理要挟、故意拖延、拒不参与和配合竣工验收、拒不交付施工工程,导致承包方违法违规使用未经验收的施工工程,最终可能酿成第二个、第三个……第N个泉州欣佳快捷酒店的悲剧。

幸运的是,我国十三届全国人大三次会议于2020年5月28日表决通过并自2021年1月1日起施行的《民法典》最终没有采纳2005年1月1日《最高人民法院关于审理建设工程施工合同纠纷案件适用法律问题的解释》第13条、第14条的规定。

取消房屋公摊面积能否动摇房价

2019年至2020年期间,关于"住宅建筑应以套内使用面积进行交易"的话题被各大媒体疯狂讨论。

一、房屋预售时的面积是预测面积

房屋凭单体报建图、施工图进行开发建设。

1. 一般而言，开发商在预售时按照报建图或施工图预测、预估房屋面积，包括套内建筑面积、公摊建筑面积及总建筑面积，并在销售时制作平面图进行公示或主动出示给预购人。

2. 开发商一般都会根据不同的户型建造样品房、样板房，并摆放"赠送"和"非赠送"的家具、电器、饰品等，预购人对于将来交付的房屋状况及套内面积、公摊情况有一个初步判断。

3. 有时房屋在施工过程中会对结构作一些改变，而这些改变需作重新报批（亦存在未主动报批的可能），因此，规划验收阶段可能出现报建图与施工图不一致的情况。所以，房屋交付时和预售时的面积可能存在差异。另外，如果经批准，可能会对房屋进行改、加建（包括电梯）等，因而，房屋面积会发生变化。

4. 房屋最终办理产权的面积是以《房产测量报告》的记载为准。此报告中包含房产测绘成果报告书、测绘成果计算书、测绘项目说明书、房产功能区面积汇总表、房产套内面积计算表、公用面积计算表、房产建筑面积测绘成果表、公用分摊方法及建筑面积分摊认定详细列表、计价表、房号编排示意图、套内及公用建筑面积位置示意图、分（层）户平面图等详细信息。

二、国家标准《房产测量规范》

目前，我国现行房屋面积的测绘依据为国家标准《房产测量规范》（GB/T 17986—2000）。该规范明确了城镇房产测量的内容与基本要求，适用于城市、建制镇的建成区和建成区以外的工矿企事业单位及其毗连居民点的房产测量。其他地区的房产测量亦可参照执行。

在本规范中明确了以下基本概念：（1）房屋的建筑面积系指房屋外墙（柱）勒脚以上各层的外围水平投影面积，包括阳台、挑廊、地下室、室外楼梯等，且具备有上盖，结构牢固，层高2.20米以上（含2.20米）的永久性建筑。（2）房屋使用面积系指房屋户内全部可供使用的空间面积，按房屋的内墙面水平投影计算。（3）房屋的产权面积系指产权主依法拥有房屋所有权的房屋建筑面积。房屋产权面积由直辖市、市、县房地产行政主管部门登记确权认定。（4）房屋共有建筑面积系指各产权主共同占有或共同使用的建筑面积。

该规范同时明确：

1. 计算全部建筑面积的范围：永久性结构的单层房屋，按一层计算建筑面积；多层房屋按各层建筑面积的总和计算。房屋内的夹层、插层、技术层及其梯间、电梯间等其高度在2.20米以上部位计算建筑面积。穿过房屋的通道，房屋内的门厅、大厅，均按一层计算面积。门厅、大厅内的回廊部分，层高在2.20米以上的，按其水平投影面积计算。楼梯间、电梯（观光梯）井、提物井、垃圾道、管道井等均按房屋自然层计算面积。房屋在天面上，属永久性建筑，层高在2.20米以上的楼梯间、水箱间、电梯机房及斜面结构屋顶高度在2.20米以上的部位，按其外围水平投影面积计算。挑楼、全封闭的阳台按其外围水平投影面积计算。属永久性结构有上盖的室外楼梯，按各层水平投影面积计算。与房屋相连的有柱走廊，两房屋间有上盖和柱的走廊，均按其柱的外围水平投影面积计算。房屋间永久性的封闭的架空通廊，按外围水平投影面积计算。地下室、半地下室及其相应出入口，层高在2.20米以上的，按其外墙（不包括采光井、防潮层及保护墙）外围水平投影面积计算。有柱或有围护结构的门廊、门斗，按其柱或围护结构的外围水平投影面积计算。玻璃幕墙等作为房屋外墙的，按其外围水平投影面积计算。属永久性建筑有柱的车棚、货棚等按柱的外围水平投影面积计算。依坡地建筑的房屋，利用吊脚做架空层，有围护结构的，按其高度在2.20米以上部位的外围水平面积计算。有伸缩缝的房屋，若其与室内相通的，伸缩缝计算建筑面积。

2. 计算一半建筑面积的范围：与房屋相连有上盖无柱的走廊、檐廊，按其围护结构外围水平投影面积的一半计算。独立柱、单排柱的门廊、车棚、货棚等属永久性建筑的，按其上盖水平投影面积的一半计算。未封闭的阳台、挑廊，按其围护结构外围水平投影面积的一半计算。无顶盖的室外楼梯按各层水平投影面积的一半计算。有顶盖不封闭的永久性的架空通廊，按外围水平投影面积的一半计算。

3. 不计算建筑面积的范围：层高小于2.20米以下的夹层、插层、技术层和层高小于2.20米的地下室和半地下室。突出房屋墙面的构件、配件、装饰柱、装饰性的玻璃幕墙、垛、勒脚、台阶、无柱雨篷等。房屋之间无上盖的架空通廊。房屋的天面、挑台、天面上的花园、泳池。建筑物内的操作平台、上料平台及利用建筑物的空间安置箱、罐的平台。骑楼、过街楼的底层用作道路街巷通行的部分。利用引桥、高架路、高架桥、路面作为顶盖建造的房屋。活动房屋、临时房屋、简易房屋。独立烟囱、亭、塔、罐、池、地下人防干、支线。与房屋室内不相通的房屋间伸缩缝。

三、商品房销售相关规定

2001年3月14日经建设部第38次部常务会议审议通过，2001年4月4日发布并自2001年6月1日起施行的《商品房销售管理办法》第18条规定："商品房销售可以按套（单元）计价，也可以按套内建筑面积或者建筑面积计价。商品房建筑面积由套内建筑面积和分摊的共有建筑面积组成，套内建筑面积部分为独立产权，分摊的共有建筑面积部分为共有产权，买受人按照法律、法规的规定对其享有权利，承担责任。按套（单元）计价或者按套内建筑面积计价的，商品房买卖合同中应当注明建筑面积和分摊的共有建筑面积。"第19条规定："按套（单元）计价的现售房屋，当事人对现售房屋实地勘察后可以在合同中直接约定总价款。按套（单元）计价的预售房屋，房地产开发企业应当在合同中附所售房屋的平面图。平面图应当标明详细尺寸，并约定误差范围。房屋交付时，套型与设计图纸一致，相关尺寸也在约定的误差范围内，维持总价款不变；套型与设计图纸不一致或者相关尺寸超出约定的误差范围，合同中未约定处理方式的，买受人可以退房或者与房地产开发企业重新约定总价款。买受人退房的，由房地产开发企业承担违约责任。"第20条第1款和第2款规定："按套内建筑面积或者建筑面积计价的，当事人应当在合同中载明合同约定面积与产权登记面积发生误差的处理方式。合同未作约定的，按以下原则处理：（一）面积误差比绝对值在3%以内（含3%）的，据实结算房价款；（二）面积误差比绝对值超出3%时，买受人有权退房。买受人退房的，房地产开发企业应当在买受人提出退房之日起30日内将买受人已付房价款退还给买受人，同时支付已付房价款利息。买受人不退房的，产权登记面积大于合同约定面积时，面积误差比3%以内（含3%）部分的房价款由买受人补足；超出3%部分的房价款由房地产开发企业承担，产权归买受人。产权登记面积小于合同约定面积时，面积误差比绝对值在3%以内（含3%）部分的房价款由房地产开发企业返还买受人；绝对值超出3%部分的房价款由房地产开发企业双倍返还买受人。"第21条规定："按建筑面积计价的，当事人应当在合同中约定套内建筑面积和分摊的共有建筑面积，并约定建筑面积不变而套内建筑面积发生误差以及建筑面积与套内建筑面积均发生误差时的处理方式。"

2003年6月1日起实施的《最高人民法院关于审理商品房买卖合同纠纷案件适用法律若干问题的解释》第14条的规定："出卖人交付使用的房屋套内建筑面积或者建筑面积与商品房买卖合同约定面积不符，合同有约定的，按照约定处理；合同没有约定或者约定不明确的，按照以下原则处理：（一）面积误差比绝对值在3%以内（含3%），按照合同约定的价格据实结算，买受人请求解除合同的，不予支持；（二）面积误差比绝对值超出3%，买受人请求解除合同、返还已付购房款及利息的，应予支持。买受人同意继续履行合同，房屋实际面积大于合同约定面积的，面积误差比3%以内（含3%）部分的房价款由买受人按照约定的价格补足，面积误差比超出3%部分的房价款由出卖人承担，所有权归买受人；房屋实际面积小于合同约定面积的，面积误差比在3%以内（含3%）部分的房价款及利息由出卖人返还买受人，面积误差比超过3%部分的房价款由出卖人双倍返还买受人。"

四、商品房共有共用面积的处理

按国家标准《房产测量规范》（GB/T 17986—2000）的指引，房屋的共有共用面积包括"共有的房屋建筑面积"和"共用的房屋用地面积"。

共有建筑面积的处理原则是：a. 产权各方有合法权属分割文件或协议的，按文件或协议规定执行。b. 无产权分割文件或协议的，可按相关房屋的建筑面积按比例进行分摊。共有建筑面积包括：电梯井、管道井、楼梯间、垃圾道、变电室、设备间、公共门厅、过道、地下室、值班警卫室等，以及为整幢服务的公共用房和管理用房的建筑面积，以水平投影面积计算。共有建筑面积还包括房屋套内与公共建筑之间的分隔墙，以及外墙（包括山墙）水平投影面积一半的建筑面积。独立使用的地下室、车棚、车库、为多幢房屋业主服务的警卫室，管理用房，作为人防工程的地下室都不计入共有建筑面积。

共有建筑面积的计算方法：整幢建筑物的建筑面积扣除整幢建筑物各套套内建筑面积之和，并扣除已作为独立使用的地下室、车棚、车库、为多幢房屋业主服务的警卫室、管理用房，以及人防工程等建筑面积。a. 住宅楼共有建筑面积的分摊方法是住宅楼以幢为单元，依照《房产测量规范》附件2所指引的方法和计算公式，根据各套房屋的套内建筑面积，求得各套房屋分摊所得的共有建筑分摊面积。b. 商住楼共有建筑面积的分摊方法，首先根据住宅和商业等的不同使用功能按各自的建筑面积将全幢的共有建筑面积分摊成住宅和商业两部分，即住宅部分分摊得到的全幢共有建筑面积和商业部分分摊得到的全幢共有建筑面积。然后住宅和商业部分将所得的分摊面积再各自进行分摊。住宅部分：将分摊得到的幢共有建筑面积，加上住宅部分本身的共有建筑面积，依照《房产测量规范》附件2的方法和公式，按各套的建筑面积分摊计算各套房屋的分摊面积。商业部分：将分摊得到的幢共有建筑面积，加上本身的共有建筑面积，按各层套内的建筑面积依比例分摊至各层，作为各层共有建筑面积的一部分，加至各层的共有建筑面积中，得到各层总的共有建筑面积，然后再根据层内各套房屋的套内建筑面积按比例分摊至各套，求出各套房屋分摊得到的共有建筑面积。c. 多功能综合楼共有建筑面积的分摊方法，是按照各自的功能，参照商住楼的分摊计算方法进行分摊。

五、"取消房屋公摊面积"系误读

首先，如上所述，共有建筑面积包括电梯井、管道井、楼梯间、垃圾道、变电室、设备间、公共门厅、过道、地下室、值班警卫室等，以及为整幢建筑物服务的公共用房和管理用房的建筑面积，以水平投影面积计算。共有建筑面积还包括套与公共建筑之间的分隔墙，以及外墙（包括山墙）水平投影面积一半的建筑面积。

其次，不动产权登记簿（证）必须记载公摊面积。从目前的不动产登记信息来看，有建筑（总）面积、套内建筑面积、阳台面积、分（公）摊建筑面积等，如果按现行说法，房屋销售按"套内使用面积"计价，则将来有可能会增加"套内使用面积"一栏。

最后，按"套内使用面积"计价，对房屋交易影响不大。

2018年2月15日，住房和城乡建设部官方网站发布《关于〈城乡给水工程项目规范〉等38项住房和城乡建设领域全文强制性工程建设规范公开征求意见的通知》，其中《住宅项目规范（征求意见稿）》第二部分第2.4.6条指出："住宅建筑应以套内使用面积进行交易。"于是，各大媒体疯狂刷屏，误解读为公摊面积即将退出历史舞台，属于购房者的重大利好和福利。但我们仔细研究、分析一下就能得出正确结论。

第一，对于开发商而言，以房屋套内使用面积计价，会促使开发商尽可能压缩公摊面积的比例，意味着宽敞的电梯间、敞亮的消防通道、挑高的大堂可能会越来越少，舒适的公共空间变少，这对于购房人来说不算利好。

第二，对于刚需型购房者而言，他们更希望按套内使用面积购房，这样可以（或者可能）得到更多更大的套内使用面积，有利于提高其个人和家庭成员的生活质量。

第三，对于改善型或者要求高品质住房的购房者来说，不一定希望公摊面积减少。按套内使用面积计价，住房档次不能有效提高，未必能符合此类购房者的需求。

第四，以套内使用面积计价，对于房屋总价、物业服务费、水电费、供热取暖费、清洁服务费等几乎没有什么影响，仅对收费计价方式稍作修改。

第五，按现代建筑物区分所有权的原理，共有共用部分属于房屋区分所有权的权能之一。我国《民法典》物权编第六章"业主的建筑物区分所有权"中第271条规定："业主对建筑物内的住宅、经营性用房等专有部分享有所有权，对专有部分以外的共有部分享有共有和共同管理的权利。"所以，以房屋"套内建筑面积"或"套内使用面积"计价，不计算房屋共有共用面积的价格，并不会影响业主对共有部分享有共有和参与共同管理的权利。

第六，共有共用建筑面积按房屋面积大小比例分摊给购房人，是否完全合理，如对于电梯间、消防通道、大堂和其他共有共用部位的使用，180平方米房屋的业主未必比90平方米房屋的业主多使用了一倍。所以，按房屋面积比例分摊共有共用面积只是相对合理而已。压缩共有共用面积，反而对大面积房屋的购房人有利。

第七，按房屋套内使用面积计价，对税费计算、征缴也会带来困扰。实践中针对企业和单位征收的城镇土地使用税和房产税，均系以土地的分摊面积和房屋的建筑面积作为分摊和征税依据。假若将来对房屋所有者（个人）征收房产税或土地使用税，会在计算依据上产生混乱。

六、按套内使用面积售房的实践及收效

重庆市人大常委会早在2002年6月就通过了《重庆市城镇房地产交易管理条

例》，要求商品房现售和预售以套内建筑面积作为计价依据，商品房买卖合同及商品房权证应当载明共用部位及设施。该条例于当年 8 月 1 日施行，宣告重庆在全国率先施行商品房销售以"套内建筑面积"计价的政策，不按要求销售的开发商，将被责令改正，并处以商品房交易金额 5%—10% 的罚款。

此后，广州市及其他一些省、市陆续实行按套内建筑面积计价销售的政策，标志着按房屋套内建筑面积计价和销售的经验正在全国推广。

关于房屋买卖合同纠纷的处理，司法实践中，对于购房时已注明具体的套内面积和公摊面积、房价按套内面积算的，一般而言法院的判决是公摊面积的变化不影响房价〔套内面积变化在 3%（含）以内多退少补，少于 3%（不含）—6%（含）的由开发商退款，多于 3%（不含）—6%（含）的部分由开发商送给购房人，超过 6%（不含）可以解除合同〕；而对于套内面积变化不大，公摊面积减少了，合同约定是按套内面积计价的，法院最后仍判决按合同总价除以合同约定总建筑面积计算单价，再乘以减少的公摊面积赔偿给购房人。

另外，实践中又出现总建筑面积未变、套内面积减少、公摊面积变大了，法院则判决按套内计价，多出的公摊面积赠送给业主。

总之，司法实践还是以保护购房人权益作为基础。长远来看，还是应当按照严格的法律规定和契约精神，进一步积累、总结和提高解决房屋买卖合同纠纷的经验。

小产权房将何去何从

小产权房是否可以转正，一直是人们关心的话题。下面来梳理一下相关政策和法律法规，探讨小产权房是否存在转正的可能性和可行性。

一、政策导向

《中共中央、国务院关于进一步加强土地管理切实保护耕地的通知》（中发〔1997〕11 号）在"加强农村集体土地的管理"部分提出了以下要求："除国家征用外，集体土地使用权不得出让，不得用于经营性房地产开发，也不得转让、出租用于非农业建设。用于非农业建设的集体土地，因与本集体外的单位和个人以土地入股等形式兴办企业，或向本集体以外的单位和个人转让、出租、抵押附着物，而发生土地使用权交易的，应依法严格审批，要注意保护农民利益。""集体所有的各种荒地，不得以拍卖、租赁使用权等方式进行非农业建设。"

《国务院办公厅关于加强土地转让管理严禁炒卖土地的通知》（国办发〔1999〕39 号）规定：要"严格控制城乡建设用地总量，坚决制止非农建设非法占用土地"。要"加强对农民集体土地的转让管理,严禁非法占用农民集体土地进行房地产开发"。"农民集体土地使用权不得出让、转让或出租用于非农业建设;对符合规划并依法取得建设用地使用权的乡镇企业,因发生破产、兼并等致使土地使用权必须转移的,应当严格依法办理审批手续。""农民的住宅不得向城市居民出售,也不得批准城市居民占用农民集体土地建住宅,有关部门不得为违法建造和购买的住宅发放土地使用证和房产证。""要对未经审批擅自将农民集体土地变为建设用地的情况进行认真清理。凡不符合土地利用总体规划的,要限期恢复农业用途,退还原农民集体土地承包者;符合土地利用总体规划的,必须依法重新办理用地手续。""通过出让方式取得的国有土地使用权或以拍卖方式取得的集体所有的未利用土地使用权,在交清全部土地价款、完成前期开发后,方可依法转让、出租、抵押;以租赁或承包等其他方式取得的土地使用权,未经原出租或发包方同意,不得转让、出租、抵押或转包、分包。"要"全面清理土地转让、炒卖土地情况,坚决查处土地使用权非法转让和农民集体土地非法交易的行为"。"各省、自治区、直辖市人民政府要组织力量对本行政区域内土地转让、炒卖土地情况进行一次全面清理。清理的重点是城乡接合部,特别是公路两侧私搭乱建的违法用地。凡符合土地利用总体规划而未按规定办理有关手续的,必须限期办理,逾期不申报的,按非法占地予以查处。"

《中共中央、国务院关于加大统筹城乡发展力度进一步夯实农业农村发展基础的若干意见》(中发〔2010〕1号)明确,要"有序推进农村土地管理制度改革。坚决守住耕地保护红线,建立保护补偿机制,加快划定基本农田,实行永久保护。落实政府耕地保护目标责任制,上级审计、监察、组织等部门参与考核。加快农村集体土地所有权、宅基地使用权、集体建设用地使用权等确权登记颁证工作,工作经费纳入财政预算。力争用3年时间把农村集体土地所有权证确认到每个具有所有权的农民集体经济组织。有序开展农村土地整治,城乡建设用地增减挂钩要严格限定在试点范围内,周转指标纳入年度土地利用计划统一管理,农村宅基地和村庄整理后节约的土地仍属农民集体所有,确保城乡建设用地总规模不突破,确保复垦耕地质量,确保维护农民利益。按照严格审批、局部试点、封闭运行、风险可控的原则,规范农村土地管理制度改革试点。加快修改土地管理法"。"推进城镇化发展的制度创新。深化户籍制度改革,加快落实放宽中小城市、小城镇特别是县城和中心镇落户条件的政策,安排年度土地利用计划要支持中小城市和小城镇发展。农村宅基地和村庄整理所节约的土地首先要补充耕地,调剂为建设用地的,在县域内按照土地利用总体规划使用,纳入年度土地利用计划,主要用于产业集聚发展,方便农民就近转移就业。"

《国土资源部、财政部、农业部关于加快推进农村集体土地确权登记发证工作的通知》(国土资发〔2011〕60号)明确要求:"加快推进农村集体土地确权登记发证工作是夯实农业农村发展基础、促进城乡统筹发展的迫切需要。加快农村集体土地确权登记发证,依法确认和保障农民的土地物权,进而通过深化改革,还权赋能,最终形成产权明晰、权能明确、权益保障、流转顺畅、分配合理的农村集体土地产权制度,是建设城乡统一的土地市场的前提,是促进农村经济社会发展、实现城乡统筹的动力源泉。""各地要认真落实中央1号文件精神,加快农村集体土地所有权、宅基地使用权、集体建设用地使用权等确权登记发证工作,力争到2012年底把全国范围内的农村集体土地所有权证确认到每个具有所有权的集体经济组织,做到农村集体土地确权登记发证全覆盖。""充分发挥农村土地确权登记发证工作成果在规划、耕保、利用、执法等国土资源管理各个环节的基础作用。农村集体土地登记发证与集体建设用地流转、城乡建设用地增减挂钩、农用地流转、土地征收等各项重点工作挂钩。凡是到2012年底未按时完成农村集体土地所有权登记发证工作的,农转用、土地征收审批暂停,农村土地整治项目不予立项。"

以上是关于集体土地确权和严格遵守城市规划、不得自行流转的政策规定。而到了2012年2月,国土资源部发言人直接明确表示要在2012年试点清理小产权房。2013年11月22日,国土资源部、住房城乡建设部下发紧急通知,要求全面、正确地体会十八届三中全会关于树立城乡一致的建设用地市场等措施,严格执行土地利用总体规划和城乡建设规划,严格实行土地用途管制制度,严守耕地红线,坚决遏制在建、在售"小产权房"行为。

二、司法与政策协调流转集体建设用地使用权,小产权房转正的尝试

2004年2月10日,《最高人民法院、国土资源部、建设部关于依法规范人民法院执行和国土资源房地产管理部门协助执行若干问题的规定》第24条规定:"人民法院执行集体土地使用权时,经与国土资源管理部门取得一致意见后,可以裁定予以处理……"

此规定出台以后,曾有学者提出质疑:仅最高人民法院的司法解释不能够成为农村集体建设用地强制执行的依据。因为集体建设用地使用权的强制执行是以集体建设用地能够流转为前提的,而能否流转,理论界一直存在分歧。一种观点认为可以,理由是:

1.《宪法》允许农村集体建设用地使用权流转。《宪法》第10条第4款规定:"任何组或者个人不得侵占、买卖或者以其他形式非法转让土地。土地的使用权可以依照法律的规定转让。"该款中"土地使用权"不仅包括国有土地使用权,也包括农村集体土地使用权。而农村集体建设用地使用权作为土地使用权中的一种,理所当然"可以依照法律的规定转让"。

2. 2003年6月24日,《广东省人民政府关于实行农村集体建设用地使用权流转的通知》规定,符合一定条件的农村集体建设用地使用权可以出让、转让、出租和抵押,并享有与城镇国有土地使用权同等的权益。

3. 北京市国土资源局2003年制定的《北京市农民集体建设用地使用权流转试点办法》中规定,农民集体建设用地使用权在土地所有者和使用者自愿的前提下,可以转让、租赁、作价出资(入股)。

4. 2004年12月1日,《国务院关于深化改革严格土地管理的规定》中强调,禁止农村集体经济组织非法出让、出租集体土地用于非农业建设;加强农村宅基地管理,禁止城镇居民在农村购置宅基地;引导新办乡村工业向建制镇和规划确定的小城镇集中;在符合规划的前提下,村庄、集镇、建制镇中的农村集体所有建设用地使用权可以依法流转。

5. 2006年3月27日,《国土资源部关于坚持依法依规管理节约集约用地支持社会主义新农村建设的通知》中提出,要适应新农村建设的要求,稳步推进城镇建设用地增加和农村建设用地减少挂钩试点,集体非农建设用地使用权流转试点,不断总结试点经验,及时加以规范完善。

6. 2006年8月31日,《国务院关于加强土地调控有关问题的通知》中规定,农民集体所有建设用地使用权的流转,必须符合规划并严格限定在依法取得的建设用地范围内。

从以上规定可以看出,集体所有的建设用地使用权可以流转。

而另一种观点认为,我国现行法律对农村集体建设用地使用权的流转持否定态度,农村集体土地只能通过地方政府征地的方式转为国有土地,然后由地方政府以划拨方式或通过国有土地一级市场以招、拍、挂等方式出让土地使用权。理由是:

1.《土地管理法》(2004年)第43条第1款规定:"任何单位和个人进行建设,需要使用土地的,必须依法申请使用国有土地;但是,兴办乡镇企业和村民建设住宅经依法批准使用本集体经济组织农民集体所有的土地的,或者乡(镇)村公共设施和公益事业建设经依法批准使用农民集体所有的土地的除外。"从该条款可以看出,民事主体仅在三种情形下可以申请取得集体建设用地使用权,即兴办乡镇企业、村民建设住宅、乡(镇)村建设公共设施和公共事业。这实际上表明农村集体建设用地使用权不能像国有建设用地使用权一样进入一级市场自由流转。

2.《土地管理法》(2004年)第63条明确规定:"农民集体所有的土地的使用权不得出让、转让或者出租用于非农业建设。但是,符合土地利用总体规划并依法取得建设用地的企业,因破产、兼并等情形致使土地使用权依法发生转移的除外。"

该条规定的立法意图实际上是限制集体所有的农用地转变为非农建设用地。

3.《城市房地产管理法》(1995年)第8条规定："城市规划区内的集体所有的土地，经依法征用转为国有土地后，该幅国有土地的使用权方可有偿出让。"

笔者认为，从当时的法律来看，我国法律禁止或者严格限制农村集体建设用地使用权自由流转，虽然《国务院关于深化改革严格土地管理的规定》提出在符合规划的前提下，村庄、集镇、建制镇中的农村集体所有建设用地使用权可以依法流转，但《土地管理法》第63条的禁止性规定依旧无法逾越，作为全国人大制定的《土地管理法》，其效力是行政法规无法比拟的。我国法律并没有完全禁止农村集体建设用地使用权的被动流转，《土地管理法》第63条明确规定："符合土地利用总体规划并依法取得建设用地的企业，因破产、兼并等情形致使土地使用权依法发生转移的除外。"这就规定了流转的例外情况，表明立法者对集体建设用地使用权的流转是有预见并留有操作空间的。而被动流转正是强制执行的特征和结果。正是这个例外的规定让现实中存在的集体建设用地使用权有了合法被动流转的可能性。

三、深圳先行先试

2018年9月10日，深圳市规划和国土资源委员会印发了《关于做好没收违法建筑执行和处置工作的指导意见》，要求："坚持综合施策，标本兼治。推动解决土地历史遗留问题，从根本上解决没收违法建筑执行和处置难题，通过征收、出让、参照利益统筹等多种方式完善土地征转手续，构建土地开发增值利益共享机制。探索通过纳入人才住房和保障性住房体系，纳入土地整备、城市更新项目，纳入产业用地、养老服务设施用地等多种路径予以处理。""没收违法建筑的资产处置以区政府为主导，区别国有土地和未完善征转手续土地两种情形，参照我市现行土地政策、产业用房、人才住房和保障性住房政策，统筹制定分类处置方案。不影响规划实施且符合工程质量、消防安全、地质安全条件，是建筑物依法进行资产处置的前提。处置过程中，应当选定具有资质的评估机构，根据《国有资产评估管理办法》的规定对没收建筑物价格进行评估。处置工作经费纳入相关部门预算安排，处置收入在抵扣符合规定的相关税费后，按照政府非税收入管理规定上缴国库。各区政府可以根据有关法律、法规和本指导意见，结合辖区实际制定处置没收违法建筑的具体实施细则。""对于未完善征转手续土地，可以参照市政府征地安置补偿的相关标准，采取货币补偿方式解决征转地遗留问题。""没收违法建筑区域内有非农建设用地指标或者征地返还用地指标落地的，参照市政府有关原农村集体经济组织非农建设用地和征地返还地用地土地使用权交易若干规定进行出让。以出让方式处理的，应当向政府确定的接收单位缴纳没收建筑物评估价格等价值的货币。""原村集体没有非农建设用地指标或者征地返还地指标落地的，可以参照市政府土地整备利益统筹或者'社区土地入市'的方式进行处置。参照土地整备的整村统筹方式处置的，在核算留用土地、物业返还的规模和收益分成时，应当扣减与没收建筑物的评估价格等价值的留用土地、物业面积或者金额。参照'社区土地入市'模式处置的，所得收益在根据相关政策分配时，应当扣减与没收违法建筑地上建筑物的评估价格等价值的物业面积或者金额。"

深圳市从 1979 年到 2018 年，建成区面积从 3 平方公里到 934 平方公里，增长 300 多倍；城镇人口从 3 万到实际管理的人口 2000 多万，增长 660 多倍；GDP 从 1.96 亿元到突破 25730 亿元，增长 13000 多倍。这个城市的新增建设用地近乎耗尽。因此，必须挖掘市区的存量土地，即进行城市更新和棚户区改造，或者在符合城市规划的前提下，对国有土地上的违建和未完善用地手续土地上的违建进行行政罚没和司法强制执行。

集体建设用地使用权的强制执行和罚没行政处罚，不以集体建设用地使用权自由流转为前提，它实现的是集体建设用地使用权在不同主体间的被动流转，体现了国家的强制力。只有对集体建设用地使用权进行强制执行和罚没行政处罚，才能最大限度地保护债权人的合法权益。这也是集体建设用地使用权入市流转的一个配套改革方向，效果可期。

四、相关法律的修改

2018 年 12 月 23 日至 29 日，《土地管理法修正案（草案）》提请十三届全国人大常委会第七次会议进行初次审议，草案删去了"从事非农业建设必须使用国有土地或者征为国有的原集体土地"的规定，有望为破解集体经营性建设用地入市扫除法律障碍。为配合《土地管理法》的修改，提请审议的还有《城市房地产管理法修正案（草案）》。同时，2018 年 12 月 29 日第十三届全国人民代表大会常务委员会第七次会议通过了《关于修改〈中华人民共和国农村土地承包法〉的决定》，笔者注意到有如下若干变化：

增加一条，作为第 9 条："承包方承包土地后，享有土地承包经营权，可以自己经营，也可以保留土地承包权，流转其承包地的土地经营权，由他人经营。"将第 10 条修改为："国家保护承包方依法、自愿、有偿流转土地经营权，保护土地经营权人的合法权益，任何组织和个人不得侵犯。"将第 16 条改为第 17 条，修改为："承包方享有下列权利：（一）依法享有承包地使用、收益的权利，有权自主组织生产经营和处置产品；（二）依法互换、转让土地承包经营权；（三）依法流转土地经营权；（四）承包地被依法征收、征用、占用的，有权依法获得相应的补偿；（五）法律、行政法规规定的其他权利。"

此次农村集体土地改革,主要涉及三项内容:一是集体土地征收,二是集体经营性建设用地入市,三是宅基地管理制度。

农村集体土地改革的目的和宗旨不仅是稳房价,是更高层次的土地制度设计,基本要求是统筹城镇建设用地与农村集体建设用地和宅基地,统筹增量建设用地与存量建设用地,实行统一规划,遵循统一规则,建设统一平台,强化统一管理,形成统一、开放、竞争、有序的建设用地市场体系。这才是我国集体土地改革的目标。

建立城乡统一的建设用地市场是一项长期且艰巨的任务,需要深入研究、系统设计,区分轻重缓急,分步实施、配套推进,不断把改革引向深水区。

五、结　语

此次对于《土地管理法》及相关配套法律的修改是继 1949 年 9 月至 1953 年春进行的"耕者有其田土地改革"、1953 年至 1957 年的初级社和高级社的"互助合作化运动"、1958 年至 1978 年的"人民公社所有、人民公社三级所有以生产大队所有为基础、人民公社三级所有以生产队所有为基础"的集体所有统一经营的公社体制、1979 年至今的家庭联产承包责任制之后农村集体土地的又一次重大历史性变革,涉及集体土地征收、集体经营性建设用地入市和宅基地管理三个方面。

《国土资源部、中央农村工作领导小组办公室、财政部、农业部关于农村集体土地确权登记发证的若干意见》(国土资发〔2011〕178 号)要求:"明确农村集体土地确权登记发证的范围","农村集体土地确权登记发证是对农村集体土地所有权和集体土地使用权等土地权利的确权登记发证。农村集体土地使用权包括宅基地使用权、集体建设用地使用权等。农村集体土地所有权确权登记发证要覆盖到全部农村范围内的集体土地,包括属于农民集体所有的建设用地、农用地和未利用地,不得遗漏";"严格规范确认宅基地使用权主体","宅基地使用权应该按照当地省级人民政府规定的面积标准,依法确认给本农民集体成员。非本农民集体的农民,因地质灾害防治、新农村建设、移民安置等集中迁建,在符合当地规划的前提下,经本农民集体大多数成员同意并经有权机关批准异地建房的,可按规定确权登记发证。已拥有一处宅基地的本农民集体成员、非本农民集体成员的农村或城镇居民,因继承房屋占用农村宅基地的,可按规定登记发证,在《集体土地使用证》记事栏应注记'该权利人为本农民集体原成员住宅的合法继承人'。非农业户口居民(含华侨)原在农村合法取得的宅基地及房屋,房屋产权没有变化的,经该农民集体出具证明并公告无异议的,可依法办理土地登记,在《集体土地使用证》记事栏应注记'该权利人为非本农民集体成员'","对于没有权属来源证明的宅基地,应当查明土地历史使用情况和现状,由村委会出具证明并公告 30 天无异议,经乡(镇)

人民政府审核,报县级人民政府审定,属于合法使用的,确定宅基地使用权";"妥善处理农村违法宅基地和集体建设用地问题","违法宅基地和集体建设用地必须依法依规处理后方可登记。对于违法宅基地和集体建设用地,应当查明土地历史使用情况和现状,对符合土地利用总体规划与村镇规划以及有关用地政策的,依法补办用地批准手续后,进行登记发证";"严格规范农村集体土地确权登记发证行为","结合全国土地登记规范化检查工作,全面加强土地登记规范化建设。严格禁止搞虚假土地登记,严格禁止对违法用地未经依法处理就登记发证。对于借户籍管理制度改革或者擅自通过'村改居'等方式非经法定征收程序将农民集体所有土地转为国有土地、农村集体经济组织非法出让或出租集体土地用于非农业建设、城镇居民在农村购置宅基地、农民住宅或'小产权房'等违法用地,不得登记发证。对于不依法依规进行土地确权登记发证或登记不规范造成严重后果的,严肃追究有关人员责任。"

《不动产登记暂行条例》实施前夕,国土资源部曾明确回复:小产权房本就是非法,不动产登记不可能改变宪法规定的土地所有制,也不会将小产权房转正。《国土资源部住房城乡建设部关于房屋交易与不动产登记衔接有关问题的通知》(国土资发〔2017〕108号)规定,要"防止小产权房通过不动产登记合法化"。

小产权房至今仍不能直接转正,至于是否可将小产权房当作商品房购买,从法律的角度来判断当然是否定的,将小产权房当作商品房买卖不符合我国当前的法律规定,也存在极大的产权、使用、转让、拆迁补偿等方面的风险。

我国内地的按揭与商品房预售

内地的按揭制度与商品房预售制度密不可分,可以说,没有商品预售制度就不可能有按揭制度的出现。一方面,内地的在建工程抵押担保,条件之一就是在建工程必须取得商品房预售许可证;另一方面,预购人要用预购的且尚在建设中或未取得法定产权的商品房作担保,由于不符合抵押的法定要件,只能"按揭"。所以,有必要提及我国内地的商品房预售制度。

一、关于内地的商品房预售制度

香港地区的商品房预售制度称作"卖楼花"。它是霍英东先生于1953年年底在用分层出售四方街新楼时率先提出,并由高露云律师协助霍英东先生创办的企业——立信置业有限公司推出并实施。[①] 后来香港人将正在兴建但尚未建成的楼宇称

---

① 冷夏:《霍英东全传》,中国戏剧出版社2005年版,第71页、第72页。

作"楼花",就像果树正处开花阶段,尚未结果,人们先买"花",以后再取"果"。①

内地的预售制度源自香港地区的"卖楼花",这一点应无质疑。但内地的"卖楼花"又是起始于广州②和深圳③。在此之后,内地以部门规章或地方性法规的形式,对商品房预售进行了认可并大力推广。④

二、商品房预售的法律性质

关于商品房预售的法律性质,有人认为预购是购买期权⑤;有人认为是房屋期货⑥;有的人将这种合同称为"有条件的合同"⑦;有人认为是房屋交易预约合同⑧;有人认为是附期限的远期交易合同⑨;有人认为是房屋委建契约⑩;有人认为是为保留担保权益的期房分期付款买卖合同⑪;还有人认为商品房预售是一种非即时买卖⑫。

第一种观点和第二种观点显然不正确。期权(Option)或期货是一种投资工具,可以用于许多投资领域。从签约的目的看,首先,期权或期货买卖主要是套期保值增值,而商品房预购的目的主要是自用居住(不排除投资动机);其次,期货买卖标的物是股票、外汇、石油等,而商品房预购的标的物均是建设中的房屋,属不动产。从法律规制方面看,一个国家对期权或期货的买卖有专门的法律法规进行规范,商品房预购主要是由一个国家的不动产法、合同法以及相关政策进行管理。当然,严格来说,未建成的商品房也是将来才能交付使用的房屋,是期房,在这种意义上将期房特指为期货也未尝不可,但应与以上所指期货有所区别。

---

① 冷夏:《霍英东全传》,中国戏剧出版社 2005 年版,第 73 页。
② http://www.southcn.com/estate/zhuanti/wangzhigang/200205201204.htm。
③ 刘武元:《房地产交易法律问题研究》,法律出版社 2002 年版,第 144 页。
④ 1994 年 11 月 15 日,建设部令第 40 号发布,2001 年 8 月 15 日修正的《城市商品房预售管理办法》第 2 条规定:"本办法所称商品房预售是指房地产开发企业将正在建设中的房屋预先出售给承购人,由承购人支付定金或房价款的行为。"1998 年 8 月 22 日颁布并于 1998 年 10 月 1 日起施行的《广东省商品房预售管理条例》第 2 条规定:"本条例所称预售商品房,是指依法成立的房地产开发经营企业依法将其开发的商品房在竣工验收前出售,由预购人按合同约定支付购房款,预售人按合同约定交付商品房的行为。"1998 年 12 月 24 日颁布并实施的《广州市商品房预售管理实施办法》第 2 条第 2 款规定:"商品房预售,是指房地产开发经营企业依法将其开发的商品房在竣工验收前出售,由预购人按合同约定支付购房款,开发企业按合同约定交付商品房的行为。"
⑤ 引自 Norman Harker 的 UWS – MBA 讲义 "Property Development Processes",第 174—175 页。
⑥ 范成山:《建立期房抵押制度势在必行》,载《经济与法》1995 年第 5 期。
⑦ 引自 Norman Harker 的 UWS – MBA 讲义 "Property Development Processes",第 174—175 页。
⑧ 杨明刚:《预售房屋合同探微》,载《法学》1994 年第 5 期。
⑨ 金俭:《析商品房预售合同》,载《现代法学》1996 年第 1 期。
⑩ 钱明星、姜晓春:《房屋预售制度若干理论问题研究》,载《中外法学》1996 年第 5 期。
⑪ 关涛:《我国不动产法律问题专论》,人民法院出版社 2004 年版,第 295 页。
⑫ 刘武元:《房地产交易法律问题研究》,法律出版社 2002 年版,第 145 页。

第三种观点也是错误的。一般认为合同双方可以约定将一定事件的发生作为合同生效或失效的条件。附生效条件的合同，自条件成就时生效；附解除条件的合同，自条件成就时失效。而商品房预售（购）合同自双方签章之时起即发生法律效力，除非双方另有约定。因此，商品房预售（购）合同不是"有条件的合同"。

认为商品房预售合同为预约合同的观点更加错误。预约合同也是合同，但此种合同的标的是双方约定将来签订某个合同。当然，将《认购书》作为预约合同是正确的，但必须注意的是，如果《认购书》不是约定双方将来签订《商品房预售合同》，而是已详细约定预购的商品房具体楼层、位置、面积、价款、双方的履行时间、违约责任等，此种《认购书》则只能算作商品房预售合同，而不是预约合同。

其余几种观点都有一定道理，但亦都有其局限性和不足，不再一一指出。

其实，我们将商品房预售合同归入买卖合同（商品房买卖合同）即可，无须再进行细分，总之期货买卖合同也好，期房买卖合同也好，某种权益的买卖合同也好，都是典型的买卖合同。建设部于2001年4月4日发布并于2001年6月1日起施行的《商品房销售管理办法》第3条规定："商品房销售包括商品房现售和商品房预售。"笔者认为仅此表述足以廓清争议，也即商品房买卖包括现房买卖和期房买卖。反过来说，期房买卖就是商品房买卖之一种。

三、商品房预售的存废之争

中国人民银行2005年8月15日发布的《2004年中国房地产金融报告》提出："很多市场风险和交易问题都源于商品房新房的预售制度，目前经营良好的房地产商已经积累了一定的实力，可以考虑取消现行的房屋预售制度，改期房销售为现房销售。"但是，上述报告对于取消房屋预售制度并没有提出更多经济上和法律上的理由和依据。2005年，"8月19日，建设部急召各大房地产开发商，同时邀请金融部门和中国社会科学院等部门人员举行'关于商品房预售制度与管理座谈会'。在这场开发商占有数量优势的会议上，向央行发出了反对的声音：在当前房地产政策环境和市场环境下，取消期房预售是不现实的"，"8月24日，建设部新闻发言人态度鲜明地称，国家近期不会取消商品房预售制度"。[①]

在当时的情况和条件下，笔者持谨慎态度，认为预售制度是源于民间，后来被国家认可并由部门规章规范的不动产交易制度，它的推行与取消是牵一发而动全身的问题。笔者既不赞同激进的、武断的、脱离实际的结论，也不赞同袖手旁观的、无所事事的、无所作为的保守态度。应当说，商品房预售制度在我国的经济发展过

---

① 引自张刚：《打板子与保护伞：房屋预售制被央行击中之后》，http://bj.house.sina.com.cn/news/summarize/2005-09-29/142598580.html。

程中确实起到了重要作用，今后的存与废均应当从法律、金融、经济效益、市场反应、社会效果等方面进行全面的、充分的评估，不能擅下结论。

20多年的实践证明，实行商品房预售制度以后，开发商买地是银行的钱（甚至先不付款）、在建工程建设是银行的钱（有的是承建商垫资建设，实际上承建商又欠材料供应商的货款）、预售按揭放款是银行的钱……基本上都是银行的钱，开发商自己不需要拥有太多资金就能马上开发房地产项目。而本质上，买地是购房人的钱，建房是购房人的钱，配套费是购房人的钱，广告费、管理费、所有买地利息、在建工程贷款利息、按揭贷款利息、上交的税款、房企职业经理人的工资奖金都是购房人的钱，甚至开发商的吃喝玩乐，也都是购房人买单。即是说，房地产开发销售经营管理等的全部费用，最终肯定是购房人承担。所以，采用预售制度，交楼前的风险基本上全部转嫁给购房人和社会承担。

其实，我国房地产行业的转型，市场早有信号。首先，有开发商豪言，凡4万人口以上的城市，凡经济较发达的乡、镇，都要进驻并抢占市场份额。年销售额冲1万亿、2万亿，这是不负责任的做法和目标，社会和市场普遍质疑。其次，有部分负责任的大型房企，正谋求从房地产开发商到城市运营商身份、职责的转变。有些大型房企，正在进行跨行业布局，或者正在进行战略、业务、企业内部组织机构等的调整，而不只是名称的变更和部门设置的整合，这是值得肯定的。再次，房地产行业的所谓土地，在建工程一押、二押、三押、四押融资，收取购房人的首付款、按揭款而五六年不交房的乱象，正逐步杜绝。最后，房地产开发是百年大计，开发商正谋求做细、做精并接受时间和历史检验。

2018年9月21日，广东省房地产协会向各副会长单位下发《关于请提供商品房预售许可有关意见的紧急通知》称，日前住房城乡建设部向广东、湖北、四川、江苏、河南、辽宁等省住房城乡建设厅下发《关于对现有行政许可事项进行清理论证并对已取消下放落实情况进行全面评估的函》，其中要求，对商品房预售许可进行深入研究，建议保留或提高许可条件的，要列明法律法规依据外的理据，充分论证继续保留或提高许可条件的合理性、必要性；建议取消的，要同步研究提出事中事后监管措施。

广东省住房城乡建设厅拟订的相关材料提出，商品房预售制度存在导致工程烂尾、违法违规销售、交易不公平、房屋面积管理职能难以厘清、不平衡发展和低效率竞争等风险，建议降低预售制度带来的高杠杆效应，逐步取消商品房预售制度，全面实施现售。

《关于请提供商品房预售许可有关意见的紧急通知》称，为解决预售所带来的管理风险、消费风险、社会风险、金融风险，建议在当前建立房地产市场长效机制的"窗口期",对预售制度进行改革,降低预售制度带来的高杠杆效应,逐步取消商品房预售制度,全面实施现售。上述通知又称,自 1994 年《房地产管理法》颁布以来,商品房预售制度实施已近 25 年。商品房预售制度的改变,事关房地产行业发展模式及其配套制度的重塑,更直接关系到房地产企业的资金安排、建设计划乃至战略规划等重大事项的调整。该通知同时提出,考虑到当前的信贷政策持续收紧,开发企业资金压力普遍加大,如直接取消预售,一方面,房地产开发企业融资的周期必然大幅变长,一旦遇到市场变动冲击,极易出现资金链断裂,导致工程烂尾。另一方面,可能会出现阶段性供应"休克",相应的矛盾会集中爆发,影响社会稳定和市场健康发展。

笔者认为,自 2005 年 8 月 15 日中国人民银行发布《2004 中国房地产金融报告》至今,10 多年过去了,由霍英东先生首创,发源于香港并发展于内地的"卖楼花"商品房预售制度,在我国已基本完成其历史使命,该逐渐淡出了。

笔者认为,取消商品房预售制度,"在建工程抵押"也应取消,在中国内地风行 20 多年的"楼花按揭"制度也应退出历史舞台。无论开发商这次反应如何,取消商品房预售制度、"楼花按揭"制度是中国内地房地产开发经营的历史必然。从这两年国家对房地产业的态度看,很明显,国家不是要打压房地产行业,不是要修整开发商,而是不想让极少数不良开发商利用银行的钱和社会的资金呼风唤雨、兴风作浪,从而保持和保证我国房地产业的长期、稳定、健康发展。

取消商品房预售制度,定有过渡期,不可能一刀切,必须老项目老办法,新项目新办法,并且建议在一些城市逐步试点取消预售制度,对于新出让土地,逐步实行现售,并拟定取消预售,全面实施现售的时间表,分阶段推进。第一阶段若干年内保留预算许可,把预售条件的工程形象进度提高至主体结构工程封顶;第二阶段全面实施现售,并将时间表向社会公布,让房地产行业和社会公众都做好充分的准备。

逐步提高商品房预售许可条件,引导市场有序适应改革,使开发企业降低资金杠杆,充实开发经营的资本金,有利于防范化解行业和金融风险;有利于房地产行业内部的优胜劣汰加速进行,提升房地产开发品质,促进房地产市场持续健康发展;有利于把土地、资金等稀缺资源向优质房企配置倾斜;有利于提高房地产开发企业的抗风险能力,降低购房人的购房风险,维护购房人的合法权益。由此看来,虽然对于大房企业说,土地储备仍必不可少,但大面积圈地囤地的做法将不可复制。

有人担心,房屋盖少了但需求还在会导致商品房价格上升。对此,笔者认为,长期来看,房价稳步上升是必然趋势,因为有通胀的因素,房价不太可能会暴跌,我们也不期望、不允许暴跌。但房价也不可能永远无限上升，因为城市化有平衡点，人口增长趋缓，城乡人口转移有平衡点，同时一定程度上让空置房入市，增加持有房屋的成本，让供求关系发生实质变化……都是制约和限制房价疯涨的因素。

我国的按揭实务及关于不动产按揭法律性质的不同观点

一、我国按揭的分类

就我国内地开展的按揭实务来看，按照担保标的物形态的不同分为四类：现楼现房（包括二手房）按揭、机动车新车按揭、在建工程按揭和预售商品房（期房）按揭。

1. 现楼现房按揭和机动车新车按揭

"现楼按揭，是指在商品房建成后，购房者与开发商签订商品房买卖合同的同时支付一定比例的购房款，剩余部分向银行申请贷款，并将所购商品房的有关权属证明提交银行作为购买商品房的一种担保方式。"实际上，现楼包括开发商提供的现楼和其他所有权人提供的现楼（如二手房）。现楼（房）按揭是指购房者以所购现房向贷款银行设定物的担保，在还款期限届至而购房者不能返还贷款时，贷款银行得以行使抵押权而使其债权获实现的融资购房方式。[①]

与此相类似，机动车新车按揭是指购车者以所购新车向贷款银行设定物的担保，购车者每月向银行供款（还贷），如果若干个月不偿还贷款本息，贷款银行得以行使抵押权而使其债权获实现的融资购车方式。

中国内地的现楼按揭和新车按揭其实就是担保物权中的"抵押"。抵押贷款所贷款项可以用于任何约定的用途，而现楼和新车按揭之款项只用于购房和购车；抵押贷款一般是按约定一次性或分期分批偿还贷款本息，而现楼和新车按揭均是逐月还本付息。尽管如此，担保物权中规定的抵押贷款和现楼、新车按揭的本质是一样的，都是以房屋或车辆的现实所有权作担保，都需要到权属登记部门进行抵押权登记，抵押权存续期间，所有权人不得处分房屋或车辆。

2. 在建工程按揭

在建工程按揭，《城市房地产抵押管理办法》第3条第5款称之为"在建工程抵押"，是指按揭人为取得在建房屋工程继续建造资金的贷款，以其合法方式将取得的土地使用权连同在建工程的投入资产，以不转移占有的方式抵押给贷款银行作

[①] 符启林：《房地产法》，法律出版社2004年版，第233页。

为偿还贷款履行担保的行为。① 但是，需要特别注意，在建工程抵押，项目工程必须四证（国有土地使用证、建设工程规划许可证、建设工程施工许可证、商品房预售许可证）齐全（有些地方另加建设用地规划许可证），即实际上，在建工程在建设过程中，土地使用权的价值和使用价值均逐步转换到正在建设的房屋上。因此，开发商在与银行签订"在建工程抵押贷款"合同时，抵押的标的物虽然包括工程所在的土地使用权，但真正的标的物是在建工程中的未竣工房屋（抵押后必须按规划批准的房号作他项权抵押登记）②，并且贷款前，对在建工程的评估价值会远远低于在建工程的实际价值。所以，在建工程抵押实际上是一种按揭，在建工程按房号所作的抵押登记，可看作预抵押登记，初始登记（大确权）后，必须办理正式的抵押登记。

3. 预售商品房按揭

预售商品房按揭即"楼花按揭"，是指在楼宇建设期间，预购人、开发商和银行之间约定，开发商与预购人签订《商品房预售合同》，收取一定比例的价金，而余款则由预购人向银行申请贷款，预购人将其在《商品房预售合同》中对该楼花所享有的权益预押给银行以担保其购房贷款，同时开发商或其他企业作为贷款担保人，保证银行为第一受偿人；如果预购人依约届满清偿全部银行贷款本息以及其他费用，则可以将该商品房之全部权益从银行赎回；如果预购人或担保人未能依约履行还款义务，银行即可取得预购人在该《商品房预售合同》中的全部权益以清偿预购人对银行的欠款。楼宇"大确权"或"初始登记"并过户给预购人（办理房屋产权证）后，该楼花按揭即转为房屋抵押。③ 建设部于 1997 年 4 月 7 日发布的《城市房地产抵押管理办法》第 3 条第 4 款规定，预购商品房贷款抵押，是指购房人在支付首期规定的房价款后，由贷款银行代其支付其余的购房款，将所购商品房抵押给贷款银行作为偿还贷款履行担保的行为。

在建工程抵押和预售商品房抵押的本质是一样的，均是以未建成的或未取得法定产权的房屋作担保向银行贷款。不同的是，在建工程抵押的抵押人是开发商，一般没有其他保证人；而预售商品房的抵押人是预购人，同时开发商作为第三方保证人对银行提供担保。然而，由于我国内地法律法规没有规定按揭制度，权宜称之为"抵押"，其实不是抵押，而是按揭，在英美法中属于衡平法利益的按揭，是衡平法按揭之一种。需要特别注意，英国和我国香港地区，按揭均需要以押记的形式设立

---

① 陈耀东：《商品房买卖法律问题专论》，法律出版社 2003 年版，第 174 页。
② 开初，银行只同意在整笔贷款本息全部偿还后，在建的商品房才被涂销抵押，后来多数银行同意在开发商偿还一套在建的（或待预售）商品房贷款后，涂销该套预售商品房的抵押。
③ 王闯：《让与担保法律制度研究》，法律出版社 2000 年版，第 122 页。

（即必须登记或注记在册），严格说来，我国内地的按揭更类似于英国和我国香港地区不让与财产权益的衡平法押记。

二、现阶段我国关于不动产按揭法律性质的不同观点

内地的按揭制度源自香港，这是不争的事实。1986年，江门市成为国务院确定的住房改革的试点城市之一，其所辖的新会、台山、鹤山、开平四县陆续实施房改。[①] 1990年4月1日，江门市建设银行在中国内地首次开办购房储蓄、抵押贷款的"供楼"业务。[②] 江门市建设银行"购房借款办法"规定：凡市区企事业单位及有市区城镇户口的居民，均可到与该行签约的房地产开发公司，选择购买现货或期货商品住宅，建设银行为客户提供购房价款40%—60%的借款。单位借款期限最长为3年，个人借款期限最长为8年，均分期按月归还。[③] 此办法推行后"供楼"322套。[④] 1990年6月6日颁布并于1990年7月1日起实施的《广州市房地产抵押管理办法》第6条规定，实物或权益可以设定抵押，其中第三项规定，依法生效的预售（购）房屋合同可以抵押。此处的权益抵押，实际上就是英美法上的衡平法按揭。中国人民银行于1997年4月28日发布《个人住房担保贷款管理试行办法》[⑤]，第4条规定："个人住房担保贷款是指借款人或第三人以所购住房和其他具有所有权的财产作为抵押物或质物，或由第三人为其贷款提供保证，并承担连带责任的贷款。借款人到期不能偿还贷款本息的，贷款银行有权依法处理其抵押物或质物，或要求保证人承担连带偿还本息的责任。"而第4条规定的借款人需具备的条件之一就是"具有购买住房的合同或协议"。

除此之外，1998年以前还颁布了《政策性住房信贷业务管理暂行规定》《商业银行自营住房贷款管理暂行办法》，这几个文件的出台，标志着以商业银行自营性住房信贷业务和委托性住房存贷业务并存的住房信贷模式基本确立。1998年以来，

---

① 引自《南方房地产》1991年第3期，第15页。
② 中共广东省委党史研究室编著：《广东改革开放大事记》，广东人民出版社1999年版，第337页。
③ 江门市建设银行规定的企事业单位购房借款分期还款的条件：一是购房资金需达到房价款（不包括建筑税、重点建设债券及国家规定的应交款项）的50%—60%，已专户存入市建行及市区所属各支行、办事处，并经市审计、计划、财税部门审查批准使用；二是经营正常，经济效益好，有3年内还清购房借款的能力；三是具备法人资格，并有经济实力的单位担保。城镇居民购房借款分期还款条件：一是有本市区城镇居民户口；二是在企业单位工作或有正当职业；三是经济收入稳定，有5—8年还清全部购房借款的能力；四是在市建设银行及市区所属支行、办事处开立住宅储蓄的存款户，存款余额已达到房价款的40%—60%，并有经济实力的单位或亲属担保。引自《南方房地产》1991年第5期，第28页。
④ 引自《南方房地产》1991年第3期，第15页。
⑤ 《个人住房担保贷款管理试行办法》暂在国家安居工程试点城市试行，非试点城市暂不实行；同时，该办法只适用于国家安居工程试点城市居民购买用住房公积金建造的自用普通住房，不适用于城镇居民修房、自建住房或购买豪华住房。

为扩大内需、促进经济增长,中国人民银行出台了一系列鼓励住房建设与消费的信贷政策,先后下发了《关于加大住房信贷投入支持住房建设与消费的通知》《关于改进金融服务、支持国民经济发展的指导意见》《个人住房贷款管理办法》。1999年,中国人民银行下发了《关于开展个人消费信贷的指导意见》,鼓励商业银行提供全方位优质金融服务。同年9月,中国人民银行将个人住房贷款最长期限从20年延长到30年。[①] 为促进房地产信贷市场的健康发展,中国人民银行2001年6月发出《关于规范住房金融业务的通知》、2003年6月发出《关于进一步加强房地产信贷业务的通知》。2005年3月,中国人民银行对个人住房信贷的利率定价机制进行了市场化调整。[②] 至此,我国的住房按揭以空前的规模迅速在我国大陆的东西南北展开,成为主流的住房置业方式。

但我国内地的按揭制度与英美法上的按揭制度已有所区别。在我国内地,银行在许多情况下会主动找到开发商开展按揭业务,如果双方有意向,双方签订原则协议或合作协议,约定某个楼盘或某个楼盘的某几幢楼宇的所有商品房预售,由合作银行为购房者(预购人)提供按揭资金。此外,预购人一般需自备三成的自有资金作为预购商品房的"首期"款,其余七成资金可从银行贷得。到后来,预购人只要自备一成或二成首期款即可。更有开发商与银行协议推出"零首期""零首付"政策,即预购人的购房资金全部从银行贷得。预购人需按约定逐月向银行还本付息,我国南方俗称"供楼"。

从法律关系上说,我国内地的预售商品房按揭存在三个合同:一是预购人和发展商之间的商品房买卖(预售)合同;二是预购人与按揭银行的贷款合同;三是发展商与银行之间的保证(回购担保)合同。实际上,购房合同是单独的,而贷款合同和保证合同是同一份文件。

在内地的按揭法律关系中,讨论最多的是商品房在预售时尚未建成,预购人购买的是"楼花"(即期房),而预购人签订购房合同、支付首期和所贷房款后,所享有的是什么权利。笔者认为,预购人签订购房合同、支付首期和所贷房款后,所享有的一是债权,二是商品房的期待权(即物权法上所称的"将来取得的房屋所有权")。债权表现为,预售人必须按合同履行义务,如按约定规划、设计、建设施工和装修装饰并交付使用,否则需承担违约责任或赔偿损失。物权表现为,预售人在约定的时间需将商品房所有权过户至预购人名下,实现物权的完全转移。商品房预

[①] 中国人民银行研究局房地产金融分析小组:《中国房地产金融报告》,中国金融出版社2006年版,第22页。

[②] 中国人民银行研究局房地产金融分析小组:《中国房地产金融报告》,中国金融出版社2006年版,第22页。

（售）购合同自签订之时起生效，现基本无异议，尽管有些地方规定不经备案不生效力。笔者认为，商品房预（售）购合同的监证、鉴证（原先有这种叫法）、备案或是登记，目前只表现为政府对房地产交易行为和交易市场的行政监管手段，并不是合同成立或生效的要件。至于发展商所谓的"回购"，其实就是发展商对银行的一种保证，即按揭借款人不还本付息超过三至五期，发展商必须按约定替按揭借款人还本付息。人们认为是回购，主要是认为预（售）购标的物的权益已转移给银行，发展商替借款人还本付息后从银行"赎回"预（售）购标的物的所有权益。然实际情况并非如此，借款人向银行借款，用的是"预购的商品房权益"作担保，而此时，商品房的任何权益（担保权除外）均未发生转移，即便是期待权也仍为预购人所享有。发展商仅是履行了保证责任，并未从银行处将预售的商品房赎回，这可以从发展商履行担保责任后，需向借款人主张债权、取消商品房预售合同或通过起诉借款人并拍卖预购商品房权益的操作程序上清楚地看出。这与英美法上的产权让与和回转完全不同。

其实，内地的按揭与权利质押相类似，但又不完全相同。原先需将楼宇买卖合同（形式上类似英美法中的契据押存）存一份于按揭银行（开发商一份、登记机关一份，现在的做法是预购人也存一份），商品房产权过户后，预购人取得了商品房的完全所有权，此时，贷款由以权益作担保转化为以房屋所有权作担保，"按揭转化为标准的抵押"。原先的做法是房地产证办妥后需交由按揭银行（形式上类似英美法中的产权证押存），由于按揭需到登记部门办理他项权登记，银行保存合同或房地产证已无必要，因此，有的银行现已取消保存合同或房地产证的做法。这一点与英美法按揭中的产权证（契据）押存本质上不一致。

中国内地的按揭将三个法律关系捆绑在一起，形成三角关系。在商品房建成之前，没有开发商的担保，银行不会与预购人签订贷款合同，甚至在开发商与银行的协商过程中，银行提供的按揭合同版本也是不可以修改的，易言之，为了最大限度地保护银行的利益，有效控制和降低风险，银行设定的条件很少对开发商妥协。在中国内地推出按揭制度伊始，银行往往要求开发商进行全程担保（担保至预购人将全部本息偿还完毕），后来多数银行均只要求开发商担保至办妥抵押登记，并由开发商代领房地产证且交按揭银行保存为止。现在，又有部分银行不要求保存房地产证，只要求保存不动产他项权证。

当然，在我国内地还有另一种担保形式就是"在建工程抵押"。它实际上是开发商和银行之间的一种按揭行为，无第三方存在。

"就严格意义而言，按揭是一种担保方式，在商品房按揭贷款法律关系中，按揭是一种贷款担保方式。""'商品房按揭合同'实际上是商品房买卖合同，按揭贷款合同、委托合同、委托代理合同以及保证合同等的混合体。具体而言：购房人与开发商之间是商品房买卖合同关系；购房人与银行是按揭贷款合同关系；为了避免资金划拨中的麻烦，购房人通过与银行之间缔结委托代理（合同）条款，授权银行以购房人的名义将贷款转存入开发商的账户上；此外，购房人为了能够清偿银行贷款，通常与开发商或其他企业缔结委托（合同）条款，委托后者作为担保人（通常为保证人）以担保其按揭贷款，为此开发商或其他企业接受按揭人的委托而与银行签订担保合同（通常为保证合同）。"①

总之，我国内地的按揭制度是一种担保方式，这一点似无疑虑。但对于我国内地按揭制度的法律性质，目前尚无定论。其代表性的主要有以下一些观点：

1. 债权抵押说。有人认为，楼花预售虽属买卖合同的范畴，但在合同成立后，预购人实际受让房屋并办理有关产权登记前，对楼花尚无现实支配权，即不具有所有权。此时具有的仅是在合同约定期日到来时，请求开发商移交房屋的权利。楼花预售合同中预购人在受让房屋前所享有的权利实质上并非物权，而是针对特定对象的一种请求权和获得将来利益的期待权，其性质上应归属于债权。② 但也有人持相反的观点："对于债权，无论在学说上还是立法例中均未出现所谓债权抵押制度。"③

2. 不动产抵押说。无论从设定的目的还是法律效力方面，楼宇按揭与抵押基本相同，并未超出抵押的范畴，它是一种不动产抵押方式。④

3. 期待权抵押说。由于楼花并非一种现实存在的不动产，在楼花按揭设定时，按揭人根本还无法取得所购楼宇的所有权，他向贷款银行提供的还款保证仅仅是将来某一时间取得的楼宇的权利，即一种所有权的"期待权"。⑤ 预售商品房抵押是一种"所有权之期待权"抵押。⑥

4. 权利抵押说。权利抵押应是在既无权利移转，在担保权设定时担保权人对标的权利也无较强约束（即无观念上的留置权能），且担保权实行时担保权人不拥有对第三人的直接取得权能的情况下设定的就担保标的权利价值优先受偿的担保

---

① 王闯：《让与担保法律制度研究》，法律出版社 2000 年版，第 127 页。
② 刘晋：《楼花按揭的理论研究与法律调整》，载马原主编：《房地产案件新问题与判解研究》，人民法院出版社 1997 年版，第 6 页。
③ 李国安主编：《国际融资担保的创新与借鉴》，北京大学出版社 2005 年版，第 68 页。
④ 程力：《楼宇按揭对我国抵押权制度理论发展的影响》，载马原主编：《房地产案件新问题与判解研究》，人民法院出版社 1997 年版，第 15 页。
⑤ 卢琼：《房地产楼花按揭研究》，载蔡耀忠主编：《中国房地产法研究》，法律出版社 2002 年版，第 308 页。
⑥ 曹登润：《论预售商品房抵押》，载马原主编：《房地产案件新问题与判解研究》，人民法院出版社 1997 年版，第 60 页。郭俊秀主编：《中国商业银行法律与实务》，法律出版社 1997 年版，第 208 页。

权。持该说学者发现:《德国地上权条例》第 11 条、第 12 条规定地上权可以单独作为抵押权的标的;《日本民法典》第 369 条第 2 项规定地上权和永佃权可为抵押权标的,第 375 条第 1 项规定抵押权也可为其他债权担保(即所谓的"转担保");我国台湾地区所谓"民法典"第 882 条规定地上权、永佃权和典权可以作为抵押的标的。除此之外,股份、知识产权等无形财产权的抵押,在立法上未有明确的规定。①"这里所谓的权利抵押,并非广义上的用法,因为即使是动产或不动产的抵押,抵押权所支配的也是该动产或不动产所有权的交换价值,故从这一意义上讲,一切抵押权制度都是针对权利的,而这里的权利抵押系指抵押权所指向的并非有体物的所有权,而是非有体物所有权的财产权利。"②

5. 准抵押说。一方面楼花按揭具有不动产抵押的特性;另一方面按揭人是以其在预售商品房合同中的全部权益作为抵押,即以权利为抵押标的而成立的抵押,有别于以现存的实物作为抵押标的的抵押,故应属准抵押,在楼宇未建成前,银行作为抵押权人所享有的是准抵押权。③

6. 债权质押说。在楼花按揭过程中,预购人依《商品房预售合同》履行完主要义务后,享有要求开发商依约按期按质交付房屋的请求权,即享有商品房所有权之请求权。这种请求权属于债权。因而在房屋所有权之请求权上,虽不能设立抵押担保,但可以设定债权质权。④ 从性质上看,国内许多学者普遍把楼花按揭界定为一种债权质押。⑤

7. 权利质押说。从形式上看,楼花按揭类似于一般权利质押:一是作为担保物的买方权益是一种于将来请求预售人交付房屋的请求权,是一种债权,且具有财产性和可转让性;二是设定按揭后,购房人要将有关权利证书如楼花买卖合同、预付款收据等交付贷款银行占有保管。因此,按揭权人取得一种类似于质押权人的地位。但是,楼花按揭还是有别于普通债权质押:

首先,这种债权具有物权性。实际上,在签订楼花买卖合同并交付了首期购房款之后,购房人取得的是一种"所有权的期待权"。通说认为期待权之性质应依将来可取得之完全权利定之,因为期待权旨在取得债权者,应归入相对权;反之,如

---

① 李国安主编:《国际融资担保的创新与借鉴》,北京大学出版社 2005 年版,第 69 页。
② 李国安主编:《国际融资担保的创新与借鉴》,北京大学出版社 2005 年版,第 69 页。
③ 吴传华:《预售商品房(楼花)按揭的法律问题》,载马原主编:《房地产案件新问题与判解研究》,人民法院出版社 1997 年版,第 48 页。
④ 符启林:《房地产法》,法律出版社 2004 年版,第 233 页。
⑤ 卢琼:《房地产楼花按揭研究》,载蔡耀忠主编:《中国房地产法研究》,法律出版社 2002 年版,第 344 页。

以取得物权为目的时,则具有绝对权之性质。① 楼花预购人以取得房屋所有权为目的,因此,购房人取得的"所有权的期待权"属于一种绝对权,即物权或至少可以说是一种准物权而不是一种普通债权。

其次,认定楼花按揭标的物是一种债权还会导致这么一种后果:一般在按揭期满之前房屋就已竣工交付购房人,交付之后开发商与购房者之间的楼花预售合同即履行完毕,双方的债权债务随之消失,预购人可以行使占有、使用和收益等所有权权能,还可以作合同权利义务的"概括转让"。如果认为楼花按揭标的物仅仅是按揭人对开发商享有的债权,那么,从严格意义上来讲,既然购房人对开发商的债权已消失,此时,银行与购房人之间以此债权为标的的担保形同虚设,双方之间衍化为无担保的普通债权债务关系,银行只有与借款人重新就该竣工的楼宇签订抵押合同才能取得抵押权人的地位。这显然有悖于楼花按揭的设定目的。

再次,质权以转移担保物的占有为特征,而在楼花按揭中,房屋竣工后,购房人得请求开发商交付房屋,并且,只要购房人依约履行了还款责任,房屋就由购房人而非银行占有、使用和收益。

最后,债权质押担保中,一般只需订立书面质押合同,同时将债权证书交付债权人即可。② 所以,楼花(或在建工程)按揭不是纯粹的债权质押。

以上观点均有一定的道理,但也都没有反映出我国大陆按揭的本质特征。

涉及不动产按揭制度的几个法律关系

在大陆法系中,担保方式主要有保证、抵押、质押、定金和留置(旧时在我国还有"典当"制度,尽管民间仍存在"典当行业",仍有典当业的职能管理部门,但我国物权法未有规定,表明"典"和"当"在我国已被废除),因此,我国的不动产担保方式主要是抵押。

而在英美国家和地区,担保分为人的担保和物的担保。物的担保(本文不涉及英美国家和地区的动产担保)综合起来有三种:一是按揭担保(mortgage securities);二是质(pledge)和占有型留置(possessory liens);三是押记(charges)、衡平法押记(equitable charges)、(除按揭外的)法定押记(statutory charges)和非占有留置(non-possessory liens)。物的担保中最重要的形式就是按揭。

---

① 王泽鉴:《民法学说与判例研究》(第1册),中国政法大学出版社1998年版,第152页。
② 卢琼:《房地产楼花按揭研究》,载蔡耀忠主编:《中国房地产法研究》,法律出版社2002年版,第317页。

下面，就相关的几个不动产担保概念作一比较：

一、不动产按揭与不动产质权

所谓不动产质权，指因担保债权，债权人占有债务人或者第三人移交的不动产，并就其卖得价金受清偿的物权。①

不动产质与按揭有相似之处：首先，从所负责任上说，法国、日本不动产质，其出质人或债务人所负担的债务，是债务人的清偿责任。即如果提供担保的不动产不足以清偿全部债务时，其剩余部分，质权人得以一般债权人的地位就债务人的其他财产申请强制执行，债务人非仅以质物为限负其责任。② 如果按揭财产不足以清偿债务，按揭权人也可以就不足部分或余额部分（deficiency）有权提起诉讼。其次，法国、日本不动产质，由于债权金额高低不一，而且借款期限大都不长，为特别保护债务人起见，两国民法都有禁止约定流质契约的条款（即不得取得质物所有权的规定）。法国、日本的不动产质权人，其确保债权的方法，是拍卖不动产，就其价金优先受偿。③ 按揭中，原先要求按揭人将按揭财产的法定产权让与按揭权人，但（我国）香港地区在1984年以后，英国在1925年以后，按揭均不需让与财产权。美国虽然有时让与财产权，但不是流行趋势，其发展方向也不是让与产权。最后，在对标的物的使用上，不动产质权人须依不动产的通常使用方法而为使用收益，不得擅自改变其用途及出租或者设定抵押。④ 按揭权人一般不占有和使用财产，即使依法院发出的占有令占有财产或由委任接收人管理财产，也不得随意改变财产的法定用途或功能，按揭权人还负有以按揭人的费用维护和保养财产的责任。

但按揭与不动产质是有区别的。法国学者通说认为，从性质上说，法国的不动产质权不是物权的一种，虽然质权人与债务人间必须以债务的存在为前提，不动产质权与债权具有从属性，但担保该债务清偿的方法是以不动产的收益优先抵偿利息和本金，使债务的总额依次递减，最后全部清偿。所以法国不动产质是赋予质权人以留置权与使用收益的权利，借以抗拒其他权利人为方法，以收益优先清偿债务，但并不以不动产本身的财产价值为优先清偿债务的方法。由此可知，法国不动产质与按揭等担保物权，并不相同。日本不动产质，则是担保物权的一种，它与其他典

---

① 梁慧星主编：《中国物权法研究》，法律出版社1998年版，第783页。李婉丽：《中国典权法律制度研究》，载梁慧星主编：《民商法论丛》第1卷，第384—388页。

② 梁慧星主编：《中国物权法研究》，法律出版社，1998年6月第1版，第783页。李婉丽：《中国典权法律制度研究》，载梁慧星主编：《民商法论丛》第1卷，第384—388页。

③ 李婉丽：《中国典权法律制度研究》，载梁慧星主编：《民商法论丛》第1卷，第384—388页。

④ 梁慧星主编：《中国物权法研究》，法律出版社1998年版，第783页。李婉丽：《中国典权法律制度研究》，载梁慧星主编：《民商法论丛》第1卷，第384—388页。

型的担保物权的不同之处，仅在于能占有不动产而为使用收益。① 依据《日本民法典》第 356 条至第 361 条的规定，不动产质权人可以依不动产标的的用法进行使用、收益。英美法上的按揭，对于按揭权人来说，属于一种典型的担保权益，这一点与法国的不动产质不同，而与日本的不动产质相似。但是，按揭一般情况下不占有财产，只有在按揭人违约的情况下，按揭权人才有可能通过法院发出占有令占有财产，而且，按揭权人占有财产要负严格的责任，在这一点上，按揭与不动产质是不同的。按揭权人在债权得不到及时偿还的情况下，可以委任接收人管理财产，并用其收益偿还债权，并不负严格责任，这一点上与不动产质的留置权或占有权的行使在时间点上不一致，这也是按揭和不动产质最本质的区别。

二、不动产按揭与典权

"典权是中国固有的一种物权，属于用益物权的一种，是指承典人支付典价而占有、使用、收益出典人的财产，出典人在一定期间内有权回赎的一种民事权利。"② "典权，是指支付典价，占有他人不动产而为使用、收益的权利。"③ "房屋典权，是指承典人支付典价而占有出典人的房屋，并进行使用和收益的一种民事权利。"④

关于典权的法律性质，理论界一般有三种见解：用益物权说认为对物的使用、收益是用益物权的特点。其代表学者有黄右昌、胡长清、郑玉波、姚瑞光等。⑤ 担保物权说认为典权的成立是由出典人以不动产典借现款，即典物为借款的担保手段。其代表学者为余戟门。⑥ 特种物权说（亦称折中说，代表学者为史尚宽⑦）认为典权虽具有使用和收益的内容，但并不是其主要目的。典权人之设定典权，是以取得典物的所有权为最终目的，使用和收益不过是其副作用而已。另外，典权虽然有担保作用，但并非纯粹意义上的担保物权，因为担保物权为从权利，需以主权利（债权）的存在为前提，而典权则不以债权的存在为前提。可见典权既不是纯粹的用益物权，也不是纯粹的担保物权，而是兼具此二者双重性质的特种物权。⑧

---

① 李婉丽：《中国典权法律制度研究》，载梁慧星主编：《民商法论丛》第 1 卷，第 384—388 页。
② 佟柔主编：《中国民法》，法律出版社 1990 年版，第 278—279 页。
③ 梁慧星《中国物权法建议稿》第二百八十八条［典权的定义］。王利明《中国物权法建议稿》第三百三十九条［典权的定义］。
④ 佟柔主编：《中国民法》，法律出版社 1990 年版，第 278—279 页。
⑤ 梁慧星主编：《中国物权法研究》，法律出版社 1998 年版，第 784 页。
⑥ 梁慧星主编：《中国物权法研究》，法律出版社 1998 年版，第 785 页。
⑦ 梁慧星主编：《中国物权法研究》，法律出版社 1998 年版，第 785 页。
⑧ 钱明星：《物权法原理》，北京大学出版社 1994 年版，第 308 页。

Carol Rose 曾说过:"早期普通法按揭确实非常明确。类似典当交易……"① 确实,当代按揭的前身之一(英国早期的,现在已经消亡了的"死质")与我国的"典"非常近似。但典权是中国特有的制度,为各国物权制度所无。② 在其他国家中没有这种制度,只有日耳曼法上的古质和日本民法上的不动产质与其相似,但典与这两种制度之间又实不相同。日耳曼法上的不动产质分为两种:一为古质(又称"占有质"),一为新质(又称"非占有质")。后者发展为抵押制度,前者与我国典权有很多相似之处,它们都是以不动产为标的,都需移转占有并可使用、收益不动产。另外,典权不以债权存在为前提,古质有时也不以债权的存在为前提。可见古质与典权实相近似,只是略有不同,与典权都以不动产为标的,并都可对之进行使用、收益。二者虽然有这些相似之处,但不动产质终究是一种质权,与不以债权的存在为前提的典权还是不同的。③

经过长期的发展,当代英美法上的按揭也早已不是早期的"死质"。当代按揭与我国典的区别如下:

首先,典权人对出典人应为一定金额的给付,但这种给付是典权的对价,并不是订立借贷合同,就借款成立债权,然后以典物为担保,因此这项给付不称为借款,而称为"典价";出典人的回赎,不称为履行债务,而称为"回赎典物"。典权的主要性质,应是用益物权,而非担保物权。④ 典权人设立典权的目的,不在于变卖典物,而在于对典物为使用收益,因此属于用益物权。⑤ 用益物权、担保物权和特种物权三学说中,以用益物权为通说。⑥ 在按揭法律关系中,实际上存在两个合同,一是贷款协议,二是按揭契据,而在大多数情况下,两个协议合二为一。贷款人贷出款项是履行贷款义务,借款人还款也是履行还款义务;而且,按揭人行使衡平法上的回赎权是其权利,同时也是按揭权人的义务。

其次,从典权的设定目的上说,典权人获得典物,目的在于典物使用、收益,而不在于获取典物的交换价值。⑦ 因为典权以占有、使用、收益为内容,所以在同一不动产上,不得设立数个典权,否则,后设立的典权无效。⑧ 当代按揭只是担保,即"按揭就是按揭",不应当是为其他目的而设立。按揭的目的不在于使用价值而

---

① Kevin Gray & Susan Francis Gray, *Elements of Land law*, third edition, Butterworths, 2001, p. 540.
② 梁慧星主编:《中国物权法研究》,法律出版社 1998 年版,第 783 页。
③ 钱明星:《物权法原理》,北京大学出版社 1994 年版,第 307 页。
④ 钱明星:《物权法原理》,北京大学出版社 1994 年版,第 309 页。
⑤ 梁慧星主编:《中国物权法研究》,法律出版社 1998 年版,第 783 页。
⑥ 梁慧星主编:《中国物权法研究》,法律出版社 1998 年版,第 785 页。
⑦ 王利明主编:《中国物权法草案建议稿及说明》,中国法制出版社 2001 年版,第 399 页。
⑧ 钱明星:《物权法原理》,北京大学出版社 1994 年版,第 309 页。

在于交换价值。所以，不动产及不动产上的合法权益都可以设定按揭，而且按揭权益之上也可以设定按揭；一项财产上不但可以设定一个按揭，还可以设定两个或多个按揭。

最后，在典权中，出典人出让的是典物的使用价值，获取的是典物价值带来的效用。典权人承典实为获取典物作用带来的效用，同时丧失典物价值。为此，典物必须转移其占有，即由承典人通过无偿占有典物，弥补出典价的利息损失。① 作为按揭前身的"活质"和"死质"，可以占有财产，并可以财产上的收益还本付息，或用财产上的收益充作利息，但是，现在早已没有这种做法。当代按揭的按揭权人，虽然有权"在墨迹未干的情况下占有"财产，但一般不占有财产，因为占有财产风险过大、责任过大。在必要的情况下，如按揭人违约，按揭权人首选的方法也是委任接收人，而不是占有不动产。

需要说明的是，典权已转化为一种典型的抵押担保物权：房屋要办理抵押登记，机动车除登记外还要质押。以有体动产而为的当，已转化为纯折价买卖关系；以有价证券而为的当，已转化为债权转让。可见，当前的当典业，纯属挂"典当"之名，行抵押、质押、买卖之实，名不符实。

质或者典是通过对交付给出借人的动产实施占有的方式对贷款作出的担保。②由此可以看出，当代按揭不是质，也不是典。但并不排除英国早期的按揭与不动产质或我国典权制度的相似性。③

三、按揭与抵押制度

抵押制度也可追溯到罗马时代的"fiducia"，后来发展到质押，最后定型于抵押制度。换句话说，抵押与按揭同宗同源。在抵押制度从罗马到法国，到德国，到日本，到我国的台湾地区，到我国大陆的发展过程中，形式和内容都有所变化。但是，抵押制度的公示原则、特定原则和不转移财产权的特征却始终没有改变。

严格说来，英美法系的按揭制度并不是我国的抵押制度，它们之间存在许多区别：

第一，在我国《物权法》通过之前，只允许在特定的不动产或者其他财产上设立抵押④，我国《物权法》则允许动产抵押。而按揭自一开始就可以在动产或不动产上设立。在这一方面，按揭与我国《物权法》之前的抵押不一致，而与《物权法》规定的抵押条件相同。但是，美国目前的按揭只指不动产按揭，因为动产担保

---

① 周林彬：《物权法新论》，北京大学出版社 2002 年版，第 637—638 页。
② R. E. Megarry & H. W. R. Wade, *Real property*, Stevens & Sons Limited, 1959, p. 841.
③ See, generally, 36 (1) Halsbury's Laws (4th edn reissue), Pledges and Pawns.
④ 《担保法》（已失效）第 34 条。

全部由《美国统一商法典》第九篇进行规范。

第二，原先的抵押权只允许在现实存在并取得法定产权的不动产上设立，而按揭可以在不动产的任何权益上，包括按揭权本身之上设立，此处存在区别。但是，我国《物权法》规定将来取得的物权（如正在建造的建筑物、船舶、航空器）、动产（如生产设备、原材料、半成品、产品）等均可以抵押。这就向按揭制度靠近了一大步。

第三，按揭有时可对按揭财产实施占有，也可委任接收人，如果按揭期间占有财产，其担保的性质与占有类型担保（possessory security）如占有质、占有型留置（possessory lien）等类似。① 抵押则不对抵押财产实施占有。

第四，英美法中，不动产的租赁权可以按揭，而我国的不动产租赁权不可以抵押。

第五，英美法中的按揭，有法定的和衡平法上的之分，而抵押制度没有这样的划分。英美法中，不动产可以设定连续按揭，按揭之上还可以设立按揭（即按揭权的按揭），而抵押制度中，一般情况下不能设立连续抵押，也没有再抵押之说。

第六，原先的按揭制度中，按揭财产的法定产权需要完全转让给按揭权人（在托伦斯登记制度下已没有必要），抵押从来不需要将财产权转让给抵押权人。按揭权人的权利多带有他主物权（res aliena）的性质，包括占有、委任接收人等，但抵押权人的权利是潜在的，虽然从广义上讲也属于所有权（proprietary right），而且具有所有权（dominion right）性质，但从狭义上讲只是严格逻辑上的所有权，抵押权人在财产上不实际享有物权，他的权利必须待抵押人违约之后才能真正行使，所以带有他主物权，而不是自主物权（res propria）的性质。②

第七，抵押制度强调对抵押权人权利的保护，而恰恰相反，按揭制度（特别是衡平法）主要强调对按揭人权利的保护，如按揭就是按揭、回赎权不得阻止、不得压制或极不合理、不得不适当推后等。当然，按揭制度也关注按揭权人权利的实现，如规定一旦债权得不到偿还，按揭权人享有委任接收人、占有不动产、出售不动产、起诉和止赎的权利。

基于以上几点，可以断定，按揭不是抵押。在此，我们用英国按揭法中一句古老的名言来表达一层全新的意思，即"按揭就是按揭"（"Once a mortgage, always

---

① Edward I. Sykes, *The Law of Securities*, 4th edition, the Law Book Company Limited, 1986, p. 17-19.
② Edward I. Sykes, *The Law of Securities*, 4th edition, the Law Book Company Limited, 1986, p. 17.

a mortgage.",即不得以其他形式否定或者掩盖按揭的本质)。①

尽管按揭与抵押有诸多的不同,但也存在相同或相类之处:

第一,从功能上讲,它们都是担保方式。抵押是一种典型的非权利转移型担保,而按揭目前也体现为一种履行义务的非权利转移型担保(英国人认为按揭是担保债务的偿还或解除其他义务,美国人认为按揭是一种担保设计,我国香港立法认为按揭是对金钱或金钱价值的担保)。

第二,我国《物权法》规定,将来取得的物权〔《魁北克民法典》(Civil Code of Quebec)称为"future property"〕、动产、不动产,企业、个体工商户、农业生产经营者现有的或将有的生产设备、原材料、半成品、产品均可以抵押。

第三,抵押和按揭均需要履行公示,即非经登记不成立(抵押)或不得对抗第三人(抵押和按揭)。

第四,抵押制度中有最高额抵押的安排,而按揭制度中有追加贷款的规定。

第五,抵押和按揭制度中分别有浮动抵押和浮动押记的规定。

第六,抵押权和按揭权在实现担保权的方式和手段上存在不少相似之处。按揭权人按合同或者通过司法程序出售按揭财产时,救济方式具有抵押权性质。② 另外,抵押和按揭制度中均存在优先顺位的问题。

第七,现在英美法中押记的含义非常广泛,按揭和抵押都可包含在其中。相反,押记也包含在按揭中。说得通俗一点,就是英美法系国家的专业和非专业人士中,常常将按揭和押记相互包含,也可以说,他们自己将按揭和押记用混了。

第八,抵押和按揭的双方均可以通过协议,对标的物进行折价、拍卖、变卖,使债权优先受偿。

我国的按揭业务,10多年来,无论是实务领域还是司法实践,基本上都是参照或依据抵押制度进行操作的。目前,对于抵押和按揭的区别,有的已经消除,有的可以消除,有的可以通过改变抵押的具体规定,使按揭符合抵押的要求。这样,抵押和按揭这两种担保制度,随着两大法系国家和地区经济的相互渗透已经或者正在相互妥协、相互靠拢,这正是我们所希望看到的发展方向。

---

① 原意可以诠释为:一旦当事人的一项交易行为的本意或本质是设立按揭,它就应当被认定为按揭,而不应当认定为别的交易(如买卖关系)。但是,不能理解为"一旦成为按揭,则永远是按揭"。在此,笔者不恰当地赋予其以一层新的含义,即按揭就是按揭,按揭不是抵押或别的担保形式。

② Edward I. Sykes, *The Law of Securities*, 4th edition, the Law Book Company Limited, 1986, p. 17-18.

我国按揭制度或将退出历史舞台

按揭制度起源于罗马时代的"fiducia"（本意是信托或信赖），规则是不动产的法定所有权由贷款人享有（包括转移对不动产的实际占有），若借款人履行了借款合同中的义务，则贷款人将所有权返还给原始的所有人（借款人）。在此基础上，人们创立了"pignus"（质）这种工具，它不要求财产所有权的转移，而是将财产进行"典当"，即借款人保留所有权。① 后来，人们创立了意思为抵押物的"hypotheca"，这一工具类似于"pignus"，与其不同的是贷款人仅在借款人实际违约的情况下才能取得不动产的占有权。

当罗马帝国开始衰落时，德国文化风靡欧洲。德国法律上的"gage"（土地质）也开始流行，其含义是作为履行合同的担保而交付的存放物。

1066 年诺曼底公爵威廉征服英国后，法国人将德国的土地质制度引进英格兰。对涉及产权没有被实际转移的不动产担保贷款，称之为"死的"质。由于法语中表示死的词为"mort"，"死的"质自然被称为"mort gage"，英国的按揭制度（mortgage）从此而生。中文"按揭"一词最开始是我国南方（包括香港地区）人对"mortgage"的称谓，采取了意译和音译的结合："按"是"押"的意思，"揭"是"mortgage"后章节的发音。随着这种业务在我国由南往北、由东往西铺开，"按揭"一词已被我国所普遍接受。

英国的按揭制度经历了漫长的发展过程。为了使处于弱者地位的借款人（按揭人）的利益得到有效的保护，自中世纪以来，衡平法便对按揭制度进行干预，其干预的核心价值是"衡平法回赎权"（the equity of redemption），即是说，从法律的角度，只要约定的还款日一过，按揭人法律上的回赎权便消灭，而在衡平法上他却仍享有回赎权，同时这种回赎权不可阻止、不得设置障碍和约束、不得不合理地推迟、不得附加不合理的条件。此外，不得以其他表象掩蔽按揭担保的本质（"按揭就是按揭"）。

在英国，现代按揭制度经历了三个主要的发展阶段：

第一阶段：1926 年 1 月 1 日之前，法定按揭通过"让与"法定产权的方式创设。英国按揭制度上的这一传统在 1984 年之前的我国香港（回归前的香港民间没有"永久地产权 fee simple"）、现在的加拿大（除魁北克省外）、新加坡、新西兰、

---

① ［美］特瑞斯·M. 克劳瑞特等：《房地产金融原理和实践》，龙奋杰、李文诞等译，经济科学出版社 2004 年版，第 58 页。

澳大利亚和美国的大多数州均得到了体现：

1. 永久产权的法定按揭是将永久产权让与（convey）给按揭权人。

2. 租赁产权的法定按揭最常用方式是将"稍短于"所剩全部年期权的年期权（his term of years for a period slightly shorter than the remainder of the term）再租（sub-lease）给按揭权人。还有一种不常用的方式，就是将所剩的全部年期权（the whole remainder of the term）转让（assign）给按揭权人。

第二阶段：1925年，英国进行了大规模法律改革，颁布了《1925年财产法》等五部重要法律，主要目的一是使法律事实简化，二是使法律简化。就此，自1925年12月31日之后，永久产权和租赁产权的法定按揭应当依《1925年财产法》规定的方式创设，不再"让与"法定产权。也就是说，永久产权的法定按揭，方式只能是两种：

1. 将一定的绝对年期权出租（demise）；

2. 在契据上明确表示设立押记（charge），即"押"永久产权。

如果是租赁产权，按揭的方式也有两种：

1. 将一定的绝对年期权再租（sub-lease 或 sub-demise）；

2. 在契据上明确表示设立押记（charge），即"押"租赁产权。

无论是1925年之前还是1925年之后，英国的衡平法按揭都是通过以下方式产生的：衡平法利益的按揭、衡平法押记、产权契据的押存（英国2002年以后已登记的土地不再发产权证）、设立法定按揭的合同（我国香港认为信托财产属于动产，因而信托产权不能以此方式设立衡平法按揭）、部分履行（在英国已被废除，我国香港仍适用）、禁止反悔（实践中英国出现得很少，所以我国香港没有这一方式）等。

第三阶段：依英国《2002年土地登记法》相关规定，如果土地没有登记，则《1925年财产法》规定的设立按揭的方式均可采用。但是英国已基本上实现了土地的强制登记制度，未登记的土地将最终退出历史舞台，土地产权将代之以登记的形式体现，而不是契据。如果土地经过登记，只能采用法定"押记"（charge）的方式设定法定按揭（基本上等同于大陆法系的"抵押"）。简而言之，在英国，从效力和优先顺位的角度来概括，存在未登记不动产的法定按揭、未登记不动产的衡平法按揭、已登记不动产的法定按揭（已登记押记）、已登记不动产的衡平法按揭，以及已登记不动产的衡平法押记。

英国的衡平法按揭可以通过合同、法定产权的不完备让与、衡平法利益的按揭或衡平法押记等方式来设立。以"部分履行"设立衡平法按揭的方式在英国已被废除，而由于《2002年土地登记法》中规定已登记的土地不再发土地证，所以在英国已无法以"契据押存"的方式设立衡平法按揭。

以上这三个阶段，英国按揭制度发生了重大的和根本的变化。至此，除一部分未登记的土地按揭外，英国的按揭制度在本质上已完成从"让与产权"进行担保到"非让与产权"进行担保的转变。

美国法中物的担保制度与英国法基本相似，但也有许多不同之处。《美国统一商法典》（UCC）颁布之前美国承认广泛的担保制度，而《美国统一商法典》颁布之后，将以前的留置、质押、动产让与担保、应收账债等担保形式进行抽象，将其全部囊括于"担保权益（security interests）"之中，作为一个整体给予规范。随着该法典为绝大多数州所采用，动产担保制度在全美已基本实现了统一。在不动产按揭方面，美国几乎所有的州依按揭的大多数目的均认为按揭是一种留置（lien）。尽管关于担保权人的权益性质存在"所有权转移说"（title theory）和"留置权说"（lien theory）的区别，但在美国，总的趋势是废除"所有权转移说"，采用"留置权说"，而留置在本质上就是一种担保权益（此处与大陆法系的留置在含义上有细小区别，即没有实际占有）。尽管美国仍允许以财产权"让与"的方式设立按揭，《第三次财产法（按揭）重述》也不禁止担保中财产权的"让与"，但是在实践中"非让与"的按揭方式更被人们所推崇，"让与"方式正逐步被人们所摒弃。与英国的按揭制度相比较，美国的按揭制度已经走得更远，如今已很难见到衡平法按揭的踪影，亦没有押记的表述和设立方式。美国法学会和美国统一州法全国委员会主要担负着统一各州立法和司法的责任，因而在按揭方面也另辟蹊径，独树一帜。

在我国香港地区，1997年回归前民间没有永久产权的土地[①]，即没有永久产权的按揭，而只有租赁产权的按揭。1984年11月1日《物业转易及财产条例》通过之前，法定按揭采用将土地租赁权转让或再租给按揭权人的方式设立。而根据《物业转易及财产条例》第44条规定，自1984年11月1日起，按揭需以契据形式设立法定押记。按揭财产的法定产权不再转让给按揭权人，而由按揭人保留。所以，1984年11月1日之前按揭权人享有法定产权，按揭人享有衡平法回赎权；而1984年11月1日之后，按揭人享有法定产权和衡平法回赎权，而按揭权人仅享有法定"押记"权益，即担保权益。按揭形式的变化使按揭的实质更接近大陆法系中的抵押。

---

① 根据《香港特别行政区基本法》第7条的规定，香港特别行政区境内的土地和自然资源属于国家（中华人民共和国）所有，由香港特别行政区政府负责管理、使用、开发、出租或批给个人、法人或团体使用或开发，其收入全归香港特别行政区政府支配。

英国的按揭法并不是非常完美，法律规则和实际发生的事实之间往往存在脱节。18世纪和19世纪出现的按揭法，也随着20世纪情况的变化而发展变化。①

以前，按揭人常常是大家庭成员，按揭权人常常是专业的机构，衡平法院将按揭视作按揭权人可以单方面设定条件的交易，按揭人急需用钱，必须接受按揭权人设定的条件，按揭人处于不利地位，这种情况可称之为"贷款人市场"（a lender's market）。随着法律遵循买卖交易中"由买主自行当心"（caveat emptor②）的习惯，衡平法对于按揭判例却持不同的观点，出于对当今资本主义社会借款人和贷款人地位变化的考虑，认为对旧的判例应当持保留态度地接受，因为这些判例体现了有约束力的先例和变化中的社会要求之间的持续斗争。20世纪转型时期的判例并没有产生适用于这些案件的原则，而诉讼过程中适用以前确定的原则的合法性就是一种挑战，总的说来，后来的判例还是重新肯定了旧的原则，直到1914年才取得了实质性的进步。③

现在的问题是，这些旧的原则在多大程度上仍能得到适用。现代的土地按揭通常是个人购房者（individual house-buyer）和建筑协会或者其他机构贷款者之间的交易，或者成为财产融资者（property financier）从事的发展项目的一部分。弱小的个人可以免除建筑协会设定的高标准和法律保障带来的不公平压力，所以融资者需要进行自我保护。④

针对按揭制度与实践中的不适应性，法律改革的呼声越来越高。1989年3月，英国法律委员会的财产转让常务委员会（Law Commission's Conveyancing Standing Committee）发表了一份咨询报告，建议用一种被称为"flexi-mortgage"的按揭形式避免束缚、防止耽误，杜绝变卦和敲诈。其特性便是在限定的时间内允许借款人延长对所购财产的按揭期限，对旧按揭的支付时间进行推迟，增加贷款额的权利，使其有能力承担重叠财产所产生的费用。这样就使得房屋所有者（house-owner）可以在出售已有的房屋之前购买新房，结果是让借款人多承担了一些按揭利息而无须增加本金的偿还。⑤

1991年，英国的法律委员会发表了一份实质性报告并附法律提案（Draft Bill，未生效），在报告和法律提案《土地转让：土地按揭》（《法律评论》，1991年第

---

① Cheshire & Burn, *Modern Law of Real Property*, sixteenth edition, Butterworths, 2000, p. 718.
② ［拉］【商】货物出门概不退换（原意是：由买主自行当心）。
③ Cheshire & Burn, *Modern Law of Real Property*, sixteenth edition, Butterworths, 2000, p. 718.
④ Cheshire & Burn, *Modern Law of Real Property*, sixteenth edition, Butterworths, 2000, p. 718.
⑤ Law Com No. 190, para. 2.2. Cheshire & Burn, *Modern Law of Real Property*, sixteenth edition, Butterworths, 2000, p. 803.

204号)① 中，法律委员会建议按揭法的几个方面——创设、保护、按揭人和按揭权人的权利等基本结构应进行改革②。在法律委员会看来，当前的按揭法不必要地复杂、混乱和虚伪（artificial）。③

1. 首先是在按揭的设立方面，法律委员会建议将当前所有设立按揭的复杂方法——法定押记或衡平法按揭（除押记令和浮动押记外）全部废除，代之以一种全新的"正式（formal）土地按揭"和"非正式（informal）土地按揭"结构，均由制定法（statute，必须由法院进行解释）进行规范。

2. 关于按揭法改革的指导原则，法律委员会认为，"按揭财产的唯一功能是为按揭人的还款义务提供担保"④。所以，无论是正式抑或非正式按揭，按揭权人的权利、救济方式、权力只能善意地行使，目的是保护和实现（enforce）担保权。⑤在我国，为借钱而办理的房屋产权、股权等的过户或转让，司法实践经常假戏真做，这是不符合担保的本质的，应当引起高度重视。

3. 关于正式土地按揭，法律委员会认为必须以契据的形式设立，可以在土地的任何法定或衡平法权益上设立，否则无效。如果土地已经登记，正式土地按揭也必须依《1925年土地登记法》实质性地登记在相关产权登记簿上，其优先顺位依登记日期的先后来确定，如果未登记，正式土地按揭只能按非正式土地按揭确定优先顺位。在土地未登记时，法定不动产或商业性衡平法权益的所有正式土地按揭依《1972年土地押记法》登记为土地押记，优先顺位依可登记的土地押记C（i）类的顺序确定。⑥

4. 非正式土地按揭也可以依《1989年财产法》（杂项规定）第2项的要求或以契据或有效合同的形式设立。非正式土地按揭不是给予按揭权人任何实现担保权的权利，也不授予按揭权人对按揭财产采取任何行动的权利，而仅仅是授权按揭权人可以将非正式土地按揭转换为正式土地按揭。在已登记的土地中，法定不动产的非正式土地按揭将以通知或警示的登记方式保护，优先顺位受现行适用于次级利益

---

① ［英］黛安·查佩尔：《土地法》（第5版），法律出版社2003年版，第377页。
② Kevin Gray & Susan Francis Gray, *Elements of Land law*, third edition, Butterworths, 2001, p.1462.
③ Law Com No. 204 (1991), paras 2.1-2.5. Kevin Gray & Susan Francis Gray, *Elements of Land Law*, third edition, Butterworths, 2001, p.1462.
④ Law Com No. 204 (1991), para 3.2. Kevin Gray & Susan Francis Gray, *Elements of Land Law*, third edition, Butterworths, 2001, p.1456.
⑤ Law Com No. 204 (1991), para 3.4. Kevin Gray & Susan Francis Gray, *Elements of Land Law*, third edition, Butterworths, 2001, p.1456.
⑥ Law Com No. 204 (1991), para 3.2-3.8. Cheshire & Burn, *Modern Law of Real Property*, sixteenth edition, Butterworths, 2000, p.718. Kevin Gray & Susan Francis Gray, *Elements of Land Law*, third edition, Butterworths, 2001, p.1463.

（minor interests）的规则规范。在未登记土地中，法定不动产或商业性衡平法利益的所有非正式土地按揭可登记在土地押记 C（iii）类。[①]

5. 法律委员会建议，以押存契据设立的衡平法按揭的形式应当被废除（注：已被《2002 年土地登记法》废除）。正式土地按揭应当像现在的法定押记（几乎就是抵押）一样通过登记加以保护，但在未登记的土地中，所有正式土地按揭都应当登记在 C 类（i）土地押记中，可以同时押存或不押存产权契据。在已登记土地中，非正式土地按揭可以通过通知（notice）或提示（caution）的方式作为次要（minor）权益登记在 C 类（iii）的土地押记中。然而有一个例外，即土地按揭，无论是正式的还是非正式的，如果是以信托土地中的信托利益（beneficial interests）设立，则就像现在一样无须登记，以使其继续受 Dearle 诉 Hall 案规则的规范。[②]

6. 关于按揭权人的权利，法律委员会希望在按揭领域大力引进消费者保护的规范。当然，在严格限制按揭权人权利的同时，必须保障按揭权人担保权益的公平实现。法律委员会同时还建议，关于不管按揭人是否违约，"契据的墨迹未干则按揭权人即可行使占有权"的权利应当被废除。

7. 法律委员会建议，涉及住房财产的几乎所有按揭（无论是正式的或者非正式的）应当归类为保护性按揭（protected mortgage）。[③] 保护性按揭应当遵循标准格式的某种规则。任何推迟按揭人回赎权的条款均是无效的，并且在按揭权人不合理的改变利率的行为方面，受保护的按揭人享有额外的保护。[④] 对保护性按揭的保护应当由法院发出令状。对于其他按揭财产，按揭权人的占有权只能在必要时才能产生和行使。而出售权在可行使之前，按揭权人应当以固定格式通知按揭人，要特别指出按揭人的过错和所应采取的救济行动，同时还应向按揭人解释违约的后果以及如何和到何处去咨询、寻求帮助。法律委员会还建议，如果是保护性按揭，按揭权人行使任何出售权，都必须获得法院的许可，如果按揭人不存在实质性违约，或者没有威胁到按揭权人的担保利益，法院有权拒绝发出出售令，同时法院还有权重新安排按揭的还款数额和/或者时间。不过，这一建议存在争议。我国《最高人民法院关于人民法院执行设定抵押的房屋的规定》所规定的结果

[①] Law Com No. 204 (1991), para 3.11-3.33. Kevin Gray & Susan Francis Gray, *Elements of Land Law*, third edition, Butterworths, 2001, p.1463.

[②] Law Com No. 204 (1991), para 3.29, 3.33. Kevin Gray & Susan Francis Gray, *Elements of Land Law*, third edition, Butterworths, 2001, p.1463.

[③] 英国法律委员会的报告称，个人所有者/占有者以住房所作的按揭为"保护性按揭"（protected mortgage）。

[④] Law Com No. 204 (1991), para 4.6-6.43. Kevin Gray & Susan Francis Gray, *Elements of Land Law*, third edition, Butterworths, 2001, p.1463.

与这一建议极为相似。

8. 关于占有权，法律委员会建议取消法定按揭权人依现存法律所享有的固有的占有权，代之以每个正式土地按揭中的默示的首要规定，即依按揭权人的出售权，因出售而为的占有是合理的必要，按揭权人有权占有按揭财产。然而在保护性按揭条件下，没有法院的许可和送达执行通知，按揭权人无权行使占有权。法院可以依自由裁量权令行使占有权，或者按揭人主动将财产交按揭权人占有后停止计付利息十二个星期。①

9. 关于出售权，对于所有正式土地按揭，当行使权利的事件（如按揭人还款违约，或者按揭人实质性违反按揭协议）发生或者按揭权人的担保权存在实质性风险（如强迫买卖或被迫破产）时，按揭权人有权出售按揭人的利益，这应成为默示条件。对于保护性按揭，没有法院的许可（leave）送达和给按揭人的执行通知（enforcement notice），出售权不得行使。正式土地按揭下的按揭权人或接收人行使出售权的首要义务，是要对按揭人、担保人和在后按揭权人尽合理的注意，确保价格是合理地能获得的最好的价格。② 法院还有权令按揭权人接受新的还款计划，或改变、废除按揭中的任何条款。

10. 关于委任接收人的问题，法律委员会认为只有符合既定资质标准的人才可被委任为接收人。除非在按揭协议中被明确地排除，否则按揭权人委任接收人的权利可以自动产生。

11. 关于止赎，法律委员会建议将这种最严厉的措施废除，而代之以在法院的允许下，按揭权人有权将按揭财产出售给自己（这实际上就是以"财产折价"或"以物抵债"。我国《民法典》物权编第410条规定，以抵押物折价偿债需要由抵押人和抵押权人达成协议）。而法院只有在认为出售给按揭权人自己将是实现担保权的最佳办法时才会允许出售。

12. 法律委员会建议按揭权人转让保护性按揭应当获得按揭人的书面同意，以改变此前按揭权人之间可以自行协商相互转让按揭或者变更优先顺位的做法。同时，对于不公平的按揭要给予更大力度的干预。按揭权人只有善意地保护或行使担保权时，权利、救济和权力才能行使。③

13. 关于司法干预权，法律员会建议法院应当享有新的法定司法权，进而改变

---

① Law Com No. 204（1991），para 6.16-7.29. Kevin Gray & Susan Francis Gray, *Elements of Land Law*, third edition, Butterworths, 2001, p. 1464.

② Law Com No. 204（1991），para 7.5-7.23. Kevin Gray & Susan Francis Gray, *Elements of Land Law*, third edition, Butterworths, 2001, p. 1464.

③ Cheshire & Burn, *Modern Law of Real Property*, sixteenth edition, Butterworths, 2000, p. 803.

或设定一些条件，使之对各方当事人都公正。这种司法干预权在按揭协议违背公正交易原则、还款要求过高，或当按揭权人获得的权利实质上大于或者不足以担保按揭债务而有必要给他的权利时才适用。①

14. 此外，英国现代的判决常常会考虑按揭交易双方相对的权利，承认在公平条件下签订的协议的有效性。② 因此，法律委员会报告建议，应当给予法院新的审判权变更或撤销按揭中的不合理条款［如 fraud（欺诈）、mistake（过错）、rectification（变更）、estoppel（禁止反言）、undue influence（不正当影响）、restraint of trade（交易限制）、衡平法回赎权上的 clogs or fetters（束缚或约束）等］。③

1998年，由于缺乏支持，英国政府决定不执行法律委员会的报告，并请法律委员会重新考虑其建议。④

通过对英国、美国和我国香港地区按揭制度的研究，可以清楚地发现，按揭制度在实际操作上已逐步由复杂、烦琐向简单、明确和规范的方向发展，形式上已完成由"产权的让与"向"押记"转变；而从押记的功能上看，以按揭形式设立的（法定）押记非常类似于大陆法系国家的抵押担保制度。⑤ 可以这样说，按揭和抵押这两种担保制度，同是源自罗马帝国时期的"fiducia"（信托或信赖），虽已分道扬镳，但在经过了上千年的发展以后终于戏剧性地相互融合，并有可能在不远的将来合二为一。

至此，笔者给英美法系的不动产按揭下一个定义：不动产按揭（mortgage 或 charge）是债务人或第三人（如美国）以不转移不动产产权的方式，将不动产押给债权人作为偿还债务的担保，债务人或第三人无法履行债务时，债权人可就该不动产优先受偿。其中，以财产提供担保的人称为按揭人或第三人，债权人或接受担保的人称为按揭权人，作为担保的不动产称为按揭财产，所借款项称为按揭款（mortgaged money 或 mortgaged loan）。从这一定义上看，现代英美法系中的不动产按揭几乎就是大陆法系中的不动产抵押。

结语：在英美法系中，不动产担保基本上不再让与不动产产权，同时也不存在

---

① Law Com No. 204 (1991), para 8.5. Kevin Gray & Susan Francis Gray, *Elements of Land Law*, third edition, Butterworths, 2001, p. 1463.
② ［英］凯特·格林、乔·克斯雷：《土地法》（第4版），法律出版社2003年版，第92页。
③ Cheshire & Burn, *Modern Law of Real Property*, sixteenth edition, Butterworths, 2000, p. 805.
④ Law Commission Thirty-Third Annual Report (Law Com No. 258), para. 1.10. Cheshire & Burn, *Modern Law of Real Property*, sixteenth edition, Butterworths, 2000, p. 803.
⑤ 刘得宽：《美国法上的"Mortgage（不动产抵押）"制度》，载刘得宽：《民法诸问题与新展望》，中国政法大学出版社2002年版，第428页；王闯：《让与担保法律制度研究》，法律出版社2000年版，第109—110页。

个别学者所称的"让与担保"法律制度。另外，一旦我国取消商品房预售制度，要求现房销售，那么现行的按揭制度将没有存在的必要，而代之以"不动产抵押"，同时，"在建工程抵押"也应当恢复其"土地使用权抵押"的本来面目。

我国《民法典》中没有也不应规定"让与担保"

个别学者的著作专门研究了"让与担保法律制度"；民间也有部分法律人士讨论"让与担保"；法院在少数以房屋买卖为名、以股权转让为名，行民间借贷之实案件的民事判决书中，反复阐述"让与担保"；有专家在全国性会议上的发言中，用了不短的篇幅解释和说明"让与担保"；《全国法院民商事审判工作会议纪要》也用了一个小篇幅强调"让与担保"；另外，还有个别《民法典》编纂的专班成员发表论文建议在《民法典》中规定"让与担保"。以上现象似乎表明，我国在民法担保领域有必要承认和采用"让与担保法律制度"，但实际上是很不恰当的。

一、"让与担保"子虚乌有

一般认为，"让与担保"是指债务人或第三人为担保债务人之债务而将担保标的物的财产权转移给担保权人，于债务清偿后，标的物应返还给债务人或第三人，债务不履行时，担保权人得就该标的物受偿的非典型担保。"让与担保"的要件有三：一是财产权的转移；二是财产权是为担保目的而转移；三是存在债权债务关系，即授信者（债权人、让与担保权人）就融资资本享有返还请求权。① 所以，相关学者认为，我国的商品房按揭制度就是"让与担保"。

（一）关于预售商品房按揭，我国有两种不同的观点

1. "让与担保说"认为，我国的按揭制度就是大陆法系中的让与担保。就法律构成而言，原本意义上的按揭的构成包括借款协议和按揭，在美国为 note 或 bound 及按揭，均为二部分内容，但应同时具备三个要素：一是特定财产的权利转移；二是在债务人不履行债务时，债权人可以确定地取得所有权；三是债务人享有通过履行债务而赎回担保物的权利，同时债权人有交还财产的义务。② "从其本义观之，Mortgage 是一种债务人通过将特定财产权让渡与债权人的形式实现担保债权目的的物的担保方式，权利转移是其最基本的规定。"③ 从现代大陆法系的观念来看，其

---

① 王闯：《让与担保法律制度研究》，法律出版社 2000 年版，第 20 页。
② 王闯：《让与担保法律制度研究》，法律出版社 2000 年版，第 102 页。
③ 王闯：《让与担保法律制度研究》，法律出版社 2000 年版，第 102 页。

与让与担保并无二致。①"商品房按揭这种以购房人将其对于楼花或现楼的财产权或所有权转让与银行的贷款担保方式,完全符合让与担保的特征,所以,本书认为其实质上是一种让与担保。"②

"商品房按揭的性质既不是动产抵押权,也不是权利质押,而是一种让与担保。理由在于:第一,按揭与抵押虽然皆是融资担保的手段,但是按揭必须以转让房地产的权益与按揭权人即银行作为必要条件。在楼花按揭中,按揭人须将其对楼花的全部权益转让与银行;在现楼按揭中,按揭人须将其房屋的所有权转让与银行。质言之,按揭人作为借款人必须以转让财产权作为代价才能获得银行的贷款。而抵押权或权利质押则无须转让标的物财产权,仅仅是在担保标的之上设定他物权而已。第二,按揭贷款合同中,按揭人必须将《商品房买卖合同》和按揭房屋的房地产证的正本交付按揭权人银行执管;而不动产抵押权的设定并不需要交付房地产权益凭证。第三,按揭贷款中的借款人即购房人所贷款项,只能用于购买楼花或现房物业;而抵押贷款中的借款人所贷款项的用途,既可以用于购房,也可以作为他用,一般不受贷款银行的直接干预。第四,按揭方式乃从香港地区引进,如前所述,香港不动产担保中的按揭与抵押因产业的类型而相应地分为法定的和衡平法上的。若将我国大陆地区房地产实务中的商品房按揭与前述香港不动产担保加以比较,则所谓预售商品房按揭即楼花按揭实际上是香港的衡平法按揭,现楼按揭则相当于其法定按揭(或法定抵押)。"③建设部1997年4月颁布的《城市房地产抵押管理办法》第34条第2款关于预售商品房抵押登记的规定,与香港地区《物业转易及财产条例》第46条的规定基本相同,即在衡平法产业转为法定产业时,衡平法抵押或按揭自动转换为法定抵押;其区别在于《城市房地产抵押管理办法》要求当事人在商品房竣工并由抵押人领取房地产权属证书后,需重新办理房地产抵押登记,而非自动转换为房地产抵押。④

"由此可见,当前的房地产按揭方式与本书研究的让与担保方式基本相同,虽然开发商是房地产按揭关系中的重要参与人,但其并非是按揭合同的当事人,按揭人或按揭权人与开发商的权利义务关系完全可以通过另行订立有关合同诸如委托合同、保证合同等予以确定。"⑤

---

① 王闯:《让与担保法律制度研究》,法律出版社2000年版,第20页。
② 王闯:《让与担保法律制度研究》,法律出版社2000年版,第132页。
③ 王闯:《让与担保法律制度研究》,法律出版社2000年版,第132页。
④ 王闯:《让与担保法律制度研究》,法律出版社2000年版,第132页。
⑤ 王闯:《让与担保法律制度研究》,法律出版社2000年版,第450页。

有人认为，楼花按揭仅仅类似于大陆法系的让与担保这一非典型担保制度。①之所以将楼花按揭归于让与担保主要基于以下几点理由：首先，二者都渊源于罗马法中的信托担保。就"Mortgage"的本义而言与罗马法中的信托担保乃为同一概念。而且，实际上"Mortgage"也是受罗马法中的信托担保影响而形成的。其次，二者都是通过权利的转移而对债权进行担保。故从现代大陆法系的观点看，"Mortgage"与让与担保并无区别，故日本学者将"Mortgage"译为"让与担保"。最后，将楼花按揭性质认定为让与担保是想强调在借款人全部偿付债务前，按揭房产的所有权归贷款银行。这样将利于督促借款人为最终取得房产所有权而尽力偿债，并且在居住、使用按揭房产过程中有所约束，从而确保银行债权的实现。②

"在目前房地产按揭贷款实务操作中，当按揭标的为楼花时，借款人（预购人）须将其在与开发商签订的《房地产买卖合同》中的全部权益按揭与贷款银行，并且该《房地产买卖合同》正本需交由银行执管；当该房产竣工入住后，购房人委托发展商将代向当地房地产产权登记处申领的房地产证正本必须交由银行执管。在标的物为现楼时，借款人（购房人）将其购买的商品房现楼的财产权按揭与银行，购房人与发展商签订的《房地产买卖合同》以及随后领取的房地产证正本必须交由银行执管。此外，按揭合同常常约定：在按揭人不能履行还贷责任时，按揭银行可以直接取得按揭人在《房地产买卖合同》的全部权益以清偿所有欠款；这种条款正是典型的'流担保约款'。上述按揭贷款合同之常见约款表明：在房屋按揭贷款合同中，按揭人就其对楼花或房屋享有的财产权所设定的按揭，就是本书研究的不动产让与担保，其中《房地产买卖合同》和房地产证的交付行为以及'流担保约款'，正是银行持有房屋财产权的标志。因此可以说，这些约款全部表明一个事实：在形式上，担保物之财产权已经转移给按揭权人，质言之，房地产按揭是采取转移担保物财产权的法律形式。"③

"让与担保与融资租赁有关，企业与租赁公司签订一个融资租赁合同，由租赁公司替该企业垫付购买设备的价款。按照融资租赁合同的'所有权转让条款'，企业把打算购买的设备所有权转让给租赁公司。实际是租赁公司替企业支付购买设备的价款，而企业预先把设备的所有权转让给租赁公司，以担保租赁公司的垫款债权。这个企业把租赁公司的租金还清以后，租赁公司必须把设备的所有权归还给企

---

① 卢琼：《房地产楼花按揭研究》，载蔡耀忠主编：《中国房地产法研究》，法律出版社2002年版，第317页。

② 卢琼：《房地产楼花按揭研究》，载蔡耀忠主编：《中国房地产法研究》，法律出版社2002年版，第318页。

③ 王闯：《让与担保法律制度研究》，法律出版社2000年版，第449页。

业。这是典型的让与担保,和'按揭'是同样原理。"①

"在日本、德国等大陆法系国家,'按揭'担保被称为'让与担保'。可以设立'让与担保'的,既可以是债权,也可以是所有权,还可以是知识产权。所谓商品房按揭,就是买房人把自己根据商品房预售合同享有的债权和将来取得的房屋所有权,一并让与银行,用来担保银行的借款债权。签订按揭协议后的一段时间里,银行手中只有债权,开发商交房并办理产权过户之后,银行手中的债权消灭,换成房屋所有权。因此可见,按揭担保有一个从债权担保转变成所有权担保的过程,和抵押担保不同。""'楼花'就是合同上的'债权',即使在香港地区,'楼花抵押'也不是真正的抵押。在中国内地,现行担保法规定,只有所有权、土地使用权,亦即现实存在的动产、不动产才能抵押。'让与担保'是一个新的制度,是用来整合、规范现在的商品房'按揭'的。"②

2. "非让与担保说"虽然也认为按揭与让与担保作为担保方式在本质上是相同的,都属于权利转移型担保,但认为按揭和让与担保分别在两个不同的法系传承,除在发展沿革、具体的法律构造上存在不同外,还有着如下明显的区别:

第一,在适用范围方面,按揭虽然可以适用于动产,但主要适用于不动产;而让与担保适用的标的范围十分广泛,凡依法可以转让的动产、不动产和财产权利都可以设定让与担保。

第二,在权利义务的构成方面,按揭的标的物在普通法上的所有权虽然绝对转移归债权人所有,但在按揭合同规定的清偿期内,按揭人可以受托人或承租人的名义占有、使用标的物,按揭人的占有在衡平法上被视为间接消极的占有;而让与担保所有权转移后,既可以通过"占有改定"方式由设定人占有、使用,也可以由担保权人占有,但不能使用。

第三,在权利的实现方面,债务清偿期届至而按揭权人未获清偿时,按揭权人应给按揭人一定的履行宽限期,宽限期届满债务人仍未履行的,按揭权人既可以拍卖、变卖标的物以其价金优先受偿,也可以向法院申请止赎,以消灭按揭人衡平法上的赎回权,从而获得标的物所有权;而让与担保人在债务不履行时,无须给予债务人一定履行宽限期,就可以标的物的变价款优先受偿。按揭人回赎权行使的最后期限是按揭权人与第三人成立变卖标的物合同之前;而让与担保赎回权的行使必须在设定人和让与担保权人约定的期限内。按揭人虽然可以对担保标的物进行占有与

---

① 梁慧星教授 2006 年 2 月 27 日晚于中南财经政法大学南湖校区所作的关于"物权立法的进程"的演讲。资料来源:http://pengchenglaw.anyp.cn/040623091522578/articles/060301145920208.aspx? z =975433&m =1890792。

② 梁慧星教授 2006 年 2 月 27 日晚于中南财经政法大学南湖校区所作的关于"物权立法的进程"的演讲。资料来源:http://pengchenglaw.anyp.cn/040623091522578/articles/060301145920208.aspx? z =975433&m =1890792。

使用，但其无处分标的物的权利；而让与担保设定人既可以对标的物进行占有、使用，还可依法进行处分。

第四，在标的物所有权转移的彻底性方面，按揭中标的物的所有权绝对地移转给按揭权人所有，按揭人通常继续占有担保标的物，在合同规定的偿还期内按揭人被视为受托人；而在让与担保中，担保标的物的所有权只是在法律形式上转移给担保权人，担保权人并未真正取得绝对确定的所有权。

第五，在公示方式方面，按揭设立后必须在规定时间内向特定机关进行登记或预登记。而让与担保的公示方式是多样的：不动产采用登记方法；动产有主张登记的，有主张打印标记的。债权至今还没有公示方式。

第六，在权利实现的方式上，按揭担保中，债务人如未能清偿债务，按揭权人可以通过多种途径获得救济，主要有止赎、出卖按揭财产、委任接收人、取得占有及提起对人的诉讼等五种，而且这五种救济方式可以一种，也可以选择几种进行，而一旦选择止赎，则不能再选择别的救济方法。在让与担保中，当事人可以约定债务人届时不能清偿债务，担保权人即终局地确定地取得担保标的物的所有权，债务同时消灭；也可以约定担保权人在实现担保权时应当对担保标的物进行估价或变卖，多余的价值部分应返还给按揭人，不足部分也可以向按揭人追偿。①

但是，笔者认为，以上两种观点都是不全面的。

（二）英美法上的按揭制度不是让与担保

从英美法的一贯做法来看，无论是法定按揭（或押记）或是衡平法按揭（或押记），在按揭权人占有财产，按揭人让与财产权到按揭人保留财产权的发展过程，充分体现了对按揭人（特别是对按揭人衡平法回赎权）的特殊的，甚至是过分的保护，而且只允许按揭权人享有财产上的某种或某些权益（interests），这与让与担保精神实质的方向正好相反。

按揭的发展经历了若干阶段，最初表现为贷款人占有财产的"活质"（即用土地中的收益抵作本金和利息）和"死质"（用土地中的收益只抵作利息）。中世纪以后，由于衡平法的干预，如果按揭权人占有不动产，条件非常严格（必须将土地收益进行记账），责任非常重大（要为自己占有土地的过错负责）；所以，英国在1926年1月1日之前的按揭一般是让与财产的法定产权给按揭权人，而不转移财产的占有。英国在1925年12月31日以后，我国香港地区在1984年以后，按揭财产的法定产权不再让与给按揭权人，财产也不给按揭权人占有，按揭权人只享有财产中的担保权益，不再享有财产的法定产权。在美国，虽然一些州的法律允许按揭财

---

① 李国安主编：《国际融资担保的创新与借鉴》，北京大学出版社2005年版，第68页。

产法定产权的让与，《第三次财产法（按揭）重述》也不排除财产法定产权的让与，但是，这已经不是唯一的或人们所热衷的按揭方式。当今，在美国的许多法域（实际上就是指许多州）更多的是采用给予按揭权人财产权留置权（lien，即所有权保留，但不转移占有）或担保权益（security interest）的按揭方式。从按揭的以上发展轨迹可以看出，按揭中财产法定产权的让与已是"过去的故事"，是"明日黄花"。

二、房屋假买卖真融资，是非典型担保，但不是让与担保

（一）基本案情

位于北京西长安街附近的某中心商住楼由某房地产开发商开发建设，建筑面积241662平方米。2005年5月，开发商因建设某某中心广场遇到资金困难，请某（集团）公司进行融资。由于企业间借贷属违法且风险大，双方商定此次融资只能通过预售某中心房产，一年后再由开发商回购的形式进行。

2005年8月至10月，开发商与某（集团）公司签订了关于以3000元/平方米的价格出售某中心A座整栋2.8万平方米（01号合同）、B座2.3万平方米（02号合同）、C座-1层至9层约6.7万平方米（03号合同）的三份《商品房预售合同》，及其以4000元/平方米的价格回购，实为融资性质的01、02、03号三份《回购协议》，双方在《回购协议》中约定的回购期限为开发商收到"购房款"后的一年内。

以上《商品房预售合同》和《回购协议》签订后，某（集团）公司支付了部分"购房款"，开发商将以上三份《商品房预售合同》办理了网上预售备案登记手续。之后，某（集团）公司又向开发商支付了剩余的"购房款""购房款"合计共2.5亿元。

由于开发商在收到"购房款"后的一年内未行使以4000元/平方米的价格回购房屋的"回购权"，实际上是无法按期返还借款，某（集团）公司要求真正履行三份《商品房预售合同》，交付所"购"商品房（办公楼、酒店），并为其办理房屋产权证。

双方对于是否是真实购房发生纠纷。开发商认为，双方真实的交易行为是融资，不是商品房买卖；而某（集团）公司认为双方的行为是附条件的商品房买卖行为，由于开发商在一年内没有行使4000元/平方米的"回购权"，因此，双方3000元/平方米的《商品房预售合同》生效，双方应当全面、适当的履行该三份《商品房预售合同》。

最终，双方达成和解，开发商引进战略投资人，偿还了某（集团）公司的2.5亿元"购房款"及利息，双方解除以上三份《商品房预售合同》及其《回购协

议》。

双方的最后解决方案是实事求是的,符合诚实信用和公平的基本原则,否则,一方以 2.5 亿元,换取另一方(当时)价值近 20 亿元的商品物业明显有失公平。

(二)笔者视角

2005 年前后的北京,房地产开发商为了获得开发资金,在正常渠道无法满足需要的情况下,通过借高利贷的方式进行借款。最典型的方式是向其他个人或者企业借款,通过典当的方式向典当行、担保机构借款。这种融资方式的确很方便,而且无须提供任何抵押物进行抵押。但存在两个较大的问题:一是利率极高,二是必须将未出售的商品房以"预售"的方式登记在贷款人的名下。

这种方式在我国无法进行定性,但在英美国家,这是一种典型的按揭形式。

按揭制度的起源可追溯到罗马时代的 fiducia(本意是信托或信赖),它要求不动产的法定所有权由贷款人持有,如果借款人履行了贷款合同中的义务,fiducia 就会要求贷款人将所有权返还给原始的所有人(借款人)。后来为方便应用,人们创立了 pignus(质权)这种工具,它不要求财产所有权的转移,而是将财产进行"典当",即借款人保留所有权。稍后,人们创立了意思是抵押物的 hypotheca。这一工具类似于 pignus,不同的是贷款人仅在实际违约的情况下才能取得不动产的控制权。

当罗马帝国开始衰落时,德国文化开始风靡欧洲。德国法律承认 gage(质)这一概念,指的是作为履行合同的担保而交付的存放物。

在 1066 年诺曼底公爵威廉征服英国后,法国人将德国式的 gage 体系引进到英格兰。对涉及没有被实际转移的抵押不动产贷款,被称为"死的"gage。由于法语中表示死的词为 mort,这自然被称为 mort gage 或 mortgage。

在英国,近代按揭主要经历了三个发展阶段:1926 年之前,法定永久产权(fee simple)的按揭是通过按揭人将法定永久产权让与给按揭权人的方式创设;租地权的按揭是按揭人将租地权让与给按揭权人或按揭人将一定期限(至少比他自己的租地权少一天)的再租权授予给按揭权人。1925 年之后,永久产权和租地权的法定按揭可以分别通过《1925 年财产法》规定的两种方式创设,不再让与法定永久产权和租地权。而《2002 年土地登记法》规定,如果土地产权没有被登记,《1925 年财产法》对于法定永久产权和租地权分别规定的两种方式均可采用;如果土地产权经过登记,只能分别采用法定"押记"的方式设定法定按揭。衡平法按揭可以通过合同、法定产权的不完备让与、衡平法利益的按揭或衡平法押记等方式设立。以"部分履行"设立衡平法按揭的方式在英国已被废除,而由于《2002 年土地登记法》规定已登记的土地不再发土地证,所以在英国以"契据押存"的方式设立衡平法按揭也已不可能。

美国法中的物的担保制度与英国法基本相似，但也有许多不同之处。《美国统一商法典》颁布前美国承认广泛的担保制度，以适应不同时期不同融资的需要。1952 年，《美国统一商法典》颁布，该法典未按传统的担保法立法所采取的依据担保形式之差异而分别制定法律的做法，而是将以前的留置、质押、动产让与担保、应收账债等担保形式进行抽象而将其囊括于担保权益（secured interests）之中，作为一个整体给予规范。随着该法典为绝大多数州所采用，动产担保制度在全美已基本实现了统一。在美国的大多数州，购买者或借款人获得贷款人帮助购买的财产的所有权，而贷款人获得财产上的留置权。所以，一些州称此种权利为财产所有权（title），而另一些州则认为其实质上只是一种留置权益（lien）。现在，几乎所有的州依按揭的大多数目的均认为按揭是一种留置。尽管关于担保权人的权益性质存在"所有权转移说"（title theory）和"留置权说"（lien theory）的区别，然而，在美国，总的趋势是废除"所有权转移说"，而采"留置权说"，而留置在本质上就是一种担保权益。美国正在努力实现全国的法律统一，美国法学会已制定《第三次财产法（按揭）重述》，关于按揭的规定与英国相比较，有不少的变化。

在我国香港地区，1984 年 11 月 1 日《物业转易及财产条例》通过之前，法定按揭通过将土地让与或再租给按揭权人的方式设立，附属约定，当贷款依约定的条件得到偿还以后，按揭权人需将土地回转或交还给按揭人。在香港地区，最普通的按揭方式是让与。根据《物业转易及财产条例》第 44 条规定，自 1984 年 11 月 1 日起，以法定产业作押，需以契据形式设立法定押记。按揭财产的法定产权不再转让给按揭权人，而由按揭人保留。所以，1984 年 11 月 1 日之前，按揭权人享有法定产权，按揭人享有衡平法回赎权；而 1984 年 11 月 1 日之后，按揭人享有法定产权和衡平法回赎权（即法定产权和衡平法权益均不转移或让与），按揭权人仅享有法定押记权益。按揭形式的变化使按揭的实质更贴近现实。

三、以股权转让为名，行民间融资之实是非典型担保，但不是让与担保

（一）股权转让案例

在修水县 A 投资控股有限公司（以下简称"修水 A 公司"）与福建省 B 稀土（集团）有限公司（以下简称"B 稀土公司"）及第三人江西 C 实业有限公司合同纠纷案〔(2018) 最高法民终 119 号〕中，出现 28 处"让与担保"的提法。以下是判决书的部分内容：

本案中，修水 A 公司与 B 稀土公司之间"关于《股权转让协议》是担保合同抑或股权转让的性质之争，系让与担保司法认定中的常见争议"。"通常所谓的让与担保，是指债务人或第三人为担保债务人的债务，将担保标的物的所有权等权利转移于担保权人,而使担保权人在不超过担保之目的范围内,于债务清偿后,担保标的物应返还于债务人或第三人,债务不履行时,担保权人得就该标的物优先受偿的非典型担保。作为一种权利移转型担保,让与担保是以转让标的物权利的方式来达成债权担保的目的,包含让与和担保两个基本要素。这两个基本要素的存在,使得司法实践中对让与担保的定性争议集中在担保抑或转让的性质之争上,存在着区分困难。本院认为,案涉《股权转让协议》在性质上应认定为让与担保。"

"本院认为,对让与担保效力的质疑,多集中在违反物权法定原则、虚伪意思表示和回避流质契约条款之上。其中违反物权法定原则的质疑,已在物权法定原则的立法本意以及习惯法层面上得以解释,前述《最高人民法院关于审理民间借贷案件适用法律若干问题的规定》第二十四条的规定,即属对让与担保的肯定和承认;而回避流质契约条款可能发生的不当后果,亦可为让与担保实现时清算条款的约定或强制清算义务的设定所避免。至于让与担保是否因当事人具有通谋的虚伪意思表示而无效,应在现行法律规定以及当事人意思表示这两个层面来检视。就现行法律规定而言,《中华人民共和国合同法》第五十二条规定:'有下列情形之一的,合同无效:(一)一方以欺诈、胁迫的手段订立合同,损害国家利益;(二)恶意串通,损害国家、集体或者第三人利益;(三)以合法形式掩盖非法目的;(四)损害社会公共利益;(五)违反法律、行政法规的强制性规定。'该条规定并未将单纯的通谋虚伪意思表示列为合同无效的法定情形。《中华人民共和国民法总则》第一百四十六条则规定:'行为人与相对人以虚假的意思表示实施的民事法律行为无效。以虚假的意思表示隐藏的民事法律行为的效力,依照有关法律规定处理。'根据该条规定,如当事人之间存在通谋的虚假意思表示,基于该虚假意思表示实施的民事法律行为应为无效。由此,让与担保是否无效的关键在于,当事人是否具有通谋的虚假意思表示。对此,实践中多有误解,认为让与担保中,债务人将标的物权利转移给债权人,仅仅属于外观形式,其真实意思是在于设定担保,故为双方通谋而为虚假的转移权利的意思表示,应为无效。但事实上,在让与担保中,债务人为担保其债务将担保物的权利转移给债权人,使债权人在不超过担保目的的范围内取得担保物的权利,是出于真正的效果意思而做出的意思表示。尽管其中存在法律手段超越经济目的的问题,但与前述禁止性规定中以虚假的意思表示隐藏其他法律行为的做法,明显不同,不应因此而无效。"

笔者认为,随意将法律关系定性为"让与担保",是极不严肃的。

(二)明股实债案例

三亚某A项目,引入国外某投行资金50亿美金,"受让"A公司大股东49%的股权,约定在该国外投行取得了约定的和预期的本金和利润后,将该49%股权返还给该大股。

唐山某 B 项目，引入深圳某信托公司 40 亿（人民币）的资金，"受让"A 公司大股东 99% 的股权，约定在信托公司取得约定的本金和利润后，将该 99% 股权返还给大股。

广州金融城某 C 项目，向某信托公司借款 18 亿，象征性持有该项目公司 2% 的股权，并派驻一名董事（实际上是为了跟踪和监督所贷资金的使用情况）。

西安临潼某 D 项目，向某投资公司借款 30 亿，利率 8.5%/年，以出让土地的收益作为本利的还款来源，占股 98%，收回本利后退出。

以上明股实债的案例说明，无论如何改头换面，也无论给它披上何种外衣，其融资的本性没有变，其担保的本质也没有变。

（三）笔者视角

无法查考是谁发明了这些房屋假买卖、股权假转让、明股实债等的融资和担保方式，总之，这些无法与担保法中的有名担保对号入座的融资和担保方式在我国已是大行其道。

实际上，这些绕开担保法，或者说是规避我国担保法和其他关于金融监管法律、法规规定的行为，有的构成非正式、非典型的担保；有的则因债务人无法偿还到期债务，假戏真做，取得了房屋所有权；或以双方约定的债转股方式取得了相关股权……

无论以上哪一种融资和担保方式，也无论市场上还有其他什么稀奇古怪的保证债务履行的方式，其"担保"的本质是不会变的。

英美不动产担保法中有一个铁的定律，即"按揭就是按揭"（Once a mortgage, always a mortgage），一层意思是，如果交易原先设定的是一个按揭，它只能是一个按揭，因而，它不能成为按揭权人在按揭结束后可行使的占按揭人便宜的一个手段；另一层意思是，如果交易原先设定为按揭，仅仅是按揭，按揭人的回赎权不受侵犯；按揭的性质不能通过给它披上其他外衣而被隐蔽。衡平法审慎地防止按揭权人通过设置某种限制使对其贷款的按揭担保成为别的东西，"按揭就是按揭"规则的适用依据双方当事人的真实关系确定法律性质。通俗地说，如果当事人原设定一项债务担保，虽然文字表述为财产转让、买卖、赠送等交易形式，也应还原为担保。

这个定律是英美担保法中的精神和脊髓，是经过上千年考验和洗礼的，是无可否定或篡改的。

四、结　语

通过对英国、美国和我国按揭制度的分析，可以清楚地发现，按揭制度在形式和实际操作上已逐步由复杂烦琐向简单规范的方向发展，内容上已完成由"产权的让与"向"押记 charge"的转变，而从押记的功能上看，以按揭形式设立的"（法定）押记"非常类似于我国大陆的抵押制度。

在现实生活中，房管部门一般不给除金融机构以外的贷款借款单位办理抵押登记手续，因此，许多单位和企业采取了变相的"购房"和"回购"的融资方式；也有不少企业，如持探矿权和采矿权的企业以及其他中小企业，通过"股权过户"或"股权转让"的方式进行民间融资；还有不少大型房地产企业，以所谓的"名股实债"的方式进行融资。诸如此类的"过户""转让""代持"，本质上是为了"担保"债权的实现。用款的一方内心打着算盘：如果房屋、股权值钱，就主张是为借钱所作的担保；如果房屋、股权有价无实，则主张是买卖和转让。而对于放款的一方，心中盘算的是：如果房屋、股权值钱，则主张是买卖、转让；如果房屋、股权有价无实，则主张是融资担保。这种真真假假的"过户""转让""代持"等，导致了不少争议和纠纷的出现。

用"让与"产权的方式进行不动产担保，已基本被英美法系国家和地区所摒弃或废除，并且没有充分依据可以证明按揭制度就是"让与担保"，也没有充分依据可以证明世界两大法系存在"让与担保法律制度"，笔者认为所谓的"让与担保法律制度"实为虚构或杜撰。

法国、德国、瑞典、日本等国的民法典以及我国台湾地区所谓的"民法典"中均没有规定"让与担保"，也没有看到哪个判例适用了"让与担保"原理。没有理论依据，也没有事实依据，更没有法律依据，将"善意取得制度"说成是"让与担保法律制度"，纯属张冠李戴，作为学者是不认真、不严谨的，更是不科学的和不负责任的。在《全国法院民商事审判工作会议纪要》中强调"让与担保"没有必要；在最高人民法院的判决书中反复论述"让与担保"是极不严肃、极不负责任的。如果将这种子虚乌有的"让与担保"写进我国《民法典》，那就贻笑大方。幸运的是，2021年1月1日起施行的《民法典》根本没有提及"让与担保"，证明在起草、讨论、修改、通过我国《民法典》的过程中，绝大多数专家学者的态度和作风还是相当严谨的。

城镇小区配套幼儿园开始整改和治理

单位原有的幼儿园，包括国家机关、国有企事业单位、公益性社会团体内的幼儿园，都为全民所有（即国有，但不能排除有些国有企事业单位通过改制、并购、重组等途径和方式改为私有了）。有些自然人、公司和其他企业通过招拍挂公开竞价方式取得了国有土地使用权并在用地范围内建设了幼儿园。此外，有些专业教育机构通过受让方式取得国有建设用地或者教育用地使用权，并建设专业幼儿园。人们对这些幼儿园的权属通常没有异议。

随着20世纪80—90年代房地产业的蓬勃兴起，小区配套幼儿园占据了我国幼儿园的半壁江山，有效缓解了城镇人口快速增长和幼儿园数量不足之间的矛盾。就目前而言，大部分新建小区的幼儿园，在规划、设计、验收时都会按要求商请当地教育行政主管部门审核或征求意见，并签订移交协议，经验收合格后无偿移交给当地教育行政主管部门。然而，有些地方的做法并不规范，城镇国有土地上新建小区配套幼儿园的归属问题仍未明朗，特别是幼儿园的经营问题更是矛盾突出，在无偿移交给教育行政主管部门后，不少是通过关系、人情再返租给私人经营，收费没有标准，教育质量引人关注，应该予以定性和规范。

一、法律法规规定

1.《城市房地产管理法》没有关于新建小区配套教育设施的归属和移交问题。

2.《城市房地产开发经营管理条例》第12条第2款规定："土地使用权出让或者划拨前，县级以上地方人民政府城市规划行政主管部门和房地产开发主管部门应当对下列事项提出书面意见，作为土地使用权出让或者划拨的依据之一：……（三）基础设施和公共设施的建设要求；（四）基础设施建成后的产权界定……"第14条规定："房地产开发项目的开发建设应当统筹安排配套基础设施，并根据先地下、后地上的原则实施。"

3.《城乡规划法》第29条第2款规定："镇的建设和发展，应当结合农村经济社会发展和产业结构调整，优先安排供水、排水、供电、供气、道路、通信、广播电视等基础设施和学校、卫生院、文化站、幼儿园、福利院等公共服务设施的建设，为周边农村提供服务。"

4.《城市居住区规划设计标准》（GB 50180—2018）规定："五分钟生活圈居住区内，对应居住人口规模配套建设的生活服务设施，主要包括托幼、社区服务及文体活动、卫生服务、养老助残、商业服务等设施。"表B.0.2"五分钟生活圈居住区配套设施设置规定"中的幼儿园一栏标明的"▲"符号，为应配建的项目。而表C.0.2"五分钟生活圈居住配套设施规划建设要求"中规定，幼儿园的占地面积为5240—7580平方米，3150—4550平方米。

二、地方实践

1.《广州市成片开发住宅小区教育设施配套建设管理办法》（已失效）第3条第2款规定："教育、城建、规划、财政、国土房管等有关部门应按各自的职责实施本办法。"第4条规定："按城市规划配套建设的成片开发住宅小区教育设施，应与商品房同步建设；购房者入住小区时，教育设施应保证同时启动。"第5条规定："市教委、市规划局应会同市计委对全市教育设施建设制定整体规划……"第6条规定："开发建设单位应在成片开发住宅小区总体规划方案及《建设工程报建审核书》审批后，与市教委或开发地段所在区教育行政部门签订《广州市建筑安装工程承发包专用合同》，合同应包括：教育设施配套建设项目的名称、地段、用地面积、教学辅助设施（操场、绿化、围墙等）、适用的建设和质量标准、开工建设时间、验收移交时间、违约责任等主要内容。"第7条规定："市国土房管局在计算国有土地使用权出让金时，按规定算出的教育设施配套建设资金，须经市计委加具书面核准意见。在市教委或开发地段所在区教育行政部门与开发建设单位签订《广州市建筑安装工程承发包专用合同》后，由市国土房管局从开发单位应缴纳的国有土地使用权出让金总额中，扣减教育设施配套建设资金，并注明资金是市政府对教育设施配套建设的一次性投资。"第8条规定："市计委应以1995年底建筑工程造价每平方米1200元为基数，参照市基本建设定额站最新制定的建筑工程造价调整系数，制定每年教育设施配套建设的建筑工程单价。"第9条规定："市计委应制定住宅小区教育设施配套建设项目计划，并在计划备注栏注明已投入建设资金。计划分别送市建委、市教委和有关区教育、计划、规划、国土、建设部门备案。"第10条规定："各区建设行政主管部门每年应会同区教育行政主管部门，按房地产开发建设项目手册对教育设施配套建设部门进行审查。"第11条规定："成片开发住宅小区的开发建设单位，应无偿提供'三通一平'的教育设施配套建设用地，并负责教育设施配套工程的土建、水电安装、教学辅助设施、永久供水供电等施工建设。教育设施竣工后其校舍产权及使用权应无偿交给市或区教育行政部门，同时应将配套项目的用地资料、报建图纸资料、建筑施工图纸有关资料及申报、报建、验收等有关文件交给市或区教育行政部门管理。""市、区教育行政部门不得擅自改变教育设施的使用功能，不得转让或变相转让给其他单位使用。"虽然有以上规定，但幼儿园是否属于教育设施，并没有明确界定。

2. 2010年，《广州市房地产开发项目配套公共服务设施建设移交管理规定》第11条第1款和第2款分别规定："房地产开发项目的配套设施，应当按以下方式移交给使用、管理或经营部门。""中、小学等教育设施，社区卫生医疗服务中心、残疾人康复服务中心等医疗设施，派出所等警务用房、街道办事处、社区服务中心、消防站、社区居委会等行政管理设施，垃圾压缩站、公共厕所、环境卫生站、以及110KV变电站和220KV变电站等市政公用设施，开发企业应当无偿移交给归口管理部门使用、管理（具体接收单位见附件）；其中110KV变电站、220KV变电站等供电用房，可由开发单位代征用地，移交给供电专业管理部门组织建设。"但该条只明确"中、小学等"属于"教育设施",没有明确幼儿园也属于教育设施,更没有明确幼儿园必须无偿移交。

3. 2010年,《国务院关于当前发展学前教育的若干意见》(国发〔2010〕41号)要求:"城镇小区没有配套幼儿园的,应根据居住区规划和居住人口规模,按照国家有关规定配套建设幼儿园。新建小区配套幼儿园要与小区同步规划、同步建设、同步交付使用。建设用地按国家有关规定予以保障。未按规定安排配套幼儿园建设的小区规划不予审批。城镇小区配套幼儿园作为公共教育资源由当地政府统筹安排,举办公办幼儿园或委托办成普惠性民办幼儿园……"

4. 2014年11月,《教育部 国家发展和改革委员会 财政部关于实施第二期学前教育三年行动计划的意见》(教基二〔2014〕9号)要求:"各省(区、市)出台小区配套幼儿园建设和管理的实施办法,对规划、建设、移交、举办以及回收、补建等作出具体规定。2015年底前,城镇小区按国家和地方相关规定补足配齐幼儿园。"

5. 2017年4月,《教育部等四部门关于实施第三期学前教育行动计划的意见》(教基〔2017〕3号)要求"发展普惠性幼儿园。逐年安排新建、改扩建一批幼儿园,支持企事业单位和集体办园,扩大公办资源。老旧城区、棚户区改造和新城区、城镇小区建设要按需要配建幼儿园。开展城镇小区配套幼儿园专项整治,对未按规定建设或移交、没有办成公办园或普惠性民办幼儿园的要全面整改,2018年年底前整改到位。"

6. 2019年11月14日,《广州市居住区配套公共服务设施管理暂行规定》第2条第2款规定:"本规定所称居住区配套公共服务设施,是指与居住人口规模相对应配建的、能满足居住区居民物质与文化生活需要、提供公共服务的设施总称,包括教育、医疗卫生、文化、体育设施和行政管理设施、服务设施、福利设施、公园及市政公用设施等。居住区配套公共服务设施具体类别按照本市居住区配套公共服务设施的设置标准确定。"第4条第3款规定:"国土规划、城管、教育、卫生、文化、民政、交通、公安、工业和信息化、邮政等行政管理部门和残联等单位,按照各自职责,依法做好居住区配套公共服务设施的管理工作。"第6条规定:"居住区配套公共服务设施应当按照下列方式建设移交:(一)配套公共服务设施中的幼儿园、小学、中学……符合划拨用地条件的公益性配套公共服务设施,不计入房地产开发项目用地的土地出让金,由建设单位统一代建,建成后无偿移交给市、区住房和城乡建设行政主管部门。国土资源和规划行政管理部门在土地出让底价评估时应当综合考虑上述配套公共服务设施的建设成本……"第16条第1款规定:"需要移交的配套公共服务设施建设单位应当按照设计要求在办理独立的永久供水、供电、供气手续后,以毛坯房标准进行移交,但幼儿园、小学、中学……应当按照标准完成装修。需要移交给市、区住房和城乡建设行政主管部门的配套公共服务设施,具体装修标准由市住房和城乡建设行政主管部门会各相关专业管理部门另行制定并向社会公布。装修费用由市、区住房和城乡建设行政主管部门按照成本价支付给建设单位。"第17条规定:"独立设置的配套公共服务设施的移交工作,应当在配套公共服务设施通过规划条件核实后1年内完成。非独立设置的配套公共服务设施的移交工作,应当在与主体工程通过规划条件核实后1年内完成。"第18条第2款规定:"市、区住房和城乡建设行政主管部门应当自接到书面移交通知以及规划验收文件之日起1个月内组织人员到现场核实配套公共服务设施的建设情况,在6个月内与建设单位签订居住区配套公共服务设施移交接收协议。移交接收协议应当明确配套公共服务设施移交时间和移交资料清单等。"第3款规定:"对经验收合格的居住区配套公共服务设施,市、区住房和城乡建设行政主管部门不得放弃接收。接收后确因社会经济发展、产业布局调整、城市区域功能调整而需要调整规划确定的使用功能的,市、区住房和城乡建设行政主管部门应当按照城乡规划要求办理报批手续。"同时,该规定的附件《居住区配套公共服务设施投资建设方式和移交目录》,将中学、小学、幼儿园列入必须"无偿移交"的范围。

三、政策导向

1. 2018年11月,《中共中央 国务院关于学前教育深化改革规范发展的若干意见》提出规范小区配套幼儿园建设使用,并对小区配套幼儿园规划、建设、移交、办园等情况进行治理作出部署。"2019年6月底前,各省(自治区、直辖市)要制定小区配套幼儿园建设管理办法,健全发展改革、自然资源、住房城乡建设、教育等部门联动管理机制,做好配套幼儿园规划、土地出让、园舍设计建设、验收、移交、办园等环节的监督管理。各省(自治区、直辖市)要对小区配套幼儿园规划、建设、移交、办园等情况进行专项治理,2019年年底前整改到位。老城(棚户区)改造、新城开发和居住区建设、易地扶贫搬迁应将配套建设幼儿园纳入公共管理和公共服务设施建设规划,并按照相关标准和规范予以建设,确保配套幼儿园与首期建设的居民住宅区同步规划、同步设计、同步建设、同步验收、同步交付使用。配套幼儿园由当地政府统筹安排,办成公办园或委托办成普惠性民办园,不得办成营利性幼儿园。对存在配套幼儿园缓建、缩建、停建、不建和建而不交等问题的,在整改到位之前,不得办理竣工验收。"

2. 《国务院办公厅关于开展城镇小区配套幼儿园治理工作的通知》(国办发〔2019〕3号)提出:"城镇小区配套建设幼儿园是城镇公共服务设施建设的重要内容,是扩大普惠性学前教育资源的重要途径,是保障和改善民生的重要举措。"

"……认真履行政府责任，依法落实城镇公共服务设施建设规定，着力构建以普惠性资源为主体的学前教育公共服务体系，聚焦小区配套幼儿园规划、建设、移交、办园等环节存在的突出问题开展治理，进一步提高学前教育公益普惠水平，切实办好学前教育，满足人民群众对幼有所育的期盼。""老城区（棚户区）改造、新城开发和居住区建设、易地扶贫搬迁应将配套建设幼儿园纳入公共管理和公共服务设施建设规划，并按照相关标准和规范予以建设。城镇小区没有规划配套幼儿园或规划不足，或者有完整规划但建设不到位的，要依据国家和地方配建标准，通过补建、改建或就近新建、置换、购置等方式予以解决。对存在配套幼儿园缓建、缩建、停建、不建和建而不交等问题的，在整改到位之前，不得办理竣工验收。"

四、结　语

我国实行九年制义务教育，将小学、初中列为义务教育阶段，不能任意收费或提高收费标准。但是，对于高中、幼儿园、托儿所等教育机构和设施，高学费、高收费却大行其道。特别值得关注的是，新建小区幼儿园表面上无偿移交给教育行政主管部门，而实际情况是，不少开发商将经验收的幼儿园无偿移交给教育行政主管部门后，教育行政主管部门再将幼儿园反租、出租或承包给民间单位或个人，由其开办、收费和经营。这就为权力寻租留下了无限的空间。

《中共中央　国务院关于学前教育深化改革规范发展的若干意见》要求，规范小区配套幼儿园建设使用，并对小区配套幼儿园规划、建设、移交、办园等情况进行治理，要求城镇小区配套幼儿园办成公办园或委托办成普惠性民办园，不得办成营利性幼儿园。上述意见明确提出要坚持学前教育的公益普惠方向，坚持公办民办并举，着力构建以普惠性资源为主体的办园体系。同时，提出鼓励社会力量办园，引导社会力量更多举办普惠性幼儿园，通过购买服务、综合奖补、减免租金、派驻公办教师、培训教师、教研指导等方式，支持普惠性民办园发展。

《国务院办公厅关于开展城镇小区配套幼儿园治理工作的通知》强调，城镇小区配套建设幼儿园是城镇公共服务设施建设的重要内容，是扩大普惠性学前教育资源的重要渠道，是满足人民群众就近入园需求的重要保障，重申城镇小区应依标配建幼儿园，小区配套幼儿园移交当地教育行政部门后，应当由教育行政部门办成公办园或委托办成普惠性民办园，不得办成营利性幼儿园。该通知要求："确保小区配套幼儿园如期移交。已建成的小区配套幼儿园应按照规定及时移交当地教育行政部门，未移交当地教育行政部门的应限期完成移交，对已挪作他用的要采取有效措施予以收回。有关部门要按规定对移交的幼儿园办理土地、园舍移交及资产登记手续。""小区配套幼儿园移交当地教育行政部门后，应当由教育行政部门办成公办园或委托办成普惠性民办园，不得办成营利性幼儿园。办成公办园的，当地政府及有关部门要做好机构编制、教师配备等方面的工作；委托办成普惠性民办园的，要做好对相关机构资质、管理能力、卫生安全及保教质量等方面的审核，明确补助标准，加强对普惠实效及质量方面的动态监管。""按照小区配套幼儿园规划、建设、移交、办园等各个环节的工作要求，明晰各项工作的主责部门及配合部门，建立联审联管机制，切实把摸底排查、全面整改等各项任务落到实处。教育行政部门要参与小区配套幼儿园规划、建设、验收、移交等各个环节的工作。发展改革部门要参与小区配套幼儿园建设项目规划布局，对需要补建、改建、新建的项目按程序及时办理审批、核准或备案手续。自然资源部门要根据国家和地方配建标准，统筹规划城镇小区配套幼儿园，将小区配套幼儿园必要建设用地及时纳入国土空间规划，按相关规定划拨建设用地。住房城乡建设部门要加强对城镇小区配套幼儿园的建筑设计、施工建设、验收、移交的监管落实。机构编制部门按程序做好小区配套幼儿园移交涉及的机构编制工作，根据办园性质，分别由机构编制部门和民政部门依法办理事业单位法人登记或民办非企业单位法人登记。在治理工作中，需要其他相关部门支持配合的，地方各级人民政府要加强统筹协调。"

新建住宅小区幼儿园本姓"公"，现在部门规章有了，期待我国的相关法律、法规尽早出台，以填补这一空白。

需要特别说明的是，有人将有关政策误读为"私立幼儿园将退出历史舞台"。教育部日前回应表示，关于"不得办成营利性幼儿园"的规定，是特指小区配套幼儿园，其他场所的民办园仍可自主选择办成营利性民办园或者非营利性民办园，享受国家和地方规定的有关民办园的扶持政策。从国家政策看，不存在私立幼儿园或营利性民办园退出历史舞台的说法。

居住权制度——《民法典》的一大亮点

一、大陆法系中的"居住权"

居住权为罗马法上人役权的一种，包括用益权、使用权、居住权和奴畜使用权四种。其中，居住权是指居住人或使用人居住他人房屋的权利，同时，该权利不因居住人或使用人不行使居住权或人格变更而消灭，并且享受此项利益的人还可以将居住或使用的房屋进行出租收益。因此，也有人将此居住权理解为变相的用益权或者使用权，而事实上，此居住权的概念范围广于使用权，狭于用益权。

《法国民法典》承袭了罗马法中的居住权制度，该法在第578—624条规定了用益权，第525—636条规定了使用权和居住权。其中，第578条规定了用益权的概念："用益权是指，如同本人是所有权人，享有所属于他人之物的权利，但享用人应负责保管物之本体。"第 625—631 条规定，使用权为用益权的一种，包括居住权，因而居住权适用使用权的规则。

《德国民法典》在第五章"役权"中的第 1030—1089 条规定了地役权和用益权，而该法第 1093 条规定了"限制的人役权"，并且主要指居住权，即"将建筑物或建筑物之一部分当作住宅予以使用，并具有排除所有权人之效力"的权利。

《瑞士民法典》在"用益权及其他役权"中也规定了居住权，并于第 776 条第 3 款明确"本法无相反规定时，居住权适用用益权的有关规定"。

大陆法系中的《意大利民法典》和我国《澳门民法典》同样有用益权和居住权的规定。但也有大陆法系国家和地区的民法典，如《日本民法典》、我国台湾地区所谓的"民法典"等，没有规定居住权。

二、我国居住权制度的创新

2001 年 12 月 24 日，《最高人民法院关于适用〈中华人民共和国婚姻法〉若干问题的解释（一）》（法释〔2001〕30 号）第 27 条第 3 款规定："离婚时，一方以个人财产中住房对困难者进行帮助的形式，可以是房屋的居住权或者房屋的所有权。"

2002 年，居住权制度出现在《物权法（征求意见稿）》中，该征求意见稿于第十八章创设了居住权，总共 8 条。其中第 208 规定，居住权人对他人住房以及其他附着物享有占有、使用的权利。第 209 条规定，设立居住权，可以根据遗嘱或者遗赠，也可以按照合同约定。物权法拟规定居住权的初衷，主要是为解决三种人的居住问题，即父母、夫妻离婚后暂未找到居住场所一方，以及保姆。

2006 年 8 月 22 日，十届全国人大常委会第二十三次会议听取了法律委员会《物权法（征求意见稿）》的汇报意见后删除了居住权的有关规定。法律委员会认为，居住权的适用面很窄，基于家庭关系的居住权问题，婚姻家庭法有关抚养、赡养等规定；基于租赁关系的居住权问题适用合同法有关法律的规定。这些情形都不适用草案关于居住权的规定。

2018 年 8 月，十三届全国人大常委会第五次会议对《民法典各分编（草案）》进行了初次审议。之后，2018 年 12 月、2019 年 4 月、2019 年 6 月、2019 年 8 月、2019 年 10 月，十三届全国人大常委会第七次、第十次、第十一次、第十二次、第十四次会议对各分编草案进行拆分审议。

十三届全国人大常委会第十五次会议 28 日上午表决通过了全国人大常委会关于提请审议《民法典（草案）》的议案，决定将《民法典（草案）》提请 2020 年召开的十三届全国人大三次会议审议。

《民法典（草案）》物权编共 5 个分编、20 章、258 条。全国人大常委会第十次会议对《民法典（草案）》物权编进行了二审，草案二次审议稿第十四章规定了居住权制度。有的常委委员、社会公众建议对居住权合同的内容、居住权的设立和期间等规定予以进一步完善，以使这一制度在实践中发挥更大的作用。宪法和法律委员会经研究，建议采纳这一意见，对该章草案作如下修改：一是完善居住权合同的内容，增加规定"居住权期间"。[《民法典（草案）》第367条第2款]二是完善居住权设立制度，将"居住权无偿设立"修改为"居住权无偿设立，但是当事人另有约定的除外"。[《民法典（草案）》第368条]三是进一步明确居住权期间的规定，规定居住权期间届满或者居住权人死亡的，居住权消灭。居住权消灭的，应当及时办理注销登记。[《民法典（草案）》第370条]

三、《民法典》关于居住权的具体规定

《民法典》于2020年5月28日第十三届全国人民代表大会第三次会议通过，并于2021年1月1日起开始正式施行，《民法典》物权编第三分编中新设的"居住权"制度是我国《民法典》的一大亮点。

《民法典》第二编"物权"第三分编"用益物权"中第十四章具体条款如下：

第366条　居住权人有权按照合同约定，对他人的住宅享有占有、使用的用益物权，以满足生活居住的需要。

第367条　设立居住权，当事人应当采用书面形式订立居住权合同。

居住权合同一般包括下列条款：

（一）当事人的姓名或者名称和住所；

（二）住宅的位置；

（三）居住的条件和要求；

（四）居住权期限；

（五）解决争议的方法。

第368条　居住权无偿设立，但是当事人另有约定的除外。设立居住权的，应当向登记机构申请居住权登记。居住权自登记时设立。

第369条　居住权不得转让、继承。设立居住权的住宅不得出租，但是当事人另有约定的除外。

第370条　居住权期限届满或者居住权人死亡的，居住权消灭。居住权消灭的，应当及时办理注销登记。

第371条　以遗嘱方式设立居住权的，参照适用本章的有关规定。

四、居住权的性质和法律特征

居住权是指居住权人对他人所有房屋的全部或部分所享有的占有、使用的权利。而实际上，用益权、使用权、居住权等人役权，是对所有权的严格限制，是在财产所有权之上设定的一种负担。

第一，居住权作为一种独立的用益权制度，属于物权，是一种他物权。由于居住权人可以对房屋直接行使其权利，但房屋所有人并无为之有积极作为的义务，故居住权属于物权。同时，又由于居住权只能在他人所有的房屋上设定，因而居住权又属于他物权。

第二，居住权的主体范围限定为特定的自然人。因为罗马法设立该制度的初衷就是，随着"无夫权婚姻和奴隶的解放日多，每遇家长亡故，那些没有继承权又缺乏或丧失劳动能力的人的生活就成了问题。因此，丈夫和家主就把一部分家产的使用权、收益权等遗赠给妻子或被解放的奴隶，使他们生有所靠，老有所养"。故法人或其他非法人团体（如合伙团体）不可以成为居住权主体，其主体范围具有有限性。

第三，居住权的客体为他人的所有的建筑的全部或一部分，还包括其他附着物。如《物权法（征求意见稿）》就明确规定，居住权的客体为他人的住房以及其附着物。故在自己的房屋上不能设立居住权。

第四，居住权是因居住而对房屋进行使用的权利，也就是为特定的自然人的生活用房的需要而设定的权利。居住权人只能把所取得的房屋用于生活需要，对房屋的使用只能限于居住，而不能挪作他用，比如用作商业房等。但也有学者认为当双方当事人有约定和在某些特殊情况下，居住权人可以将少量的房屋予以出租以获取收益。

第五，居住权具有时间性，期限一般具有长期性、终身性。这点也是居住权的一项重要特征。居住权的期限可由当事人在合同或遗嘱中确定或约定，如果没有对期限作出明确规定，则应推定居住权的期限为居住权人的终身。这是因为居住权是用来供没有房屋的人居住的，所以权利人对房屋的居住权如果没有约定的话，应当理解为与其生命共始终。

第六，居住权一般具有无偿性，居住权人无须向房屋的所有人支付对价，所以被称为"恩惠行为"。这也是由居住权的性质、本质而决定，即使居住权人在其居住期间可能需要支付给所有人一定的费用，但它必然要低于租金，否则也就无设立之必要。

第七，居住权具有不可转让性。在罗马法中，"人役权是不能让与的权利，但权利的行使则可以转让，如转让某年对某土地的收获权。就人役权的性质而言，它不能与权利人相分离，故权利人死亡，其权利即行消灭"。目前在中国，对居住权中是否包含租赁权，学者们意见不一。

从《民法典》对于居住权相关条文的规定来看，居住权是介于所有权和租赁权之间的一种用益物权，其目的是满足居住权人的生活需要，较之于租赁权更为稳

定,同时居住权也具有自身的特殊性,主要体现在以下几个方面:

1. 居住权的主体是特定公民,即有合法依据而占有房屋的公民。

2. 居住权是物权,优先于承租人、借房人、住宿人等的债权。

3. 居住权属于一种用益物权。居住权人对房屋的使用应限于居住的目的,属于支配权的一种。

4. 居住权的设立必须采取书面形式(居住权合同属于要式合同),且必须经过登记。

5. 居住权原则上为无偿设立,当事人另有约定的除外(充分尊重当事人之间的意思自治)。

6. 居住权的取得应办理登记手续,并受国家法律的保护。

7. 居住权人对居住房屋只享有占有、使用的权利,不能收益(设立居住权的房屋原则上不能出租,当事人另有约定的除外)。

8. 居住权不得转让和继承。

9. 居住权因居住权期限届满或者居住权人死亡而消灭。

五、居住权人的权利和义务

居住权人享有对房屋的使用权,但此种使用权须限于居住的目的;居住权人享有附属于房屋使用权的各项权利,如相邻权等;居住权人有权为居住而对房屋进行修缮和维护;居住权人有权在居住期间内将房屋出租给他人以收取租金,但必须符合相关的法律要求。

居住权人在居住期间负有保管房屋的义务;居住权人不得就其居住权设定抵押或其他任何权利负担;居住权人应当承担房屋的日常管理和维修费用及其他使用过程中的合理费用支出;居住权人不得随意改变房屋的结构和用途;居住权人在居住期届满时负有返还房屋的义务。

六、与居住权相关的法律问题

1. 《民法典》规定之外居住权消灭的原因

除了《民法典》第370条规定的居住权期限届满或者居住权人死亡这两个居住权消灭的原因,还存在其他令居住权消灭的原因。主要有以下几种:

第一,居住权人主动抛弃(或者说放弃)居住权,这属于权利人对权利的自由处分。

第二,设立居住权的合同或遗嘱/遗赠中事先约定了居住权解除的条件,事后解除条件达成从而导致居住权消灭。

第三,设立居住权的房屋被征收征用或者灭失的,此时作为权利客体的房屋不复存在,居住权无存在之意义自然消灭。依据《民法典》第327条"因不动产或者动产被征收、征用致使用益物权消灭或者影响用益物权行使的,用益物权人有权依照本法第二百四十三条、第二百四十五条的规定获得相应补偿"之规定,居住权人有权就房屋被征收征用或灭失后的补偿分得适当份额。

第四,居住权人获得居住房屋的所有权,居住权人身份混同。

第五,房屋所有权人行使撤销权。

2. 居住权合同未进行登记的效力问题

《民法典》第 215 条规定:"当事人之间订立有关设立、变更、转让和消灭不动产物权的合同,除法律另有规定或者当事人另有约定外,自合同成立时生效;未办理物权登记的,不影响合同效力。"因此,签订居住权合同但未进行登记的,居住权不成立,但当事人之间的居住合同依然有效。未获得居住权的一方当事人可以依据居住权合同向对方当事人主张实际履行合同,即请求办理居住权登记,或者请求赔偿损失。

3. 居住权人的优先购买权

《合同法》第 230 条规定:"出租人出卖租赁房屋的,应当在出卖之前的合理期限内通知承租人,承租人享有以同等条件优先购买的权利。"《民法典》依旧保留了关于承租人优先购买权的规定。而对于居住权人却没有规定优先购买权,有待今后有进一步的解释和规定。按一般的法律原理,优先买权的顺位应当是:共有人、居住权人、承租人。

七、结　语

我国目前已经建立起廉租房、公租房、经济适用房、限价房等多层次的保障性住房体系,很大程度上解决了中低收入群体的住房问题。但这些已有的保障性住房覆盖范围依然有限,手段也不完备,并不能完全解决目前的住房问题。

廉租房的保障对象仅限于低收入家庭。虽然公租房范围有所扩大,但由于各地标准不一,公租房的数量在很多城市依然十分有限。而经济适用房虽然面向中低收入家庭,但价格仍然很高,低收入家庭一般难以负担。共有产权房目前还处于试点和逐步推广阶段,其效果如何目前尚未可知。而且,其保障方式是国家与个人"合伙买房",个人仍然需要支付一半以上的房款,低收入群体依然难以负担。

居住权设立将有利于满足社会上存在的离婚双方、孤寡老人等弱势群体的住房需求,也有利于中低收入群体的住房保障,同时满足不同群体对房屋财产权益的不同需求,达到"住有所居"。

在目前的保障性住房体系下,出现了一些不同层次的"夹心层",比如,不符合廉租房、公租房申请条件但又无力购买经济适用房的群体,或者不符合经济适用房申购条件但又无力购买限价房的群体。而居住权恰是为这些处于"夹心层"的人士提供一个折中的选择，可以使其付出远低于高昂的房价的对价，获得一个居住权，以此满足自己"住有所居"的诉求。

与廉租房、公租房等保障性住房相比，居住权制度具有更强的稳定性，尤其是发生第三人侵害房屋的权利时，居住权人可以物权人的身份向第三人主张排除妨碍、消除危险等物权性救济，其效力更为强大。此外，居住权的具体内容还可以由当事人自由确定，这就为保障性住房制度提供了更大的灵活性，从而适应不同情况下的具体需求。

以房养老实践得以重生。实践中有些地方存在"以房养老"的做法，但仍不发达，重要的原因是没有居住权制度的法律保障。因为我国之前《物权法》没有规定居住权制度作为配套，实践中效仿美国的"反向担保"制度。但该"反向担保"制度与我国之前《物权法》中的抵押权制度不相吻合。在"以房养老"实践中，房屋并不是老年人借款的担保，而是老年人从金融机构获取金钱的直接对价。如果有居住权制度作为保障，完全可移转所有权、保留居住权，以房养老的目标就实现了。

公司强制清算和破产清算期间，债权人可否拍卖物业优先受偿

一、公司清算概述

公司清算是指在公司成立后，为终结公司作为当事人的各种法律关系，使公司的法人资格归于消灭，而对公司未了结的业务、财产及债权债务关系等进行清理、处分的行为和程序。公司清算按方式不同可分为自愿清算、强制清算和破产清算三种情形。

1. 自愿清算

公司的自行解散清算属于自愿清算的一种。《公司法》第180条规定："公司因下列原因解散：（一）公司章程规定的营业期限届满或者公司章程规定的其他解散事由出现；（二）股东会或者股东大会决议解散；（三）因公司合并或者分立需要解散；（四）依法被吊销营业执照、责令关闭或者被撤销；（五）人民法院依照本法第一百八十二条的规定予以解散。"第183条规定："公司因本法第一百八十条第（一）项、第（二）项、第（四）项、第（五）项规定而解散的，应当在解散事由出现之日起15日内成立清算组，开始清算。有限责任公司的清算组由股东组成，股份有限公司的清算组由董事或股东大会确定的人员组成……"

2. 强制清算

依《公司法》进行的公司强制清算，是指公司因违法行为被主管机关依法责令

关闭而进行的清算。人民法院是公司强制清算的组织者。强制清算是通过公权力的介入，即由人民法院指定清算组进行的清算。根据《最高人民法院关于适用〈中华人民共和国公司法〉若干问题的规定（二）》（以下简称《公司法司法解释二》）的规定，公司应当在解散事由出现 15 日内自行组织清算，否则人民法院可以依申请指定清算组进行清算。

申请公司强制清算的主体可以是公司的债权人，在特定情况下也可以是公司股东。《公司法》第 183 条规定，公司应当在解散事由出现之日起 15 日内成立清算组，开始清算；逾期不成立清算组进行清算的，债权人可以申请人民法院指定有关人员组成清算组进行清算；人民法院应当受理该申请，并及时组织清算组进行清算。《公司法》中仅仅规定债权人申请公司清算的权利，而对于其他主体包括公司股东是否可以提出清算申请没有规定。针对这个局限，《公司法司法解释二》规定了"债权人未提起清算申请，公司股东申请人民法院指定清算组对公司进行清算的，人民法院应予受理"。该司法解释将"债权人未提出申请"作为公司股东提出清算申请的前提条件，既体现了对股东权益的维护，同时也平衡了公司、股东以及债权人三方的利益。

3. 破产清算

依《企业破产法》进行的企业（包括公司）破产清算，是指企业法人不能清偿到期债务，并且资产不足以清偿全部债务或者明显缺乏清偿能力的，依照破产法规定清理债务的行为和过程。

《企业破产法》第 2 条第 1 款规定："企业法人不能清偿到期债务，并且资产不足以清偿全部债务或者明显缺乏清偿能力的，依照本法规定清理债务。"第 7 条规定："债务人有本法第二条规定的情形，可以向人民法院提出重整、和解或者破产清算申请。""债务人不能清偿到期债务，债权人可以向人民法院提出对债务人进行重整或者破产清算的申请。""企业法人已解散但未清算或者未清算完毕，资产不足以清偿债务的，依法负有清算责任的人应当向人民法院申请破产清算。"

《最高人民法院关于适用〈中华人民共和国企业破产法〉若干问题的规定（一）》第 5 条规定："企业法人已解散但未清算或者未在合理期限内清算完毕，债权人申请债务人破产清算的，除债务人在法定异议期限内举证证明其未出现破产原因外，人民法院应当受理。"

《企业破产法》第 10 条规定："债权人提出破产申请的，人民法院应当自收到申请之日起五日内通知债务人。债务人对申请有异议的，应当自收到人民法院的通知之日起七日内向人民法院提出。人民法院应当自异议期满之日起十日内裁定是否受理。""除前款规定的情形外,人民法院应当自收到破产申请之日起十五日内裁定是否受理。""有特殊情况需要延长前两款规定的裁定受理期限的,经上一级人民法院批准,可以延长十五日。"第 11 条规定:"人民法院受理破产申请的,应当自裁定作出之日起五日内送达申请人。""债权人提出申请的,人民法院应当自裁定作出之日起五日内送达债务人。债务人应当自裁定送达之日起十五日内,向人民法院提交财产状况说明、债务清册、债权清册、有关财务会计报告以及职工工资的支付和社会保险费用的缴纳情况。"第 12 条规定:"人民法院裁定不受理破产申请的,应当自裁定作出之日起五日内送达申请人并说明理由。申请人对裁定不服的,可以自裁定送达之日起十日内向上一级人民法院提起上诉。""人民法院受理破产申请后至破产宣告前,经审查发现债务人不符合本法第二条规定情形的,可以裁定驳回申请。申请人对裁定不服的,可以自裁定送达之日起十日内向上一级人民法院提起上诉。"

二、公司强制清算和破产清算期间债权人可否拍卖物业优先受偿

1. 2009 年,最高人民法院发布《关于审理公司强制清算案件工作座谈会纪要》明确:"当前,因受国际金融危机和世界经济衰退影响,公司经营困难引发的公司强制清算案件大幅度增加。《中华人民共和国公司法》和《最高人民法院关于适用〈中华人民共和国公司法〉若干问题的规定(二)》(以下简称公司法司法解释二)对于公司强制清算案件审理中的有关问题已作出规定,但鉴于该类案件非讼程序的特点和目前清算程序规范的不完善,有必要进一步明确该类案件审理原则,细化有关程序和实体规定,更好地规范公司退出市场行为,维护市场运行秩序,依法妥善审理公司强制清算案件,维护和促进经济社会和谐稳定。为此,最高人民法院在广泛调研的基础上,于 2009 年 9 月 15 日至 16 日在浙江省绍兴市召开了全国部分法院审理公司强制清算案件工作座谈会。与会同志通过认真讨论,就有关审理公司强制清算案件中涉及的主要问题达成了共识。现纪要如下:……39. 鉴于公司强制清算与破产清算在具体程序操作上的相似性,就公司法、公司法司法解释二,以及本会议纪要未予涉及的情形,如清算中公司的有关人员未依法妥善保管其占有和管理的财产、印章和账簿、文书资料,清算组未及时接管清算中公司的财产、印章和账簿、文书,清算中公司拒不向人民法院提交或者提交不真实的财产状况说明、债务清册、债权清册、有关财务会计报告以及职工工资的支付情况和社会保险费用的缴纳情况,清算中公司拒不向清算组移交财产、印章和账簿、文书等资料,或者伪造、销毁有关财产证据材料而使财产状况不明,股东未缴足出资、抽逃出资,以及公司董事、监事、高级管理人员非法侵占公司财产等,可参照企业破产法及其司法解释的有关规定处理。"

2. 《北京市高级人民法院〈关于审理公司强制清算案件操作规范〉（试行）》第 22 条明确："人民法院受理强制清算案件后，至清算组查清被申请人资产及负债情况前，有关被申请人财产的执行程序应当中止；执行法院不予中止的，受理强制清算申请的人民法院可以逐级报告执行法院的共同上级法院协调中止执行。""清算组查清被申请人资产及负债情况，明确被申请人财产大于负债的，执行法院可以恢复执行，或者待强制清算中全额清偿债务后裁定终结执行程序；清算组查清被申请人资产及负债情况，发现被申请人财产不足清偿债务的，应当及时向人民法院申请破产清算。""强制清算程序对被申请人特定财产享有担保物权的债权人的清偿执行可以继续进行。"

3. 《企业破产法》第 16 条规定："人民法院受理破产申请后，债务人对个别债权人的债务清偿无效。"第 17 条规定："人民法院受理破产申请后，债务人的债务人或者财产持有人应当向管理人清偿债务或者交付财产。""债务人的债务人或者财产持有人故意违反前款规定向债务人清偿债务或者交付财产，使债权人受到损失的，不免除其清偿债务或者交付财产的义务。"第 18 条规定："人民法院受理破产申请后，管理人对破产申请受理前成立而债务人和对方当事人均未履行完毕的合同有权决定解除或者继续履行，并通知对方当事人。管理人自破产申请受理之日起二个月内未通知对方当事人，或者自收到对方当事人催告之日起三十日内未答复的，视为解除合同。""管理人决定继续履行合同的，对方当事人应当履行；但是，对方当事人有权要求管理人提供担保。管理人不提供担保的，视为解除合同。"

《企业破产法》第 19 条规定："人民法院受理破产申请后，有关债务人财产的保全措施应当解除，执行程序应当中止。"第 20 条规定："人民法院受理破产申请后，已经开始而尚未终结的有关债务人的民事诉讼或者仲裁应当中止；在管理人接管债务人的财产后，该诉讼或者仲裁继续进行。"第 21 条规定："人民法院受理破产申请后，有关债务人的民事诉讼，只能向受理破产申请的人民法院提起。"

《企业破产法》第 30 条规定："破产申请受理时属于债务人的全部财产，以及破产申请受理后至破产程序终结前债务人取得的财产，为债务人财产。"第 31 条规定："人民法院受理破产申请前一年内，涉及债务人财产的下列行为，管理人有权请求人民法院予以撤销：（一）无偿转让财产的；（二）以明显不合理的价格进行交易的；（三）对没有财产担保的债务提供财产担保的；（四）对未到期的债务提前清偿的；（五）放弃债权的。"第 32 条规定："人民法院受理破产申请前六个月内，债务人有本法第二条第一款规定的情形，仍对个别债权人进行清偿的，管理人有权请求人民法院予以撤销。但是，个别清偿使债务人财产受益的除外。"第 33 条规定："涉及债务人财产的下列行为无效：（一）为逃避债务而隐匿、转移财产的；

（二）虚构债务或者承认不真实的债务的。"第34条规定："因本法第三十一条、第三十二条或者第三十三条规定的行为而取得的债务人的财产，管理人有权追回。"第35条规定："人民法院受理破产申请后，债务人的出资人尚未完全履行出资义务的，管理人应当要求该出资人缴纳所认缴的出资，而不受出资期限的限制。"第36条规定："债务人的董事、监事和高级管理人员利用职权从企业获取的非正常收入和侵占的企业财产，管理人应当追回。"第37条规定："人民法院受理破产申请后，管理人可以通过清偿债务或者提供为债权人接受的担保，取回质物、留置物。前款规定的债务清偿或者替代担保，在质物或者留置物的价值低于被担保的债权额时，以该质物或者留置物当时的市场价值为限。"第38条规定："人民法院受理破产申请后，债务人占有的不属于债务人的财产，该财产的权利人可以通过管理人取回。但是，本法另有规定的除外。"第39条规定："人民法院受理破产申请时，出卖人已将买卖标的物向作为买受人的债务人发运，债务人尚未收到且未付清全部价款的，出卖人可以取回在运途中的标的物。但是，管理人可以支付全部价款，请求出卖人交付标的物。"第40条规定："债权人在破产申请受理前对债务人负有债务的，可以向管理人主张抵销。但是，有下列情形之一的，不得抵销：（一）债务人的债务人在破产申请受理后取得他人对债务人的债权的；（二）债权人已知债务人有不能清偿到期债务或者破产申请的事实，对债务人负担债务的；但是，债权人因为法律规定或者有破产申请一年前所发生的原因而负担债务的除外；（三）债务人的债务人已知债务人有不能清偿到期债务或者破产申请的事实，对债务人取得债权的；但是，债务人的债务人因为法律规定或者有破产申请一年前所发生的原因而取得债权的除外。"

4.《最高人民法院关于适用〈中华人民共和国企业破产法〉若干问题的规定（二）》（法释〔2020〕18号）第15条规定："债务人经诉讼、仲裁、执行程序对债权人进行的个别清偿，管理人依据企业破产法第三十二条的规定请求撤销的，人民法院不予支持。但是，债务人与债权人恶意串通损害其他债权人利益的除外。"第16条规定："债务人对债权人进行的以下个别清偿，管理人依据企业破产法第三十二条的规定请求撤销的，人民法院不予支持：（一）债务人为维系基本生产需要而支付水费、电费等的；（二）债务人支付劳动报酬、人身损害赔偿金的；（三）使债务人财产受益的其他个别清偿。"第17条规定："管理人依据企业破产法第三十三条的规定提起诉讼，主张被隐匿、转移财产的实际占有人返还债务人财产，或者主张债务人虚构债务或者承认不真实债务的行为无效并返还债务人财产的，人民法院应予支持。"第21条规定："破产申请受理前，债权人就债务人财产提起下列诉讼，破产申请受理时案件尚未审结的，人民法院应当中止审理：

(一) 主张次债务人代替债务人直接向其偿还债务的;(二) 主张债务人的出资人、发起人和负有监督股东履行出资义务的董事、高级管理人员,或者协助抽逃出资的其他股东、董事、高级管理人员、实际控制人等直接向其承担出资不实或者抽逃出资责任的;(三) 以债务人的股东与债务人法人人格严重混同为由,主张债务人的股东直接向其偿还债务人对其所负债务的;(四) 其他就债务人财产提起的个别清偿诉讼。""债务人破产宣告后,人民法院应当依照企业破产法第四十四条的规定判决驳回债权人的诉讼请求。但是,债权人一审中变更其诉讼请求为追收的相关财产归入债务人财产的除外。""债务人破产宣告前,人民法院依据企业破产法第十二条或者第一百零八条的规定裁定驳回破产申请或者终结破产程序的,上述中止审理的案件应当依法恢复审理。"第 22 条规定:"破产申请受理前,债权人就债务人财产向人民法院提起本规定第二十一条第一款所列诉讼,人民法院已经作出生效民事判决书或者调解书但尚未执行完毕的,破产申请受理后,相关执行行为应当依据企业破产法第十九条的规定中止,债权人应当依法向管理人申报相关债权。"第 23 条第 1 款规定:"破产申请受理后,债权人就债务人财产向人民法院提起本规定第二十一条第一款所列诉讼的,人民法院不予受理。"

三、强制清算和破产清算过程中应当注意的优先受偿顺位问题

我国《民法典》《民事诉讼法》《企业破产法》《海商法》《民用航空法》《税收征收管理法》等规定了优先权问题,现就建设工程施工和不动产优先权问题作一简述。

1. 《企业破产法》第 109 条规定:"对破产人的特定财产享有担保权的权利人,对该特定财产享有优先受偿的权利。"第 110 条规定:"享有本法第一百零九条规定权利的债权人行使优先受偿权利未能完全受偿的,其未受偿的债权作为普通债权;放弃优先受偿权利的,其债权作为普通债权。"

2. 《民法典》第 807 条规定:"发包人未按照约定支付价款的,承包人可以催告发包人在合理期限内支付价款。发包人逾期不支付的,除根据建设工程的性质不宜折价、拍卖外,承包人可以与发包人协议将该工程折价,也可以请求人民法院将该工程依法拍卖。建设工程的价款就该工程折价或者拍卖的价款优先受偿。"

3. 对于被法院查封的房屋,按优先权原则,所有权属于支付了全部或者大部分房款并实际使用房屋的购房人,根据《民事诉讼法》(2021 年修正) 第 157 条第 8 项、第 264 条第 6 项,《最高人民法院关于人民法院民事执行中查封、扣押、冻结财产的规定》第 16 条、第 17 条,法院应当对其实施的查封进行解封。

4. 《最高人民法院关于适用〈中华人民共和国企业破产法〉若干问题的规定 (三)》(2020 年修正) 第 1 条规定:"人民法院裁定受理破产申请的,此前债务人

尚未支付的公司强制清算费用、未终结的执行程序中产生的评估费、公告费、保管费等执行费用，可以参照企业破产法关于破产费用的规定，由债务人财产随时清偿。""此前债务人尚未支付的案件受理费、执行申请费，可以作为破产债权清偿。"第2条规定："破产申请受理后，经债权人会议决议通过，或者第一次债权人会议召开前经人民法院许可，管理人或者自行管理的债务人可以为债务人继续营业而借款。提供借款的债权人主张参照企业破产法第四十二条第四项的规定优先于普通破产债权清偿的，人民法院应予支持，但其主张优先于此前已就债务人特定财产享有担保的债权清偿的，人民法院不予支持。""管理人或者自行管理的债务人可以为前述借款设定抵押担保，抵押物在破产申请受理前已为其他债权人设定抵押的，债权人主张按照民法典第四百一十四条规定的顺序清偿，人民法院应予支持。"

所以，清算过程中优先顺位应当是：(1)欠付工程款中的农民工工资；(2)已支付了全部或大部分房款的购房人房屋所有权；(3)法定期限内建筑工程承包人的优先受偿权；(4)抵押权；(5)其他债权。而进入破产程序后，根据《企业破产法》第113条、《最高人民法院关于适用〈中华人民共和国企业破产法〉若干问题的规定（三）》第1条的规定，破产财产在优先清偿破产费用和共益债务、人民法院裁定受理破产申请前债务人尚未支付的公司强制清算费用、未终结的执行程序中产生的评估费、公告费、保管费等执行费用后，依照下列顺序清偿：(1)破产人所欠职工的工资和医疗、伤残补助、抚恤费用，所欠的应当划入职工个人账户的基本养老保险、基本医疗保险费用，以及法律、行政法规规定应当支付给职工的补偿金；(2)破产人欠缴的除前项规定以外的社会保险费用和破产人所欠税款；(3)经债权人会议决议通过或者第一次债权人会议召开前经人民法院许可管理人或者自行管理的债务人为债务人继续营业而进行的借款；(4)普通破产债权。破产财产不足以清偿同一顺序的清偿要求的，按照比例分配。破产企业的董事、监事和高级管理人员的工资按照该企业职工的平均工资计算。

换了P2P马甲的长租公寓，又一个快要引爆的"大雷区"

一、长租公寓的出现

房价高，买不起房，那就先租房吧！

租房很简单，自己到城中村去租，那里的村民也就是房东，男业主做其他生意，女业主主要以收房租为主，其经营工具就是一块不断更新出租房号的小黑板、小纸牌。

后来，出现了包租婆、包租公，他们最初是将城中村的几套房先租下来，稍作整修，再加钱租出去，赚取中间的差价。再后来就是，包租婆，包租公将几层楼，整栋楼，或者几栋楼长租下来，作适当简装，再加价轮换租出去，差价可观、收益可观。

在包租婆、包租公的基础上，产生了长租公寓。

2014年，长租公寓开始萌芽，2015年VC进入，长租公寓开始被深度关注。

2016年的"9·30"新政后，房地产市场经历了史无前例的"最严调控"。2017年，各地政府相继出台住房租赁市场政策和措施，全国超12个省份50个城市发布了住房租赁政策，各个城市租赁用地供应加速。此后，不少大开发商也纷纷转战长租公寓。

二、长租公寓的类型

从满足不同需求的消费者角度说，长租公寓有普通型、中高端型和豪华型几类，而中高端型和豪华型公寓，大多为套房，家具、厨卫设施一应俱全，除此之外可能还有公共泳池、康体设施，同时，每天有人负责室内、室外卫生，与酒店套房基本无异。

从出租给消费者的期限上说，长租公寓有一天两天短期出租的，有一周两周或数周中期出租的，有一年两年数年长期出租的。但长租公寓的"长租"概念，主要还是从承租公司或经营公司和房东的关系方面来说的，承租公司和经营公司一般都要承租3—5年时间。

从出租的公寓产品结构上说，有单间出租的，有按套出租的（按套出租的公寓，与二居室、三居室、四居室洋房类似），甚至有按栋出租的（如独栋别墅，出租给一个单位长期使用）。

从长租公寓的产品性质上说，有住宅型、酒店型、商业型、小区会所型、工业用地产业园智慧园总部经济型等。

从背景上说，长租公寓目前主要表现为以下四种：一是由租赁中介业务延展而来的并具有中介背景的公寓机构，如链家（自如）、我爱我家（相寓）等；二是有开发商背景的公寓管理公司；三是有酒店类背景的长租公寓商，如金奥费尔蒙公寓、窝趣（铂涛）等；四是有公寓运营类的创业型公寓管理公司，如You+、魔方等。

三、长租公寓的经营模式

我国拥有14亿人口，城市租赁人口约为1.68亿。据不完全统计，2016年我国的租金规模约为1.2万亿。我国北上广深等一线城市公寓数量占比60%，租金规模约324亿；二线及其他城市以杭州、南京、苏州及西安为代表，公寓数量占比

40%，年租金规模约86亿，市场潜力巨大。

长租公寓的经营多为以下模式：

1. 租客支付租金（押一付三、押一付六、押一付年）给长租公寓平台，长租公寓平台（月付或季付）给房东，长租公寓平台因此可以沉淀资金，用作发展；

2. 租客向资金方申请租房贷款，并由资金方一次性支付给长租公寓平台，长租公寓平台按月、季向房东支付租金，理论上说，长租公寓平台因此可以沉淀大量资金，用作发展。

四、长租公寓的风险

以下我们以字母代替公寓平台名称：

1. A公寓。A公寓于2015年9月诞生于广东，专注互联网租房平台，打造青年国际公寓。曾在安徽、福建、广东等地抢占有上万套公寓房源。2015年12月，A公寓平台获得300万人民币天使轮融资，并在2016年8月获得A轮融资。然而，在2017年年底，A公寓便因经营不善而宣告倒闭。

2. B公寓。和A公寓一样，B公寓也诞生于广东的青年公寓，创立于2015年6月。2015年3月，B公寓获得数百万人民币天使轮投资。接着，在同年12月，B公寓又获得了1600万人民币A轮融资。2016年4月，B公寓CEO在接受媒体采访时称：已实现收支平衡，并即将营利。然而，在2017年年中，B公寓也因经营不善而宣告破产。

3. C公寓。C公寓于2013年在陕西西安诞生，是当地首家O2O性质的青年合租公寓，主要面对刚毕业的学生或初入职场的白领。C公寓主要盈利模式是二房东模式，通过精装修和一定的服务赚取租金差价。经营4年后，C公寓因资金链断裂于2017年2月倒闭。

4. D公寓。D公寓于2017年5月成立于上海，以高出市价的价格，押一付一的方式从市场上获取房源，以低于市价，押一付三的方式租给租户。2018年1月底，被曝出资金链断裂；同年3月，被曝出创始人收取房客预付租金后卷钱跑路。

5. E公寓。E公寓于2017年5月成立于上海，是一个租房服务第三方平台，提供生活缴费、房屋交租、故障保修等服务。该公寓平台于2018年3月因资金链断裂而"爆仓"。

6. F公寓。F公寓于2016年年底进驻长沙，其专业为租房中介，因为公司宣称不收取中介费，生意非常火爆。2018年4月，突然传出消息，该公寓平台因经营不善导致资金链断裂，从而走向破产。

2018年长租公寓被爆出"爆仓"的数量，已由2017年的4家增至11家。从2018年8月杭州鼎佳公寓"爆仓"开始，短短4个月时间有8家长租公寓被爆

"资金链断裂"，10月份一个月有4家长租公寓"爆仓"，其他"爆仓"原因还有巨额外债和经营不善。

"爆仓"的后果是，一夜之间，租客就面临"无家可归"的困境，大量的租客可能流落街头，房东也收不到租。更严重的是，租客即使从租房中搬出，他们仍逃不掉按贷款合同按月偿还"租房贷"，如果逾期，即有可能对个人征信造成不可消除的影响。

2019年，F公寓在合肥、西安等地租客难退租金、房东被欠租金事件在微博发酵。西安市住房和城乡建设局官网已在2019年7月15日挂出《关于南京F公寓商业管理有限公司西安分公司的风险提示》，称"据查该公司在西安经营房屋租赁、房屋经纪活动时，经营范围未包含有'房屋租赁'经营项目"，提醒广大西安市民注意风险预判，避免财产损失。

2019年7月17日下午，南京市房管局也召集市内几家长租公寓品牌商侧面了解F公寓情况。

2019年7月17日，F公寓位于南京建邺区某大楼19楼的总部办公室内，前台、休息室、走廊、会议室等公共区域已经聚集了不少来自南京、苏州、西安、合肥等多个城市的房东、租客。如此"挤兑"情形，在合肥、西安等地的F公寓办公地点已陆续上演。大部分房东与租客反映此前对接的业务员已离职。事实上，两周前F公寓事件已在微博发酵。

2019年7月21日，南京建邺区住房保障和房产局发布通报称已开展调查。

从表面上看，F公寓在长租公寓高速发展期内实现了快速扩张，已在南京、苏州、杭州、合肥、西安、昆山、成都、重庆8个城市大规模开拓市场，其宣称目前管理房屋资产总价值已达千亿人民币。据说根据其规划，F公寓未来要扩张至沈阳、徐州、厦门、佛山、青岛、烟台、武汉、广州、深圳、北京、上海、郑州等城市。

F公寓号称2017年业绩实现10倍增长，预计2018年业绩在2017年基础上再增加10倍。2018年客户数预计达到100万。

2017年、2018年，外来知名长租公寓品牌——蛋壳公寓、自如公寓先后进入南京市场，使得南京长租公寓的供应量一下子暴涨，品牌公寓数量在这两年间增加了10多万间。

长租公寓本身需要长期融资和资金沉淀，短债长投的做法违背一般的商业逻辑，F公寓高收低租的模式注定了要使用资金错配和高杠杆快速收房，抢占市场份额，再提租牟利，否则很容易出现资金链断裂，因为其现成模式无利可图。

长租公寓是否会成为穿上公寓外衣的"庞氏骗局"？有人认为长租公寓平台通

过高价收房快速抢占市场份额有"洗房"嫌疑。F公寓与房东约定的支付方式是一季度支付一次，而与租客则约定半年付或者年付，还要收取押金，如此产生现金流，被一些业内人士看作是"非法吸收公众存款"或者"非法集资"。也有人质疑，有些长租公寓事实上就是披着马甲的P2P。如果长租公寓平台将沉淀的资金挪作他用或者卷款跑路，则房东可能不能按时收到租金，此时，房东则可能收回房屋，租客则可能深陷钱房两空还要还贷的境地，后果将是极其严重的。

因此，对于长租公寓平台"爆仓"现象，普罗大众要保持高度警惕！

后 记

2010年4月，我的第一部专著《不动产按揭法律制度研究》出版，该书是中国迄今为止第一部有关英美国家或地区不动产按揭担保的专著，是一本理论性较强的著作，凝聚了我多年的心血。该书获得了"广州市律师协会2010年度理论成果一等奖"，这是本人可引以为豪的。同时，该书对于想了解或研究英美国家土地法、不动产法、财产法或不动产担保法的朋友具有参考价值。

《中国房地产案例精解》是我的第二部著作，是我近30年来在实践中收集和积累的案例，其中不少案例在房地产开发过程中具有典型意义，对于初涉房地产法律领域的年轻朋友能起到引导作用。阅读该书，可以基本了解我国房地产业的发展历程，可以基本厘清我国房地产开发建设经营管理的基本流程和操作规范。同时，从该书案例还可以略见我国房地产法律制度及司法完善之一斑。

《与法同行30年》是我20多年来的论文集，收集了我攻读硕士研究生、博士研究生以及工作期间所写的论文。考虑到市场因素，该书没有正式出版，而是经过正式排版后内部刊印500册送给了有兴趣的朋友。

《房地产律师20年操盘实战案例》是《中国房地产案例精解》的姐妹篇，收集的也是本人在工作中遇到的实际房地产法律问题，我认为对于房地产实务界和从事房地产律师朋友有一点参考意义，故坚持完成并出版。

律师需要首先解决生活问题，然后才有可能去从事学术研究。对于本人来说，完成四部著作实非易事，需要多年的恒心、执着和自信，同时还需要有轻利的精神。

在完成本著作的过程中，我要感谢北京瀛和律师事务所的全体同人们，他们给了我许多鼓励和帮助，并且为我的书稿提出了不少意见和建议。

本书是我和我儿子毛定云共同完成的，尽管许多案例是我多年逐步收集的，但我们为了共同的目标共同整理、讨论、修改和再修改。

感谢知识产权出版社参与本书编校的老师们，她们在我写作和出版本书的过程中提出了许多宝贵意见和建议。

感谢我的助理杨峥律师，他帮助我完成了不少文字输入和对书稿的校对。

感谢我的太太万小珍女士，她在生活和工作上，自始至终给予了我全力的支持。

由于水平有限，本书内容可能存在错误和不足，希望读者朋友多多批评指正，在此表示由衷感谢！

2022 年 8 月 1 日